주역완전해석

상

周易全解

张其成全解周易
by 张其成

장치청
오수헌 옮김

주역
완전해석

상

周全
易解

판미동

머리말

  들어가는 말을 쓰기 위해 펜을 드는 내 머릿속으로 불현듯 "동쪽 울타리 아래 국화꽃 한 송이 꺾어 들고 유유히 남산을 바라보는" 광경이 펼쳐져 잠시 펜을 내려놓을 수밖에 없었다. 이는 천고의 세월을 거치면서 수많은 이의 심금을 울린 도연명의 명시 「음주飮酒」의 한 구절이다.

  사람 사는 동네에 초가를 엮었지만
  수레 끄는 소리, 말 울음소리조차 들리지 않네.
  묻노니 그대는 어찌 능히 그럴 수 있소?
  마음이 멀어지니 사는 땅도 절로 멀어진다네.
  동쪽 울타리 아래 국화꽃 한 송이 꺾어 들고
  유유히 남산을 바라보니
  해질녘 산 기운은 더욱 아름다워지고
  날아가던 새도 무리 지어 둥지로 돌아오네.
  이 속에 삶의 참뜻 감추어져 있어
  말로써 표현하려 하나 이미 할 말을 잊었노라.

  "동쪽 울타리 아래 국화꽃 한 송이 꺾어 들고 유유히 남산을 바라보니"는 초월적인 탈속함과 아련한 정취가 돋보이는 시구다. 많은 사람이 도연명의 국화처럼 고결하고도 아름다운 품격을 동경한다. 필자 또한 도연명의 지극히 아름답고도 진실한 마음이 좋다.

또한 이 시에는 『주역』을 읽는 사람이 가져야 할 마음가짐이 나온다. "마음이 멀어지니 사는 땅도 절로 멀어진다네."라는 시구에 나오는 마음 상태다. 마음을 가라앉힌 뒤 조급해하거나 초조해하지 않고 심령 깊은 곳으로 들어간다. 이는 외부의 간섭이나 수레소리, 말 울음소리조차 들리지 않는 정적인 상태다. 또한 『주역』을 훑어보거나 시초를 뒤적이며 길흉화복을 예측하는 것을 "동쪽 울타리 아래 국화꽃 한 송이 꺾어드는" 행위로 볼 때, 이러한 행위를 가능하게 하는 전제 역시 앞선 시구 "마음이 멀어지니 사는 땅도 절로 멀어진다네."다. 마음이 멀어져서 평안함을 얻어야만 비로소 "유유히 남산을 바라보는" 상태가 되어 당신이 처한 상황을 가장 잘 반영한 괘상을 찾아낼 수 있고 이로써 길흉화복을 예측할 수 있다.

사실 "동쪽 울타리 아래 국화꽃 한 송이 꺾어 드는" 행위, 즉 『주역』을 읽는다는 것은 단순한 행위의 차원을 넘어선, 물욕을 버리고 마음을 비운 뒤의 고요한 삶의 태도를 상징한다. 또한 "유유히 남산을 바라보는" 것, 즉 괘상을 살펴보는 행위는 여기서 한 발 더 나아간 초월적인 삶의 태도이자 일종의 정신적인 승화인 셈이다. '유유히'라는 말은 그 어떤 한계나 구속에도 얽매이지 않는 여유롭고도 태연한 마음속 자유를 의미한다. 따라서 "유유히 남산을 바라보는" 경지에 이르러야만 괘상이 상징하는 장면으로 들어가서 구체적인 괘와 효 부호, 괘사와 효사가 뜻하는 참 의미를 깨달을 수 있다.

필자도 이러한 경지에 도달했다고는 감히 단언할 수는 없다. 사실 이러한 상태는 인생을 살면서 끊임없이 수련해야만 도달할 수 있는 경지이기 때문이다. 돌이켜보면 『주역』을 읽을 때마다 그것을 대하는 자세와 거기서 깨닫는 이치가 매번 달라지는 것을 느꼈다. 물론 지금은 그렇지는 않지만 불과 30년 전만 해도 『주역』을 읽을 때마다 내 안에 도사리고 있던 공명심, 성공에 대한 욕심, 조급함을 떨쳐 내기 어려웠기 때문이다. 그러한 초조함을 벗어 내고자 애쓰며 쓰고 멈추기를 반복하다 보니 십수 년이 지난 지금에서야 비로소 본서가 완성될 수 있었다. 생각만큼 빨리 탈고하지 못해 가끔은 조급해지기도 했지만 그럴 때마다 나는 "유유히 남산을 바라보는" 경지에 이르지 못함을 부끄러워했다.

우여곡절 끝에 나의 대표작인 본서가 완성되었지만, 이 역시『주역』을 읽은 뒤 필자 개인의 감흥을 한데 묶은 것에 불과하므로 앞으로 또 다른 깨달음이 있으면 끊임없이 더하고 고쳐 나갈 것이다.

내가『주역』을 처음 접한 뒤 지금까지의 과정을 돌이켜보면 가장 먼저 부모님께 감사하지 않을 수 없다. 초등학생 시절 나의 집에는 부모님이 즐겨 읽으시던 고서들이 즐비해 있었는데 오래되고 두꺼운 서적『주역』도 거기 있었다. 당시 이 책을 휘감고 있던 신비로운 무언가가 나의 호기심을 자극했고 글자의 의미는 정확히 이해할 수는 없었지만 폼 잡는답시고 곧잘 뒤적여 보곤 했던 기억이 난다. 훗날 집안의 먼 친척뻘 되는 도사 한 분이 우리 집에 들르셨다가 어린 것이 고서를 뒤적이는 모습을 보고는 영특하게 여기셨는지 괘 뽑는 법을 비롯해 역술과 관계된 많은 것을 지도해 주셨다.

그 뒤 시간이 흘러 대학원 석사 과정을 밟게 되면서부터는 운 좋게도 훈고학의 대가인 첸차오천錢超塵 선생께 사사하는 영광을 얻어『황제내경黃帝內經』훈고 연구를 주제로 삼아 석사 논문을 쓰기도 했다.『황제내경』에는 상수象數에 관한 내용이 적잖게 포함되어 있었는데 상수는 역학의 흐름을 관통하는 큰 줄기 중 하나다. 이것이 인연이 되었는지 그때부터 나는『주역』을 연구하기 시작했다. 어릴 때 접했던『주역』의 기억을 기초 삼아 훈고학을 가미하여 파고들었더니『주역』과『황제내경』의 두 경전과 비교적 빨리 친해질 수 있었고 그 안에 감추어진 흥미로운 비밀들을 속속 발견해 낼 수 있었다.

1980년대, 대학원을 졸업하고 난징에 간 나는 『역학대사전』 편찬을 계기로 역학에 관련된 수많은 서적을 탐독했다. 역학을 다룬 서적이라면 고금과 인지도를 막론하고 죄다 수집하여 훑어보았고 그중 대표적인 해석만을 선별하여 『역학대사전』에 수록했다. 그 뒤 1992년 『역학대사전』이 화샤출판사를 통해 세상에 나오게 되면서 최초의 역학 관련 참고서적으로서 독자들에게 크게 인정받게 된다. 당시 상황을 돌아보면 집필에서부터 출간의 과정이 어찌나 고됐는지 그때로 돌아가서 다시 하라고 하면 고개를 설레설레 내저을 정도다. 어쨌든 『역학대사전』의 편찬은 훗날 필자가 『주역』을 전격적으로 해석하는 데 견고하고도 풍성한 주춧돌이 되어주었다.

　　그 뒤 시간이 지날수록 학문의 깊이와 수양의 부족함을 절감하던 가운데 베이징대학에 재직 중이시던 역학의 대가, 주보쿤朱伯崑 선생께 박사 과정을 사사하기로 결심하고 서신을 통해 마음의 뜻을 내비쳤다. 주보쿤 선생님은 필자가 『역학대사전』을 편찬할 때 여러 방면에서 지도해 주신 적이 있었는데 어려운 가운데서도 중도에 포기하지 않는 필자의 모습에 희망의 싹이 있다고 여기셨던지 박사 과정에 지원하고자 하는 나의 청을 흔쾌히 받아 주셨다. 이리하여 다행스럽게도 나는 주보쿤 선생님의 제자로 들어가 3년을 공부한 끝에 역학에 관해 글 한 줄 쓸 수 있는 밑천이나마 얻게 되었다.

　　필자는 『역학대사전』을 집필하면서 기존에 전문가들이 내놓은 역학 해석의 정수만을 모아 일종의 기준이 될 만한 표준 해석본을 만들고자 했었다. 그런데 훗날 나는 이러한 생각에 문제가 있음을 깨닫게 되었다. 왜냐면 주역을 해석할 때는 그 어떤 표준적인 해석이나 정해진 틀이 있어서는 안 되기 때문이다. 어진 자에게는 어진 것이 보이고 지혜로운 자에게는 지혜로운 면만 보이듯 동일한 문제를 보더라도 사람에 따라 견해가 다르게 마련이다. 이 때문에 『주역』은 오랜 세월에 걸쳐 수많은 전문가에 의해 다양하게 해석되어 왔고, 또 그 과정에서 역학이 풍성하게 발전할 수 있었다.

하지만 그러함에도 여기서 강조해야 할 것은 아무리 해석이 다양한 갈래로 뻗어 나왔다고 하더라도 절대 그 원형을 잃어서는 안 된다는 점이다. 어떤 방법으로 해석을 하든지 원래의 뜻은 결코 변형되어서는 안 된다. 그러나 최근 적잖은 해석본이 주역의 원형을 왜곡하고 있다. 처음에는 그 차이가 눈에 띄지 않을 정도로 미미해 보일지라도 끝에 가서는 그 작은 차이가 엄청난 오류로 확대될 수 있다. 나는 독자로 하여금 그 오류를 목도하게 할 수는 없었다.

이 점을 고려하여 나는 학계에 통용되는 정통 판본인 『주역정의周易正義』를 『주역』 원전 해석의 근거로 삼았다. 이는 『십삼경주소十三經注疏』의 하나로 위魏나라 왕필王弼과 동진東晉의 한강백韓康伯이 주석을 달았으며 그 후 당나라 공영달孔穎達이 소疏를 붙여 완성한 역사상 영향력이 가장 큰 판본이라고 할 수 있다. 그 밖에도 당나라 이정조李鼎祚의 『주역집해周易集解』와 북송 정이程頤의 『이천역전伊川易傳』, 남송 주희朱熹의 『주역본의周易本義』 등의 판본도 참조하였다. 그런데 1973년 후난성 창사 마왕퇴의 분묘에서 출토된 백서본帛書本(비단에 쓴 글)과 전국시대 초나라 고분에서 출토되어 상하이박물관에 보관 중인 초간본楚簡本(죽간 위에 쓴 글)은 본서에서 주로 인용한 통행본과 차이가 크기 때문에 필요할 때 인용하거나 통행본과 비교하여 수록하기도 했다.

해석은 글자의 형태로 본래의 뜻을 파악하는 '형훈形訓'의 방법을 채택했고, 그중 가차자假借字(특정 뜻을 나타낼 만한 글자가 없을 때 음이 같은 글자를 빌려 쓰는 방법)는 글자의 발음에 근거해 본래의 뜻을 파악하는 '성훈聲訓'의 방법을 썼다. 글자의 뜻을 정확하게 파악해야만 문장의 원래 뜻을 이해할 수 있는데, 만약 문자의 뜻이 틀려 버리면 전체적인 해석이 본의를 빗겨 가기 때문이다.

지난 수십 년간 이러한 과정을 거치면서 주역을 삶에 활용, 실천하는 가운데 깨달은 것들을 본서에 집중적으로 소개하였다. 필자의 관점에 모든 독자가 동의하리라고는 생각하지 않는다. 또한 그렇게 되어서도 안 된다. 왜냐면 주역은 다양한 해석이 가능한 환경에서만 깊게 뿌리 내리고 성장할 수 있기 때문이다. 다만 이 책을 통해 독자가 『주역』에 관한 더욱 고차원적인 견해를 갖게 된다면 그것으로 만족할 뿐이다.

『주역』을 연구해 온 지난 30년을 돌아보면 감개가 무량하다. 최근 필자는 베이징중역국학원의 동료 및 학생들과 함께 복희와 문왕, 공자를 기념하는 행사에 수차례 참석하였다. 먼 길을 마다 않고 찾아온 동료와 학생들이 성인들의 화상 앞에 모여들었다. 그들을 기릴 때마다 울려 퍼지는 종소리와 북소리에, 향이 피어오르고 헌화 의식과 송가가 보태지면서 뜨거운 눈물이 가슴속에 흘러내려 심령이 뜨거워지곤 했다.

『제복희문祭伏羲文』을 통해 당시의 마음을 대신해 본다.

화서華胥가 기인奇人의 발자국을 밟은 후
수태하여 희황羲皇을 낳았도다.
그물 엮어 고기 잡고
가축을 치게 했으며
거문고 만들어 노래 짓고
혼인의 예를 정하며
나무에 새겨 글자를 만들었도다.
구침九針을 제작하여
백성을 편하고 행복하게 하니

영원히 우러러볼 대상이 되었구나!

하도河圖가 법도를 드리우고

용마龍馬가 상서로움을 드러내어

위로 천문을 관찰하고

아래로 땅의 상을 굽어보아

그 가운데서 인간사를 밝히어

천하 백성이 분명하고도 자세히 통달하게 했다.

한 번에 하늘을 열고

팔괘를 처음 창조하여

태극이 시작되니

음양이 구별되었다.

주나라 문왕은 역을 발전시키고

공자가 이를 전하여

중화의 문명은

이때부터 빛을 발하였다.

오늘날 융성한 시대를 맞아

나라가 부유하고 백성이 강건한데

선조에게 물으니, 그 근원이 무엇인가.

위로 희황으로 거슬러 올라가면

역易이 고금을 꿰뚫고

도道가 천지를 고루 섞어

역의 도가 큰 줄기를 이루며

덕德이 합하여 끝없게 되었다.

세 가지 가르침이 한데 융합하고

천하가 한곳으로 몰려들어

중화가 부흥하며

역의 도가 크고 넓게 발양하였도다!

돌이켜 선황을 회상하니

엎드려 오직 숭상하고 기릴 뿐이로다.

3부 ● 주역 하경 下經

4부 ● 계사전·설괘전·서괘전·잡괘전

1부

주역 입문 入門

周全
易解

01
『주역』의 문화적 지위

『주역』은 유구한 문화의 원천이 되는 샘물로서 끊임없이 용솟음치며 물줄기를 내어 5000년 역사의 강으로 흘러들었다. 만약 「역경易經」과 「역전易傳」 그리고 '역학易學'을 문명이라는 행진곡을 구성하는 세 악장으로 본다면 『주역』이야말로 가장 오래된 고전이자 주요한 선율을 이루는 기조가 아닐 수 없다. 세계 문화 역사에서 『주역』만큼 오랜 세월을 통해 사람들에게 보편적인 관심을 받은 작품도 없었고, 『주역』만큼 학자들 사이에서 첨예한 논쟁을 불러일으킨 고전도 없었으며, 『주역』만큼 다양한 해석을 파생시킨 작품도 없었다. 세계 문화의 역사와 중국 문화의 역사를 두루 살펴봤을 때 『주역』이 지닌 의의와 특징을 아래처럼 정리할 수 있다.

첫째, 『주역』은 인류 문화 역사의 중심축이 되는 시기인 기원전 500년경, 부호와 문자 시스템이 어우러져 탄생한 역작이다.

칼 야스퍼스는 『역사의 기원과 목표』라는 책에서 기원전 500년 무렵, 즉 기원전 800년에서 기원전 200년 사이를 세계 역사의 '축의 시대'라고 일컬었다. 이 시기 고대 그리스에서는 호메로스의 서사시를 비롯해서 플라톤, 아리스토텔레스 등과 같은 위대한 인물들이 탄생했고 티그리스강과 유프라테스강 유역에서는 헤브라이 문화의 경전인 『성경』이 탄생했다. 또한 고대 인도에서는 바라문교의 경전인 『브라마나』를 비롯해서 역사 시 『마하바라다』, 철학 경전 『우파니샤드』, 불교 경전 등이 나왔다. 비슷한 시기 중국에서는 『주역』을 비롯해 『시경』, 『논어』, 『춘추』, 『노자』 등 제자백가의 경전들이 탄생했다. 주목할 만한 것은 이들 경전 가운데 『주역』만이 유일하게 괘卦와 효爻라는 부호와 서술체인 문자가 한데 모여서 이뤄진 책이라는 점이다.

둘째, 『주역』은 중국 역사에서 유일하게 유가와 도가 학파에서 동시에 추앙받는 경전이다.

선진先秦시대 고전 중에서는 유일하게 『주역』만이 유가와 도가 양대 학파로부터 인정과 추앙을 받고 있다. 유가에서는 『주역』을 가리켜 '육경六經* 가운데 최고'라고 칭했고, 도가에서는 '삼현三玄** 가운데 하나'로 쳐서 높이 평가한다. 한대 이후 유학 연구는 『주역』에 대한 의존도가 한층 더 높아져서 동중서董仲舒는 『주역』에 근거하여 천인감응天人感應, 음양오행陰陽五行의 유학 체계를 구축하였고, 북송오자北宋五子***의 대표작을 보면 『주역』을 해석한 작품이 주류를 이루었을 뿐 아니라 남송의 주희, 육구연陸九淵을 비롯해 명청시대에 와서도 유가는 『주역』의 이치를 앞다퉈 연구하였다. 그야말로 『사서四書』와 『주역』이 유가의 양대 원전元典이라고 해도 과언이 아닐 정도다.

한나라 시대 『회남자淮南子』 등의 도가 저서를 비롯해서 엄군평嚴君平의 『노자지귀老子指歸』 등도 모두 『주역』과 관계가 깊으며 양웅揚雄의 『태현太玄』은 유교와 도교 사상이 어우러져 탄생한 산물이지만 그 근간은 『주역』이다. 도교는 『주역참동계周易參同契』로부터 시작하여 『주역』과의 관계가 더욱 밀접해졌다고 볼 수 있다.

---

* 『시경詩經』, 『서경書經』, 『예기禮記』, 『악기樂記』, 『역경易經』, 『춘추春秋』

** 『주역周易』, 『노자老子』, 『장자莊子』

*** 북송시대 성리학의 발전을 주도한 다섯 명의 유학자. 주돈이周敦頤, 소옹邵雍, 장재張載, 정호程顥, 정이程頤

이처럼 도가와 유가가 앞다투어 자신이 중화 문화의 주축이라고 주장하는 상황에서 『주역』이 두 학파의 원류가 되었다는 사실만큼은 양측 모두가 동의하는 사실이다.

셋째, 『주역』은 중국 과학의 역사에서 유일하게 인문사회과학과 자연과학, 생명과학 분야 모두에 중대한 영향을 끼친 고전이다.

『주역』이 중국 인문사회과학 분야에 미친 영향이 얼마나 대단한가는 위에서 『주역』이 유가와 도가로부터 동시에 추앙받는 고전임을 통해 이미 설명했다. 확실히 『주역』은 한나라 이후 정치, 윤리, 종교, 문학, 예술, 경제, 군사 등의 영역에 걸쳐 지대한 영향을 끼쳤다. 전통 천문학, 수학, 역법, 음률, 의학, 농사학, 화학, 물리학 등의 분야도 『주역』의 상수象數*를 기반으로 하는 사유방식에서 큰 영향을 받았다. 이 때문에 우리는 『주역』을 가리켜 문화의 원류이자 그 근원이라고 말하는 것이다.

그렇다면 『주역』이란 도대체 어떤 책일까? 『주역』이 이처럼 강력하고 보편적이며 영구한 매력을 발산하면서 우리를 둘러싼 문화 곳곳에 뿌리내릴 수 있었던 이유는 무엇일까? 이에 대한 답을 얻기 위해 다음 장에서는 『주역』의 구성과 시대, 작가 등에 관해서 다뤄 보고자 한다.

---

* 상수: 우주는 보이는 것과 보이지 않는 것으로 구성되어 있는데 공기나 에너지, 기氣 등은 보이지는 않으나 존재하는 개념이다. 우주 변화의 원리는 '보이는 것有形'뿐 아니라 '보이지 않는 것無形'도 동시에 설명해 줄 수 있어야 하는데 이처럼 보이지 않으나 존재하는 것을 '상象'이라고 한다. 그런데 상象은 눈에 보이지 않는 것을 설명하기 때문에 개인의 견해가 들어갈 수 있으므로 이를 객관적으로 증명하기 위해 출현한 것이 바로 수數, 자연수다. 숫자는 상징의 실제 내용인 셈이다. 이러한 관점에서 우주자연의 변화 원리를 연구하는 역학의 부류를 상수학파象數學派라고 한다. 반면 괘와 효에 함축된 원리를 '나'와 '외부 사물' 사이에서 생기는 각종 문제, 인간사회와 사물의 원리와 접목하여 이를 통치와 처세에 활용하고자 한 학파를 가리켜 '의리학파義理學派'라고 한다.

중국 고대에는 세 종류의 역서易書가 있었다고 전해지는데 하나라의
『연산역連山易』, 상나라의 『귀장역歸藏易』, 주나라의 『주역周易』이 그것이
다. 『주례周禮』「춘관종백春官宗伯」에는 "태복太卜은 세 가지 역易을 관장했
으니 첫째는 연산이요, 둘째는 귀장이고, 셋째는 주역이라."는 말도 나온
다. 『산해경山海經』을 비롯해 정현鄭玄의 『역찬易贊』, 『역론易論』에도 하나
같이 '삼역三易'을 가리켜 '삼대三代의 역서'라는 표현이 등장한다. 그런데
안타깝게도 『연산역』과 『귀장역』은 이미 소실되었기 때문에 오늘날 '역易'
이라고 하면 보통 『주역』을 가리키는 말이 되었다.

『주역』은 크게 두 부분으로 구성된다. 첫째는 경문經文, 즉 「역경易經」 부
분이고 둘째는 전문傳文, 즉 「역전易傳」 부분이다. 그런데 우리가 흔히 『역
경』이라고 하는 것은 경문과 전문을 모두 포함한 넓은 의미의 『주역』이자
『주역』을 높이는 말이기도 하다. 『주역』도 경전 중 하나이기 때문에 『역
경』이라고 높여 부른다는 이야기다. 그러나 본서에서 「역경」이라고 하는
것은 주로 좁은 의미의 경문을 가리킴을 일러둔다.

경문 - 「역경」

『주역』의 경문, 즉 좁은 의미의 「역경」은 64괘의 부호(혹은 괘화卦畫라고도
부름), 괘명卦名, 괘사卦辭, 그리고 386개의 효사爻辭로 이루어져 있다.

전문 - 「역전」

『주역』의 전문, 즉 「역전」은 「단전象傳」 상·하편, 「상전象傳」 상·하편, 「문언文言」, 「계사系辭」 상·하편, 「설괘說卦」, 「서괘序卦」, 「잡괘雜卦」 등 일곱 가지 종류, 총 열 편에 달하는 글로 이루어져 있는데 이 때문에 '십익十翼' 이라는 별칭도 가진다.

03
『주역』의 시대와 저자

전설에 따르면 상고上古시대에 복희씨伏羲氏가 바람風으로 인해 태어났는데 풀이 나는 달月, 비가 내리는 날日, 황하가 범람할 때時에 '용마龍馬'가 등에 '하도河圖'를 지고 나왔다고 한다. 『태평어람太平御覽』 9권 「왕자연습유기王自年拾遺記」에서는 "복희가 방단方壇 위에 앉아 팔풍八風의 기운을 듣고 팔괘八卦를 그렸다."고 했다.

복희씨도

신농씨神農氏는 염제炎帝라고도 하는데 쟁기를 만들어서 농업을 진흥했고, 온갖 풀을 직접 다 맛본 뒤 약을 만들어 질병 치료에 썼으며, 『연산역』을 지었다. 그래서 신농씨를 가리켜 '열산씨烈山氏' 혹은 '연산씨連山氏'라고 부르기도 한다.

헌원씨軒轅氏 또는 황제黃帝는 염제와 치우蚩尤를 차례로 물리친 뒤 대요大撓를 시켜서 60갑자를 만들고 용성容成에게 책력을, 영륜伶倫에게는 음률을, 예수隸首에게는 계산법을 만들게 했다. 그리고 희화羲和에게는 해를 보고 점을 치게 하고 상의常儀에게는 달을 보고, 유구臾區에게는 별을 보고 점치는 법을 알아내게 하여 『귀장역』을 지었는데, 이 때문에 황제를 '귀장씨歸藏氏'라고 부르기도 한다.

중고中古시대에 이르자 주나라 문왕文王이 기산岐山 기슭에 머물면서 어진 정치를 베풀어 제후들과 백성에게 두루 신망을 얻었다. 이에 위협을 느낀 은나라 주왕紂王이 그를 유리羑里의 옥에 가두었다. 하지만 문왕은 옥에 갇혀 지내면서도 밤낮으로 고민하여 마침내 64괘의 원형을 비롯해서 괘사와 효사를 지어내기에 이른다.

하고下古시대에는 공자가 자신의 학문과 뜻이 받아들여지기를 바라며 여러 나라를 주유했지만 가는 곳마다 거절당하기 일쑤였다. 결국 공자는 나이 쉰 살이 되어서야 『주역』을 공부하기 시작하였고 남다른 재능과 지혜를 바탕으로 죽간을 묶은 끈이 세 번이나 끊어지는 위편삼절韋編三絶의 공을 들인 끝에 '십익十翼'을 완성하기에 이른다.

여기까지 『주역』이 형성된 시대적 상황과 저자에 관해 논해 보았다. 이에 대해 동한東漢의 반고班固는 『한서漢書』「예문지藝文志」에서 "역易은 상고, 중고, 하고의 세 시대에 걸쳐 복희, 문왕, 공자의 세 성인에 의해 완성된 것으로 심오한 뜻이 담겨 있다."고 했다. 그가 말한 세 시대와 세 성인에 관한 이야기를 고증할 방법은 없지만 최소한 괘와 효의 부호, 그리고 이를 풀이한 글들이 완성됐던 때가 중국 문화의 형성 역사와 그 시기적 흐름을 같이한다는 사실만큼은 인정하지 않을 수 없다. 다음에서는 이러한 관점에 대해 고대와 현대의 학자들이 분석한 내용과 그들이 내세운 견해를 다루어 보도록 하겠다.

팔괘의 창시자와 시대

팔괘를 만든 이와 그 시대에 관해서는 아래의 두 가지 관점이 우세하다.

상고시대 복희 제작설

『주역』「계사전」하편에는 "옛적 복희씨가 천하를 다스릴 때…… 이에 팔괘를 처음 만들었다."고 되어 있다. 사마천司馬遷은 『사기史記』「태사공자서太史公自序」에서 "내가 선조들이 하는 얘기를 들으니 복희씨가 온전하고 돈후하여 역의 팔괘를 만들었다고 한다."고 하였고, 반고는『한서』「율력지律歷志」에서 "복희가 팔괘를 그렸다."고 하는 등 많은 선인이 팔괘를 처음 만든 이가 바로 복희임을 강조했다.

은나라와 상나라 점쟁이 제작설

은허殷墟 유적지에서 출토된 갑골문을 비롯해 사반마四盤磨, 장가파張家坡, 풍호豊鎬 등 유적지에서 발견된 갑골문과 상나라 및 주나라 청동기의 금문金文, 토기의 도문陶文을 고증한 결과, 그 위에 숫자 괘의 초기 형태가 새겨져 있음을 발견할 수 있었다. 이 때문에 학자들은 팔괘가 처음 만들어진 시기를 은상殷商 혹은 서주西周시대로 본다. 그리고 팔괘를 처음 만든 이도 점치던 자 혹은 무속인이 혼자서 단번에 만든 것이 아니라 오랜 세월에 걸쳐 많은 성현이 팔괘의 형성과 정리 과정에 참여하였으리라고 추측한다.

64괘의 창시자와 시대

중괘重卦는 8괘가 중첩하여 만들어진 64괘를 가리키는 말로서 이것을 처음에 누가 만들었느냐에 대해서는 복희씨, 신농씨, 우임금, 문왕이 만들었다는 네 가지 견해가 있다. 『사기』「주본기周本紀」에는 "문왕이 유리의 감옥에서 역의 8괘를 더하여 64괘가 되게 했다."는 기록이 있고『위지魏志』「고귀향공기高貴鄕公紀」에는 "복희가 수인씨의 하도를 통해 8괘를

만들고 신농씨가 그것을 펼쳐서 64괘를 만들었다."는 말이 나오며『회남
자』「요략훈要略訓」에는 "그러나 복희가 그것을 64괘로 만들었다."고 하
였다.

　『주례』「춘관春官」「종백宗伯」편에서는 하나라, 상나라, 주나라 3대에 걸
쳐 태복太卜이 삼역三易의 일을 관장했다고 하면서 "그 경괘經卦는 모두 여
덟 개며, 별괘別卦는 모두 64개다."라고 덧붙였다. 이는 하, 상, 주대에 이
미 64괘 부호가 존재했으며, 이것들이 최소한 하대부터 출현했다는 사실
을 뒷받침해 준다. 그러나『주례』에는 지금은 전해지지 않는 역서들, 즉
『주역』을 제외한『연산역』과『귀장역』에 쓰였던 64괘 부호의 구체적인
형태에 대해서는 언급하지 않는다. 다만 후대인들은 서책의 이름을 통해
그 초기 괘 배열 형태를 추측할 수 있을 뿐이다.

　구체적으로 보면『연산역』에는 첫머리에 간괘艮卦가 등장했을 가능성
이 높다. '간艮'은 산山을 상징하므로『연산역連山易』이라는 책 제목과 맞
아떨어지기 때문이다. 그리고『귀장역歸藏易』은 아마도 곤괘坤卦가 첫 번
째 괘로 배열되지 않았나 싶다. 왜냐면 '곤坤'은 땅을 상징하고 땅은 무언
가를 숨기고 저장하는 속성이 있어서 '되돌려서 저장하다.'는 의미를 가
진 '귀장歸藏'과 통하기 때문이다. 그런데 안타깝게도 세 역서 가운데 오
늘날까지 남아 있는 것은『주역』뿐이다. 그 안에 기록된 64괘의 부호는
무척 완전한 상태이긴 하지만 이들이『연산역』과『귀장역』에 수록됐을
괘 부호와 동일한 것인지의 여부는 고증하기가 쉽지 않다.

　어쨌든 오늘날 대부분의 학자는 괘와 효가 은상시대 혹은 서주시대 점
술가들에 의해 처음 만들어졌다고 믿고 있다. 그리고 일각에서는 몇몇 출
토 유물에 근거해서 64괘가 처음에 숫자에서부터 변화하여 발전했다거
나 64괘가 8괘보다 더 먼저 혹은 동시에 만들어져서 주나라 초기(대략 기원전
11세기)부터 출현했을 것이라는 주장을 펼치기도 한다. 1950년대, 1970년

대 풍호豊鎬와 주원周原 유적지에서는 다양한 동물 뼈와 거북 등껍데기, 뼈로 만든 화살촉, 도기 등의 기물이 출토됐는데 이들은 모두 점 치는 데 사용했던 것들로 그 위에는 각종 기자奇字(점치는 데 사용했던 숫자)가 새겨져 있었다. 신석기시대 말엽 도기

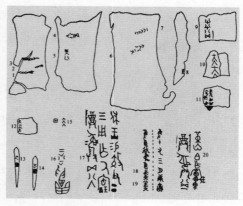

각종 기물 위에 새겨진 기자奇字

陶器, 상나라와 주나라의 갑골문, 청동 기물, 전국시대 죽간 등을 조사하여 통계를 내어 보니 이들 기자는 백수십여 가지나 되었다. 장정랑張政烺 선생 등은 이들 기자가 바로 점을 칠 때 사용했던 숫자로서 원시 형태의 괘라고 주장했다. 그의 견해에 따르면 원시 역의 괘는 일종의 숫자 괘의 형태였을 가능성이 높다. 장야추張亞初, 류위劉雨 등도 관련된 자료를 수집하여 그의 주장을 뒷받침했다. 여기서 우리는 『주역』 64괘의 부호가 과거에 서로 다른 형태를 가지고 있었음을 짐작할 수 있다. 그러나 이들 숫자 괘가 『연산역』과 『귀장역』의 괘 부호인지의 여부는 여전히 확인할 방법이 없다.

괘사와 효사의 작자 및 시대

사마천과 반고 등 역사학자들은 괘사와 효사는 주나라 문왕이 지은 것이라고 했다. 고대에는 이 같은 문왕 제작설이 우세하여 이에 반대하는 학자가 적었지만 1919년 5·4운동 이후 학술계에는 이것이 문왕이 아닌 그의 아들인 주공周公에 의해 만들어졌다는 의견이 보편화되었다. 괘사와

주나라 문왕

효사에 언급되는 역사적 인물과 사건들이 문왕이 죽은 이후 시대에 속하는 경우가 많았기 때문이다. 또한 일부에서는 「역경」이 서주시대 초 점치던 관리가 지은 것이라고도 하며 진몽가陳夢家는 은나라 사람들이, 곽말약郭沫若은 초나라 간비馯臂가, 일본의 학자 혼다 시게유키本田成之는 초나라 사람이 지었다고 주장했으며 리징츠李鏡池는 주나라 왕실에서 점치던 관리가 지었다고 주장한다.

「역경」이 지어진 시대에 대해서 구지에강顧頡剛은 서주 초기로 여겼고 리징츠도 처음에는 서주 초기로 믿었지만 훗날 서주 말기로 견해를 바꾸었으며 혼다 시게유키는 전국시대 말기라고 생각했다.

그러나 근대의 대다수 학자는 「역경」 괘사와 효사를 이루는 기본 소재가 주로 서주 초기의 산물이라고 여긴다. 그 이유는 거기에 언급되는 역사적 인물이나 사건이 시기적으로 서주 초기 이전 시대에 속하기 때문이다. 이 때문에 그것이 지어진 시기 또한 적어도 서주 초기 이전에 해당할 것이라는 시선이다. 구지에강은 『주역 괘효사 이야기』라는 책에서 진괘晉卦의 괘사에 언급되는 강후康侯라는 사람이 주나라 무왕의 동생인 위강숙衛康叔을 가리킨다고 했다. 무왕은 문왕의 아들이므로 그의 사적이 괘사에 남았다는 것은 괘사가 문왕이 지은 것이 아니며 「역경」이 서주 초엽에 완성됐다는 사실을 입증하는 증거라는 논리다.

그러나 춘추시대 제작설이나 전국시대 제작설 모두 경문인 「역경」과 전문인 「역전」을 분리하지 않고 한 덩어리로 간주하여 따진 주장이라는 점은 주의해야 한다. 어찌됐든 괘사와 효사는 한 사람의 손에 의해 탄생한 것이 아니라 점치는 자들에 의해 오랜 세월에 걸쳐 연구되고 축적된 결과라는 것만큼은 분명한 사실이다.

「역전」은 전통적으로 공자가 지은 것으로 알려져 왔다.

『사기』「공자세가孔子世家」편에는 "공자는 만년에 역을 좋아해 「단전」과 「계사전」, 「상전」, 「설괘전」, 「문언전」편에 서序를 달아 정리했으며 죽간을 꿴 가죽 끈이 세 번이나 끊길 정도로 역을 무수히 읽었다. 공자가 말하기를 자신에게 몇 년의 시간이

공자

더 주어진다면 역의 이치에 통달할 수 있을 것이라고 했다."는 기록이 나온다. 또한 『한서』「유림전儒林傳」에서는 "공자는 늘그막에 역을 좋아하여 그것을 읽다가 가죽 끈이 세 번이나 끊어졌고 이를 해석하기 위해 따로 '전傳'을 지었다."고 했다. 마지막으로 『한서』「예문지」에는 "공자는 그것을 위해 「단전」, 「상전」, 「계사전」, 「문언전」, 「서괘전」 등 열 편을 지었다."는 말이 나온다. 이러한 기록이 모두 공자가 「역전」을 지었다는 설을 뒷받침해 주는 자료들이다.

송나라의 구양수歐陽修는 『역동자문易童子問』을 통해 「계사전」이 공자의 작품이 아닐 수도 있다는 의문을 처음 제기했고 청나라 최술崔述도 「단전」과 「상전」은 공자가 지은 글이 아니라고 주장했다. 이런 견해는 최근까지도 이어져 오늘날 '십익'이 공자의 작품이 아니라고 여기는 학자들이 적지 않다. 반면 여전히 「역전」이 공자가 지은 것이라고 굳게 믿는 이들도 있다.

이처럼 「역전」의 각 편이 만들어진 시기와 작자에 대해서는 지금까지도 쟁론이 끊이지 않는다. 곽말약은 『주역의 제작시대周易之制作時代』라

는 책에서 「설괘전」, 「서괘전」, 「잡괘전」은 진秦나라 이전의 작품이고 「단전」, 「계사전」, 「문언전」은 진나라 순자荀子의 제자들이 지은 것이며 「상전」은 「단전」 이후에 생겨난 것이라고 했다. 이 같은 제작 시기와 관련된 견해는 오늘날 크게 두 가지 갈래로 나뉘는데, 하나는 전국시대 전기 제작설이고 다른 하나는 전국시대 후기 제작설이다.

필자의 스승 주보쿤 선생은 「역전」이 전국시대 후기의 저술이며 형성 시기에 따라 각 편의 순서를 나열해 본다면 「단전」, 「상전」, 「계사전」, 「문언전」, 「설괘전」, 「서괘전」, 「잡괘전」의 순서가 될 것이라고 주장한다. 주 선생의 관점은 역사적 사실에 비교적 부합한다.

「역전」은 처음 만들어졌을 때 경문 뒤에 부속된 책이 아닌 독립적인 성격의 서적이었다. 이는 서한시대 전하田何가 십익을 경문과 분리하여 따로 엮었던 것을 보면 알 수 있다. 그 뒤로 비직費直이 건괘乾卦에 대한 「단전」, 「상전」, 「문언전」을 경문에 곁들여 한데 엮기 시작했고 경문의 장구를 따라서 해석하지 않고 「단전」, 「상전」, 「계사전」 등을 통해 경문을 해석하기 시작했다. 동한의 정현도 곤괘坤卦의 「문언전」과 각 괘의 「상전」, 「단전」을 경문 뒤로 부속시켰다.

지금까지 전해지는 『주역』 가운데 가장 오래된 것은 위진남북조시대의 왕필과 한강백의 주석본으로, 당나라 공영달이 『주역정의』에 그들의 주석을 배치한 뒤 거기에 소疏를 달았다. 남송의 주희가 쓴 『주역본의』는 정이의 의견을 따랐으며 「계사전」에 나온 각 장절을 조정했다. 오늘날 일반적으로 통용되는 판본들은 대부분 「단전」, 「상전」, 「문언전」을 각 괘의 경문 뒤에 배치하고 나머지는 일괄적으로 맨 뒤에 부속시키는 형태다.

'주周'에 관한 네 가지 해석

1. '주'는 주나라 왕조를 뜻한다

정현은 『역찬』에서 "하나라에는 『연산역』이, 은나라에는 『귀장역』이, 주나라에는 『주역』이 있었다."고 했다. 당나라 공영달도 『주역정의』에서 "문왕이 역을 지을 때는 유리옥에 있어서 주나라가 아직 흥하지 않고 여전히 은나라가 건재할 때였다. 이 때문에 '은殷'과 구분하여 '주周'라는 글자를 제목에 붙여 『주역』이라고 불렀다."고 했다. 주희도 『주역본의』에서 "주는 왕조의 이름이다."라고 했다.

2. '주'는 주나라 지명이다

공영달은 『주역정의』에서 "연산과 귀장은 모두 역대 왕조 이름이니 주역도 마찬가지로 기양岐陽(지금의 샨시성 치양현) 땅 이름을 취한 것이다. 『모시毛詩』에 '주원周原의 땅이 기름지니'라는 표현이 나오는 것도 같은 맥락이다."라고 했다.

3. '주'는 '두루 보편적'이라는 뜻이다

정현은 『역론』에서 "주역에서 말하는 도가 두루 보편적이어서 이르지 않는 곳이 없다."고 했고 당나라 육덕명陸德明은 『경전석문經典釋文』에서 "주周는 왕조의 명칭이며 주周라는 글자에는 '다다르다' '두루' '갖추다'

의 의미가 담겨 있다. 지금 주周는 책 이름인데 그 뜻은 '두루 포괄하다.' 는 의미로 사용되었다."고 했다. 그리고 청나라 요배중姚配中은 『주역요씨학周易姚氏學』에서 정현의 학설이 옳다고 하면서 「계사전」에 나오는 "천지를 본뜬 것이므로 천지의 도를 메워 덮을 수 있다." "두루周 만물을 안다." "여섯 곳에서 두루周 흐른다."고 한 구절을 그 증거로 삼았다.

4. '주'는 주기周期와 주환周環이다

필자는 '연산'과 '귀장'의 이름이 왕조의 명칭에서 유래한 것이 아니고 각 역이 가지는 내용상 특징에 근거해 붙여진 것이라는 주장에 동의한다. 이를테면 『연산역』은 첫 번째 괘가 간괘여서 산이 연이어 있는 상을 취하여 이름 지어진 것이고, 『귀장역』은 첫 번째 괘가 곤괘이므로 땅이 만물을 저장하여 숨기니 만물이 땅으로 돌아감을 상징해서 지어진 이름이라는 식이다. 그게 옳다면 『주역周易』의 '주周'도 왕조의 이름이나 지명을 딴 것이 아닌 '두루 돌다.' '두루 순환하다.' '도는 주기'라는 의미에 근거해서 '두루 돌아 본래의 모습을 회복하는 역변의 법칙'을 논하기 때문에 『주역』이라고 이름 지어진 것이라고 이해할 수 있다.

『주역』의 괘상과 효상, 괘사와 효사를 통해서도 이러한 관점은 증명된다. 64괘는 건乾과 곤坤에서 시작하여 기제既濟와 미제未濟로 끝을 맺는 하나의 '주기'를 가진다. 그러면 '기제'가 이번 주기의 마지막이고 '미제'는 다음 주기의 시작이 되는 셈이다. 또한 복괘復卦의 괘사를 보면 "그 도를 칠 일에 와서 회복한다."고 하였는데 이렇게 말한 이유는 '순환'과 '주기'야말로 『주역』이 보여 주는 우주 생명의 가장 근본적인 법칙이기 때문이다.

1. '역'은 '끊임없이 변화함' '변화가 단순함' '변하지 않음'이다

『역위易緯』「건착도乾鑿度」를 비롯해서 정현의 『역찬』, 『역론』에서는 "역易은 첫째로 이간易簡, 둘째는 변역變易, 셋째는 불역不易의 뜻을 가진다."고 했다. '이간易簡'은 역의 음양 변화 원리는 신비롭다기보다는 단순해서 따르기 쉽다는 뜻이고 '변역變易'은 우주만물이 끊임없이 변화한다는 속성을 강조한 것이며, '불역不易'은 이런 와중에도 역에는 결코 변하지 않는 기본 원리가 존재한다는 말이다. 즉 아무리 변화하는 것이라고 해도 감지하거나 인식이 가능한 상대적인 정지 상태가 존재하며 이것이 바로 우주 발전 법칙의 상대적인 안정성이라는 뜻이다.

2. '역'은 해와 달이다

『역위』「건곤착도乾坤鑿度」에서는 "역이라는 이름에는 네 가지 뜻이 있는데 일日과 월月이 서로 맞물린 것에 뿌리를 둔다."고 했고, 정현도 『역론』에서 "역은 일월日月이다."라고 했다. 동한의 위백양魏伯陽은 『주역참동계』에서 "일월日月이

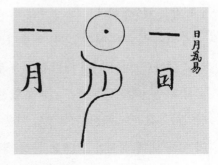

일월위역: 해와 달이 역이다.

역이니 강剛과 유柔가 서로 적당하다."고 했다.

글자 형태를 보더라도 '역易'은 '일日'과 '월月'이라는 글자가 위아래로 만나 이루어진 것임을 한눈에 알 수 있다. 그래서 『주역』「계사전」에서도 "상을 달아서 밝게 드러남은 해와 달보다 큼이 없고." "해와 달의 도는 바르게 하여 밝히는 것이다."라고 했다. 해와 달은 각각 양기와 음기가 가장

뚜렷하게 드러난 것이므로 이 둘이 한데 만난 '역易'은 음양이 역동적으로 움직여 변화함을 추상적이고도 철학적으로 가장 잘 나타낸 단어라고 하겠다.

3.'역'은 쉬지 않고 움직인다

『주역』「계사전」에서는 "낳고 낳음을 일컬어 역이라고 한다."고 했다. 명나라 유국인喩國人은 "옛 유학자들은 역을 변역變易(바꾸다)과 교역交易(교환하고 전환한다)의 의미로 해석했지만 뭐니 뭐니 해도 「계사전」에서 '낳고 또 낳는 것을 일컬어 역이라고 한다.' 즉 '생생지위역生生之謂易'이라는 다섯 글자로 표현한 것이 가장 명확한 해석이다."라고 했다. 이처럼 역은 우주만물이 끊임없이 낳고 또 낳음으로써 어느 한곳에 머무름 없이 변화하는 것을 일컬으니 역은 생명의 철학과도 같다.

4.'역'은 역수逆數다

『주역』「설괘전」에는 "역은 역수다.易逆數也" 즉 '거슬러서 세는 것이다.'라고 했다. 그러나 이에 대한 해석을 놓고는 적잖은 쟁론이 있어 왔다. 삼국시대 우번虞翻은 "역易은 건乾을 일컫는 것이므로 역수逆數다."라고 주를 달았다. 『건착도』에서는 "역易의 기운은 아래에서부터 생겨난다."고 했는데 이에 대해 정현은 "역易은 본래 형태가 없어 미미한 것에서 시작해서 선명함에 이른다. 기는 아래에서부터 생겨나므로 맨 아래의 효를 시작으로 삼으니 이런 까닭에 역수逆數라고 말하는 것이다."라고 주석했다. 동진의 한강백도 "역易을 통해 다가올 일을 예측하나니逆 앞서서 백성을 이끄는 데 사용한다."고 했으며 주희는 『주역본의』에서 소옹의 말을 인용하여 "건에서 곤까지는 모두 아직 생겨나지 않은 미생의 괘를 얻은 것이니 사시四時를 거꾸로 미루어逆 아는 비유와 같다."고 했다. 이도평은 『주역집

해찬소周易集解纂疏』에서 "건과 곤이 첫 번째로 구하여 진과 손을 얻고, 두 번째로 구하여 감과 이를 얻었으며, 세 번째로 구하여 간과 태를 얻으니 이것이 역수逆數다."라고 했다.

이들의 주장은 미뤄 두더라도 「역경」의 괘와 효를 살펴보면 각 괘는 여섯 개의 효로 이루어져 있는데 이들은 모두 아래로부터 위로 발전해 나가는 형식을 취하므로 '역수逆數'라고 한다. 또 괘와 효는 만물의 과거와 미래를 역으로 미루어 짐작하는 데 쓰니 이 또한 '역수逆數'가 되는 이유다.

5. '역'은 점치는 것이다

『관자管子』「산권山權」에는 "역이란 일의 성공과 실패, 길함과 흉함을 점치는 것이다."라고 했고, 『가자賈子』「도덕설道德說」에서는 "역이란 사람이 덕을 따르는 이치와 따르지 않음을 살펴서 그것의 길함과 흉함을 점치는 것이다."라고 했으며, 정현은 이에 대해 『주례』「춘관」「태복太卜」편에서 "역이란 시초를 통해 변화의 법칙을 점칠 수 있다."고 주를 달았다.

6. '역'은 도마뱀이다

동한시대 허신許慎이 지은 『설문해자說文解字』에는 "역易은 석척蜥蜴, 언전蝘蜓, 수궁守宮으로 도마뱀(혹은 카멜레온)의 상형이다."라고 되어 있다. '역易'은 도마뱀을 가리키는 '척蜴'의 기본이 되는 본래 글자이자 약자로서 도마뱀의 형상을 그대로 보여 준다. 도마뱀은 뱀의 일종으로서 네 개의 다리를 가지고 몸의 모양과 색을 변하게 하는 데 능수능란하여 고대인에게 강함과 부드

역이 본떴다고 하는 도마뱀 혹은 카멜레온

러움, 흥망과 성쇠, 음양의 변화를 상징하는 신비로운 동물로 여겨졌다.

7. '역'은 변하는 것이다

이는 근대 학자 리즈야오黎子耀가 『주역의 제목풀이와 그 경위周易釋名及其經緯』라는 책에서 제시한 관점이다. 필자는 '역易'이라는 글자에는 변역變易, 즉 우주만물의 끊임없이 변화하는 법칙과 관점이 함축되어 있다고 생각한다. 역은 형태가 잘 변하는 도마뱀을 본떴으므로 그 뜻이 '변역'에 이르게 되었고 이 때문에 역이 '잘 변한다.'는 뜻을 갖게 되었다. 정현이 주장하는 '삼의설三義說'에서 역은 이간易簡, 변역變易, 불역不易이라고 했고, 모기령毛奇齡의 '오의설五義說'에서도 역은 변역變易, 교역交易, 반역反易, 대역對易, 이역移易이라고 하여 '변역'을 언급했다. 『중씨역仲氏易』에도 '변역'의 뜻을 다루고 있다.

주역의 숨은 뜻

『주역周易』이라는 명칭은 '주周'와 '역易'이라는 두 글자가 합해서 이뤄졌으므로 여기에는 적어도 아래의 세 가지 뜻이 함축되어 있다.

1. 주나라 시대 혹은 주나라 땅에서 점치는 데 사용하던 책이다.
2. 주대 혹은 주나라 땅의 변화다.
3. 두루 도는 것, 혹은 주기周期의 변화다.

필자는 『주역』의 표면적인 뜻은 '주대 혹은 주나라 땅에서 점치던 책'이지만 그 안에 함축된 뜻은 '두루 도는 것, 혹은 주기의 변화'라고 생각한다.

『주역』이라는 책은 어떤 특성을 지니고 있을까? 이는 고금을 막론하고 학자들 사이에 의견이 분분한 분야이기도 하다.

『주역』은 점치던 책이다

송나라 주희는 "역은 본래 점치던 책이다."라고 했다. 요즘에도 『주역』을 점치는 책, 혹은 고대의 무속 기법 등을 기록한 자료로 보는 학자가 많다. 곽말약의 『중국고대사회연구中國古代社會硏究』, 고형高亨의 『주역고경금주周易古經今注』도 비슷한 관점을 제시했다. 리징츠는 『주역탐원周易探源』에서 "『주역』이 점치던 책이라는 데는 의심할 여지가 없다."고 했고 류따쥔劉大鈞도 『주역개론周易槪論』에서 "……근원을 파고들면 『주역』은 점치던 책이다."라고 했다.

『주역』은 철학서다

장자莊子는 "『주역』은 음과 양을 말한다."고 했다. 음양의 문제는 중국 철학의 기본이 되는 개념이므로 그렇게 따지면 『주역』은 중국의 철학서라고도 할 수 있는 셈이다. 현대 역학자 리징춘李景春의 『주역철학과 변증법요소周易哲學及其辯證法因素』와 황셔우치黃壽祺 등의 『주역석주周易譯註』라는 책에서도 비슷한 관점을 엿볼 수 있다. 리징춘은 "『주역』은 중국뿐만 아니라 세계적으로도 최초의 체계적인 철학저서 가운데 하나다."라고 했으며 황셔우치도 "뭇 경전 가운데 우두머리라 할 수 있는 『주역』이야말로 중국 최초의 특별한 철학 서적이다."라고 했다.

『주역』은 역사서다

근대 학자 장타이옌章太炎은 『역경』이 인류 문화의 발전 역사를 논하는 책이라고 하면서 이러한 관점에 근거해서 앞의 12개 괘를 풀이하기도 했다. 근대 역사학자 후푸안胡樸安 선생은 『주역』이 역사서임을 체계적으로 논증하여 『주역고사관周易古史觀』에서 이렇게 말했다.

"건괘와 곤괘는 서론이고 기제괘와 미제괘는 마감하는 말이며 준괘에서 이괘離卦까지는 미개한 시대에서부터 은나라 말기의 역사를 쓴 것이다. 함괘에서 소과괘까지는 주나라 초 문왕과 무왕, 성왕 시대의 역사를 말한다."

현대 학자 리핑신李平心도 "『주역』은 기본적으로 점치는 책이라는 외형을 갖추어 해학과 은유의 문체로 쓰인 특수한 역사서다."라고 했으며 리즈야오黎子耀도 "『주역』은 노비가 봉기하는 역사와도 같다."고 말했다.

『주역』은 과학서다

현대의 학자 펑여우란馮友蘭 선생은 1984년 중국주역학술토론회에 부치는 축하 서신에서 "『주역』은 우주 대수학代數學이다."라고 표현했다. 『주역』은 일종의 모형이자 틀과 같은 것이어서 어떤 내용이든 그 안에 담을 수 있다. 펑 선생이 말한 '우주 대수학'이란 사실 '우주 철학'이라는 뜻을 포함하고 있다. 그래서 이에 근거해 최근 '과학 역易'이라고 부르는 분파는 『주역』이 과학서라고 주장하면서 라이프니츠 등의 외국 학자들이 "중국의 복희 황제는 그때 벌써 이진법을 발견했다."라고 한 말을 그 예로 든다. 사실 라이프니츠는 '복희 64괘 방위도와 차서도次序圖'를 본 뒤 그것을 자신이 과거에 발견했던 이진법 이론에 접목하여 이 같은 주장을 한 것이다. 닐스 보어는 태극도의 대립 원리, 즉 양자역학의 상호 보완 원리를 설명했고 조셉 니덤, 카프라 등의 과학자들도 모두 현대 과학의 방법을 통해 『주역』에 함축된 과학적 의미를 발견해 냈다.

『주역』은 백과전서다

『역대전易大傳』을 비롯한 고대의 주역 관련 저서들은 하나같이 『주역』을 가리켜, 다루지 않음이 없이 폭넓은 세계를 아우르는 '뭇 경전의 최고봉'이라고 칭송한다. 그래서 『주역』은 천하만상을 두루 다루는 백과전서로서 전 세계 학문의 지식적 원류가 되었다고 주장한다. 이 외에도 『주역』을 바라보는 관점은 수없이 많다.

> "『주역』은 지능적인 논리다!"─인나이尹奈
> "『주역』은 중국에서 가장 오래된 사전이다!"─류창원劉長允
> "『주역』은 적의 상황을 알게 해 주는 보고서다!"─쉬스다徐世大
> "『주역』은 고대 인류의 활동을 통해 보존되어 온 정신 문명이다!"
> ─왕시위王錫玉
> ⋮

팽팽히 맞서고 있는 위의 관점들은 나름의 이치를 담고 있지만 조금씩 오류를 범하고 있다. 『주역』의 경문, 즉 「역경」과 전문인 「역전」을 분리하여 따지지 않고 이 둘을 한 덩어리로 간주하여 논한 것이기 때문이다.

경문과 전문은 서로 다른 시대에 탄생한 것이라 각각의 특성이 완전히 다르므로 분리하여 논하는 것이 옳다. 「역경」은 점치는 요소 위주의 점술서에 가까운 반면, 「역전」은 철학적인 내용을 다루는 철학서에 가깝다. 한대에 와서는 둘을 한데 합하여 『주역』이라고 칭하고 이를 『역경』(좁은 의미의 「역경」이 아니라 『주역』을 '경전'으로 높여 부른 말)으로 높여 부르기도 했는데 그때부터 『주역』은 점술의 요소뿐 아니라 철학, 사학, 과학 등 다양한 분야를 아우르는 복합적 의미의 경전으로 거듭나게 되었다. 따라서 역사적인 배경을 근거로 접근하고 분석해야만 『주역』의 경문과 전문의 특성을 파악할 수 있다.

만약 「역경」이 문화라는 강의 상류(인문적 문화의 기원은 무속문화다.)에 해당한다면 「역전」은 그 강을 타고 세차게 흐르는 물줄기가 되는 셈이다.

「역경」은 표면적으로는 점치는 책처럼 보이지만 그 본질을 따져 보면 점술을 통해 우주 변화의 법칙을 탐구하고자 한 책이라고 할 수 있다. 그리고 「역전」에서는 '역易'을 가리켜 "천인지학天人之學" "역은 사물을 열고 일을 이루어 천하의 도를 아우른다." "역은 천지를 본뜬 것이므로 천지의 도를 메워 덮을 수 있다." "광대하고 모두 구비하여 하늘의 도가 있고 땅의 도가 있으며 사람의 도가 있다."고 하여 도道의 학문이라고 칭했다. 다시 말해 「역경」은 철학적 색채가 묻어나는 점술서이고 「역전」은 점술의 색채가 어우러진 철학서가 되는 셈이다.

괘상과 효상은 단순히 「역경」을 구성하는 기호 시스템이 아니라 문화의 근간을 이루는 '유전자'라고 할 수 있다. 소위 '유전자'라고 하는 것은 생물의 유전 정보를 실어 나르는 운반체다. 생물적인 유전 정보가 염색체 위의 '유전자'를 통해 전달되는 것과 마찬가지로 한 민족의 문화가 후대에 전달되어 발전하려면 반드시 '문화 유전자'를 통과해야만 한다.

그렇다면 무엇이 '문화 유전자'일까? '문화 유전자'란 바로 한 민족의 문화와 역사 발전에 크고 깊은 영향을 끼치는 심리 구조나 사유방식이다. 이는 '형이상形而上'의 추상적인 측면에서 얻은 정의다. 그러나 유전자라는 것이 세포핵 속 DNA의 염색체에 고정된 정보 저장 장치인 이상 어쨌든 물질적인 형태를 가지는 것이므로 '형이하形而下'의 범주에 속한다고 볼 수도 있다. 이런 측면에서 '문화 유전자'도 일정한 형식을 가진 물질적인 형태로 표현할 수 있어야 한다. 그런 의미에서 괘와 효의 부호는 '형이상'이든 '형이하'이든 관계없이 '문화 유전자'가 되기에 조금도 부족함이 없는 상징물인 셈이다.

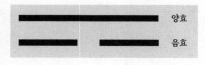

어떤 의미에서 우리의 문화는 괘와 효의 부호에서 그 원류를 찾을 수도 있다. 그 이유는 괘와 효 부호에 선조들이 품고 있던 원시적 사고가 잘 녹아들어 있기 때문이다.

『주역』도 신비롭지만 『주역』에 등장하는 괘와 효의 부호는 더욱 신비롭다.

앞서 잠시 이야기했듯이, 만약 「역경」과 「역전」 그리고 '역학'이 문명이라는 행진곡을 이루는 세 개의 악장이라고 표현할 수 있다면 「역경」의 괘효 부호는 이들 악장을 빼곡하게 채우고 있는 음표에 해당할 것이다.

사람들은 이집트의 피라미드와 바빌론의 공중정원을 유형의 문화유산 가운데 풀리지 않는 미스터리 중 하나로 꼽는다. 인간의 힘으로 쌓아 올렸다고는 믿기지 않는 웅장함과 불가사의함 때문이다.

그렇다면 무형의 정신적인 문화유산 가운데 가장 미스터리한 것은 바로 「역경」이 아닐까 싶다. 예로부터 중국뿐만 아니라 서방의 수많은 학자도 이 매혹적이고도 오묘한 미스터리를 풀어 보고자 애썼다.

그러던 중 독일의 저명한 수학자 라이프니츠는 64괘의 기호가 수학의 이진법 원리와 완전히 부합함을 발견하게 된다.

덴마크의 물리학자 닐스 보어도 태극도(음양 기호)에 양자역학의 상호 보완성 원리가 있음을 놀랍게 여겨 태극도를 가문의 문장紋章으로 삼기도 했다.

영국의 과학자 조셉 니덤은 평생 중국 과학의 역사를 연구하는 일에 매진했는데, 「역경」의 기호를 연단술煉丹術(불로장생의 약으로 믿었던 단丹을 만드는 기술의 하나)에 접목하는 데 큰 흥미를 보였다. 그 밖에도 미국의 현대 물리학자 카프라는 괘상 부호가 변화를 통해 생겨나는 동태적 모델의 개념을 함축한다고 여겼는데, 놀랍게도 이는 현대 물리학에서 말하는 S-행렬이론과 무척 유사하다.

해외 학자들이 앞다투어 주역의 부호를 해체하고 연구하려 하는 이때에 어찌 가만히 앉아 있을 수 있겠는가. 오묘한 비밀을 풀 열쇠를 그들에게 내어 줄 수는 없는 노릇이 아닌가. 그래서인지 철학자와 과학자를 막론하고 중국의 많은 학자들이 『주역』의 부호 해독에 매달렸고, 끊임없는 연구 끝에 미스터리에 대한 답이 하나씩 나오기 시작했다.

다음과 같이 말이다.

"괘효는 남녀 생식기의 모양을 본뜬 것이다."
"괘효는 해와 달을 상징한다."
"괘효는 중국 최초의 문자다."

"64괘는 64가지의 유전에 관한 비밀코드다."
"64괘는 이진법의 원리가 담겨 있으므로 컴퓨터의 조상이라고 할 수 있다."

"8괘의 배열 원칙은 화학에서 원소 주기율과 같다."
"8괘를 잘 연구하면 태양계의 열 번째 행성을 추측할 수도 있다."

암호를 해독하듯 역의 기호를 해석한 다양한 이론들이 나올 때마다 언론은 "전대미문의 중대한 발견!" "역사를 따라 흘러온 천고의 미스터리가 풀렸다!"는 식의 떠들썩한 구호를 외치며 흥분을 감추지 못했다. 과연 그들의 말대로 정말 그러한 것일까?

이 부호들이 처음 만들어지고 발전해 온 역사, 그리고 사상과 문화적 특징 및 배경에 대한 사전 이해 없이는 해당 부호들에 제대로 접근할 수가 없으며, 『주역』의 암호를 해독한 기존의 이론들에 대해서도 객관적이고 공정한 잣대로 평가할 수 없다.

괘효 부호는 정해진 틀이 없이 워낙 다의적으로 해석될 수 있는 탓에 유가와 도가에서도 상수象數학파와 의리義理학파*의 두 개 유파로 나뉘어 부단히 연구, 해석되어 왔다. 또한 유가와 도가는 『주역』을 각 학파의 사상을 뒷받침하는 근거로 삼아 나름의 이론 체계를 수립하기도 하고 반대로 각자의 사상을 『주역』에 녹여내어 역학의 영역을 끊임없이 확장해 나가기도 했다. 이러한 과정을 통해 마침내 역학은 '아우르지 않는 것이 없을' 정도로 포괄적인 학문 영역으로 거듭났다.

오랜 연구 끝에 필자는 역학의 기호인 괘와 효가 단순히 어떤 한 가지의 물상物象에서만 파생된 것도 아니고 특정 물상만을 표현하기 위해 사용된 수단도 아니라고 결론지었다. 다시 말해 현대인이 역학의 기호에 대해 해석한 것이 대부분 정확하지 않으며 적어도 전체를 다루는 데는 실패했다고 본다.

역학 기호는 우주만물과 세상 모든 일에 대해 '위로 올려다보고 아래로 굽어보는' 추상적이고도 종합적이며 논리적인 귀납 과정을 통해 얻어 낸 결과물이다. 그리고 그것은 세상 모든 일과 만물, 즉 우주 생명의 근원, 생성, 변화, 구조 및 인간의 도덕윤리, 자기 수양을 설명하는 데 쓰인다. 역학 기호가 보여 주는 것은 우주만물의 총체적이고도 보편적이며 동일한 구조적 운동 법칙인 셈이다.

괘효는 우주 생명의 동태적인 구조와 운동, 변화의 법칙을 기호로 본뜬 것이다. 이 때문에 현대인이 발명하거나 발견해 낸 모든 사물이나 일은 대부분 괘효를 통해 기본적으로 비교하거나 설명할 수 있다. 괘효는 마치 속이 비어 있는 넉넉한 주머니와도 같아서 어떤 것이라도 집어넣을 수 있

---

* 상수학파와 의리학파: 괘와 효를 해석하는 경향에 따라 역학은 크게 두 가지 양태로 전승되었는데 하나는 점역占易이라고도 불리는 상수역학이고 다른 하나는 학역學易이라고도 일컫는 의리역학이다. 상수역학은 '우주 운행의 변화 법칙'을 관찰하고 상징화해 인간사의 길흉화복을 점치는 것인 반면, 의리역학은 '인간의 삶과 역사의 변화'를 통해 삶을 내다보며 주역을 해석하는 관점이다. 상수역학은 자연의 이상 현상을 통해 인간의 운명을 점쳤으므로 훗날 천간지지天干地支가 가미되어 세속화한 명리학으로 발전했다. 반면 의리역학은 '나'와 외부사물의 관계에서 생기는 각종 문제와 상황, 인간사회와 사물의 모든 원리가 괘와 효에 망라되어 있으므로 이를 통치와 처세에 활용하고자 했으며, 이는 훗날 성리학을 집대성한 주희에게 큰 영향을 미치게 된다.

을 뿐 아니라 반대로 그 안의 내용과 의미를 얼마든지 밖으로 확장시킬 수 있을 만한 공간적 여력이 있다. 이 때문에 괘효에 대한 무한한 해석이 가능하다. 실제로도 사람들은 괘효를 통해 지금도 우주의 세계와 인문의 세계를 구축하고 있는 중이다.

괘효는 정신 유산을 실어 나르는 문화 유전자이므로 문화의 현재 모습뿐 아니라 미래의 발전 방향까지 결정짓는다. 앞서 나는 한 민족의 문화 유전자가 되려면 '형이상'의 의미만 지녀서는 안 되고 일종의 '형이하'적인 물질적 형태도 갖추고 있어야 한다고 이야기한 바 있다. 이런 면에서 괘효는 이 두 가지 조건을 동시에 갖춘 훌륭한 문화 유전자라고 할 수 있다. 따라서 괘효를 해석함으로써 전통적 사유방식과 깊고도 오묘한 심리 구조를 충분히 이해할 수 있을 것이다.

효와 괘

효

『주역』의 기호 시스템은 8괘와 64괘로 이루어져 있으며 하나의 괘를 이루는 가장 기본적인 최소 구성단위는 '효爻'다. 효는 양효陽爻와 음효陰爻로 나뉘며 양효는 —, 음효는 - -으로 표기한다.

효의 이미지는 천하만물이 움직이고 변화하는 것을 본떠 만들어졌다. 『주역』「계사전」하편에서는 "효는 천하의 움직임을 본받은 것이다." "효상爻象은 안에서 움직이고 길흉은 밖으로 드러난다."고 했고 『주역』「계사전」상편에서는 "효란 변함을 말하는 것이다."라고 풀이했다. 삼국시대 우번은 "움직인다는 것은 발휘한다는 것이다. 삼재三才(하늘, 땅, 사람)를 일컬어 여섯 획이라고 하고 강유剛柔(음양)를 발휘하여 효를 만든다."고 했고, 당나라 공영달은 "각 괘를 이루는 여섯 개의 효는 모두 천하만물을 본받아 발휘하고 움직인다." "효라는 것은 사물이 변하고 움직이는 것을 본받은 것이다."라고 말했다.

음양의 효는 고대인이 우주만물과 세상만사를 '위로 올려다보고' '아래로 굽어보는' 기나긴 여정 끝에 종합적으로 고민하여 다듬어 낸 추상적인 기호다. 따라서 효란 어느 한 가지 사물만을 본뜬 것도 아니요, 한 사람이 한순간에 뚝딱 만들어 낸 것도 아니다. 아무 근거도 없이 무턱대고 탄생한 것은 더더욱 아니다.

효의 직접적인 원류를 따지자면 거북의 등껍데기에 점을 쳐서 갈라진 무늬와 관련이 있다. 균열의 형태는 다양하겠지만 전반적으로 굽은 선보다는 곧은 선이 위주가 되며 균열의 끊김 정도를 기준으로 본다면 짧게 끊긴 무늬, 길게 연결된 모습의 두 가지 형태가 나올 것이다. 바로 여기서 영감을 얻어 양효와 음효가 만들어졌을 가능성이 있다.

『주례』, 『좌전左傳』, 『국어國語』 등의 선진시대 고적에는 괘효의 기호가 하나라, 상나라, 주나라 시대에 이미 만들어졌다는 기록이 있는데, 최근 관련된 유적들이 속속 출토되면서 음양의 괘효가 아무리 늦어도 전국시대 중반에는 이미 출현했다는 사실이 입증되었다. 알려진 바로는 상하이 박물관이 해외에서 매입한 전국시대 초간본 『주역』에 따르면 괘효 부호는 채색을 띠고 있었다고도 한다.

괘

괘卦, 즉 역괘易卦는 『주역』의 기호 시스템으로 이는 양효와 음효로 이루어진다.

역괘는 8괘와 64괘의 두 종류로 나뉜다. 8괘는 세 개의 효로 이뤄지고 64괘는 총 여섯 개의 효로 이뤄진다. 『주례』에서는 8괘를 경괘經卦라 이르고 64괘를 가리켜 별괘別卦라고 했다. 『주역』의 경문에는 8괘가 아닌

64괘만 등장한다.

『설문해자』에서는 "괘는 시초로 점치는 것으로 '복卜'에서 뜻을 차용하고 '규圭'에서 음을 가져왔다."고 했고 『주역정의』에서 공영달은 『역위』 「건곤착도」 편을 인용해서 "괘卦는 거는 것挂이다. 물상을 걸어 사람들에게 보이는 것을 괘라 이른다."고 했다. 『주역』 「설괘전」에서는 "음양의 변화를 관찰하여 괘를 세운다."고 했다. 근대에 들어와서는 괘란 흙더미 위에 기둥을 세워 해의 그림자 길이를 측정했던 고대의 측정 구조물인 토규土圭를 본 뜬 것이라고 주장하는 학자도 생겨났다. 높이 8척짜리 표表, 즉 막대기를 흙더미 위에 세우면 하지에는 그 그림자 길이가 1척 5촌이 되었다고 하는데 해당 그림자 길이를 재어 방위와 위치, 시간 등을 측정하곤 했다.

괘는 「역경」에서 주로 점을 치는 데 사용되었다가 나중에는 자연현상이나 인간사의 변화, 우주만물의 이치를 설명하는 기호가 되었다.

효의 본질적인 특징은 효效(본받음)와 동動(움직임)에 있다. 효와 괘의 관계는 체體(형상)와 용用(쓰임)의 관계라고 할 수 있는데 괘는 사물의 '체'이고 효는 사물의 '용'에 해당한다.

괘는 정태적인 측면에서 관찰하여 음양의 사물, 사물의 상象, 사물의 형形을 반영하는 데 중점을 두지만, 효는 동태적인 측면에서 관찰하여 음양의 움직임, 사물의 변變(달라짐)과 화化(되어감)를 주로 반영한다.

팔괘취상가

삼재지도

팔괘는 경괘經卦, 단괘單卦, 삼효괘三爻卦, 소성괘小成卦라고도 불리며 『주역』을 이루는 기본적인 부호이자 도안이다. 팔괘는 양효(—)와 음효(- -)가 아래로부터 세 개가 쌓여서 이뤄진다. 세 효가 배열되는 순서는 2의 3승, 즉 여덟 가지 유형이 있으며 배열의 결과로 오른편의 여덟 가지 형태의 부호가 도출된다.

주희는 『주역본의』에 팔괘의 각 괘가 취한 상을 노래로 표현한 '팔괘취상가八卦取象歌'를 수록했다. 거기에 보면 건괘는 세 획이 이어졌다는 뜻에서 건삼련乾三連, 곤괘는 여섯 획이 끊어져 있으므로 곤륙단坤六斷, 진괘는 사발이 위를 향하는 모습이어서 진앙우震仰盂, 간괘는 엎어진 사발의 형상이므로 간복완艮覆碗, 이괘는 중간이 비어 있으므로 이중허離中虛, 감괘는 중간이 차 있다는 뜻에서 감중만坎中滿, 태괘는 위가 뚫려 있으므로 태상결兌上缺, 손괘는 아래가 끊겨 있어서 손하단巽下斷으로 표현되어 있다.

그렇다면 팔괘는 어째서 괘를 이룰 때 세 개의 효만을 취했을까?

팔괘와 팔괘취상가

괘부호	☰	☷	☳	☴	☵	☲	☶	☱
괘명	건乾	곤坤	진震	손巽	감坎	이離	간艮	태兌
팔괘 취상가	건삼련 乾三連	곤륙단 坤六斷	진앙우 震仰盂	손하단 巽下斷	감중만 坎中滿	이중허 離中虛	간복완 艮覆碗	태상결 兌上缺
의미	세 획이 이어짐	여섯 획이 끊어짐	사발이 위를 향함	아래가 끊김	중간이 차 있음	중간이 비어 있음	엎어진 사발	위가 뚫림

「설괘전」에서는 "하늘의 도를 세움은 음陰과 양陽이고 땅의 도를 세움은 유柔와 강剛이며 사람의 도를 세움은 인仁과 의義다."라고 했다. 우주는 하늘과 땅 그리고 사람의 삼재三才로 이루어지기 때문에 『주역』의 도도 '하늘의 도天道'와 '땅의 도地道', '사람의 도人道'를 포함한다.

청나라 학자 완원阮元은 "성인이 처음 팔괘를 그릴 때 강과 유의 두 가지 그림을 베풀었는데 이는 음과 양의 두 가지 기운을 상징한다. 세 개의 위치를 마련한 것은 삼재를 상징한다."고 했다. 여기서 우리는 팔괘의 가장 위에 있는 효는 하늘을 상징하고 맨 아래 효는 땅을, 가운데 효는 사람을 상징함을 알 수 있다. 하나의 괘에 하늘과 땅, 사람의 삼재의 도가 녹아 있는 셈이다.

팔괘의 세 효 가운데 맨 아래 있는 초효初爻는 땅의 지위를 상징하며 구체적으로는 신하 혹은 아내의 지위를 가리킨다. 가운데 있는 중효中爻는 사람의 지위를 나타내며, 맨 위의 상효上爻는 하늘의 지위, 즉 임금이나 지아비의 위치를 상징한다.

노자는 "도는 하나를 낳고 하나는 둘을 낳고 둘은 셋을 낳고 셋은 만물을 낳는다.道生一 一生二 二生三 三生萬物"고 했다. 여기서 '일一'은 태극을 말하고 '이二'는 음양을 가리킨다. '삼三'은 한 괘가 세 개의 효로 이루어지므로 팔괘를 상징하는데 그래서 마침내 팔괘가 우주만물을 낳게 되는 것이다. 현대의 철학자들은 우주의 본체는 시간과 공간, 물질의 세 가지로 이루어진다고 하는데 그렇게 따지면 괘를 이루는 세 효는 각각 시간, 공간, 물질이며 이들이 삼위일체한 형상이 바로 괘가 되는 셈이다.

그렇다면 팔괘는 어째서 굳이 '팔八'이라는 숫자를 사용했을까? 오행五行의 '오五'나, 천지 최고의 수인 '십十'을 제쳐 두고 말이다. 효의 구성면에서 보면 음과 양, 두 개의 효를 세 번 조합한 것이 2의 3승, 즉 8이기 때문에 8이 될 수밖에 없는 것이다. 방위의 측면에서 보더라도 남, 북, 서, 동 '사정위四正位'에 동북, 서남, 서북, 동남 '사우위四隅位'를 더하면 8이라는 숫자가 나올 수밖에 없다.

아래와 같이 팔괘를 이용해서 괘의 상과 위치, 순서, 시간, 숫자 등의 요소를 표시할 수도 있다.

팔괘요소표

괘부호		☰	☷	☳	☴	☵	☲	☶	☱
괘명		건	곤	진	손	감	이	간	태
괘상		하늘	땅	우레	바람	물	불	산	못
괘순서		부	모	장남	장녀	중남	중녀	막내아들	막내딸
위치	선천	남	북	동북	서남	서	동	서북	동남
	후천	서북	서남	동	동남	북	남	동북	서
시간	선천	하지	동지	입춘	입추	추분	춘분	입동	입하
	후천	입동	입추	춘분	입하	동지	하지	입춘	추분
숫자	선천	1	8	4	5	6	3	7	2
	후천	6	2	3	4	1	9	8	7

별괘別卦, 중괘重卦, 육효
괘六爻卦, 대성괘大成卦라고
도 불리는 64괘는 『주역』의
기호 시스템으로 음효와 양
효가 맨 아래에서부터 여섯
차례 중첩하여 형성된다.
『주역』「설괘전」에서는 "역
이 여섯 번 그어 괘를 이루
고 역이 여섯 자리에 문장
을 갖추었다."고 했다.

64괘는 팔괘가 중첩하면
얻게 되는데 경괘經卦, 즉 삼
효괘三爻卦를 내괘로 삼고
그 위에 또 다른 경괘를 외

주역서괘전괘서

괘로 배치함으로써 중괘도重卦圖를 얻을 수 있다.

팔괘는 점치는 데 직접 사용할 수 없고 오직 64괘를 통해서만 점을 칠
수 있다.

다음 쪽에 나오는 중괘도를 참조하라.

중괘도 : 8괘가 중첩하여 64괘가 되는 원리

상괘 하괘	乾 건 하늘	兌 태 못	離 이 불	震 진 우레	巽 손 바람	坎 감 물	艮 간 산	坤 곤 땅
乾 건 하늘	乾건	夬쾌	大有대유	大壯대장	小畜소축	需수	大畜대축	泰태
兌 태 못	履이	兌태	睽규	歸妹귀매	中孚중부	節절	損손	臨임
離 이 불	同人동인	革혁	離이	豊풍	家人가인	旣濟기제	賁비	明夷명이
震 진 우레	无妄무망	隨수	噬嗑서합	震진	益익	屯준	頤이	復복
巽 손 바람	姤구	大過대과	鼎정	恒항	巽손	井정	蠱고	升승
坎 감 물	訟송	困곤	未濟미제	解해	渙환	坎감	蒙몽	師사
艮 간 산	遯둔	咸함	旅여	小過소과	漸점	蹇건	艮간	謙겸
坤 곤 땅	否비	萃췌	晉진	豫예	觀관	比비	剝박	坤곤

「역경」의 문자 계통은 괘명卦名과 괘사卦辭, 효사爻辭로 이루어지는데 괘
명과 괘사는 각각 64개, 효사는 총 386개다.

괘명

괘명은 역괘의 명칭을 뜻한다. 괘사와 효사의 내용이 함축된 표현이므
로 괘명만 봐도 해당 괘에 함축된 이치와 사유방식을 한눈에 짐작할 수
있다. 『주역』 통행본에 나오는 팔괘의 괘명은 각각 건乾, 곤坤, 진震, 손巽,
감坎, 이離, 간艮, 태兌이고 64개 별괘의 이름은 아래와 같다.

건乾, 곤坤, 준屯, 몽蒙, 수需, 송訟, 사師, 비比, 소축小畜, 이履, 태泰, 비否, 동
인同人, 대유大有, 겸謙, 예豫, 수隨, 고蠱, 임臨, 관觀, 서합噬嗑, 비賁, 박剝, 복
復, 무망无妄, 대축大畜, 이頤, 대과大過, 감坎, 이離, 함咸, 항恒, 둔遯, 대장大壯,
진晉, 명이明夷, 가인家人, 규睽, 건蹇, 해解, 손損, 익益, 쾌夬, 구姤, 췌萃, 승升,
곤困, 정井, 혁革, 정鼎, 진震, 간艮, 점漸, 귀매歸妹, 풍豐, 여旅, 손巽, 태兌, 환渙,
절節, 중부中孚, 소과小過, 기제旣濟, 미제未濟

괘명의 유래에 관한 견해는 학자들마다 무척 다양하다.

1. 취상설

취상설取象說을 주장하는 학자들은 역의 괘는 사물의 형상을 관찰하는 것에서부터 시작된다고 여긴다. 따라서 괘의 이름도 특정 물상의 이름과 형상에서 취하였다고 주장한다. 이를테면 건괘는 괘의 상이 하늘인 데다 하늘을 뜻하는 글자가 '건乾'이기 때문에 그것을 괘명으로 삼은 것이다. 곤괘는 괘의 상이 땅이고 '곤坤'이라는 글자가 고대에도 본래 땅이라는 의미를 가지고 있었으므로 그렇게 이름 지었다.

2. 취의설

취의설取義說은 괘상이 사물과 일의 이치와 원리를 대표한다고 믿기 때문에 사물의 뜻을 취하여 괘명으로 삼았다는 견해다. 예컨대 건괘는 강건한 양효로만 이뤄진 괘인데 강건함을 상징하는 단어는 '건乾'이므로 건괘로 이름 지었다는 식이다.

3. 서사설

근대 학자 까오형高亨은 64괘의 각 괘명은 효사에서 대표적인 한 글자혹은 두 글자씩 뽑아내어 만든 서사설筮辭說을 주장했다. 건괘의 경우 구삼효 효사에서 '건乾'이라는 글자를 빼내어 괘명을 삼았다는 식이다.

4. 점사설

점사설占事說은 괘명이란 점을 쳐서 물은 일, 즉 괘사나 효사의 내용과 관계가 있다고 보는 관점이다. 근대 학자 원이둬聞一多는 '건乾'이 본래 북두칠성의 별칭이었던 '알斡'이라는 글자였음을 고증해 내었다. 건괘는 용상龍象(용의 상)이고 용상은 용성龍星(용의 별자리)이며 용성의 출몰은 사계절과 절기의 변화를 상징했다. 그렇게 따지면 건괘는 절기의 변화를 점쳐서

☰이라는 상을 얻은 것이므로 그 괘명을 건괘라고 한 것이다.

그렇다면 어째서 사물의 직접적인 이름인 천天(하늘), 지地(땅), 뇌雷(우레), 풍風(바람), 수水(물), 화火(불), 산山(산), 택澤(못)에서 괘명을 따오지 않고 건乾, 곤坤, 진震, 손巽, 감坎, 이離, 간艮, 태兌라는 추상적인 글자를 써서 이름 지었을까? 자고로 괘명이란 크고 강하며 넓은 것을 상징적으로 표현함으로써 두루 뜻을 함축할 수 있어야 하고, 글자의 형태도 단순하기보다는 복잡다단해야만 괘상의 상징성을 높일 수 있기 때문이다.

예로부터 괘를 만들었던 목적은 백성을 널리 교훈하기 위함이었다. 그래서 『주역』「계사전」에서는 복희씨가 팔괘를 만들어서 "신묘하고 밝은 덕에 통하여 만물의 실정을 분류하였다."고 했다. 이에 따르면 복희와 성인이 괘를 만들었던 이유는 백성을 교훈함으로써 신묘하고 밝은 덕에 통달하여 만물의 이치를 분류하게끔 돕기 위함이었다. 따라서 천天, 지地…… 처럼 단번에 뜻을 파악할 수 있는 글자 형태보다는 건乾, 곤坤…… 처럼 포용성과 함축성, 상징성이 큰 이름을 괘명으로 쓴 것이다.

『육예론六藝論』에서는 "역易은 음양의 상과 천지의 변화, 정교政敎로 말미암아 생겨난다. 수인씨 초기부터 6기紀 91대代*를 거쳐 복희씨에 이르기까지 열 가지의 가르침, 즉 건, 곤, 진, 손, 감, 이, 간, 태, 소消, 식息을 처음 만들었다."고 했다.

괘사

괘사는 『주역』 괘의 뜻을 풀이한 문장으로 보통 점술가의 기록으로 알려졌으며 갑골문에 보이는 점사占辭(점치는 말)와 동일한 종류다. 총 64개의

---

* 6기는 중국 역대 왕조에 해당하는 총 10기 중 6기만을 말한 것으로 구두기九頭紀, 오룡기五龍紀, 섭제기攝提紀, 합락기合洛紀, 연통기連通紀, 서명기序命紀에 이르는 여섯 핏줄로 이뤄진 정권이다. 91대라는 것은 6기의 통치자 수가 총 91명이라는 뜻이다.(구두기 1명, 오룡기 5명, 섭제기 72명, 합락기 3명, 연통기 6명, 서명기 4명)

괘사가 있고 내용은 주로 자연현상의 변화, 역사적 인물과 사건, 인간사의 행위로 말미암은 득실, 길흉에 관한 결론 등으로 구성되어 있다. 혹은 괘상이 상징하는 의미로 길흉을 판단하는 상점象占이나 사실을 서술하는 서사敍事, 점의 조짐인 점조占兆의 세 가지 유형으로 나뉘기도 한다.

보통은 암시적 의미를 함축한 형상 혹은 비유에 사용할 사례를 뽑아낸 다음 길흉에 관한 판단어 및 결론을 쓰는 식이다. 구체적으로 보면 먼저 사건을 서술한 다음에 길흉 판단어를 제시하는 경우, 길흉만 말하고 사건은 서술하지 않는 경우, 길흉을 결론지은 뒤 사건을 말하고 다시 길흉을 말하는 경우 등 다양한 방식이 있다.

그리고 점쳐서 묻는 대상이 되는 내용은 사냥, 여행, 장사, 혼인, 소송, 전쟁, 음식, 제사, 육아, 질병, 농사, 목축 등에 관한 것 등 다양하다. 그 밖에도 서주 초기 이전의 역사적 사건, 예컨대 은나라 고종高宗이 귀방鬼方을 친 사건이라든지 은나라의 제을帝乙이 딸을 문왕에게 시집보낸 일, 나라를 편안하게 하는 제후에게 상으로 말을 여러 번 하사할 정도로 국사에 힘썼다는 옛 왕들의 고사 등도 수록되어 있다.

효명

『주역』의 64괘는 각 괘마다 여섯 개의 효가 있고 각 효는 저마다 이름이 있다. 그리고 각 이름에는 두 개의 숫자가 들어가는데 하나는 위치를 상징하고 다른 하나는 효의 성격을 대표한다. 이를테면 위치를 상징하는 숫자는 아래에서부터 순서대로 초初, 이二, 삼三, 사四, 오五, 상上이고 효의 성질, 즉 양인지 음인지는 숫자 구九와 육六으로 표현한다. 그러면 위치를 상징하는 숫자와 성질을 나타내는 수가 한데 만나 두 글자로 된 효명을 이루게 되는 셈이다. 예컨대 건괘를 이루는 육효의 명칭은 아래서부터 각각 초구初九, 구이九二, 구삼九三, 구사九四, 구오九五, 상구上九이고, 곤괘 효명은 각각 초육初六, 육이六二, 육삼六三, 육사六四, 육오六五, 상육上六이 되는 식이다.

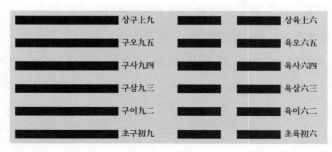

건괘와 곤괘의 육효 명칭

그렇다면 어째서 양효는 숫자 9로, 음효는 숫자 6으로 표기하는 것일까? 어떤 이는 그 연유를 시초점에서 찾기도 한다. 즉 대연지수大衍之數(천지 음양의 변화를 추측하는 데 사용하는 수로 '50'을 가리킨다.)를 활용한 설시법揲蓍法으로 점을 치면 6, 7, 8, 9라는 수가 나오는데 그중 9가 노양老陽 즉 태양太陽이고, 6이 노음老陰 즉 태음太陰이기 때문에 이들 두 수가 각각 양과 음을 대표한다고 주장하는 것이다. 또 어떤 이는 하도河圖*에 나오는 다섯 개의 생수生數** 가운데 세 개의 홀수 즉 1, 3, 5를 합하면 9가 나오고, 두 개의 짝수 즉 2, 4를 합하면 6이 나오기 때문이라고도 말한다. 그래서 주희도 "9라는 숫자는 1과 3과 5가 쌓인 것이며 6은 생수 2와 4의 합이다."라고

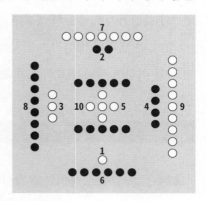

하도

---

* 하도: 복희씨 때 황하에서 용마龍馬가 등에 지고 나왔다는 팔괘의 근원이 되는 그림

** 생수: 1부터 10까지의 수 가운데 1~5는 만물을 탄생시키는 생수生數이고 6~10까지는 성수成數다. 성수는 생수에 중앙의 수인 5를 더하여 도출해 낸다.

했다.

또 어떤 사람들은 양의 체體는 세 개의 획(☰)으로 이루어져 있고 음의 체는 여섯 개의 획(☷)으로 이루어져 있다고 하면서, 양은 음을 겸할 수 있으므로 9이고 음은 양을 겸할 수 없으므로 6이라고 주장한다.

필자는 9와 6은 본래 대연지수 설시법으로 도출된 7, 9, 8, 6의 사영지수四營之數에 기원을 둔다고 생각한다. 이 사영지수는 춘春, 하夏, 추秋, 동冬의 사시四時에 각각 대응하며 소양少陽, 노양老陽, 소음少陰, 노음老陰의 사상四象에도 대응한다.

7은 봄이자 소양이며 이것이 9로 넘어가면 여름이자 노양이 되는데, 7은 음양의 성질이 아직 변하지 않은 상태라 '불변不變의 수'라고도 한다.

9는 여름이자 노양이며 이것이 8로 넘어가면 가을이자 소음이 된다. 9는 음양의 성질에 변화가 생기므로 '가변可變의 수'라고 한다.

8은 가을이자 소음이다. 이것이 6으로 넘어가면 겨울이자 노음이 되는데 8은 음양의 성질이 바뀌지 않으므로 '불변의 수'라고 한다.

6은 겨울이자 노음인데 이것이 7로 넘어가면 봄이자 소양이 된다. 6 또한 9와 마찬가지로 음양의 성질이 변화하므로 '가변의 수'라고 한다.

『주역』은 변화하여 바뀌는 변역變易을 중시하므로 9와 6이라는 두 가변의 수를 취하여 각각 양효와 음효를 대표하는 수로 삼은 것이다.

효사

효사는 효의 뜻을 풀이한 문장이다. 『주역』의 별괘 64개는 각 괘가 여섯 효로 이뤄져 총 384개의 효를 가진다. 거기다 건괘와 곤괘에는 각각 용효用爻라는 것이 하나씩 더 있어서 총 386개의 효로 이루어져 있으니 이에 따라 효사도 총 386개가 되는 셈이다.

효사의 구성을 보면 먼저 효의 제목이 열거된 다음 그 뒤로 효사가 나온다. 효의 제목은 두 개의 숫자 혹은 글자로 이뤄지는데 그중 하나는 효의 성질을 나타내는 것으로 양효는 구九, 음효는 육六으로 표기하고, 다른 하나는 순서와 위치를 상징하는 것으로 아래로부터 각각 초初, 이二, 삼三, 사四, 오五, 상上으로 기록한다. 예컨대 아래에서 두 번째 효가 음효라면 '육이효六二爻'가 되는 식이다. 효사는 각 괘의 주요한 내용을 이루는데 체제나 내용, 소재 면에서 전반적으로 괘사와 유사하다.

괘사와 효사의 내용을 살펴보면 『주역』은 주나라 사람이 점친 사례를 모은 것이고, 괘사와 효사는 각각 괘상과 효상을 풀이한 해설임을 알 수 있다. 『좌전』에는 춘추시대 사람이 점을 칠 때는 먼저 괘를 뽑은 뒤 『주역』에서 해당 괘의 괘사와 효사를 찾아보고는 거기 나온 사례에 근거해 일의 길흉을 추측했다는 기록이 나온다. 괘상과 효상, 괘사와 효사는 『주역』의 기본 소재가 되는데, 이들은 한 사람에 의해 일관되게 서술된 것이 아니라서 서로 중복되는 부분이 적지 않다.

주나라 사람이 처음 점술의 방법을 고안했을 무렵에는 팔괘밖에 없었던 때라 팔괘의 여덟 가지 형상에 근거해서 일의 길흉을 판단했었다. 점치고 길흉을 판단했던 말들을 일컬어 '서사筮辭'라고 부르는데 이것이 바로 점술에 관한 원시 기록이다.

『주역』 64괘에 대한 효사도 이러한 '서사筮辭'에 뿌리를 두고 있다. '서사筮辭'는 어느 한 사람이 혼자서 만들어 낸 것이 아니라 서로 다른 시대를 살았던 사람들이 오랜 세월에 걸쳐 축적해 온 결과물이다. 혹은 점치는 일을 관장하던 이가 조상兆象(점괘의 형상)과 점단占斷(점쳐서 판단함)을 포함한 다수의 점친 결과를 기록한 뒤 이를 정리하고 통계를 내려서 점괘가 잘 들어맞은 것만을 골라내 재차 가공과 편집 과정을 거쳤을 수도 있다. 그래서인지 어떤 괘사는 수차례 수정되거나 재배열되는 양상을 보여 마치

한 편의 시를 보는 듯하다. 점괘, 박괘, 복괘, 임괘, 명이괘 등이 그 예다. 편집과 가공의 목적은 점서占辭(시초점으로 점을 침)의 내용을 체계화하기 위함이다. 그러나 대다수 괘사와 효사는 단순히 '서사筮辭'를 한데 모아 놓은 것에 불과해서 괘사와 효사 간에는 그 어떤 필연적인 관계는 보이지 않는다.

『주역』「계사전」에는 "역에는 성인의 도가 네 가지 있으니 역으로써 말하는 자는 그 말을 숭상하고, 역으로써 움직이는 자는 그 변화를 높이며, 역으로써 기물을 만드는 자는 그 상을 숭상하고, 역으로써 점치는 자는 그 점을 높인다."는 말이 나온다.「역경」이 '사辭, 변變, 상象, 점占'의 네 가지 도道로 이뤄졌다고 생각한 결과다. 후세 사람들 가운데는「역경」이 '상象, 수數, 이理, 점占'의 네 가지 요소로 이뤄졌다고 주장하는 사람도 있는 반면, '상象, 수數, 사辭, 의義' 혹은 '상象, 수數, 사辭, 점占'으로 되어 있다고 보는 사람도 있다. 비록 각자 주장하는 요소들이 일치하지는 않지만 어쨌든 이것들은「역경」을 구성하는 네 가지 요소로 알려져 왔다.

필자는「역경」이 '상象'과 '사辭'의 두 가지 요소로 이루어졌다고 생각한다. '수數'라는 요소도 중요하지만 이것은 상에 포함시킬 수 있다. 왜냐면「역경」의 수는 효수爻數(효의 위치와 순서)를 말하고 이 효수는 바로 효상을 의미하기 때문이다. 예컨대 구사九四는 네 번째 효가 양효임을 뜻하고 육삼六三은 세 번째 효가 음효라는 말이다. 또한 '의義'라는 요소를 따로 밝히지 않는 이유는 의는 '사辭'의 범주 안에 들어가기 때문이다.「역경」에서 말하는 '의義'는 괘사나 효사를 통해 드러난다. 마지막으로 '점占'과 '변變'을 굳이 따로 꼽지 않은 이유는, 이것들은「역경」의 용도를 일컫는 것으로 '상象'이나 '사辭'와는 별개의 영역이기 때문이다. 따라서 구성의 측면에서 봤을 때「역경」을 이루는 요소는 크게 '상象'과 '사辭'라고 할 수 있으며 구체적으로 그것들이 가리키는 대상은 각각 괘효상과 괘효사다.

예로부터 학자들은 괘효상과 괘효사 간에는 필연적인 상관관계, 서로 대응하는 논리관계가 있다고 여겼다. 춘추시대부터 청나라 말, 중화민국에 이르기까지 역학자들은 이들 사이의 논리관계를 밝혀내기 위해 부단히 애썼다. 괘상을 해석하고 괘효사를 주석하여 둘 사이의 연결 고리를 만들어 하나의 일관된 관계를 형성함으로써 『주역』이 신성한 고전이자 성인이 남긴 불후의 유산임을 증명하려 했던 것이다. 덕분에 이 과정에서 『주역』에 관한 다양한 해석과 유파가 생겨나 각자의 학술사상을 독립적으로 펼쳐 나가기 시작했다.

그러나 근대에 들어와서는 괘상과 괘효사 간에 그 어떠한 필연적 관계도 없다고 지적하는 학자들도 생겨났다. 점을 쳐서 얻은 괘상은 점쳐 물은 사건이나 결과와는 완전히 별개의 것으로 단순한 우연일 뿐이라는 말이다. 만약 괘효사가 괘효상과의 어떤 논리적 관계에 의해 생겨났다면 괘효상이 다르게 나왔는데도 동일한 괘효사가 중복하여 등장하는 현상은 어떻게 납득할 수 있겠는가? 이치대로라면 효상이 다르면 효사도 달라야 하기 때문이다.

그래서 처음에 괘효상과 괘효사가 서로 연결됐던 것은 다만 점서占筮의 필요 때문이었다고 말할 수 있다. 그 뒤 오랜 세월에 걸쳐 편집자가 정리하고 수정, 가공하면서 둘 사이의 관계를 논리화하고 인과관계를 형성하려는 의도가 추가됐을 뿐이다. 그 결과 둘 사이의 필연성이나 연관성이 두드러지게 강한 것이 있는 반면 약한 것도 생겨나게 됐다. 그러나 둘 사이에 그 어떤 인과관계도 없다고 완전히 부정하는 관점, 혹은 둘 사이의 관계를 인정하다 못해 신성시하기까지 하는 경향, 둘 모두 옳지 않다.

「역경」은 편집, 가공되는 과정에서 일정한 의의와 사상을 함축하게 되었다. 즉 「역경」의 괘상과 괘효 기호시스템은 오랜 세월 원시 복서卜筮(거북점과 시초점)의 과정을 거치면서 수數와 상象이 질서 있게 정돈되고 추상화되었고 안정성과 규범성을 갖추게 되었다. 그 결과 두 개의 대립하는 면을 배열, 조합함으로써 인간의 이성적이고 논리적인 사유를 반영시키는 단계까지 이르렀다. 홀수(—)와 짝수(- -)로 이루어진 두 개의 대립하는 획을 배치함으로써 다음과 같이 팔괘를 구성하는 네 가지 대립면을 만든 것이 그 예다.

64괘도 마찬가지로 여덟 가지 대립하는 괘상을 짝지어 서른두 개의 대립면을 형성하였다. 그래서 괘의 순서에 있어서도 64괘는 대립하는 괘상끼리 둘이 쌍을 이루는 구조를 가진다. 이러한 사유방식은 괘상에 대립면이 존재한다는 사실과 대립면을 통해 이루어진 변화는 그 안의 기본 요소인 두 획의 배합을 통해 외부로 표현된다는 것을 인정하는 것이다. 그리고 이것은 대립면의 상호관계를 통해 사물의 변화를 설명하는 사유방식의 시작이 되었고 후대 철학의 사상적 발전에 심원한 영향을 끼친다.

「역경」의 괘효사는 종교적 미신, 인생 태도, 윤리 관념, 우주에 대한 인식 등 각 방면을 아우를 뿐 아니라 노예제가 성행했던 은나라와 주나라 시대 백성의 생활상과 정신적인 면모, 당시의 역사, 과학, 정치학, 윤리학 지식을 그대로 반영한다. 그리고 우리는 상고시대 사람들이 점치는 방식과 괘효의 구조 등을 통해 객관적 사물의 변화 법칙을 해석하고 이로써 우주자연의 인과관계를 찾아내려고 노력했음을 엿볼 수 있다.

「역경」은 원시 무속 문화의 전통을 계승하고 은나라에서 주나라에 이르는 시대의 종교, 사상적 변화를 담아냈다. 그리고 덕으로써 하늘의 뜻을 따른다는 '천명신학天命神學'의 관념과 '복서卜筮'의 요소를 한데 모아 '천인합일天人合一' 이론의 기초로 삼는 무속의 체계를 이루면서 미신적인 부분이 두드러지기도 했다. 그러나 단순히 시초의 배열에 의존해서 길흉을 점치던 차원 낮은 원시 무속의 접근법을 버리고 '시초'와 '괘'라는 외형의 틀 안에 철학적 이치를 담아내는 수준까지 이르렀다.

「역경」은 소박한 변증법의 관점, 즉 사물에는 대립면이 있다는 전제하에 사물의 발전이 극에 달하면 그 반대면으로 전환한다는 관점을 강조한다. 또한 「역경」에는 인간사는 하늘의 도와 같아서 늘 같은 방향으로만 가지는 않고 반대면으로 바뀌어 전환될 수도 있으며, 이 때문에 인생의 길함과 흉함도 어느 정도 개인의 행위에 의해 결정될 수 있다는 편집자의 세계관이 반영되어 있다.

위의 분석을 종합해 볼 때 「역경」은 비록 무속 문화의 산물인 점술서이긴 하지만 인위적인 요소, 즉 흉함을 피하고 길함을 향해 나아가는 가치 선택의 요소가 가미되어 있는 셈이다. 그래서 여느 미신 서적이나 거북점처럼 단순하게 길흉의 결과만을 알려 주는 무속 행위와는 본질적으로 다르다. 또한 「역경」이 점사를 서술한 대목에 사람들이 입신양명하고 몸과 마음이 안락함을 누릴 수 있도록 돕는 말이 나오는 것을 보면 어느 정도 인문적인 색채도 지니고 있다고 할 수 있다.

이처럼 「역경」에 나오는 삶의 경험, 인생의 지혜, 위기의식, 이성적 사유 등은 철학 사상과 문화를 이루는 원류가 되었다.

09
「역전」의 내용

「역전」은 전국시대 이래 「역경」을 해석한 논문 성격의 종합 서적으로서 「역경」의 무속적 성격을 철학 사상으로 승화하고 미신적 이미지를 이성적 인식으로 바꿔 놓았다는 데 가장 큰 공이 있다.

또한 「역전」은 경문을 풀이한 작품으로서 괘효 기호와 괘효사, 두 가지 측면의 신성함을 모두 보존해야 했다. 그래서 우주자연에 존재하는 유무형의 형상과 이를 증명하는 수단인 숫자를 통칭하는 '상수象數'와 인간사적 측면의 의의와 마땅한 이치인 '의리義理'의 두 가지 측면에서 「역경」의 함의를 밝혔다.

「역전」은 한 편의 철학서로서 무속적이고도 미신적인 요소를 타파하고 자기만의 사상 체계를 수립해야만 했다. 이런 까닭에 「역전」을 가리켜 점술서의 겉옷을 입은 철학서라고 이르기도 한다. 「역전」은 '십익十翼'으로도 불리며 일곱 가지 유형, 총 열 편의 작품을 통해 「역경」을 보충하여 해석한다.

단전

「단전象傳」은 「단사象辭」 또는 「단사전象辭傳」이라고도 한다. 「단전」은 괘의 뜻만을 풀이한 부분으로 효는 해석하지 않는다. 괘의 의미를 풀이한다는 것은 괘명과 괘사를 해석한다는 것인데 이는 주로 아래의 세 가지 방법을 통해 이뤄진다.

1. 의리와 덕행으로 괘의 의미를 풀이하는 방법

64개의 별괘別卦는 본래 2개의 경괘經卦가 중첩하여 이루어진다. 따라서 이러한 경괘의 덕행德行*과 의리義理를 통해 64괘를 풀이하는 방법이다. 이를테면 준괘(䷂)는 상괘가 감괘(☵)이고 하괘가 진괘(☳)이므로 「역전」에서는 이를 가리켜 이렇게 해석한다.

"험한 가운데서 움직이니 크게 형통하고 바르다. 우레와 비의 움직임이 가득하니, 하늘이 시작되어 천운이 어지럽고 생명의 기운이 아직 밝지 않을 때는 마땅히 제후를 세워야 하고 편하게 여겨서는 안 된다."
動乎險中 大亨貞. 雷雨之動滿盈 天造草昧 宜建侯而不寧.

여기서 '움직임動'이 진괘의 덕행이고 '험함險'이 감괘의 덕행이다. '움직임'은 '하늘이 개벽함造'을 이끌어내었고 '험함'은 '생명의 기운이 밝지 않음昧'을 초래했다. 이처럼 준괘는 음양이 교차하여 우레 섞인 비가 내리고 어수선하며 어두컴컴하기 때문에 64괘 중에서도 풀이가 쉽지 않은 난괘難卦 가운데 하나로 꼽힌다.

「단전」에서 괘명을 해석할 때는 발음에 근거하여 글자를 풀이하는 '성훈聲訓'과 동시대인이 이해했던 말로 글자를 풀이하는 '의훈義訓'의 방법을 자주 쓴다. 예컨대 비괘比卦의 「단전」에서는 "비는 돕는 것이다.比 輔也"라고 하여 '비比'를 보필한다는 의미로 해석했는데 이는 『설문해자』에서 "비比는 친밀함이다. 두 개의 인人이 모인 것이 종从이고 종从이 뒤집힌 것이 비比다."라고 한 데서 기인한 것이다. 또한 사괘師卦의 「단전」에서는 "사는 무리다.師 衆也"라고 했는데 군대師는 많은 수의 병졸을 필요로 하기

---

* 덕행: 괘의 덕행, 즉 '괘덕卦德'을 말하는 것으로 괘의 기능과 작용을 덕성으로 표현한 것이다. 강건함, 부드러움, 기쁨, 밝음, 험함, 움직임 등을 말한다.

때문에 '무리'라고 표현한 것이다. 함괘咸卦의 「단전」에서는 "함은 감응함이다.咸 感也"라고 했는데 이는 성훈법을 따른 예다. 고대에는 '감感'이 '함咸'의 발음을 차용해서 당시만 해도 둘의 발음이 동일했기 때문이다. 그리고 수괘需卦의 「단전」에는 "수는 기다림이다.需 須也"라는 구절이 나오는데 마찬가지로 수괘의 '수需卦'와 기다림을 뜻하는 글자 '수須'가 고대에 발음이 동일했기 때문이다.

또한 「단전」에서는 괘명을 풀이할 때, 뜻의 경계를 정하는 의계법義界法과 뜻의 범위를 확대하는 인신법引伸法을 활용하기도 했다. 예컨대 이괘頤卦의 「단전」에는 이런 표현이 나온다.

> "이가 바르게 함이 길한 것은 바름을 기르면 곧 길하기 때문이다. 길러 줌을 보는 것은 그 기르는 바를 바라보는 것이다. 스스로 음식을 구함은 자기가 스스로 기름을 바라보는 것이다. 천지가 만물을 기르고 성인이 현자를 길러서 만민에게 미치니, 이의 때가 크다."
>
> 頤 貞吉 養正則吉也. 觀頤 觀其所養也. 自求口實 觀其自養也. 天地養萬物 聖人養賢以及萬民. 頤之時大矣哉.

여기서는 이頤의 본뜻인 '기르다養'에서 출발하여 '바른 것을 기르다.養正' '기르는 바所養' '스스로 기르다.自養' '만물을 기르다.養萬物' '어진 이를 기르고 만민에 미치게 한다.養賢以及萬民'는 뜻으로 그 범위를 확장해서 풀이했다. 그 밖에도 함괘의 「단전」에는 '함咸'이 '감感'에서 출발했다는 훈고를 기초로 여기서 한 발 더 나아가 "유가 위에 있고 강이 아래에 있어 두 기운이 감응하여 서로 돕는다.柔上而剛下 二氣感應以相與"고 했다. '감感'을 강과 유의 두 기운이 서로 감응하는 것으로 확대하여 본 것이다.

이처럼 「단전」은 위에서 말한 방법을 종합하여 괘사를 풀이하는데 이를테면 임괘의 「단전」에는 이런 풀이가 나온다.

"임은 강이 점점 자라나고 기뻐하며 순응한다. 강이 가운데 있고 상응하여 크게 형통하고 바르니 하늘의 도다. 팔 개월이 지나 흉함이 있다는 것은 양이 사라질 날이 멀지 않기 때문이다."

臨 剛浸而長 說而順 剛中而應. 大亨以正 天之道也. 至于八月有凶 消不久也.

그중 "강이 점점 자란다.剛浸而長"고 한 부분은 괘체卦體를 통해 괘명을 해석한 부분이다. 즉 임괘(䷒)의 맨 아래 두 효가 양효라서 강剛이 점차 자라나서 바른 길로 들어선다고 표현한 것이고 이런 까닭에 크게 형통하고 바르다고 했다. 하지만 양陽의 기운이 점점 커진다는 것은 아이러니하게도 양이 머지않아 소멸할 것임을 암시하는 징조이므로 8개월에 이르면 흉함이 있을 것이라고 덧붙였다.

2. 효의 위치로 괘의 뜻을 해석하는 방법

「단전」에서는 효위爻位(효의 위치) 관계를 통해 괘의 뜻을 풀이했는데 이를 위해 사용한 용어에는 중中, 강중剛中, 정正, 정위正位, 당위當位, 중정中正, 응應, 승承, 승乘 등이 있다. 예를 들면 아래 네 괘의 「단전」에서는 각각 이런 해석을 내놓았다.

송괘(䷅): "대인을 봄이 이로움은 숭상함이 중정中正하기 때문이다."
임괘(䷒): "기뻐하며 순응하며 강이 가운데 있고 상응相應한다."
관괘(䷓): "위에 있는 것을 크게 바라보니 유순하고 공손하며 중정中正함으로써 천하에 보여 준다."
쾌괘(䷪): "유가 다섯 개의 강을 타고乘 있다."

이에 대한 자세한 내용은 뒤에 가서 다시 설명할 것이니 일단 이러한 용어가 있다는 것만 알아 두고 넘어가자.

3. 형상을 통해 괘의 뜻을 풀이하는 방법

64괘 가운데 일부는 괘의 뜻이 괘 부호의 형상과 연관된 경우가 있는데 아래는 서합괘噬嗑卦와 정괘鼎卦에 나온 「단전」의 내용이다.

서합괘(☲☳): 턱 가운데 물건이 있는 것을 서합이라고 한다.
정괘(☲☴): 정은 형상이니 나무에 불을 붙여 음식을 삶는 것이다.

서합괘를 잘 보면 이괘(☲)의 입안에 마치 물건(제4효에 해당함)이 하나 들어가 있는 것처럼 보이는데 이를 활용해서 「단전」의 풀이가 나온 것이다.

정괘는 그 생김이 솥과 비슷하다. 맨 아래 초효는 솥의 두 다리에 해당하고, 오효는 솥 위에 달린 두 귀이며, 맨 위의 상효는 솥을 들어올리기 위해 두 귀에 꿰어 맨 막대기이고, 중간의 양효 세 개는 솥의 볼록한 배를 상징한다. 「단전」에서는 이러한 이미지를 통해 정괘를 제사 음식을 삶는 것으로 풀이했다.

「단전」에서 괘의 의미를 해석할 때는 특히 '때時'와 '위치位'를 중시했다. 소위 '때'라는 것은 '시기'다. 괘가 처해 있는 시간적 환경 등의 조건을 말한다. 그래서인지 「단전」에는 "때가 크도다!時大矣哉"라는 구절이 자주 보인다. 그리고 소위 '위치位'라는 것은 각 효의 위치를 가리킨다.

'효위爻位(효의 위치)'와 '괘시卦時(괘가 처한

정鼎의 형상

시기적 상황)'는 서로 밀접하게 연관되어 있기 때문에 둘을 따로 떼어 생각할 수 없다. 효의 위치가 괘의 시기에 종속되기는 하지만 도리어 효위가 괘시를 바꿀 수도 있다. 일반적으로 괘시는 괘의 길흉을 결정짓는 가장 중요한 요소이며, 각 괘는 그것이 처한 '위치'로써 '시기'의 변화에 적응한다. '시기'는 육효가 변화하기 위한 전제이자 육효를 변화하게 하는 결정적인 요소가 되는 셈이다.

이처럼 「단전」은 후대인들이 세계관, 자연관, 인생관, 생명관을 형성하는데 풍부한 사상적 기반이 되어 주었다.

상전

「상전象傳」은 주로 괘상과 효상을 풀이한 부분으로 「상사象辭」 혹은 「상사전象辭傳」이라고도 불린다. 괘상을 풀이한 것을 「대상전大象傳」이라 하고, 효상을 해석한 것은 「소상전小象傳」이라고 한다. 「대상전」은 총 64개이고 각 문장은 두 개의 구절로 이루어져 있는데, 앞 구절은 괘상을 분석함으로써 괘명을 풀이한 것이고 뒤 구절은 군자 등이 괘상을 관찰함으로써 계시나 교훈을 얻는다는 내용이다.

아래는 「대상전」에서 괘를 풀이한 사례다.

건괘: "하늘의 운행이 굳세니 군자는 이를 본받아 스스로 강해지고자 노력하기를 쉬지 않는다."
天行健 君子以自强不息.

곤괘: "땅의 기세가 유순하니 군자는 두터운 덕으로 만물을 싣는다."
地勢坤 君子以厚德載物.

준괘: "구름과 우레가 준이니 군자는 이를 보고 다스린다."

雲雷屯 君子以經綸.

몽괘: "산 아래에서 샘물이 나오는 것이 몽이다. 군자는 이를 보고 과단성 있게 행동하며 덕을 기른다."

山下出泉 蒙. 君子以果行育德.

무망괘: "하늘 아래 우레가 다녀 물건마다 망령됨이 없으니 선왕은 이를 보고 성대하게 천시에 부합하여 만물을 기른다."

天下雷行 物與无妄 先王以茂對時育萬物.

가인괘: "바람이 불로부터 나오는 것이 가인이다. 군자는 이를 보고 말에 진실함이 있고 행실에 항상함이 있게 한다."

風自火出 家人. 君子以言有物而行有恒.

「대상전」에서 괘상을 풀이할 때는 경괘經卦에 대한 상을 취하는 취상取象에서부터 시작한다. 64괘는 건, 곤, 진, 손, 감, 이, 간, 태의 팔괘가 중첩함으로써 만들어진다. 그중 팔괘가 스스로 중첩한 결과 상괘와 하괘가 동일하게 된 것을 일컬어 팔순괘八純卦라고 하고, 팔순괘 외 56개의 괘는 상괘와 하괘가 서로 다른 형태의 경괘다.

「대상전」에서는 팔순괘를 해석할 때 경괘의 상을 취하는 것에서부터 시작한다. 예를 들어 「대상전」에서 건괘와 곤괘를 각각 '하늘의 운행天行', '땅의 기세地勢'라고 풀이한 것은 건에서 하늘의 상을 취하고 곤에서 땅의 상을 취했기 때문이다. 마찬가지로 나머지 56개의 괘에 대해서도 위아래 경괘의 상을 취하는 것에서부터 해석이 시작되는데 이를테면 준괘(☳)는 상괘가 감괘(☵), 하괘가 진괘(☳)로 이루어져 있는데 감괘는 물과 구름의 상을, 진괘는 우레의 상을 취하였으므로 "구름과 우레가 준이다.雲雷屯"라고 해석한 것이다. 그리고 이를 이어 뒤 구절에서는 "군자는 이를 보고君子以"라고 덧붙임으로써 해당 괘상으로부터 정치, 도덕, 행위 규범상의 일깨움을 얻으라고 권고한다. "군자는 이를 보고"라는 구절 외에도 "선왕은 이를 보고" 혹은 "후세 사람들은 이를 보고"라는 말도 등장하지만 많지는 않다. 이처럼 뒤 구절은 앞 구절에서 확장된 내용이자 괘명이나 괘상에 대한 보충적 설명, 혹은 일상에의 적용점을 제시하는 내용이라고 볼 수 있다.

정리해 보면 「대상전」의 앞 구절에서는 하늘의 도를 논하고 뒤 구절에서는 사람의 도를 강조하는 편인데, 결국 사람의 도는 하늘의 도에서 나오므로 천도天道와 인도人道는 동질성을 가진다. 이처럼 하늘의 도에서 출발하여 사람의 도를 밝히는 사유방식은 선진시대 도가에서 영향을 받은 것이다.

「소상전」은 총 386개로 이뤄지며 「대상전」의 해석 방법과는 좀 다른 면이 있다. 「대상전」이 주로 상을 취하는 취상법을 써서 괘상을 해석한 것이라면 「소상전」은 주로 효위나 뜻을 취하는 취의법을 통해 효상을 풀이한다. 예컨대 「소상전」에서 건괘(☰)의 여섯 효를 해석한 부분을 보면 맨 아래 효에서부터 차례대로 이렇게 서술되어 있다.

초구初九: "양이 아래에 있다.陽在下也"

구이九二: "덕을 베풂이 널리 이루어졌다.德施普也"

구삼九三: "도를 반복한다.反復道也"

구사九四: "나아가는 것이 허물이 없다.進无咎也"

구오九五: "대인의 일이다.大人造也"

상구上九: "가득한 것은 오래가지 못한다.盈不可久也"

　　그리고 마지막 효사인 용구用九에 대해서는 "하늘의 덕은 우두머리가 되면 안 된다는 것이다.天德不可爲首也"라고 풀이되어 있다. 이 가운데 "양이 아래에 있다."는 구절은 효의 위치상 초구가 가장 아래에 있음이 반영된 해석으로 이 때문에 그 뒤를 이어 "잠겨 있는 용은 쓰지 말라."고 덧붙였다. 그 밖에 나머지 효는 의리義理의 측면에서 해석했다.

　　육효의 위치에 대한 「소상전」의 전체적인 관점을 보면 맨 아래 초효는 시작始이자 아래下이며 궁함窮을 상징하고, 삼효와 사효는 머뭇거림猶豫, 의심疑惑, 반복反復의 의미를 지닌다. 그리고 이효와 오효는 하괘와 상괘의 중앙에 위치하므로 중정中正함과 중도中道를 뜻하며 상효는 맨 끝終, 위쪽上, 높음亢, 충만함盈을 나타낸다. 「단전」과 마찬가지로 「소상전」도 중中, 정正, 응應, 승承, 승乘 등의 용어를 활용하는데, 다만 「단전」은 괘사에 대한 해석이고 「소상전」은 효사를 풀이한다는 점에서 차이가 있을 뿐이다.

문언전

　　「문언전文言傳」은 「문언文言」이라고도 불린다. 64괘 가운데 건괘와 곤괘에 대해서만 해석하므로 나머지 62개 괘에 대한 「문언전」은 없다. 건, 곤의 두 괘는 64괘 중 유일하게 순수하게 양효로만 이루어진 순양純陽과 순수하게 음효로만 이루어진 순음純陰의 괘일 뿐 아니라 역易으로 들어가는 문에 해당하므로 「문언전」이라는 별도의 문장으로 설명한 것이다.

　　「문언전」은 건괘와 곤괘의 괘효사에서 글자와 장구 혹은 핵심 단어를 중심으로 해석함으로써 괘효사의 대의를 알리는 데 집중했다.

　　「문언전」에는 괘체에 대한 분석은 없지만 괘상과 효위, 괘덕에 대해서는 풀이해 놓았다. 예컨대 건괘의 초구효에 대한 효사인 "잠겨 있는 용은 쓰지 말라.潛龍勿用"에 대해 「문언전」에서는 아래처럼 풀어놓았다.

"아래에 있기 때문이다.下也"

"양의 기운이 잠기어 감추어졌기 때문이다.陽氣潛藏"

"용의 덕을 가지고 은둔한 자로, 세상을 따라서 변치 않으며 공명을 이루려 하지 않는다. 세상을 등지되 근심이 없고 인정받지는 못해도 걱정하지 않는다. 즐거운 세상이면 나아가 도를 행하고 우려되는 세상이면 떠나니, 뜻이 확고하여 가히 뽑을 수 없는 것이 잠겨 있는 용이다.龍德而隱者也. 不易乎世 不成乎名 遯世无悶 不見是而无悶. 樂則行之 憂則違之 確乎其不可拔 潛龍也"

"잠겨 있음은 숨어서 드러나지 않으며 행하나 이루지 못하는 것이다. 이런 까닭에 군자가 쓰지 않는 것이다.潛之爲言也 隱而未見 行而未成 是以君子弗用也"

여기서 '아래下' '잠겨 있다潛' '숨다隱'라는 말은 효의 위치를 고려한 표현으로 초효가 건괘의 맨 아래에 위치하기 때문이다. '양의 기운陽氣' '용의 덕龍德'은 각각 건의 괘상과 괘덕을 말한 것으로 건은 하늘과 용, 양의 기운에서 상을 취하였고 그 덕행은 강건하고 중정하다. 그중에서도 초구효의 덕행은 세상을 등지고 숨어 지내는 것이기 때문에 "용의 덕을 가지고 은둔한 자다.龍德而隱者也"라고 표현한 것이다. 여기서 확대하여 그 뒤 구절에서는 "세상을 따라서 변치 않으며 공명을 이루려 하지 않는다.不易乎世 不成乎名"는 은거 사상이 나왔다. 여기서 '은거함'은 현실 도피적인 물러섬이 아니고 사실상 한 발 앞으로 나아가기 위한 한 발 후퇴의 개념이다. 그런 까닭에 건괘를 아우르는 전체적인 사상은 단지 은거함을 넘어서서 「문언전」에 나온 것처럼 "강건하고 중정하며 순수하고 정함剛健中正 純粹精也"으로 볼 수 있다.

곤괘의 해석도 마찬가지로 효위와 괘상, 괘덕을 통한 분석법을 사용했다.

계사전

「계사繫辭」라고도 불리는「계사전繫辭傳」은 상편과 하편으로 이루어져 있으며「역경」에 대한 일반적이고도 총체적인 이론서다.「역경」의 의미를 점서占筮의 측면에서 총체적으로 논할 뿐 아니라 괘효사에 함축된 관념을 전반적으로 풀이하고「역경」의 기본 원리를 밝혔다. 이러한 과정을 통해「역경」이 점술서에서 철학서로 거듭나는 데 일조했으므로「계사전」은「역전」의 철학 사상을 대표한다고 할 만하다.

「계사전」은「역경」의 점서 원칙에 대해서 설명하고 있다. 통용되는「계사전」의 상편을 보면 '대연지수大衍之數'의 설시揲蓍(시초점을 치기 위해 산가지를 셈)를 통해 괘를 뽑는 구체적인 과정이 기록되어 있는데(1973년 마왕퇴 유적지에서 출토된 비단 서책에는 이 부분에 대한 기록이 없음) 여기에 대해서는 나중에 나올 '주역의 점복' 단원에서 자세히 설명하겠다.

「계사전」에서는 이 같은 대연지수 설시법이 괘의 효상을 정할 뿐 아니라 "천하의 상을 이룬다."고 했다. 또「계사전」에는 태극에서 양의, 사상, 팔괘에 이르는 순서를 통해 설시법으로 괘를 이루는 과정을 설명했다.

"그러므로 역에는 태극이 있으니 이것이 양의를 내었고 양의는 사상을 낳았으며 사상은 팔괘를 낳았다."

是故易有太極 是生兩儀 兩儀生四象 四象生八卦.

「역경」64괘의 근원은 '태극太極', 즉 대연지수 설시법에서 50개의 산가

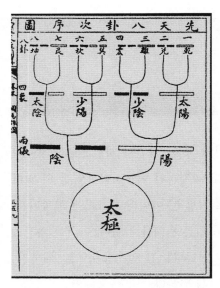

지가 한데 섞인 채 나누어지지 않은 상태(일설에는 대연 50수 중 1을 뺀 49가 태극이라고 함)다. 「계사전」에는 "나누어 둘이 되면 양의를 상징한다."는 말이 나오는데 즉 49개의 산가지를 임의로 양분하면 양의兩儀가 된다는 뜻이다. 또한 "넷으로 나눠 사시를 나타낸다."라고 했는데 여기서 사시四時는 춘, 하, 추, 동의 사상四象을 가리킨다. 사상은 다시 "열여덟 번 변하여" 팔괘八卦가 되는데 팔괘는 "길흉을 정하고

선천팔괘차서도: 태극은 양의를 낳고 양의는 사상을 낳으며 사상을 팔괘를 낳았다.

대업을 낳는 것"이 목적이다.

　「계사전」은 괘효사, 괘효상의 점서적 의의를 말하기는 하지만 이를 괘별로 일일이 논하지는 않는다. 그 대신 일련의 원칙들, 이를테면 각 효의 위치별로 귀하고 천함, 무겁고 가벼움이 있음을 강조하는데 「계사전」에서 "귀함과 천함을 배열하는 것이 위치에 드러난다."고 말한 것이 그 예다. 상효와 오효를 나머지 효보다 존귀한 자리로 치는 것이나 "삼효는 흉하고 오효는 공이 많다." "이효에는 영예가 많고 사효에는 두려움이 많다."고 한 것도 그 예다. 상괘와 하괘의 중앙에 위치한 효는 일반적으로 길하다고 보는 것도 같은 관점이다.

　「계사전」의 최대 공헌은 점서의 형식을 통해 철학의 이치를 논했다는 점인데, 그 덕에 「역경」은 한낱 점술서에만 머물지 않고 성인의 도를 논하는 경전으로 추대될 수 있었다. 「계사전」에서 '역易'을 정의한 아래 내용을 살펴보자.

"역이 넓고 크도다! 역으로써 먼 것을 말한즉 그침이 없고, 가까운 것을 말한 즉 고요하여 바르며, 천지 사이를 말한즉 구비되었다."

"역은 성인이 심오한 이치를 다하고 기미를 살피는 것이다. 오직 심오함 때 문에 천하의 뜻에 통할 수 있고, 오직 기미로 말미암아 천하의 일을 이룰 수 있으며, 오직 신묘함 때문에 급하지 않으면서도 빠르고 행하지 않으면서도 이를 수 있다."

"역은 성인이 덕을 높이고 업적을 넓히기 위한 것이다."

"역은 사물을 열고 일을 이루어 천하의 도를 아우르니 다만 이와 같을 뿐이다."

"역은 지나간 것을 드러내고 앞으로 올 것을 살피며, 드러남을 은밀하게 하 고 그윽함을 밝힌다. 이름에 마땅하게 사물을 분별하고, 말을 바르게 하고 말로 결단한즉 구비되었다."

위의 해석에 따르면 「역경」은 단순히 지나간 일을 밝히고 미래를 예측 하는 점술서에 머무르지 않고 성인이 천지 변화의 법칙을 논하고 천하의 백성을 교화하며 도덕 수양을 강조하고 천하를 통치하는 도를 담은 고전 인 셈이다.

「역경」은 도를 논한다. 「역경」의 도는 "넓고도 커서" 멀고 가까운 것, 크 고 작은 것, 천지간 모든 일과 사물의 이치를 한데 아우른다. 「역경」은 성 인이 지극히 심오한 원리에 도달하고 그 정미함을 탐구할 때 필요한 중요 한 수단이므로 천하의 모든 사상에 통달하는데 이 때문에 「역경」은 천하 의 구체적인 사물로 화할 수 있게 되는 것이다. 「역경」은 성인이 덕을 끌 어올리고 업적을 확대하게끔 하는 토대가 되고 사물이 안에 품은 도리가 드러나게 함으로써 사물의 업적을 판단하게 한다. 또한 「역경」은 천하만 물의 법칙, 즉 하늘과 땅과 사람에 이르는 삼극三極의 도를 포함하며 성인 의 네 가지 도인 사辭(괘사와 효사), 변變(괘와 효의 변함), 상象(괘상), 점占(길함과 흉함, 뉘우침과 재앙)의 요소를 갖추고 있다.

「계사전」이 내놓은 해석을 통해 「역경」은 길흉만을 점쳤던 원시 점술서의 기능을 초월하여 우주만물의 변화 법칙을 탐구하고 사람들이 도덕 수양을 쌓을 수 있게 돕는 역작으로 승화되었다. 이처럼 「역경」은 그 성격이 근본적으로 변화함으로써 점술서가 철학서로, 미신적인 요소가 이성적인 인지로 탈바꿈하게 되었다.

설괘전

「설괘전說卦傳」은 팔괘의 성질과 기능, 방위, 취상의 특징 및 그것이 취한 물상에 대해 설명하는 부분으로 「설괘說卦」라고도 불린다. 「설괘전」에서 팔괘의 성격과 특징을 설명한 예를 살펴보자.

"건은 굳셈이요, 곤은 유순함이고, 진은 움직임이요, 손은 들어감이며, 감은 빠짐이고, 이는 붙음이며, 간은 그침이고, 태는 기뻐함이다."

팔괘의 성질에 대해서는 「단전」에서 이미 언급했지만 "감괘는 빠짐陷이다."라고 한 부분은 「설괘전」에서 처음 결론지은 것이다. 「설괘전」은 팔괘가 취한 상에 대해서도 아래처럼 정리했다.

"건은 하늘이고, 곤은 땅이며, 진은 우레, 손은 바람, 감은 물, 이는 불, 간은 산, 태는 못이다."

위의 내용을 기초로 「설괘전」에서는 팔괘가 상징하는 동물의 상도 도출해 내었다.

"건은 말이고, 곤은 소이며, 진은 용, 손은 닭, 감은 돼지, 이는 꿩, 간은 개, 태
는 양이다."

이 연장선상에서 팔괘가 상징하는 인체의 상은 아래와 같다.

"건은 머리이고, 곤은 배이며, 진은 발, 손은 다리, 감은 귀, 이는 눈, 간은 손,
태는 입이다."

팔괘가 상징하는 인류의 상에 대해서는 다음과 같이 기록되어 있는데
건과 곤을 부모로 여기고 나머지 여섯 개의 괘를 자녀로 여김으로써 팔괘
안에 인류관계를 수립했다.

"건은 하늘이므로 아버지라고 부르고, 곤은 땅이므로 어머니라고 부른다. 진
은 첫 번째로 구하여 남자를 얻었으므로 장남長男이라고 일컫고, 손은 첫 번
째로 구하여 여자를 얻었으므로 장녀長女라고 부른다. 감은 두 번째로 구하
여 남자를 얻었으므로 중남中男이라고 이르고, 이는 두 번째로 구하여 여자
를 얻은 까닭에 중녀中女라고 부른다. 간은 세 번째로 구하여 남자를 얻었으
니 소남少男이라고 부르고, 태는 세 번째로 구하여 여자를 얻었으므로 소녀
少女라고 이른다."

이 밖에도 「설괘전」에는 건괘의 상 14개를 비롯해서 곤괘 12개, 진괘
15개, 손괘 16개, 감괘 20개, 이괘 14개, 간괘 11개, 태괘 9개에 달하는 상
들이 수록되어 있다.

「설괘전」은 팔괘의 시간적 순서나 공간적 방위에 대해서도 창조적인
설명을 곁들이고 있는데 만물이 나서 자라고 일을 처리하며, 성숙하여 교

접하고, 나이 들어 무언가를 이루는 운행의 순서가 아래와 같다고 했다.

진震 → 손巽 → 이離 → 곤坤 → 태兌 → 건乾 → 감坎 → 간艮

이들은 상징하는 여덟 개의 방위는 순서대로 다음과 같다.

동 → 동남 → 남 → 서남 → 서 → 서북 → 북 → 동북

이처럼 「설괘전」은 팔괘에 시공간적 통일성을 부여함으로써 만물 생장의 모델을 제시했고 이는 후대에 지대한 영향을 끼쳤다. 또한 「설괘전」에서는 「역경」의 성질과 특징, 기능에 대해 다음과 같이 설명하기도 했다.

"옛날 성인이 역을 지을 때 신명神明에게 그윽하게 도움을 받아 하늘에서 셋을 취하고 땅에서 둘을 취하여 수數를 의지했다. 음양의 변화를 살피어 괘를 세우고 강剛과 유柔를 발휘하여 효爻를 낳았다. 도덕道德에 화하고 순종하며 의義에 맞게 하여 이치理를 궁구히 하고 천성性을 다하여 명命에 이른다."

「역경」은 시초점을 통해 이루어지므로 괘효는 미래를 예측하고 길흉을 점치는 역할을 할 뿐 아니라 그 안에는 천지인, 삼재의 도가 함축되어 있어서 괘효가 변화하는 법칙을 통해 하늘과 땅, 인간이 한데 어우러진 변화의 법칙을 엿볼 수 있다. 또한 사람이라면 반드시 따라야 하는 도덕 행위 규범을 제공함으로써 그들의 도덕 수준을 높이고 몸과 마음의 안식처를 얻게 하려는 데 그 목적이 있다.

「서괘전序卦傳」은「역경」64괘의 배열 순서를 논한 글로「서괘序卦」라고
도 불린다. 앞뒤의 두 괘를 한데 묶은 뒤 무척 간략한 말로 각 괘의 큰 뜻
을 풀어놓았다. 보통은 괘명을 통해 이론을 설명하며(여기서 건괘, 곤괘, 함괘
는 제외함) 취상과 취의의 방법을 사용한다.

「서괘전」은 상편과 하편으로 나뉘는데 상편은 건괘와 곤괘로부터 시작
하여 감괘와 이괘까지 이르고 하편은 함괘와 항괘에서 시작하여 기제괘
와 미제괘까지 다룬다. 상편에 나온 구절 몇 개를 옮겨 보면 아래와 같다.

"천지가 있은 뒤에 만물이 생겨나니 하늘과 땅 사이에 가득 찬 것은 오직 만
물이다. 그러므로 준괘로써 받았으니 '준屯'은 가득 참이며 물건이 처음 생겨
나는 것이다. 사물이 생겨나기 시작하면 반드시 몽매하기 때문에 몽괘로 받
았다. '몽蒙'은 몽매한 것으로 사물의 어린 단계다……."

이는 건괘, 곤괘, 준괘, 몽괘의 네 가지 괘에 대한 해석이다. 건괘와 곤
괘에 대해서는 괘명을 직접 언급하지는 않고 '천지天地'라고만 표현한 반
면 준괘, 몽괘는 구체적인 괘명을 들어 설명했다. 먼저 '준'에 대해 간략하
게 풀이한 다음 준괘와 몽괘 간의 관계, 즉 '준이란 만물이 생성되기 시작
하는 단계이기 때문에 몽매해지기 마련이다.'라는 식으로 인과관계를 짚
어 주었다.

「서괘전」 하편에 나온 구절도 몇 개 살펴보자.

"천지가 있은 연후에야 만물이 생겨나며, 만물이 있은 후에 남녀가 있으며,
남녀가 있은 다음에 부부가 있고, 부부가 있고 부자가 생겨나며, 부자가 있

은 후에야 군신의 관계가 생긴다. 군신관계가 있는 다음에 상하관계가 있고, 상하관계가 있은 다음에 예의를 둘 곳이 있다. 부부의 도리는 오래가지 않으면 안 되므로 항괘로 받았다. 항恒은 장구함이다. 사물은 오랫동안 한곳에 머무를 수 없으므로 둔괘로 받았다…….."

앞선 일곱 구절은 비록 『주역』의 괘에 근거해 서술하고 있지는 않지만 「역경」 하경의 괘 34개가 인간의 도와 윤리의 순서에 따라 서술되었음을 간접적으로 보여 주고 있다. 이러한 인류의 순서는 천지만물 가운데서 나와 아래의 순서로 발전해 나아간다.

천지天地 → 만물萬物 → 남녀男女 → 부부夫婦 → 부자父子 → 군신君臣 → 상하上下 → 예의禮義

그런 다음에는 부부간의 도리를 들어 함괘를 풀이했다. 함괘(䷞)는 상괘가 태괘(☱)이고 하괘가 간괘(☶)로 이루어져 있는데 태괘는 소녀少女를 뜻하고 간괘는 소남少男을 상징하므로 둘이 감응하여 부부가 된다는 것이다. 그리고 부부의 도란 반드시 오래가게 되어 있으므로 그 뒤를 이어 항괘가 배치되었다고 덧붙인다.

남송의 주희는 이러한 이치를 바탕으로 『주역본의』에서 괘명을 외우기 쉽게끔 노랫말을

상하경괘명차서가

만들었는데 그 노랫말의 제목은 각각 '상하경괘명차서가上下經卦名次序歌'
와 '상하경괘변가上下經卦變歌'다.

당나라 공영달은 『주역』 64괘의 배열 순서에 대해서 "이이상우 비복즉
변二二相耦 非覆卽變"이라고 했다. 이는 주역의 괘 배치 순서에 관한 기본 원
칙을 설명하는 말로써 64괘를 두개씩 짝짓되 본래의 괘에서 위아래를 뒤
집어 '복覆'의 관계를 만드는 것이 먼저이고 이것이 불가능하다면 음효와
양효를 뒤바꿔서 '변變'의 관계를 만드는 게 그다음 순서라는 뜻이다. 그
래서 그는 『주역정의』「서괘전」소疏에서 이렇게 말했다.

"64괘를 둘씩 짝짓되 먼저 위아래를 뒤집고 그렇지 못하면 음양을 바꾼다.
'뒤집는다覆' 함은 겉과 안에서 그것을 봄으로써 두 개의 괘를 이루는 것으
로 준屯, 몽蒙, 송訟, 사師, 비比 등이 그 예다. '바꾼다變'고 함은 음과 양을 서
로 바꾸어서 대응하게 하는 것인데 건乾(☰)과 곤坤(☷), 감坎(☵)과 이離(☲),
이頤(䷚)와 대과大過(䷛), 중부中孚(䷼)와 소과小過(䷽) 등이 그 예다."

둘씩 짝을 이루면 64괘는 32쌍이 되고 각 쌍은 서로 반대되거나 대응하
는 관계를 이루는데 그 가운데 56괘(28쌍)가 복覆의 관계다. '복覆'은 초효부
터 상효까지의 순서를 거꾸로 뒤집은 괘를 짝으로 삼는 괘의 관계다. 준괘
(䷂)와 몽괘(䷃)가 그 예다. 그리고 64괘에서 56괘를 제외한 나머지 8괘(4쌍)
가 변變의 관계인데 이는 각 효의 음과 양을 반대로 바꿔서 대괘對卦를 이
룬다. 이를테면 건괘(☰)를 '복覆'하면(뒤집으면) 그대로 건괘가 되고 '변變'
하면 곤괘(☷)가 되는 식이다.

여기에는 대립하는 사물이 서로 반대 방향으로 전환하는 사상을 비롯
해서 64괘가 어떻게 흘러 운행하는지에 관한 의식이 반영되어 있다.「서
괘전」에 나타나는 사상이「역경」64괘의 사상과 아주 똑같다고는 할 수

없지만 그렇다고 「역경」의 사상과 일부 다르다는 이유로 폄하하거나 배척할 수는 없다. 「서괘전」은 「역경」과 연계성을 가지고 있다는 전제하에 마땅히 구별되어야 한다.

현대 학자 진징팡金景芳과 뤼샤오강呂紹綱은 64괘의 배치 순서에는 심오한 이치가 담겨 있다고 했다. 건괘 다음에 곤괘가 배치된 것에 대해서는 혈연관계를 중시하는 '은도친친殷道親親**'에서 계층과 계급에 따라 존귀함과 비천함을 구분하는 '주도존존周道尊尊***'으로 사상이 변화한 것이 반영되었고, '곤坤'보다는 '건乾'을 중시하는 사회 윤리 현상이 드러나 있다고 한 것이 그 예다.

이는 사상과 문화의 발전에 깊은 영향을 끼쳤다. 건괘와 곤괘가 64괘의 첫머리에 온 것은 건괘와 곤괘가 64괘 가운데서, 즉 하늘과 땅이 우주 만물 속에서 결정적이고도 중요한 의의를 갖기 때문이다. 또한 건과 곤이 중요한 이유는 '끊임없이 변화하여 새롭게 생성하는生生不息' 역의 운행 과정을 이루는 뿌리는 '모순의 관계 속에서 운행하는 이치'라는 사실을, 바로 이 건괘와 곤괘가 가장 잘 드러내기 때문이다. 그리고 여기에는 세계만물 가운데 상호 모순의 관계에 있는 쌍방에 관한 무척 추상적인 개념이 함축되어 있다. 하경下經***은 함괘와 항괘로부터 시작한다. 함괘와 항괘가 하경의 첫머리에 등장한 것에는 인류가 진화해 온 역사가 반영되어 있으며 인류란 만물이 발전하고 변화해 온 역사의 소산물임을 설명해 준다. 그리고 하경은 기제괘와 미제괘로 마무리되는데 이는 세상의 모든 사물과 일의 발전 과정이 한 차례 마무리되었지만 또 다른 새로운 과정이 시작됨을 상징한다.

---

* 은도친친: '은나라의 도는 친척을 친근하게 여긴다.'는 뜻이다. 은나라 시대에는 씨족사회의 영향으로 혈연관계가 중시되었으므로 부친이 죽으면 자식이 그 뒤를 잇고, 형이 죽으면 아우가 잇는다는 식의 제도가 계승되었다.

** 주도존존: '주나라의 도는 존귀한 자를 존대한다.'는 뜻이다. 주나라 시대에는 계급과 계층을 위주로 한 통치체제가 확립되었으므로 군존신비君尊臣卑, 남존여비 등의 사상이 강조되었다.

*** 「역경」은 상경 30괘와 하경 34괘로 이뤄짐.

「서괘전」의 목적은「역경」 64괘의 배열 논리를 연구함으로써 우주자연과 인류사회의 역사가 변화해 온 과정을 비롯해서 인류관계의 등급과 순서를 설명하는 데 있다. 「서괘전」의 저자는 이를 통해 어떤 사물이나 일이든지 궁극의 경지에 도달하면 반드시 반대면으로 바뀌는 원리, 다시 말해 대립면끼리 상호 전환하는 이치, 그리고 세상 모든 일과 사물은 일반적으로 서로 관련이 있다는 사상을 표출하고 있다.

잡괘전

「잡괘전雜卦傳」은 64괘 간의 뒤얽힌 관계를 설명한 파트로「잡괘雜卦」라고도 불린다. 「잡괘전」이「서괘전」과 비슷한 부분이 있다면 두 괘를 한 쌍으로 묶은 뒤 하나를 정正, 다른 하나를 반反으로 본다는 점이다. 차이점이 있다면「서괘전」에서는 64괘의 순서, 즉「역경」의 순서를 논할 때 두 괘의 관계가 서로 '착종錯綜('착'은 효의 음양을 바꾸는 것이고 '종'은 효의 위아래 순서를 뒤집는 것)' 혹은 '비복즉변非覆卽變(위아래를 뒤집지 못하면 음양을 바꾸기)'이라고 여긴 반면,「잡괘전」에서는 64괘의 순서를「역경」과 달리 배치하여 앞선 56괘는 착종과 복변覆變의 원칙에 부합하지만 뒤에 나오는 8개 괘는 여기에 들어맞지 않는다고 했다.

「잡괘전」은 기본적으로 한두 개 글자만을 사용하여 간략하고도 정제된 해석을 제시한 것이 돋보인다. 이를테면 이런 식이다.

"건乾은 강하고 곤坤은 유하며, 비比는 즐겁고 사師는 근심한다. 임臨과 관觀의 뜻은 혹은 내가 남에게 가서 베풂 혹은 남이 내게 와서 구함이다."
乾剛坤柔 比樂師憂. 臨觀之義 或與或求.

그리고 뒤에 나오는 8개 괘에 대해서는 이렇게 설명한다.

"대과大過는 넘어짐이고 구姤는 만남이니 유가 강을 만남이다. 점漸은 여자가 시집감이니 남자를 기다려 가는 것이다. 이頤는 바름을 기르는 것이고 기제旣濟는 정함이다. 귀매歸妹는 여자의 끝이고 미제未濟는 남자의 움직임이다. 쾌夬는 터짐이라 강이 유를 터지게 하는 것이니 군자의 도가 자라고 소인의 도가 근심스럽다."

大過顚也. 姤遇也 柔遇剛也. 漸女歸待男行也. 頤養正也. 旣濟定也. 歸妹女之終也 未濟男之窮也. 夬 決也 剛決柔也 君子道長 小人道憂也.

이처럼 이들 8개 괘는 서로 착종의 관계도 복변의 관계도 아닌 것으로 보이는데 아마도 후대에 전해지는 과정에서 장절이나 편의 순서가 잘못되는 바람에 후대인이 일부를 수정했기 때문이 아닐까 짐작해 본다. 「잡괘전」에서 두 개의 괘를 하나로 묶어 해석한 것은 성질이 동일하거나 다른 것끼리 묶어 설명하면 서로의 뜻을 더욱 명확하게 드러나게 해 주기 때문이다. 다시 말해 괘의 뜻이 동일하거나 비슷한 두 개의 괘를 한데 모아 뜻을 설명하거나 서로 반대되거나 대응하는 두 개를 한데 합해 대조함으로써 그 뜻을 더욱 명확하게 한 것이다.

10
「역전」으로 「역경」을 해석하는 방법

효위 분석법

「역경」에는 여섯 개의 효로 이루어진 64괘
만 있을 뿐 세 개의 효로 이루어진 팔괘는 등
장하지 않는다.

상육上六
구오九五
구사九四
육삼六三
육이六二
초구初九

수괘

『주역』의 64괘는 괘마다 총 여섯 개의 효를
가지는데 이는 각각 초구初九, 초육初六, 구이
九二, 육이六二, 구삼九三, 육삼六三, 구사九四, 육
사六四, 구오九五, 육오六五, 상구上九, 상육上六으로 불린다. 이를테면 수괘隨卦
(䷐)를 이루는 여섯 효는 아래에서부터 초구, 육이, 육삼, 구사, 구오, 상육
이 되는 식이다. 이러한 표기 방법은 각 효의 위치, 즉 효위가 어떻게 되는
지 상세하게 알려 줄 뿐 아니라 각 효가 어떤 성질을 지니고 있는지도 보
여 준다. 왜냐면 '구九'는 양효를 가리키고 '육六'은 음효를 나타내며 나머
지 초初, 이二, 삼三, 오五, 상上은 각각 여섯 단계의 높낮이를 표시하기 때
문이다.

효위에 대한 분석은 「역전」에서 64괘를 분석하기 위해 사용한 중요한
기법 중 하나다. 효위는 64괘의 각 효가 처한 위치다. 각 괘를 이루는 여
섯 효는 서로 다른 여섯 개의 위치에 자리 잡음으로써 어떤 사물이나 일
이 발전 과정에서 처하게 되는 상하, 귀천의 관계, 지위, 조건, 신분 등을
상징한다.

효위는 아래에서부터 시작해서 위로 올라가는 순서로 그 명칭이 각각 초初, 이二, 삼三, 오五, 상上이 되는데 사물이란 낮은 등급에서 나서 높은 등급으로 변화하고 자라나는 발전의 법칙을 따름을 보여 준다.

기본적인 특징을 살펴보면 '초初'의 위치는 사물의 발전 단계 가운데 초기 맹아의 과정을 상징한다. 주로 잠겨서 숨어 있는 상태이므로 움직이지 말아야 하는 시기이기도 하다.

'이二'의 위치는 사물이 두각을 나타내기 시작하는 단계다. 적당한 선에서 앞으로 나아가면 족하다.

'삼三'의 위치는 사물의 공과 업적이 일정 수준에 도달하는 단계다. 신중하게 행동함으로써 흉한 일을 방비해야 한다.

'사四'의 위치는 사물이 한 단계 더 높은 수준으로 새롭게 도약함을 상징한다. 늘 경계하고 적절한 때를 살펴야 한다.

'오五'의 위치는 사물이나 일이 원만하게 성공을 이룬 단계다. 번성함을 누리되 지나치거나 넘치지 않게 경계해야 한다.

'상上'의 위치는 번성함이 극에 도달한 시기다. '사물의 발전이 궁극에 이르면 반드시 반대면으로 전환된다.'는 이치를 기억해야 한다.

괘효는 저마다 복잡한 변화의 과정과 함의를 지니는데 한대의 역학은 어떤 사람이 사회적으로 갖는 지위를 효의 위치에 빗대기도 했다. 이처럼 효의 위치에 관해서는 예로부터 그 속성과 역할에 근거해서 다양한 방법으로 분류하기도 했다.

「역전」 특히 「단전」과 「상전」은 효위를 통해 「역경」을 해석하고자 했다. 효위 분석의 핵심은 바로 '수數'에 있다. 효수爻數는 사실상 효위爻位의 또 다른 표현이기도 하다. 효위효수의 강유剛柔에 대한 비比, 응應, 승承, 승乘으로 「역경」을 이해할 수 있고 효상이 괘 전체에서 갖는 위치를 통해 한 괘의 길흉을 설명할 수 있다.

육효 가운데 초효와 삼효, 오효는 양의 위치이고 이효, 사효, 상효는 음의 위치다.

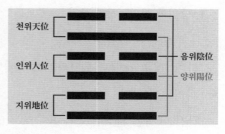

기제괘

오효와 상효는 하늘天의 자리이고 삼효와 사효는 사람人의 위치이며 초효와 이효는 땅地의 자리이므로 이를 가리켜 '삼재三才의 자리'라고 한다.

그중에서도 오효는 높고 귀한 자리인 반면 이효는 그 반대다. 또는 일효, 삼효, 오효가 귀한 자리고 이효, 사효, 육효는 반대라고 할 수 있다.

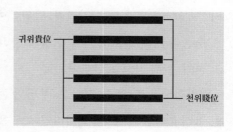

건괘

「단전」은 춘추시대의 취의설을 계승하고 전국시대의 강유설剛柔說을 흡수하여 강유를 통해 건과 곤의 두 괘와 홀짝의 두 획(음양의 두 효)을 구분했으며, 이로써 괘상과 효상의 범주를 설명하고 괘상과 효상의 대립관계를 정리하여 괘효상에 대한 해석을 한층 더 추상화시켰다. 「단전」과 「상전」(주로 「소상전」을 말함)은 효위의 조합 관계와 위치 등의 측면에서 괘효사를 설명하고자 했는데 괘효상과 괘효사, 둘 사이에 필연적인 연계성이 있다고 여겼다.

각 효가 괘상에서 자리한 위치 및 다른 효와의 관계에 대해서는 다음과 같이 풀이할 수 있다.

1. 당위와 실위 - 정과 부정

'당위當位'는 '득위得位(마땅한 자리를 얻었다.)' '득정得正(정을 얻었다.)'이라고도 하며 '실위失位'는 '부당위不當位(마땅한 자리가 아니다.)' '실정失正(정을 잃었다.)'이라고도 한다.

「단전」에서는 일, 삼, 오가 홀수로서 양의 위치이고 이, 사, 육이 짝수로서 음의 자리라고 했다. 양효가 양의 자리(1, 3, 5효)에 오고 음효가 음의 자리(2, 4, 6효)에 오면 이를 가리켜 '당위', '마땅한 자리'라고 한다. 반대로 양효가 음의 자리에 오고 음효가 양의 자리에 오면 '마땅한 자리를 잃었다.'고 하여 '실위'라고 표현한다.

일반적으로 '당위'는 길하고 '부당위'는 흉하다. 예컨대 중부괘(☲)를 보면 육삼효의 위치는 양의 자리인데도 음효가 왔으므로 '부당위'다. 그래서 「상전」에서는 이를 가리켜 "혹은 북 치고 혹은 물러섬은 위치가 마땅하지 않기 때문이다."라고 했다. 반면 구오의 효는 양의 자리에 양효가 왔으므로 '당위'이며 「상전」에서는 이를 가리켜 "성실함과 믿음으로 잡아매듯 함은 위치가 정당하기 때문이다."라고 했다.

당위를 얻은 효는 사물이 바른 도道와 법칙에 부합하게 발전하게 됨을 상징하지만, 부당위가 되면 해당 효의 단계에서는 사물의 발전이 바른 도로부터 멀어져 법칙을 위배하게 된다.

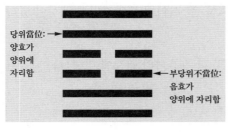

당위當位: →
양효가
양위에
자리함

← 부당위不當位:
음효가
양위에 자리함

중부괘

그러나 당위든 부당위든 이것이 길흉이나 이로움, 폐단을 판단하는 절대적인 기준은 아니다. 그 기준은 다양한 요인의 영향을 받기 때문이다. '득정得正'한 효라 하더라도 어느 순간 특정 이유 때문에 '부정不正'으로 전환될 수도 있고 '득정'하지 못한 효라 하더라도 돌연 '정正'의 자리로 바뀔 수 있다. 우번虞翻과 왕필王弼은 당위의 관계를 풀이하거나 보충하기 위해 각각 '지정설之正說'과 '무음양정위설無陰陽定位說'을 수립하기도 했다.

2. 득중과 실중 - 중과 부중

'중中'은 '중위中位' '가운데 자리'로서 하괘에서는 두 번째 자리인 이효, 상괘에서는 다섯 번째 자리인 오효를 가리키며 사물이 중도를 지켜 행위가 어느 한쪽으로도 치우치지 않는 상태를 상징한다.

'중中'의 덕은 '정正'의 덕보다 더 높다. 「단전」과 「상전」에서는 일반적으로 '당위當位'가 아니더라도 '중위中位'를 얻으면 길하다고 여긴다. 그래서 『주역』「계사전」 하편에서는 "이효는 영예가 많고" "오효는 공이 많다."고 했다. 서합괘(䷔)를 예로 들어보면 비록 육오의 자리가 부당위긴 하지만 상괘의 중앙에 위치하므로 「단전」에서는 이를 가리켜 "유가 중을 얻어 위로 행하니 비록 자리가 마땅하지 않지만 형벌을 씀이 이롭다."고 했다. 또한 미제괘(䷿)는 여섯 효가 모두 부당위지만 「단전」에서는 도리어 "미제가 형통함은 유가 중을 얻었기 때문이다."라고 했다. 이처럼 '중위'는 부당위한 효를 보완해 주기도 하는데 이러한 경향은 선진시대 유가의 중용 사상에 합치된다.

음효가 음의 자리인 이효에 오고 양효가 양의 자리인 오효에 자리하면 각각 '육이'와 '구오'가 되어 중中과 정正을 모두 얻게 되니 「역경」의 효 가운데

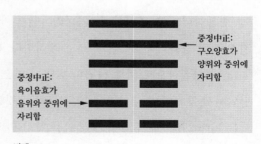

중정中正: 구오양효가 양위와 중위에 자리함

중정中正: 육이음효가 음위와 중위에 자리함

비괘

가장 완벽한 상태가 되는데 이러한 상태를 가리켜 '중정中正'이라고 한다.

3. 상응과 무응 - 화와 불화

육효 사이에는 서로 '비응比應'하는 관계가 있다. 상괘와 하괘 사이에서 살펴보면 초효와 사효가, 이효와 오효가, 삼효와 상효가 짝이 되어 비응 관계를 이루는데 이들이 음효와 양효로 만났다면 '유응有應', '상응相應' 혹은 '화和'라고 한다. 반면 음효와 음효가 만나거나 양효와 양효가 만났 다면 '무응無應' 혹은 '불화不和'라고 한다.

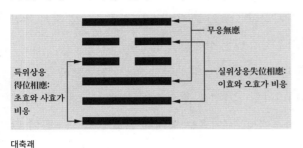

무응無應

득위상응
得位相應:
초효와 사효가
비응

실위상응失位相應:
이효와 오효가 비응

대축괘

'득위得位'와 '상 응相應'을 모두 얻 었다면 이를 '득위 상응得位相應'이라 고 하는데 초구와 육사, 육이와 구오,

구삼과 상육의 관계가 그 예다. 그 반대인 '실위상응失位相應'의 관계에는 초육과 구사, 구이와 육오, 육삼과 상구가 있다.

일반적으로 '유응有應'은 길하고 '무응無應'은 흉하다. 이는 당위설에 대 한 보완적 성격의 이론으로 당위설을 써서 충분히 풀이하지 못하는 괘효 사를 다른 방향으로 분석하는 데 사용한다.

예컨대 미제괘(䷿)는 여섯 효가 모두 부당위이지만 괘효사에서는 도리 어 '형통하다亨'고 표현할 뿐 아니라 「단전」에서는 "비록 위치가 마땅하 지 않지만 강유가 서로 응한다."고 해석한다. 대유괘(䷌)는 육오효 효사가 "그러한 성실함으로 서로 사귀니 위엄이 있으면 길하다."다. 육오효는 부 당위여서 흉하다고 해야 하는데도 도리어 길하다고 한 것이다. 「단전」에 서는 이에 대해 "대유는 유가 존귀한 자리에 거하고 크게 중을 얻어 위아 래가 응한다."고 풀이했는데 이는 오효가 비록 음효이지만 이효와 상응 하므로 부당위라 하더라도 길하다는 말이다.

이효와 오효가 각각 음과 양으로 득위하는 것을 '중中'이라 하고 이효와 오효가 서로 음과 양으로 상응하는 것을 '화和'라고 한다. 이처럼 중위中位와 상응相應을 동시에 얻은 육이효와 구오효를 '중화中和'라고 하는데 이러한 '중화'야말로 최상의 상태며 여기서 바로 유가에서 숭상하는 중화의 사상이 유래했다.

4. 상승과 불상승 - 순과 역

'승承'과 '승乘'은 서로 이웃한 효 사이의 관계를 분석한 것으로 크게 보면 '비比(이웃한 관계)'에 속하는 유형이라고 할 수 있다. 위에 자리한 효의 관점에서 아래 효를 바라보는 것을 '승乘(올라탐)'이라고 하고 아래 효의 입장에서 위의 효를 바라보는 관계를 '승承(떠받침)'이라고 한다. 서로 이웃하는 두 효는 이웃하는 사물 간의 작용과 반작용을 상징하고 이러한 관계는 효의 의미나 길흉에도 영향을 끼친다.

「단전」과 「상전」에서는 음이 양을 승承하고 양이 음을 승乘하는 관계, 즉 음이 아래에 있고 양이 위에 있는 관계를 '순順'이라고 하여 길하다고 여긴다. 반대로 음이 양을 승乘하고 양이 음을 승承하는 관계, 즉 음이 위에 있고 양이 아래에 있는 관계를 '역逆'이라고 하여 흉하다고 한다. 한강백은 이에 대해 이렇게 설명했다.

"무릇 두 효가 서로 이웃할 때 아래에 있어서 위를 받치는 것을 승承이라고 하고, 위에 있어서 아래를 올라 탄 것을 승乘이라고 한다. 음이 위에 있는 양을 받치면 순順이

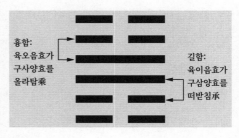

흉함:
육오음효가
구사양효를
올라탐乘

길함:
육이음효가
구삼양효를
떠받침承

소과괘

고, 양이 위에 있는 음을 받치면 역逆이다. 양과 음이 만나 응應하면 길하

다. 이것이 일반적인 일이다."

'승승설承乘說'은 '중위설中位說'을 보충해 주는 이론이다. 예컨대 소과괘(䷽)의 경우 상괘를 살펴보면 육오음효가 구사양효를 올라타고 있고 하괘에서는 육이음효가 구삼양효를 떠받치고 있다. 이에 대해 「상전」에서는 "위로 올라감은 적당하지 않고 내려오는 것이 마땅하니 크게 길하며, 이는 위로 올라가면 거스르는 것이고 아래로 내려가면 순응하는 것이기 때문이다."라고 풀이했다.

5. 상하 왕래

「역전」은 64괘를 이루는 각 효들이 위아래로 서로 왕래할 수 있다고 여긴다. 소위 '왕往'이라는 것은 아래에서 위로 가는 것이요, '래來'라고 하는 것은 위에서 아래로 내려오는 것을 일컫는 것으로 '왕래설往來說'의 목적은 괘의 의미와 괘사의 길흉을 해석하는 데 있다.

예컨대 태괘泰卦(䷊)와 비괘否卦(䷋)의 괘사는 각각 "소(음)가 가고 대(양)가 온다.小往大來""대가 가고 소가 온다.大往小來"다. 「단전」에서는 이를 두고 각각 "군자의 도가 자라고 소인의 도가 사라지는 것이다." "소인의 도가 자라고 군자의 도가 사라지는 것이다."라고 해석했다. 대소大小의 왕래를 강유剛柔의 소멸하고 자라남에 결합한 셈이다. 그 밖에도 수괘隨卦(䷐)는 진괘(☳)의 강剛이 아래에 놓이고 태괘(☱)의 유柔가 위에 있는 상태인데 「단전」에서는 이를 가리켜 "강이 와서 유에게 낮추며 움직여 기뻐한다."고 풀이했다.

그 밖에도 「역전」에서는 효위의 길흉에 관한 개념도 제시하였는데 "이효는 영예가 많다." "사효는 두려움이 많다." "삼효는 흉함이 많다." "오효는 공이 많다."고 표현한 것이 그 예다. 이효가 영예가 많다는 것은 이효의 효위가 음에 속하고 중위를 차지하였으니 당위이기도 하고 득중한 데다 존귀한 자리인 오효로부터도 멀리 떨어져 있어서 간섭을 받지 않으니 영예롭다는 뜻이다. 사효가 두려움이 많다는 것은 존귀한 자리인 오효로부터 가까워 스스로 편안하지 않은 까닭이다. 삼효가 흉함이 많은 것은 삼효는 양의 자리긴 하지만 하괘의 상단이어서 비천하기 때문이다. 오효가 공이 많다는 것은 오효는 양의 자리이고 상괘의 중앙이니 육효의 가운데 가장 존귀한 자리라고 할 수 있기 때문이다.

취상 분석법

『주역』「계사전」에서는 팔괘가 천문의 상을 올려다보고 땅의 상을 내려다보며 가깝게는 사람의 상을 취하고 멀리는 사물의 상을 취하여 만들어진 것이라고 한다.

괘상을 만들 때는 본래 뒤섞인 채 혼란스러웠던 상태의 물상을 간략하게 규범화함으로써 구체적이고도 추상적인 인식이 가능하게끔 했다. 또한 『주역』의 괘는 무척 추상적인 부호 형식을 가지고 있긴 하지만 보편적인 사고뿐 아니라 주관적인 사고까지 가능하게 하고 간단한 생각에서부터 복잡한 사유까지 모두 가능하게 한다.

점서를 통해 얻은 괘상은 다소 추상적이어서 현실의 삶과 동떨어진 것처럼 보일 수 있다. 그러나 사람들은 괘상을 근거로 유추하여 사고할 수 있으며 자신의 경험에 비추어 괘상을 해석할 수도 있다. 역의 괘는 사람들로 하여금 상상력을 불러일으키고 상상력을 충분히 발휘하게도 한다.

「역전」의 저자는 괘효 부호와 괘효사 간에 내재적인 논리관계가 있다고 여겼다. 그래서 「역전」은 괘효사가 괘효의 부호에 근거해서 만들어졌다고 밝히고 있다. 「계사전」에서 "성인이 괘를 만들어 괘상을 관찰하고 해석한 말을 달아 길흉을 밝혔다."고 언급한 것이 그 증거다. 이러한 인식을 바탕으로 결론지어 보면 「역전」은 춘추시대 『좌전』과 『국어』가 상의 측면에서 역을 해석했던 전통을 계승하여 '취상'의 방식으로 「역경」을 해석한 셈이다.

소위 '취상법取象法'이라고 하는 것은 괘효가 상징하는 각종 사상事象이나 물상物象을 찾아내어 이를 통해 괘효사를 해석하는 방법이다. 이로써 괘효사(문자)와 괘효상(부호) 간에는 필연적인 연관관계가 있음이 증명된 셈이다.

「상전」은 괘와 효에서 상을 취하여 이를 통해 「역경」을 해석한 대표적인 예다. 그중 「대상전」은 64괘의 괘상을 해석한 것인데 육효로 된 괘를 두 개의 삼효괘로 나눈 다음 이 두 개의 삼효괘에서 상을 취하고, 그것이 상징하는 뜻을 풀이하는 식으로 되어 있다. 그리고 「소상전」은 각 효에 대한 효상을 해석한 부분이다. 그렇다고 해서 「소상전」이 반드시 물상이나 사상의 측면에서만 풀이한 것은 아니고 가끔은 의리義理나 효위의 관점에서 해석하기도 했다. 이러한 경향은 「소상전」에서 더욱 극명하게 드러난다.

팔괘에 대한 '취상'을 집중적으로 설명한 곳은 「설괘전」인데 거기에는 이런 말이 나온다.

"하늘과 땅이 자리를 정하고, 산과 못이 기운을 통하며, 우레와 바람이 서로 부딪히고, 물과 불이 서로 쏘지 않으며, 팔괘가 서로 섞인다."

天地定位 山澤通氣 雷風相薄 水火不相射 八卦相錯.

여기서는 팔괘가 취한 대상大象(큰 상), 즉 근본적인 상을 언급하고 있는데 이것은 또한 '역'의 기초라고 할 수 있다.

팔괘가 서로 섞여 중첩하면 64괘가 만들어지는데 음양이 서로 교차하고 변화함으로써 새로운 것이 생겨나기도 하고 상이 변하기도 한다. 각각 처한 시기와 위치가 다를 수 있지만 결국에는 팔괘의 큰 상에서 벗어나지 않는다. 팔괘의 큰 상이란 건(☰)은 하늘, 곤(☷)은 땅, 간(☶)은 산, 태(☱)는 못, 감(☵)은 물, 이(☲)는 불, 진(☳)은 우레, 손(☴)은 바람을 말한다.

이 밖에 「설괘전」에서는 팔괘에 대한 물상物象과 신상身象(사람의 상), 사상事象 등을 종합적으로 논하기도 했다.

「설괘전」의 팔괘취상표

괘명	건☰	곤☷	진☳	손☴	감☵	이☲	간☶	태☱
대상	하늘	땅	우레	바람	물	불	산	못
물상	말	소	용	닭	돼지	꿩	개	양
신상	머리	배	발	허벅지	귀	눈	손	입
가상	부	모	장남	장녀	중남	중녀	소남	소녀
기타	둥근 것 임금 옥 금 추위 얼음 큰 적색 좋은 말 늙은 말 마른 말 얼룩말 나무열매	포 솥 인색함 균등함 어린암소 큰 수레 글월 무리 자루 땅의 흑색	검고 누런 것 꽃 큰길 조급한 결단 푸른대나무 갈대 잘 우는 말 발을 들어 올림 이마가 흰 말 곡식이 반복적으로 나고 자라는 것	나무 줄이 곧음 장인工 흰색 긴 것 높음 나아가고 물러섬 과감하지 못함 냄새 머리숱 적은 이 이마가 넓음 흰자가 많은 눈 세 배의 이익	도랑 숨어 엎드림 휨을 바로잡음 활과 바퀴 근심을 더함 마음의 병 귀가 아픔 피 적색 등골이 아름다운 말 성질 급한 말 머리 떨군 말 발굽 얇은 말 끄는 말 하자가 많은 수레 통함 달 도적 단단하고 심이 많은 나무	해 번개 갑주 창과 병사 사람의 큰 배 자라 게 소라 조개 거북 속이 비고 위가 마른 나무	좁은 길 작은 돌 작은 문과 큰 문 나무열매 환관 손가락 개 쥐 검은 부리 짐승 단단하고 마디 많은 나무	무당 입과 혀 훼손함과 꺾임 붙은 것이 떨어짐 척박하고 소금기 많은 땅 첩
방위	서북	서남	동	동남	북	남	동북	서

「설괘전」에 수집된 이들 상은 전국시대 이전의 취상설을 집대성한 결과로서 「역전」을 통해 「역경」을 해석하는 근거가 된다.

취상법의 실질은 유비와 상징이다. 유비와 상징은 형상을 바탕으로 한 사유와 추상적 사유가 유기적으로 결합한 방법이다. 괘상을 유비함으로써 인식 활동에 모종의 일깨움을 주고 이를 통해 새로운 결론을 도출해낼 수 있게 한다. 그 사유과정을 살펴보면 사물 간의 질적인 차이는 고려하지 않고 두 개의 특수한 대상이 동일한 관계에서 갖는 지위와 기능, 작용의 유사점만을 고려한다. 이러한 사유방식은 중국의 문화와 과학기술 분야에 지대한 영향을 끼쳐 '정체사유整體思維'*와 '연계사유聯系思維'**의 전통을 형성하는 데 일조했다.

「설괘전」은 역괘의 취상을 체계적으로 정리한 것으로는 처음이다. 구체적으로 살펴보면 「설괘전」은 팔괘의 큰 상大象을 수집한 뒤, 속성을 나타내는 상, 물상物象, 신상身象, 가정 내에서의 상家象을 한데 모았을 뿐 아니라 114가지에 달하는 상들을 폭넓게 수집했다. 한대에 이르러서는 대량의 유실된 상, 즉 '일상逸象'을 「역경」 등으로부터 수집했는데, 유명한 것으로는 한나라 맹희孟喜가 440여 종의 '일상'을 수집한 것과 순상荀爽 등 아홉 명이 30여 종의 '일상'을 모은 것, 우번이 310여 종의 '일상'을 모은 것 등의 사례가 있다. 이들 '일상逸象'은 어떤 것은 한나라 사람이 스스로 모은 것도 있고 어떤 것은 혜동惠棟과 같은 청나라 사람이 한대로부터 전해진 역주易注(역에 대한 주석)에서 찾아낸 뒤 정리한 것도 있다. 이러한 것들을 한데 모아 나열해 보면 다음과 같다.

---

* 정체사유: 계통사유라고도 하며, 일정한 질서와 법칙에 따라 국부적인 것이 한데 모아져 전체가 된다는 의미다. 전체적이고 전면적인 관점에서 대상을 파악하는 사유방식이다.

** 연계사유: 사물을 운용할 때 두루 연계된 철학적 관점이 있다는 시각. 사물 간의 연계성을 발견할 때는 대립하는 가운데 통일성을 발견하고 분리된 상태에서 더욱 명확해지는 원리를 이용, 새로운 발전 기회를 모색하는 사유방식이다.

1. 건(☰)의 상

둥근 것圜, 옥玉, 금金, 추위寒, 큰 적색大赤, 좋은 말良馬, 늙은 말老馬, 마른 말瘠馬, 얼룩말駁馬, 왕王, 선왕先王, 명군明君, 성인聖人, 현인賢人, 무인武人, 행인行人, 신神, 가득 참盈, 중中, 베풂施, 기쁨嘉, 좋음好, 이로움利, 옷衣, 말言, 물건物, 바꿈易, 세움立, 곧음直, 공경함敬, 위엄威, 엄함嚴, 견고하고 강함堅剛, 도道, 덕德, 성덕盛德, 행함行, 제사에 쓰는 희생 짐승牲, 정精, 믿음信, 선함善, 선을 드날림揚善, 선을 쌓음積善, 좋고 선함良, 어짊仁, 사랑愛, 분함憤, 새로 낳음生, 길함祥, 경사慶, 하늘의 도리天休, 복福, 큰 복介福, 녹봉祿, 먼저先, 시작始, 알다知, 크다大, 무성하다茂, 기름지다肥, 맑다淸, 다스리다治, 큰 지략大謀, 높다高, 드날리다揚, 조상宗, 종족族, 갑甲, 늙다老, 오래된 것舊, 옛것古, 크게 밝음 혹은 태양大明, 멀다遠, 야외郊, 들野, 문門, 도문道門, 백百, 걸음步, 정수리頂, 붉은 것朱, 모서리圭, 드러남 혹은 붙음著, 오이瓜, 용龍

2. 곤(☷)의 상

포布, 가마솥釜, 인색함吝嗇, 균등함均, 어린 암소子母牛, 큰 수레大輿, 글월文, 무리衆, 자루柄, 땅의 흑색黑, 신하臣, 잘 따르는 신하順臣, 백성民, 만민萬民, 소인小人, 고을사람邑人, 귀신鬼, 형체形, 몸身, 암컷牝, 몸躬, 나我, 자기自, 지극함 혹은 도달함至, 안락함安, 편안함康, 부유함富, 재물財, 쌓음積, 모으다聚, 모으다萃, 무겁고 중요함重, 두터움厚, 이르다致, 사용함用, 감싸 안음包, 적은 것寡, 천천히 하다徐, 경영함營, 아래下, 용납하고 수용함容, 넉넉함裕, 비어 있음虛, 글을 적음書, 가깝다近, 지경疆, 한이 없음無疆, 생각思, 악惡, 이치理, 몸體, 예의禮, 뜻義, 일事, 업業, 큰 일大業, 각 방면의 정무庶政, 세속俗, 법도度, 같은 종류類, 폐쇄하다閉, 간직하다藏, 밀집하다密, 침묵함默, 부끄러움恥, 하고자 함欲, 추함醜, 악을 쌓음積惡, 미혹함迷, 죽임殺, 어지러움亂, 분노怒, 해로움 또는 해침害, 악을 막음遏惡, 끝終, 해지다敝, 죽음死, 상사喪,

어둠冥, 그믐晦, 저녁夕, 깊은 밤暮夜, 더위暑, 을乙, 년年, 십 년十年, 집 또는 문戶, 문짝閭, 폐관閉關, 덮음盍, 흙土, 계단階, 밭田, 고을邑, 나라國, 邦, 方, 귀 방鬼方, 아랫도리裳, 사슴가죽으로 만든 끈紱, 수레車, 바큇살輹, 그릇器, 질 장구缶, 주머니囊, 범虎, 황소黃牛, 암소牝牛, 엄지손가락拇, 채마밭圃, 개구리 밥蘋

3. 진(☳)의 상

검고 누런 것玄黃, 꽃敷, 큰길大塗, 조급한 결단決躁, 푸른 대나무蒼筤竹, 갈 대萑葦, 잘 우는 말馬善鳴, 왼발이 흰 말馬馵足, 발을 들어 올리는 말馬作足, 이마가 흰 말馬的顙, 곡식이 반복적으로 나고 자라는 것稼反生, 곡식이 무 성함稼蕃鮮, 항상함 혹은 평소常, 주인主, 제후諸侯, 선비 및 관리士, 형兄, 지 아비夫, 훌륭한 지아비元夫, 발趾, 나감出, 가다 혹은 행하다行, 정벌하다征, 일어남作, 쫓다逐, 놀라서 달아남驚走, 경계하여 지킴警衛, 정함定, 일事, 말言, 강론과 의론講議, 묻다問, 말하다語, 고하다告, 울리다響, 소리聲, 音, 울다鳴, 밤夜, 사귀다 혹은 교차하다交, 아름답다 혹은 악기를 타다徽, 반대反, 뒤後, 후세後世, 따르다從, 지키다守, 왼쪽左, 태어나다生, 맛보다嘗, 느리다緩, 너 그럽고 어질다寬仁, 즐겁다樂, 웃다笑, 기뻐서 웃다喜笑, 우스운 말笑言, 길道, 언덕陵, 제사祭, 농작물禾稼, 온갖 곡식百谷, 풀숲草莽, 북鼓, 광주리筐, 말馬, 고라니와 사슴麋鹿, 창풀蔈, 고니鵠, 옥玉

4. 손(☴)의 상

줄이 곧음繩直, 장인工, 흰색白, 긴 것長, 높은 것高, 나아감과 물러섬進退, 과 단성 없음不果, 냄새臭, 머리숱이 적은 사람人寡髮, 이마가 넓은 사람人廣顙, 흰자가 많은 사람人多白眼, 이익을 가까이하여 세 배의 이익을 남김近利市三倍, 조급함躁, 명命, 명령命令, 호령號令, 지침教令, 고하다誥, 부르다號, 처녀處女,

부인婦, 아내妻, 행상商旅, 따르다隨, 처하다處, 삼복 무더위에 접어들다入伏,
이익利, 가지런히 하다齊, 함께함 혹은 동일함同, 사귀다 혹은 교차하다交,
춤추다舞, 골자기谷, 긴 나무長木, 꽃망울苞, 버드나무楊, 과실나무果木, 띠茅,
흰 띠白茅, 난초蘭, 초목草木, 풀숲草莽, 구기자杞, 칡葛, 땔나무薪, 담장庸,
침상床, 줄繩, 비단帛, 허리띠腰帶, 바지 끈 혹은 신繻, 뱀蛇, 물고기魚, 붕어鮒,
황새鸛, 통함通

5. 감(☵)의 상

　도랑溝瀆, 숨어 엎드림隱伏, 바로잡음矯, 활과 바퀴弓輪, 근심을 더함人加憂,
마음의 병心病, 귀가 아픔耳痛, 적색赤, 등골이 아름다운 말馬美脊, 성질 급한
말馬亟心, 머리 떨군 말馬下首, 발굽 얇은 말馬薄蹄, 끄는 말馬曳, 하자가 많은
수레輿多眚, 수레가 통함輿通, 달月, 도적盜, 단단하고 심이 많은 나무木堅多心,
성인聖, 구름雲, 검은 구름玄雲, 내천川, 큰 하천大川, 하천河, 마음心, 기억하
다 혹은 기록하다誌, 생각하다思, 사고하다慮, 근심하다憂, 도모하다謀, 두
려워하다惕, 의심하다疑, 어렵다艱, 절뚝발이蹇, 불쌍하다恤, 후회하다悔, 잊
다忘, 힘쓰다勞, 儒, 눈물을 흘리다涕泗, 하자眚, 질병疾病, 의심과 미움疑疾,
재앙災, 깨뜨림破, 죄罪, 어긋남悖, 욕심欲, 음탕함과 방종淫, 도적寇盜, 사나
움暴, 독毒, 학문讀, 성실함孚, 평평함平, 법法, 벌罰, 옥사獄, 법칙則, 經, 여러
번 중복함 혹은 익힘習, 들어감入, 안內, 모임聚, 등골脊, 허리腰, 볼기臀,
기름膏, 어두운 밤陰夜, 해 또는 년歲, 삼년三歲, 주검屍, 술酒, 총목 또는 관
목叢木, 가시덤불로 둘러친 감옥叢棘, 질려蒺藜, 국자棘匕, 나무를 뚫음穿木,
차꼬校, 활시위弧, 활을 튕김弓彈, 나무木, 수레車, 궁宮, 법칙律, 可, 마룻대棟,
족쇄와 쇠고랑桎梏

6. 이(☲)의 상

창과 병사戈兵, 사람의 큰 배人大腹, 여자女子, 아내婦, 잉태함孕, 악인惡人, 보임見, 날아감飛, 벼슬爵, 밝음明, 먼저先, 갑甲, 누런 색黃, 경계함戒, 적장의 머리를 벰折首, 칼刀, 도끼斧, 예리한 도끼 혹은 노자資斧, 화살矢, 나는 화살飛矢, 황금 화살黃矢, 그물網, 그물罟, 항아리甕, 새鳥, 나는 새飛鳥, 학鶴, 기러기鴻, 암소牝牛, 매隼, 여름夏

7. 간(☶)의 상

작은 문과 큰 문門闕, 문지기 혹은 환관閽, 閽寺, 손가락指, 쥐鼠, 단단하고 마디 많은 나무木堅多節, 아우弟, 막내자식小子, 군자君子, 어진 이賢人, 어린 애童, 어리고 몽매한 아이童蒙, 어린 종童僕, 관직官, 벗友, 시기時, 풍성함豐, 별星, 천둥소리霆, 열매果, 삼가다愼, 마디 혹은 아낌節, 기다림 혹은 대우함待, 절제함制, 잡아 묶음執, 작음小, 많음多, 두터움厚, 취함取, 버림舍, 구함求, 실제를 그려 냄寫實, 도道, 구멍穴, 거함居, 돌石, 성城, 궁실宮室, 집 혹은 오두막廬, 들창牖, 대문 안의 뜰門庭, 종묘宗廟, 사직社稷, 코鼻, 팔뚝肱, 등背, 폐肺, 가죽皮, 살갖膚, 작은 나무小木, 큰 과일碩果, 표범豹, 이리狼, 작은 여우小狐, 꼬리尾, 범虎

8. 태(☱)의 상

입과 혀口舌, 훼손함과 꺾임毁折, 붙은 것이 떨어짐附決, 척박하고 소금기가 많은 땅剛鹵, 누이妹, 오묘함妙, 아내妻, 벗朋, 친구友, 강습講習, 형인刑人, 작다小, 적다少, 밀집하다密, 통하다通, 보다見, 오른쪽右, 아래下, 적은 지식少知, 약속契, 항상함常, 윗잇몸과 볼輔頰, 구멍孔穴

이처럼 역괘의 상은 무한대로 취할 수 있다. 위에서 발견할 수 있는 한

가지 법칙은 동태적인 특징과 기능 및 속성이 동일하다면 동일한 유형의 상으로 분류될 수 있다는 점이다. 그래서 사실 팔괘는 '여덟 가지 기능'을 종류대로 나눈 묶음이라고 볼 수도 있다. 취상의 기능 및 동태적 특징은 실질적인 형체보다는 기능을 중시하고, 정태적인 것보다는 동태적인 것을 중시하며, 형식보다는 내적인 의미를 강조하는 사유 경향을 띠게 했다. 서양 문화가 실체와 구조, 정태적인 것을 더 중시하는 사유 세계를 기반으로 하는 것과는 대조적이다.

「역전」에서는 괘상을 분석할 때 64괘를 두 개의 팔괘로 분해한 뒤 각각의 괘에 대해 상을 취하여 풀이한다. 어떤 면에서 '역易'은 '상象'이라고도 할 수 있으므로 「계사전」에서는 "역은 상이고 상은 본떠 형상화한 것이다."라고 했다.

한대는 상을 취하는 관점과 방법이 혁신적으로 발전했던 시기다. 맹희와 경방京房은 절기 및 절기에 따라 변하는 만물의 상태를 통해 '괘기설卦氣說'을 정립했고, 경방은 간지와 오행의 측면에서 '납갑설納甲說'과 '세응유귀설世應游歸說', '호체설互體說'을 만들어 내었으며, 정현은 연월年月과 시간의 측면에서 '효진설爻辰說'을 수립했는데, 이는 『역위』라는 책에도 나와 있다. 이처럼 한대 이후 괘상 분석은 각종 학설이 등장함으로써 다양한 방향으로 발전하는 양상을 보였다. 이들은 다 같은 취상의 갈래여서 별다를 것이 없지만 한대 이후 나온 학설들을 자세히 보면 『주역』의 광범위하고 정해진 법칙 없는 취상 법칙과는 달리 한층 전문화되고 규범화된 틀을 갖추게 되었다.

「역전」이 「역경」을 해석할 때 괘의 덕행과 기능, 속성, 의의에서 출발하여 괘효사와 괘효상을 설명한 것이 '취의取義 분석법'이다. 취의법은 취상법처럼 구체적인 물상物象이나 사상事象에서 출발하는 것이 아니라 추상적인 덕행과 속성의 측면에서 접근하는 방법으로 춘추전국시대 취의설을 발전시키고 종합한 것이다.

『좌전』과 『국어』에서도 이미 취의에 의한 분석법이 사용되었다. 예컨대 『국어』 「진어晉語」 편에는 진晉나라 왕자인 중이重耳가 권력 다툼을 피해 다른 나라들을 떠돌아다닐 때 점을 쳐서 준괘와 예괘를 얻었다는 기록이 나온다. 당시 사사筮史(점치는 관원)는 이를 불길한 점괘라고 여긴 반면 사공계자司空季子는 이를 크게 길하다고 보았다. 그 이유는 '준屯'이 두터움을 나타내고 '예豫'가 즐거움을 상징할 뿐 아니라 준괘(䷂)의 하괘와 예괘(䷏)의 상괘를 차지한 진괘(☳)가 움직임을 대표하기 때문이다. 또한 준괘의 상괘인 감괘(☵)는 수고하는 것을, 예괘의 하괘인 곤괘(☷)는 순조로움을 뜻한다. 따라서 준괘와 예괘는 모두 순탄한 길로 행하고 샘물로 애써 기르니 토지가 풍요롭고 도타워져 끝내는 사람들을 즐겁게 할 것이다. 이를 근거로 그는 중이가 반드시 진晉으로 돌아가 나라를 되찾을 것이라고 해석했는데 이것이 바로 취의의 관점에서 괘를 해석한 사례다.

취의법은 종종 취상법과 함께 쓰인다. 사공계자가 '준'과 '예'의 두 괘에 대해 해석하기를 진괘는 수레이자 우레이고 감괘는 물과 무리이며 곤괘는 흙과 땅을 가리키므로, 진은 우레와 수레를 주관하고 물과 무리를 숭상한다고 한 것도 그 예다.

「설괘전」은 취의의 방법을 써서 팔괘의 기능과 속성을 아래처럼 정리했다.

"건은 굳셈이요, 곤은 유순함이고, 진은 움직임이요, 손은 들어감이며, 감은 빠짐이고, 이는 붙음이며, 간은 그침이고, 태는 기뻐함이다."

여기서 강건함健과 유순함順 등은 실질적인 형체가 없어서 눈에 보이지 않는 일종의 '성정性情'이다.

「역전」가운데 「단전」, 「상전」, 「문언전」에서는 「역경」의 구절을 하나하나 풀이하는 과정에서 취의의 방법을 많이 썼다. 이럴 때는 위에서 말한 팔괘별 성정이 근거가 되었고 그 과정에서 비슷한 의미의 항목들을 파생시키기도 했다. 예컨대 건괘와 곤괘에 대해 「단전」에서는 아래와 같은 해석을 내놓았다.

"위대하다 건의 큼이여, 만물이 그로 말미암아 시작하였으니 이에 우주자연을 다스리는 도다."
"지극하다 곤의 큼이여, 만물이 그로 말미암아 생겨났으니 이에 순응하여 하늘을 받드는구나."

건이 '시작始'을 주재하고 곤이 '생겨남生'을 주관하며 하늘이 다스리고 땅이 이러한 하늘에 순응하여 받드는 것이 다 취의의 관점에서 나온 분석이다. 「상전」에도 이러한 해석이 나온다.

"하늘의 운행이 굳세니 군자는 이를 본받아 스스로 강해지고자 노력하기를 쉬지 않는다."
"땅의 기세가 유순하니 군자는 두터운 덕으로 만물을 싣는다."

건은 강건하고 곤은 유순하니 건은 스스로 힘쓰기를 쉬지 않으며 땅은 두터운 덕으로 만물을 용납하여 실어 나른다는 뜻인데 이 역시 취의법으로 괘상을 풀이한 예다. 이처럼 「단전」, 「상전」, 「문언전」은 괘효사를 풀이할 때 취의의 방법을 폭넓게 적용했다. 건괘의 괘사인 "원형이정元亨利貞"에 대해서도 「단전」에는 아래처럼 풀이했다.

"건의 도가 변하여 화함에 이르러 각자의 천성과 천명을 바르게 함으로써 태화를 이루어 보존하니 이에 바르게 함이 이롭다."

건의 도가 변화하는 가운데 만물이 각자 변화하는 건의 도를 얻음으로써 천성과 천명을 단정하게 하고 천지음양이 최고로 조화를 이루는 태화太和의 상태에 이르러야만 바르게 함이 이롭게 된다는 말이다. 이는 의리義理의 측면에서 '바르게 함이 이로움利貞'의 의의를 풀어낸 부분이다. 또한 「문언전」에서는 이렇게 해석했다.

"원元은 선의 우두머리요 형亨은 아름다움의 모임이며 이利는 의가 화하는 것이고 정貞은 일의 근간이다."

여기서는 건괘의 괘사인 '원형이정'을 각각 네 가지 덕으로 해석하여 '원元'을 '선善 가운데 으뜸'이라고 했고 '형亨'을 '아름다움嘉의 모임'이라고 표현했으며 '이利'는 '의義가 서로 화和하는 것'이고 '정貞'을 '일과 사물의 근간'이라고 표현했다.

「문언전」은 여기서 한 발 더 나아가 '원형이정'이 각각 인仁, 예禮, 의義, 사事 혹은 지智와 연결되어 있다고 했다. 이것은 의리의 측면에서 건괘의 괘사를 해석한 전형적인 예다.

그리고 「문언전」에서는 곤괘의 괘효사를 이렇게 풀이했다.

"곤괘는 지극히 유순하지만 움직임이 강건하고 지극히 고요하되 덕이 곧고 바르다…… 직直은 그 바름이요 방方은 그 의義이니, 군자가 경敬으로 안을 곧게 하고 의義로 밖을 떳떳하고 바르게 하면 경과 의가 바로 서서 덕이 외롭지 않다……."

유순함과 고요함으로 곤괘의 본체를 해석했으며 움직임과 강건함, 덕스러움과 곧고 바름을 통해 "암말이 바르게 함이 이롭다."를 해석했는데 이것이 곧 곤괘의 기능이자 쓰임인 셈이다. '바름正'으로써 '곧음直'을 풀이하고 '의義'로써 '떳떳함方'을 풀이했는데, 이는 곤괘가 안을 곧게 하고 밖을 떳떳하게 함을 의미한다. 즉 사람이 도덕을 수양하여 안으로는 바르고 곧으며 일을 처리할 때는 떳떳하게 함으로써 의에 부합해야 한다는 말이다.

「상전」에서도 괘효사를 분석할 때 뜻을 취해 이치를 밝히는 취의법을 썼다. 건괘의 효사를 살펴보면 초구로부터 상구까지 각각 "잠겨 있는 용은 쓰지 말라." "나타난 용이 밭에 있다." "종일토록 힘쓰고 힘쓴다." "때로 연못에서 뛰어오른다." "나는 용이 하늘에 있다." "끝까지 올라간 용은 뉘우침이 있다."인데, 「상전」에서는 이를 각각 "양이 아래에 있기 때문이요." "덕을 널리 베풂이요." "반복하기를 도로써 함이요." "나아감이 허물이 없다는 것이요." "대인의 일이요." "가득함은 오래 갈 수 없다는 것이요."라고 해석했다. 이것들도 다 의리의 측면을 발휘한 것이다.

「단전」에서도 취의법을 통해 괘효사를 풀이했다. 예컨대 곤괘의 괘사인 "곤은 크고 형통하며 암말이 바르게 함이 이로우니……."에 대해 「단전」에서는 "암말은 땅에 속한 부류여서 땅을 걸어감이 끝이 없으며 유순하여 바르게 함이 이로우니 군자의 행하는 바다."라고 해석했다. 암말을 '땅의 부류'라고 해석한 것은 취상법이지만 암말을 '유순하다'고 풀이한 것은 취의법을 쓴 것이다.

이처럼 「문언전」, 「단전」, 「상전」은 취의와 취상, 효위 분석의 방법을 병행하여 괘효상과 괘효사를 해석했다.

11
태극과 태극도

태극

　'태극太極'이라는 것은 「계사전」에 나오는 말로 선진시대 고서 가운데 서는 『장자』「대종사大宗師」 편에 "그것은 태극의 위에 있으면서도 높다 하지 않고 육극六極의 아래에 있으면서도 깊다고 하지 않습니다."라고 언 급된 부분에서 그 유래를 찾아볼 수 있다. 이 문구에서도 알 수 있듯이 태 극의 범주는 철학의 역사에서 그 의의가 무척 크다고 하겠다.

　「계사전」에서는 "그러므로 역에는 태극이 있으니 이것이 양의를 내었 고 양의는 사상을 낳았으며 사상은 팔괘를 낳았다."고 했는데 여기서 태 극이 가리키는 것은 괘상의 원류, 즉 음양 두 개의 획이 나뉘기 전, 혹은 대연지수 50이 둘로 나누어지기 이전의 상태다. 그러나 위의 순서를 따르 면 태극은 양의, 사상, 팔괘의 원류가 되고 팔괘는 세상만물과 모든 일이 되므로 태극은 세상만사와 모든 만물의 원류가 되는 셈이다. 후대에 와서 는 이러한 본체론의 관점에서 태극의 범주를 인식한다.

　예로부터 수많은 학자가 태극에 관한 다양한 해석을 내놓았는데 한대 의 유흠劉歆은 『삼통역보三統歷譜』에서 "태극은 원기元氣로서 셋을 모아 하 나를 이룬다."고 했고, 당대의 공영달은 『주역정의』에서 "태극은 천지가 나뉘지 않은 상태를 말하며 원기가 섞여 하나가 되었다."고 했다. 여기서 알 수 있듯 태극은 태초에 우주가 완전히 섞여서 한 덩어리였을 때의 원 기이자 음양의 두 기운이 뒤얽혀 분리되지 않은 상태를 말한다.

표준태극도

복희여와교미도

'천하제일도天下第一圖'라고도 불리는 '태극도太極圖'는 그 형상이 마치 두 마리의 검고 흰 물고기가 한데 얽혀 있는 듯한 모습이어서 속칭 '음양어태극도陰陽魚太極圖'라고 하기도 한다. 동서고금을 막론하고 전통문화와 관련이 있는 이미지나 장소 등은 약속이나 한 듯 하나같이 이 같은 태극도를 사용한다. 알려진 바와 같이 한국의 국기도 이 도안을 응용하여 만들어진 것이다.

적잖은 사람들이 이러한 '음양어태극도'가 원시시대에 탄생했다거나 심지어 태곳적에 외계인이 지구인에게 건넨 선물이라는 둥, 이전 문명 사람들이 문명의 멸망과 동시에 남긴 유일한 증표라고 믿는 이들도 있다. 이처럼 풀리지 않는 미스터리로 숱한 의문을 남겨 사람들의 호기심을 불러일으키는 태극도는 실제로 어떤 경로를 통해 탄생했을까? 천리푸陳立夫 선생은 이에 대해 「태극도에 관한 일련의 문제關於太極圖的一些問題」라는 글에서 이렇게 말했다.

"중국 대륙에서 출토된 옛 태극도는 『주역』이나 『건착도』 등의 서적에 비해 3, 4000년이나 앞서 탄생했다. 예컨대 샨시성陝西省 융징永靖에서 출토된

6500년 전(복희시대) 쌍이채도호雙耳彩陶壺(귀 두 개 달린 채색 토기 항아리) 위의 쌍룡고태극도雙龍古太極圖(스웨덴동양박물관 소장)는 모필毛筆을 써서 그린 것으로 놀랍게도 공자의 것보다 4000년이나 앞선 것이다. 그 밖에도 상나라와 서주시대의 청동기에서도 용의 암컷과 수컷이 서로 휘감고 있는 형상을 한 태극도가 발견되었다."

천리푸 선생은 두 용이 서로 휘감고 있는 모습의 태극도를 '쌍용태극도雙龍太極圖'라고 칭하기도 했다. 두 마리의 용이 서로 휘감고 있는 모습은 사실 화하華夏의 시조인 복희와 여와가 등장하는 '복희여와교미도伏羲女媧交尾圖'에서도 볼 수 있다.

그리고 태극도가 '만卍'이라는 부호에 기원을 두고 있다고 믿는 이들도 있다. '만卍'이라는 기호는 칭하이성 민허와 러더우의 류완柳灣을 비롯해서 랴오닝성 윙뉴터기의 스펑산石棚山, 광둥성 취장의 스샤石峽 등지의 유적지에서 출토된 신석기시대의 그릇 등에 새겨져 있다.

그 밖에도 태극도가 두 마리의 물고기 문양을 활용한 도안에 기원을 둔다고 믿는 이들도 있다. 이와 관련해서 샨시성 시안 반포半坡 유적지에서는 사람의 얼굴을 한 물고기 문양의 채색그릇이 출토된 바 있다. 봉황 두 마리의 문양이 들어간 도안도 기원설에 포함되는데 신석기시대 골각무늬 혹은 그릇의 그림이나 하모도 유적지에서 이러한 문양이 발견되었다. 최근에는 태극도가 허난성 뤄양의 궁이鞏義 지역에서 황하와 낙수洛水 물줄기가 서로 만나 형성된 소용돌이에서 기원했다는 견해도 생겨났다.

이들의 말처럼 태극도는 정말로 위에서 말한 도안 중 하나에 기원을 두는 것일까? 그러나 문양만 놓고 보자면 '음양어태극도'가 위에 언급된 도안에서 시작되었다고 단언하기는 어렵다. 이들과 유사한 도안이 다른 민족의 문화에도 등장하기 때문에 태극도가 반드시 여기에만 기원을 둔 채 변화를 거듭했다고 할 수는 없는 것이다. 예컨대 고대 바빌론 문화에도 두 마리의 뱀이 서로 얽힌 채 교미하는 그림이 전해지고 있으며 고대 그리스와 고대 인도, 카프카스, 소아시아 등지의 유물(은 장신구, 청동 주전자, 화병 등)에도 '만卍' 문양은 보이지만 이들 민족에게는 태극도라는 도안이 전해지지 않는다. 황하와 낙수가 교차하는 지점의 소용돌이 기원설도 황당할 수밖에 없는 것이 소용돌이라는 것은 물이 있는 곳이면 어디나 발생할 수 있는 자연현상이기 때문이다. 설령 소용돌이에서 태극도가 유래했다 치더라도 그것이 장소와 관계없이 어디서나 발생할 수 있는 자연현상이라는 점에서 어느 국가나 민족에도 동일하거나 최소한 비슷하기라도 한 문화유산이 전해져야 하는데, 그렇지 않은 점은 의문으로 남는다.

그러나 위에서 나열한 도안에 숨은 사상적 관념을 살펴보면 이것들이 태극도와 전혀 무관하다고만은 할 수 없다. 이 도안들은 두 마리의 용, 두 마리의 뱀, 두 마리의 물고기, 두 마리의 봉황처럼 특정 동물이나 사물이 쌍을 이루어 교합하는 모습을 하고 있고 심지어 '만卍'이라는 기호도 동일한 기호 두 개가 교차함으로써 이루어진 것이다. 이는 원시사회에서 생식을 숭배했던 사상의 흔적이라고 볼 수 있다. 쌍을 이룬 문양, 예컨대 남자와 여자(복희와 여와), 암컷과 수컷(물고기, 뱀, 용, 새)이 둘씩 쌍을 이루어 교미하는 것은 원시시대 선조들이 남녀와 자웅 교합에 관해 갖고 있던 직관적인 인식체계를 보여 준다. 그들은 살면서 두 개의 생식기, 남녀, 자웅, 일월日月 등 인체현상, 생물현상, 자연현상을 통해 음양의 개념을 비롯해 음양동체同體, 음양상대相對, 음양상교相交, 음양의 상호 작용, 음양의 상호 전환 등 사상을 점차 체득해 나갔을 것이다. 그리고 이러한 사상은 우리의 전통문화를 음양의 문화라고 부를 수 있을 정도로 음양의 관념을 중시하는 문화의 토대를 마련했다.

「역경」의 음양 효와 음양 괘는 바로 이러한 음양의 사상을 기호(선 기호)

화한 결과 탄생한 산물이다. 그리고 흑백이 어우러지고 머리와 꼬리가 한데 모이는 태극도는 음양이 대치하다가 다시 통일을 이루고 증감과 성쇠를 거듭하는 등, 음양이 뿌리를 같이한 채 움직이는 사상의 관념을 가장 극명하게 보여 주는 도형 기호다. 여기서 알 수 있듯이 이들 원시 문양은 사실상 태극도 사상의 뿌리가 되어 주었을 뿐 거기서 직접적으로 태극도가 탄생한 것은 아니다. 그렇다면 태극도의 형성에 직접적인 영향을 끼친 도안은 대체 언제 누구에 의해 고안되었을까? 안타깝게도 이에 대해서는 확실히 고증을 거친 근거가 없는 게 사실이다.

장행성의 '역선천도'

그러나 필자는 오랜 연구 끝에 '음양어태극도'는 현존하는 문헌 중 가장 먼저 남송시대 장행성張行成이 지은 『익현翼玄』에 수록됐음을 알게 되었다. 그 뒤 세월이 흘러 '음양어태극도'는 명나라 초기 조휘겸趙撝謙에 의해 간략하게 도식화한 형태를 갖게 되었다. 그러나 그 뒤로도 한참 '태극도'라는 이름이 아닌 '천지자연하도天地自然河圖'라고 불리게 되는데 이러

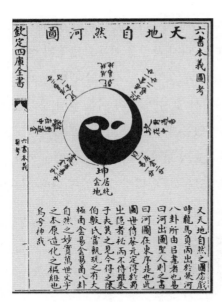

조휘겸의 '천지자연하도'

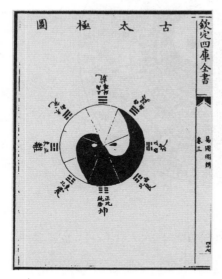

조중전의 '고태극도'

1부
주역 입문

한 내용은 『육서본의六書本義』에 기록되어 있다.

조휘겸의 도안이 장행성의 그림과 다른 점이 있다면 첫째, 조휘겸의 것은 태극 바깥 원이 선천팔괘先天八卦로 되어 있다면 장행성의 것은 64괘로 되어 있다는 점, 둘째, 조휘겸의 것은 물고기의 머리 부분이 날카롭게 그려졌고 물고기의 눈도 비교적 길게 찢어져 마치 눈물을 흐르는 듯한 모습을 한 반면 장행성의 것은 물고기 머리 쪽의 선 처리가 부드럽고 물고기 눈도 원형이라는 점이다.

명나라 말엽 조중전趙仲全이 지은 『도학정종道學正宗』에도 '고태극도古太極圖'가 실려 있다. 조휘겸의 도안과 비교해 보면 조중전은 태극 위에 네 개의 선을 그은 다음 이를 여덟 개 구역으로 나눔으로써 괘효의 음양 자리수와 음양어도의 흑백 변화 정도를 더욱 정확하게 대응시켰다.

그렇게 따지면 후대에 끊임없이 변화해 온 태극도(두 개의 반원이 합쳐진 태극도가 가장 흔함)는 엄밀한 의미에서 모두 정확한 도안이라고는 할 수 없다.

괘효의 자리수와 태극도 흑백 변화의 정도가 정확하게 대응해야 한다는 본래의 뜻에 부합하지 않기 때문이다. 장황章潢과 조중전은 이를 '고태극도'라고 이름 붙였고 그 뒤에야 비로소 비슷한 도안의 명칭이 '태극도'로 통일되어 지금까지 전해지게 되었다.

'음양어태극도'는 일찍부터 선천팔괘나 64괘 방위도를 해독하는 데 사용됐다. '음양어태극도'에서 검은 물고기와 흰 물고기는 음양의 뿌리를 같이하면서 서로 엇갈린 채 변화하고 움직이면서 증감과 성쇠를 거듭하는 모습을 보여 준다. 흰 물고기가 우측 상단에서 시작하여 왼쪽으로 돌면서 큰 것이 점차 작아지는 이미지는 양기가 점차 소멸하는 모습을 상징한다. 반면 검은 물고기가 좌측 아래로부터 시작하여 오른쪽으로 돌면서 컸던 것이 서서히 작아지는 모습은 음기가 점차 줄어드는 것을 나타낸다. 흑백 물고기의 머리와 꼬리가 서로 물고 물리며 얽히는 모습에서 우리는 양기가 점차 소멸하는 것에서 끝나는 것이 아니라 그와 함께 음기가 소생하기 시작하는 것을 관찰할 수 있다. 이 때문에 음양의 증감과 성쇠라는 것은 딱 잘라 서로 분리되는 개념이 아니라 상호 순환하는 관계에 있다. 미미했던 것이 두드러지게 되고 두드러진 상태가 극에 이르면 반드시 반대 방향으로 전환되게 마련인데 이것이 바로 천지자연의 큰 변화 법칙이다.(그래서 조휘겸은 이 도안을 가리켜 '천지자연하도'라고 칭했다.)

'음양어태극도'에는 1년 12개월, 24절기의 변화 법칙이 표현되어 있다. 그래서 입춘에 양陽이 생겨나면 흰 물고기의 꼬리 부분이 일어나기 시작하고 춘분과 입하를 거치면서 흰 물고기의 몸통이 점차 커지다가 하지에 이르면 크기가 극에 이르는데 이때가 바로 건괘가 보여 주는 '순양純陽'의 상태라고 할 수 있다. 그 뒤 얼마 지나지 않아 곧 흰 물고기는 점차 작아지고 검은 물고기가 커지기 시작한다. 시기적으로는 입추가 시작되는 셈이다. 추분과 입동을 거치면서 점점 커진 검은 물고기는 동지에 이르러 최대가 되는데 이 시기가 바로 곤괘가 보여 주는 '순음純陰'의 상태다.

12개의 소식괘消息卦(음양의 소멸함과 소생함이 순환하는 시운의 변화를 고려하여 열두 달에 배속시킨 12개의 괘)의 측면에서 살펴봐도 음양어의 증감과 성쇠를 보여 주는 도안과 부합함을 알 수 있다. 서한시대 맹희의 '괘기설'에 따르면 12소식괘는 12개의 달과 아래처럼 대응한다.

복괘(䷗) 11월→임괘(䷒) 12월→태괘(䷊) 정월→대장괘(䷡) 2월
→쾌괘(䷪) 3월→건괘(䷀) 4월→구괘(䷫) 5월→둔괘(䷠) 6월
→비괘(䷋) 7월→관괘(䷓) 8월→박괘(䷖) 9월→곤괘(䷁) 10월

원나라의 호일계胡一桂는 일찍기 맹희의 12소식괘와 태극도 간의 관계를 터득하고 검은 칸을 음효로, 흰 칸을 양효로 삼은 '문왕십이월괘기도文王十二月卦氣圖'를 고안했다.(『주역계몽익전周易啓蒙翼傳』 사고전서본 수록)

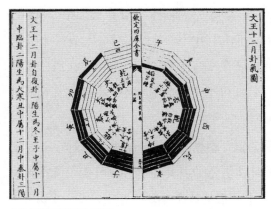

도안의 각진 부분들을 서로 부드럽게 연결하고 압축시키면 선명한 '음양어태극도'가 탄생한다. 태극도 중앙에 찍힌 두 마리 물고기의 눈은 절기를 직접적으로 가리키지는 않고, 다만 '음 가운데 양이 있

호일계의 '문왕십이월괘기도'

고 양 안에 음이 있음'을 상징한다. 동지가 비록 순음이기는 하지만 소생하는 양기를 포함하고 있고, 하지가 순양이긴 하지만 돋아나는 음의 기운을 머금듯 말이다. 이처럼 본 도안에는 깊은 이치가 깃들어 있다.

12
음양과 오행

음양의 원류

음양의 개념이 언제부터 생겨났는지 보려면 하, 은, 주 삼대에 이르는 상고시대로 거슬러 올라가야 한다. 『주역』은 음양의 관념을 담아 만든 책이지만 사실 '음양은 이렇다.'라고 명쾌하게 설명하지는 않는다. 양계초梁啓超의 고증에 따르면 「역경」 64괘의 괘효사 중 음양이 언급된 경우는 중부괘의 구이효 효사에 나오는 '음陰'이라는 글자가 유일하다고 한다.

"우는 학이 음지에 있으니, 같은 무리가 그에게 화답한다."
鳴鶴在陰 其子和之.

그나마 여기에 나온 '음陰'도 그늘을 뜻하는 '음蔭'이라는 글자 대신 빌려 쓴 가차자이지 '음양陰陽'에서 말하는 '음'이 아니다. 이 밖에도 양계초는 고증을 통해 『의례儀禮』라는 고전 전체를 뒤져 봐도 '음陰'이나 '양陽'이라는 글자는 찾아볼 수 없고 『상서』에도 '음'과 '양'은 각각 세 군데밖에 언급되지 않으며 『시경』에는 '음'이 여덟 번, '양'이 열네 번, '음양'이 한 번만 언급되었다는 사실을 밝혀내었다. 그나마도 그는 "여기 언급된 '음양'이라는 것은 단순히 자연계의 소소한 현상일 뿐 어떤 깊은 의미가 담긴 것은 아니다."라고 말했고 이는 사료로 살펴본 사실과도 기본적으로 일치했다.

비록 이처럼 『주역』에는 딱히 '음양'이라는 용어가 명확하게 개념화되지는 않았지만 64괘의 부호는 기본적으로 음효와 양효를 기초로 삼고 있다. 그리고 괘명을 살펴봐도 건곤乾坤, 태비泰否, 박복剝復, 손익損益 등 상호 대립, 대응하는 개념이 쌍을 이루어 대비를 극대화한다. 이처럼 『주역』은 서로 대립하고 모순되는 현상과 실제 경험을 인식의 원천으로 삼음으로써 길흉화복의 모순을 연구 대상으로 전환했다. 이를 통해 세상만물과 모든 일에는 상호 대립, 대응하는 보편적인 현상이 존재함을 알 수 있는데 여기에는 당시 사람들이 생산 활동과 사회 활동을 펼치는 가운데 가졌던 인식의 수준이 반영되어 있다.

예컨대 선조들은 농사를 짓는 과정에서 '양'을 향하면 풍성한 수확이 가능한 반면 그늘진 '음'에서는 그렇지 못함을 보고 '상기음양相其陰陽(음양을 살피다.)'의 경험을 한데 모았다. 그리고 사회생활을 통해 임금과 신하, 주인과 노비, 귀함과 천함, 부함과 가난함, 태평함과 혼란스러움, 흥함과 쇠함 사이의 모순을 지켜봤다. 또한 자연현상으로부터 하늘과 땅, 해와 달, 낮과 밤, 추위와 더위, 흐림과 밝음, 물과 불, 남자와 여자가 서로 대립, 대응하는 현상도 관찰할 수 있었다. 이러한 모든 현상과 경험이 한데 모여 반영된 곳이 바로 『주역』이다. 『주역』에 비록 '음양'이라는 용어가 구체적으로 명시되지는 않지만 음양의 기호, 상호 대립하는 괘명, 효사에 쓰인 용어 등을 통해 우리는 '음양'의 관념이 이미 『주역』 안에 철저하게 녹아들어 가 있음을 알 수 있다.

'음'과 '양'이라는 두 글자는 은허 유적지의 갑골문에도 등장하는데 이는 음양의 철학적 개념이 적어도 서주시대부터 출현했다는 증거이기도 하다. 『국어』 「주어周語」 상편에는 당시 '음양'이라는 말이 기이한 현상 혹은 사물이 운동, 변화하는 원인을 설명하는 데 쓰였다는 기록이 나온다. 춘추시대 말기에는 도가의 창시자인 노자가 이전 시대의 음양 사상을 계승, 발전시킴으로써 그 뒤의 노장학파와 황로학파가 '음양'을 통해 만물의 성질과 변화 법칙을 설명할 수 있는 발판을 마련했다.

「역전」의 음양설

「역전」은 가장 먼저 음양의 사상을 통해 「역경」을 체계적으로 풀이했다. 그리고 이를 통해 음양을 우주만물의 변화와 운동, 보편적이고도 서로 연결된 자연계의 범주를 설명하는 철학적 개념으로 끌어올렸다. 『장자』「천하天下」 편에서 "역은 음양의 이치를 말한다."고 한 것처럼 말이다.

「역전」은 음양을 "천지의 변화를 포괄하면서도 지나치지 않고 만물을 에둘러 이루면서도 빠뜨리지 않는" 최고의 범주로 승화시켰으며, 심지어 「역경」 전체를 '음양'이라는 두 글자로 압축할 수 있을 정도로 「역경」과 음양 간의 긴밀한 관계를 정립하는 데 일조했다. 「역전」은 최초로 '일음일양지위도一陰一陽之謂道(한 번 음이 되었다가 한 번 양이 되는 것을 일컬어 도라고 한다.)'라는 명제를 분명히 제시함으로써 음양을 '역易의 도道'로 간주하였다. 천지만물은 서로 끌어당기기도 하고 배척하기도 하면서 대립과 통일, 모순 속에서 조화를 이루기도 한다. 한편 사물의 대립하는 양면은 서로 반대면으로 전환되기도 하는데 이러한 과정을 포함한 모든 사물의 복잡성과 변동성은 '음양'이라는 법칙의 제약 아래에 놓인다.

이처럼 음양 사상은 「역전」 철학의 체계를 이루는 핵심이자 「역전」의 원칙이며 「역전」이 괘효상을 해석하고 세상만물과 모든 일의 속성과 법칙을 설명하는 데 기본적인 범주가 된다.

「역전」에 속한 일곱 편의 글 가운데 「계사전」은 음양을 통해 괘효를 풀이한 것으로는 가장 전면적이고도 체계적인 글이라고 할 수 있다. 심지어 「단전」과 「상전」, 「문언전」의 음양설을 종합하여 차원 높게 정리한 것이

「계사전」이라고 말해도 무방할 정도다. 「단전」에서는 태괘泰卦와 비괘否卦의 두 개 괘에 대해서만 음양을 통해 풀이했고, 「소상전」과 「문언전」에서는 건괘와 곤괘에 대해서만 음양으로 풀이했다.(「소상전」은 건괘의 초구, 곤괘의 초육 효사를, 「문언전」에서는 건괘의 초구와 곤괘의 상육의 효사에 대해서만 음양을 통해 괘를 풀이했다.) 「대상전」에서는 음양을 통해 괘를 풀이한 사례가 없다.

「계사전」은 가장 일찌감치 음양을 통해 괘효를 체계적으로 해석했을 뿐 아니라 팔괘를 양괘와 음괘로 구분하여 "양괘는 음이 많고 음괘는 양이 많다." "양괘는 홀수고 음괘는 짝수다."라고 정의했다. 양효와 음효의 수가 몇 개인지에 따라 괘의 음양 성질이 결정된다는 말이다. 이는 인간 사회의 정치적인 면에 빗대어지기도 하는데 "양은 군주 하나에 백성이 둘이니 군자의 도다. 음은 군주 둘에 백성이 하나이니 소인의 도다."라고 한 것이 그 예다. 또한 '음양'은 「계사전」에서 언급했던 '양의兩儀'와 동일하다. '양의'는 음효와 양효의 두 가지 기호뿐만 아니라 '음양'이라는 두 가지 상대적인 사물 혹은 속성을 가리키기도 한다. 이처럼 양의와 음양은 모두 철학적인 범주에 포함될 수 있다.

음양과 같은 의미를 지닌 또 다른 범주로는 '건곤乾坤'을 들 수 있다. '건곤'은 「역전」에서 두 개의 '원元', 즉 '건원乾元'과 '곤원坤元'으로 표현되었다. 「단전」에서는 이에 대해 각각 아래처럼 풀이했다.

"위대하다 건의 큼이여, 만물이 그로 말미암아 시작하였으니 이에 우주자연을 다스리는 도다."
大哉乾元 萬物資始 乃統天.
"지극하다 곤의 큼이여, 만물이 그로 말미암아 생겨났으니 이에 순응하여 하늘을 받드는구나."
至哉坤元 萬物資生 乃順承天.

건원과 곤원을 만물이 시작하고 생장하는 근원으로 인식한 것이다. 물론 '원元'이라는 글자는 여러 가지로 해석될 수 있지만 후대에 와서 이는 주로 우주만물의 근원으로 여겨져 본체론의 범주에 포함되었다.

64괘 중에서 건괘와 곤괘, 두 괘만이 순양괘, 순음괘인 까닭에 「역전」에서는 이 두 괘를 음양의 상징으로 여겨서 '「역경」을 여는 문'으로 칭하기도 했다. 「역전」에 "음과 양이 덕을 합하여 강과 유가 형체를 갖게 되었고 이로써 천지의 일을 드러내며 신묘하고 밝은 덕에 통한다."는 말이 나온 것도 같은 맥락에서다. 이 밖에도 「역전」에서 건곤에 대해 "역이 간직한 진리" "건곤이 열을 이루고 역이 그 가운데 서 있다."고 한 것을 보면 건곤과 음양이 없이는 역도 없다고 말할 수 있을 정도로 건곤이 중요함을 알 수 있다.

건곤과 음양의 성질을 풀이한 것으로는 「계사전」에서 "건의 도는 남자가 되고 곤의 도는 여자가 되며 건은 큰 시작을 주관하고 곤은 사물을 이룬다. 건으로써 쉽게 알고 곤으로써 간략하게 이룬다."고 한 구절을 들 수 있는데 여기서 우리는 건의 성질이 남성적이며 곤은 여성적임을 알 수 있다. 그리고 건은 세상만물과 모든 일의 시작을 주관하고 곤은 그것의 완성을 상징하며, 건은 평이함을 지식으로 삼고 곤은 간결함을 능력으로 삼는다. 그 밖에도 "무릇 건은 천하의 지극히 굳셈이다." "무릇 곤은 천하의 지극히 유순함이다."라고 언급한 것을 보면 건의 덕행은 "항상 쉬움으로써 험함을 알고恒易以知險" 곤의 덕행은 "항상 간략함으로써 막힘을 아는恒簡以知阻" 것임을 알 수 있다. 「계사전」은 또한 건곤의 성질과 기능을 말할 때 천지와 사시, 만물이 나고 변함에 빗대어 유추함으로써 건곤음양을 형이상학의 높은 경지로 끌어올리기도 했다.

「역전」은 음양을 통해 괘효를 풀이함으로써 64개의 괘와 384개의 효를 본래의 무속적인 관점으로부터 이성적인 철학 영역으로 거듭나게 했는데 이는 대단히 혁명적이고 비약적인 초월이다. 이때부터 「역경」은 비로소 우주 생명의 법칙을 설명하는 과학적이고 철학적인 경전으로 재탄생한다.

음양의 분류와 구조

괘효의 모형에 따르면 우주만물은 양과 음의 두 가지 부류로 나뉜다. 「역경」의 괘효사에는 음양이라는 개념은 거의 등장하지 않지만 효는 양효와 음효 두 가지로 나뉘며, 팔괘도 두 가지(네 괘는 양괘, 나머지 네 괘는 음괘)로 나뉘고, 64괘도 두 가지(32괘는 양괘, 나머지 32괘는 음괘)로 나뉘는데 이 같은 분류 방식은 「역전」 우주분류학의 기초가 되기도 했다. 「역전」에서는 명확하게 "한 번 음이 되었다가 한 번 양이 되는 것을 일컬어 도라고 한다."는 일음일양지위도一陰一陽之謂道의 개념을 제시했다. 이것만 보더라도 어떤 의미에서는 음양의 분류 구조가 『주역』의 도라고 할 수 있을 정도다.

『주역』「계사전」 상편에는 "그러므로 역에는 태극이 있으니 이것이 양의를 내었다."는 구절이 나오는데 여기서 우리는 음양의 양의兩儀가 태극에서 나왔음을 알 수 있다. 만약 태극이 우주의 근원이라면 음양은 우주를 구성하는 가장 근본적인 요소가 되는 셈이다. 그렇다면 우주를 구성하는 모든 일과 사물은 음과 양으로 나뉠 수 있을 것인데, 그렇게 되면 음양이라는 것은 기능과 속성을 기준으로 만물을 분류한 것이라고 간주할 수 있다. '양陽'은 광명, 순방향, 운동, 흰색, 견고하고 강함, 외적인 것, 홀수, 양수, 아래로 굽어보는 것, 실제, 왼쪽, 덕으로 살리는 것, 개방 등 일련의 의미를 내포하는 반면, '음陰'은 어둠, 역방향, 편안하고 고요함, 검은색, 부드러움, 내적인 것, 짝수, 음수, 위를 올려다보는 것, 공허함, 오른쪽, 형벌로 죽이는 것, 폐쇄 등을 상징한다.

음양은 세상만물과 모든 일이 보편적으로 상호 대응하거나 모순되는 가운데서 귀납하여 나온 것이기 때문에 서로 광범위하게 대응하거나 모순되는 현상과 실제 경험 등을 인식의 원천으로 삼는다. 그리고 음양의 기호는 상고시대 초, 선조들이 우주만물이 가진 음양의 속성을 압축하여 간략하고도 추상적으로 표현한 것이다. 64괘, 특히 건乾과 곤坤, 태泰와 비否, 박剝과 복復, 손損과 익益, 기제旣濟와 미제未濟 등 서로 대응하는 괘상들은 음양의 분류에 중요한 자료를 제공해 주었다. 그리고 이처럼 「역전」에 나타난 음양의 이분적 구성은 음양 이론이 지속적으로 발전해 나갈 수 있게 도왔다.

물론 음양을 분류할 때는 상대되는 두 가지 사물이나 일 사이에 서로 관련이 있거나 동일한 것이어야 한다는 전제를 기억해야 한다. 이를테면 해와 달은 천체에 속한다는 공통점을 가지므로 해는 양, 달은 음으로 삼을 수 있다. 하지만 해와 사람, 혹은 달과 새 사이에는 그 어떠한 내재적 연관성도 없으므로 음양 기준으로 구분하여 배속할 수는 없다. 그 밖에 어떠한 사물이라도 음과 양의 두 개 면으로 구분할 수 있다는 점도 특이하다. 예컨대 사람은 남자(양)와 여자(음)로 구분할 수 있으며, 강건하여 위로 향하며 밝은 면(양)이 있는 반면 부드럽고 뒤로 물러서며 어두운 면(음)이 있다. 그리고 사람은 가슴(음)이 있는 반면 등(양)이 있고, 팔(양)이 있는 한편 다리(음)도 있다. 체표면(양)이 있으면 내장(음)도 있고, 오장(음)이 있으면 육부(양)도 있다.

한의학에서도 인체를 이루는 오장육부나 조직 등을 음과 양으로 구분할 수 있다고 한다. 오장육부를 예로 들면 오장은 음, 육부는 양이다. 오장에서는 심장과 간은 양이고 신장과 폐는 음이다. 오장을 개별적으로 살펴보면 심장도 심음心陰과 심양心陽이 있고, 신장도 신음腎陰과 신양腎陽으로 나뉜다. 오장육부를 그 작용에 따라 오행으로 구분하고자 하면 먼저 음양으로 분류한 뒤 중간中間의 성질을 하나 더 추가하면 된다.

음양은 양의로서 태극에서 갈라져(첫 번째 구분) 나왔고, 음양을 한 번 더 나누면(두 번째 구분) 사상四象이 된다.

『주역』「계사전」 상편에는 "양의는 사상을 낳았다."는 말이 나온다. 사상은 태양太陽과 태음太陰, 소양少陽, 소음少陰으로 이루어진다. 사상은 음

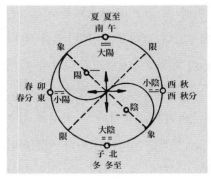

양을 한 번 더 상세하게 나눈 것으로 음양의 양의에서 발전되어 나온 것이다. 위의 사상도에서 보다시피 사상은 동서남북의 사방四方, 춘하추동의 사시四時, 동지와 하지, 춘분과 추분의 이지이분二至二分 등을 대표한다.

사상도

태양太陽은 양에 속한 사물 가운데서도 양의 속성을 지닌 '양중의 양'이다. 음양의 속성은 상대적인 것이므로 음의 속성도 다시 한 번 음과 양으로 나눌 수 있고 양의 일면을 가지더라도 또다시 음과 양으로 나눌 수 있으니, 양이지만 그 가운데서도 또다시 양에 속한다면 그것이 바로 '태양'이다. 그 밖에도 음양의 속성이 모종의 관계 때문에 상대적으로 변화할 때 둘 다 양에 속하게 되는 경우도 '태양'이라고 일컫는다.

소양少陽은 '양 중의 음'으로서 양의 속성을 한 번 더 음과 양으로 나눌 때 음에 속하는 경우를 가리킨다. 그 밖에도 어떤 사물의 두 가지 속성 가운데 앞의 것이 양에 속하고 뒤의 것이 음에 속하는 경우를 가리키기도 한다.

태음太陰은 '음 중의 음'이다. 음에 속한 사물을 또다시 음과 양으로 구분했을 때 음에 속하는 경우를 가리킨다. 어떤 사물의 두 가지 속성이 모

두 음에 속하는 경우를 가리키기도 한다.

소음少陰은 '음 중의 양'이다. 음에 속한 사물을 또다시 구분했을 때 양에 속하는 경우를 말한다. 어떤 사물의 두 가지 속성 가운데 앞의 것이 음에 속하고 뒤의 것이 양에 속하는 경우를 가리키기도 한다.

음양은 또다시 중음重陰과 중양重陽으로 나뉘는데 『황제내경』에도 이 개념이 등장한다. '중양'은 하나의 사물에 두 가지 양의 속성이 동시에 발현되는 것을 가리킨다. 예컨대 낮 시간대 가운데 정오가 바로 '중양'이다. 자연 기후를 사람의 병변病變(병으로 일어나는 생체 변화)과 연계시키면, 여름은 양에 속하고 더위는 양사陽邪*에 속하니 여름에 더위를 먹는 것을 '중양'이라고 하는 셈이다.

중음重陰은 한 가지 사물에 두 가지 음의 속성이 동시에 나타나는 것을 말한다. 이를테면 밤 시간대 중에서도 자정을 중음이라고 한다. 자연 기후와 병변을 연결시키면 겨울은 음에 속하고 추위는 음사陰邪이니 겨울철에 추위를 심하게 타서 병에 걸리면 이를 가리켜 '중음'이라고 한다.

사상을 또다시 구분하면(세 번째 구분) 팔괘八卦가 된다. 그래서 『주역』「계사전」 상편에서도 "사상은 팔괘를 낳았다."고 했다. 팔괘를 한 번 더 나누면(네 번째 구분) 16괘가 된다. 그 법칙은 하나를 둘로 나누는 것으로 무한대로 구분이 가능하다. 이처럼 하나를 둘로 나누는 법칙은 수학식으로 나타내면 다음과 같다.

$$2^0 \rightarrow 2^1 \rightarrow 2^2 \rightarrow 2^3 \rightarrow 2^4 \rightarrow 2^5 \rightarrow 2^6 \cdots\cdots 2^n$$

| 태극 | 양의 | 사상 | 팔괘 | 16괘 | 32괘 | 64괘 | 세상만물과 모든 일 |

두 개씩 짝을 이루고 하나가 두 개로 나뉘는 원리는 우주 생명의 구조

---

* 사기邪氣 가운데에서 풍風·서暑·조燥·화火 등 양의 속성을 가진 사기

적인 법칙을 잘 보여 준다.

음양의 순환과 변화

"음양은 서로 밀어 고정된 형태 없이 변한다."는 것은 「역전」에서 강조하는 우주와 생명의 운동, 변화 법칙의 근본이다. 소위 '일음일양지위도一陰一陽之謂道'라는 것도 음양의 "천지의 변화를 포괄하면서도 지나치지 않고 만물을 에둘러 이루면서도 빠뜨리지 않음"을 가리켜 한 말이다. 음효와 양효가 착종변화錯綜變化함은 음양의 두 기운이 운동하여 변화함을 의미하므로 "천하의 움직임을 본받은 것"이자 "신묘하고 밝은 덕에 통하여 만물의 실정을 분류한 것"이다.

「계사전」은 첫째 "음으로 나뉘고 양으로 나뉘어 유와 강을 차례로 쓴다."고 하여 차별과 대립, 대응이 착종변화에서 하는 역할을 중시하였다. 이는 음양의 차별과 대립이 착종변화의 기초가 됨을 설명한다. 둘째로 「계사전」은 "음과 양이 덕을 합하여 강과 유가 형체를 갖게 됨"을 강조함으로써 통일과 종합, 상호 보완이 물체 형성에 미치는 작용을 중시했다. 그리고 이것은 음양의 종합과 통일이 물체의 운동과 변화를 이끌어 냄을 뜻한다.

대립과 통일, 대응과 상호 보완은 음양학설과 모순학설 간의 연관성 내지는 차이성을 보여 준다. 「역전」에서는 세상만물과 모든 일이 움직이고 변화하는 원인이 바로 음양의 '나뉨分'과 '합함合'에 있다고 했다. 다시 말해 음과 양이라는 두 가지 세력이 '서로 밀고相推' '서로 갈리어相摩' '서로 섞이는相盪' 것이 「계사전」에서 말한 "강유가 서로 밀어 변화를 낳는剛柔相推而生變化" 현상인 셈이다.

「역전」에서 음양의 상추변화相推變化(서로 밀어 변화함)에 대해 해석한 것은 시초점으로 괘를 뽑는 서법筮法의 측면에서 출발한 것으로 효위설과 일치한다. 즉 효상이 육효 가운데서 상하 왕래함을 통해 괘효사의 길함과 흉함, 후회와 재앙을 결정하므로 괘효상이 변화하는 근본 원인은 효의 강과 유가 서로 밀어 이동하는 데 있다고 인식한 것이다. 「계사전」 하편에 나온 아래 구절은 이러한 이치와 상통한다.

"팔괘가 열列을 이루니 상象이 그 가운데 있고, 그것을 거듭하니 효爻가 그 안에 있으며, 강과 유가 서로 미루니 변變이 그 가운데 있고, 말을 달아 그것을 명하니 움직임動이 그 가운데 있다. 길함과 흉함, 후회와 부끄러움은 움직임에서 생기는 것이다."

여기서 한 발 더 나아가 「계사전」은 음양이 서로 밀고相推 서로 갈리면서相摩 우주만물의 변화를 설명한다. 이러한 이치를 "육효의 움직임은 천, 지, 인, 삼극의 도다."라고 표현함으로써 음효와 양효가 서로 변화함이 밤과 낮, 잃음과 얻음의 원인이 될 뿐 아니라, 하늘과 땅, 사람의 삼극三極과 삼재三才의 변화 법칙이며 우주 운영의 보편적인 원리가 된다고 했다. 또한 "이런 까닭에 강과 유가 서로 갈리고 팔괘가 서로 섞여 우레로써 고동치고 바람과 비로써 적시며 해와 달이 운행하여 한 번은 춥고 한 번은 덥다."고 한 것은 바람과 비, 우레와 천둥, 해와 달, 추위와 더위 등 우주의 모든 자연현상은 음양의 대립하는 면이 서로 섞이고 변화하며 증감과 성쇠를 반복한 끝에 이뤄진 결과라는 뜻이다. 따라서 64괘는 우주자연의 만물이 증감과 성쇠를 거듭하고 서로 밀고 갈리어 운동하며 변화하는 일련의 큰 과정이자 하나의 주기라고 할 수 있다.

또한 "천지가 차고 비는 것이 때에 따라 이뤄지는데 하물며 사람에 있어서며 하물며 귀신에 있어서겠는가."라고 한 부분에서도 알 수 있듯이 차고 빔, 소멸함과 소생함은 순환하고 반복되는 현상이다. 복괘의 「단전」에서도 "복復에서 천지의 마음을 볼 수 있다."고 했듯이 반복하고 왕래하는 도는 천지의 본성이라고 할 수 있다. 이와 관련하여 「계사전」에는 "한번 닫고 한 번 여는 것을 일컬어 '변變'이라고 하며, 가고 오며 다하지 않는 것을 '통通'이라 이른다."고 한 말이 나온다. 이처럼 64괘는 음양의 열고 닫음, 오고 감의 큰 법칙을 대표하며, 각 괘의 육효가 위아래로 왕래하고 서로 공격하며相攻 서로 취하고相取 서로 배척하며 서로 융합(기운이 서로 합하여 어울린다는 '인온氤氳'의 의미)하는 것은 구체적인 사물이 생겨나서 발전하고 변화하는 법칙을 상징한다.

음양은 뿌리를 같이하여 상호 전환한다 - 대응과 상호 보완의 법칙

음양의 성쇠와 증감, 전환은 『주역』 64괘의 순서에 그대로 반영되어 있는데 음효와 양효의 상하왕래를 통해 64괘가 비복즉변非覆卽變(위아래를 뒤집거나 음양을 뒤바꿈)의 관계를 이루는 것이 그 예다. 이를 통해 『주역』 풍괘의 「단전」에 언급된 것처럼 "천지가 차고 비는 것이 때에 따라 이뤄지는" 법칙을 보여 준다. 64괘에는 음양의 성쇠 원리나 강유의 변화 원리가 나타나지 않는 곳이 없다. 『사기』 「역서曆書」에 보면 장수절張守節이 황간皇侃의 주석을 인용한 부분이 나오는데 "건은 양으로 소생하고, 곤은 음으로 소멸한다."가 그것이다. 한나라 이후 괘변설卦變說을 보면 체계적이고도 자발적으로 음양 변역變易의 사상을 반영하였고 그 음양 변역의 사상은 일월日月, 조수潮水, 초목草木, 인체, 사회, 역사, 시공時空을 비롯해서 세상만물과 모든 일이 필연적으로 발전하고 흥망성쇠를 거듭하는 전체적인 법칙을 관찰하고 묘사하는 데 사용되었다.

괘효가 보여 주는 '일분위이一分爲二(세상의 모든 사물은 하나가 둘로 쪼개진다.)'

의 원리를 통해 우리는 우주 안의 생명이 하나하나 둘로 나뉘면 무궁함에 이를 수 있으므로, 결국 우주 생명의 기원은 바로 '일一'에 있음을 알 수 있다. 여기서 '일一'은 '기氣'를 말한다. '하나를 둘로 쪼개고一分爲二' '둘을 하나로 합하는合二爲一' 원리는 대립과 통일의 또 다른 표현으로서 사물이 운동하고 변화하는 원동력이 된다.

『주역』의 음과 양, 움직임과 정지, 강함과 부드러움, 나아감과 물러섬, 길함과 흉함 간의 대응과 통일은 분리와 화합, 열고 닫기, 오고 가는 등의 움직임으로 나타나는데 이것은 우주의 생명이 '끊임없이 변화하고 새롭게 생성되는生生不息' 근본 원인이기도 하다.

음양은 상호 의존하는 관계이므로 음은 양에게, 양은 음에게 생존을 위한 조건이 된다. 이 점은 일찍이 노자도 언급한 바가 있어서『노자』42장에 보면 "만물은 음을 업고 양을 안아 충만한 기운으로써 조화를 이룬다."는 말이 나온다. 여기서 음양은 서로 안아서 하나로 합하는 것이어서 오직 음 하나만 가지고, 혹은 양 하나만으로는 나고 자랄 수 없으며 존재 자체도 불가능하다. 명나라 장개빈張介賓은『유경도익類經圖翼』에서 "음은 양에 뿌리를 두고 양은 음에 근원을 둔다. 음양이 서로 합하여 모든 상이 생겨난다."고 했으며, 주희도『주자어류』에서 "양 가운데 음이 있고 음 가운데 양이 있다는 것은 서로 그 뿌리를 감추어 간직한다는 뜻이다."라고 하며 음과 양이 서로에게 뿌리를 둠으로써 상호 존재의 이유가 되므로 서로 교체, 변화한다는 뜻을 드러냈다.

음양의 변화는 음과 양이 흥망과 증감을 반복함으로써 표현된다. 음과 양은 정상적인 상황이라면 상대적으로 균형을 이루게 마련이다. 한쪽이 다른 한쪽이 정상적으로 운영되게끔 서로 제약하는 역할을 하기 때문이다. 만약 한쪽이 다른 한쪽을 제약하는 힘이 넘쳐나서 지나치게 되면 제약을 가하는 쪽은 흥성하게 되고 제약을 받는 쪽은 쇠약해질 것이고, 그 반대의 경우라면 제약하는 쪽은 쇠약해지는 반면 제약받는 쪽은 흥성해짐으로 드러날 것이다. 이는 양이 흥하면 음이 쇠하고 양이 쇠하면 음이 흥하는 원리다. 양이 흥하고 음이 쇠하면 양은 증가하고 음은 줄지만, 반대로 음이 성하고 양이 쇠하면 음이 증가하고 양이 줄어든다. 한의학에서도 이를 활용해 인체와 생명의 생리 및 병리적 변화를 설명하기도 한다. 이처럼 일정한 조건하에서 사물은 음은 양으로, 양은 음으로 상호 전환될 수 있다.

오행의 원류

고대인들은 오랜 세월을 거치며 생산 활동을 하면서 목木, 화火, 토土, 금金, 수水가 세계를 구성하는 기본 물질이라는 사실을 인식하게 되었다. 그리고 이러한 인식 세계를 확장하여 세상의 모든 사물은 이 다섯 가지 기본 물질이 서로 운동하고 변화하는 가운데 나서 자란다고 여겼다. 그것들은 서로 기대어 새롭게 생겨나기도 하고 서로 제약하기도 하는 등 부단한 상생相生, 상극相克의 관계 속에서 동태적인 균형을 유지할 수 있다. 이것이 바로 오행학설의 기본 의미다. 고증에 따르면 상나라 시대 갑골문자에 오행의 원형이 등장하기는 하지만 당시에는 아직 오행의 개념이 완전히 출현하지는 않았다고 한다.

갑골문에는 '사방四方'이라는 표현이 나온다. 그런데 상나라 시대에 숭배했던 것이 '중앙中央'이었음을 감안해 볼 때 '사방'이 있었다면 거기에 '중앙'을 추가한 '오방五方'의 개념도 분명 있었으리라고 추측해 볼 수 있다.

필자는 '오방'이라는 개념은 사람들이 공간의 문제를 자각하게 되면서부터 등장하게 됐다고 생각한다. 결론짓자면 오행이라는 것은 고대인들의 시공간 의식에 뿌리를 두고 있다. 고대인들은 일찌감치 시간 의식과 공간 의식을 가지고 있었지만 둘 중에서 먼저 나온 것을 고르자면 공간 의식이라 할 수 있다. 왜냐면 시간에 비해 더 쉽게 파악할 수 있는 것이 공간의 개념이기 때문이다.

오행五行에서 '행行'이라는 글자를 살펴보면, 이 '행'이라는 글자가 바로 공간의 의미를 가진다. 한번은 필자가 모 대학에서 강의를 하고 있었는데 어떤 외국 유학생이 질문을 던졌다.

"교수님, 중국에도 피라미드가 있습니까?"

"내가 직접 보지는 못했네만 산둥성에 샤오하오링少昊陵이라는 능묘가 있는데 그것의 형상이 마치 피라미드와 같다는 얘기를 들었네. 그래도 엄격한 의미에서는 피라미드라고 할 수는 없지."

"제가 알기로는 있다고 합니다."

"아니 도대체 어디에 있다는 말인가?"

"TV에서 다큐멘터리를 보았는데 중국 어느 지역의 땅 밑에 피라미드가 있다는 이야기를 하더라고요. 은허 유적지, 그러니까 안양 지역의 샤오툰춘小屯村에 '역피라미드'가 있다는 겁니다."

알고 보니 그것은 고대 제왕의 능묘인데, 한 층 한 층 쌓아 올라가는 형태는 비슷하지만 윗부분이 넓었다가 아래로 갈수록 좁아져서 맨 아래 바닥에 이르면 그 형태가 '아亞'라는 글자처럼 되어 전체적인 이미지가 꼭 역피라미드와 같다는 것이다. 이것이 도대체 무엇일까? 전문가에 따르면 이것이 바로 '사방'의 개념을 표현한 것이고, 중간의 개념까지 합하면 '오방'의 구조물이 된다고 한다.

그 밖에 고대 제사의식에 사용됐던 종이나 솥 위에 쓰인 종정문鐘鼎文에서도 '아亞'라는 글자가 대거 발견되었다. 이는 고대인들에게 중앙中央을 숭상하는 의식이 싹트기 시작했음을 의미한다. 미국 하버드대학의 장광즈張光直 교수에 따르면 남아메리카 멕시코의 마야 문명에서 발견된 돌 사자상이 그 입의 형태가 '아亞'라는 글자를 닮았다고 한다. 이러한 증거 외에도 은허 갑골문을 비롯한 다양한 금문에도 '아亞'라는 글자가 등장했는데 이는 그때 이미 오방의 관점이 생겨났고 중앙을 숭상하기 시작했음을 의미한다.

그렇게 보면 상나라 시대는 오방의 개념이 가장 먼저 출현했고 세계 문명 역사에서도 오행의 사상이 가장 먼저 등장한 시기라고 할 수 있다. 지금으로부터 3000여 년 전의 왕조임을 감안하면 오행의 개념이 3000여 년 이전에 등장했던 셈이다. 오행에서 가장 중요한 개념은 '중앙'이다. 그래서 오행이 숭상하는 것도 '중中'이다. '오五'라는 글자의 구조는 무척 절묘해서 『설문해자』에서는 이를 가리켜 "음양이 천지 사이에서 사귀는 것이다."라고 설명했다. 다시 말해 '오'는 음과 양이 교차하여 사귀는 것이고 그렇게 되면 당연히 중간에 교차점이 생기게 마련이니 중앙을 숭상하게 된 것이다. 국가의 이름을 '중국中國'으로 삼은 것도 예로부터 중국인이 '중앙'을 숭상한 데서 기인한 것이기도 하다. 『논어』에서 "사해四海 안의 모든 사람이 형제다."라고 한 것도 마찬가지의 이유에서다. 중국은 사해 안에 있고 나머지는 사해의 밖이니 이 역시 '중中'을 숭상하는 의미를 담은 말이다.

고증에 따르면 오행에 관한 학설이 처음 등장하기 시작한 것은 상나라 이후 주나라와 서주를 거치는 시기라고 한다. 그런데 오행학설의 탄생이 서주시대보다 훨씬 뒤의 일이라고 주장하는 사람이 적지 않다. 그러나 필자는 『상서』「홍범洪范」편에서 이런 기록을 발견하였다. 즉 무왕武王이 상나라 주왕紂王의 정권을 뒤집고 주나라를 세웠는데, 건국 후 무왕은 나라를 제대로 다스리는 법을 몰라서 상나라 주왕의 사촌 형인 기자箕子에게 가르침을 청했다. 학식과 소양의 수준이 탁월했던 기자는 흔쾌히 무왕을 도왔고 치국의 도를 알리기 위해 '홍범구주洪範九疇'를 제시했다. '홍洪'은 크다는 뜻이고 '범范'은 규범과 규칙을 말하므로 '홍범구주'는 나라를 다스리는 아홉 가지의 큰 방책과 규칙이라는 뜻이다. 그 홍범구주의 첫째가 바로 오행이다. 오행의 첫째는 수水이고 둘째는 화火이며 셋째는 목木, 넷째는 금金, 다섯째는 토土다. 오행에서 이들 사이의 순서는 무척 중요한 개념인데 이것이 바로 홍범구주에 속하였다고 하니, 고대 문헌에서 가장 오래된 오행 관련 기록이라고 하겠다.

춘추시대에는 '오행상승五行相勝' 학설이 출현했는데 '승勝'은 다투어 이긴다는 '극克'의 의미므로 '상극相克'을 말한다. 이 시기에 가장 일찍 상극 학설이 등장한 셈이다. 그 후 전국시대에는 '상생相生'의 학설이 등장했다. 여기서 우리는 상극이 먼저 있은 다음 비로소 상생이 생겨났음을 알 수 있다. 춘추시대에 나온 책에 오행상승 학설이 곳곳에 등장하는 것이 바로 그 증거다. 보통 학계에서는 오행상극이 전국시대에 생겨났고 오행상생은 한대에 이르러서야 등장했다고 보는 것이 정설인데, 나는 그렇게 보지 않는다. 왜냐면 일찍이 묵자도 오행을 설법한 적이 있는데 그런 묵자가 다름 아닌 춘추시대 사람이었기 때문이다. 춘추시대의 두 가지 유명한 역사서, 즉『좌전』이라고도 불리는『좌씨춘추전左氏春秋傳』과『국어』는 저자가 모두 좌구명左丘明이라는 사람이다. 좌구명은 춘추시대 이후 전국시대의 인물이지만 그가 이 두 권의 역사서에 기록한 것은 모두 춘추시대의 일이었다. 바로 여기에 오행상극에 관한 기록이 나온다.

오행상극 학설이 전국시대를 전후로 하여 매우 높은 수준으로 정비된 뒤에는 본격적으로 오행상생의 학설이 등장하기 시작했다. 이로써 오행은 상생학설과 상극학설을 모두 갖추게 되었는데 이때 중요한 역할을 한 사람이 추연鄒衍이다. 그가 음양과 오행의 상생과 상극학설을 결합함으로써 선진시대 제자백가 중의 한 일파인 '음양가陰陽家'가 탄생하기도 했다. 음양가는 정확하게 말하면 '음양오행가陰陽五行家'를 말하며 음양오행을 전문적으로 연구하는 사람들을 가리킨다.

한나라에 이르러서는 음양오행이 신성시되는 움직임이 나타나기 시작하는데 이는 다 동중서董仲舒의 공이다. 동중서는 서한시대 사람으로 일찍이 한나라 무제에게 간언하고자 음양오행, 오행상극, 오행상생을 논하는 20여 편의 글을 모은 『춘추번로春秋繁露』라는 책을 지었다. 그렇다면 그는 어째서 책의 이름을 『춘추번로』라고 지었을까?

사서오경의 마지막 서적인 『춘추경春秋經』은 공자가 지었다고 전해지지만 여기에 대해서는 학자들 사이에 이견이 많다. 『춘추경』은 내용이 간결하고 함축적이어서 이에 관한 해설서도 많이 전해지는데 그중 가장 유명한 것이 '춘추삼전春秋三傳'이다. 좌구명의 『춘추좌씨전』, 공양고公羊高의 『공양전公羊傳』, 곡량적穀梁赤의 『곡량전穀梁傳』이 세 가지 해설서를 이르는 말이다. 동중서가 지은 『춘추번로』는 바로 이 『공양전』에 대한 해석본이다.

『춘추경』은 역사적 사건과 관계된 인물, 발생 장소, 결과 등의 폭넓고 무한한 역사적 사실을 단 여섯 글자로 압축하여 기록해야 했기 때문에 그 표현이 간단하고 정교하기 그지없다. 이를테면 "정백극단어언鄭伯克段於鄢"이라는 여섯 글자가 나오는데 이는 "정鄭나라 장공莊公이 언鄢 땅에서 공숙단公叔段을 쳤다."는 역사적 사건을 여섯 글자로 표현한 구절이다. 그러나 지나치게 간략하게 기록된 탓에 이해하기 쉽지 않아 이에 대한 해석서도 적지 않게 나왔다. 그중 한 명이 공양고다. 공양고의 학문을 뜻하는 공양지학公羊之學은 중국 역사에서 무척 유명한 이론 체계로 청나라 말에 이르러서는 캉유웨이康有爲가 그 이름을 빌어 대일통大一統 사상을 제시하기도 했다. 결국 공양학에서 대일통 사상을 논했고 동중서가 바로 공양학파의 중심인물이었으므로 『춘추』를 '번로繁露'한다, 즉 '더욱 윤택하게 한다.'는 뜻에서 그가 쓴 이 책의 이름을 『춘추번로』라고 한 것이다.

그렇다면 여기서 '대일통 사상'이란 무엇일까? 음양오행을 이용해서 사회와 과학, 민속의 대통일을 이룬다는 사상으로 한나라 때부터 정식으로 형성된 관념이며 지금에 이르기까지 적잖은 영향을 끼쳤다.

오행의 상생과 상극

오행학설은 자연계의 사물은 서로 연결되어 있고 이러한 연계가 사물의 발전, 변화를 촉진시킨다고 여긴다. 오행 사이에는 상생과 상극의 관계가 있는데 그 구체적인 내용은 아래와 같다.

1. 오행상생

오행상생五行相生은 오행이 서로 기대어서 생겨난다고 여기는 것으로 서로 발전과 변화를 촉진하는 관계다. 그 법칙을 말하자면 나무가 불을 낳고, 불이 흙을 낳으며, 흙이 쇠를 낳고, 쇠가 물을 낳으며, 물이 나무를 낳는 식이다.

수나라 소길蕭吉의 『오행대의五行大義』「논상생論相生」에서는 이를 이렇게 설명했다.

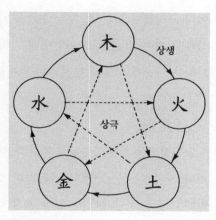

오행상생과 오행상극

"나무가 불을 낳는 것은 나무의 성질이 따뜻하기 때문이요, 불은 그 아래 웅크리고 있다가 뚫고 나오는 까닭에 나무가 불을 낳았다고 하는 것이다.

불이 흙을 낳았다고 하는 것은 불이 뜨거운 까닭에 나무를 불사르고, 나무는 불살라지면서 재를 만드는데, 재는 흙이 되는 까닭에 불이 흙을 낳았다고 한 것이다.

흙이 쇠를 낳는다는 것은 쇠는 돌에 있고 돌은 산에 기대어 생겨나는데 흙이 모여 산을 이루고 산은 돌을 낳기 때문이다. 이런 까닭에 흙이 쇠를 낳는다고 했다.

쇠가 물을 낳는다는 것은 소음少陰의 기운이 축축해지면 흘러넘치는데 쇠를 녹여도 물이 되어 산의 돌을 적시기 때문이다.

물이 나무를 낳는다는 것은 물은 촉촉하여 만물을 낳기 때문이다."

직관적으로 해석하면, '나무가 타면 불이 되고, 불이 나무를 태우면 재가 남아 흙이 되며, 흙에는 금속 광산이 있으니, 쇠를 녹이면 액체가 철물이나 구리물이 되는데, 물은 수목을 키운다.'고 할 수 있겠다. 오행상생은 상을 취하여 비슷한 것끼리 빗대는 의미도 담고 있어서 사물이 운동, 변화하는 가운데 서로 촉진시키는 관계를 폭넓게 지칭하기도 한다.

2. 오행상극

오행상극은 오행상승五行相勝이라고도 하는데 오행 사이에 서로 제약하거나 싸워 이기는 관계를 가리킨다. 그 법칙을 설명하자면 나무는 흙을 이기고 흙은 물을 이기며 물은 불을 이기고 불은 쇠를 이기며 쇠는 나무를 이긴다. 이에 대해 『백호통희白虎通義』「오행五行」편에서는 이렇게 설명한다.

"오행이 서로 해하는 것은 천지의 본성 때문이다.

많음이 적음을 이기는 까닭에 흙이 물을 이기고,

정精은 견고함을 이기므로 불이 쇠를 이긴다.

강함은 부드러움을 이기므로 쇠가 나무를 이기고,

모인 것은 흩어진 것을 이기므로 나무가 흙을 이긴다.

꽉 찬 것은 빈 것을 이기므로 흙이 물을 이기는 것이다."

그리고 『황제내경』의 「소문·보명전형론素問·寶命全形論」 편에서는 이런 말이 나온다.

"나무는 쇠의 제약을 받아 베이고

불은 물의 억제를 받아 꺼지며

흙은 나무의 제약을 받아 뚫리고

쇠는 불의 억제를 받아 용해되며

물은 흙의 제약을 받아 막힌다.

만물이 다 그러하여 이루 말할 수가 없다."

이를 직관적으로 해석하면, '물은 불을 덮쳐서 끄고, 불은 쇠를 녹여 없애며, 쇠로 만든 기구는 나무를 베어 내고, 나무로 된 농기구는 흙을 파내며, 흙은 물을 가로막는다.'고 할 수 있다. 오행상극에 대한 인식은 일찌감치 전국시대부터 나타났다. 『좌전』 「애공哀公 9년」에는 "물은 불을 이기므로 강성姜城을 치는 것은 괜찮습니다."는 기록이 나오고 『여씨춘추呂氏春秋』에도 비슷한 표현이 여러 차례 나온다. 이처럼 오행상극은 사물이 운동, 변화하는 가운데 서로 제약함으로써 균형을 이루는 사상이다.

오행상극은 다른 말로 '우삼치극遇三致克'이라고도 하는데, 이는 두 가지 대상이 서로 오행상생의 관계에 있어도 세 가지 단계에 이르면 상극의 관계가 생긴다는 말이다. 『역원易源』에서는 "오행상생이 세 번 거듭하면 상극이 된다."는 말이 나오는데 이를테면 쇠가 물을 낳고 물이 나무를 낳고 나무가 불을 낳는, 상생의 과정을 총 세 단계 거치면 이때부터는 불이 다시 쇠를 이기는 상극의 관계로 전환된다는 것이다. 나머지도 비슷하게 유추해 볼 수 있다.

오행은 서로 견제하기도 하고 상호 보완하고 기대기도 하면서 우주의 생명이 상대적인 균형을 이루고 서로 협조하게 한다.

오행상생의 관계에서 낳는 쪽은 부모며 낳음을 입은 쪽은 자식이다. 예컨대 나무가 불을 낳으면 나무는 부모이고 불은 자식이 된다. 불이 흙을 낳으면 불은 부모고 흙은 자식이다.

오행상생에서 내가 상대를 낳는다면 내가 낳은 것을 아생我生, 즉 아생자我生者라고 한다. 나무가 불을 낳는 경우 나무가 '아我'라면 불은 나무의 '아생我生'이 되는 식이다. 이와는 반대로 나를 생겨나게 하는 것을 생아生我, 생아자生我子라고 한다. 예컨대 나무가 불을 낳는 경우 불을 '아我'로 보면 나무는 '생아生我'가 되는 것이다.

오행상극에서 나에 의해 제약받는 것을 아극我克, 아극자我克者라고 한다. 예컨대 나무가 흙을 이기는 경우 나무를 '아我'로 보면 흙은 나무의 '아극我克'이다. 이와는 반대로 나를 제약하는 것을 극아克我, 극아자克我者라고 하는데 나무가 흙을 이기는 경우 흙을 '아我'로 보면 나무는 흙을 제약하는 '극아克我'가 되는 셈이다. 아극我克은 다른 말로 소극所克, 소승所勝이라고 하며, 극아克我는 다른 말로 소불승所不勝이라고 한다.

상생과 상극은 떼려야 뗄 수 없는 밀접한 관계에 있다. 상생하지 않는다면 사물이란 태어나고 자랄 수 없으며, 상극이 없다면 사물은 서로 구속하고 제약함이 사라져 정상적인 협조관계를 유지할 수 없게 된다. 상생과 상극 사이에 동태적인 균형이 이뤄져야만 사물의 정상적인 발생과 성장이 가능해진다고 하는 것도 바로 이런 이유에서다.

  음양과 오행은 모두 기氣가 나뉜 결과다. 따라서 기의 관점에서 보면 음양은 두 개의 기이고, 오행은 음양이 더욱 세분화하여 다섯 개의 기가 되는 셈이다. 기에서 음양, 오행으로 이어지는 점진적인 생성과 분화의 과정은 서로 다른 세 단계라고 할 수 있으며, 이처럼 기는 음양을 낳고 음양은 오행을 낳는 것에 관해『주역』「계사전」에서는 이렇게 표현했다.

  "그러므로 역에는 태극이 있으니
  이것이 양의를 내었고
  양의는 사상을 낳았으며
  사상은 팔괘를 낳았다."

  태극의 기운이 양의를 낳는 것이 첫 번째 나뉨의 단계라면, 음양이 사상을 낳는 것이 두 번째 나뉨이며, 사상이 팔괘를 낳는 것은 세 번째 분화의 단계다. 이 과정에서 비록 오행이 직접 언급되지는 않지만 사실 '사상팔괘四象八卦'는 오행이나 마찬가지다. 사상四象은 사행四行, 즉 물, 불, 나무, 쇠라고 볼 수 있으며 여기에 팔괘를 배치하면 물水은 감坎, 불火은 이離, 나무木는 손음목巽陰木과 진양목震陽木, 쇠金는 태음금兌陰金과 건양금乾陽金, 흙土은 곤음토坤陰土와 간양토艮陽土가 되기 때문이다.

  음양과 오행은 상호 호환 관계를 갖는데 구체적으로 보면 오행은 음양이 화생化生(변화하여 생겨남)한 것이고, 오행은 두 개의 대립하는 음양(물과 불, 나무와 쇠)에 하나의 중토中土가 더해져서 생긴 것이다. 따라서 음양은 오행이 간략화된 것이고 오행은 음양이 세분화된 것이라고 할 수 있다.

천간天干과 지지地支는 고대인이 연도나 달, 날짜를 표시할 때 사용한 기호로 수목의 마른 가지에서 취의取義하였으며, 간지干支라고 줄여 말하기도 한다. 간지의 기원을 찾아보면 일찍이 은나라와 상나라의 갑골문까지 거슬러 올라갈 수 있는데, 당시 이미 간지를 활용하여 갑골문에 연대를 기록했던 흔적이 보인다.

1. 천간

천간은 십간十干, 십천간十天干, 십모十母라고도 불리며 고대에 연도, 월, 일, 시간의 순서를 표시하던 기호다. 천간에는 갑甲, 을乙, 병丙, 정丁, 무戊, 기己, 경庚, 신辛, 임壬, 계癸의 열 가지가 있다.

1) 천간과 음양

십천간 중 양에 속하는 간을 양간陽干이라고 하는데 여기에는 갑, 병, 무, 경, 임이 있다. 그리고 음에 속하는 음간陰干에는 을, 정, 기, 신, 계가 있다.

2) 천간과 오행

갑과 을은 모두 나무에 속하며 병과 정은 불에, 무와 기는 흙에, 경과 신은 쇠에, 임과 계는 물에 속한다. 이를 다시 음양에 배속하면 갑은 양목陽木, 을은 음목陰木, 병은 양화陽火, 정은 음화陰火, 무는 양토陽土, 기는 음토陰土, 경은 양금陽金, 신은 음금陰金, 임은 양수陽水, 계는 음수陰水에 속한다.

3) 천간의 화합

천간 화합化合은 다른 말로 '천간오합天干五合'이라고도 한다. 십간이 둘씩 상합相合하면 다섯 쌍이 되는데 갑과 기는 흙에 합화合化하고, 을과 경은 쇠에, 병과 신은 물에, 정과 임은 나무에, 무와 계는 불에 합화한다.

4) 천간과 방위

갑과 을은 동쪽에, 병과 정은 남쪽, 무와 기는 중앙, 경과 신은 서쪽, 임과 계는 북쪽에 속한다.

5) 천간과 절기

갑과 을은 봄에 속하고, 병과 정은 여름, 경과 신은 가을, 임과 계는 겨울, 무와 기는 장하長夏에 속한다.

6) 천간과 인체의 오장육부

천간을 인체의 장기에 배속시키면 양간陽干은 육부에 속하고 음간陰干은 오장에 해당한다. 갑은 쓸개, 을은 간, 병은 소장, 정은 심장, 무는 위, 기는 비장, 경은 대장, 신은 폐, 임은 방광, 계는 신장에 해당한다. 이처럼 천간을 십이경맥에 배속시킨 것을 노랫말로 만든 것이 있으니 "갑담을간병소장, 정심무위기비향, 경속대장신속폐, 임속방광계신장, 삼초역향임중기, 포락동귀입계방甲膽乙肝丙小腸 丁心戊胃己脾鄉 庚屬大腸辛屬肺 壬屬膀胱癸腎臟 三焦亦向壬中寄 包絡同歸入癸方"이 그것이다.

2. 지지

지지는 다른 말로 십이지十二支, 십이지지十二地支라고도 하며 세음歲陰, 십이진十二辰이라는 별칭도 가진다. 지지는 고대에 연도, 월, 일, 시간을 표시하는데 사용됐으며 자子, 축丑, 인寅, 묘卯, 진辰, 사巳, 오午, 미未, 신申, 유酉, 술戌, 해亥의 열두 개로 이뤄진다.

1) 지지와 음양

십이지지 가운데 양에 속하는 것을 양지陽支라고 하며 여기에는 자, 인, 진, 오, 신, 술이 있다. 음에 속하는 음지陰支에는 축, 묘, 사, 미, 유, 해가 있다.

2) 지지와 오행

인·묘는 모두 나무에 속하며 사·오는 불에, 축·진·미·술은 흙에, 신·유는 쇠에, 해·자는 물에 속한다. 음양의 크기에 따라 구분하면 인은 초생初生하는 나무, 묘는 극성極盛한 나무, 진은 점차 쇠잔하는 나무다. 그리고 사는 초생하는 불, 오는 극성한 불, 미는 점차 쇠잔해 가는 불이다. 신은 처음 난 쇠, 유는 극성의 쇠, 술은 쇠잔해 가는 쇠다. 해는 초생한 물, 자는 극성의 물, 축은 쇠잔해 가는 물이다.

3) 지지와 방위

인·묘는 동쪽, 사·오는 남쪽, 축·진·미·술은 중앙, 신·유는 서쪽, 해·자는 북쪽에 해당한다. 일설에는 자는 북에, 오는 남에, 묘는 동에, 유는 서에 해당하고 축·인은 동쪽, 진·사는 동남, 미·신은 동남, 술·해는 서북에 해당한다는 말도 있다.

4) 지지와 절기

인·묘·진은 봄에 해당하고 사·오·미는 여름에 속한다. 신·유·술은 가을에, 해·자·축은 겨울에 속한다. 인·묘가 봄이고 사·오가 여름이며 신·유가 가을, 해·자가 겨울, 축·진·미·술이 장하長夏에 해당한다는 견해도 있다.

5) 지지와 월건月建(달의 간지)

음력 정월은 건인建寅(정월은 인월寅月)이므로, 2월은 건묘建卯, 3월은 건진建辰, 4월은 건사建巳, 5월은 건오建午, 6월은 건미建未, 7월은 건신建申, 8월은 건유建酉, 9월은 건술建戌, 10월은 건해建亥, 11월은 건자建子, 12월은 건축建丑에 배속된다. 이 때문에 1, 2월은 나무, 4, 5월은 불, 7, 8월은 쇠, 10, 11월은 물, 3, 6, 9, 12월은 흙에 해당한다.

6) 십이지지와 십이진

고대인들은 하루를 열두 개의 시진時辰으로 나누었는데 23시부터 01시까지를 자시子時, 01~03시를 축시丑時, 03~05시를 인시寅時, 05~07시를 묘시卯時, 07~09시를 진시辰時, 09~11시를 사시巳時, 11~13시를 오시午時, 13~15시를 미시未時, 15~17시를 신시申時, 17~19시를 유시酉時, 19~21시를 술시戌時, 21~23시를 해시亥時라고 한다.

7) 지지와 인체의 오장육부

지지를 인체의 오장육부에 배속하면 육부는 양지陽支에 해당하고 오장은 음지陰支에 배속된다. 인은 쓸개, 묘는 간, 사는 심장, 오는 소장, 술과 진은 위, 축과 미는 비장, 신은 대장, 유는 폐, 해는 신장, 자는 방광이다. 이 둘이 서로 배속된 것은 경락의 흐름에 따른 것이다. 이와 관련하여 「십이경류주시서가十二經流註時序歌」라는 노랫말이 전해지는데 그 내용은 "폐인대묘위진궁, 비사심오소미중, 신방유신심포술, 해초자담축간통.肺寅大卯胃辰宮 脾巳心午小未中 申膀酉腎心包戌 亥焦子膽丑肝通"이다.

8) 지지와 생초

십이지지와 십이생초生肖(띠)를 서로 배속시키면 자는 쥐, 축은 소, 인은 호랑이, 묘는 토끼, 진은 용, 사는 뱀, 오는 말, 미는 양, 신은 원숭이, 유는 닭, 술은 개, 해는 돼지에 해당한다.

9) 지지 상합

지지의 상합相合은 다른 말로 지지육합地支六合, 육합六合이라고도 하는데 지지 가운데 서로 화합하는 것끼리 짝짓는 것이다. 십이지지를 둘씩 짝지으면 총 여섯 쌍이 나오는데 자는 축과 합하고, 인은 해와, 묘는 술과, 진은 유와, 사는 신과, 오는 미와 합한다.

10) 지지 합국

지지 합국合局이란 다른 말로 지지삼합국地支三合局, 삼합성국三合成局, 삼합화국三合化局, 삼합국三合局이라고도 한다. 신, 자, 진이 모이면 수국水局(물의 기운)이 되고 사, 유, 축이 화합하면 금국金局(쇠의 기운)이 되며 해, 묘, 미가 모이면 목국木局(나무의 기운)이 되고 인, 오, 술이 화합하면 화국火局(불의 기운)이 된다.

11) 지지 상충

지지 상충相沖은 다른 말로 지지육충地支六沖, 지지대충地支對沖, 육충六沖이라고도 하는데 십이지지 사이에 대충對沖(서로 마주쳐 똑바로 맞섬)하고 투쟁하는 것을 가리킨다. 십이지지에서는 총 여섯 쌍의 대충관계가 나오는데 자와 오가 대충을 이루며, 축과 미, 인과 신, 묘와 유, 신과 술, 사와 해가 서로 대충관계다.

12) 지지 상형

지지 상형相刑은 다른 말로 삼형三刑이라고도 하는데 이는 십이지지가 서로 해치고 형살하는 것을 가리킨다. 자와 묘가 일형一刑이고 인, 사, 신이 이형二刑, 축, 미, 술이 삼형三刑이다. 여기에는 세 가지 상황이 있다. 첫째는 한 방향 형刑으로 인이 사를 형하고 사가 신을 형하며 신이 인을 형하는 '시세지형恃勢之刑'이다. 둘째는 양방향 형으로 자가 묘를 형하고 묘가 자를 형하는 '무례지형無禮之刑'이다. 셋째는 스스로 형하는 것으로 진, 오, 유, 해가 있으며 이들은 스스로 자기 자신을 형한다.

13) 지지 상파

지지 상파相破는 다른 말로 지지육파地支六破, 육파六破라고 하는데 십이지지 사이에 상호 파괴하고 흩어지게 하는 것을 가리킨다. 십이지지를 두 개씩 상파하면 총 여섯 쌍이 나온다. 자와 유가 상파하고, 오와 묘, 사와 신, 인과 해, 축과 신, 미와 술이 상파하는 관계다.

14) 지지 상해

지지 상해相害는 다른 말로 지지육해地支六害, 지지상천地支相穿, 육해六害라고도 하는데 십이지지가 해를 받거나 해함을 당하는 경우다. 십이지지를 둘씩 상해관계로 짝지으면 총 여섯 쌍이 나온다. 자와 미가 상해관계이며 축과 오, 인과 사, 묘와 진, 신과 해가 상해관계다.

3. 육십갑자

천간과 지지를 서로 배속시키면 순서대로 갑자甲子, 을축乙丑, 병인丙寅, 정묘丁卯, 무진戊辰, 기사己巳, 경오庚午…… 계해癸亥가 된다. 십천간과 십이 지지를 순서대로 배속시키고 중첩하면 60수를 얻을 수 있다. 갑은 천간의 머리고 자는 지지의 처음이므로 둘을 배속하면 제1수는 갑자甲子가 되니 이 60수를 갑자, 육십갑자六十甲子, 화갑자花甲子, 화갑花甲이라고 칭하기도 한다. 그 배열 법칙은 천간이 여섯 번 순환하고 지지가 다섯 번 순환함으로써 60회 도는 것을 한 주기로 삼는다. 양간陽干은 양지陽支에 배속하고 음간陰干은 음지陰支에 배속함으로써 간지가 서로 배합하고 순환하여 서로 연결된다. 천간은 십진법이고 지지는 십이진법이며 간지는 육십진법인 셈인데 각각 서로 다른 주기적 특징을 드러낸다. 간지가 서로 배합한 것은 가장 먼저 날짜를 계산하는 데 사용되었고 그 뒤로 연도, 월, 시간을 계산하는 데 사용되었다.

육십갑자표

갑자甲子	1	을축乙丑	2	병인丙寅	3	정묘丁卯	4	무진戊辰	5	기사己巳	6	경오庚午	7	신미辛未	8	임신壬申	9	계유癸酉	10
갑술甲戌	11	을해乙亥	12	병자丙子	13	정축丁丑	14	무인戊寅	15	기묘己卯	16	경진庚辰	17	신사辛巳	18	임오壬午	19	계미癸未	20
갑신甲申	21	을유乙酉	22	병술丙戌	23	정해丁亥	24	무자戊子	25	기축己丑	26	경인庚寅	27	신묘辛卯	28	임진壬辰	29	계사癸巳	30
갑오甲午	31	을미乙未	32	병신丙申	33	정유丁酉	34	무술戊戌	35	기해己亥	36	경자庚子	37	신축辛丑	38	임인壬寅	39	계묘癸卯	40
갑진甲辰	41	을사乙巳	42	병오丙午	43	정미丁未	44	무신戊申	45	기유己酉	46	경술庚戌	47	신해辛亥	48	임자壬子	49	계축癸丑	50
갑인甲寅	51	을묘乙卯	52	병진丙辰	53	정사丁巳	54	무오戊午	55	기미己未	56	경신庚申	57	신유辛酉	58	임술壬戌	59	계해癸亥	60

4. 육갑공망

육갑공망六甲空亡은 다른 말로 육갑순공망六甲旬空亡, 순공旬空, 공망空亡

이라고도 한다. 육십갑자 중에는 갑을 첫 순서로 삼는 육순六旬(1旬은 10일)
이 있는데 각 순旬은 십천간과 십이지지를 배합한 결과이므로 결국에는
두 개의 지지가 남게 된다. 이렇게 남은 두 개의 지지를 공망空亡이라고 하
며 공망을 노랫말로 만든 것이 있는데 그 내용은 아래와 같다.

"갑자순중무술해, 갑술순중무신유, 갑신순중무오미, 갑오순중무진사,
갑진순중무인묘, 갑인순중무자축.甲子旬中無戌亥 甲戌旬中無申酉 甲申旬中無午未
甲午旬中無辰巳 甲辰旬中無寅卯 甲寅旬中無子丑"

육갑공망표

	1	2	3	4	5	6	7	8	9	10	공망
1	갑자 甲子	을축 乙丑	병인 丙寅	정묘 丁卯	무진 戊辰	기사 己巳	경오 庚午	신미 辛未	임신 壬申	계유 癸酉	술해 戌亥
2	갑술 甲戌	을해 乙亥	병자 丙子	정축 丁丑	무인 戊寅	기묘 己卯	경진 庚辰	신사 辛巳	임오 壬午	계미 癸未	신유 申酉
3	갑신 甲申	을유 乙酉	병술 丙戌	정해 丁亥	무자 戊子	기축 己丑	경인 庚寅	신묘 辛卯	임진 壬辰	계사 癸巳	오미 午未
4	갑오 甲午	을미 乙未	병신 丙申	정유 丁酉	무술 戊戌	기해 己亥	경자 庚子	신축 辛丑	임인 壬寅	계묘 癸卯	진사 辰巳
5	갑진 甲辰	을사 乙巳	병오 丙午	정미 丁未	무신 戊申	기유 己酉	경술 庚戌	신해 辛亥	임자 壬子	계축 癸丑	인묘 寅卯
6	갑인 甲寅	을묘 乙卯	병진 丙辰	정사 丁巳	무오 戊午	기미 己未	경신 庚申	신유 辛酉	임술 壬戌	계해 癸亥	자축 子丑

하도낙서

하도河圖와 낙서洛書라는 명칭은 일찍이 『상서』「고명顧命」편에 "대옥大
玉과 이옥夷玉, 천구天球, 하도河圖는 동서東序(궁중의 부속실)에 있다."라고 기
록된 데서 가장 먼저 등장했고, 그 밖에도 『논어』, 『관자』, 『예기』, 『주역』
「계사전」 등 선진시대 고전에도 등장한다.

『논어』「자한子罕」에는 "공자께서 말씀하시기를 봉황(태평시대와 어진 임금

의 징조)도 오지 않고 황하에서는 그림圖(용마가 등에 짊어지고 나온다는 그림으로 역시 어진 임금의 상징)도 나오지 않는 것을 보니 내 인생도 이제 끝인가 보다!"라고 한탄했다는 말이 나온다. 또한 『관자』 「소광小匡」에서는 "옛날에 천명을 받을 때는 용과 거북이 나타났는데 황하에서는 용이 등에 도圖를 지고 나오고, 낙수에서는 거북이 등에 서書를 지고 나왔으며, 땅에서는 승황乘黃이라고 하는 말馬이 나왔습니다. 이제 이러한 세 가지 상서로움은 나타나지 않습니다."라고 했다. 또한 『예기』 「예운禮運」에서는 "하늘은 감로수를 내리고 땅은 감주처럼 단 샘물을 솟아나게 한다. 산에서는 그릇과 수레가 나고 물에서는 마도馬圖가 나왔다."고 했다. 『주역』 「계사전」에서는 "하수에서 하도가 나오고 낙수에서 낙서가 나오니 성인이 그것을 본받았다."는 구절이 나온다.

현존하는 고전 문헌을 보면 송대 이전에는 하도와 낙서가 무엇인지, 어떻게 유래하였고 고대인들은 그것에 대해 어떤 추측을 했는지에 관해 여러 가지 신비로운 설만 전해질 뿐 이를 뒷받침할 만한 문헌적 증거는 부족했다. 그러다가 송대에 이르러서야 비로소 우리가 지금 보는 십수十數와 구수九數의 흑백 점으로 이루어진 하도와 낙서가 만들어졌다.

1. 구수흑백점낙서

구수흑백점낙서九數黑白點洛書는 명당설明堂說과 구궁설九宮說에 기원을 두고 있다. 일찍이 춘추전국시대에 지어진 『관자』 「유관幼官」(혹은 「현관玄官」이라고도 함), 『예기』 「월령月令」, 『여씨춘추』 「십이기十二紀」에는 고대 명당구궁明堂九宮 제도에 관한 기록이 나오는데 그것은 천자가 1년 사계절 동안 아홉 개의 궁을 옮겨 가며 거처했다는 내용이다.

『예기』 「월령」 편에 따르면 천자는 봄철 3개월 동안은 동편의 청양靑陽에 딸린 세 개의 궁에 머무르고, 여름철 3개월 동안에는 남쪽의 명당明堂에 딸린 궁 세 곳에서, 가을철 3개월은 서쪽의 총장總章에 딸린 궁 세 곳에서, 겨울철 3개월은 북쪽의 현당玄堂에 딸린 궁 세 곳에 머물렀다고 한다. 그 밖에도 각 계절마다 18일을 뽑아 그 기간에는 중앙의 태묘太廟 태실太室에 거처했다. 동한 시대 채옹蔡邕은 『명당론明堂論』에서 '명당'이란 서주시대

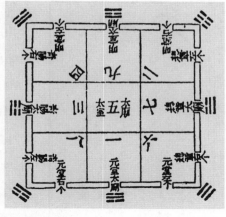

명당 건축 구조

에 정치와 종교를 일치시킨 궁정 건축의 한 형태로 천자가 조상과 천제에게 제사하거나 법령을 공표하고 정사를 처리하던 곳이라고 설명했다.

명당은 총 아홉 개의 건물로 이루어지는데 동남서북에 각각 세 곳이 있고 중앙에 한 곳이 있다. 동쪽은 청양삼실靑陽三室이라 칭하고 서쪽은 총장삼실總章三室, 남쪽은 명당삼실明堂三室, 북쪽은 현당삼실玄堂三室, 중앙은 태묘태실太廟太室이라고 불린다. 이들 아홉 개 건물에 배속되는 숫자에 대해서는 『대대예기大戴禮記』 「명당明堂」 편에서 "명당은 고대에도 이미 있었다. 무릇 구실九室이란 이구사二九四, 칠오삼七五三, 육일팔六一八이다."라고 하여 처음 언급되었다.

이들 숫자의 조합을 가리켜 구궁산九宮算이라고도 하는데 한나라 서악徐岳은 『수술기유數術記遺』에서 "구궁산의 수는 오행의 속성을 가지고 서로 순환한다."라고 했다. 이에 대해 북주北周의 견란甄鸞은 이렇게 주를 달았다.

"구궁九宮이라는 것은 이二와 사四를 어깨로 삼고, 육六과 팔八을 발로 삼으며, 좌측에는 삼三을, 우측에는 칠七을 두고, 머리에는 구九를 이고, 발에

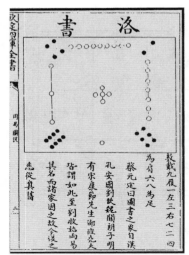

낙서

는 일一을 신으니, 오五가 중앙에 있다."

명당구실明堂九室 제도는 주로 음양 오행가의 관점을 따른 것으로 구궁수 九宮數는 수학적으로 따지면 '3차 마방 진'이라고 부른다. 영국의 저명한 과 학기술 역사가인 조셉 니덤은『대대예 기』의 저자가 수학 마방진을 발견했으 며 그것을 명당설과 결합함으로써 신 비로움을 더했다고 했다. 구궁에는 사 정四正(동서남북의 네 가지 정 방향)과 사유 四維(동남, 동북, 서남, 서북의 구석진 네 방향)

가 있는데 가로의 수끼리, 세로의 수끼리 더하면 하나같이 15가 나온다. 이는 송나라 이후 논의된 낙서의 수와 완전히 합치한다. 여기서 후대 사 람들이 소위 낙서라고 말하는 것이 바로 구궁수 도안을 지칭한 것임을 알 수 있다.

2. 십수흑백점하도

십수도十數圖는 오행생성수五行生成數 학설에 기원을 두고 있다. 오행수 五行數의 개념은『상서』「홍범」에서 "첫째는 물이요 둘째는 불, 셋째는 나 무, 넷째는 쇠, 다섯째는 흙이다."라고 한 데서 처음 나왔다. 이것은 본래 오행의 순서를 말한 것이지만 훗날 사람들은 이것이 오행의 생수生數라고 여겼다. 서한의 대학자 유흠劉歆은 선조들의 학설을 바탕으로『좌전』에서 말한 오행배합설五行妃合說을 참고하여 오행생성수를 제시하였고『한서』 「오행지五行志」에서 아래처럼 말함으로써 오행생성학설은 완비되었다.

"하늘은 일一로써 물을 낳고, 땅은 이二로써 불을 낳으며, 하늘은 삼三으로써 나무를 낳고, 땅은 사四로써 쇠를 낳으며, 하늘은 오五로써 흙을 낳는다. 다섯 자리는 모두 오五로써 합해져서 음양의 자리가 바뀌니 이런 까닭에 짝을 지음은 오五를 통해 이루어진다. 그러한즉 물의 대수大數는 육六이 되고 불은 칠七, 나무는 팔八, 쇠는 구九, 흙은 십十이 된다."

동한의 정현은 여기서 한 발 더 나아가 오행생성수에 방위의 개념을 더하였다.

"하늘은 일一로써 물을 북쪽에 낳고, 땅은 이二로써 불을 남쪽에 낳으며, 하늘은 삼三으로써 나무를 동쪽에 낳고, 땅은 사四로써 쇠를 서쪽에 낳으며, 하늘은 오五로써 흙을 중앙에 낳는다."

이렇게 형성된 우주자연의 수리數理 모델은 후대에까지도 변함없이 영향을 끼치고 있다. 이는 송나라 이후 논의된 하도수河圖數와 완전히 합치하는데 여기서 우리는 후세 사람들이 말하는 소위 '하도'라는 것이 바로 '오행생성수 도안'을 가리키는 것임을 알 수 있다.

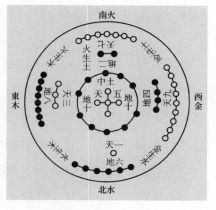

'하도'에 음양오행을 배속시킨 도안

13
주역의 점복

『주역』의 괘점卦占은 동양 문화에서 빼놓을 수 없는 중요하고도 신비한 구성 요소다. 괘점술은 고대에 변화무쌍한 자연현상의 위력 앞에서 그 변화와 발전의 법칙을 짐작할 수 없었던 인간적 한계를 배경으로 탄생했다. 괘점은 일종의 특수한 문화 현상이었던 탓에 봉건 통치자의 생성과 몰락, 정권 잡은 자들의 취향에 따라 그 운명이 좌지우지되었지만, 민간에서 명맥을 유지하며 전해 내려오는 과정에서 각종 생산 활동과 윤리관념, 혼인과 장례 등 일상의 깊은 곳까지 파고들어 적잖은 영향을 끼쳤다.

괘점의 원류를 따지면 아주 먼 옛날 복서卜筮의 행위까지 거슬러 올라가야 하는데, 소위 '복서'란 '복卜'과 '서筮'의 두 가지 점치는 형태를 가리킨다.

'복卜'은 거북의 등껍데기나 짐승의 뼈에 점칠 내용을 새긴 뒤 불에 쬐여 그 갈라지는 무늬를 보고 길흉을 판단하는 방법이다. 그 가운데 가장 대표적인 것이 거북점 '귀복龜卜'이다. 이는 수명이 긴 편인 거북이 신령할 것이라 여긴 당시 사람들의 믿음과 무관하지 않다. 청나라의 호후胡煦가 편찬한 『오중복법吳中蔔法』에는 거북점을 치려면 우선 거북 등껍데기를 구해서 점칠 내용을 새긴 다음 불에 구워서 그 갈라진 무늬의 상하, 좌우, 음양, 방향을 살펴 길흉을 판단해야 한다고 되어 있다. 고대에 점복에 사용하는 신령한 거북인 신귀神龜의 크기를 따지자면 천자의 것은 1척 2촌*, 제후는 1척, 사대부는 8촌, 보통 사람들의 것은 6촌이었다. 사람들

---

* 척尺과 촌寸: 요즘에는 1척이 30.3cm라고 하나 고대에는 24cm 정도 되었다. 1촌은 1척의 1/10이다.

은 귀하여 얻기 힘든 귀갑 대신 호랑이 뼈, 닭 뼈, 소 발굽, 기와 등으로 대체하여 점친 뒤 물상을 보고 길흉을 판단하기도 했다.

'서筮'는 '수복數卜'이라고도 부르는데 말 그대로 수를 기록함으로써 괘를 만들어 길흉을 점치던 방식이다. 그 가운데 가장 대표적인 것이 '서법筮法'인데 이것이 바로 『주역』에 나오는 시초蓍草(톱풀)를 이용한 점이다.

시초는 중국 북부에서 자라는 다년생의 곧은 초본식물로 줄기와 잎에 방향유芳香油

시초

가 있어서 약재로도 쓰인다. 알려진 바에 따르면 시초는 백 년이 지나면 백 개의 줄기가 나오는데, 그렇게 되면 그 위는 운기가 덮고 아래는 신귀가 수호한다고 한다. 고대인들은 서법에 사용할 시초를 천자는 9척, 제후는 7척, 사대부는 6척, 일반 사람은 3척으로 제한했다. 거북의 등껍데기와 마찬가지로 시초도 구하기가 어려워 민간에서는 이를 대나무 줄기, 대나무 뿌리, 돈, 둥근 돌 등으로 대체하기도 했다.

'복卜'과 '서筮' 사이에는 다음의 두 가지 차이가 있다.

첫째, 거북 등껍데기의 균열에서 상을 취한 '복'은 그 균열의 상이 자연적으로 형성된 것인 반면, 손으로 시초의 수를 세어 괘를 만드는 '서'는 자연적이라기보다는 변역變易과 같은 정해진 규칙에 의한 점법이라는 점이 다르다.

둘째, 점복占卜을 통해 거북 등껍데기에 한번 상이 형성되면 다시 바꿀 수 없기 때문에 점치는 자는 어쨌거나 그 무늬를 보고 단번에 길흉을 판단해야 하는 반면, 점서占筮는 일단 괘상이 정해지면 그것을 다양한 방법으로 분석하고 심지어 논리적인 추론의 과정을 거쳐야만 길흉 여부를 도출해 낼 수 있다는 점이 다르다.

점복의 방법은 그 절차가 복잡할 뿐 아니라 거북 껍데기와 칼, 불, 물 등 적잖은 부대 물품을 갖추어야 하고 거기다 균열된 모습을 판별해야만 하므로 불편한 면이 있었다. 그에 비하면 시초점은 훨씬 용이하다. 시초나 동전(동전도 앞뒤 면을 이용해서 점을 침) 따위만 갖추면 되고 길흉을 판단할 때도 괘상을 살핀 뒤 특정 괘의 괘효사를 참고하면 되기 때문이다.

이런 이유로 주나라 이후에 점차 괘점이 유행하기 시작하였고, 이를 배경으로 『주역』이라는 책이 등장하여 시초점 괘 해석의 중요한 근거가 되었다. 그 뒤 후세 사람들은 시초점 운용의 편의를 도모하는 한편 이를 더욱 신비화하기 위하여 별도의 다양한 점법을 고안해 내었는데, 이를테면 영기점靈棋占이나 태현점太玄占, 잠허점潛虛占이 그것이다. 그러나 그들의 체제나 격식은 대체로 『주역』의 것을 모방하는 수준에 머물렀다. 왜냐면 어떤 방식으로 괘상을 취하든 그 괘상의 길흉을 분석할 때는 점의 판단어, 즉 『주역』의 괘효사를 활용했기 때문이다. 이는 『사고전서四庫全書』에 나오는 "복서를 통한 점법의 흥함은 대개 진나라와 한나라 시기 이후에 일어났고 그 뜻은 음양오행이나 생극제화生克制化에서 나오지 않았다. 사실상 모두 역의 지파일 뿐 잡설로 전해올 뿐이다."라는 말로도 짐작 가능하다.

이러한 현상을 통해 우리는 사회적인 생산력이 늘어나면서 괘점이 점차 사라지기는커녕 오히려 더 유행하고 발전해 갔으며 갈수록 풍성하고 다양한 시스템을 갖추게 되었음을 알 수 있다. 다시 말해 고대 의식 활동의 산물인 철학, 수학, 의학, 천문학, 기상학, 문학 등 거의 모든 분야가 점복술과 긴밀하게 연결되어 적잖은 영향을 받았으므로 이들을 대할 때는 과학적인 태도로 접근하여 분석해야 한다.

설시법揲蓍法은『주역』「계사전」에 기록된 서법筮法의 일종으로 당나라와 송나라 사람들에 의해 정리되고 발전을 거듭했다. 그 과정을 간략하게 말하자면, 우선 50개의 시초에서 1개를 뺀 나머지 49개를 둘로 나누고, 한쪽 더미에서 1개를 빼서 손가락에 건 뒤 사영四營을 18번 반복하여 괘상을 얻은 다음, 괘효사를 이용해서 길흉을 판단하는 식이다.

고대인들은 점괘를 뽑기 전에 먼저 목욕하여 몸과 마음을 정갈하게 하고 미리 준비해 놓은 50개의 시초(혹은 대나무로 만든 산가지)를 꺼내어 신령께 점복의 사유를 밝혔다. 이때는 사연을 숨기거나 속이지 않아야 하는데 그렇지 않으면 정성이 없어서 영험하지 않다고 여겼다. 이를 '명서命筮(점치고자 하는 문제)'라고 하는데 명서를 내어 기도하는 과정을 마치면 마음을 모아 50개의 시초를 들고 순서대로 아래 절차를 거치면 된다.

1단계 - 태극 뽑기

50개의 시초 가운데 1개를 뽑아 한쪽에 두는데 이것은 태극을 상징한다. 태극은 점치는 데 실제로 사용되지는 않지만 '쓰이지 않음'은 사실 '크게 쓰임'이라는 역설을 담고 있다. 따라서 실제 사용되는 49개의 의미가 바로 이 1개의 태극에 투영된 것이나 다름없다. 이는『주역』「계사전」 상편에 "대연의 수가 50이나 그 쓰임은 49다."라는 구절로도 설명된다.

2단계 - 둘로 나누기

50개의 시초 가운데 태극에 해당하는 1개를 제외한 나머지 49개를 임의로 한 번 나누는 단계다. 손으로 이를 집어 둘로 나누었을 때 왼손에 집은 것은 하늘을 상징하고 오른손의 것은 땅을 상징한다. 「계사전」 상편에서 "나누어 둘이 되면 양의를 상징한다."고 한 것이 이 단계를 가리키며 여기서 양의는 음양과 천지를 말한다.

3단계 - 하나를 걸어 두기

왼손의 시초 더미는 한쪽에 내려놓고, 오른손의 시초 더미에서 시초 1개를 뽑아서 왼손 새끼손가락과 넷째 손가락 사이에 끼워 두는데, 이것은 천지인天地人 가운데 인사, 즉 사람을 상징한다. 「계사전」 상편에서 "하나를 걸어서 삼재三才를 상징한다."고 표현한 부분이 바로 이 과정이며, 여기서 삼재가 바로 천지인 가운데 사람을 가리킨다.

4단계 - 넷으로 나누기

「계사전」 상편에서 "넷으로 나눠 사시를 나타낸다揲之以四以象四時."고 표현한 단계다. 여기서 원문의 '설揲'이라는 글자는 '시초를 손으로 나누어 묶는다.'는 뜻으로 중국어로 읽을 때는 '뱀'을 뜻하는 글자 '사蛇'와 발음이 동일하다.('설揲'과 '사蛇' 모두 중국어로는 '서She'로 발음됨) 3단계에서 언급한 '하나를 걸어 두기'를 마친 뒤 오른쪽 시초 더미의 남은 시초를 가지고 4개씩 여러 번 나누는데 이때는 최종적으로 남은 시초의 개수가 반드시 4개 이하가 되어야 한다. 이렇게 나누어서 최종으로 남게 된 4개 이하의 시초를 왼손 넷째 손가락과 셋째 손가락 사이에 끼운다. 왼쪽 시초 더미에 대해서도 동일하게 4개씩 나누고 그 결과 남게 된 4보다 적은 수의 시초를 왼손 셋째 손가락과 둘째 손가락 사이에 끼운다. 그렇다면 왜 굳이 4개씩 나눠야 하는 것일까? 여기서 4는 춘하추동의 사시四時를 대표하기 때문이다.

5단계 - 나머지를 모으기

5단계에서는 4단계에서 왼 손가락에 나눠 끼웠던 시초를 모아 왼쪽 상단에 수직으로 내려놓는데 이는 윤달을 상징한다.(그 밖에 4개씩 나눠 묶은 시초는 오른쪽에 모아 둔다.)「계사전」상편에서 "남는 것을 되돌려 손가락에 끼우면 윤달을 상징한다歸奇於扐以象閏."고 한 부분이 바로 이 단계다. 여기서 '기奇'라는 글자는 '남은 수'를 상징하고, '늑扐'은 손가락 사이에 끼운다는 뜻이며, 그 음은 '굴레' 혹은 '묶다'를 의미하는 '늑勒'과 동일하다. 「계사전」상편에서는 "5년마다 윤달이 두 번 오는 까닭에 두 번 낀 뒤에 거는 것이다."라는 구절이 나오는데 이는 5년에 두 차례 윤달이 있으므로 다시 한 번 같은 절차를 반복한다는 뜻이다.

위에서 말한 '둘로 나눈 뒤' '하나를 걸고' '넷씩 나누며' '나머지를 모아 두는' 네 단계를 가리켜 「계사전」상편에서는 '사영四營', 즉 '네 단계의 운영절차'라고 했다. 이처럼 '사영'을 한 차례 수행하면 그것이 '일변一變(한 번 변함)'이고 동일한 절차를 두 번(이변, 삼변) 더 거쳐 총 삼변까지 마무리하면 비로소 효 하나가 생성된다.

6단계 - 사영을 두 번째 수행함

사영의 절차를 두 번째로 동일하게 거치는 단계다. 이때는 당연히 49개의 시초를 사용하는 것이 아닌 '일변一變'을 마무리한 뒤 오른쪽에 모아 두었던 4개 묶음짜리 시초 더미를 사용한다. 일변에서 한 것과 같은 방법으로 처음에 그것을 둘로 나눈 뒤, 오른쪽 더미에서 1개를 뽑아 왼손 새끼손가락과 넷째 손가락 사이에 걸고, 나머지를 4개씩 나누어 나머지를 그다음 손가락에 끼운다. 그리고 왼쪽 더미를 4개씩 나누어 그 나머지를 다음 손가락에 끼우며, 마지막에는 왼손에 끼웠던 시초들을 한데 모아 좌측 상단에 내려놓는 네 단계를 한 번 더 거친다.

7단계 - 사영을 세 번째 수행함

사영의 과정을 세 번째로 동일하게 거치는 단계다. 즉 두 번째 사영을 마치고 오른쪽에 한데 모아 두었던 4개짜리 시초 묶음들을 들고 세 번째로 사영의 과정, 즉 처음에 둘로 나누고, 1개를 걸어 두며 4개씩 나누고 나머지를 모으는 네 단계를 거친다. 이리하여 사영을 세 번 하면 총 12단계 만에 한 개의 효가 생성되는 셈이다.

8단계 - 남은 묶음의 개수를 세어서 효를 결정함

사영의 단계를 세 차례 거친 뒤 최종적으로 남은 4개짜리 묶음들을 한데 모아 보면 그 안의 시초 개수는 36개, 32개, 28개, 24개 중 하나가 나오게 되며 그 밖의 수는 산출될 수 없다. 이 수들을 각각 4로 나눠 보면 9, 8, 7, 6 중 하나를 얻게 되는데 그 수에 근거해서 괘를 이루는 여섯 효 가운데 한 개의 효가 결정된다.(전체를 4로 나눌 필요 없이 4개짜리 묶음이 총 몇 개인지만 세어도 됨) 그리고 이 중 어떤 숫자를 얻게 되느냐에 따라 효의 성질도 달라진다.

9, 8, 7, 6 중 9를 얻었다면 9는 양효이고, 그중에서도 특별히 '노양老陽(태양太陽)'이다. 노양은 '양기를 다했다.'는 의미이므로 양효의 반대면인 음효로 변하려는 성질을 가진 변효다. 따라서 9를 얻었다면 '—'라고 표기하되 그 옆에 노양이라는 뜻에서 '口'라는 기호를 추가로 표시해 둔다.

7을 얻었다면 이 역시 양효여서 '—'라고 그리되 이는 '소양少陽'이어서 변효가 아니므로 그 옆에는 별도로 표시하지 않아도 된다.

8은 음효이지만 '소음少陰'이어서 변하지 않으므로 '--'라고만 표기한다.

6은 음효이되 '노음老陰(태음太陰)'이다. 노음은 노양과 마찬가지 원리로 '음기를 다했다.'는 의미이므로 음효의 반대면인 양효로 변하려는 성질을 가진 변효다. 따라서 6을 얻었다면 '--'라고 그리되 그 옆에 노음이라는 의미에서 'X'라는 기호를 별도 표시해 둔다.

이처럼 9는 노양이고 6은 노음이어서 변화하는데, 『주역』은 '변變'을 논하는 책이고 변화를 중시하므로 9를 양효를 대표하는 숫자로 삼고, 6을 음효의 대표로 삼은 것이다.

위에서 말한 2단계부터 8단계까지의 과정을 한 번 거치면 괘의 초효를 얻고, 그 뒤 다섯 번 더 반복하면 순서에 따라 이효, 삼효 사효, 사효, 오효, 상효를 얻게 되므로 사영四營을 총 18번 거쳐야만 1개의 완전한 괘를 얻을 수 있는 셈이다. 삼변三變을 통해 1개의 효를 얻게 되므로 육효괘 1개를 얻으려면 총 18변을 해야 하는 셈이다. 그래서 「계사전」 상편에서도 "열여덟 번 변하여 괘를 이룬다."고 했다.

그렇다면 이러한 과정을 통해 한 개의 완전한 괘를 얻은 다음에는 그것을 어떻게 활용하여야만 길흉을 예측할 수 있을까? 『주역』은 세상만물과 모든 일이 움직이고 운동하는 가운데 변화가 일어나게 마련이므로 거기서 길흉화복의 다양한 사건들이 생겨난다고 여긴다. 『주역』의 점복은 이러한 변화의 추세를 미루어 짐작하고 이것이 향후 어떠한 길흉화복의 사건을 초래하는지 예측함으로써 우리들이 길함은 따르고 흉함은 피하게끔 방도를 제시한다.

이 때문에 『주역』이 중시하는 것은 변효다. 변효란 위에서 말한 것처럼 9와 6으로 대표되는 노양과 노음을 가리킨다. 소위 노양과 노음이란 각각 양기와 음기의 발전이 극에 이른 상태를 뜻한다. 음이 극에 이르면 양이 생겨나고 양이 극에 이르면 음이 생성되는 법칙에 따라 이제 곧 음과 양이 서로 뒤바뀌려고 하는 시기에 길흉화복의 사건이 발생한다는 원리다. 7과 8의 두 수는 각각 소양과 소음을 대표하는데 이 둘은 아직 양기와 음기가 충만해지지 않은 상태라서 음과 양 사이에는 상호 전환이 이뤄지지 않고 고요하고 평온한 상태에 머물러 있으며 마찬가지로 길흉화복의 사건도 발생하지 않는다. 그래서 『주역』 점서의 원칙은 변효를 점칠 뿐 불변효不變爻는 점치지 않는다고 하는 것이다.

노음과 노양은 모두 음양이 바뀌려고 발동하는 동효動爻다. 동효는 변하여 양효는 음효로, 음효는 양효로 변한다. 변하기 전의 괘를 본괘本卦 혹은 우괘遇卦라고 하고, 변한 후의 괘를 변괘變卦 혹은 지괘之卦라고 한다. 점을 쳐서 길흉화복을 판단한 결과인 '점단占斷'은 본괘의 변효 효사에 있다. 예컨대 시초점으로 괘 하나를 얻었다고 가정해 보자.

첫째, 삼변三變을 한 결과 32라는 수를 얻었다. 이것을 4로 나눈 결과 몫이 8이 나왔는데 다른 말로 '영수營數'가 8이 나온 셈이다. 8은 소음이므로 효는 '--'라고 표기한다.

둘째, 삼변의 결과 32를 얻었으니 영수가 8이므로 소음(--)이다.

셋째, 삼변의 결과 32를 얻었으니 영수가 8이므로 소음(--)이다.

넷째, 삼변의 결과 24를 얻었으니 영수는 6이므로 노음(✕)이다.

다섯째, 삼변의 결과 28을 얻으니 영수는 7이므로 소양(—)이다.

여섯째, 삼변의 결과 28을 얻으니 영수는 7이므로 소양(—)이다.

위의 내용처럼 총 18변을 거친 결과를 아래로부터 위로 쌓아 올리면 이러한 도식을 얻을 수 있다.

효위	영수	음양	기호	단괘	중괘	지괘	음양
상구	7 소양	—		손괘巽卦 ☴	관괘觀卦 ☶	비괘否卦 ☶	—
구오	7 소양	—					—
육사	6 노음	--	✕				—
육삼	8 소음	--		곤괘坤卦 ☷			--
육이	8 소음	--					--
초육	8 소음	--					--

위의 도식에서 알 수 있듯이 위의 18변을 통해 얻은 괘는 관괘觀卦다. 소음, 소양으로 불변효인데 사효四爻의 영수가 6으로 노음이어서 변효가 되었다. 변효는 반대로 전환하여 음이 양으로 전환하므로 이렇게 되면 본래 육사六四였던 효명은 구사九四로 변하게 된다.(단, 효의 위치는 변하지 않음) 이에 따라 본래 하괘가 곤坤, 상괘가 손巽이었던 관괘는 하괘가 그대로 곤이고 상괘는 건乾인 비괘否卦로 변한다. 따라서 관괘를 가리켜 본괘 혹은 우괘라고 하고, 비괘를 일컬어 변괘 혹은 지괘라고 하니, 최종 결과는 '우관지비遇觀之否(본괘인 관괘가 비괘로 변한 괘)'가 된 셈이다.

이처럼 시초로 괘를 만드는 것은 정해진 절차에 따르는 비교적 기계적인 과정일 뿐이다. 거기에 담긴 이치를 논리적이고도 설득력 있는 추론을 통해서 암호 해독하듯 풀어내야만 점의 핵심 내용을 얻을 수 있다. 무릇 효가 하나만 변했다면, 다시 말해 변효가 하나뿐이라면 이를 해석할 때는 보통 본괘에서 변효의 효사를 점단占斷의 근거로 삼는다.

위에서 사례로 든 관괘의 변효인 육사 효사를 보면 "나라의 빛남을 봄이니 왕에게 손님이 되는 것이 이롭다.觀國之光 利用賓于王."인데 여기서 '이롭다利'가 바로 점단의 말이므로 만약 누군가를 만나기로 한 상황이라면 그를 만나기에 가장 좋은 시기라고 하겠다.

주희는 『역학계몽易學啓蒙』에서 변점법變占法을 제시함으로써 변효가 한 개일 때, 혹은 두 개, 세 개, 네 개, 다섯 개, 여섯 개일 경우, 점을 판단할 때 참고해야 할 방향과 원칙을 일곱 가지로 제시했다.

1) 육효가 모두 변하지 않았다면 괘사로 점의 결과를 판단한다.
2) 변효가 한 개면 해당 변효의 효사를 통해 판단한다.
3) 변효가 두 개면 각 변효의 효사로 판단하되 위쪽에 있는 효를 위주로 한다.
4) 변효가 세 개라면 본괘의 괘사에 변괘의 괘사를 합하여 판단한다.

5) 변효가 네 개라면 변괘에서 나머지 두 불변효에 대한 효사로 판단하되 아래쪽에 있는 효를 위주로 한다.

6) 변효가 다섯 개라면 변괘에 있는 불변효의 효사에 근거해 판단한다.

7) 변효가 여섯 개라면 건과 곤의 두 괘는 용구用九 혹은 용육用六의 효사로써 판단하며 나머지 괘는 변괘의 괘사로써 점을 판단한다.

이상의 일곱 가지 원칙에 따라 점단하는 것을 가리켜 변점법이라고 한다.

물론 지나치게 융통성 없이 원칙대로만 해석하는 것은 옳지 않다. 보통 점괘를 판단할 때는 본괘와 변괘를 결합하여 종합적으로 살펴야 하는데 보통은 본괘를 통해 현재의 상황을 살핀다면 변괘를 통해서는 미래의 결과를 내다볼 줄 알아야 한다. 변효를 중점으로 살피되 전체를 아울러 살필 줄 알아야 한다는 말이다. 변효만 따진 채 괘 전체를 소홀히 하면 안 된다는 뜻이기도 하다.

동전으로 시초를 대신한 화주림법

『주역』의 설시법은 괘 하나를 얻기 위해 번거롭고 복잡한 절차를 수없이 거쳐야 하므로 후대인들은 시초 대신 동전을 이용한 작괘법을 고안해내기도 했다.

한나라 이후 남북조시기에 완성된 동전 작괘법은 설시법에 비해 절차가 간단하고 빨라서 괘점 역사에 일대 혁신을 가져왔다. 동전으로 점칠 때는 보통 3개 혹은 5개나 6개의 동전을 사용하였지만 시초를 대신하는 경우에는 3개만 썼다. 이를 화주림火珠林 혹은 문왕과文王課라고 부르기도 했으며 가장 두루 알려진 방법 가운데 하나다.

화주림 혹은 문왕과로 괘를 뽑을 때는 먼저 손에 동전 3개를 든 채 향을 피워 경의를 표하고 명서를 읊은 뒤에는 동전을 땅에 던져 그것들이 앞면인지 뒷면인지 살핀다.

1) 동전 3개를 던졌을 때 모두 뒷면이 위로 올라왔다면 이를 '중重'이라고 부르고 'O'라는 기호로 표시하는데, 이는 노양효 구九를 상징한다.

2) 동전 3개가 모두 앞면이 나왔다면 이를 가리켜 '교爻'라고 부르며 '×'라는 기호로 표시하는데, 이는 노음효인 육六을 대표한다.

3) 동전 3개 중 2개가 앞면이고 1개가 뒷면이라면 이를 '단單'이라고 부르고 '─'라는 기호로 표시하며, 이는 소양효인 칠七을 대표한다.

4) 동전 3개 중 1개가 앞면이고 2개가 뒷면이라면 이는 '탁拆'이라고 부르며 '--'라는 기호로 표시하는데, 이는 소음효인 팔八을 상징한다.

이를 정리하면 다음과 같다.

중효重爻	O	노양구老陽九	뒷면 3개
교효交爻	×	노음육老陰六	앞면 3개
단효單爻	─	소양칠少陽七	앞면 2개, 뒷면 1개
탁효拆爻	--	소음팔少陰八	앞면 1개, 뒷면 2개

이처럼 동전을 한 번 던져서 효 하나를 얻은 다음, 이런 절차를 세 번 더 반복하면 세 개의 효로 이루어진 단괘를 얻을 수 있으며 여섯 번 반복하면 여섯 개의 효로 이루어진 중괘 하나를 완성할 수 있다. '단單'과 '탁拆'은 변하지 않지만 '중重'과 '교爻'는 변효여서 '중'은 양이 음으로 변하고 '교'는 음이 양으로 변한다.

납갑서법

납갑서법納甲筮法은 화주림법火珠林法, 육효괘법六爻卦法이라고도 하며 속
칭 문왕과文王課라고도 하는데 역괘에 간지를 배속시키는 '납갑納甲'을 기
초로 발전시킨 점서 방법이다.

납갑은 서한시대 경방이 선조들의 천문학 및 역학 지식을 바탕으로 고
안해 낸 것이다. 경방은 본래 성이 이李씨고 자는 군명君明으로 음악을 좋
아하고 음률에도 밝았다. 그는 일찍이 맹희의 제자 초연수焦延壽에게 역
학을 배운 뒤 통변通變으로 역易을 해석했는데, 천재지변이나 자연현상을
예측한 것이 제법 적중했고 자연현상을 통해 점을 치기도 했다. 초연수는
일찌감치 경방의 재능을 알아채고 "내 역학의 진수를 제대로 전해 받겠지
만 이로 말미암아 오히려 목숨을 잃게 될 사람은 바로 경방이다."라고 말
하기도 했다. 경방도 스스로 이 점을 예견하고서 "비록 그렇다 하더라도 나
는 말하지 않을 수 없다."라고 응수했다. 그 뒤 경방은 한나라 원제元帝 4년
에 효렴에 선발되었다가 훗날 박사의 지위까지 올랐다. 자연재해를 관찰
함으로써 정치의 향방을 점치고 이를 바탕으로 임금에게 방책을 올렸던
것이 자주 적중하자 황제로부터 신임을 얻었지만, 중서령 석현石顯 등이
권력을 독점하고 있음을 비판하였다가 위군魏郡 태수로 좌천되고 머지않
아 모함을 받아 죽고 만다.

경방은 오행을 서법에 접목시켰는데, 이때부터 점서법은 일대 전환기
를 맞게 된다. 64괘를 팔궁八宮(팔괘)으로 나눈 뒤 세응世應*을 정하고 비복
飛伏**을 말하는데 이는 후대의 역괘 점서법에 지대한 영향을 끼치게 된다.

---

* 세응설: 한나라 경방이 상응설相應說을 바탕으로 창시해 낸 이론으로 '세世'는 본인을 상징하고 '응應'은 상대방을 나타낸다.

** 비복설: 괘상과 효상에 모두 '비飛'와 '복伏'이 있다는 설로 경방이 창시했다. '비'는 겉으로 드러나서 볼 수 있는 것이고, '복'은
배후에 숨어서 볼 수 없는 것이다. 비와 복은 서로 대립하는 한 쌍의 괘상과 효상을 말한다. 예컨대 건괘의 상은 볼 수 있는 것으로
는 틀이므로 이것이 '비'다. 그 대립하는 괘상인 곤괘는 건괘 상의 배후에 숨어 있기 때문에 볼 수 없으니 이것이 '복'이다.

납갑법에서는 괘를 만들 때 종종 시초 대신 동전을 사용하기도 한다. 괘를 판단할 때 납갑법의 가장 큰 특징은 괘 속의 각종 요소를 오행에 배속시켜 오행의 상생, 상극, 상충, 상합, 상부相扶, 상형相刑 관계가 충분히 발휘되게끔 한다는 점이다. 그래서 64괘를 팔궁의 배열 순서에 맞춰 간지를 귀속시키고 육친六親과 세응을 정한 다음 점치는 시간과 괘효의 변동 상황 등에 근거해서 길흉을 판단한다.

소위 '납갑納甲'이라는 것은 십천간十天干을 괘의 육효六爻에 배속시키는 것을 말하는데 천간의 우두머리가 갑甲이므로 이를 납갑이라고 부른다. 또한 각 효를 각각 십이지지十二地支에 배속하는 것을 지지의 우두머리인 자子를 붙여서 '납자納子'라고 한다. 보통 납갑이 납자의 개념까지 모두 포함하기도 한다.

1. 팔궁별 괘명 배치

납갑 서법에서는 64괘를 팔궁으로 분배하는데 순서대로 건, 감, 간, 진, 손, 이, 곤, 태이며 앞의 네 궁은 양괘이고 뒤의 네 궁은 음괘다.

1) 건궁팔괘(乾宮八卦): 쇠에 속함

건위천乾爲天, 천풍구天風姤, 천산둔天山遯, 천지비天地否, 풍지관風地觀, 산지박山地剝, 화지진火地晉, 화천대유火天大有

2) 진궁팔괘(震宮八卦): 나무에 속함

진위뢰震爲雷, 뇌지예雷地豫, 뇌수해雷水解, 뇌풍항雷風恒, 지풍승地風升, 수풍정水風井, 택풍대과澤風大過, 택뢰수澤雷隨

팔궁에 따른 괘상 순서도

3) 감궁팔괘(坎宮八卦): 물에 속함

감위수坎爲水, 수택절水澤節, 수뢰준水雷屯, 수화기제水火旣濟, 택화혁澤火革, 뇌화풍雷火豐, 지화명이地火明夷, 지수사地水師

4) 간궁팔괘(艮宮八卦): 흙에 속함

간위산艮爲山, 산화비山火賁, 산천대축山天大畜, 산택손山澤損, 화택규火澤睽, 천택리天澤履, 풍택중부風澤中孚, 풍산점風山漸

5) 곤궁팔괘(坤宮八卦): 흙에 속함

곤위지坤爲地, 지뢰복地雷復, 지택임地澤臨, 지천태地天泰, 뇌천대장雷天大壯, 택천쾌澤天夬, 수천수水天需, 수지비水地比

6) 손궁팔괘(巽宮八卦): 나무에 속함

손위풍巽爲風, 풍천소축風天小畜, 풍화가인風火家人, 풍뢰익風雷益, 천뢰무망天雷无妄, 화뢰서합火雷噬嗑, 산뢰이山雷頤, 산풍고山風蠱

7) 이궁팔괘(離宮八卦): 불에 속함

이위화離爲火, 화산려火山旅, 화풍정火風鼎, 화수미제火水未濟, 산수몽山水蒙, 풍수환風水渙, 천수송天水訟, 천화동인天火同人

8) 태궁팔괘(兌宮八卦): 쇠에 속함

태위택兌爲澤, 택수곤澤水困, 택지췌澤地萃, 택산함澤山咸, 수산건水山蹇, 지산겸地山謙, 뇌산소과雷山小過, 뇌택귀매雷澤歸妹

건괘를 가장 앞에 두고 마지막에 귀매괘로 마무리되는 팔궁 64괘의 순서는 괘효상의 변화가 음양의 증감과 성쇠 과정임을 보여 준다.

2. 세응 정하기

팔궁괘는 각 궁마다 여덟 개의 괘가 속해 있다. 각 궁에 속한 여덟 개의 괘는 위에서 부터 아래로 그 이름이 각각 상세괘上世卦, 일세괘一世卦, 이세괘二世卦, 삼세괘三世卦, 사세괘四世卦, 오세괘五世卦, 유혼괘遊魂卦, 귀혼괘歸魂卦다. 각 괘의 육효는 아래에서부터 위로 각각 원사元士, 대부大夫, 삼공三公, 제후諸侯, 천자天子, 종묘宗廟라고 칭하는데 여섯 효가 각각의 귀천과 등급에 따

경방팔궁괘차서

른 지위를 갖는다. 각 괘에는 주主가 되는 효가 있으며 해당 효가 괘의 길흉을 결정한다. 주가 되는 효를 '세효世爻'라고 하며 거세居世, 임세臨世, 치세治世 등으로 칭한다.

팔궁괘에서 상세괘上世卦, 즉 팔순괘八純卦*의 세효는 상효上爻이므로 상효인 종묘宗廟가 주가 된다. 일세괘, 이세괘, 삼세괘, 사세괘, 오세괘의 세효는 각각 초효, 이효, 삼효, 사효, 오효다. 다시 말해 초효원사, 이효대부, 삼효삼공, 사효제후, 오효천자가 주가 되는 것이다. 유혼괘의 세효는 사효이므로 사효제후가 주가 되고 귀혼괘의 세효는 삼효이므로 삼효삼공이 주가 된다.

세효世爻가 있다면 응효應爻도 있게 마련이다. 세효가 상괘에 있으면 응효는 하괘에 있고, 세효가 하괘에 있으면 응효는 상괘에 있다. 예컨대 초효가 세효라면 사효가 응효가 되고, 사효가 세효이면 초효가 응효가 되는 식이다. 세효世爻와 응효應爻, 유혼遊魂, 귀혼歸魂을 간략히 줄여서 세응유귀世應遊歸라고 하는데 이는 서한의 경방이 말한 역학 용어다. 세응설世應說은 『주역』 「단전」에서 말한 응위설應位說**을 한 단계 더 발전시킨 것이라고 볼 수 있다. 유귀설遊歸說은 『주역』 「계사전」에서 "정과 기가 모여 사물이 되고 혼이 돌아다니며 변화를 이룬다."고 말한 것에 뿌리를 둔다. 이에 근거하여 경방은 유혼괘와 귀혼괘를 '귀역鬼易'이라고 부르기도 했다.

팔순괘가 일세괘로부터 오세괘로 변화하면 더 이상 변화를 지속할 수 없는 상태에 이르게 되는데 이는 음이나 양이 완전히 박탈당할 수는 없음을 뜻한다. 만약 음이나 양이 모두 소진해 버린다면 다시 팔순괘로 회귀

---

* 팔순괘: 3개의 효로 이루어진 삼효괘가 동일하게 중첩하여 상괘와 하괘가 동일한 모습을 가진 8개의 중괘를 팔궁 혹은 팔순괘라고 함.

** 응위설: 여기서 '응應'은 '호응하다' '상응하다' '대응하다'라는 말이다. 육효에서 서로 응하는 자리, 즉 응위應位의 관계를 가진 효끼리 묶어 보면 초효와 사효, 이효와 오효, 삼효와 상효다. 응위에는 유응有應과 무응無應이 있다. 유응은 '응함이 있다.'는 말로 양효와 음효가 만나는 경우며 보통 이때는 길하다. 반면 무응은 양효가 음효와 만난다거나 양효가 양효와 만나는 경우로 일반적인 상황에서는 흉하다고 볼 수 있다. 응위설은 각 효가 마땅히 거처할 할 자리에 제대로 와야 길하다는 '당위설當位說'로 설명할 수 없는 부분을 보완하는 차원에서 자주 활용되는 이론이다.

해 버리기 때문이다. 따라서 오세괘의 사효를 본궁괘의 사효 괘효상으로 회복시킨다. 즉 오세괘의 사효에서 양효는 음효로, 음효는 양효로 바꿈으로써 양 혹은 음으로 복귀한다는 말이다. 그러나 내괘內卦, 즉 하괘下卦의 위치까지는 본궁本宮 순괘純卦의 상으로 회귀하지 못하고 외괘外卦, 즉 상괘의 첫 번째 괘인 사효만 마치 영혼처럼 흔들리니 이런 까닭에 '유혼遊魂'이라고 부르는 것이다.

유혼괘는 계속해서 변화하고 하괘의 세 효는 전부 본궁의 상을 회복한다. 즉 유혼괘의 하괘가 상반된 괘로 변하니 이런 까닭에 영혼이 본궁으로 돌아간다는 의미에서 '귀혼歸魂'이라고 부른다.

유혼설은 음양이 소멸하거나 증가하면, 다시 말해 음양이 궁극에 이르면 원시의 상태로 회복한다는 물극필반物極必反의 사상을 잘 보여 준다. 경방은 역易을 해석하는 또 다른 방안을 고안함으로써 점술의 지평을 넓히는 데 그 뜻이 있었다.

3. 간지 배치

간지를 배치한다는 것은 팔궁괘의 순서에 근거해서 괘에 천간과 지지를 확정하는 일이다. 옛사람들은 괘에 간지를 배치하면 천지天地 생육生育의 이치도 그 안에 담긴다고 믿었다.

64괘의 각 괘에 간지를 배치하려면 반드시 먼저 팔순괘의 납갑納甲간지 배속을 파악해야 한다. 팔순개의 납갑을 파악하려면 먼저 팔괘 중에서 양궁陽宮에 속하는 괘와 음궁陰宮에 속하는 괘를 알아야 한다.

팔괘 중 양궁은 건, 진, 감, 간이고, 음궁은 곤, 손, 이, 태다. 천간에서 양에 속하는 것은 갑, 병, 무, 경, 임이고 음에 속하는 것은 을, 정, 기, 신, 계다. 그런 다음에는 양괘를 양간에 음괘는 음간에 배속시킨다. 그렇게 되면 건괘의 내괘內卦 세 효는 갑에 속하고, 외괘外卦의 세 효는 임에 속하게 된다. 그리고 곤괘의 내괘는 을이고 외괘는 계, 진괘의 내외괘는 모두 경, 감괘의 내외괘는 모두 무, 간괘의 내외괘는 모두 병, 손괘의 내외괘는 모두 신, 이괘의 내외괘는 모두 기, 태괘의 내외괘는 모두 정에 배속된다.

양괘에 지지를 배속하는 방식은 자, 인, 진, 오, 신, 술의 순서에 따라 세는데 그렇게 되면 건괘와 진괘의 초효에 해당하는 지지는 자, 감괘의 초효는 인, 간괘의 초효는 진이 된다. 이렇게 네 개의 양궁에 대한 초효부터 상효까지 배속되는 지지는 순서대로 다음과 같다.

건: 내괘는 자子, 인寅, 진辰 / 외괘는 오午, 신申, 술戌

감: 내괘는 인寅, 진辰, 오午 / 외괘는 신申, 술戌, 자子

간: 내괘는 진辰, 오午, 신申 / 외괘는 술戌, 자子, 인寅

진: 내괘는 자子, 인寅, 진辰 / 외괘는 오午, 신申, 술戌

음괘에 지지를 배속하는 방법은 해, 유, 미, 사, 묘, 축의 순서에 근거해서 반대로 따지는 것인데 그렇게 되면 손괘의 초효에 해당하는 지지는 축이 되고, 이괘의 초효는 묘가 되며, 곤괘의 초효는 미, 태괘의 초효는 사가 된다. 이렇게 해서 네 개의 음궁陰宮에 대한 초효로부터 상효까지 배속된 지지는 순서대로 다음 도표와 같다.

손: 내괘는 축丑, 해亥, 유酉 / 외괘는 미未, 사巳, 묘卯

이: 내괘는 묘卯, 축丑, 해亥 / 외괘는 유酉, 미未, 사巳

곤: 내괘는 미未, 사巳, 묘卯 / 외괘는 축丑, 해亥, 유酉

태: 내괘는 사巳, 묘卯, 축丑 / 외괘는 해亥, 유酉, 미未

이를 정리하자면 다음과 같다.

팔궁괘에 대한 지지 배속 도표

수		일	이	삼	사	오	육	칠	팔
팔궁괘		건궁	태궁	이궁	진궁	손궁	감궁	간궁	곤궁
외괘 (상괘)	상효	술戌	미未	사巳	술戌	묘卯	자子	인寅	유酉
	오효	신申	유酉	미未	신申	사巳	술戌	자子	해亥
	사효	오午	해亥	유酉	오午	미未	신申	술戌	축丑
내괘 (하괘)	삼효	진辰	축丑	해亥	진辰	유酉	오午	신申	묘卯
	이효	인寅	묘卯	축丑	인寅	해亥	진辰	오午	사巳
	초효	자子	사巳	묘卯	자子	축丑	인寅	진辰	미未

팔괘의 납갑에 관해서는 『납갑가納甲歌』가 아래처럼 전해진다.

"건금갑자외임오, 감수무인외무신, 간토병진외병술, 진목경자경오임, 손목
신축병신미, 이화기묘기유심, 곤토을미가혜축, 태금정사정해빙."

乾金甲子外壬午 坎水戊寅外戊申 艮土丙辰外丙戌 震木庚子庚午臨 巽木辛丑並辛未 離火
己卯己酉尋 坤土乙未加癸丑 兌金丁巳丁亥憑.

4. 육친 배정

'육친六親'이라 함은 부모, 형제, 자손, 처재妻財, 관귀官鬼를 말하며 여기
서 '친親'은 직접적인 관계라는 뜻이다. 이 다섯 가지 '친'에 괘신卦身을 더
하여 육친이 된다.

육친은 예측하고자 하는 대상이자 용신用神을 취하는 근거가 되기도 한
다. 육친은 해당 괘가 속한 궁宮의 오행을 '나我'로 삼고 각 효에 속한 지지
의 오행을 '친親'으로 삼은 뒤 '나'와 '친' 사이의 관계에 의해 각 효의 '친'

을 정한다. 나를 낳은 이가 부모이고 내가 낳은 이가 자손이며 나를 상극하는 것이 관귀이고 내가 상극하는 것이 처재이며 비화比和하는 관계는 형제다.

1) 건궁은 쇠에 속함
금효金爻는 형제, 토효土爻는 부모, 목효木爻는 처재, 화효火爻는 관귀, 수효水爻는 자손이다.

2) 태궁은 쇠에 속함
금효는 형제, 토효는 부모, 목효는 처재, 화효는 관귀, 수효는 자손이다.

3) 진궁은 나무에 속함
목효는 형제, 수효는 부모, 토효는 처재, 금효는 관귀, 화효는 자손이다.

4) 손궁은 나무에 속함
목효는 형제, 수효는 부모, 토효는 처재, 금효는 관귀, 화효는 자손이다.

5) 곤궁은 흙에 속함
토효는 형제, 화효는 부모, 수효는 처재, 목효는 관귀, 금효는 자손이다.

6) 간궁은 흙에 속함
토효는 형제, 화효는 부모, 수효는 처재, 목효는 관귀, 금효는 자손이다.

7) 이궁은 불에 속함
화효는 형제, 목효는 부모, 금효는 처재, 수효는 관귀, 토효는 자손이다.

8) 감궁은 물에 속함

수효는 형제, 금효는 부모, 화효는 처재, 토효는 관귀, 목효는 자손이다.

납갑 서법은 기존의 점서법에 비해 더욱 구체화된 형태로 점괘 판별도 훨씬 어렵고 복잡해져서 파악하기가 쉽지 않다. 여기서는 납갑 서법의 원리를 간략하게 서술하고 역학 이론에 대해서 후대에 어떻게 응용되었는지 이해하는 선에서 소개하고자 한다.

예컨대 신사월辛巳月 무신일戊申日에 점을 쳐서 건지소축괘乾之小畜卦(䷈) 즉 건괘의 사효가 변하여 된 소축괘를 얻었다고 가정해 보자. 위에서 설명한 네 단계(괘명 배치→세응 정하기→간지 배치→육친 배정)를 거치면 길흉 판단에 사용할 괘상을 얻을 수 있다.

―	부모술토父母戌土'	세효世爻	―	처재묘목妻財卯木'	
―	형제신금兄弟申金'		―	관귀사화官鬼巳火'	
―	관귀오화官鬼午火'	동효動爻	― ―	부모미토父母未土''	응효應爻
―	부모진토父母辰土'	응효應爻	―	부모진토父母辰土'	
―	처재인목妻財寅木'		―	처재인목妻財寅木'	
―	자손자수子孫子水'		―	자손자수子孫子水'	세효世爻

매화역수

알려진 바로는 매화역수梅花易數는 북송의 소옹邵雍이 고안한 점서법이라고 하며 이는 『매화역수』에 기록되어 있다. 매화역수는 만물은 상을 따라 구분 지을 수 있다는 '만물유상萬物類象'과 만물은 자신과 관계된 수를 가진다는 '만물개수萬物皆數'의 원리에 근거해서 수와 상을 가지고 괘를 만든다. 또 『주역』에서 말하는 괘효사를 비롯해서 체괘體卦와 용괘用卦, 호괘互卦, 변괘變卦, 오행생극五行生克의 개념 등 다양한 요소를 종합하여 괘를 판단한다. 이 방법은 시간적, 공간적 상황에 따른 융통성이 있어서 폭넓게 활용되는 등 그 영향력이 무척 크다.

매화역수의 유래를 살펴보면 신비로운 색채가 더욱 돋보인다.

소옹(소강절邵康節이라고도 함)은 추워도 불을 떼지 않고 더워도 부채질 하지 않으며 밤에는 잠도 못 이룰 정도로 역학 연구에 매진했다고 한다. 그런 그가 하루는 낮잠을 자고 있었는데 옆에서 쥐 한 마리가 찍찍대며 왔다 갔다 하면서 그를 귀찮게 했다. 그 소리가 무척 성가셨는지 소옹은 베고 있던 도침陶枕(자기로 만든 베개)을 쥐에게 던져 버렸다. 결국 도침은 산산이 부서지고 놀란 쥐도 도망가고 말았다. 그런데 흩어진 도침 파편을 쓸어 담던 그는 그 안에 이런 글씨가 쓰여 있는 것을 발견한다.

"이 도침은 소강절이라는 현인이 사 가서 몇 년 몇 월 몇 시에 쥐를 잡다가 깨트릴 것이다."

놀랍게도 당시 시각이 도침에 기록된 시간과 정확하게 맞아 떨어졌다. 기적과 같은 일이 아닐 수 없었다. 이상하게 여긴 소옹이 도침을 만든 옹기장이에게 가서 물으니 그의 대답이 이러했다.

"전에 손에 주역 책을 들고 있던 어떤 노인이 이 도침을 만지작거린 적이 있었는데 아마 그 글은 그 노인이 썼을 거외다."

소옹은 이 사건을 계기로 '만물은 자연의 이치에 근거해서 이뤄지고 그 도리는 반드시 일정한 수를 따르게 마련이다.'라는 깨달음을 얻었다. 정말이지 수數로 말미암아 이치理를 깨닫고, 이치로 말미암아 수를 정하게 되는 신묘한 점술이 아닐 수 없었다.

놀랍게 여긴 소옹은 그 노인이 남긴 점치는 책을 받아 들고 집으로 돌아왔다. 그로부터 얼마가 지난 어느 날 뒤뜰에서 매화를 감상하던 중 눈

앞에서 새 두 마리가 싸우다가 땅에 떨어지는 것을 보았다. 그는 일시를 따져서 수를 계산한 끝에 머지않아 이웃집 여자가 꽃을 꺾다가 떨어져 다리가 부러질 것이라고 내다보았다. 과연 그의 예측은 적중했다. 이튿날 한 여자가 꽃을 꺾다가 정원을 관리하던 하인에게 들켜 도망치던 중 넘어져 다리를 다치는 사건이 벌어진 것이다. 이 사건을 계기로 후대인들은 이 점술을 '매화역수'라고 부르게 되었다.

『매화역수』는 괘로 유추하고 글자로 점침으로써 길흉을 점치고 화복을 예단하는 점서로서 『주역』의 음양과 팔괘, 상수 이론에 오행학설을 결합하여 『주역』에 담긴 점복에 관한 술수術數가 충분히 그 힘을 발휘하고 완비되게끔 함으로써 독특한 점복 방법 체계를 형성하였다.

1. 매화역수의 작괘 방법

매화역수에서 괘 만드는 방법은 크게 두 가지로 나뉜다. 첫째는 선천기괘법先天起卦法, 즉 '먼저 수를 얻고 난 뒤 괘를 만드는 방법先得數 再起卦'이다. 예컨대 시간 혹은 수를 세는 것이 가능한 사물 등을 보고 괘를 만드는 식이다. 또 다른 방법은 후천기괘법後天起卦法으로 '괘를 먼저 뽑고 난 다음 수를 얻는 방법先起卦 再得數'이다. 이를테면 정물靜物(멈추어 있는 것)이나 동물動物(움직이는 것) 등으로 괘를 만드는 식이다.

1) 선천기괘법

'먼저 수를 얻고 난 뒤 괘를 만드는' 선천기괘법의 핵심은 '괘를 만들 때는 8로 나누고 효를 만들 때는 6으로 나누는' 것이다. 작괘할 때는 해당 수가 8 이내라면 복희 팔괘의 순서를 기준으로 삼아 수를 선천괘에 배치하는데, 그렇게 되면 1은 건, 2는 태, 3은 이, 4는 진, 5는 손, 6은 감, 7은 간, 8은 곤이 된다. 만약 해당 수가 8보다 크면 8이나 8의 배수로 나눈 나머지 수를 가지고 작괘한다. 예컨대 그 나머지가 0이면 곧 곤괘가 되는 식이다.

작괘 뒤에는 중괘重卦(삼효로 이뤄진 단괘가 겹쳐진 육효괘)의 총수가 6 이하면 해당 숫자에 해당하는 효가 동효動爻(음양이 바뀌려고 발동하는 효)이고, 6보다 크면 6이나 6의 배수로 나눈 뒤 나머지를 동효로 삼는다. 이를테면 나머지가 0이면 상효가 변하는 식이다. 동효를 얻을 때는 가끔 작괘할 때의 시진時辰 수를 활용하기도 한다.

괘를 만들 때 8로 나누는 이유는 경괘經卦의 상이 총 8개이기 때문에 이를 8로 나눈 나머지가 8과 같거나 적게 되고, 또한 상황에 맞게 수를 확보할 수 있는 특징이 있기 때문이다. 또한 효를 만들 때 6으로 나누는 이유는 각 괘가 6개의 효로 이루어져 있기 때문이고 그 원리는 괘를 만들 때 8로 나누는 원리와 동일하다.

만약 31과 88이라는 두 개의 수로 작괘를 한다면 31을 8로 나누면 몫은 3이고 나머지는 7이다. 7에 해당하는 괘는 간이므로 상괘는 간괘(☶)가 된다. 그다음 88을 8로 나누면 몫은 10이고 나머지는 8이다. 8수로 괘를 뽑으면 곤이 되므로 하괘는 곤괘(☷)가 된다. 이리하여 산지박괘山地剝卦(䷖)를 얻을 수 있게 된다. 그리고 31과 88을 합하면 119가 되는데 119를 6으로 나누면 몫이 19이고 나머지는 5다. 따라서 산지박괘의 제5효를 동효로 삼는다.

2) 후천기괘법

'먼저 괘를 짓고 나서 수를 얻는' 후천기괘법은 반드시 각종 사물의 상을 분명히 파악한 다음에 그것을 팔경괘八經卦*에 배속시켜야 한다. 『매화

---

* 팔경괘: 삼효로 된 변치 않는 기본 괘로 건, 곤, 진, 손, 감, 이, 간, 태가 그것임. 팔경괘가 상괘와 하괘에 두 번 쓰이면 중괘가 되고 팔경괘 중 동일한 괘가 중첩하여 상괘와 하괘가 같아지면 팔궁괘 혹은 팔순괘가 된다.

시간으로 작괘	연월일의 수를 8로 나눈 나머지를 상괘로 삼고 연월일시의 수를 8로 나눈 나머지를 하괘로 삼는다. ①연수: 고대에는 천간지로 연대를 표기했으므로 자년子年은 1, 축년丑年은 2, 인년寅年은 3, 묘년卯年은 4, 진년辰年은 5, 사년巳年은 6, 오년午年은 7, 미년未年은 8, 신년申年은 9, 유년酉年은 10, 술년戌年은 11, 해년亥年은 12에 해당한다. 현대의 양력 연대법은 만세력을 통해 간지 연대법으로 바꾸면 된다. ②월수: 월수는 그대로 옮기면 된다.(예: 5월은 5, 9월은 9) ③일수: 초하루를 1로 시작해서 30일은 30으로 본다. ④시수: 자시子時를 1로 삼아 죽 이어 내려가 해시亥時를 12로 본다. 이러한 시간 계산법은 현대의 24시간 제도를 통해서도 유추할 수 있는데, 즉 자시子時는 23시에서 01시를 가리키며 축시丑時는 01시에서 03시를, 인시寅時는 03시에서 05시를 가리킨다.
수로 따질 수 있는 사물로 작괘	수를 셀 수 있는 사물이라면 해당 수를 상괘로 삼고, 해당 시간의 수를 하괘로 삼는다. 괘수, 즉 상괘의 수와 하괘의 수를 더한 수에 시간 수를 더한 다음 6으로 나눈 나머지를 동효로 삼는다.
수로 따질 수 있는 소리로 작괘	어떤 소리를 들었을 때, 예컨대 동물의 울음소리 문 두드리는 소리 등을 들었다면 소리가 울린 수(예: 문을 몇 번 두드렸는지) 등을 상괘로 삼고 해당 시간의 수를 하괘로 삼는다. 괘수에 시간 수를 더한 뒤 6으로 나눠 동효로 삼는다.
글자로 작괘	어떤 글자 수를 보았다면 그것을 반으로 나눈 것을 상괘로 삼고 나머지 반을 하괘로 삼는다. 만약 글자 수가 홀수라면 한 글자 적은 수를 상괘로 삼고 한 글자 많은 수를 하괘로 삼는다(예: 글자 수가 7개라면 상괘는 3, 하괘는 4이므로 상괘는 이離 하괘는 진震이 되어 화뢰서합괘火雷噬嗑卦가 만들어진다.) 글자 수가 1개라면 해당 글자의 구조를 살핀다. 먼저 좌우 구조를 가진 글자, 이를테면 '수數'라는 글자의 경우, 좌변의 획수를 상괘로 삼고 우변의 획수를 하괘로 삼는다. 둘째, 상하 구조를 가진 글자, 예컨대 '진震'과 같은 글자는 위쪽 글자의 획수를 상괘로 삼고 아래쪽 글자 획수를 하괘로 삼는다. 셋째, 내외부 구조를 가진 글자, 예컨대 '국國'과 같은 글자는 겉을 싸고 있는 글자의 획수를 상괘로 삼고 내부에 있는 글자 획수를 하괘로 삼는다.
치수로 작괘	치수를 측정할 수 있는 사물에 대해서는 장丈 수를 상괘로 삼고 척尺 수를 하괘로 삼으며, 이때는 촌寸 수는 따지지 않는다. 혹은 척 수를 상괘로 삼고 촌 수를 하괘로 삼는데, 이럴 경우에는 푼分 수는 따지지 않는다. 괘수에 시간 수를 더한 다음 6으로 나눈 나머지를 동효로 삼는다.

역수』에서는 팔괘에 만물을 종류별로 배속시켜 점칠 수 있다고 여긴다. 괘를 지을 때는 사물이 속한 상을 상괘로 삼고 사물이 소재한 혹은 사물이 유래한 방위를 하괘로 삼는다.

　동효는 위에서 얻은 상, 하괘의 선천팔괘수에 시진 수를 더하여 6으로 나눈 나머지에 근거해서 얻는다. 예컨대 임신일壬申日 오시午時에 한 소년이 남쪽에서 왔다고 가정하고 이를 바탕으로 괘를 지어 보자. 소년은 간艮이니 상괘는 간괘(☶)가 될 것이다. 그리고 남쪽은 이離니 하괘는 이괘(☲)가 되어 결국 화산비괘山火賁卦(䷕)를 얻게 된다. 또한 간괘의 수 7에 이괘의 수 3을 더하고 오시午時의 수인 7을 더하면 17이 되는데 그것을 6으로 나누면 몫은 2, 나머지는 5가 된다. 따라서 화산비괘의 제5효가 동효가 되는 식이다.

3) 손바닥기괘법

이는 손바닥을 이용해서 괘를 짓고 동효도 얻을 수 있는 방법으로 언제 어디서든 즉시 작괘할 수 있다는 장점이 있다.

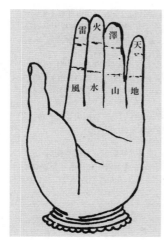

매화심역제장도

매화심역제장도

'매화심역제장도梅花心易提掌圖'는 괘를 지을 때 사용한다. 엄지손가락을 제외한 나머지 손가락은 모두 마디를 기준으로 세 구역으로 나뉘는데 그중 새끼손가락의 맨 윗부분을 하늘天로 삼고 맨 아래를 땅地으로 삼는다. 네 번째 손가락의 상부는 못澤, 하부는 산山이다. 세 번째 손가락의 상부는 불火, 하단은 물水, 두 번째 손가락의 상부는 우레雷, 하단은 바람風이다. 그런 다음 새끼손가락 상부의 하늘에서부터 출발하여 시계 반대 방향으로 돌다가 새끼손가락 하단의 땅까지 세어 나가면 순서대로 팔괘의 건일乾一, 태이兌二, 이삼離三, 진사震四, 손오巽五, 감육坎六, 간칠艮七, 곤팔坤八과 맞아 떨어진다.

손바닥으로 작괘하는 방법은 선천기괘법과 비슷하다. 예컨대 진년辰年 12월 17일 신시申時에 점을 친다고 해 보자.

그러면 먼저 연수를 계산해야 하는데 새끼손가락 상부의 하늘은 '자子'에 해당한다. 자, 축, 인, 묘의 순서에 따라 시계 반대 방향으로 세어 보면 진辰은 다섯 번째이므로 두 번째 손가락의 하부인 바람風에 해당한다.

그다음은 월수를 계산하는 방법이다. 진년辰年은 바람風에 해당하므로 바람 다음에 오는 물水을 정월正月로 삼아 물부터 시작해서 정월, 2월, 3월의 순서대로 시계 반대 방향으로 세어 보면 12월은 새끼손가락 상부의 하늘天이 된다.

그리고 일수를 계산해 보자. 월수를 계산하여 얻은 하늘天 다음이 못澤이므로 못을 1일로 삼아 시계 반대 방향으로 세어 보면 17일은 네 번째 손가락 상단의 못澤, 즉 태괘에 해당한다.

이렇게 연수, 월수, 일수를 산출한 다음에 나타나는 최종 괘인 태괘(☱)가 점치고자 하는 상괘가 된다. 하괘를 구할 때는 위의 과정에 시간의 수를 추가하면 된다. 일수를 계산하여 나온 결과인 못澤의 다음이 불火인데 불은 자시子時에 해당하므로 시계 반대 방향으로 세어 보면 신시申時에 이르러 불火, 즉 이괘(☲)에 도달하니 이것이 바로 하괘가 된다.

이렇게 해서 구해진 최종 괘는 바로 택화혁괘澤火革卦(䷰)다.

선천기괘법에 근거해서 구해 보면 5(진년)+12(12월)+17(17일)=34가 되고, 34를 8로 나누면 몫이 4고 나머지가 2인데 2는 태괘에 해당한다. 34+9(신시)=43에서 43을 8로 나누면 몫이 5이고 나머지가 3인데, 3은 이괘에 해당한다. 이렇게 선천기괘법을 사용해 보아도 동일하게 택화혁괘가 구해지는 것을 볼 수 있다.

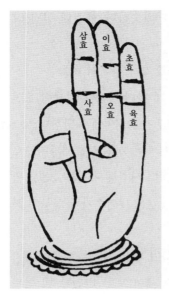

육효장도

육효장도六爻掌圖는 동효를 얻을 때 사용한다. 새끼손가락과 넷째 손가락, 셋째 손가락 이렇게 세 개만을 가지고 추산한다. 새끼손가락 상단은 초효, 넷째 손가락 상단은 이효, 셋째 손가락 상단은 삼효, 셋째 손가락 하단은 사효, 넷째 손가락 하단은 오효, 새끼손가락 하단은 육효, 즉 상효다.

동효를 구할 때는 새끼손가락의 초효에서 시작해서 시계 반대 방향으로 세어 추산한다.

위에서 예로 든 진년 12월 17일 신시를 기준으로 패를 지어 보자.

육효장도

먼저 새끼손가락 상단의 초효는 자子에 해당하므로 자, 축, 인, 묘의 순서에 맞추어 유추해 보면 진년은 넷째 손가락 하부에 해당한다.

그렇다면 그다음에 오는 새끼손가락 하부를 시작점으로 삼아 정월, 2월, 3월의 순서대로 계산해 보면 넷째 손가락 하부가 12월이 되는데 이는 오효의 위치다.

그다음에 오는 새끼손가락 하부를 시작점으로 삼아 1일, 2일, 3일의 순서대로 계산해 나가면 17일에 해당하는 곳은 셋째 손가락 하부의 사효 자리다.

그다음 넷째 손가락 하부를 자子로 삼아 계산을 시작하면 신시는 새끼손가락의 상부인 초효에 이르게 된다. 이것이 바로 구하고자 하는 변효가 되는 셈이다.

6으로 나누는 방법을 통해 동효를 구해 보아도 5+12+17+9=43에서 43을

6으로 나누면 몫이 7이고 나머지가 1이므로 초효가 변효가 되는 동일한 결과가 나온다.

2. 매화역수 체용 방법

매화역수법을 사용해서 괘를 지은 다음 괘를 해석하기 위해서는 우선 『주역』의 효사를 통해 길흉을 판단해야 한다. 여기서 살펴봐야 할 효사란 본괘의 동효에 대한 효사를 말한다. 예컨대 건괘의 초구가 변했다면 초구의 효사는 "잠겨 있는 용은 쓰지 말라."이므로 어떠한 일에도 나서지 말아야 한다. 만약 구이의 효가 변했다면 구이의 효사, 즉 "나타난 용이 밭에 있으니 대인을 만나 봄이 이롭다."를 참고해야 하니 이럴 때는 귀인을 알현하는 편이 이롭다. 나머지도 대개 이런 식이다.

그다음으로 살필 것은 괘의 체용體用을 통해 오행생극의 상태를 보는 것이다. '체體'는 '본체' '주체' '실체'를 말하고 '용用'은 '주체가 하는 일' '작용'을 가리킨다. 좋은 일을 점칠 때는 용이 체를 생하고 비화하면 길하고, 체가 용을 생하고 용이 체를 극하면 길하지 않다. 나쁜 일을 점치는 경우에는 이와는 반대로 체가 용을 생하고 용이 체를 극하면 길하고, 용이 체를 생하고 비화하면 길하지 않다.

1) 체용

'체용體用'은 본래 중국 철학에 속한 한 쌍의 범주로 '체體'는 사물과 본체를 가리키고 '용用'은 본체가 겉으로 드러난 형태, 즉 체의 작용에 해당한다.

매화역수는 체용이라는 두 글자를 통해 움직이는 괘와 정지한 괘를 비유했고, 주요한 징조와 부차적인 징조를 구분했으며, 괘를 유추하고 점을 판단하는 기준으로 삼았다.

　선천기괘법과 후천기괘법으로 괘를 만든 다음 괘체를 본괘本卦와 호괘互卦, 변괘變卦로 나누는데 여기에 체용의 관계가 드러나 있다.

　본괘에서는 변효가 있는 경괘를 '용'이라고 하고 변효가 없는 경괘를 '체'라고 한다. 혹은 단순하게 내괘(하괘)를 '체'라고 하고 외괘(상괘)를 '용'이라 하기도 한다.

　호괘는 주괘를 이루는 육효 가운데 초효와 육효(상효)를 제외하고 이효, 삼효, 사효로 구성된 괘를 하호괘下互卦라고 하고 삼효, 사효, 오효로 구성된 괘를 상호괘上互卦라고 한다. 만약 주괘에서 '체'가 상괘에 있다면 상호上互는 체호體互가 되고 하호下互가 용호用互가 되는데 반대로 해도 마찬가지다.

　본괘의 오행 속성과 동일한 괘를 체당體黨이라고 한다. 만약 체괘體卦의 오행이 쇠에 속한다면 체호體互의 오행 역시 쇠에 속하며 체호는 곧 체당이 된다. 체당이 많으면 체의 기세가 강함을 의미한다.

　용괘의 오행 속성과 동일한 괘를 용당用黨이라고 한다. 만약 용괘用卦의 오행 속성이 쇠에 해당한다면 용호用互의 오행도 쇠의 속성을 가지게 되고 용호는 곧 용당이 된다. 용당이 많으면 곧 용의 기세가 강함을 의미한다.

　체용의 관계는 매화역수에서 점을 판단할 때 무척 중요한 요소다. 소옹은 처음 주역의 길흉을 배우면서 이렇게 표현했다.

　"마치 표주박으로 바닷물의 양을 가늠하려는 것 마냥 막막하기 그지없구나. 후에 지혜를 얻은 사람이 체용 점법의 비결을 보고 전하니 후에 그것을 점친 결과 의심이 떠나고 정함이 생기기 시작했다. 영험함에 근거해서 시험 삼아 활을 쏘니 백발백중이었다. 그 핵심은 체용의 괘에 있는데 그것이 오행의 생극비화하는 이치를 살펴서 길함과 흉함, 후회와 부끄러움의 원리를 밝힌다. 그래서 역수의 미묘함이 보이기 시작하고 역의 도를 함축한 괘의 뜻이 구비되었다."

2) 체·용·호·변

매화역수로 점을 판단할 때 일반적으로 체괘體卦는 점치는 주체인 사람을 가리키고, 용괘用卦는 관련된 내용이며, 호괘互卦는 사물 사이의 상응하는 관계이고, 변괘變卦는 사물의 결과다.

체·용·호·변의 정의와 의미

괘명	정의	의미	실례
체괘	주괘 가운데 정지하여 불변하는 경괘, 즉 변효가 없는 경괘	자기 자신 혹은 자기 쪽의 인사人事를 대표함. 용괘와의 생·극·비·화 관계가 사물 발전 단계에서 초기 맹아의 단계를 구성함	화천대유괘火天大有卦(䷍)의 육오효가 변효라면 하괘인 건금乾金이 체괘가 되어 주체를 상징함
용괘	주괘에서 변효를 포함하는 경괘	타인 혹은 제3자의 인사를 대표함. 체괘와의 생·극·비·화 관계가 사물 발전의 중간 단계를 이룸	화천대유괘(䷍)의 육오효가 변효라면 상괘인 이화離火가 용괘가 되어 사물의 변화와 외재적 요소를 상징함
호괘	주괘에서 초효와 상효를 뺀 나머지 네 개 효로 이뤄진 두 개의 괘, 즉 용괘 효 1개와 체괘 효 2개로 구성된 체호괘, 그리고 체괘 효 1개와 용괘 효 2개가 합하여 생긴 용호괘가 있음	체괘와의 생·극·비·화 관계가 사물 발전의 중간 단계를 구성함. 체호괘와 체괘 간의 관계가 가장 긴밀하며 용호괘는 그다음임	화천대유괘(䷍)의 육오효가 변효라면 이효,삼효,사효의 양효로만 구성된 체호괘는 건괘(☰)이며, 삼효,사효의 양효와 오효의 음효로 구성된 용호괘는 태괘(☱)임
변괘	용괘가 변화하여 결과적으로 생긴 괘	체괘와의 생·극·비·화 관계로 사물 발전의 마무리 단계를 구성함	화천대유괘(䷍)의 육오효가 변효라면 건금乾金(☰)으로 변하여 체괘인 건금과 비화를 이룸

3) 체·용·생·극

체·용·호·변 사이의 오행생극五行生克 관계 역시 매화역수에서 점을 판단할 때 중요한 부분이다. 왜냐면 체괘는 그 자체의 징조이고 용괘는 응하는 사물의 단서이기 때문이다. 그런 까닭에 좋은 일을 점칠 때는 체괘는 용괘의 생부生扶(나고 살리게 하여 약한 것을 돕는 것)를 받기에 적합하고 용괘는 체괘에 의해 극함과 제약을 받기 적합하다. 용이 체를 극하는 것은 좋지 않고 체가 용을 생하는 것도 이롭지 않다.

체괘가 용괘를 제어하고 극하면 뭇 일을 주관함이 길하고 이로운 반면, 용괘가 체괘를 극하고 제어하면 뭇 일을 주장함이 흉하고 위험하다. 체괘가 용괘를 생하여 도우면 주로 금전적인 손실 등 우환이 있고, 용괘가 체괘를 생하고 도우면 주로 이익을 거두는 기쁨이 있다. 체괘와 용괘 둘이 서로 비화比和(비견되고 화합한다는 것으로 오행이 같음을 의미함)하면 모든 일이 마음에 꼭 부합하게 이루어진다.

호괘와 변괘, 두 괘 중 만약 체괘의 오행 속성과 많은 부분 동일하다면 체당體黨이 많고 체의 기세가 왕성하게 된다. 만약 용괘의 오행속성과 많은 부분 동일하다면 용당用黨이 많고 용의 기세가 성하게 된다. 보통 체의 기세가 성하면 길하다고 하고 용의 기세가 성하면 길하지 않다.

또한 호괘는 사물 사이의 응함應이며 변괘는 사물 발전의 마지막 단계이므로, 용괘는 길함에서 흉함으로 변하고 사물의 발전 과정이 처음에는 순조롭다가 뒤로 가서는 험하고 어려워진다.

예컨대 산화비괘山火賁卦(䷕)의 경우 구삼효가 변하면 산뢰이괘山雷頤卦(䷚)가 된다. 그렇다면 산화비괘에서는 용괘인 이화離火(☲)는 체괘인 간토艮土(☶)를 생하므로 길하지만, 구삼이 변하여 된 산뢰이괘에서는 용괘인 진목震木(☳)이 체괘인 간토艮土(☶)를 극하므로 길하지 않다. 이 때문에 앞에서는 순조롭고 이롭지만 뒤로 가서는 험하게 된다고 한 것이다.

또 한 예로 수화기제괘水火旣濟卦(䷾)에서 상구효가 변하여 풍화가인괘風火家人卦(䷤)가 됐다고 가정해 보자. 본괘의 용괘는 감수坎水(☵)여서 체괘인 이화離火(☲)를 극하므로 흉하지만, 변괘의 용괘인 손목巽木(☴)은 체괘인 이화離火(☲)를 생하므로 먼저는 흉하고 뒤에는 길하다.

체괘, 용괘, 호괘, 변괘의 오행생극 관계가 점을 판단할 때 하는 역할은 아래의 '체괘, 용괘, 호괘, 변괘의 괘내 관계 일람표'에서 정리해 보았다.

체괘, 용괘, 호괘, 변괘의 괘내 관계 일람표

괘명	체괘	용괘	호괘	변괘
괘 사이에서의 관계	보통 다른 괘의 생부를 받아야 좋다. 체괘가 용괘를 극하면 모든 일이 길하며 체괘가 용괘를 생하면 모든 일이 어렵다. 다른 괘와 비합하면 길하다.	보통 상황에서는 체괘를 생부하면 좋다. 체괘를 생하면 모든 일이 길하고 체괘를 극하면 모든 일이 흉하다. 다른 괘와 비합하면 길하고 이롭다.	일반적인 상황에서는 체괘를 생부하면 이롭다. 체괘를 극하면 사물 발전의 중간 단계가 순조롭지 못하지만 큰 장애는 없다. 다른 괘와 비합하면 길하고 이롭다.	보통은 체괘를 생부하면 이롭다. 체괘를 생하면 끝내는 성공하고 체괘를 극하면 마침내 실패한다. 체괘와 비화하는 것이 가장 좋다.
	성패를 점칠 때는 다른 괘의 생부를 받으면 이롭다. 재해를 점칠 때는 다른 괘로부터 극을 당하면 이롭고 다른 괘와 비화하면 좋지 않다.	성패를 점칠 때는 다른 괘로부터 극을 당하면 이롭다. 재해를 점칠 때는 다른 괘의 생부를 받으면 이롭고 다른 괘와 비화하면 좋지 않다.	성패를 점칠 때는 체괘를 생부하면 이롭지만 재해를 점치면 체괘의 생부를 받는 게 가장 좋고 비화하면 이롭지 않다. 체호괘가 주가 되고 용호괘는 다음이다.	성패를 점칠 때는 체괘를 생부하는 것이 제일 좋다. 재해를 점칠 때는 체괘와 생부하는 게 이롭고 체괘와 비화하는 것은 안 좋다.
	성패를 점칠 때는 괘기卦氣가 왕성한 것이 이롭고 재해를 점칠 때는 괘기가 쇠한 것이 이롭다. 타괘와 비화하는 것은 좋지 않다.	성패를 점칠 때 체괘와 생한다면 괘기가 쇠하면 이롭다. 반면 재해를 점칠 때는 체괘를 극한다면 괘기가 왕성해야 좋고 체괘와 생한다면 괘기가 쇠함이 좋다. 다른 괘와 비화하는 것은 이롭지 않다.	성패를 점칠 때 체괘를 생한다면 괘기가 왕성함이 좋고 체를 극할 때는 괘기가 쇠함이 이롭다. 재해를 점칠 때는 체괘를 생한다면 괘기가 쇠함이 이롭고 체를 극할 때는 괘기가 왕성함이 좋으며 다른 괘와 비화하면 좋지 않다. 체호괘가 주가 되고 용호괘는 다음이다.	성패를 점칠 때 체괘를 생하면 괘기가 왕성함이 가장 좋다. 재해를 점칠 때 체괘와 생하면 괘기가 쇠함이 가장 좋고 체와 극할 때는 괘기가 왕성함이 가장 이로우며 체괘와 비화하면 좋지 않다.
	성패를 점칠 때는 타괘를 생부하는 것은 이롭지 않다. 재해를 점칠 때는 타괘를 생부하면 크게 길하다	성패를 점칠 때는 체괘를 생하면 크게 길하다. 반대로 재해를 점칠 때는 체괘와 생하면 크게 흉하다.	성패를 점칠 때는 체괘를 생하면 중간 단계가 길하고 재해를 점칠 때는 체괘를 생하면 중간 단계가 흉하다.	성패를 점칠 때는 체괘를 생하면 마침내 성공한다. 재해를 점칠 때 체괘와 생하면 끝내 실패한다.

4) 체·용·쇠·왕

쇠왕衰旺(쇠락함과 왕성함)은 오행의 절기별 상황을 가리킨다. 즉 춘목春木, 하화夏火, 추금秋金, 동수冬水, 계토季土는 절기가 알맞은즉 왕성하고 춘토春土, 하금夏金, 추목秋木, 동화冬火, 계수季水는 때가 맞지 않은즉 쇠한다. 팔괘의 괘기卦氣(역괘를 기후에 배속함)에 따른 쇠왕의 상황은 이렇다. 즉 점을 판단할 때 체괘 자체는 왕성한 것이 이롭다. 체괘의 괘기가 왕성하면 다른 괘를 만나도 생부하니 주로 길하고 이롭지만 용괘, 호괘, 변괘와 서로 극하는 상황을 만났다면 주로 흉하고 위험하다. 만약 체괘 자체의 괘기가 쇠한 데다 극하는 관계를 만났다면 안 그래도 흉한 데다 흉함이 더해지고 만다. 체괘의 괘기가 쇠하지만 자신을 생부하는 타괘를 만났다면 쇠퇴하는 추세는 다소 완화될 수 있다.

다시 말해 체괘의 기운은 왕성하면 이롭고 체괘를 생부하는 괘기 또한 왕성하면 좋으며 체괘를 극하는 괘기는 쇠할수록 좋다.

5) 점례 분석

임신일壬申日 오시午時에 이방離方으로부터 온 소년의 얼굴에 희색이 만연했다. 소옹 선생이 "무슨 기쁜 일이라도 있는가?"라고 묻자 소년은 "특별히 기쁜 일은 없습니다."라고 대답했다. 그러나 소옹 선생은 점을 쳐 보더니 "그대는 17일 안으로 반드시 결혼 예물을 받고 기뻐할 것이라네."라고 알려 주었다.

점을 분석해 보면 이렇다. 먼저 소년은 간艮에 속하므로 간괘(☶)를 상괘로 하고 이괘(☲)를 하괘로 삼아 산화비괘山火賁卦(䷓)를 얻었다. 간艮의 수 7과 이離의 수 3에 오시午時의 수 7을 더하면 총 17이 나오는데, 이를 6의 배수로 나눠 보면 나머지가 5가 나오게 되니, 바로 오효를 동효로 얻게 된다. 산화비괘 육오효의 효사는 "구원丘園에서 꾸밈이니 묶어 놓은 비단이 적어 부끄러우나 끝내 길하다."다. 효사에서 길하다는 징조를 이미 드러내고 있는 셈이다. 산화비괘는 육오효가 동효이므로 음효가 양효로 변하면 상괘는 손괘(☴)로 변하고 전체적으로는 풍화가인괘風火家人卦(䷤)로 변한다. 산화비괘(䷓)의 호괘에는 진괘(☳)와 감괘(☵)가 있고 이화離火(☲)가 체괘인데 호괘인 진괘와 변괘인 손괘, 이 둘 모두 나무에 속하므로 체괘를 생한다. 소옹이 말한 날짜에 이르러 과연 그 소년은 혼사의 기쁨을 누리게 되었다.

우리는 점을 어떻게 대해야 하는가

『주역』의 점을 어떻게 대하느냐에 대해서는 지금까지 쟁론이 분분하다. 공자는 "점을 쳐 볼 필요도 없다."고 했고 더 나아가 순자는 "역을 잘 아는 사람은 점치지 않는다."고 말했다. 우선 「역전」에서 점을 어떻게 표현했는지 살펴보면 '성인의 도'를 아래의 네 가지로 설명하고 있다.

"역에는 성인의 도가 네 가지 있으니, 역으로써 말하는 자는 그 말을 숭상하고, 역으로써 움직이는 자는 그 변화를 높이며, 역으로써 기물을 만드는 자는 그 상을 숭상하고, 역으로써 점치는 자는 그 점을 높인다."

여기서도 알 수 있듯이 점치는 것은 『주역』을 구성하는 4대 요소 가운데 하나다.

솔직히 말해 『주역』은 주로 점서를 기록한 책이다. 그렇다고 해서 『주역』을 한낱 점치는 책으로 치부해서는 안 된다. 그 안의 기록은 원시적이고 주관적인 점괘 수준을 초월해서 사관들을 비롯한 고대 성현들이 반복적인 경험과 검증을 통해 끊임없이 수정한 후 그 진수를 한데 모은 것이기 때문이다. 따라서 거기에는 성현들의 지혜가 다량 함축되어 있다. 이 때문에 『주역』 괘효사에 언급된 점서는 후대의 그 어떤 순수 점복이나 운수점 등과는 비교할 수 없을 정도로 탁월한 철학적 의미를 지닌다.

『주역』의 괘사와 효사는 그 체제가 비슷하며 기본적으로 두 개의 부분으로 나뉜다. 즉 먼저 사례를 서술하거나 특정 장면을 묘사한 다음 길흉에 관한 판단을 내리는 식이다. 앞부분은 점으로 묻거나 예측해야 할 사건이고 뒷부분은 점으로 예측한 길흉의 결과에 해당한다. 앞에서 원인과 과정을 설명했다면 뒤에서는 점의 결과를 서술하는 셈이다. 그런데 사람들은 보통 앞부분을 먼저 이해하지도 못한 상태에서 뒷부분에 나오는 점의 결과에만 주목하여 곧장 길흉을 판단해 버리려 하는데 이는 큰 실수다. 그렇게 되면 정작 가장 정밀하고도 진귀한 『주역』의 핵심을 포기해 버리는 것과도 같다! 괘효사는 단순히 '언제', '어디서', '무엇이' 길하고 흉한지를 알려 주는 것에 그치지 않고 '어째서' 길하고 '어째서' 흉한지를 알려 준다. 따라서 주역 괘효사에서는 앞에서 언급한 원인에 의해 뒷부분의 결과가 초래되었다는 그 전후관계가 핵심이자 진수다. 그 이면에는 이러한 원인이 아니었다면 뒤의 결과도 초래되지 않았으리라는 숨은 뜻도 있다.

또한 중요한 것은 단순히 괘효사만을 봐서는 안 되고 괘를 전체적으로 통찰하기도 하고 변괘를 살필 줄도 알아야 한다. 어떤 한 괘에 대해 괘사에 언급된 내용은 전체적인 상황이고 효사에 쓰인 것은 구체적이고 개별적인 상황이다. 이처럼 여섯 효에 대한 효사는 괘사에 밝힌 상황이 변화, 발전한 여섯 가지 단계와 여섯 가지 상황을 가리키므로 그중 어떤 특정 효사만을 고려하는 것은 옳지 않다. 특정한 한 효사는 어느 한 단계의 한 가지 상황만을 의미할 뿐이기 때문이다.

성현들이 '점치지 않는다.'고 말한 것은 점치는 기교에만 얽매이지 말라는 의미다. 즉 각종 점치는 법에 구애받지 말고 괘효사 등의 점사에 집착하지 말며 '그 덕과 의를 살피고觀其德義' '상을 관찰하여 점치는觀象玩占' 것을 중시하고 『주역』에서 말하는 천명天命과 천도天道를 음미하라는 뜻이다. 그래서 『주역』을 깊이 공부한 사람이라면 굳이 점서법으로 직접 괘를 만들지 않아도 각 상황에 맞는 괘를 머릿속에 떠올릴 수 있고 그런 다음 괘효사가 주는 일깨움을 참고해 일의 향방을 결정할 수 있다.

사실 점은 일종의 선택의 문제다. 『여씨춘추』에서는 "복卜은 택하는 것이다."라고 했다. '복卜'이라는 글자에서 '세로획丨'은 기준이 되는 막대기를 의미하고 그 옆에 찍은 '점丶'은 막대기 뒤에 비친 태양의 그림자를 상징한다. 고대인들은 시간이나 기후 등에 관한 정보를 얻으려고 해의 그림자를 측정했는데 이를 위해 8척 높이의 대나무 장대를 사용했다. 나중에는 이것이 흙으로 만든 5촌 길이의 토규土圭로 대체되었는데 '규圭'는 두 개의 흙土이 겹친 형상이다. 그리고 막대기나 토규 따위를 사이에 두고 반대편에 생성되는 해 그림자의 길이나 방위 등을 측정하는 것을 가리켜 '복卜'이라고 했다.

그들은 해 그림자로 방위와 시간, 기후를 비롯한 각종 변화를 가늠함으로써 사냥, 어획, 농경 등 일상의 선택 문제에서 가장 적합한 방향을 결정했다. 또한 해 그림자를 측정한 결과를 기록해 두었다. 이것이 바로 '괘卦'라는 글자의 기원이다. '괘卦'는 '규圭'라는 글자에 '복卜'이라는 글자가 합쳐진 것이다. 해의 그림자는 여덟 개의 방위로 나눌 수 있으므로 팔괘가 생겨났다는 견해도 있다. 이처럼 우리가 오늘날 배우는 『주역』도 사실은 이러한 선택의 지혜를 공부하는 것이지 강호의 고수들이 말하는 점치는 기교를 맹신하는 것이 아님을 명심해야 한다.

14
『주역』을 공부하는 방법 - 입정관상법

『주역』은 고대 선현들이 우리에게 남긴 소중한 문화적 재산이다. 이처럼 귀한 유산을 현실 생활에서 어떻게 활용해야만 그 안에 녹아 있는 가치를 충분히 발현할 수 있을까? 어떻게 해야만 그 속의 지혜를 발휘하여 삶의 큰 문제들을 해결하고 인생의 방향을 바로잡을 수 있을까? 이것이야말로 역대 선인들과 현자들이 끊임없이 고민하고 추구해 온 인생 최대의 고민거리다.

필자는 『주역』의 신비로움을 풀어내고 이를 통해 현실의 문제를 해결하기 위해 가장 중요한 것이 바로 다음의 두 가지라고 생각한다. 첫째, 괘를 제대로 짓는 것이고 둘째, 괘를 제대로 해석하는 것이다.

먼저 괘를 해석하는 방법에 대해 이야기해 보자. 괘는 어떻게 해석해야 할까? 당연히 『주역』의 괘효사를 참고하여 해석해야 할 것이다. 그러나 후대 사람들은 『주역』의 괘효사가 현실의 삶과 그다지 부합하지 않는다고 여겨 각종 다양한 괘 해석 방법을 내놓았다. 그중 가장 유명한 것이 바로 육효납갑법六爻納甲法이다. 이는 기본적으로 괘효사를 제쳐 두고 간지와 오행, 육친, 육신六神*, 시간 사이의 관계에 근거해 길흉을 판단하는 방법이다. 그러나 이러한 방법은 괘와 효가 상을 취할 수 있는 범위만 확대하였을 뿐 괘효 사이의 인과관계나 교화 작용은 거의 내팽개치는 것이나

---

* 육신: '육친'이 부모, 형제, 처자 등 나를 기준으로 하는 인간관계를 설명할 때 쓰이는 용어라면 '육신'은 다음의 의미를 지닌다. 나와 같은 오행은 형제성兄弟星이 되어 비견比肩과 겁재劫財라고 하고, 내가 낳은 것은 자식이 되니 식신食神과 상관傷官, 내가 극하는 것은 편재偏財와 정재正財, 나를 극하는 것은 편관偏官과 정관正官, 나를 낳아 주는 것은 편인偏印과 정인正印이라고 한다.

다름없어서 아쉽기 그지없다. 그래서인지 육효납갑법은 처음 고안된 이후로 종종 '영험'하지 못하다는 비판을 받아 왔고 이에 따라 또 다른 다양한 괘 해석 방법이 끊임없이 등장하게 된다.

그렇다면 어째서 이토록 새로운 괘 해석 방법이 쉬지 않고 나오는 것일까? 사실 그 근본적인 원인을 찾자면 이전의 작괘법이 정확하지 않았기 때문일 것이다. 괘를 만드는 방법이 옳지 않기 때문에 아무리 갖가지 방법을 동원해서 해석해 보려 해도 뭔가 잘 들어맞지 않는 것이다. 그래서 올바른 괘 해석을 위해 가장 근본적인 해결책은 작괘법을 바로 잡는 일이라고 하겠다.

그렇다면 어떻게 작괘해야 하는가? 앞서 시초법, 납갑법, 매화역수법 등 다양한 작괘법을 소개했지만 이들 방법의 핵심은 무엇일까? 바로 마음을 안정시키는 것이다. 한번 생각해 보기 바란다. 마음이 붕 뜬 채 번잡하여 기氣가 안정되지 않은 이가 어찌 정확한 판단을 내릴 수 있겠는가?

이 때문에 작괘의 핵심은 마음의 안정이다. 마음을 안정시켜야만 잠재의식, 무아의 상태로 들어서서 자신을 둘러싼 내외부 환경을 정확하게 파악할 수 있으며, 각자의 처지에 맞는 괘상을 찾아내어 이 괘상에 맞게 자신의 행동을 분석하고, 또 앞으로 나아가야 할 방향을 제대로 가늠할 수 있다.

필자도 오랜 시간 연구하면서 이 방법에 대해서 깊이 고민했다. 현실 속, 내 삶에 맞는 괘상을 정확하게 찾아낼 수 있기를 바라며 말이다. 그러나 그 방법을 찾아내는 과정은 무척이나 고통스럽다. 그러던 어느 날「계사전」하편 2장에서 복희가 팔괘를 만든 과정을 서술한 부분을 읽으며 돌연 깨달았다. 복희는 하늘을 바라보고, 땅을 바라보고, 인간을 관찰한 다음 바로 팔괘를 탄생시켰다고 했다. 바로 이것이다! '바라봄', 즉 '관觀'의 행위는 마음이 고요하고 잔잔한 '정靜'의 상태에 접어들어야만 가능해진다. 즉 잠재의식의 상태에서 '관' 해야지 마음이 혼란한 상태에서 단순히 바라보는 행위만으로는 불가능하다.

팔괘라는 것이 '정靜'한 마음 상태에서 탄생한 것이라면 작괘도 정한 마음 상태에서 한다면 어떻게 될까? 동전이나 시초 따위의 수단 없이 '관觀'이라는 행위만으로도 괘상을 얻을 수 있지는 않을까?

이쯤 되면 필자는 선종에서 말하는 참화두參話頭를 떠올리지 않을 수 없다. 참화두는 수행자가 먼저 좌선하여 마음을 비우고 사물이나 현상에 마음을 움직이지 않는 허정虛靜의 상태로 들어가 헛된 생각, 번뇌와 망상을 버리며 감지 가능한 진심眞心(모든 분별과 대립이 소멸한 참마음 상태)만을 불러 일으킨다. 그런 다음 이 진심을 화두에 놓고 참선자는 하나의 생각만 가지고 화두를 바라본다. 이때 화두를 '바라본다'는 것이 바로 위에서 말한 '바라봄', 즉 '관觀'에 해당한다. 진심으로 이 화두를 바라보면 이 화두가 아직 이르지 않았을 때 고요하고 적막하여 마치 선함도 악함도 떠오르지 않는 경지처럼 내 안의 바라봄이 시작된다. 생각이 어디서 와서 어디로 가며 소멸하는지 바라본다. 혹은 있는지 없는지를 바라볼 뿐 깊이 이해하려 들지 않는데 이것이 바로 마음을 관찰하는 방법이다. 수행자의 마음이 더 이상 혼란스럽지 않고 안정되었다면 여섯 개의 시초를 마음에 넣어 두고 오랜 시간 바라본다. 몸과 마음이 하나가 되면 홀연 갑작스럽고도 명쾌한 일깨움을 얻을 것이다.

이 같은 참화두는 필자에게 큰 영감과 깨달음을 주었다. 사실 우리가 일상에서 만나는 어려움이나 곤혹감이라는 것은 어차피 하나의 생각과 화두에서 나온 것이다. 이러한 생각과 화두는 사실 일종의 의상意象(말로 표현할 수 없는 것을 상으로 표현한 것, 이미지)*이므로 64괘의 괘상으로도 표현해 낼

---

* 「계사전」 상편에서 공자가 "말로는 그 '뜻意'을 다하지 못하므로 성인이 '상象'을 세워 그 뜻을 다했다.言不盡意 聖人立象 以盡意"고 한 데서 '의상意象'이 '말로 표현할 수 없는 뜻을 상으로 표현한다.'는 의미임을 알 수 있다.

수 있다. 왜냐면 64괘의 각 괘는 모두 일종의 의상이자 어떤 장면의 하나에 속하여 현실 삶의 모습을 본 뜬 것이기 때문이다. 마치 요즘 유행하는 모래로 그림 따위의 작품을 만드는 샌드아트처럼 말이다. 이때 64괘는 64가지의 상태이자 64가지 장면, 64가지의 추론 모형이 되는 셈이다.

이를 통해 필자는 독자적으로 '입정관상법入靜觀象法'을 만들어 내었는데 이는 초급과 고급의 두 가지로 나뉜다. 초급 입정관상법은 하나의 괘상을 그냥 바라보기만 하면 된다.

보통은 『주역』의 첫 번째 괘인 건괘의 괘상을 바라본다.

그런 다음에는 이 세 가지를 조절해야 한다. 첫째는 '몸身'을 조절하고, 둘째는 '숨息'을, 셋째는 '신神'을 조절하여 스스로 입정入靜, 즉 무아의 상태에 접어들게끔 한다. 구체적인 방법을 들자면, 가부좌를 해도 되지만 자연스럽게 수좌垂坐할 수도 있는데, 이때 두 다리는 어깨 너비로 벌리고 종아리는 지면과 수직이 되게 하고, 허벅지는 지면과 수평을 이룬다. 그리고 등은 곧게 펴되 가슴은 약간 안으로 자연스럽게 모은다. 머리는 바로 든 상태에서 힘을 빼고 혀끝을 입천장에 붙이며 두 눈은 살짝 감고 온몸에 힘을 뺀 채 편하게 한다.

그런 다음에야 입정의 상태가 되어 건괘의 괘상을 관상觀想할 수 있게 된다. 그러면 양미간의 인당혈印堂穴, 속칭 천안天眼의 앞부분에 여섯 개의 선이 나타날 텐데 처음에는 명확하게 보이지 않다가 서서히 뚜렷해질 것이다. 그래도 잘 보이지 않는다면 아래에서부터 위로 하나하나 1획, 2획, 3획, 4획, 5획, 6획, 이렇게 세어도 좋다.

건괘의 괘상이 갈수록 명확해질 때 자기 자신을 내관內觀함으로써 몸을 천천히 축소시키는데 그러면 자기 몸이 점점 작아져 꼬마처럼 될 것이다. 이 꼬마는 한 걸음 한 걸음 괘상을 향해 다가가 여섯 획의 아래에서부터 위로 하나하나 기어 올라간다. 가장 높이 이르렀을 때 다시 위에서부터 아래로 기어 내려와 마지막에 천천히 멈춰 선다. 그때 그 꼬마, 즉 자신이 어느 획에 멈춰 섰는지 본다. 그때 멈춰 선 효의 위치가 바로 당신이 처한 시공간의 위치다.

필자는 이미 이 방법을 수백 번 훈련하고 또 수만 명에게 테스트해 보았다. 흥미롭게도 적지 않은 사람이 건괘의 삼효와 사효에 멈춰 서는 것을 발견할 수 있었는데 그래서 필자는 농담 삼아 "이도 저도 아니네요."라고 말하기도 했다. 그것은 왜일까? 자세히 보면 필자가 강의한 대부분 상대는 사회 경험이 많은 성공 인사들이어서 그중 많은 이가 나름 인생의 전환기를 맞은 상태였다. 어떤 사람은 인생의 첫 단계를 마친 상태였기 때문에 삼효에 머물렀던 것이기도 하고, 또 어떤 이는 인생 사업의 두 번째 단계가 시작되어서 사효에 멈춰 서기도 했다. 이러한 테스트를 통해 사람들이 처한 시공간의 위치는 그들이 직면한 현실적인 문제와 기본적으로 맞물리고 있음을 알 수 있다.

그렇다면 어떻게 괘를 해석해야 할까? 당연히 괘효사를 먼저 봐야 할 것이다. 본괘의 괘효사뿐만 아니라 변괘의 괘효사도 살펴야 한다. 무엇이 변괘인가? 변괘는 변한 후의 괘를 말한다. 이를테면 첫 번째 효에서 멈춰 선 것은 초효가 변했기 때문이다. 건괘(☰)에서 양효인 초효가 음효로 변하면 이는 구괘(☴)로 변하므로 건괘는 본괘라고 하고 구괘는 변괘라고 한다. 일반적으로 본괘에서는 현재를 보고 변괘에서는 그 결과와 미래의 향방을 살핀다. 그런데 여기서 주의해야 할 것은 모든 괘효사가 단순히 길흉만을 말하는 것이 아니라 어째서 길하고 흉한지, 어떻게 하면 길함을 따르고 흉함을 피할 수 있을지도 알려 준다는 점이다. 따라서 괘효사에서 길흉의 결과만을 취하지 말고 그 안에 함축된 배경과 의미를 잘 곱씹어 봐야 한다.

고급 단계의 입정관상법은 바로 64괘의 괘상을 직접 바라보는 것이다.

만약 당신이 곤혹스러운 상황에 직면했다면 우선 온몸에 힘을 빼서 편안하게 한 뒤 몸과 숨과 정신을 가다듬어 입정入靜의 상태에 들어선다. 그런 다음에야 특정한 괘를 바라볼 수 있게 되는데 예컨대 어떻게 하면 리더 직책을 감당할 수 있는지 묻고자 하면 '임괘'를 바라볼 수 있다. 어떻게 가르쳐야 하느냐고 묻고자 한다면 '몽괘'를 바라본다. 소통하는 방법을 물으면 '태괘泰卦'를 바라보고, 어떻게 해야만 편안한 입정의 상태에 들어설 수 있느냐고 물으면 '간괘'를 바라본다. 이렇게 하려면 먼저 64개 각 괘의 주제를 명확하게 파악해야만 한다. 64괘의 괘효사가 구체적으로 무슨 내용인지 일일이 파악하는 것은 어려운 일이지만 64괘의 주제는 어렵지 않게 알 수 있다. 사실 어떤 괘에서 그 괘명이나 괘상만 봐도 벌써 우리는 그 주제를 파악할 수 있다. 그래서 우선적으로 각 괘의 괘명이 가진 뜻을 명확히 안 다음 각 괘의 괘상(상, 하괘)이 지닌 뜻을 파악해야 한다. 이렇게 하면 괘효사의 뜻도 잘 이해할 수 있다.

이처럼 64괘의 주제를 명확히 파악하고 마음에 잘 새긴 상태라면 어렵고 곤란한 상황을 만나서 어떤 선택을 해야 하는 순간이 닥치더라도 눈앞에 자연스럽게 자신이 처한 상황이 괘상으로 떠오를 것이다. 당신은 이 괘상과 장면을 바탕으로 일의 향방과 인생의 중요한 선택을 시뮬레이션해 볼 수 있다. 괘효사에서 일깨움을 얻어 문제의 해결점을 찾거나 정확한 행동 방향을 정하여 길함을 따르고 흉함을 피하는 효과를 거둘 수 있다.

어떤 사람은 이 같은 입정관상법이 지나치게 허황되고 종잡을 수 없는 방법이라고 생각할지도 모른다. 과학적인 근거가 없다는 이유에서 말이다. 그러나 여기서 서양 심리학자의 주장을 참고해 볼 필요가 있다. 스위스의 유명 심리분석가인 칼 구스타브 융은 『주역』의 점괘에 인과관계가 있다고 할 수는 없지만 일종의 공시성共時性과 동시성同時性이라는 현상을 가진다고 말했다. 동시성 현상은 상호 인과관계가 없는 이질적인 과정에서 의미 있는 등가의 성질이 동시에 드러나는 것이다. 영혼과 심리, 물리적인 사건 사이에서 모두 시간적으로 의미적으로 평행하는 관계에 있으며, 과학적 지식이 그것을 아직까지 공통의 법칙으로 만들지 못했다는 점을 지적한다. 그리고 『주역』「문언」편에서 "같은 소리는 서로 응하고 같은 기운은 서로 구한다."고 한 것은 바로 공시성을 표현한 것이다. 우주 형성 과정의 통일성에 비추어 볼 때 전 세계에 존재하는 상대적으로 독립적인 계통들은 기능 구조나 정보 전달 면에서 선천적으로 동시 공진共振하는 관계에 있게 되었다. 이 때문에 서로 다른 계통에서 등가의 의미를 지니는 사건이 평행하여 운행될 수 있는 것이다.

이렇게 병행하는 시스템은 각자 독립적이고 상호 간섭이나 인과관계가 없는 것처럼 보이지만, 만약 잠재의식(무의식) 가운데 있다면 그것들은 동시에 나타나서 상호 감응할 수 있게 된다. 그래서 사람의 잠재의식 가운데 어떤 의상意象이 나타난다면 그것이 외부 세계에서 발생하는 사건 혹은 미래에 발생할 사건과 부합하여 일치할 수 있다. 동시성 원리가 효력을 발휘하게끔 하는 유일한 길은 관찰자로 하여금 괘효사가 점치는 이의 마음 상태를 반영할 수 있다고 인정하는 데 있다고 『주역』은 말한다. 이 때문에 동전을 던지거나 시초로 점칠 때 점치는 자는 자신과 점치는 행위가 반드시 점치고자 하는 상황 가운데 존재한다고 믿어야 한다. 다시 말해 관찰자는 반드시 견고한 신념과 경건함, 정성을 통해 괘와 사건을 연결시켜야만 한다는 것이다.

프로이트는 최초로 인류의 잠재의식에 관한 학설을 이론화한 사람이다. 어떤 이는 '의식'이 땅 위로 드러난 어린 나무 줄기라고 비유하고 '잠재의식'은 땅 아래에 숨은 뿌리라고 하면서 '잠재의식'이 '의식'에 충분한 양분을 제공해 주는 실체라고 주장한다. 그러나 더욱 유명한 비유는 모두 알다시피 '빙산 이론'이다. 의식은 수면 위에 떠서 보이는 빙산의 일각으로 전체 빙산의 5퍼센트에 불과한 반면 잠재의식은 수면 아래에 감추어진 빙산의 본체로 95퍼센트에 달한다는 설이다. 또 어떤 사람은 인간의 뇌가 정보를 받아들이는 방식이 '유의식'과 '무의식 혹은 잠재의식'의 두 가지로 나뉜다고 말한다. 유의식은 인간의 뇌가 주변 사물의 자극에 대해 반응하여 지각적으로 정보를 받아들이는 것이고, 무의식은 인간의 뇌가 주변의 자극에 대해 의식적인 자각 없이 부지불식간에 정보를 받아들인다는 관점이다. 그리고 그들은 잠재의식 상태에 있는 능력은 의식 상태에서 발휘하는 능력을 크게 넘어선다고 주장한다.

잠재능력의 대가인 브라이언 트레이시는 잠재의식은 겉으로 드러난 의식능력의 3만 배 이상에 달한다고 했다. 잠재의식은 수백만 년에 걸친 인류 역사에서 유전인자를 통해 전해진 정보들을 한데 모아 놓고 있다. 따라서 잠재의식이 가리키는 것은 우리의 일반적인 의식 기저에 감추어진 신비로운 역량이자 '의식'에 비해 상대적으로 '사상적인 것'에 가까워 '우뇌의식' 혹은 '우주의식'이라고 불리기도 한다. 『뇌내혁명』의 저자인 하루야마 시게오는 그것을 가리켜 '선천뇌祖先腦'라고 불렀다. 또한 인류는 태어날 때부터 잠재의식을 갖고 있었지만 그것을 사용하는 능력을 잃고 말았기 때문에 우리는 이러한 능력을 가리켜 '잠재능력'이라고 부른다. 이미 존재하기는 하지만 개발하여 이용되지 않은 능력이 바로 잠재능력이며 그 동력은 우리의 의식 깊은 곳에 숨겨져 있다. 따라서 잠재능력을 일깨우고 개발하기 위해서는 그것을 자꾸 움직여야 한다.

그렇다면 어떻게 해야 잠재의식을 개발할 수 있을까?

우선 잠재의식의 여섯 가지 특징을 알아야 한다. 첫째, 잠재의식은 거대한 에너지를 가진다. 둘째, 잠재의식은 감정적 색채를 가진 정보를 좋아한다. 셋째, 잠재의식은 진짜와 가짜를 구분 못 하고 곧장 왔다가 곧장 간다. 넷째, 잠재의식은 이미지의 자극을 받기 쉽다. 다섯째, 잠재의식은 기억력이 좋지 않아 강렬한 자극이나 반복된 자극이 필요하다. 여섯째, 몸과 마음을 편하게 하였을 때 잠재의식 상태로 들어가기 쉽다.

어떤 이는 잠재의식이란 만능 기계와도 같아서 반드시 사람이 그것을 조작해야 하는데 그 사람이 바로 자기 자신이라고 했다. 자기가 제어할 마음을 가지고서 좋은 인상 혹은 암시로 하여금 잠재의식에 들어서야만 가능하다는 것이다.

잠재의식의 대가인 머피 박사는 이렇게 말했다.

"끊임없이 희망과 기대로 가득한 말로 잠재의식과 대화하면 잠재의식이 당신의 삶을 더욱 밝고 기쁘게 하며 언젠가는 당신의 희망과 기대를 실현해 줄 것이다."

잠재의식은 옳고 그름, 좋고 나쁨을 나누지 않고 다 흡수하니 종종 의식을 뛰어넘어 사람의 행위를 직접 지배하거나 사람의 다양한 마음 상태를 형성하기도 한다. 그래서 우리는 끊임없이 자기 자신을 훈련해야 한다. 원래 잠재의식에 있는 적극적인 요소들을 소중히 여겨야 할 뿐 아니라 적극적이고 성공적인 것을 유발하는 새로운 정보와 자료를 끊임없이 입력함으로써 적극적이고 성공적인 마음 상태가 주가 되게끔 하고 반대로 실패와 소극적인 것을 초래할 만한 잠재의식은 엄격하게 통제해야 한다. 그리고 이를 끊임없이 속으로 상상하고 스스로 확인하며 스스로 암시하고 목표로 삼으면 당신의 목표는 마침내 실현될 수 있을 것이다.

『주역』의 괘상을 볼 때는 잠재의식의 상태로 들어서야만 그 신비로운 비밀을 발견할 수 있다. 마찬가지로 괘를 만들 때도 잠재의식의 상태로 들어서야만 실제에 부합하는 괘상을 찾을 수 있다. 잠재의식은 이미지의 자극을 쉽게 받는다. 괘상도 일종의 이미지이므로 몸과 마음을 편안히 하여 잠재의식으로 들어가야 하며 괘상을 볼 때는 입정의 상태로 들어가야 한다. 잠재의식은 주관적인 심리 상태이므로 환경을 인식하는 데 있어서 오관五官의 감각보다는 직감에 더욱 가깝다. 그것은 감정을 만들어 내는 곳이자 기억의 창고다. 따라서 오관이 활동을 정지했을 때가 바로 잠재의식의 기능이 가장 활발해지는 때라고 할 수 있다. 의식이라는 객관적인 심리 상태가 활동을 정지하거나 수면 상태에 들어갔을 때, 잠재의식이라는 주관적인 심리가 그 지혜를 드러내는 것이다.

『주역』을 공부할 때는 믿음과 자신감을 가져야 한다. 믿음과 자신감은 영혼을 지키는 가장 힘센 촉수이자 잠재의식 개발을 위한 필수 전제가 된다. 입정관상법을 처음 시도하면 괘상이 제대로 관찰되지 않을 수도 있지만 괜찮다. 마음을 가라앉힌 뒤 믿음을 잃지 말고 반복하여 훈련하면 반드시 거대한 정신적 힘을 만들어 내어 당신 안에 숨은 막대한 잠재능력을 개발하고 이를 통해 당신의 위대한 지혜도 발휘할 수 있게 될 것이다.

주역 상경 上經

周全
易解

01
건괘乾卦 — 용마 정신

괘사

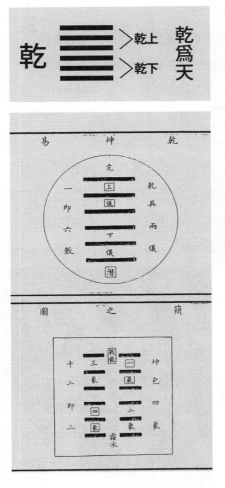

乾 元亨利貞.
건 원 형 이 정

　건은 만물의 근원으로 시작부터 형통하니 바르게 함이 이롭다.

　『주역』의 첫 번째 괘는 건괘(䷀)다. 상괘와 하괘 모두 건괘(☰)여서 여섯 개의 효가 모두 양효로 이루어진 순양純陽이며, 양의 성질을 지닌 하늘에서 상을 취하여 그 성질이 강건하다. 건괘는 『주역』 64괘의 우두머리로서 쉬지 않고 굳세게 움직여 높게 상승하는 '하늘'을 상징적인 이미지로 삼아, 양의 기운이 끊임없이 힘 있게 움직여 적극적으로 상승하는 본성을 보여 준다. 이로써 사람들이 '하늘'의 강건한 정신을 본받아 자강불식自强不息, 즉 스스로 강해지고자 노력하기를 쉬지 않으며 향상하게끔 독려한다.

건괘의 괘사는 '건 원형이정乾 元亨利貞'인데 여기서 '건'은 괘의 이름이고 '원형이정'은 괘에 대한 해석이다. '원元'은 처음과 시작, 근원을 말하고 '형亨'은 형통함을, '이利'는 이로움을, '정貞'은 바른 도를 뜻한다. 따라서 '원형이정'은 시작부터 형통하고 순조로우니 바른 도를 지킴이 이롭다는 말이다.

어떻게 하면 처음 시작할 때부터 순조로울 수 있을까? 핵심은 바로 '원元'이라는 글자에 있다. 우주만물의 근원이 '원'이라면 사람에게 있어서 '원'은 무엇을 의미할까? 바로 각각의 개인이 지닌 근본적인 가치관과 궁극의 인생 목표다. 마찬가지로 이를 기업에 적용하면 '원'이란 바로 기업의 가치관인 기업문화와 기업이 추구하는 신념이라고 하겠다. 자신의 '원'이 무엇인지 찾아내어 이를 이루기 위해 태만하지 않고 고군분투한다면 일이 순조롭고 형통하여 크게 길할 것이다.

괘사에 대한 「단전」

彖曰 : 大哉乾元 萬物資始 乃統天.
단왈   대 재 건 원 만 물 자 시   내 통 천

雲行雨施 品物流形.
운 행 우 시   품 물 유 형

大明終始 六位時成 時乘六龍以御天.
대 명 종 시   육 위 시 성   시 승 육 룡 이 어 천

乾道變化 各正性命 保合太和 乃利貞.
건 도 변 화   각 정 성 명   보 합 태 화   내 이 정

首出庶物 萬國咸寧.
수 출 서 물   만 국 함 녕

「단전」에서는 말했다. 위대하다 건원이여, 만물이 그로 말미암아 시작하였으니 이에 우주자연을 다스리는구나. 구름이 운행하여 비를 뿌리니

만물이 형체를 갖춘다. 큰 밝음이 시작과 끝에 있어서 여섯 가지 위치가 때에 맞춰 이뤄지나니 때로는 여섯 마리 용을 타고 하늘을 다스린다. 건의 도가 변하여 화합에 이르고 각자의 천성과 천명을 바르게 함으로써 태화를 이루어 보존하니 이에 바르게 함이 이롭다. 으뜸인 것에서 만물이 나오나니 천하가 평안하다.

「단전」에서는 '대재건원 만물자시 내통천大哉乾元 萬物資始 乃統天'이라고 했는데 그것은 '위대하다 건원이여, 만물이 그로 말미암아 시작하였으니 이에 우주자연을 다스리는구나.'라는 뜻이다. 여기서는 '원元'을 세상만물과 모든 일의 근원이라고 해석함으로써 그 의의를 질적으로 높였다. 건은 만물을 '시작하게' 하며 곤은 만물을 '생겨나게' 한다. 그런 의미에서 「단전」의 저자인 공자의 눈에는 건이 첫 번째이고 곤은 그다음이었다. 이 점은 노자의 관점과는 상반되는데, 이에 대해서는 뒤에 나올 곤괘 편에서 표를 통해 명확하게 설명하겠다.

'운행우시雲行雨施'는 '구름이 운행하며 비를 뿌린다.'는 뜻이다. 운우雲雨, 즉 구름과 비가 가리키는 것은 교합交合이다. 구름이나 비 따위 없이 하늘만 덜렁 존재했다면 어찌 만물이 만들어질 수 있었겠는가? 여자 없이 남자만 있으면 아이를 만들 수 없고 여자만 홀로 남아도 아이를 낳을 수 없는 이치와 마찬가지다. '운우'가 만나야만 비로소 무언가 '생겨나게' 되며 그래서 '운우'는 남녀의 교합 혹은 음양의 교합을 상징한다. 이 때문에 건괘는 반드시 곤괘와 서로 교합해야 하며, 구름과 비가 만나야 만물을 만들어 내고 기를 수 있다. 그래서 「계사전」에서는 "천지의 기운이 뭉쳐서 만물이 조화를 이루어 엉기고 남녀의 정기가 합하여 만물이 변화, 생성된다."고 했다.

'품물유형品物流形'에서 '품品'은 '많고 다양하다.'는 뜻으로 온갖 사물이 건양乾陽이 창조하는 힘으로 말미암아 태어나 끊임없이 서로 다른 형체를 갖추어 간다는 말이다.

뒤이어 나오는 '대명종시 육위시성 시승육룡이어천大明終始 六位時成 時乘六龍以御天'은 '큰 밝음이 시작과 끝에 있어서 여섯 가지 위치가 때에 맞춰 이뤄지나니 때로는 여섯 마리 용을 타고 하늘을 다스린다.'는 뜻이다.

여기서 '대명大明', 즉 '큰 밝음'은 태양을 가리킨다. '명明'은 글자의 구조를 보면 '태양日'과 '달月'이 합쳐진 것이지만 좁은 의미에서는 태양만을 뜻하기도 한다. 그러나 사실은 여기에 달의 뜻도 포함되어야 맞다. 왜냐면 『주역』

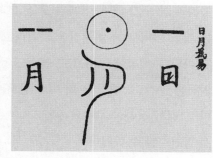

일월위역: 해와 달이 '역'이다.

에서도 말하기를 "象을 달아서 밝게 드러남은 해와 달보다 큼이 없다.縣象著明莫大乎日月"라고 했기 때문이다. 태양과 달, 이 두 글자를 병렬로 조합하면 '명明'이 되고 세로로 조합하면 '역易'이 된다.

'종시終始'는 '끝과 시작'이라는 말이지만 그 안에는 '주기를 이루어 순환하다가 다시 시작한다.'는 뜻이 함축되어 있다. 태양과 달의 운행은 순환하면서 시작과 끝을 반복적으로 맞이하는 주기성을 가진다. 각 주기별 운동은 여섯 단계로 나눌 수 있는데 그것은 일출과 일몰 사이의 시간을 여섯 단계로 나눈 것과 같다. 그래서 '육위시성六位時成', 즉 '여섯 가지 위치가 때에 맞춰 이뤄지나니.'라고 표현한 것이다. 여기서 위치를 나타내는 '위位'와 시간을 뜻하는 '시時'를 연이어 쓴 것은 공간과 시간이 합치하는 시공합일의 사상을 반영한 결과다.

괘를 이루는 여섯 효는 각각 시간과 공간으로 이루어진 어느 특정 단계를 상징한다. 동양인의 사유 세계에는 시간과 공간이 하나가 되는 시공합

일의 사상이 녹아 있지만 공간보다는 시간을 더 중시하는 경향을 보인다. 반면 서양인들은 시간보다는 공간을 중시한다. 그래서인지 서양인들은 공간과 형태를 사유의 기초로 삼는 현대과학을 탄생시킬 수 있었다.

그렇다면 동양인들이 중요하게 생각하는 시간이라는 개념은 무 자르듯 간단하게 나누어질 수 있는 것일까? 사실 시간은 흐르는 물과도 같아서 잘라 나눌 수가 없다. 어제와 오늘, 그리고 내일 사이에 어떤 경계선이 있는 것도 아니고 특정 시간을 과거라고 단정 지을 만한 기준점이 있는 것도 아니다. 시간에는 과거도, 현재도 없다. 누군가 어떤 시간을 '현재'라고 말하는 순간 그 '현재'는 더 이상 현재가 아닌 과거가 되어 버리기 때문이다. 그래서 시간의 사유와 현상現象의 사유를 중심으로 하는 상과학象科學을 발전시킬 수 있었다.

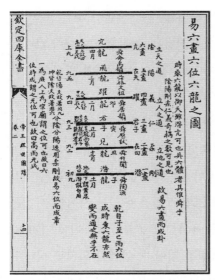

역육획육위육룡지도: 건괘의 여섯 효에 따른 여섯 위치와 여섯 마리 용을 설명함

'시승육룡이어천時乘六龍以御天'은 '때로는 여섯 마리 용을 타고 하늘을 다스린다.'는 뜻이다. '육룡六龍'은 건괘를 이루는 여섯 양효를 가리키는데 이를 통해 건괘가 하늘을 어떻게 다스리는지 엿볼 수 있다. 건양乾陽이 서로 다른 시공간에 놓인 여섯 양효를 부려서 천지만물의 운행을 관할하기 때문에 이를 관찰하면 된다. 따라서 건괘를 이루는 여섯 효의 변화 과정을 살펴보면 만물이 처음부터 마지막 단계까지 변화, 발전하는 보편적인 이치를 밝히 알 수 있다.

'건도변화 각정성명 보합태화 내이정乾道變化 各正性命 保合太和 乃利貞'은

'건의 도가 변하여 화함에 이르고 각자의 천성과 천명을 바르게 함으로써 태화를 이루어 보존하니 이에 바르게 함이 이롭다.'는 뜻이다. 여기서 '건의 도가 변화함'은 하늘의 도가 변화하여 만물을 낳고 기른다는 의미다. '각정성명各正性命'에서 '정正'은 사동태로 보아 만물의 '성性'과 '명命'으로 하여금 단정하게 함으로써 각자의 바른 위치로 돌아가게 한다는 뜻이다.

그렇다면 여기서 '성性'과 '명命'은 각각 무엇을 의미할까? 이에 대해 후대 학자들은 다양한 해석을 내놓았다. 도가에서는 도가적 관점에서 풀이하고 유가에서는 유가적인 해석을 제시하였는데 결과적으로는 이것들이 한데 모여 철학의 중요한 범주를 이루게 되었다.

도가에는 '성명性命'에 대해 '선명후성先命後性(몸을 먼저 수양한 다음 마음을 닦는다.)' '선성후명先性後命(마음을 먼저 수양하고 그 뒤에 몸을 닦는다.)' '성명쌍수性命雙修(몸과 마음을 아울러 수양한다.)' 등 최소한 다섯 가지 이상의 해석이 전해진다. '성性'은 바로 심성이자 정신, 즉 마음心의 정신神이며, '명命'은 몸을 가리킨다. 따라서 '성명性命'이란 기본적으로 몸과 마음을 가리키는 말이 되는 셈이다. 어떤 사람은 '성명쌍수性命雙修'에서 말하는 '성명性命'이 바로 '남녀'를 상징한다고도 한다.

유가에서 '성性'을 풀이한 것을 살펴보면 『중용』에서는 "하늘이 명한 것을 성이라고 하고 성을 따르는 것을 도라고 한다."고 하여 하늘이 명한 것을 '성性'이라고 했다. 하늘의 명령에 부합해야만 '성性'이라고 할 수 있는 셈이다. 당연히 이때의 '성性'과 '명命'은 구분이 되어야 하는데 그 구분의 기준은 무엇일까? 송대의 유학자 정이는 그의 역학 저서 『정씨역전程氏易傳』에서 "하늘이 부여하는 것이 명이며 만물이 부여받은 것을 성이라고 한다."고 해석했다. 다시 말하면 '명命'은 천명天命이며 '성性'은 인간과 사물의 성性이므로 사람의 성은 천명에 부합해야만 한다는 뜻이다. 여기서 천명은 천도天道, 즉 하늘의 도를 말한다. 인간의 가장 근본적인 것이 하늘의 뜻에 부합하는 것, 이것이 바로 천인합일天人合一이다. 따라서 하늘의 도를 잘 알고 이에 부합할 수만 있다면 자연히 세상만물과 모든 일의 성과 명이 바른 위치를 되찾을 수 있다. '성명性命'을 간단히 이해하자면 '성性'은 인간의 성 혹은 세상만물과 모든 일의 성이며, '명命'은 바로 하늘의 명령, 천명을 가리킨다.

성과 명은 음과 양으로도 이해할 수 있다. 음양과 성명, 이 두 가지는 「단전」본문에 나온 것처럼 '보합태화保合太和' 해야만 '바르게 함이 이롭다.乃利貞' '보합태화'라는 네 글자는 사람들이 이르고자 하는 최고의 경지이기도 하다. '보保'는 유지한다는 뜻이고 '합合'은 서로 합한다는 것으로 이를 통해 우주만물과 모든 일의 음양이 화합하여 조화를 이루는 최고의 경지에 도달할 수 있다. 이런 의미에서 '화和'는 태화太和, 보화保和, 합화合和, 중화中和 네 가지로 나뉜다. 태화太和는 정신이고 화합和合은 혼이다. 자금성에 가 보면 성을 가로지르는 중축선을 중심으로 앞에는 세 개의 전殿이 있고 뒤에는 세 개의 궁宮이 있는데 각 건축물의 이름에도 이러한 정신이 녹아 있다. 앞의 세 전殿은 각각 보화전保和殿, 태화전太和殿, 중화전中和殿이다. 뒤에 있는 세 궁宮 가운데 건청궁乾淸宮은 건괘를 상징하고, 맨 뒤의 곤녕궁坤寧宮은 곤괘를 나타내며, 중간에 있는 것은 교태전交泰殿인데 이들의 이름은 하나같이 『주역』에서 유래했다. 이 때문에 고궁 건축에는 그 정신이 그대로 녹아들어 있다고 할 수 있다.

'보합태화 내이정保合太和 乃利貞'은 이러한 네 개의 '화和'에 이르러야만 만물이 바른 도를 찾게 되어 이롭게 된다는 뜻이다. 그렇다면 이 네 가지의 '화'는 서로 어떤 관계에 있을까? 간단히 말해 '태화太和'는 도달해야 할 목표이고, 뒤에 나오는 세 개의 '화'는 목표를 이루기 위해 거쳐야 할 수단이다. 이 세 가지의 '화'를 통해야만 '태화'에 이를 수 있다는 말이다.

'수출서물 만국함녕首出庶物 萬國咸寧'은 '으뜸인 것에서 만물이 나오나니 천하가 평안하다.'는 뜻이다. 여기서 '수首'는 건괘의 괘사인 '원형이정'에서 말한 '원元', 즉 '만물을 창조한 근원' '시작'을 말한다. '서庶'는 다양하고 많다는 뜻이므로 '서물庶物'은 세상만물과 모든 일을 뜻한다. 따라서 '수출서물首出庶物'은 만물을 창조한 으뜸이 되는 건괘가 있었기 때문에 이로 말미암아 비로소 만물이 생겨날 수 있었다는 말이 된다. '함咸'은 '모두都'를 의미하므로 '만국함녕萬國咸寧'은 천하가 다 안녕하고 평안하다는 뜻이다. 이는 천도의 운행 법칙에 따라 다스리면 천하는 이내 편안해질 수 있다는 말로 바꿔 설명할 수도 있다.

위 내용 전체를 쉽게 풀이하자면 다음과 같다.

"위대하구나! 만물을 시작하게 하는 양의 기운이여.(건원은 하늘이 풀어낸 양의 기운이어서 이러한 양기를 취해야만 만물이 생장할 수 있다.)

만물이 이에 힘입어 생겨났고, 그것은 우주자연을 주재하여 구름을 만들며 비를 내리고 음양이 만나 만물의 모습과 형체를 만들었다.

찬란한 태양은 반복하여 운행하면서 건괘의 육효가 상징하는 여섯 개 시공간의 위치를 만들어 내고, 건의 양기는 이들 여섯 개의 시공간 위치를 따라 천지만물의 운행을 다스린다.

건의 양기가 일정한 규율을 따라 운행하고 변화하며 만물도 하늘의 도에 순응하면, 각자의 성性과 명命을 바로 잡고 태화太和의 원기元氣를 보전할 수 있다.

이를 통해 만물의 서로 다른 성질이 조화를 이루어 각자에게 이로운 것을 누릴 수 있으며 곧고 바르게 지속 성장할 수 있게 된다. 이렇게 되면 양기가 쉬지 않고 두루 흐르며 만물이 끊임없이 자라나 천하만물이 아름답고 순조로워진다."

象曰: 天行健 君子以自强不息.
상 왈 천 행 건 군 자 이 자 강 불 식

「상전」에서는 말했다. 하늘의 운행이 굳세니 군자는 이를 본받아 스스로 강해지고자 노력하기를 쉬지 않는다.

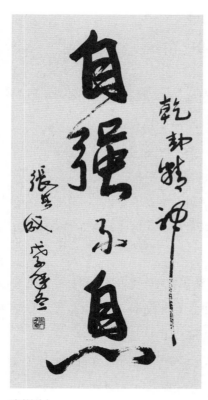

자강불식

「상전」은 주로 괘상과 효상을 풀이한 부분인데 그중에서도 「대상전」은 괘상을 풀이한 것이다. 상은 여러 시각에서 바라보면 해당 상에 포함된 다양한 뜻을 발견할 수 있다. 예컨대 상이 내포하는 의미 측면에서 보면 물상物象과 의상意象으로 나뉘며, 상의 특징 측면에서 보면 유형과 무형으로 나뉠 수 있다. 유형의 것은 당연히 상이라고 할 수 있지만 더 중요한 것은 무형의 것이다. 유형의 것이 상이라고 하는 것은 이해하지만 무형의 것도 상이라고 하는 것은 어떻게 이해해야 할까?

노자는 "큰 형상은 형체가 없다. 大象無形"고 했다. 유형의 것도 상이요 무형의 것도 상이라면 사물은 유무형의 범위를 벗어나지 않는다는 말인데, 그렇다면 유무형의 것을 전부 합하면 '사물의 전부'라고 할 수 있지 않을까? 그게 옳다면 과연 상이 아닌 것은 무엇일까? 여기서 주의해야 할 점은 무형의 것이라고 해서 다 상이 지는 않다는 것이다. 그래서 여기에는 '무형이지만 감지할 수 있는 것'이 라는 한정적 표현을 추가해야 한다. 다시 말해 형체가 없지만 느껴서 인지할 수 있는 것이어야만 비로소 상이라고 할 수 있다는 것이다.

이처럼 '상'이 감각을 통해 인지되는 것이라면 과연 무형의 것을 눈으로도 인지할 수 있을까? 눈으로는 인지할 수 없다. 그렇다면 귀를 통해서는 가능할까? 귀도 불가능하다. 코는 어떠한가? 코도 역시나 불가능하다. 그렇지만 촉각으로는 인지할 수 있고 이성을 통해서도 사유할 수 있다. 의학 분야를 예로 들면 동양 한의학에서는 '상象'을 기반으로 사유하는 반면 서양 의학에서는 '형形'을 사유의 기초로 삼는다. 따라서 이 두 가지 개념을 한데 묶어 놓은 '형상사유形象思維'라는 것은 정확한 표현은 아니며 '형사유形思惟'와 '상사유象思惟'로 분리하여 말하는 게 옳다.

한의학에서 가장 핵심적인 영역은 뭐니 뭐니 해도 '기氣'라고 할 수 있다. '기'란 무엇인가? 기는 눈에 보이지 않는 무형의 것이지만 느껴서 인지할 수 있다. 감지할 수 없는 것이라면 경락經絡이 어떻게 존재하겠는가? 그래서 기는 전형적인 상의 일종이자 무형의 상이라고 할 수 있다. 동시에 기는 음과 양으로도 확장시킬 수 있는데 음양 역시 상이고 오행도 상이다. 일례로 우리는 '바람'을 직접 볼 수도, 들을 수도, 냄새 맡을 수도 없으므로 그 존재를 알 수 없다. 다만 바람이 나무를 흔들리게 하는 광경을 눈으로 보거나 물건에 부딪쳐서 나는 소리를 귀로 듣고 꽃을 스쳐 지나가면서 실어 나르는 향기를 코로 맡는 등 간접적인 경로를 통해 감지함으로써 바람의 존재를 느낄 뿐이다. 따라서 바람이야말로 가장 대표적인 무형의 상인 셈이다.

「상전」에서는 '하늘의 운행이 굳세다.天行健'고 했다. 건위천괘乾爲天卦(☰)

는 상괘와 하괘가 모두 건괘로 이루어져 있고 건은 하늘을 상징한다. 하늘의 운행이 처음부터 끝까지 굳세서 영원히 멈추지 않는 것, 그것이 바로 건괘의 상이다.

따라서 '군자이자강불식君子以自强不息', 즉 군자는 하늘을 본받아 스스로 강해지고자 노력하기를 그치지 않아야 한다고 했다. 이 구절은 「상전」에 자주 등장하는 대표적인 문장 형식으로 그 구조는 아래와 같다.

○괘에 대한 설명 + '군자, 대인, 성인은 그것을 본받아 마땅히 ○○○○해야 한다.'

한자 원문으로 보면 '○卦, 君子(大人)以○○○○'인데 여기에 나오는 '이以'라는 글자는 '~에 근거하다' '~로써' '빌리다' '본받다' 등의 뜻이며, 그 뒤에는 '그것'이라는 의미의 '지之'라는 글자가 생략되어 있다고 보면 된다. 다시 말해 군자는 건괘의 도를 본받아 그것을 따라야만 자강불식할 수 있다는 뜻이다.

자강불식自强不息은 누구나 익히 들어서 잘 아는 성어다. 사람들은 주로 '강强'이라는 단어에 주목하지만 정작 어떻게 해야만 강해질 수 있는지에 대해서는 잘 알지 못한다. 강해지는 방법의 핵심은 바로 '자自', 즉 '스스로'에 있다. 스스로 강해져야만 강해질 수 있는 것이지 다른 사람이 아무리 강해지라고 강요해도 되지 않는다.

그렇다면 어떻게 해야만 자강불식할 수 있을까? 그것은 일종의 과정이라고 할 수 있는데 그 과정은 바로 건괘의 여섯 효가 상징하는 순서를 따르는 것이다. 즉 가장 먼저 '숨었다가潜(잠)' '나타나고見(현)' '조심하였다가惕(척)' '뛰어오르고躍(약)' '날아서飛(비)' '높이 올라가는亢(항)' 과정이 그것이다. '자강불식'에서 '자自'는 자기 안에 감추어진 잠재능력과 잠재의식을 가리키기도 한다. '스스로 강해져야만自強' '쉬지 않을不息' 수 있다. 자신의 잠재능력과 잠재의식을 개발하여 발전시키지 않으면 머지않아 '쉬게息' 되고 정체하는 순간이 오고 말 것이다.

初九, 潛龍勿用.
초 구　잠 룡 물 용
象曰: 潛龍勿用 陽在下也.
상 왈　잠 룡 물 용　양 재 하 야

초구는 잠겨 있는 용이니 쓰지 말라.

「상전」에서는 말했다. 잠겨 있는 용을 쓰지 말라는 것은 양이 아래에 있기 때문이다.

초구 효사는 '잠룡물용潛龍勿用'이다. 어째서 갑자기 용이 등장했을까? 게다가 보통 용이 아니라 잠겨 있는 용, 잠룡潛龍이다. 그렇다면 어디에 잠겨 있다는 것일까? '잠潛'이라는 글자를 잘 보면 좌측에 '물'을 의미하는 '수水'가 있으니 이 용은 물속 깊은 곳에 잠겨 있음을 알 수 있다.

이에 앞서 우선적으로 이해해야 할 것은 중국 문화가 바로 용의 문화라는 사실이다. 오늘날 흔히 말하는 '용마 정신龍馬精神'이라는 것도 바로 건괘의 정신을 가리킨다. 왜냐면 건은 용이자 말을 상징하기 때문이다. 따라서 용마 정신은 일종의 강건한 정신이다. 용은 우주 생명의 원시적이고도 위대한 기능을 대표한다. 황제黃帝시대부터 정치 제도상의 관직을 나누고 명명할 때 관직명에 '용龍'을 넣는 경우가 적지 않았다. '용사龍師', '용제龍帝' 등의 벼슬 이름이 이를 증명한다. 이처럼 용은 가장 위대한 문화적 상징물 가운데 하나다.

그렇다면 용은 도대체 어떻게 생겼을까? 사실 용을 직접 본 사람은 없기 때문에 이를 구체적인 모습으로 형상화할 수는 없다. 실제로도 중국문화에서 용은 일종의 의상意象(이미지)이다. 용은 낙타의 머리와 사슴의 뿔, 뱀의 목, 이무기의 배, 물고기의 비늘, 호랑이 발, 소의 귀, 말의 꼬리로 이뤄져 있어서 다원성과 화합, 통일을 중시하는 특징을 온몸으로 대변한다. 한번 생각해 보자. 이토록 많은 동물의 다양한 부위가 한데 섞여 만들어진 상상 속의 동물인데도 그 얼마나 조화롭고 아름다운 기운을 내뿜는지 말이다. 그리고 "신룡神龍은 머리는 보여도 꼬리는 볼 수 없다."는 말이 있듯 용은 절대 사람에게 자기 몸 전체를 드러내 보이지 않는다. 이는 "변화무상 은현불측變化無常 隱現不測", 즉 "행적이나 행동이 자주 변화하여 예측할 수 없다."는 함의를 갖는다.

이처럼 용의 정신을 먼저 이해해야만 문화의 근간이 되는 정신이 무엇인지 알 수 있다. 이는 정치가나 철학가들이 신념으로 삼는 대원칙이자 문화의 근간을 이루는 큰 원칙이기도 하다. '변화무상 은현불측'이라는 여덟 글자를 이해하면 『주역』 전체의 원리와 흐름도 가늠할 수 있다. 『주역』은 천하만물과 모든 일이 시간과 지역에 따라 항상 변화할 뿐 아니라 이 세상에서 변하지 않는 사람이나 일, 사물은 있을 수 없다는 사실도 알려 준다. 조금 뒤에 자신이 무슨 행동을 하고 어떻게 행동하게 될지 알 방법이 없기 때문이다.

건괘는 용이 처한 여섯 가지 상황을 묘사한다. 첫 번째는 깊은 못에 잠긴 채 엎드려 있는 상태다. 이 시기는 경거망동하지 않아야 하는데 '쓰지 말라.勿用'라고 한 것도 바로 그런 이유에서다. 그러니 '잠룡물용潛龍勿用'은 간단히 말해서 '잠겨 있는 용이니 쓰지 말라.'는 뜻이 된다.

이를 입정관상법에 적용해 보면 명상을 통해 입정에 이른 뒤 육효 중에서도 초효에 머무르는 것이 바로 '잠룡'의 단계다. '쓰지 말라.勿用'고 한 것은 쓸모가 없기 때문이 아니라 잠재능력이 크니 감추어 두라는 의미에 가깝다. 용은 잠복하여 드러나지만 않을 뿐 그 무엇과도 비교할 수 없는 큰 능력과 가치를 지닌다. 다만 그것을 발현하지 못하고 있을 뿐이다. 제갈량이 도도하게 남양南陽에 묻혀 지낼 당시 스스로 '와룡선생臥龍先生'이라 부른 것은 비범함을 품은 자신의 모습이 마치 숨은 용과도 같았기 때문이다.

이러한 시기는 누군가의 인생에서는 몸과 마음, 학문을 수양할 수 있는 소중한 시간이 되기도 한다. 『논어』에서 공자는 "나는 관직에 나가지 않은 덕에 다양한 재주를 가질 수 있었다."고 했다. 다시 말해 관직에 등용되지 않았기 때문에 수많은 기예와 재주를 배울 소중한 시간을 얻었다는 것이다. 만약 창업을 마음에 둔 분이 있다면 급하게 서두르지 말기 바란다. 창업 계획은 마음속에 감추어 둔 채 잠룡처럼 숨어 몸을 낮출 만한 물水이 어디에 있는지 먼저 살펴야 할 것이다. 창업의 과정을 순조롭게 이끌어 줄 인맥이나 금전의 출처, 사회적 인간관계 등의 환경이 마련되기 전까지는 절대 창업을 서둘러서는 안 된다.

그렇다면 왜 하필 이 단계에는 '잠겨 있는 용

무후고와도武侯高臥圖: 제갈량이 무후에 봉해지기 전 융중에서의 은거 생활을 그린 그림

은 쓰지 말라.'고 했을까? 「상전」에서는 이를 '양이 아래에 있기 때문陽在下也'이라고 해석했다. 초구는 무엇이든 처음 시작하는 위치이자 건괘의 맨 아래에 있어서 양기가 처음 생겨나는 곳이기 때문에 힘이 미약할 수밖에 없다. 이제 갓 태어난 아기처럼 잠재능력은 넘쳐나지만 어떤 일을 제대로 처리할 만한 능력이 부족하므로 숨어서 힘을 비축해야 한다. 정리하자면 이 시기의 용은 '잠룡潛龍'으로 물 가운데 잠긴 채 재능을 펼칠 만한 상황이 아니므로 함부로 행동하지 말고 때를 기다려야 한다. '잠潛'이라는 글자 하나에 거대한 용이 생존을 기탁하고 재능을 펼칠 만한 환경을 만들어 나가겠다는 의지가 함축되어 있는 셈이다.

구이 효사와 「소상전」

九二, 見龍在田 利見大人.
　구 이　　현 룡 재 전　 이 견 대 인
象曰: 見龍在田 德施普也.
상 왈　　현 룡 재 천　 덕 시 보 야

구이는 나타난 용이 밭에 있으니 대인을 봄이 이롭다.

「상전」에서는 말했다. 나타난 용이 밭에 있다는 것은 덕을 베풂이 널리 이루어졌다는 뜻이다.

구이의 '현룡재전見龍在田'에서 '현見'은 '드러나다' '나타나다'의 뜻을 가진 '현現'과 같은 의미다. 용이 드디어 모습을 드러내고 깊은 연못으로부터 위로 나올 수 있는 단계다. 하지만 정작 몸을 드러낼 수 있는 범주가 밭田까지므로 날아오르지는 못한다. 밭은 들판으로 지상을 의미한다. 사람에게 빗대자면 두각을 드러내더라도 지나치게 경거망동하면 안 되는 단계다.

'이견대인利見大人'은 건괘에서 이효와 오효의 효사에 총 두 번 등장하는데 무슨 뜻일까? '대인大人을 봄이 이롭다.'는 말이다. 하지만 그 이면에는 '소인小人을 보면 이롭지 않다.'는 의미도 함축되어 있으니 주의해야 한다. 『주역』이란 미래나 결과를 예측할 뿐 아니라 행위를 중시하는 분야이기도 해서 우리로 하여금 대인이 되게끔 권하는데, 여기서 대인이란 군자의 큰 덕을 지닌 사람이다. 유가에서는 인간이 추구해야 할 최고의 인격적 이상향을 '성인聖人'으로 보고 도가에서는 '선인仙人', 불가에서는 '부처佛'라고 하는데 『주역』에서는 이를 '대인大人'이라고 한다. 어찌 보면 대인은 성인과 선인, 부처의 인격적 특징을 한데 모은 종합적 성격의 이상향이라고도 볼 수 있다. 따라서 용이 들판에 그 몸을 드러내는 단계는 대인이 큰 덕을 행할 수 있는 최적의 시기가 되는 셈이다.

「상전」에서는 '현룡재전 덕시보야見龍在田 德施普也'라고 했다. 구이효는 하괘의 중간에 위치하여 중정中正의 덕을 얻었을 뿐 아니라 숨어 지냈던 초구의 단계에서 벗어나기는 했지만 아직 크게 날아오를 수 있는 시기는 아니다. 이 때문에 '밭에 있다.在田'고 표현한 것이다. 밭은 용이 오래 살만한 땅이 아니고 잠시 머무는 곳에 불과하다. 용이 잠복 상태를 마치고 활동을 시작하는 단계이므로 이 같은 전환기를 '들판에서 움직임'에 빗댄 것이다. 용이 활동을 시작하면 덕과 품격을 널리 베풀 수 있을 것이다.

고전을 읽을 때는 '왜?' '어떻게?' '무슨?'이라는 질문을 끊임없이 던져야 한다. 바로 이 장면에서 우리가 던질 수 있는 질문은 '어떤 상을 취할 수 있을까?'다. 이에 대한 답은 바로 밭, 들판田의 상이다. 들판은 드넓은 곳이므로 그것이 지닌 덕 또한 광대하다. 거대한 용이 들판 가운데 나타났다는 것은 아름다운 덕이 나타나 끝없이 펼쳐짐을 상징한다. 그래서 「상전」에서는 '덕을 베풂이 널리 이루어졌다.德施普也'고 한 것이다.

九三, 君子終日乾乾 夕惕若 厲无咎.
구 삼 군 자 종 일 건 건 석 척 약 여 무 구

象曰: 終日乾乾 反復道也.
상 왈 종 일 건 건 반 복 도 야

구삼은 군자가 종일토록 힘쓰고 힘쓰면서 저녁까지 두려워하면 위태롭 긴 해도 허물은 없다.

「상전」에서는 말했다. 종일 힘쓴다는 것은 도를 반복한다는 것이다.

구삼의 효사 '군자종일건건君子終日乾乾'에서 군자는 용龍, 즉 도덕 수양 이 잘 되어 있는 사람을 가리킨다. '건건乾乾'은 무슨 의미일까? 이에 대해 서는 두 가지 해석이 있는데 첫째는 군자가 종일토록 전진하고자 애쓰니 강건하고 또 강건해진다는 의미로, 쉬지 않고 앞으로 나아가는 모습을 상 징한다. 두 번째 해석은 경계하고 또 경계한다는 관점이다. 이 두 가지 해 석 모두 가능하다. 그렇다면 어째서 '종일토록 애쓰고 경계한다.'고 했을 까? 용은 결국 비룡飛龍이 되어야 하기 때문이다. 사병으로서 어찌 장군 되기를 꿈꾸지 않겠는가? 만약 평생 사병의 신분에 머물기를 원한다면 그는 군인으로서 열정이 있는지 의심해 봐야 할 사람이다. 또한 자식이 훌륭한 사람이 되기를 원치 않는 부모는 없다. 마찬가지로 세상 사람이라 면 누구나 천상으로 날아오르는 용이 되고자 한다.

그렇다면 이처럼 날아오르는 용, 비룡은 어떤 효에 해당할까? 바로 오 효에 해당한다. 오효에 이르러야만 비룡이 될 수 있다는 말이기도 하다. 지금은 삼효의 위치에 있기 때문에 앞으로 두 단계 더 발전하여야만 이를 수 있는 경지다. 한 단계 더 전진하면 사효에 이를 수 있지만 아직은 멀었 고, 한 단계 더 나아가 오효가 의미하는 비룡의 단계에 이르러야만 최상의 효에 이르렀다고 할 수 있다.

　그렇다고 모든 용이 다 비룡이 될 수 있는 것은 아니다. 전진해 나가는 길에는 수많은 위험과 장애물이 도사리고 있으므로 '석척약夕惕若'해야 한다. '석夕'은 저녁 무렵이고 '척약惕若'은 두려워하는 모습이므로, 저녁 무렵이 될 때까지 자기 자신을 돌아보아 반성해야 한다는 뜻이다. 증자曾子는 "나는 하루에 세 번 나 자신을 돌아본다."고 했다. 이렇게 해야만 비로소 '여무구厲无咎'할 수 있는데 '여厲'는 위험을 말하고 '무구无咎'는 재앙이 없다는 것이니 비록 위태롭더라도 허물은 없다는 뜻이다. 그래서 삼효의 단계에서는 늘 경계하면서 위기의식을 품는 자세가 필요하다.

　「계사전」에서는 이에 대해 "삼효는 흉하고 사효는 두려움이 많으며 이효는 영예가 많고 오효는 공이 많다."고 풀이했다. 필자는 여기다가 '초효는 잠겨서 숨음이 많고 상효는 지나침이 많다.'는 말을 추가하고자 한다. 각 괘를 이루는 여섯 단계는 기본적으로 위의 말처럼 운행되며 이는 하나의 큰 규칙과도 같다. 삼효가 어째서 흉함이 많다는 것일까? 왜냐면 삼효는 하괘에서 가장 높은 위치여서 일정 정도 성공을 거두는 시기이긴 하지만 인생의 첫 단계가 마무리되는 시점이기 때문이다.

　「상전」에서는 '종일 힘쓴다는 것은 도를 반복한다는 것이다.終日乾乾 反復道也'라고 했다. 이 말대로 반복적으로 전진하는 것이 바로 건괘의 길이다. 이를 통해 먼저 사효의 자리에 이른 뒤 오효의 존귀한 자리로 입성해야 한다. 삼효는 하괘의 맨 윗자리이므로 위로 더 올라가려고 하는데 한 단계 위로 가면 상괘의 맨 아래 효인 사효에 이르게 된다. "사효는 두려움이 많은四多懼" 단계이긴 하지만 그러함에도 계속 전진해서 오효에 도달하는 것이 좋다. 그래야만 비로소 '비룡재천飛龍在天(나는 용이 하늘이 있는)' 단계에 이를 수 있다. 군자의 뜻이 바로 이 '비룡재천'에 있기 때문에 '종일건건終日乾乾'하여 위기의식을 품으며 반복하여 도를 행해야만 한다.

오늘날 나름 성공 인사라고 불리는 사람 대부분이 이 단계에 머물러 있다. 사실 경계하고 걱정하는 것은 적극적이고 진취적인 자세와는 모순되는 모습이긴 하지만, 삼효는 인생에서 첫 번째 단계의 최고봉에 불과하므로 늘 위기의식을 품어야 한다. 공자는 "멀리 바라보며 생각할 줄 모르는 사람에게는 반드시 가까운 근심거리가 생긴다.人無遠慮 必有近憂"고 했는데 필자는 이를 뒤집어 "가까운 근심거리부터 고민하면 멀리까지 고민할 필요가 없어진다.人有近憂 必無遠慮"고 말하고 싶다. 매일 자기 자신을 돌이켜 반성하면서 위기의식을 지니면 큰 재앙을 막을 수 있음을 기억하자.

구사 효사와 「소상전」

九四, 或躍在淵 无咎.
구 사 　 혹 약 재 연 　 무 구

象曰: 或躍在淵 進无咎也.
상 왈 　 혹 약 재 연 　 진 무 구 야

구사는 때로 연못에서 뛰어오르니 허물이 없다.

「상전」에서는 말했다. 때로 연못에서 뛰어오른다는 것은 나아감에 허물이 없다는 것이다.

구사의 효사인 '때로 뛰어오르거나 연못에 있는或躍在淵' 용은 뛰어오를 정도까지 되었으니 구이의 '현룡재전見龍在田'의 단계보다는 조금 더 향상된 모습이라고 볼 수 있다. '혹或'의 뜻은 '혹 어떤 사람' '혹 어떤 일' '혹 어떤 사물'이라는 뜻이 있으나 여기 구사효에서는 '때로'라는 뜻으로 쓰였다. 사효에 이르러서 '때로 깊은 연못에서 뛰어오른다.'고 했는데 바꿔 말하면 '때로는 뛰어올라서는 안 된다.'는 뜻도 된다. 만약 이 단계에서 뛰어올랐다가 다시 가라앉기를 반복하기만 한다면 이는 정신병에 걸린 용

일 것이다. 그리고 '재在'는 '있다, 없다'에서 말하는 '있다'의 의미가 아닌 '종從'이나 '자自'처럼 '~로부터'라는 뜻을 가진다. 그래서 '혹약재연或躍在淵'은 때로 깊은 연못으로부터 뛰어오른다는 뜻이 된다. 뛰어오른 위치가 구삼효에서 말한 밭田에 비해 조금 높기는 하지만 여전히 구오의 하늘天에 비해서는 한참 낮다. '무구无咎'는 재앙이나 화가 없다는 말이다.

여기서는 '혹或'이라는 글자가 무척 중요하다. 용이 이 단계에서 뛰어오를 수는 있지만 아직은 시기를 잘 헤아려서 일을 행해야지 경솔하게 움직여서는 안 된다. 그래서 '때로는' 위로 도약하거나 '때로는' 물러나 깊은 연못에 거하는 식으로 시기를 잘 살펴야 화가 없다. 이는 우리에게 적지 않은 일깨움을 준다. 창업을 예로 들면 보통 첫 창업에서 성공한 사람은 그 경험을 맹신하여 두 번째 창업에서 무모한 결정을 내리는 경향이 있다. 그러나 예상과는 다르게 이전에는 상상하지 못했던 참담한 결과를 만나기도 한다. 이는 모두 적절한 때를 살피지 않아 생긴 결과다.

「상전」에서는 '혹약재연 진무구야或躍在淵 進无咎也'라고 했는데 여기서 '진무구進无咎'는 한 걸음 더 나아가야만 재앙이 없다는 뜻이다. 왜일까? 한 걸음 나아가면 바로 「계사전」에서 '공功이 많은' 위치로 소개한 오효에 이르기 때문이다.

구오 효사와 「소상전」

九五, 飛龍在天 利見大人.
구 오　비 룡 재 천　이 견 대 인
象曰: 飛龍在天 大人造也.
상 왈　비 룡 재 천　대 인 조 야

구오는 나는 용이 하늘에 있으니 대인을 봄이 이롭다.
「상전」에서는 말했다. 나는 용이 하늘에 있음은 대인의 일이다.

구오효는 건위천괘乾爲天卦에서도 최상의 위치다. 여기서 용은 '비룡재천飛龍在天'이라고 하여 뛰어오르는 데 머무르지 않고 날아오르기까지 한다. 이는 용이 이미 힘을 얻어 큰일을 할 수 있게 되었다는 의미며, 용이 하늘로 날아오른다는 것은 용의 덕이 이미 완성되었다는 것을 뜻한다.

이 구절에서 용은 '큰 덕을 갖춘 사람'을 가리키고 '하늘'은 지극히 존귀함을 빗댄 것이며 용이 하늘로 날아오름은 '큰 덕을 갖춘

운룡도

사람이 군왕의 보좌에 오르는 것'을 상징한다. 따라서 비룡飛龍은 바로 천자天子를 가리키며 이런 의미에서 천자는 '구오지존九五至尊'이라고 불리기도 한다.

'이견대인利見大人'은 대인大人을 봄이 길하고 이롭다는 뜻이나 거꾸로 생각해 보면 이는 소인小人을 봄이 이롭지 않다는 뜻이기도 하다. 구오는 상괘의 가운데 자리를 차지했으므로 권위가 있고 존귀하다. 따라서 '중정中正'의 도를 지키는 군자와 대인만이 구오의 자리에 오를 수 있고 그래야만 천하의 백성을 행복하게 할 수 있는데 그렇지 않고 소인이 이 자리를 빼앗으면 화가 임할 뿐이다. 이로써 『주역』은 미래를 예측하는 것에 한정된 학문이 아니라 행위적인 면도 중시하여 사람됨에 이르는 방법을 알려 주는 학문이라는 사실이 다시금 증명된 셈이다. 또한 『주역』은 단순하게 길흉을 알려 주기보다는 길함을 따르고 흉함을 피하는 방법을 안내해 주

는데 이것이 바로 『주역』의 지혜다.

「상전」의 '비룡재천 대인조야飛龍在天 大人造也'는 '나는 용이 하늘에 있다는 것은 대인의 일이다.'라는 뜻이다. 여기서 '조造'는 '쉬엄쉬엄 갈 착辶'을 편방으로 가지기 때문에 그 뜻은 '가다' '이르다' '도달하다'다. 따라서 '대인조야大人造也'는 '대인의 경지에 이른다.'는 뜻이다. 구오의 위치는 괘의 위치로 따지자면 하늘의 자리이므로 『주역』의 상은 '비룡재천飛龍在天'이 되는 셈이다. 구오의 자리에 오른 사람을 국가적인 차원에 빗대어 보면 황제이고, 가정에 적용해 보면 아버지이며, 인간의 오장육부에 빗대면 심장이고, 인간 군상에 적용해 보면 대인에 해당한다.

비교하여 덧붙이자면 오효는 이효보다 더 좋은 자리라고 할 수 있다. 왜냐면 이효는 비록 하괘에서 중위中位를 얻었지만 음의 자리에 양효가 왔으므로 정위正位(양의 자리인 1, 3, 5효에 양효가 오고 음의 자리인 2, 4, 6효에 음효가 오는 것을 말하며, 그 반대는 '부정不正'이라고 함)가 아니지만 오효는 중위뿐 아니라 정위까지 얻었기 때문이다. 그래서 구오를 '중정中正'하다고 표현하는 것이다.

날아오르는 용이 하늘에 있다고 해서 모든 사람이 황제가 된다는 것은 아니지만 적어도 각 사람이 '대인'은 될 수 있다. 이것이 바로 구오효가 함축하고 있는 깊은 의미다. 『주역』에서는 대인이 되기 위한 요구조건에 대해서 "무릇 대인이란 천지와 그 덕이 합치하고, 해와 달과 그 밝음을 함께하며, 사시의 질서에 부합하고, 귀신과 그 길흉이 맞는 사람이다.夫大人者 與天地合其德 與日月合其明 與四時合其序 與鬼神合其吉凶"라고 했다. 여기 '합치하고' '함께하며' '부합하고' '맞는'이라고 언급된 네 가지 분야가 바로 인간으로서 도달해야 할 최고의 경지라고 하겠다.

上九, 亢龍有悔.
상구   항룡유회
象曰: 亢龍有悔 盈不可久也.
상왈 항룡유회 영불가구야

상구는 끝까지 올라간 용이니 후회가 있다.

「상전」에서는 말했다. 끝까지 올라간 용이 후회가 있음은 가득한 것은 오래가지 못한다는 뜻이다.

구오효가 가장 존귀한 자리인 것은 분명하므로 일단 그것을 넘어서서 가장 높은 곳에 위치한 효는 지나침이 있어서 좋지 않다. 그래서 가장 높은 위치인 상구효에 대해 '끝까지 올라간 용은 후회가 있다.亢龍有悔'고 표현한 것이다. 이때 '항亢'은 지나침이 있다는 뜻으로 거만해진 용이 위로 더 올라가는 바람에 지나치게 높은 곳까지 이르렀으니 이내 떨어져서 후회하게 될 것이라는 의미가 담겨 있다. 비록 여기서는 직접 '흉凶'하다 언급하지는 않았지만 초구에서 상구에 이르기까지 '길吉'이라는 글자도 보이지 않는 점을 보면 결코 좋은 징조는 아니다. 항룡亢龍이 후회한다는 얘기는 바꿔 말하면 '일단 잘못한 것을 뉘우쳤으니 지나치게 위태롭지는 않고 다소 희망이 있다.'는 뜻도 된다.

「상전」에서는 '끝까지 올라간 용이 후회가 있다.亢龍有悔'는 것은 '가득한 것은 오래가지 못하기 때문盈不可久也'이라고 했다. 여기서 '영盈'은 지나치게 가득 찬 나머지 넘쳐 버리면 오래가지 못한다는 뜻이다. 여기에는 큰 철학적 이치가 담겨 있는데, 그것은 사물의 발전 단계가 최고의 경지에 이르면 지나치고 흘러넘쳐서 오히려 손실이 발생하게 되고 반드시 반대면으로 전환되게 되어 있다는 것이다. '끝까지 올라간 용이 후회가 있다.'는 것은 거대한 용이 높이 올라가 궁극의 위치에 이르면 마침내 후회할 것이라는 말인데 이는 강건함과 성함이 지나치면 오래지 않아 쇠락하고 마는 이치를 보여 준다. 물론 용이 후회한다는 것은 아직 희망이 남아 있다는 표시기도 하다. 따라서 '후회와 뉘우침悔'은 왕성함이 극에 이른 상태에서 가장 현명한 선택일 수 있다. 그러나 우리 주변의 크게 성공한 사람들 중에서 이 같은 '뉘우침' 속에서 자신을 단속하는 사람은 과연 몇 명이나 될까?

용구 효사와 「소상전」

用九, 見群龍无首 吉.
_{용 구 견 군 룡 무 수 길}
象曰: 用九 天德不可爲首也.
_{상 왈 용 구 천 덕 불 가 위 수 야}

구九를 쓰는 것은 여러 용을 보되 우두머리가 없으면 길하다.
「상전」에서는 말했다. 구九를 쓰는 것은 하늘의 덕은 우두머리가 되면 안 되기 때문이다.

'용구用九'는 앞선 여섯 효를 한데 모아 총괄하여 설명한 부분이다. '군룡무수群龍无首'는 요즘으로 치면 '지도자가 없어서 혼란스러운 국면'을 상징하지만 여기서는 다르게 해석해야 한다. 다른 구절에서는 길하다는 표현이 보이지 않는데 여기에 대해서만 '여러 용을 보되 우두머리가 없으면 길하다.群龍无首 吉'고 하여 유독 길하다고 표현했다. 그러니 '군룡무수'는 당연히 '지도자가 없어서 혼란스러운 국면'이라는 현대적 해석이 아닌 '평등한 질서 안에서 모든 사람이 강건하게 행동하여 자아의 가치를 실현할 수 있는 상태'라고 봐야 옳다.

「상전」에서는 왜 '구九'라는 수를 사용했을까? '하늘의 덕은 우두머리가 되면 안 되기天德不可爲首也' 때문이다. 즉 자기 자신을 우두머리의 위치에 두지 않고 대자연의 법칙에 따라 만물이 평등하게 되는 것이 하늘의 미덕이기 때문이다. 그래서 '여러 용 가운데 우두머리가 없는' 형국이지만 도리어 크게 길하고 이롭다고 한 것이다. 건괘의 여섯 효는 모두 양효로 이루어져 있어 사람들은 누구나 다 평등하다. 만약 모든 사람이 각자의 자리에서 지위에 맞게 행동한다면 어찌 지도자가 필요하겠는가? 그래서 '여러 용 가운데 우두머리가 없는' 것은 천하가 잘 다스려지는 국면을 상징한다. 원시사회의 모습, 그리고 미래사회의 이상향이 바로 이런 게 아닐까? 이는 우리 모두가 도달하길 바라는 경지기도 하다.

그 밖에도 '구九'는 변수變數다. 건괘의 양효가 모두 우두머리의 위치에 있을 때 변화가 생겨 그 반대면인 곤괘로 전환됨을 설명하는데, 소위 강剛이 가고 유柔가 온다고 함이 그것이다.

괘사에 대한 「문언전」

文言曰: 元者 善之長也. 亨者 嘉之會也.
문 언 왈   원 자 선 지 장 야   형 자   가 지 회 야

利者 義之和也. 貞者 事之幹也.
이 자   의 지 화 야   정 자   사 지 간 야

君子體仁足以長人 嘉會足以合禮 利物足以和義 貞固足以幹事.
군 자 체 인 족 이 장 인   가 회 족 이 합 례   이 물 족 이 화 의   정 고 족 이 간 사

君子行此四德者 故曰乾元亨利貞.
군 자 행 차 사 덕 자   고 왈 건 원 형 이 정

「문언전」에서는 말했다. 원元은 선의 우두머리요, 형亨은 아름다움의 모임이요, 이利는 의가 화하는 것이요, 정貞은 일의 근간이다. 군자가 인을 본받아 행하면 남의 우두머리가 될 만하고, 모임을 아름답게 하니 예에 족히 합치하며, 만물을 이롭게 하니 족히 의에 화합하고, 바르고 견고함

이 족히 일의 근간이 될 만하다. 군자는 이 네 가지 덕을 행하는 자이므로 이런 까닭에 건은 크고 형통하며 이롭고 바르다고 한 것이다.

「문언전」은 '십익' 중에서도 가장 나중에 지어진 작품인데 그 이유는 「문언전」이 「단전」과 「상전」에 대한 해석본이기 때문이다. 「문언전」은 건과 곤의 두 괘에 대해서만 풀이했기 때문에 나머지 괘는 「문언전」이 없다. 건괘의 「문언전」은 괘사를 해석한 것과 효사를 해석한 것, 두 부분으로 나뉜다. 이뿐 아니라 「문언전」은 건괘에 대한 해석을 총 네 차례나 내놓았다.

'원자 선지장야元者 善之長也'는 '원元은 선善의 우두머리다.'라는 뜻이다. 선에서 가장 큰 것은 바로 '인仁'이다. 따라서 원은 선한 덕이자 양심의 시작이요, 모든 선의 시작점이라고 할 수 있다. 또한 원을 선의 '우두머리'라고 한 것은 인이 있어야만 다른 사람을 성장시킬 수 있기 때문이다. 그래서 '군자체인족이장인君子體仁足以長人', 즉 '군자가 인을 본받아 행하면 남의 우두머리가 될 만하다.'고 했다. 군자는 어질고도 남을 사랑하는 마음을 품고 있기 때문에 다른 이의 윗사람이 되기에 충분하다.

'형자 가지회야亨者 嘉之會也'는 '형亨은 아름다움이 모인 것이다.'라는 뜻인데, 여기서 '가嘉'는 아름답다는 말이다. 형은 좋은 행위와 아름다운 것이 모이고 합해진 것이므로 형통할 수밖에 없다. 그래서 '가회족이합례嘉會足以合禮' 즉 '모임을 아름답게 하니 예에 족히 합치한다.'고 했다. 아름다운 것의 모임이니 예에 부합할 만하다는 말이다.

'이자 의지화야利者 義之和也'는 '이利는 의義가 화和한 것이다.'라는 뜻이다. 여기서는 사람이 어떻게 해야만 이로움을 얻을 수 있으며 어떻게 재물을 모을 수 있을지에 대해 말하고 있다. 이에 대한 답은 바로 '의義'에 부합하면 된다는 것이다. 의에는 정의正義, 도의道義, 의기義氣의 뜻이 함축되어 있다. 정의와 도의는 비슷한 의미를 지니는데 일종의 정확한 주장이나 관점, 행위적 측면의 '의義'다. '의지화義之和'는 '의義'가 모여서 일정한 단계에 이르면 이로울 수 있다는 뜻이다. 그렇게 되면 '이利'는 '의義'이므로 인의로써 뭇 사람들과 화목하게 된다. 여기서는 '의義'와 '이利'를 통일시켰는데 이것은 공자가 『논어』에서 이 둘을 대립시킨 것과는 상반된다. 그러나 깊이 생각해 볼 것은 진정으로 큰 이로움을 얻은 사람이 어찌 어질지 않고 의롭지 않을 수 있겠는가 하는 점이다. 바꿔 말하면 큰 재산과 부를 가진 사람이라면 마땅히 의롭게 행동해야 한다는 의미이기도 하다. 그래서 '이물족이화의利物足以和義'는 '만물을 이롭게 하니 족히 의에 화합한다.'는 말인데 만물을 이롭게 하니 또한 만물로 하여금 충분히 조화롭고 적절한 상태가 되게 할 수 있다는 뜻이다.

'정자 사지간야貞者 事之幹也'는 '정貞은 일이나 사물의 근간이다.'라는 뜻인데 여기서 '정'은 공을 세우고 대업을 이루는 근본이 된다. 다시 말해 사업의 근간이 '정貞', 즉 '바르게 함'이고 '바르게 함'은 사업이 성공하기 위한 근본이 된다. '정貞'이라는 글자는 본래 「역경」에서는 '묻다問' '점치다'의 의미로 쓰였지만 공자는 이를 '바른 것' '정正'으로 풀이했다. 『주역』의 생명력은 재해석에 있다는 점에서 공자가 이를 '정正'으로 해석한 것에도 일리는 있다. '바른' 사업만이 흥왕할 수 있는 까닭에 '정고족이간사貞固足以幹事', 즉 '바르고 견고함이 족히 일의 근간이 될 만하다.'고 했다. 정도正道, 즉 바른 도를 고수해야만 공을 세우고 사업을 일으켜 큰일을 할 수 있다는 말이다.

고로 뒤이어 나오는 '군자체인족이장인 가회족이합례 이물족이화의 정고족이간사. 군자행차사덕자 고왈건원형이정君子體仁足以長人 嘉會足以合禮 利物足以和義 貞固足以幹事. 君子行此四德者 故曰乾元亨利貞'은 다음의 뜻이다. '군자가 인을 본받아 행하면 남의 우두머리가 될 만하고, 모임을 아름답게 하니 예에 족히 합치하며, 만물을 이롭게 하니 족히 의에 화합하고, 바르고 견고함이 족히 일의 근간이 될 만하다. 군자는 이 네 가지 덕을 행하는 자이므로 이런 까닭에 건은 크고 형통하며 이롭고 바르다고 한 것이다.' 이는 군자의 사덕四德인 인仁, 예禮, 의義, 사事를 설명한 것이다. 사事는 '지智' 즉 '지혜'로도 이해할 수 있다. 군자에게 이 네 가지 덕행만 있으면 심성을 배양하고 예의를 실행하며 뭇 사람과 화합하고 큰일을 이루어 건괘가 상징하는 '원형이정元亨利貞', 즉 '시작부터 형통하며 이롭고 바른' 상태에 이를 수 있다.

여기서 말하는 사덕四德에 '신信' 즉 '믿음'을 더하면 훗날 유가에서 말하는 인仁, 의義, 예禮, 지智, 신信의 오덕五德, 오상덕五常德이 된다. '윤리' 혹은 유가의 '교의教義'에서 가장 중요한 핵심은 바로 이 다섯 글자라고 할 수 있다. 필자는 한대부터 윤리적 차원의 '가르침'이 강조되기 시작하면서 단순한 학문의 분파였던 '유가儒家'가 진정한 '유교儒教'로 거듭날 수 있었다고 생각한다. 여기서 '교教'는 일종의 특수한 '가르침'의 개념이지 기독교, 불교에서 말하는 종교적인 '교教'를 의미하는 것은 아니다.

초구에 대한 「문언전」

初九曰潛龍勿用 何謂也?
초 구 왈 잠 룡 물 용 하 위 야

子曰 龍德而隱者也.
자 왈 용 덕 이 은 자 야

不易乎世 不成乎名 遯世无悶 不見是而无悶.
불 역 호 세 불 성 호 명 둔 세 무 민 불 현 시 이 무 민

樂則行之 憂則違之 確乎其不可拔 潛龍也.
낙 즉 행 지 우 즉 위 지 확 호 기 불 가 발 잠 룡 야

초구에서 '잠겨 있는 용은 쓰지 말라.'고 한 것은 무슨 말인가? 공자께서 말씀하셨다. 용의 덕을 가지고 은둔한 자는 세상을 따라서 변치 않고,

공명을 이루려 하지 않으며, 세상을 등지되 근심이 없고, 자기가 드러나지 않아도 걱정하지 않는다. 즐거운 세상이면 나아가 도를 행하고 우려되는 세상이면 떠나니 뜻이 확고하여 가히 뽑을 수 없는 것이 잠겨 있는 용이다.

이는 초구의 효사에 대한 해석이다. 본문에 '자왈子曰'이라는 말이 나오지만 반드시 공자가 말한 것이라고는 볼 수 없다. 그러나 공자의 사상에 비교적 근접하니 '자왈' 다음에 나오는 내용은 실제로 공자가 한 말이거나 혹은 후세 사람이 공자의 사상에 근거해서 효사를 풀이한 것으로 간주하면 된다. 「문언전」에서는 건괘의 초구 효사에서 '잠겨 있는 용은 쓰지 말라.'고 한 이유에 대해 '용의 덕을 가지고 은둔한 자이기 때문龍德而隱者也'이라고 했다. 그것은 왜일까? 용이 물속에 잠겨 있는 것은 처음 시작하는 단계를 상징하기 때문이다.

귀은도歸隱圖

'불역호세 불성호명 둔세무민 불현시이무민不易乎世 不成乎名 遯世无悶 不見是而无悶'은 '세상을 따라서 변치 않고, 공명을 이루려 하지 않으며, 세상을 등지되 근심이 없고, 자기가 드러나지 않아도 걱정하지 않는다.'는 뜻인데 여기에는 노자의 사상이 녹아 있다. '역易'은 변한다는 뜻이다. 세상 사람들이 변한다고 해서 부화뇌동하여 자신도 덩달아 변한다거나 공명을 이루고 자 욕심 부리지 않는 것이 바로 '자연무위自然無爲'다. '무위無爲'는 '아무것 도 하지 않는다.'는 것이 아니라 '스스로 그러한' 상태인 자연自然의 이치에 부합하게끔 행동한다는 뜻이다. 다시 말해 천도天道의 법칙을 위배하지 않는 선에서 인위적인 것을 피하고 '스스로 그러한' 자연의 이치를 따라 행한다는 것이다.

'둔세遯世'는 '세상을 등진다.'는 말이지만 자아를 드러내지 않되 일부러 애쓰지 않고 '스스로 그러한' 이치에 맞게 물러나 은거하는 것을 말한다. 그렇게 하면 '무민无悶' 즉 '근심하지 않으니' 이는 기꺼이 즐겁게 세상을 떠나 은둔하기 때문이다.

'현見'은 '나타나다'는 뜻의 '현現'과 같은 의미이며 '시是'는 '이' '이것' 혹은 '옳음' '바름'을 뜻하는데 여기서는 '자아'를 가리킨다. 따라서 '불현 시이무민不見是而无悶'는 '내가 드러나지 않아도 걱정하지 않는다.', 즉 세상이 나를 알아 주지 않아도 근심하지 않는다는 말이다. '잠룡'은 은둔하고 있는 상태지만 여기서 '은둔'은 기꺼이 물러섬의 의미다.

그래서 뒤이어 '즐거운 세상이면 나아가 도를 행하고 우려되는 세상이면 떠난다.樂則行之 憂則違之'고 덧붙였다. 즐거우면 나아가서 행하고 즐겁지 않으면 기꺼이 내려놓는 식이다. 이것이 바로 공자가 일흔이 되어서야 도달할 수 있었다던 '종심소욕불유구從心所慾不踰矩', 즉 '하고 싶은 대로 해도 법도를 어긋남이 없는' 경지다.

'확호기불가발確乎其不可拔'은 뜻이 확고하여 동요하지 않는 상태를 말하므로 '잠룡'은 숨어서 요지부동하는 용이다. 확고한 줏대가 있어서 천도에 부합하는 용의 모습이다.

이 부분은 공자가 초구 효사인 '잠룡물용'을 풀이한 내용이다. 공자는 잠룡이 용의 덕을 지니고 은거하는 사람을 빗댄 것이라고 여겼다. 이런 사람은 혼탁한 세상에서도 절개와 지조가 꺾이지 않으며 성과나 공명을 이루는 일에 미혹되지 않는다. 세속과 떨어져 있으니 고통도 느끼지 않고, 사람들에게 칭찬이나 이해를 얻지 못한다고 해서 고민하지도 않는다. 마음에 맞는 일은 기꺼이 실천하고, 마음에 맞지 않는다면 억지로 하려 들지 않으며, 흔들리지 않는 굳건한 의지를 품는다. 이런 사람이 바로 '거대한 은둔의 용'인 셈이다.

구이에 대한 「문언전」

九二曰見龍在田 利見大人 何謂也?
구 이 왈 견 룡 재 전 이 견 대 인 하 위 야

子曰 龍德而正中者也.
자 왈 용 덕 이 정 중 자 야

庸言之信 庸行之謹 閑邪存其誠 善世而不伐 德博而和.
용 언 지 신 용 행 지 근 한 사 존 기 성 선 세 이 불 벌 덕 박 이 화

易曰 見龍在田 利見大人 君德也.
역 왈 현 룡 재 전 이 견 대 인 군 덕 야

구이에서 '나타난 용이 밭에 있으니 대인을 보는 것이 이롭다.'고 한 것은 무슨 뜻인가? 공자께서 말씀하셨다. 용의 덕이 중을 얻은 자는 평소 말을 신실하게 하고 평소 행동을 삼가서, 사악함을 막으며 성실함을 보존하고, 세상을 좋게 하되 이를 자신의 공로라고 자랑하지 않으니, 이는 덕이 넓게 퍼져 교화를 이룬 것이다. 『주역』에서는 말했다. 나타난 용이 밭에 있으니 대인을 보는 것이 이로움은 군주의 덕이다.

이 부분은 구이의 효사에 대한 해석이다. 구이효는 하괘의 중간에 위치한다. 『주역』에서는 양효가 양의 자리에 오고 음효가 음의 자리에 오는 것을 일컬어 '정正'이라고 한다. 그렇다면 구이의 효는 정正일까, 부정不正일까? 부정이다. 그렇다면 중中일까, 부중不中일까? 중이다. 여기서 '정正'

은 '꼭 맞는' '알맞는'이라는 뜻으로 '정중正中'은 '알맞게 중간에 있다.'는 의미다. 본문에서 '용의 덕이 중을 얻었다.龍德而正中者也'고 한 것은 구이효와 같은 환경에 처한 사람이 군자의 덕을 지녀서 그 행위가 적절하고 바르다는 말이다.

'용언지신 용행지근庸言之信 庸行之謹'에서 '지之'는 목적어를 앞으로 빼는 전치 역할을 해서 '~을/를'로 해석된다. 그래서 '평소 말을 신실하게 하고 평소 행동을 삼간다.'로 해석된다. '용庸'은 '평범하다'는 뜻이 아니라 '중용中庸'의 의미, 즉 어느 한쪽으로도 치우치지 않는 상태를 말한다. 구이효는 하괘에서 '중中'을 얻었기 때문에 '용언庸言'과 '용행庸行'은 각각 '중도中道'를 지키는 말과 행동이 되는 셈이다. 여기서는 평소 하는 말에 신용이 있어야 하고 행동을 삼가라는 말이다.

'한閑'은 본래 마구간의 울타리를 가리키는 말로 들짐승의 침입을 막는다는 뜻으로 쓰였는데 여기서 '방어하다' '막다'의 뜻이 파생되었다. '사邪'는 사악한 마음, 나쁜 생각이고 '성誠'은 성실한 마음과 뜻을 뜻한다. 따라서 '한사존기성閑邪存其誠'은 사람은 사악한 생각이 들어오지 못하게 시시때때로 방어하여 사악한 기운을 막는다는 말이다. 구이는 하괘의 양쪽 끝이 아닌 중간에 위치하므로 바르게 되어 사악한 기운을 막고 성실과 신의를 지킬 수 있다.

앞서 우리는 인의예지仁義禮智에 이효와 오효의 '신信'을 더하면 인의예지신仁義禮智信의 오덕五德이 됨을 말하였다. 이처럼 중국에서는 '신信'을 강조해 왔고 이렇게 해야만 비로소 '선세이불벌善世而不伐', 즉 '세상을 좋게 하되 이를 자신의 공로라고 자랑하지 않는' 상태를 이룰 수 있다. '선善'은 세상에 선하고 좋은 일을 한다는 것이고 '불벌不伐'에서 '벌伐'은 자랑한다는 뜻이다. '덕박이화德博而和'는 '덕이 넓게 퍼져 교화한다.'는 뜻인데 이는 구이효가 가장 크고 넓다는 의미를 담고 있다. 왜냐면 '밭田'은 대지

大地와 같이 크고 넓기 때문이다. 그래서 '현룡재전 이견대인 군덕야見龍在田 利見大人 君德也', 즉 '나타난 용이 밭에 있으니 대인을 보는 것이 이로움은 군주의 덕이다.'라고 했다. 이는 군왕의 덕이자 군주의 덕으로 주로 중도를 지키는 가운데 드러난다.

구이효는 거대한 용이 밭 가운데 나타나므로 대인을 봄이 이롭다고 말했는데 공자는 이것이 용과 같은 품격과 덕을 갖추어 자신의 몸을 똑바로 세운立身中正 사람을 비유한 것이라고 했다. 대인은 평소 말한 것을 반드시 실행에 옮기며 일상의 행동거지가 신중하고 평소 절제한다. 그래서 사악한 언행을 막아 성실하고 진지할 수 있으며, 아름다운 품격을 유지함으로써 세상을 좋게 하지만 그것을 자신의 공로라고 자랑하지 않으니, 그 덕이 넓게 퍼져 천하를 감화할 수 있다. 『주역』에서 말하는 '나타난 용이 밭에 있으니 대인을 봄이 이롭다.見龍在田 利見大人'고 한 부분은 바로 군주의 품격과 덕을 갖춘 현인이 나타나게 됨을 설명한다.

구삼에 대한 「문언전」

九三曰君子終日乾乾 夕惕若 厲无咎 何謂也?
구 삼 왈 군 자 종 일 건 건 석 척 약 여 무 구 하 위 야
子曰 君子進德修業. 忠信 所以進德也.
자 왈 군 자 진 덕 수 업 충 신 소 이 진 덕 야
修辭立其誠 所以居業也.
수 사 입 기 성 소 이 거 업 야
知至至之 可與言幾也. 知終終之 可與存義也.
지 지 지 지 가 여 언 기 야 지 종 종 지 가 여 존 의 야
是故居上位而不驕 在下位而不憂.
시 고 거 상 위 이 불 교 재 하 위 이 불 우
故乾乾因其時而惕 雖危无咎矣.
고 건 건 인 기 시 이 척 수 위 무 구 의

구삼에서 '군자가 종일토록 힘쓰고 힘쓰면서 저녁까지 두려워하면 위태롭긴 해도 허물은 없다.'고 한 것은 무슨 뜻인가? 공자께서 말씀하셨다.

군자는 덕을 진전시켜 업적을 쌓나니, 충실함과 신의로써 덕을 진전시킨다. 말을 닦아 그 성실함을 세우니 이로써 업적을 쌓는다. 이르러야 할 데를 알아 이르므로 기미를 알 수 있고, 끝마칠 곳을 알아 그것을 끝마치므로 의를 보존할 수 있다. 이런 까닭에 윗자리에 거하여도 교만하지 않고 아랫자리에 있어도 근심이 없다. 그러므로 부지런히 힘써서 때를 따라 두려움을 품으면 비록 위태로우나 허물이 없다.

이 부분은 구삼효에 대한 해석이다. '진덕수업進德修業'에서 '진덕進德'은 자신의 인품과 덕을 끌어올린다는 것이고 '수업修業'은 사업을 잘 경영한다는 것이다. 어떻게 해야만 자신의 도덕 수준을 끌어올릴 수 있을까? 충忠과 신信으로써 가능하다. 그렇다면 어떻게 해야 사업을 잘 경영할 수 있을까? '말을 닦아 그 성실함을 세우면修辭立其誠' 된다. 여기서 '수사修辭'는 '말을 닦아서 아름답게 한다.'는 것인데 그 전제는 '충실함'과 '신의' '성실함'이 있어야 한다. 이렇게 해야만 '덕을 진전시켜 업적을 쌓을 수' 있는데 이것은 완전히 유가적인 해석이라고 할 수 있다.

'지지지지知至至之'는 이르러야 할 곳을 알아 멈춘다는 뜻인데 이런 사람은 '기미幾微'를 알 수 있다. 여기서 '기幾'는 '기機'와 통하며 두 가지 뜻을 담고 있다. 첫 번째 뜻은 '시기時機'이고 두 번째 뜻은 '기미幾微'인데, 이 두 개 뜻을 연결하면 '극히 미미한 시기'가 된다. '시기'는 대놓고 크게 보이는 것이 아니라서 움켜쥐기 어려우며 조금만 늦어도 사라져 버리는 미미한 시기이자 징조다. 『주역』은 우주의 큰 법칙을 말하면서 우리에게 어떻게 해야만 이 법칙을 알 수 있는지 알려 주는데 그 법칙이 바로 '시기'다. 『주역』이 시기를 얼마나 중시하는지는 「계사전」에서 "역은 성인이 심오한 이치를 다하고 기미를 살피는 것이다.夫易 聖人之所以極深而研幾也"라고 말한 데서 알 수 있다. 여기서 '기幾'는 '시기', 즉 '기미幾微의 시기'로 이러한 시기는 사물이 길한 방향으로 전환하게 한다는 데 중요한 의의를 가진다. 『주역』은 우리에게 시기를 잘 붙잡으라고 말하며 무엇이 길하고 흉한지 알려 주는 데 그치지 않고 길함을 따르고 흉함을 피하는 방법, 즉 어떻게 해야만 기미와 조짐을 꿰뚫어 보고 변화의 방향을 미리 알 수 있을지 가르친다. 그래서 '지종종지知終終之', 즉 '끝마쳐야 할 곳을 알아 그것을 끝마치는' 사람만이 의를 보존할 수 있다고 했다. 다시 말해 일을 할 때는 적당한 선에서 멈출 줄 알고 도의에 따라 행해야 한다는 것이다.

'시고거상위이불교 재하위이불우. 고건건인기시이척 수위무구의是故居上位而不驕 在下位而不憂. 故乾乾因其時而惕 雖危无咎矣'는 '이런 까닭에 윗자리에 거하여도 교만하지 않고 아랫자리에 있어도 근심이 없다. 그러므로 부지런히 힘써서 때를 따라 두려움을 품으면 비록 위태로우나 허물이 없다.'는 뜻이다. 이 때문에 구삼효는 하괘의 가장 위에 있어도 교만하지 않는다. 일단 교만해지기 시작하면 거기서 끝이 나 버리기 때문이다. 하괘에 위치하면서도 걱정이 없는 것은 자기의 분수를 지킬 수 있기 때문이다. 구삼효가 크게 흉하다면 그건 왜일까? 위에 있지도 않고 그렇다고 아래에 있지도 않은 위치 때문이다. 위에 있지 않다는 것은 구삼효가 하괘에 위치하기 때문이요, 아래에 있지 않다는 것은 구삼효가 하괘의 가장 높은

증자

곳에 거하기 때문이다. 잘하면 위로 올라갈 수 있지만 잘못되면 아래로 떨어질 수도 있으므로 위태롭다고 했다.

그렇다면 이런 상황에서는 어떻게 흉함을 피할 수 있을까? 바로 '종일건건終日乾乾', 즉 종일토록 힘쓰고 힘쓰면 된다. 증자가 "나는 하루에 세 번 나 자신을 돌아본다."고 한 것처럼 신중하고 두려워하면서

위기의식을 품어야만 위태로운 상황에서도 위기를 평안함으로 바꿀 수 있다.

공자는 군자가 이러한 환경에 처했다면 아름다운 덕을 증진시켜 공과 업적을 쌓아야 한다고 했다. 그래서 그는 충실함과 신의, 성실함을 통해서 덕을 발전시키고 성실하고 진지한 자세로 말을 닦으면 공을 이룰 수 있다고 했다. 앞으로 나아가야 할 시기를 알면 힘써서 그것을 실현해야 하며 그렇게 해서 성공을 얻을 수 있다. 멈춰야 할 때를 알고 즉시 멈추면 천도에 합치되어 그 행위가 도의에 부합한다. 이렇게 해야만 윗자리에 거해도 교만하지 않고 아래에 있어도 걱정이 없어서 굳건함과 활기를 오래 유지할 수 있고 때를 따라 경계하고 신중히 행동함으로써 위기의 순간에서도 화를 면하게 된다.

구사에 대한 「문언전」

九四曰或躍在淵 无咎 何謂也?
구 사 왈 혹 약 재 연 무 구 하 위 야

子曰 上下无常 非爲邪也.
자 왈 상 하 무 상 비 위 사 야

進退无恒 非離羣也.
진 퇴 무 항 비 리 군 야

君子進德修業 欲及時也 故无咎.
군 자 진 덕 수 업 욕 급 시 야 고 무 구

구사에서 '때로 연못에서 뛰어오르니 허물이 없다.'고 한 것은 무슨 말인가? 공자께서 말씀하셨다. 오르고 내림에 일정함이 없으니 간사하지 않으며, 나아가고 물러섬에 항상함이 없지만 이는 동류를 떠난 것이 아니다. 군자가 덕을 진전시키고 업을 쌓는 것은 제때에 미쳐 행하고자 함이니 이런 까닭에 허물이 없다.

이 부분은 구사효에 대한 해석이다. '무상无常'은 일정함 혹은 확실함이 없다는 말이니 '상하무상上下无常'은 오르고 내림, 나아감과 물러섬에 일정한 규칙이 없고 시시때때로 바뀐다는 말이다. 적절한 때에 나아가고 그렇지 않으면 물러서므로 여기에는 사악함이나 부정함이 없게 되어 '간사하지 않다.非爲邪也'고 했다. '사邪'는 바로 '부정不正'이다. 그렇다면 구사는 정正할까, 부정不正할까? 부정하다. 왜냐면 구사효는 음효가 와야 할 자리에 양효가 온 데다 상, 하괘의 중위中位도 얻지 못했기 때문이다. 구사의 효는 부정不正하고 부중不中하니 오르고 내림, 나아감과 물러섬에 근거지를 잃은 셈이다. 「계사전」에서는 "사효는 두려움이 많다."고 했는데 이 시기에 처한 사람은 마땅히 본받아 따를 만한 규칙이 없기 때문에 스스로 길흉화복을 주관할 수 없어서 두려워하는 마음을 품게 된다.

나아감과 물러섬, 오르고 내림에 일정하게 정해진 규칙이 없다는 의미에서 '진퇴무항進退无恒'이라고 했지만 이내 '비리군야非離群也'라고 하여 그것이 결코 동류, 무리를 떠난 것이 아니라고 강조했다. 구사는 양효로서 시종 양의 본성을 유지하므로 아무리 큰 어려움이 있어도 계속해서 오르고 또 나아가려고 한다. 그래서 '군자진덕수업 욕급시야君子進德修業 欲及時也', 즉 '군자가 덕을 진전시키고 업을 쌓는 것은 제때에 미쳐 행하고자 함이다.'라고 했다. 여기서 '급시及時'는 '때에 미친다.' '시기에 부합한다.'는 뜻이다. 군자라면 이럴 때 마땅히 자신의 인품과 덕을 수양하는 데 힘써서 되도록 공과 업적을 세운다. 이렇게 해야만 비로소 허물이 없게 되고 그렇지 않으면 화가 임한다는 뜻에서 '고무구故无咎'라고 덧붙였다.

구사는 거대한 용이 가끔 위로 뛰어오르기도 하고 때로는 깊은 연못에 잠겨 숨어 있는 모습이다. 공자는 이에 대해 현인이 비록 상승과 하락을 반복하는 일정치 않은 모습을 보이지만 이것은 사악한 마음에서 나온 것이 아니요, 비록 나아감과 물러섬이 일정치 않지만 이것 또한 보통 사람의 무리로부터 괴리된 행동이 아니라고 말한다. 마찬가지로 군자가 도덕을 증진시키고 수양을 통해 공과 업적을 쌓는 것은 시기를 잘 잡아 나아가려는 것이므로 그 어떤 허물도 없다.

九五曰飛龍在天 利見大人 何謂也?
구 오 왈 비 룡 재 천 이 견 대 인 하 위 야

子曰 同聲相應 同氣相求.
자 왈 동 성 상 응 동 기 상 구

水流濕 火就燥 雲從龍 風從虎.
수 류 습 화 취 조 운 종 룡 풍 종 호

聖人作而萬物睹 本乎天者親上 本乎地者親下
성 인 작 이 만 물 도 본 호 천 자 친 상 본 호 지 자 친 하

則各從其類也.
즉 각 종 기 류 야

구오에서 '나는 용이 하늘에 있으니 대인을 봄이 이롭다.'고 한 것은 무슨 말인가? 공자께서 말씀하셨다. 같은 소리는 서로 응하고 같은 기운은 서로 구하니, 물은 습한 데로 흐르고, 불은 마른 데로 나아가며, 구름은 용을 따르고, 바람은 범을 따른다. 성인이 나오니 만물이 우러러보고, 하늘에서 난 것은 위를 가까이하며, 땅에서 난 것은 아래를 가까이하니, 이는 각자 그 동류를 따르는 것이다.

이 부분은 구오의 효사에 대한 해석이다. '같은 소리는 서로 응하고 같은 기운은 서로 구한다.同聲相應 同氣相求'는 구절은 우리에게 취상비류의 사유방식을 제시한다. 마지막에 나오는 '각자 그 동류를 따르는 것各從其類'이 바로 이 사유방식을 설명하는 말인데 취상비류의 사유방식은 구체적으로 '상을 취하여 비슷한 종류끼리 분류하여 귀납시키는 방법'이라고 할 수 있다.

01
● 건괘乾卦─용마 정신

구오가 가장 존귀한 자리라고 하는 이유는 무엇일까? 구오는 '나는 용', 즉 하늘이자 대인, 길함을 나타내는데 이들은 모두 동류이며 '같은 소리와 같은 기운同聲同氣'이어서 상이 동일하다. 그래서 상은 어떤 의미에서는 '종류' '부류' '유형'이라고 볼 수도 있다. '취상비류取象比類'에 언급된 '유類'가 '상象'인 셈이다. 용은 하늘天, 아버지父親, 둥근 것圓, 금과 옥金玉 등과 어떤 관계가 있을까? 형체만 보면 서로 무관한 것처럼 보이지만 이들을 한데 모아 놓고 보면 동류라고 할 수 있다. 외형은 다르지만 기능과 속성이 동일하기 때문이다. 이는 '형사유形思惟'가 아닌 '상사유象思惟'를 근거로 한다. 상은 '유類'와 같아서 기능과 속성이 동일하거나 유사한 종류의 사물군을 뜻한다. 동일한 유형의 물건이라야만 함께 둘 수 있다.

운종룡도雲從龍圖: 구름이 용을 따름

본문에서 '물이 습한 데로 흐르고, 불은 마른 데로 나아가며, 구름은 용을 따르고, 바람은 범을 따른다.水流濕 火就燥 雲從龍 風從虎'고 한 것도 물과 습함, 불과 마름, 용과 구름, 범과 바람이 동류에 속하기 때문인데 이것이 바로 방법론적인 해석이다. 만약 공자의 해석이 없었다면『주역』이라는 책은 질적인 혁신을 이루지 못한 채 여느 점치는 책과 같은 수준에 머무르고 말았을 것이다. 그래서 '성인이 나오니 만물이 우러러보고, 하늘에서 난 것은 위를 가까이하며, 땅에서 난 것은 아래를 가까이하니, 이는 각자 그 동류를 따르는 것이다.'라는 뜻에서 "성인작이만물도 본호천자친상 본호지자친하 즉각종기류야聖人作而萬物睹 本乎天者親上 本乎地者親下 則各從其類也"라고 했다. 여기서 '본本'은 뿌리의 의미다. '하늘에서 나는 것本乎天者'은 날짐승, 구름, 안개와 같은 것인데 이것들은 위의 것을 가까이한다. 또한 '땅에서 나는 것本乎地者'은 식물과 같은 종류를 가리킨다. 식물은 대지를 떠나 자랄 수 없기 때문이다. '친상親上'은 위와 가깝게 지낸다는 뜻인데 이는 천성天性이므로 '나는 용'도 분명 하늘에 있게 된다.

　구오는 가장 존귀한 효다. 공자는 같은 종류의 소리는 서로 응하고 같은 종류의 기운도 서로 구하여 합한다고 했다. 그리고 물은 습한 곳을 향해 흐르고, 불은 마른 곳에서 타오르며, 구름은 용의 소리를 따라 생겨나고, 산골짜기의 바람은 호랑이의 포효하는 소리에 맞추어 일어난다고 했다. 마지막으로 성인이 분발하여 일어나 세상을 다스리니 만물이 그를 우러러보고, 하늘에 의존한 것은 위를 가까이하고 땅에 뿌리를 둔 것은 아래를 가까이하면서, 종류가 같은 것끼리 각자의 역할을 발휘한다고 했다.

상구에 대한 「문언전」

上九曰亢龍有悔 何謂也?
상 구 왈 항 룡 유 회　하 위 야

子曰 貴而无位 高而无民 賢人在下位而无輔
자 왈　귀 이 무 위　고 이 무 민　현 인 재 하 위 이 무 보

是以動而有悔也.
시 이 동 이 유 회 야

　상구에서 '끝까지 올라간 용은 후회가 있다.'고 한 것은 무슨 말인가? 공자께서 말씀하셨다. 귀하나 지위가 없고, 높으나 백성이 없으며, 현인이 아래에 거하여 돕는 이가 없다. 이 때문에 움직이면 후회가 있다는 것이다.

　이 부분은 상구 효사에 대한 해석이다. '귀이무위 고이무민貴而无位 高而无民'은 고귀한 자리에 오르기는 했지만 지위가 없다는 말로 태상황太上皇

(자리를 선양하고 물러난 황제를 높여 이르는 말)에 상응하는 자리까지 올랐으나 구오지존九五之尊의 위치는 아니라는 말이다. 지나치게 높이 올라가서 무리를 벗어나는 바람에 '백성이 없다.无民'고 했는데 여기서 '백성民'은 하괘를 의미한다. '현인이 아래에 거하여 돕는 이가 없다.賢人在下位而无輔'에서 '현인賢人'은 어느 효를 의미할까? 주의해야 할 것은 『주역』에 언급된 것 가운데 의미가 없이 헛된 말은 하나도 없다는 점이다. 현인이 가리키는 것은 바로 구이효다. 상, 하괘에서 상응하는 효끼리 묶어 보면 초효와 사효, 이효와 오효, 삼효와 상효다. 지금은 상효 효사에 대응하는 효는 삼효일 뿐, 정작 군왕을 보좌하는 현인인 구이효와는 전혀 관계가 없다. 그래서 마치 현인이 임금을 보좌하지 않는 것처럼 보이기 때문에 '돕는 이가 없다.无輔'고 한 것이다.

상구에서 '끝까지 올라간 용은 후회가 있다.亢龍有悔'고 한 것에 대해 공자는 이 단계의 사람은 지나치게 존귀해지기는 했지만 실질적인 지위를 얻지 못했기 때문이라고 여겼다. 지나치게 숭고해진 나머지 보통의 백성은 다스리지 못할 뿐 아니라 현명한 신하는 저만치 아래에 있어서 그를 보좌할 수 없는 상황이 된 것이다. 그래서 이때는 '움직이면 후회가 있다.是以動而有悔也'고 함으로써 경거망동하지 말라고 경고한다.

기타 「문언전」

潛龍勿用 下也. 見龍在田 時舍也.
잠 룡 물 용   하 야   현 룡 재 전   시 사 야

終日乾乾 行事也. 或躍在淵 自試也.
종 일 건 건   행 사 야   혹 약 재 연   자 시 야

飛龍在天 上治也. 亢龍有悔 窮之災也.
비 룡 재 천   상 치 야   항 룡 유 회   궁 지 재 야

乾元用九 天下治也.
건 원 용 구   천 하 치 야

'잠겨 있는 용은 쓰지 말라.'는 것은 아래에 있기 때문이요, '나타난 용이 밭에 있다.'는 것은 때로 멈추라는 것이다. '종일토록 부지런히 힘쓰라.'는 것은 일을 행함이고, '때로 연못에서 뛰어오른다.'는 것은 스스로 시험함이다. '나는 용이 하늘에 있다.'는 것은 위의 다스림이요, '끝까지 올라간 용이 후회가 있다.'는 것은 궁극적인 재앙이다. 건원이 구九를 쓰니 천하가 다스려지는 것이다.

이 부분은 건괘의 여섯 효에 대한 「문언전」의 두 번째 해석이다. '잠룡물용潛龍勿用'은 이 단계에서는 지위가 낮아서 아래에 머문다는 얘기다. '현룡재전 시사야見龍在田 時舍也'는 시간의 흐름을 따르다가 전환의 기회가 나타나면 때에 맞추어 멈출 줄 알아야 한다는 것이다. '사舍'는 거하고 멈춘다는 뜻이다.

'종일건건 행사야終日乾乾 行事也'는 사업을 할 때 실천해야 한다는

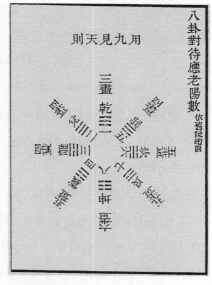

팔괘대대응로양수

뜻으로 이 시기에는 행동하여 일을 이루어야 한다. '혹약재연 자시야或躍在淵 自試也'는 '때로 연못에서 뛰어오름은 스스로 시험한다는 것이다.'라는 뜻이다. 여기서는 스스로 검사하고 시험하는 것의 중요성을 강조한다. '자시自試'는 스스로 시험해 본다는 말이다.

'비룡재천 상치야飛龍在天 上治也'는 '나는 용이 하늘에 있다는 것은 위의 다스림이다.'라는 뜻이다. 여기서 '치治'는 평안하다는 것으로 크고 평안

한 다스림을 통해 천하의 혼란스러움이 조정되고 최상의 정치 국면이 조성되었음을 말한다. 구오의 효가 상괘의 중위中位에 거하기 때문에 가장 평안한 상황인 셈이다. '비룡재천 상치야'에 대해 필자는 한마디 덧붙이고자 한다. '비룡飛龍'의 위치는 최상의 지위임이 분명하다. 구오지존으로 황제의 자리이니 말이다. 그래서 기업 이름이나 심지어 자녀의 이름까지 '비룡'으로 짓는 이도 적지 않다. 하지만 거창한 이름과는 달리 그 결과가 반드시 길하거나 이롭다고는 볼 수 없다. 왜일까? 『주역』을 연구하는 관점에서 보면 구오는 '중中'과 '정正'을 얻어 최상의 시공간 위치기는 하지만 단지 시공간의 우위만 따지기에는 부족한 면이 있다. 왜냐면 시공간적 위치상의 이점 외에도 그를 둘러싼 다른 조건들과의 비응과 화합 등 기타 관계도 눈여겨봐야 하기 때문이다. 따라서 '비룡'이 최상의 단계라고 해서 반드시 그것을 이름으로까지 삼을 필요는 없다. 물론 그렇다고 해서 가장 별 볼일 없는 개념을 이름으로 삼아서는 안 되고 중간 정도의 수준이면 무난하다.

'항룡유회 궁지재야亢龍有悔 窮之災也'는 궁극을 넘어서서 지나침이 있게 되면 재난이 올 수 있음을 설명한다. '궁窮'은 끝까지 이른다는 뜻이다. 「계사전」에 "궁하면 변화하고 변하면 통하며 통하면 오래간다."는 말도 있듯 무슨 사물이나 일이든 궁극의 지점에는 재난이 도사리고 있음을 기억해야 한다. 따라서 궁극에 이르면 사물은 반드시 반대면으로 전환하게 되는 것이 바로 큰 법칙이다.

'건원용구 천하치야乾元用九 天下治也'는 '건원이 구九를 쓰니 천하가 다스려지는 것이다.'라는 뜻이다. 다시 말해 하늘에는 원시의 덕이 있어서 양강陽剛의 구수九數를 사용하니 뭇 용 가운데 우두머리가 없게 된다. 천하의 큰 다스림은 대세, 즉 전체적인 발전 추세를 따라 흐른다는 말이다. 천하에는 큰 다스림이 있어서 뭇 용에 우두머리가 없다면 이것이야말로 최고 경지에 다다른 것이라고 하겠다. 병명이 전제가 되고 나서 치료를 시작하는 서양 의학에 반해, 한의학에서는 병명에 관계없이 먼저 증세를 살피고 이에 따른 치료를 결정하는 변증적 치료를 중시하지만, 그보다 더 높은 경지는 바로 이 변증적 치유라는 틀마저 깨는 것이라고 할 수 있다. 쓰촨성 바오광스寶光寺라는 절에는 아래와 같은 대련이 걸려 있다. "세상의 번잡한 모든 일은 해결된 듯 보이나 실은 해결하지 못한 것과 같으니, 차라리 해결하지 않음으로써 그것을 해결하는 것이 낫지 않겠는가! 세상을 살면서 법에는 정해진 법이 없다는 것을 안다면, 비법도 법이 된다는 이치를 깨닫게 될 것이다." 참으로 깊은 이치가 아닐 수 없다.

潛龍勿用 陽氣潛藏. 見龍在田 天下文明.
잠룡물용 양기잠장 　　　현룡재전 천하문명
終日乾乾 與時偕行. 或躍在淵 乾道乃革.
종일건건 여시해행 　　　혹약재연 건도내혁
飛龍在天 乃位乎天德. 亢龍有悔 與時偕極
비룡재천 내위호천덕 　　　항룡유회 여시해극
乾元用九 乃見天則.
건원용구 내견천칙

'잠겨 있는 용은 쓰지 말라.'는 것은 양의 기운이 잠기어 감추어졌기 때문이요, '나타난 용이 밭에 있다.'는 것은 천하가 문명의 교화를 받는다는 것이다. '종일토록 부지런하다.'는 것은 때에 맞추어 행하는 것이며, '때로 연못에서 뛰어오른다.'는 것은 건의 도가 이에 변화한다는 것이다. '나는 용이 하늘에 있다.'는 것은 마침내 하늘의 덕에 자리 잡은 것이며, '끝까지 올라간 용은 후회가 있다.'는 것은 때와 함께 궁극에 이른 것이다. 건원이 구九를 쓰니 이에 하늘의 법칙을 볼 수 있다.

이는 「문언전」이 건괘의 육효에 대해 세 번째로 해석한 부분이다.
'잠룡물용 양기잠장潛龍勿用 陽氣潛藏'은 거대한 용이 물속에 잠복하여 잠시 그 재능을 펼치지 말아야 하는데 그 이유에 대해서는 양의 기운이 감추어져서 아직 드러나지 않았기 때문이라고 했다.

'현룡재전 천하문명見龍在田 天下文明'은 거대한 용이 밭 가운데 나타났으니 이때는 천하의 문명이 찬란하게 꽃을 피웠음을 설명한다.(구이효는 양기가 지면에서 막 올라오는 것처럼 만물을 비추어 빛을 발하기 시작하는 모습을 상징한다.) '문명'이나 '문화'라는 말은 『주역』에서 처음 등장한다. 비괘賁卦의 「단전」에서는 "천문을 관찰하여 사시의 변화를 살피고, 인문을 관찰하여 천하를 교화하여 이룬다.觀乎天文以察時變 觀乎人文以化成天下"고 했는데 이것이 바로 '문화'라는 개념의 유래다. 여기서 말한 것처럼 문화는 사람을 교화하는 것이다.

'종일건건 여시해행終日乾乾 與時偕行'은 하루 종일 굳세고 분발하여 진작한다는 것인데 특별히 때를 살피어 앞을 향해 행한다고 했다. 여기서 '행行'은 '전진한다'는 뜻보다는 '행한다'는 해석이 옳다. 왜냐면 '행'에는 앞으로 나아감뿐만 아니라 뒤로 물러섬의 의미도 담겨 있기 때문이다. 따라서 이 구절의 핵심은 '때에 맞추어 행함'에 있다. 적절한 시기를 붙잡으라는 말이다.

그렇다면 처신할 때, 나라를 다스릴 때, 병을 치료할 때 어떻게 해야만 적절한 시기를 붙잡을 수 있을까? 반드시 '때' '시운時運'에 부합해야 한다. 『손자병법』에서는 '세勢'라는 글자를 중시하는데 이는 바로 '시세時勢' '때의 기세'를 말한다. 『손자병법』에 따르면 "전세戰勢는 기奇병과 정正병 두 가지에 불과하나 그 둘이 만들어 내는 전략과 전술은 실로 다 헤아릴 수가 없다. 먼저 적의 정규군과 맞붙을 때는 정병을 구사하고, 기습전을 구사할 때는 기병을 활용한다."고 하였다. 이것이 바로 상황에 따라 기묘한 계략을 써서 승리하는 '출기제승出奇制勝'의 전법이다. 『손자병법』에서 중시한 도道, 천天, 지地, 장將, 법法 가운데 가장 으뜸 되는 것이 바로 '도道'

인데, 이 '도'가 바로 위에서 말한 '세勢'다.

'혹약재연 건도내혁或躍在淵 乾道乃革'은 때로는 위로 뛰어오르기도 하고 가끔은 물러나 연못 가운데 있기도 하는데 이는 천도가 전환하여 변혁이 일어나는 상황이다. '건도乾道'는 바로 천도, 즉 자연 운행의 법칙을 말한다. '혁革'은 변혁, 변화를 의미한다. 이 단계는 구사효의 양기가 새로운 단계로 발전해서 만물이 전환의 시기에 직면한 것을 가리킨다.

'비룡재천 내위호천덕飛龍在天 乃位乎天德'에서 이 단계의 위치는 '하늘天'이다. 거대한 용이 하늘로 날아오른다는 것은 양기가 왕성하여 하늘의 위치에 이르고 하늘의 미덕을 갖추게 됨을 의미한다.

'항룡유회 여시해극亢龍有悔 與時偕極'은 '끝까지 올라간 용이 후회가 있다는 것은 때와 함께 궁극에 이른 것이다.'라는 뜻이다. 여기서 '극極'은 궁극, 최고점의 의미다. 이 글자는 나무 목木 변이 있어서 본래는 집의 가장 높은 대들보를 의미했지만 그 뜻이 확대되어 극점, 궁극의 뜻을 가지게 되었다. 거대한 용이 날아올라 궁극의 지점을 지나쳐서 결국 후회하고 만다는 것은 시세時勢의 발전이 극점에 이르러 사물이 반드시 반대면으로 전환된다는 의미다.

'건원용구 내견천칙乾元用九 乃見天則'은 '건원이 구九를 쓰니 이에 하늘의 법칙을 볼 수 있다.'는 뜻이다. 하늘이 원시元始의 덕을 가지고 양강陽剛 구수九數를 사용하나 뭇 용 가운데 우두머리가 없다는 것에서 대자연의 법칙이 드러난다. 대자연의 법칙은 우두머리가 없이 세상만물과 모든 일이 평등하다는 것이다.

乾元者 始而亨者也. 利貞者 性情也.
건 원 자   시 이 형 자 야   이 정 자   성 정 야

乾始能以美利利天下 不言所利 大矣哉.
건 시 능 이 미 리 리 천 하   불 언 소 리   대 의 재

大哉乾乎 剛健中正 純粹精也.
대 재 건 호   강 건 중 정   순 수 정 야

六爻發揮 旁通情也.
육효발휘 방통정야
時乘六龍 以御天也. 雲行雨施 天下平也.
시승육룡 이어천야 운행우시 천하평야

건원은 시작하여 형통한 것이요, 이와 정은 성정이다. 건은 시작부터 아름다움과 이로움을 통해 천하를 이롭게 하니 굳이 이로움을 말하지 않더라도 위대하다. 위대하다 건이여, 강건하고 중정하며 순수하고 정하다. 육효가 발휘하여 두루 정을 통한다. 때에 따라 여섯 마리 용을 타고서 하늘을 제어하니, 구름이 다니고 비가 내려 천하가 화평하다.

여기서부터는 「문언전」이 건괘의 괘효사에 대해 네 번째로 해석한 부분이다. 먼저 '원형이정元亨利貞'을 해석했는데 '원元'은 '시작'이므로 시작부터 형통하다는 의미다. 건괘는 하늘을 상징하고 원시의 것이며 만물의 시작이다. 다시 말해 하늘의 미덕이란 만물을 창조하고 그것으로 하여금 형통하고 순조롭게 하는 데 있다는 것이다. '이정利貞은 성정性情'이라고 했는데 '성性'은 무엇이고 '정情'은 무엇일까? 정이는 이에 대해 "하늘이 부여하는 것이 명命이며 만물이 부여받은 것을 성性이라고 한다."고 했다. 다시 말해 '명命'은 천명天命이고 '성性'은 인성人性인 셈이다. 따라서 세상 만물과 모든 일의 '성性'은 사람과 사물의 본성인데 이 본성은 천명에 부합해야 한다. 그리고 '정情'은 일종의 감정이므로 '성'과 '정'은 서로 다른 두 개의 차원이라고 할 수 있다. 여기서 말하는 '이정利貞'은 바로 본성과 감정에 부합하는 것이다. 본성에 부합하는 일체의 감정을 지닌 사람이라면 모두 '이정利貞' 할 수 있다는 말이다.

'건시능이미리리천하乾始能以美利利天下'는 '건은 시작부터 아름다움과 이로움을 통해 천하를 이롭게 한다.'는 뜻이다. 건괘에서부터 모든 것이 시작되니, 비로소 아름답고 이로운 것을 통해 천하를 이롭게 할 수 있다는 말이다. 뒤에 나오는 '이利'는 동사로서 '이롭게 하다.'는 뜻이고 앞에 나오는 '이利'는 '이로움'이란 뜻으로 명사다. 게다가 그것은 '작은 이로움 小利'이 아니라 '큰 이로움大利'이다. 화합과 조화, 이로움과 바름, 굳셈은 하늘이 품은 본성이자 하늘이 내재한 감정이다. 하늘은 처음부터 아름다움과 이로움으로 천하를 유익하게 했으나 오히려 그것을 베푼 은혜를 소리 내어 말하지 않았으니 이것이야말로 위대한 품격과 덕이 아니겠는가!

그렇다면 어째서 '위대하다 건이여大哉乾乎'라고 했을까? 건은 '강건하고 중정하며 순수하고 정하므로剛健中正 純粹精也' 위대한 것이다. 강건하다는 것은 건괘의 육효가 모두 강하고 건재한 양효이기 때문이며, 중정하다고 한 것은 구오효가 양효가 올 자리에 양효가 오고 상괘의 중앙을 차지했기 때문이다. 사람이 앞으로 나아갈 때 눈이 중요한 역할을 하듯 괘에도 눈과 같은 역할을 하는 '괘의 눈卦眼'이 있다. 한 수의 시에도 '시의 눈詩眼'이 있으며 한 줄의 문장에도 '글의 눈文眼'이 있듯 괘도 마찬가지다. 건괘의 눈은 바로 구오효다. 건괘의 육효 가운데 구오효가 가장 중요하다는 말이다. '순수하고 정하다純粹精也'에서 '정精'은 양기를 가리킨다. 건괘의 육효는 전부 양효이기 때문에 순수할 뿐 잡다하지 않아 전부 정기精氣라고 할 수 있다.

'육효발휘 방통정야六爻發揮 旁通情也'는 '육효가 발휘하여 두루 정을 통한다.'는 뜻이다. 이는 여섯 효가 지혜를 발휘하면 이로부터 유추하여 폭넓게 통달한다는 의미다. 폭넓게 통달한 후의 괘를 가리켜 '방통괘旁通卦'라고 하는데 다시 말해 여섯 개의 효가 모두 변한 뒤의 괘를 가리킨다. 건괘(☰)의 여섯 효가 모두 바뀌어 변한다면 건괘의 방통괘는 곤괘(☷)가 된다. 방통괘는 대괘對卦라고도 부르는데 서로 대응하는 효끼리의 변화이기 때문이다. 즉 양효는 음효로 변하고 음효는 양효로 변하니 괘를 살필 때는 본괘를 살펴보는 것 외에도 그것의 방통괘를 살펴봐야만 관련된 일을 모두 아우를 수 있다. 하늘은 넓고 크며 강건하고 '중中'에 거할 뿐 아니라 '정正'을 지키니 전체적으로 잡다한 것들이 혼잡하게 섞여 있지 않고 순수함이 지극한 양기를 이루니 위대하다.

'시승육룡 이어천야時乘六龍 以御天也'는 '때에 따라 여섯 마리 용을 타고서 하늘을 제어한다.'는 뜻이다. 천도의 변화가 여섯 단계로 이루어지는데 이는 각각 여섯 마리 용의 상태를 표현한다. '운행우시 천하평야雲行雨施 天下平也'는 '구름이 다니고 비가 내려 천하가 화평하다.'는 뜻으로 음양이 교합하여 천하가 태평해지는 것을 말한다.

> 君子以成德爲行 日可見之行也.
> 군 자 이 성 덕 위 행　 일 가 견 지 행 야
> 潛之爲言也 隱而未見 行而未成
> 잠 지 위 언 야　 은 이 미 현　 행 이 미 성
> 是以君子弗用也.
> 시 이 군 자 불 용 야

군자는 덕을 이루는 것을 행실로 삼는데 날마다 볼 수 있는 것을 가리켜 행실이라고 한다. 잠겨 있음은 숨어서 드러나지 않으며 행하나 이루지 못하는 것이다. 이런 까닭에 군자가 쓰지 않는 것이다.

이는 초구효에 대한 해석이다. 군자는 도덕을 이루는 것을 행위의 목적으로 삼으며 이것은 하루하루 행동함으로써 드러낼 수 있다. 초구의 효사에 나오는 '잠겨 있음潛'은 숨어서 드러나지 않는 것이다. 왜냐면 그 행위가 아직 성공하지 않았기 때문이다. 그래서 군자는 잠시 자기 자신을 나타내거나 재능을 펼치지 않고 경거망동하지 않는다.

> 君子學以聚之 問以辯之 寬以居之 仁以行之.
> 군 자 학 이 취 지　 문 이 변 지　 관 이 거 지　 인 이 행 지
> 易曰見龍在田 利見大人 君德也.
> 역 왈 현 룡 재 전　 이 견 대 인　 군 덕 야

군자는 배워서 그것을 모으고, 물어서 그것을 분별하며, 너그러움으로 거기에 거하고, 어짊으로써 그것을 행한다. 『주역』에 '나타난 용이 밭에 있으니 대인을 봄이 이롭다.'고 하였으니 이는 군자의 덕이다.

이 부분은 구이효에 대한 해석이다. 여기서는 문장 안에서 목적어를 도치함으로써 뜻을 강조하는 기법을 썼다. 즉 군자는 배움으로써 지식을 모으고, 물음으로써 사물을 분별하며, 관용의 태도를 통해 다른 사람을 대하고, 인애의 덕으로써 세상을 편안하게 한다고 한 말이 그것이다. 여기서 우리는 축적의 이치를 알 수 있다. 배워서 어떻게 해야만 위대해질 수 있을까? 배운 뒤 지식을 축적하고 많이 물음으로써 사물을 분별해야 한다. 그리고 이렇게 축적하고 분별한 것들을 '너그러움寬' '어짊仁' 등의 큰 뜻을 통해 발휘해야 한다고 했다. 『주역』에서는 거대한 용이 밭 가운데 나타나니 대인이 출현함에 이롭다고 했는데 그것이 바로 군자의 미덕이다.

九三 重剛而不中 上不在天 下不在田
구 삼 중 강 이 부 중 상 부 재 천 하 부 재 전
故乾乾因其時而惕 雖危无咎矣.
고 건 건 인 기 시 이 척 수 위 무 구 의

구삼은 거듭된 강이지만 중을 얻지 못했고, 위로는 하늘에 있지 않으며 아래로는 밭에 있지도 않다. 이런 까닭에 종일토록 힘써서 때를 따라 두려워하면 비록 위태로우나 허물은 없다.

이는 구삼효를 해석한 부분이다. 구삼효가 '중中'을 얻지 못해서 위로는 하늘과 통할 수 없고 아래로는 땅에 이르지도 않으니 이 시기에는 끊임없이 분발하면서 때때로 경계해야만 위기에 처하더라도 적어도 화는 입지 않을 것이라는 말이다. 64괘의 각 괘는 이효와 오효의 두 개 효만 '중中'에 해당하므로 구삼효는 '부중不中'이긴 하지만 양이 와야 할 자리에 양효가 왔으므로 '정위正位'를 얻었다. 구삼은 초구, 구이와 함께 모두 양강陽剛의 효여서 세 개의 강효(剛爻, 양효)가 중첩되었으므로 이를 가리켜 '중강重剛', 즉 '거듭된 강剛'이라고 했다.

'위로는 하늘에 있지 않다.上不在天'에서 하늘은 구오효를 말하고, '아래로는 밭에 있지도 않다.下不在田'에서 밭은 구이효를 말한다. 고로 '종일토록 힘써서 때를 따라 두려워한다.乾乾因其時而惕'고 하여 경계하고 반성하라고 권고한다. 이는 오늘날 기업을 경영할 때도 마음 깊이 새겨야 할 위기관리 모델이다. '종일토록 힘쓰면' 위기의식을 품고 경계심을 늦추지 않으니 반드시 먼 근심을 떨쳐내고 화를 예방할 수 있다.

九四 重剛而不中 上不在天 下不在田 中不在人 故或之.
구 사 중 강 이 부 중 상 부 재 천 하 부 재 전 중 부 재 인 고 혹 지
或之者 疑之也 故无咎.
혹 지 자 의 지 야 고 무 구

구사는 거듭된 강이지만 중을 얻지 못했으며, 위로는 하늘에 있지 않고, 아래로는 밭에도 있지 아니하며, 가운데로는 인간에 있지도 않으니, 이런 까닭에 혹或이라고 했다. 혹이란 의심하는 말이므로 허물이 없다.

이는 구사의 효를 해석한 것이다. 구사효는 구삼효와 마찬가지로 '거듭된 강이지만 중을 얻지 못했다.' 그래서 구사효는 위로는 높은 하늘과 통하지 않고 아래로는 지면에 내리지도 못하며 가운데로는 인간에 거하지도 못한다. 이 때문에 때로는 위로 도약하려고 하는 것이다. 그런데 어째서 '혹或'이라는 글자를 썼을까? '혹或'은 '때때로'라는 뜻이어서 때로는 전진하고 때로는 물러서거나 머문다는 말이다. 여기서 '혹或'을 강조한 이유는 의혹된 부분이 있다면 다양한 측면에서 신중하게 고찰해야만 재앙

을 만나지 않기 때문이다.

夫大人者 與天地合其德 與日月合其明
부 대 인 자　여 천 지 합 기 덕　여 일 월 합 기 명
與四時合其序 與鬼神合其吉凶.
여 사 시 합 기 서　여 귀 신 합 기 길 흉
先天而天弗違 後天而奉天時.
선 천 이 천 불 위　후 천 이 봉 천 시
天且弗違 而況於人乎? 況於鬼神乎?
천 차 불 위　이 황 어 인 호　황 어 귀 신 호

무릇 대인이란 천지와 그 덕이 합치하고, 해와 달과 그 밝음을 함께하며, 사시의 질서에 부합하고, 귀신과 그 길흉이 맞는 사람이다. 하늘보다 먼저 하여도 하늘을 위배하지 않으며, 하늘보다 뒤에 하여도 하늘의 때를 받든다. 하늘도 위배하지 않는데 하물며 사람이나 귀신에 있어서겠는가!

이는 구오효를 해석한 부분으로 대인大人에 대해 서술한 부분이 지극히 탁월하다. 본문에 따르면 대인이 되기 위해서는 반드시 아래의 네 가지가 합치해야 한다.

'천지와 그 덕이 합치한다.與天地合其德'는 것은 인품과 덕, 윤리학의 측면에서 말한 것으로 '천인합일'의 개념이다. 즉 사람의 인품과 덕이 반드시 하늘의 덕에 부합해야 한다는 말이다.

'해와 달과 그 밝음을 함께한다.與日月合其明'는 것은 인지학의 관점에서 말한 것으로 해와 달의 운행 법칙에 부합해야만 해와 달과 같은 광명을 지닐 수 있다는 말이다. 여기서 '명明'이란 무엇일까? 『노자』에서는 일찍이 '명明'을 여러 차례 언급했다. "남을 아는 것을 지혜라고 하고 자기 자신을 아는 것을 밝음明이라고 한다." "항상된 이치를 아는 것을 밝음이라고 한다.知常日明"고 한 부분이 그것이다. 여기서 '상常'은 '도道'로 해석할 수 있는데 항상恒常하여 영원히 변하지 않는 것이 천도이며 이러한 천도

를 아는 것이 바로 '밝음'이다. 또한 '해와 달과 그 밝음을 함께한다.與日月合其明'에 나오는 '해日'와 '달月' 두 글자를 가로로 합하면 '밝음明'이 되고 세로로 배치하면 '역易'이 된다. 불가에서는 팔고八苦, 즉 여덟 가지 고통을 말하는데 그 고통의 가장 근본적인 원인은 바로 '밝음'이 없기 때문이라고 한다. 밝음이 없으면 고통스럽고 밝음이 있으면 고통스럽지 않으니 이처럼 밝음은 무척 중요하다.

'사시의 질서에 부합한다.與四時合其序'는 것은 행위학의 측면에서 말한 것이다. 무슨 일을 하든지 사계절의 운행이라는 천도의 법칙에 부합해야 한다는 말이다.

'귀신과 그 길흉이 맞다.與鬼神合其吉凶'는 것은 행위의 결과적 측면에서 해석한 것이다. 세상에는 귀신이 있을까 없을까? 이에 대한 대답은 어찌 보면 '있다'고 할 수도 있고 '없다'고 할 수도 있다. 이 문제에 있어서만큼은 공자의 지혜로운 답변을 넘어설 수 없다. 어떤 사람이 공자에게 귀신이 정말로 있는지 없는지 묻자, 공자는 "조상을 제사할 때는 바로 앞에 조상이 계신 듯하고 천지의 신께 제사지낼 때는 신령이 앞에 계신 듯하라."고 했다. 이것이야말로 귀신을 대하는 가장 적절한 태도가 아니겠는가! 따라서 '귀신과 그 길흉이 맞다.'는 것은 하늘의 도와 인간의 도에 근거하여 일을 하면 마치 귀신처럼 미래를 예견하고 길흉을 주도할 수 있다는 말도 된다.

위에서 말한 네 가지에 합치해야 대인이라고 할 수 있다. 유가에서 말하는 최고의 인격은 성인聖人이고 도가는 선인仙人, 불가는 각인覺人인데 『주역』에서 말하는 최고의 인격은 바로 대인大人이다. 대인은 성인과 선인, 각인을 모두 포함한 개념이라고 할 수 있으니 위에서 말한 네 가지에 부합한 사람은 성인이자 선인이요, 각인이라고 하겠다.

대인이 되면 '선천이천불위 후천이봉천시先天而天弗違 後天而奉天時'하게

되는데 이는 '하늘보다 먼저 하여도 하늘을 위배하지 않으며 하늘보다 뒤
에 하여도 천시를 받든다.'는 뜻이다. 여기서 등장하는 선천先天과 후천後天
이라는 말은 훗날 각각 선천팔괘先天八卦와 후천팔괘後天八卦의 개념으로
발전하게 된다. 사람이 태어나기 전을 가리켜 '선천'이라고 하고 사람이
태어난 후를 '후천'이라고 하므로 '선천'은 하늘의 도를, '후천'은 사람의
도를 가리킨다. 따라서 '선천이천불위先天而天弗違'는 천도의 법칙을 따라
행하면 하늘이 당신을 거스르지 않고 오히려 당신을 돕게 된다는 말이고,
'후천이봉천시後天而奉天時'는 사람이 세상에 태어난 다음에는 천시를 받
들어 종일토록 하늘과 다투어 그와 적이 되지 말라는 말이다.

'천차불위 이황어인호 황어귀신호天且弗違 而況於人乎 況於鬼神乎'는 '하늘
도 위배하지 않는데 하물며 사람이나 귀신에 있어서겠는가!'라는 뜻이다.
필자는 이 부분을 읽을 때면 『노자』에 나온 말이 생각난다.

"회오리바람이 심해도 아침나절을 넘기지 못하고 소나기가 퍼부어도
종일 가지는 못하니 누가 이렇게 하겠는가? 하늘과 땅도 오래가지 않는
데 하물며 사람이겠는가?"

이는 하늘의 도를 받들어야만 하늘도 당신을 거스르지 않는다는 말이
다. 하늘도 이러할진대 하물며 사람이나 귀신은 어떻겠는가? 그들은 더
더욱 당신을 거스르거나 적이 되지 못하며 분명 당신을 도울 것이다. 이
것이 바로 '비룡재천飛龍在天'의 결과인 셈이다.

亢之爲言也 知進而不知退
항 지 위 언 야　지 진 이 부 지 퇴
知存而不知亡 知得而不知喪 其唯聖人乎.
지 존 이 부 지 망　지 득 이 부 지 상　기 유 성 인 호
知進退存亡而不失其正者 其唯聖人乎.
지 진 퇴 존 망 이 불 실 기 정 자　기 유 성 인 호

항亢이라는 말은 나아감만 알뿐 물러설 줄 모르는 것이고, 보존함만 알

뿐 망함은 모르는 것이며, 얻음만 알뿐 잃을 줄 모르는 것인데, 이것이 성인인가. 아니면 나아감과 물러섬, 보존과 망함의 이치를 알아 그 바른 도를 잃지 않는 이가 성인인가.

마지막으로 건괘의 상구효 효사인 '항룡유회亢龍有悔'를 해석한 부분이다. 여기서 '항亢'은 앞으로 나아가는 것만 알 뿐 후퇴를 모르고, 생존만 알 뿐 쇠망의 도리를 이해하지 못하며, 이익을 얻을 줄만 알았지 얻었으면 반드시 잃고 마는 원리를 모르는 상태다. 오직 성인만이 이렇지 않으니 성인이 되어야만 비로소 현명하다고 하겠다. 성인은 나아감과 물러섬, 생존과 멸망의 도리를 깊이 이해하여 그 행위가 정확한 길을 벗어나 한쪽으로 치우치지 않는데 대략 성인이 이렇다.

여기서는 '기유성인호其唯聖人乎'라는 문구가 두 번 반복되어 '기其……기其……'의 문장구조가 돋보이는데 이는 선택형 질문이다. 예컨대 한유의 글 『마설馬說』에는 "천리마는 어느 시대든 있지만 이를 알아보는 백락 같은 이는 언제나 있지 않다.千里馬常有 伯樂不常有"고 한 것에 이어 맨 마지막에 "참으로 말이 없는 것인가, 참으로 말을 알지 못하는 것인가?其眞無馬耶 其眞不知馬也"라는 구절이 나온다. 이것이 바로 '~인가, 아니면 ~인가'라는 형태의 문장구조다. 이를 참고해 볼 때 위의 본문에서 두 차례 반복된 '기유성인호其唯聖人乎'라는 말은 '전자가 성인인가, 아니면 후자가 성인인가.'라는 것을 묻는 문장이 되겠다. 그리고 이에 대한 답은 후자임은 물론이다. 따라서 반드시 나아감과 물러섬, 생존과 망함의 시기를 반드시 잘 알아야만 '항룡유회亢龍有悔'하지 않을 것이다.

건괘의 여섯 효가 말해 주는 것은, 어떤 사물이나 일이든지 그 발전 단계는 반드시 여섯 단계를 거치게 마련이며 각 단계에서 어떻게 해야만 길하고 이로울 수 있을지에 관한 내용이다. 역사를 돌아보면 춘추시대 말엽 월越나라의 정치가였던 범려范蠡야말로 건괘의 여섯 단계를 가장 극명하게 보여 주는 삶을 살았다고 하겠다. 잘 알려진 대로 범려는 절세미인인 서시西施의 평생 연인이기도 했다. 그는 연애 문제에서도 뜻을 이루었고 정치적으로도 꽤나 성공을 거두었을 뿐 아니라 상업적인 면에도 일가견이 있었다. 그래서 장사를 해서 나라의 재산과 맞먹을 만한 부를 쌓은 거상이 되었다. 이러한 그의 삶은 건괘의 여섯 단계와 딱 들어맞았다.

건괘의 첫 번째 단계는 '잠룡물용潛龍勿用', 즉 '잠겨 있는 용은 쓰지 말라.'고 하는 시기다.

춘추시대 초나라는 주로 귀족에 의해 권력이 좌지우지되어 임금은 무능해지고 조정은 부패로 얼룩졌다. 초나라에 범려라는 선비가 있었는데 그는 가히 성현의 인격과 자태를 지녔다고 할 만한 사람이었다. 당시 초楚나라는 월나라로부터 침략의 위협을 느낀 나머지 진秦나라에 지나치게 의존함으로써 내정뿐 아니라 외교의 자주권까지 진나라에 빼앗길 위기에 처해 있었다. 나라 안팎으로 근심이 끊이지 않던 시기였다. 한편 범려는 미천한 출신이었던 데다 권력에 빌붙어 아부하는 성격도 아니었던 탓에 세상이 어찌 돌아가건 관계없이 민간을 정처 없이 떠돌며 초연하면서도 고생스러운 삶을 이어 나갈 수밖에 없었다. 세속에 얽매이지 않고자 하는 마음도 있었지만 범속한 이들로부터 투기를 받지 않기 위해 의도적으로 미친 척하기도 하면서 은둔하여 때를 기다렸다.

건괘의 두 번째 단계는 '현룡재전 이견대인見龍在田 利見大人', 즉 '나타난 용이 밭에 있으니 대인을 보는 것이 이로운' 시기다.

춘추시대 월나라와 오吳나라를 비교해 보면 초창기에는 군사나 토지, 인재, 국부 면에서 오나라가 월나라를 크게 앞섰다. 오나라의 기세등등함에 맞선 월나라 왕 구천句踐은 근심 거둘 날이 없었고 보다 못한 월나라 대부 문종文種이 월왕에게 차라리 초나라에 가서 인재를 구해 오자는 구상을 올린다. 당시 오나라의 국사를 논의하던 주요 대신이자 모사였던 오자서伍子胥나 백비伯嚭 등도 모두 초나라 출신이었던 점을 볼 때 이는 불가능한 일도 아니었다. 우여곡절 끝에 초나라에 이른 문종은 범려라는 인재가 비범하다는 소식을 듣고 그를 찾아갔다.

"선생은 이처럼 비범한 재능을 갖고 있으면서 어찌하여 공명을 이루어 만백성에게 그 흔적을 남기려 하지 않습니까?"

범려가 말했다.

"사람이 하찮은 지식과 재능을 가지고 한낱 자신의 부귀영화를 도모하는 데 사용한다면 그것은 어쩌면 세상에서 가장 쉬운 일일 것이오. 그러나 한편으로는 가장 수치스러운 일이기도 하지요. 이것은 내가 뜻하는 바가 아닙니다. 나의 뜻은 초나라를 이롭게 하는 일인데 이를 이루지 못한다면 차라리 초목과 함께 평생 썩는 길을 택하겠소."

"그렇다면 선생께서는 지금 무슨 계획을 갖고 계십니까?"

"지금은 월나라로 갈 준비를 하고 있소. 오늘날 초나라의 가장 큰 적이 오나라니 이런 오나라를 견제해야 하지 않겠소. 그런데 오나라를 누를 수 있는 것은 월나라뿐이니 이 때문에 월나라로 향하려는 것이지요. 월나라는 나라의 존망이 걸린 전쟁을 준비해야 하니 필시 천하의 인재를 불러 모을 것이오. 이런 시국에 초나라가 월나라를 돕는다면 오나라를 견제할 수 있을 것이고 오나라는 초나라를 공격할 여력조차 없어지겠지요. 그렇게 되면 초나라는 강성해져서 진나라의 속박에서 벗어날 수 있을 것입니다. 만약 오나라가 이긴다고 해도 초나라는 제齊나라와 연합해서 오나라를 다시 공격하면 됩니다. 월나라는 수상 전투를 주력으로 하는 나라이니 초나라를 멀리 공격하지는 않을 것이외다."

이를 들은 문종은 무척 기뻐하며 말했다.

"나는 월나라의 대부 문종입니다. 지금 이 일 때문에 이곳까지 찾아왔는데 우리 둘의 마음이 이토록 하나가 되니 기쁘기 그지없구려. 나와 함께 월왕을 뵈러 가는 것이 어떻겠소?"

이에 범려는 문종을 따라 월나라로 향했고 월왕 구천에 의해 대부에 봉해졌다.

건괘의 세 번째 단계는 '군자종일건건 석척약 여무구君子終日乾乾 夕惕若 厲无咎', 즉 '군자가 종일토록 힘쓰고 힘쓰면서 저녁까지 두려워하면 위태롭긴 해도 허물은 없는' 시기다.

하루는 월나라 왕궁에서 국사 논의가 이루어지고 있었는데 월왕 구천이 말했다.

"들자하니 오나라 왕 부차夫差가 밤낮으로 병마를 훈련하며 우리 월나라를 치려고 준비 중에 있다고 하오. 차라리 우리가 선수를 쳐서 그들의 준비가 미흡한 틈을 타 공격하면 어떻겠소?"

그때 범려가 일어나서 반대했다.

"신이 보기에 아직까지 오나라는 강하지만 월나라는 약하니 지금은 군대를 낼 시기가 아닙니다. 게다가 병기라는 것은 길하지 못한 것이고 전쟁은 도덕에 위배하는 일이며 전쟁은 각종 일 중에서도 가장 나중의 선택이라고 했습니다. 상황이 급변하여 어쩔 수 없을 경우에만 전쟁을 일으켜야지 그렇지 않고 먼저 주동적으로 나서서 도덕을 위배한 채 흉기를 들고 가장 뒤떨어진 수단인 전쟁을 일으키면 하늘이 먼저 막을 것입니다."

그러나 월왕의 결심은 변하지 않았다.

"내 마음은 이미 정해졌소. 이에 대해서는 다시 언급 마시오."

이에 실망한 범려는 문종에게 한 통의 서신만 남긴 채 월나라를 떠나고 말았다. 서신에는 이렇게 적혀 있었다.

"나의 지략이 지금은 월왕에게 쓰이지 못하지만 위급한 때가 닥치면 나를 다시 찾을 것입니다. 그때가 되면 다시 월나라를 찾겠소. 오나라는 월나라를 치기 전 반드시 먼저 제나라를 공격함으로써 과거에 제나라가 초나라를 도왔던 일에 복수할 겁니다. 이를 통해 월나라를 겁주려는 의도도 있지요. 지금 월나라에게 급선무는 오나라로 하여금 제나라를 치게 해서 그 틈을 타 나라를 부강하게 하고 군대를 강성하게 하는 일입니다. 만약 월나라가 지금 힘을 비축하지 않고 섣불리 병사를 내면 분명 전군이 몰살당하는 비극이 닥칠 것이니 이점 명심하기 바라오."

당시는 월나라의 위기였다. 월나라를 구하고 오나라를 멸하기 위해 범려는 고심 끝에 아픔을 무릅쓰고 자신의 사랑하는 연인 서시를 오나라 왕 부차에게 바친다.

건괘의 네 번째 단계는 '혹약재연 무구或躍在淵 无咎', 즉 '때로 연못에서 뛰어오르면 허물이 없는' 시기다.

월나라가 오나라를 침공하려 한다는 소식을 듣자 오나라는 제나라를 치려던 기존의 계획을 변경했다. 오왕 부차는 오자서를 대장군으로 삼고 백비를 부장군에 임명하여 친히 수륙 양군을 이끌고 월나라 공격에 나섰다. 양군은 오늘날 장쑤성 우현吳縣에 해당하는 지역에서 맞붙었다. 수전水戰에서 월나라 대장군이 전사하고 수병 전군이 몰살당하면서 전세는 오나라 쪽으로 기울었다. 쫓기던 월왕은 잔병 오천여 기를 이끌고 회계산에 숨어들지만 오나라 군은 끝까지 뒤따라가 월왕을 산꼭대기로 몰아넣었다.

그때 범려가 월왕의 영채로 숨어들었고 월왕은 그를 반갑게 맞아들이고는 두 손을 모아 사죄했다.

"나의 식견이 부족하여 인재를 알아보지 못하고 선생 대하기를 태만히 하였소이다. 선생은 부디 나를 버리고 가시오. 이것은 실로 과인의 죄로 말미암은 업보입니다."

"대왕은 사죄하지 마시옵소서. 사람 사이의 만남에는 인연이 있게 마련인데 왕과 저의 인연은 오늘부터 시작된 것으로 여기시면 됩니다."

"산이 궁벽하고 물이 말라 더 이상 물러설 곳도 없소. 내게 월나라를 구할 방도를 일러 주시오."

월왕이 간청하자 범려가 대답했다.

"천명은 변하게 마련이고 덕을 쌓고 능력을 기르면 하늘이 다시 왕에게 기회를 줄 것입니다. 월왕은 나라의 임금으로서 백성에게 무도無道한 정치도 하지 않으셨습니다. 왕께서는 왕위를 계승하신 뒤 안으로는 가무와 여색으로 국사를 게을리하거나 뜻을 잃는 태만함을 보이지도 않으셨고, 밖으로는 전쟁을 일으켜 타국의 제후와 원수 맺은 일도 없습니다. 지금 월나라가 비록 위기에 처하긴 했지만 임금과 백성이 마음을 모아 제후들과 결의를 맺으면 머지않아 월나라는 진흥하고 오나라는 반드시 패할 것이니, 이는 단언할 수 있는 일입니다. 반면 오왕 부차는 전쟁을 좋아하고 무절제하게 색욕을 드러내어 백성으로부터 덕을 잃었습니다. 밖으로는 제나라, 월나라, 초나라와 다투고 안으로는 백성에게 악을 행하며 조정 대신들은 딴 마음을 품기에 바쁘다 합니다."

"그렇다면 내가 지금 해야 할 일이 무엇이오?"

범려는 논박의 여지가 없다는 듯 단호하게 말했다.

"오나라에 항복하십시오!"

다소 충격을 받았지만 이내 체념한 듯 구천은 문종으로 하여금 귀한 보물을 가지고 백비 장군을 만나 보게 한 뒤 그를 통해 투항의 뜻을 전달했다. 오왕 부차도 결국 월나라의 투항을 받아들였다. 단, 구천과 그의 처자를 오나라에 데려가 3년간 노역을 시킨다는 조건을 달았다. 범려는 자진해서 월왕 구천 부부와 함께 오나라에 가서 노역했는데 이로써 일생 중 가장 험난한 시기를 보내게 된다.

건괘의 다섯 번째 단계는 '비룡재천 이견대인飛龍在天 利見大人', 즉 '나는 용이 하늘에 있으니 대인을 만나 봄이 이롭다.'는 단계다.

구천은 천신만고 끝에 감금에서 풀려나 월나라로 돌아온 뒤 와신상담臥薪嘗膽하며 나라를 잘 다스릴 방도를 강구한다. 그는 범려가 제시한 부국강병의 전략과 '오나라 정벌을 위한 다섯 가지 계책'을 받아들인다. 그 결과 월나라의 국력은 점차 강해지고 군대의 위세는 드높아졌다. 반면 오나라는 국력이 점차 쇠퇴하고 군사력도 약해져만 갔다.

22년에 달하는 준비 기간 끝에 마침내 월왕은 범려와 문종을 이끌고 오나라를 습격하기에 이르는데 치열한 접전 끝에 오나라 군대는 월나라에 대패하고 만다. 월나라는 승세를 몰아 오나라 잔군을 계속 추격하면서 승리를 거듭했고 마침내 오나라의 도성인 고소성姑蘇城을 3년간 포위하기에 이른다. 결국 오나라 군대는 철저하게 패배하게 되고 부차는 고소산에서 사람을 보내어 구천에게 강화를 요청하지만 구천은 허락하지 않는다. 결국 오왕 부차는 자진하고 범려는 서시를 되찾아 온다.

월왕 구천은 오왕의 보좌에 앉아 문무백관의 하례를 받은 뒤 북으로 회수淮水를 건너 서주徐州에 이르러 제나라, 진晉나라 등과 함께 제후의 맹약을 맺은 다음 회수 상류의 땅을 초나라에 떼어 준다. 이로써 제후들은 구천을 열강의 패주로 모시게 된다.

건괘의 여섯 번째 단계는 '항룡유회亢龍有悔', 즉 '끝까지 올라간 용은 후회가 있다.'는 시기다.

모든 일을 이룬 뒤 범려는 자진해서 월나라를 떠난다. 문종에게는 이런 서신을 남긴 채였다.

'새가 잡히면 좋은 활을 감추고 교활한 토끼가 죽으면 달리는 개를 삶는다고 했던가? 월왕과 함께 환란의 시기를 보냈지만 왕과 함께 부귀까지 누릴 수는 없소. 그런데 그대는 어찌하여 이곳을 떠나지 않는가?'

문종은 그의 서신을 읽고 고개를 갸우뚱했다. 고생스러운 세월은 다 지나가고 이제 부귀영화를 누리는 일만 남았는데 모든 것을 버리고 간 범려를 이해할 수 없었고, 자신이 월나라를 위해 그토록 큰 공을 세웠는데 설마 월왕이 불의하게 대하겠느냐는 생각 때문이었다. 고생 끝에 얻은 지위인데 섣불리 포기할 용기도 없었다.

세월이 흘러 어느 날, 문종은 간신들에 의해 반란을 꾀한다는 죄목으로 참소당했다. 월왕은 사람을 시켜 문종에게 검 하나를 보내며 명했다.

"당시 그대가 내게 오나라를 치라고 하면서 일곱 가지 계책을 주었소. 나는 그중 세 가지를 오나라를 멸하는 데 썼고 네 가지는 아직 그대 머릿속에 남아 있소. 허나 지금에 와서 그것을 써 본들 무슨 소용이 있겠는가? 그냥 지하로 가져가서 선왕들에게나 바치시게."

할 말을 잃은 문종은 통곡하며 말했다.

"범려여! 그때 그대의 충고를 들었어야 했다! 지금 후회해 봐야 소용이 없구나."

말을 마치자마자 그는 칼을 뽑아 자진하였다.

범려는 서시를 데리고 월나라를 떠난 뒤 공명을 버리고 성과 이름을 바꾼 채 물안개 자욱하고 물결 이는 거대한 태호太湖에서 은거했다. 훗날 그는 지금의 산둥성 딩타오定陶에 해당하는 도陶라는 곳에 가서 주공朱公이라고 불리며 장사를 해서 거상이 되었다. 당시 도라는 지역은 사통팔달의 교통의 요지여서 제후국 간의 상품 교역과 유통이 활발하게 이루어지던 곳이었다. 장사에도 도가 튼 범려는 오래지 않아 갑부가 되었다. 제나라 사람들은 모두 그의 어짊과 능력을 인정하였고 제나라 국상인 진성자陳成子도 사자를 보내 범려에게 관직에 오를 것을 제안했다.

"우리 집 재상께서 당신의 재능을 높이 사 특별히 저를 보내어 관직을 권하셨습니다."

사자가 가고 나자 범려는 하인들을 향해 말했다.

"내가 일찍이 관직이 정승에 이르고 장사로 수만금을 얻었으니 이는 평범한 서민 출신으로 최고의 경지에 도달한 것이 아니겠는가. 그런데 그 영화를 조금이라도 길게 누리고자 관직에 나서는 것은 지혜롭지 못한 일이다. 내일 재산을 가난한 백성에게 나누어주고 여기를 떠날 것이다."

그는 과연 재산을 가난한 자들에게 나누어 주고 홀연히 떠나 어디선가 은둔의 삶을 이어갔다. 그때부터 사람들은 재산을 모아 부자가 된 사람을 도주공陶朱公이라고 일컫기도 하고, 범려를 재신財神으로 받들어 모시며 제사를 지내기도 한다.

≡

건괘는 64괘 중 유일하게 양효로만 이뤄진 순양괘로 강건함과 움직임, 변화가 지극한 괘다. 건괘는 용 아니면 말이다! 건괘는 용마龍馬 정신과 양강陽剛의 정신을 표현하며 '스스로 강해지고자 노력하기를 쉬지 않는' 자강불식自强不息의 정신과 강건하여 의연한 사고를 그대로 보여준다.

건괘를 이루는 여섯 양효는 서로 다른 여섯 가지 시공간 위치와 상태를 상징한다. 즉 아래에서부터 위로 차례대로 용의 상태 즉 '잠긴 용潛龍' '나타난 용見龍' '두려워하는 용惕龍' '뛰어오르는 용躍龍' '나는 용飛龍' '끝까지 올라간 용亢龍'에 빗대었는데 이는 각각 사물의 발전이 맹아의 상태에서 발전하여 최고의 경지에 오르고 쇠락하였다가 다시 살아나는 과정을 상징한다. 이처럼『주역』은 여섯 가지 시공간 단계와 용의 여섯 가지 상태를 이미지화하여 표현했다. 이러한 여섯 가지 시공간적 상태에 적응하기 위해서는 여섯 가지의 서로 다른 방법을 적용해야만 길함을 따르고 흉함을 피할 수 있다.

건괘는 하늘을 대표하며 건괘의 여섯 가지 시공간의 변화법칙은 천도天道, 즉 하늘의 도를 말한다. 하늘의 도는 땅의 도地道와 인간의 도人道를 통솔하고 변화한다. 세상만물과 모든 일도 변화한다. 소위 살면서 겪게 되는 모든 좋고 나쁨도 사실은 다 자신이 시공간의 상태를 어떻게 파악하고 어떻게 대처하느냐에 따른 결과물이다. 이것이 바로 어떤 원인이 있으니 어떤 결과가 생긴다는 원리이며 이는 불변의 법칙이다. 마음을 가라앉히고 가만히 생각해 보기 바란다. 바로 지금 이 순간 나는 어떤 시공간의 상태에 처해 있는가? 이 상황에서 어떻게 해야만 길함을 따르고 흉함을 피할 수 있을까? 다음 단계에는 어떤 결과를 기대할 수 있을까? 지금 맞닥뜨린 결과는 도대체 어떤 원인에 의해서 생겨난 것일까?

건괘의 괘효사를 살펴보면 한 사건을 설명한 다음에 이에 대한 길흉을 판단하는 말, 이를테면 '이롭다利' '후회한다悔' '위태롭다厲' '허물이 없다无咎' '길하다吉' 등의 말을 덧붙인 구조를 가지고 있다. 대부분 사람은『주역』을 보면서 뒤에 나오는 판단어에만 주목한 채 그 앞의 전제가 되는 말은 무시한다. 참으로 안타까운 일이 아닐 수 없다. 이는『주역』을 점술서로만 치부하여 그 가치를 반감시키는 일이다. 사실『주역』은 뒤에 나오는 결론보다는 이를 초래하고 가능하게 한 원인 및 과정을 적은 앞선 문구가 더 중요하다. 따라서『주역』을 읽을 때는 뒤의 결론에만 치중하지 말고 앞에 나온 원인과 과정에 주목해야 한다.『주역』은 미래를 내다보는 예측학이라기보다는 행동학의 측면이 더 중시되는 분야이기 때문이다. 길흉을 알려 주는 것보다 어떻게 하면 길함을 따르고 흉함을 피할지 알려 주는 것이 더 중요하다. 현대인들은 어째서 '길하고' '흉하고' '후회하고' '허물이 있고' '허물이 없는지'『주역』을 통해 알아내야 한다. 오늘을 살아가는 우리에게『주역』이 무슨 말을 해 주는지 귀를 기울여 보자.

02
곤괘坤卦 — 음유의 아름다움

괘사

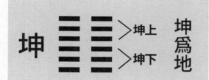

坤 元亨 利牝馬之貞.
곤 원형 이빈마지정
君子有攸往 先迷後得主 利.
군자유유왕 선미후득주 이
西南得朋 東北喪朋 安貞 吉.
서남득붕 동북상붕 안정 길

곤은 시작부터 형통하고 암말이 바르게 함이 이롭다. 군자의 갈 바가 있을진대 먼저 가면 혼미하지만 뒤에 가면 주인을 찾아 이롭다. 서쪽과 남쪽은 친구를 얻고 동쪽과 북쪽은 친구를 잃으니, 편안하고 바르게 하면 길하리라.

곤괘를 볼 때마다 어째서 곤괘가 건괘 다음 두 번째 위치에 배치됐을까 하는 의구심이 든다. 그것은 『주역』이 우주만물의 생장 순서를 따랐기 때문이다. 먼저 하늘이 생겨난 다음에 땅이 생겨났는데 곤은 땅을 상징하므로 두 번째 괘에 배치된 것이다. 곤괘의 여섯 효는 모두 음효여서 순음괘純陰卦다. 「설괘전」에서는 "곤은 땅이다." "곤은 유순함이다."라고 했다. 이처럼 땅과 같은 음의 성질을 지닌 것들의 상을 취했기 때문에 그 성질 또한 유순하다. 곤괘는 끝도 없고 경계도 없는 대지를 상징적 이미지로 삼아 가장 순수한 음을 나타낸다. 가장 유순한 품격과 자질로 만물을 끌어안아 그 덕이 한없어서 사람들은 대지의 두텁고도 만물을 끌어안는 정신을 본받아 유순함과 겸손함으로 도량을 넓힌다.

괘사에서 '곤 원형 이빈마지정坤 元亨 利牝馬之貞'은 시작부터 형통하지만 암말이 바르게 함이 이롭다는 뜻이다. 암말은 무엇인가? 우선 '암컷 빈牝'이라는 글자부터 살펴보자. 이 글자는 갑골문에서 아래처럼 표시되는데 '소 우牛' 변방을 가져서 동물을 대표한다.

여기서 '소 우牛'의 오른쪽에 놓인 글자는 여성의 생식기를 본 뜬 것이다. 그것과 상대가 되는 글자는 '수컷 모牡'로 남성의 생식기를 가리키며 갑골문에는 아래처럼 표시되어 있다.

'빈牝'은 암컷 말이고 성정이 부드러우며 온순하므로 이로써 땅의 성질인 유순함을 빗댄 것이다. 고로 '이빈마지정利牝馬之貞'은 음의 성질을 지닌 사물에 이롭거나 혹은 여성이 바른 도를 지키는 것이 이롭다는 뜻이다. 다시 말해 유순한 성품을 지켜 유지하는 것이 이롭다는 것이다.

'군자유유왕 선미후득주君子有攸往 先迷後得主'에서 '유攸'는 '~하는 바'의 뜻을 가진 '소所'에 해당하는 말로 '군자가 갈 바가 있다.'는 뜻이다. 그러나 먼저 가면 혼미하게 되는 반면, 뒤에 가면 이내 주인을 찾고 방향을 가늠할 수 있다. 여기에서 '선先'은 앞장서서 이끈다는 것이고, '미迷'는 방향을 잃고 헤맨다는 것이며, '후後'는 차후에 순종한다는 말이다. '득주得主'는 '미迷'에 상대되는 말로 방향을 잃지 않고 정상으로 회귀한다는 말이다. 곤의 덕과 품성을 지닌 군자가 나아가 일을 하면 자신의 유순한 본성을 발양할 수 있다. 만약 지도자가 되고 싶은 나머지 많은 사람 앞에 거하면 방향을 잃고 정책 결정에 실수를 범하지만 강건함으로 행동하는 사람, 즉 '건乾'의 품성을 지닌 지도자를 뒤에서 보조하며 바른 도에 부합하게 행동하면 성과가 있을 것이라는 뜻도 된다.

'서남득붕 동북상붕西南得朋 東北喪朋'은 서쪽과 남쪽에서 친구를 만나고 동쪽과 북쪽에서는 친구를 잃을 것이라는 말이며, 바른 도를 지키면 편해지고 좋은 결과를 얻을 것이라는 의미에서 '안정 길安貞 吉'이라고 덧붙였다. 그렇다면 어째서 서쪽과 남쪽에서는 친구를 만나고 동쪽과 북쪽에서는 친구를 잃는다고 했을까? 그것에 관해서는 다음에 나올 「단전」에서 다시 다룰 것이다. 곤괘에서 말하는 것은 대지의 지혜이자 여인의 지혜, 즉 음유陰柔의 지혜다. 음유를 지닌 사람은 천도에 순응하지 않으면 방향을 잃지만 천도를 따르면 방향을 찾을 수 있으니 음유의 지혜는 바로 '순응함'에 있다고 볼 수 있다.

괘사에 대한 「단전」

彖曰: 至哉坤元 萬物資生 乃順承天.
단 왈   지재곤원 만물자생 내순승천

坤厚載物 德合无疆.
곤후재물 덕합무강

含弘光大 品物咸亨.
함홍광대 품물함형

牝馬地類 行地无疆 柔順利貞 君子攸行.
빈마지류 행지무강 유순리정 군자유행

先迷失道 後順得常.
선미실도 후순득상

西南得朋 乃與類行. 東北喪朋 乃終有慶.
서남득붕 내여류행 동북상붕 내종유경

安貞之吉 應地无疆.
안정지길 응지무강

「단전」에서는 말했다. 지극하다 곤원이여, 만물이 그로 말미암아 생겨
났으니 이에 순응하여 하늘을 받드는구나. 곤의 두터움이 만물을 싣게 하
고 덕이 끝이 없음에 합한다. 포용하고 너그러우며 빛나고 위대하여 만물
이 다 형통하다. 암말은 땅에 속한 부류여서 땅을 걸어감이 끝이 없으며
유순하여 바르게 함이 이로우니 군자의 행하는 바다. 먼저 하면 혼미하여
도를 잃고 뒤에 하면 유순하여 떳떳함을 얻는다. 서쪽과 남쪽으로 가면
친구를 얻는 것은 동류와 함께 감이요, 동쪽과 북쪽으로 가면 친구를 잃
는 것은 이내 경사가 있다는 말이다. 편안하고 바르게 함의 길함이 땅의
끝없음에 응한다.

「단전」에서는 '지극하다 곤원이여, 만물이 그로 말미암아 생겨났으니
이에 순응하여 하늘을 받드는구나.至哉坤元 萬物資生 乃順承天'라고 했는데 여
기서 건괘에 대한 단전의 해석인 "위대하다 건원이여, 만물이 그로 말미암
아 시작하였으니 이에 우주자연을 다스리는구나.大哉乾元 萬物資始 乃統天"
라고 한 말을 떠올릴 수 있다. 건괘의 「단전」에서는 '시작하였으니始'라
고 표현하였으나 곤괘에서는 '생겨나니生'이라고 했다. 소위 '생겨난다'
는 것은 '시작'이나 '처음'보다 앞설 수 없으므로 두 번째 단계에 해당한
다. 그래서 곤괘에서 '만물이 그로 말미암아 생겨나니'라고 표현한 것이
다. 이처럼 곤괘에 이르러야만 비로소 만물을 생겨나게 하는 임무가 완
성될 수 있는데 이는 성숙한 여인이 있어야만 아이를 낳을 수 있는 것과

같은 원리다. 따라서 건괘가 시작을 주관하고 곤괘는 생장을 주관하는 것이다.

'순승천順承天'은 '순응하여 하늘을 받든다.'는 뜻인데 이는 곤괘가 두 번째 위치이고 건괘가 첫 번째 위치이므로 곤괘가 건괘에 순응해야 함을 말한다. 곤괘의 가장 큰 기능은 따르고 순응하는 것이므로 곤괘를 이루는 여섯 효도 일련의 순응하는 과정이다. 건괘를 설명할 때 이미 언급했지만 건은 '시작始'을 의미하므로 어린 계집아이童女, 소녀少女에 해당하지만 곤은 '생장시키는生' 것이므로 어머니母親, 젊은 부인少婦에 빗댄다. '모母'라는 글자를 갑골문에서 보면 아래처럼 '여女'라는 글자에 두 개의 점, 여성의 두 유방을 표현함으로써 성숙한 여인의 뜻을 더했다.

이 때문에 공자의 눈에는 건괘는 어린 계집아이, 소녀이고 곤괘는 성숙한 여인인 어머니와 젊은 부인으로 보였던 것이다. 그래서 건은 앞에 오고 곤은 뒤에 온다. 이것은 한 사람이 인생을 살면서 직면하게 되는 두 가지 단계를 대표한다. 어떤 사물이든지 처음 생겨난 뒤에는 자라서 발전하는 두 단계를 거치기 때문이다.

그러나 노자의 관점은 공자와는 반대다. 노자는 비록 건괘와 곤괘를 짚어서 명확하게 언급하지는 않았지만 그 대신 '무無와 유有' '음陰과 양陽'의 개념을 들어서 설명했다. 노자는 가장 먼저 무가 있은 다음에 유가 생겨났으므로 무에서 유가 나왔으며, 먼저 음이 있은 다음에 양이 생겨났으므로 음에서 양이 나왔다고 여겼다. 그래서 『도덕경』 1장에 보면 "이름이 없음은 천지의 시작이요, 이름이 있음은 만물의 어머니다.無名天地之始 有名萬物之母"라고 했다. 여기서 '무'와 '음'은 어린 계집아이이자 소녀이고

'유'와 '양'은 어머니, 젊은 부인에 해당한다. 아래 표를 참조하기 바란다.

공자	건乾, 천天, 남男	곤坤, 지地, 여女
노자	무無, 음陰, 여女	유有, 양陽, 남男

'곤후재물 덕합무강坤厚載物 德合无疆'은 '곤의 두터움이 만물을 싣게 하고 덕이 끝이 없음에 합한다.'는 뜻이다. 여기서 '곤후坤厚'는 대지가 만물을 실을 수 있을 만큼 두터워서 그 품격과 덕이 무궁무진하다는 말이다. '무강无疆'은 끝도 없고 경계도 없다는 말인데 대지의 무한한 광활함이 사람의 끝없는 미덕과 동일함을 표현한 것이다. 이것이 바로 상을 취하여 비슷한 종류끼리 분류하여 귀납시키는 취상비류의 방식이다.

그렇다면 어째서 곤을 가리켜 가장 두텁다고 했을까? 왜냐면 대지의 탁기濁氣가 하강해서 천천히 축적되기 때문이다. 그래서 세상만물과 모든 일 가운데 대지가 그 어떤 것보다도 더 두텁다고 하는 것이다. 여기서 확장해 보면 음의 성질을 지니는 것은 다 두터우며 그렇기 때문에 만물을 실을 수 있다고 할 수 있다. 그렇다면 '곤이 두텁다.坤厚'는 것과 '만물을 싣는다.載物'는 것 사이에는 어떤 관계가 있을까? 이 두 명제는 서로 병렬관계가 아닌 조건관계 혹은 인과관계다. 즉 곤이 두터워야만 비로소 만물을 실을 수 있다, 혹은 곤이 두텁기 때문에 만물을 싣게 되었다는 말이다. 또한 '덕이 끝이 없음에 합한다.德合无疆'고 했는데 덕이라는 품격은 어떻게 해야만 '끝이 없는无疆' 경지에 이를 수 있을까? 곤괘, 대지처럼 깊고 두터우며 넓은 품격을 지녀야만 그 공덕이 끝도, 경계도 없는 경지에 이를 수 있다.

'함홍광대 품물함형含弘光大 品物咸亨'은 '포용하고 너그러우며 빛나고 위

대하여 만물이 다 형통하다.'는 뜻
이다. 여기서 '함홍含弘'은 넓고 도
탑게 포용한다는 것이며 '광대光大'
는 광명정대하다는 말로 대지의
품격과 덕을 가리킨다. 대지가 무

엇이든 포용하고 발양시키므로 광대하다고 했다. '품물함형品物咸亨'은 세
상만물과 모든 일이 모두 형통하다는 말인데 루쉰이 자주 드나들었던
술집인 '함형주점咸亨酒店'의 이름도 여기서 기원했다.

'빈마지류 행지무강牝馬地類 行地无疆'은 '암말은 땅에 속한 종류라서 땅
을 가기를 끝없이 한다.'는 뜻이다. 여기서 '암말牝馬'은 대지大地와 마찬가
지로 음의 성질을 지닌 것이다. 음의 사물이 지닌 힘은 거대한 것이라서
암말은 수말에 비해 인내심과 지구력이 강해 대지를 다닐 때 더 멀리 갈
수 있다.

'유순리정 군자유행柔順利貞 君子攸行'은 '유순함은 정도를 지키어 유지하
는 것에 유리하니 군자가 유순한 덕을 갖추면 나아가 행함에 유리하다.'
는 말이다.

'선미실도 후순득상先迷失道 後順得常'은 '먼저 하면 혼미하여 도를 잃고
뒤에 하면 유순하여 떳떳함을 얻는다.'는 뜻이다. 군자는 이처럼 '순順'해
야 하는데 이는 두 가지 의미를 포함한다. 첫 번째는 군자의 행위, 즉 그
품행이 유순하다는 것이고, 둘째는 땅의 도와 하늘의 도에 순응한다는 뜻
이다. 이 두 가지 '순'을 동시에 갖추어야만 군자가 비로소 앞으로 나아갈
수 있다. '먼저 하면 혼미하다.先迷'는 것은 먼저 자신이 옳다고 여기면 방
향을 잃는다는 뜻이며, 그렇게 되면 '도를 잃는다.失道'고 덧붙였다. '뒤에
하면 유순하다.後順'고 한 것은 혹시 잘못 알고 있는 게 있으면 이를 고친
후에 서서히 하늘의 도를 따른다는 것으로 그렇게 되면 '떳떳함을 얻는

다.得常'고 했다. 여기서 '떳떳함常'은 '도道'를 말한다.

'서남득붕 내여류행西南得朋 乃與類行'은 '서쪽과 남쪽으로 가면 친구를 얻는 것은 동류와 함께 감이요.'라는 뜻이다. 서쪽, 남쪽은 곤괘와 동일한 종류다. 「설괘전」의 해석을 보면 서쪽은 태괘이고 남쪽은 이괘여서 모두 음괘에 속한다.

'동북상붕 내종유경東北喪朋 乃終有慶'은 '동쪽과 북쪽으로 가면 친구를 잃는 것은 이내 경사가 있다.'는 뜻이다. 「설괘전」에 따르면 동쪽은 진괘 이고 북쪽은 감괘여서 모두 양괘에 속한다. 비록 곤괘와 동류는 아니지만 '이내 경사가 있다.乃終有慶'고 한 것은 끝내는 길한 일이라는 말이다. 그것 은 왜일까? 음양이 서로 '보충해補' 주고 서로 '나게生' 하는 등 상호 작용 을 시작하기 때문이다.

'안정지길 응지무강安貞之吉 應地无疆'은 '편안하고 바르게 함이 땅의 끝 없음에 응한다.'는 뜻이다. 어째서 편안하고 바르게 함이 길하다고 했을 까? 세상만물과 모든 일 가운데 대지야말로 우리가 눈으로 봐서 감지할 수 있는 가장 거대한 사물일 것이다. 하늘 또한 큰 것에 속하지만 변화무 쌍하여 포착하기 어려운 반면, 대지는 실재하면서도 무척 두터운 것이므 로 풍부한 덕으로 사물을 기꺼이 실을 만한 포용력을 지닌다. 대지는 이 러한 품격과 덕을 영원히 지니기 때문에 만물이 끊임없이 생장하게 하는 기반이 된다. 우리도 대지처럼 끝없이 광활하여 능히 만물을 실을 만한 미 덕을 지님으로써 이러한 덕을 유지하는 데 마음을 쓰면 크게 길할 것이다.

곤괘에 대한 「단전」의 해석을 요약하자면 '대지는 덕이 지극할 뿐 아니 라 하늘에 협조함으로써 만물을 일으킨다.'고 할 수 있다. 만물은 대지에 의지하여 나고 자라며 대지는 하늘의 뜻에 순종한다는 말이다. 대지는 그 덕이 깊고 두터우며 광활하여 만물을 실을 만하고 그 덕의 광대함이 영원 하고 끝없다. 그것은 모든 것을 포용하여 발전시키므로 만물이 이로 말미암아 형통하고 막힘없이 자양분을 공급받는다. 암말은 땅의 동물이어서 끝없는 대지 위를 영원히 달리며 부드러움과 온순함과 바른 도를 지키기에 이롭다. 어디를 가든 군자가 남보다 앞서 맨 앞자리를 차지하면 반드시 길을 잘못 들어 방향을 잃고 바른 도를 벗어나게 될 것이다. 반면 다른 사람의 뒤에서 온화함과 유순함으로 따르면 오래도록 복될 수 있다. 서쪽과 남쪽에서는 친구를 얻어 함께 앞을 향해 달려갈 수 있는 반면, 동쪽과 북쪽에서는 친구를 잃게 되는데, 그러함에도 결국에는 경사스러운 복이 있을 것이다. 바른 도를 지키고 순종하면 길하며 이는 대지의 미덕에 부합하는 것이어서 아름다운 덕을 영원히 유지할 수 있다.

괘사에 대한 「대상전」

象曰: 地勢坤 君子以厚德載物.
상 왈 　지 세 곤 　군 자 이 후 덕 재 물

「상전」에서는 말했다. 땅의 기세가 유순하니 군자는 두터운 덕으로 만물을 싣는다.

「상전」에서 '땅의 기세가 유순하다地勢坤'고 한 것은 상하의 괘가 모두 곤괘이기 때문이다. 곤은 땅이고 땅은 하늘을 받들어 순응함으로써 운행하므로 유순함과 통한다. 여기서 '곤'은 그 본래의 뜻인 '순順'을 취했기 때문에 여기서는 땅이 운행하는 모습과 기세가 '순'하다는 것을 말해 주고 있다. 대지는 영원히 천도의 법칙에 순종하면서 운행하고 넓은 도량과 도타운 품성을 가지고 만물을 싣고 기름으로써 끊임없이 번성하게 한다. 이것이 바로 곤괘의 상이다.

　군자는 이러한 괘상을 본받아 곤괘의 도를 따라서 '후덕재물厚德載物',

즉 '두터운 덕으로 만물을 실어 나른다.' '후厚'는 두텁고 깊다는 뜻이고 '덕德'은 품격과 덕성을 말하는데, 구체적으로 이 '덕'은 '포용의 덕'이자 '유순한 덕'이며 '인내와 양보의 덕', '순응의 덕', '삼가는 덕'이다. '재물載物'은 만물을 실어 나른다는 뜻이다.

그럼 '두터운 덕'과 '재물'은 어떤 관계에 있을까? 그 둘은 '덕이 두텁고 또한 만물을 실어 나른다.'는 병렬의 관계가 아니라 '덕이 두텁기 때문에 만물을 실어 나를 수 있다.'는 인과관계 및 조건관계다. 그래서 '두터운 덕'이 가장 중요하다. 따라서 '두터운 덕으로 만물을 싣는다.'는 말은 군자가 대지의 너그러운 포용력과 만물을 기르는 도를 본받아 마찬가지로 두터운 품성과 넓은 마음을 가지고 만물을 품어서 기를 줄 알아야 한다는 뜻이다.

초육 효사와 「소상전」

初六, 履霜 堅冰至.
초 육　이 상　견 빙지

象曰: 履霜堅冰 陰始凝也. 馴致其道 至堅冰也.
상 왈　이 상 견 빙　음 시 응 야　순 치 기 도　지 견 빙 야

초육은 서리를 밟으면 단단한 얼음이 된다.

「상전」에서는 말했다. 서리를 밟으면 단단한 얼음이 되는 것은 음이 처음 응결했기 때문이다. 그 도를 점차 이루어 단단한 얼음에 이른 것이다.

초육의 '이상 견빙지履霜 堅冰至'는 얇게 내려앉은 서리를 밟으면 단단한 얼음을 맞이하게 된다는 말인데, 간단히 말해 순응하라는 것이다. 겨울이 다가올 무렵이면 먼저 지상에 서리가 깔린 다음에야 단단한 얼음이 생긴다. 이는 음기가 갈수록 강해짐을 상징한다. 서리가 내리는 것에서부터

단단한 얼음이 생기기까지의 과정은 사물의 발전 단계를 보여 준다. 서리와 얼음은 모두 음의 성질을 지닌 것이고 곤괘는 음으로만 이루어진 순음괘이므로, 처음부터 음의 성질을 지닌 사물에 빗대어 설명했다. 음기가 축적되어 점차 그 기운이 커지는 것은 점진적인 발전의 과정이다. 이 모든 것은 순응한다는 의미를 취한 것이다.

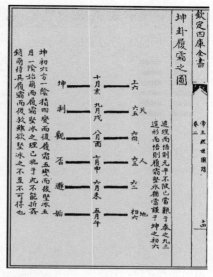

곤괘이상지도

「상전」에서는 이에 대해 '서리를 밟으면 단단한 얼음이 되는 것은 음이 처음 응결했기 때문이다.履霜堅冰 陰始凝也'라고 해석했다. 뒤이어 나오는 '순치기도 지견빙야馴致其道 至堅冰也'는 '그 도를 점차 이루어 단단한 얼음에 이른 것이다.'라는 뜻이다. 음기의 발전 과정에 순응하면 음기가 점차 응결하다가 극에 이르러 얼음이 어는 형태로 나타난다. 먼저 서리가 내린 다음에야 얼음이 어는 현상을 통해 우리는 어떤 사물이라도 작은 것에서부터 큰 것의 형태로 발전하고, 미미하고 얇은 것에서부터 시작하여 풍성하고 두터운 것으로 서서히 발전하는 과정을 거친다는 사실을 알 수 있다. 이 때문에 어떤 일을 하더라도 이러한 사물 발전의 과정에 순응해야지, 가시적인 결과를 이끌어내기 위해 선불리 싹까지 뽑아내 버리는 일을 저질러서는 안 된다.

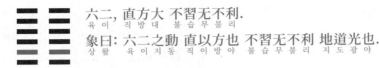

六二, 直方大 不習无不利.
육이　직방대　불습무불리

象曰: 六二之動 直以方也 不習无不利 地道光也.
상왈　육이지동　직이방야　불습무불리　지도광야

육이는 곧고 방정하고 위대하니 익히지 않아도 이롭지 않음이 없다.
「상전」에서는 말했다. 육이의 움직임이 곧고 방정하니 배워 익히지 않아도 이롭지 않음이 없음은 땅의 도가 빛나는 것이다.

육이의 '직방대直方大'에서 '직直'은 정직하고 곧다는 의미이고 '방方'은 방정하다는 뜻이며 '대大'는 성대하고 위대하다는 말이므로, 전체적인 의미는 곤의 덕이 곧고 방정하며 위대하다는 것이다. '배워 익히지 않아도 이롭지 않음이 없다.不習无不利'는 것은 대지의 본성이 곧고 방정하며 위대하니 자신의 본성을 발휘하여 드날리고 발전시키기만 하면 되므로 따로 배우거나 익히지 않아도 이롭지 않음이 없다는 말이다.

「상전」에서는 이에 대해 '육이의 움직임이 곧고 방정하니六二之動 直以方也'라고 해석했다. 괘를 이루는 여섯 효 가운데 맨 아래 두 개의 효는 땅의 자리다. 육이효는 땅의 위치에 있다고 할 수 있으므로 육이는 대지를 대표한다. 게다가 육이는 하괘의 '중中'을 얻었고 음이 와야 할 자리에 음효가 왔으므로 '정正'까지 얻었으므로 대지의 '곧고 방정하며 위대한' 특징에 마침 잘 부합한다. '직直'은 곧고 바른 것이다. 하늘은 둥글고 땅은 방정하다. 방정함의 사면은 곧은 것으로 둘러싸이게 되므로 곧은 것은 곧 방정하다고 할 수 있다. 게다가 대지는 크다. 사실 '중中' '정正' '방方' '대大'는 취의의 측면에서 모두 동류의 상이라고 할 수 있다.

그렇다면 어째서 '배워 익히지 않아도 이롭지 않음이 없다.不習无不利'고 했을까? 왜냐면 '땅의 도가 빛나기地道光也' 때문이다. 대지의 도道는 광명光明하다. 재미있게도 '하늘'을 말할 때도 '광명光明'이라고 하지 않았는데 도리어 '땅'을 논할 때 '광명'하다고 했다. 이건 왜일까? 사실 하늘의 도가 광명한 것이라는 점은 사람들은 누구나 보고 알 수 있는 사실이다. 그러나 땅의 도는 하늘의 도를 받들어 본받는 것이므로 땅의 도 역시 광명한 것이다. 다만 보통 사람들이 잘 알아차리지 못할 뿐이다. '곧고 방정하고 위대하다.'는 것은 '광명'의 또 다른 표현 방식인 셈이다. 이처럼 대지의 도는 그 자체로 광명한 것이므로 이 품성을 유지하고 계속 확대해 나가기만 하면 될 뿐 따로 배우거나 익히지 않아도 된다.

이를 사람이 처신하는 데 적용해 보면 사람은 지상에 있으므로 전형적인 '천인합일天人合一'의 사상이라고 할 수 있다. 사람은 하늘처럼 광명하고 땅처럼 '곧고 방정하며 위대하니' 곧 광명정대하다. 광명정대하다는 것은 도, 즉 하늘의 도, 땅의 도, 사람의 도가 하나로 합쳐진 것이다. 노자는 "사람은 땅을 본받고, 땅은 하늘을 본받으며, 하늘은 도를 본받고, 도는 자연을 본받는다.人法地 地法天 天法道 道法自然"고 말했다. 이것이 바로 선현들이 말한 천인합일 사상이다.

고궁古宮에 가 보면 각종 궁들과 전각들을 볼 수 있다. 고궁의 앞쪽에 들어서 있는 세 개의 전殿 가운데 가장 큰 것은 태화전이다. 태화전은 황제가 국가의 대소사를 처리하던 건물로 그

태화전 현판에 쓰인 '정대광명'

상단에 걸린 큰 현판에는 '정대광명正大光明'라는 네 글자가 쓰여 있다. 이 문구가 바로 곤괘의 육이효에서 취해 온 것이다.

六三, 含章可貞 或從王事 无成有終.
육삼　함장가정　혹종왕사　무성유종

象曰: 含章可貞 以時發也. 或從王事 知光大也.
상왈　함장가정　이시발야　혹종왕사　지광대야

　육삼은 아름다움을 머금어 바르게 할 수 있으니 때로 왕의 일에 종사한다면 이룸은 없되 끝마침은 있다.

　「상전」에서는 말했다. 아름다움을 머금어 바르게 할 수 있음은 때를 따라 발하는 것이요, 때로 왕의 일에 종사함은 지혜와 사려가 밝고 큰 것이다.

　육삼에서는 '아름다움을 머금어 바르게 할 수 있다.含章可貞'고 했는데 이는 자신의 재능을 감추어 두면 바른 도를 지킬 수 있으며, 이렇게 해야만 바른 도에 부합한다는 말이다. '함含'의 의미는 숨기어 갖춘다는 것이고 '장章'은 '창彰'과 상통하는 말로 재능과 재주를 뜻한다. 육삼효는 '중中'도 '정正'도 얻지 못했으니 "삼효는 흉함이 많다.三多凶"는 「계사전」의 말이 마침 들어맞는다. 이럴 때는 '아름다움을 머금어 바르게 될 수 있다.'는 이치에 유념해야 한다.

　『주역』을 공부할 때는 시공간의 상황을 두루 살필 줄 알아야 한다. 그런 면에서 '혹종왕사或從王事'에서 '혹或'은 '때때로'의 의미를 지닌다. 때때로 왕을 받들어 일을 할 수는 있지만 그것은 자신의 일은 아니다. 여기서 '왕王'은 괘사에서 언급한 '주主', 즉 '주인'이다. 주인을 따라 일을 해야만 '이룸이 없고 끝마침을 둘 수 있다.无成有終', 즉 위대한 성과는 거두지 못하겠지만 끝이 아름다울 수 있다는 말이다. 다시 말해, 때때로 다른 사람을 받들며 일할 수는 있지만 자신이 우두머리가 되려 하지 말아야 한다. 스스로 큰일을 처리하기에는 시기적으로 아직 적합하지 않기 때문이다.

「상전」에서는 이에 대해 '아름다움을 머금어 바르게 할 수 있다는 것은 때를 따라 발하는 것이요.含章可貞 以時發也'라고 해석했다. 육삼의 자리에 있으면 자신의 재능을 숨기고 바른 도를 지켜야 하는데 이는 훗날 적당한 시기가 찾아왔을 때 제대로 된 역할을 발휘하기 위함이다. '때로 왕의 일에 종사한다는 것은 지혜와 사려가 밝고 큰 것이다.或從王事 知光大也'라고 한 것은 자신의 재능을 숨김은 일을 하지 않으려는 게 아니라 다른 사람을 위해 일함이며, 특히 군왕을 따라 일을 처리한다는 말이다. 이렇게 하면 자신의 재능을 적당한 시기에 드날릴 수 있다.

육삼에서 '함장含章', 즉 '아름다움을 머금는' 것은 언젠가 앞으로 나아가 군왕의 자리에 이르렀을 때 육오효처럼 자신의 재능을 밝히기 위함이다. 이처럼 『주역』은 시공간의 위치와 상황을 무척 강조한다.

육사 효사와 「소상전」

六四, 括囊 无咎无譽.
육사　괄　낭　무구무예
象曰: 括囊无咎 愼不害也.
상왈　괄낭무구　신불해야

육사는 주머니의 끈을 묶듯 하면 허물은 없지만 칭찬도 없다.

「상전」에서는 말했다. 주머니 끈을 묶듯 하여 허물이 없음은 삼가면 해롭지 않다는 말이다.

육사의 '괄낭括囊'에서 '괄括'은 묶는다는 뜻이고 '낭囊'은 주머니이니 주머니를 묶는다는 말이다. 다시 말해 육사의 단계에서는 마치 주머니를 묶듯 재능을 철저하게 감추어 드러내지 않아야 한다는 것이다. 그래야만 '허물도 없고 칭찬도 없는无咎无譽', 즉 좋지도 나쁘지도 않은 상태가 될 수 있다. 육사는 군왕을 가까이에서 모시는 대신大臣의 위치여서 때에 따라 흉하고 험한 일을 만날 수 있으므로 더욱 경계해야 한다. 고대에는 '공고진주功高震主(공적이 크면 주인을 놀라게 한다.)'의 상황은 무척 위험한 일이었으므로 아무리 재능이 뛰어나더라도 신하된 처지에 맞게 이를 드러내지 않는 지혜가 필요했다.

「상전」에서는 '주머니 끈을 묶듯 하면 허물이 없다는 것은 삼가면 해롭지 않다는 말이다.括囊无咎 慎不害也'라고 해석했다. 육삼효에서는 '아름다움을 숨긴다.含章'라고만 했는데 육사효에서는 주머니 끈을 묶듯 재능을 한층 더 철저하게 숨기는 모습이다. 따라서 육사효의 단계에서는 일을 할 때 각별히 신중하고 삼가야 하며 그렇지 않으면 무척 위태로워진다.

육오 효사와 「소상전」

六五, 黃裳 元吉.
육 오 황 상 원 길

象曰: 黃裳元吉 文在中也.
상 왈 황 상 원 길 문 재 중 야

육오는 누런 치마이니 크게 길하다.

「상전」에서는 말했다. 누런 치마가 크게 길한 것은 문文이 가운데 있음이라.

육오에서 '황상黃裳'은 누런색의 옷을 말한다. 고대에는 옷의 윗도리를 일컬어 '의衣'라고 하고 아랫도리는 '상裳'이라고 했으므로 누런 치마라고 보면 된다. 그렇다면 황제는 어떤 옷을 입었을까? 그가 입었던 것이 바로 황색, 누런 옷이다. 황제는 구오지존이므로 육오효는 황제의 자리에 해당한다. 그래서 여기서 누런 치마라고 한 것이다. 그 표면적인 뜻을 살펴보

면 사실 '황黃'은 중도를 지킴을 상징한다. 왜냐면 황색은 대지의 색깔이
자 중앙의 색이기 때문이다. 군왕이 대지의 덕을 갖추었음을 상징하는 말
이다. '상裳'은 아래에 거하여 다투지 않는다는 의미인데 그 이유는 옷의
아랫도리이기 때문이다. 이렇게 해야만 '원길元吉', 즉 '크게 길하다.' 함축
하고 숨기어 감춤으로써 지금 오효의 가장 존귀한 보좌에 오르게 된 데다
이 시기에는 중용의 덕을 품고 어진 선비들을 예로써 대하니 크게 길하고
이롭다는 말이다.

「상전」에서는 '누런 치마가 크게 길하다는 것은 문文이 가운데 있는 것
이다.黃裳元吉 文在中也'라고 해석했다. '문文'은 꾸밈, 화려하고 다채로움을
가리키는데 여기서는 대지의 아름다운 본질을 상징한다. 육오효는 곤괘
의 눈이라고 할 수 있다. 왜냐면 육오의 음효는 유순하고 다투지 않으며
겸손하여 아래 거하는 품격을 갖추고 있을 뿐 아니라, 상괘의 중앙에 위
치하여 중도를 지킴으로써 아름다운 본질을 드러내기 때문이다.

상육 효사와 「소상전」

上六, 龍戰于野 其血玄黃.
상 육 용 전 우 야 기 혈 현 황
象曰: 龍戰于野 其道窮也.
상 왈 용 전 우 야 기 도 궁 야

상육은 용이 들에서 교합하니 그 피가 검고 누렇다.
「상전」에서는 말했다. 용이 들에서 교합함은 그 도가 궁극에 이르렀기
때문이다.

상육은 가장 높은 지위에 올라 음기가 극에 달한 반면 양기는 없는 상
태다. 음이 홀로 있으면 오래가지 못하고 반대면으로 전환하게 되는데 이

는 양도 마찬가지다. 어떤 사물이든 음양이 화합하는 가운데서 생존하고 발전할 수 있으며 음이나 양이 홀로 존재하여 따로따로 발전할 수는 없다. 다시 말해 모순되는 두 개의 사물이 서로 기대어야만 발전하는 것이지 한쪽이 다른 한쪽을 떠나면 소실하여 망하고 만다. 따라서 음기가 극에 이르렀다면 계속 생존하고 발전하기 위해서는 양기를 불러들임으로써 음양의 화합을 이루어야 한다.

건괘는 용龍이며 용은 양기를 대신할 수 있으므로 상육효에서는 '용전우야龍戰于野'라고 했다. 여기 나오는 '전戰'이라는 글자에 대해서 대부분 해설서는 '전투'나 '싸움'으로 해석하는데 그보다는 '성교'나 '교합'의 뜻에 가깝다. 음기가 상육효라는 위치에 이르면 양기를 상징하는 용과 '들野' '대지大地'에서 교합해야 함을 말한다. '기혈현황其血玄黃'은 흐르는 피가 검고 누렇다는 뜻인데 검은색은 하늘의 색이고 누런색은 땅의 색이다. 하늘은 검고 땅은 누러니 건곤이 교합하는 색이 아니고 무엇이겠는가?

「상전」에서는 '용이 들에서 교합하는龍戰于野' 이유에 대해 '그 도가 궁극에 이르렀다.其道窮也'고 설명했다. 음기가 이미 궁극에 이르러서 반드시 양기와의 화합하여 서로 반대면으로 전환되어야만 더욱 높은 단계로 나아갈 수 있다는 말이다.

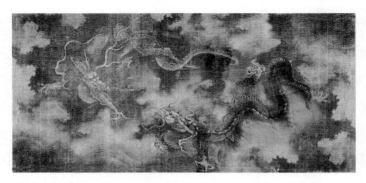

묵룡도

用六, 利永貞.
용 육 이 영 정
象曰: 用六永貞 以大終也.
상 왈 용 육 영 정 이 대 종 야

육을 씀은 영원히 바른 도를 지킴이 이롭다.

「상전」에서는 말했다. 육을 씀이 영원히 바른 도를 지키는 것은 끝을 성
대히 하기 때문이다.

‘용육用六’은 괘를 이루는 여섯 음효를 전체적인 관점에서 바라본 내용
이다. ‘이영정利永貞’은 영원히 바른 도를 지킴이 이롭다는 뜻인데 이는 대
지가 영원히 하늘의 도를 따르기 때문이다.

「상전」에서는 ‘육을 씀이 영원히 바른 도를 지킨다.用六永貞’는 것의 이
유에 대해 ‘끝을 성대하게 하는 것이기 때문以大終也’이라고 했다. 건괘의
초효에서 곤괘의 육효에 이르는 과정은 하나의 큰 주기가 마무리되는 모
습이라고 할 수 있다.

그렇다면 과연 ‘큰 주기의 끝’은 무엇일까? 건괘와 곤괘의 두 괘에서는
건괘가 먼저 나오고 곤괘가 뒤에 오기 때문에 건괘는 하나의 작은 주기라
고 할 수 있다. 작은 주기가 끝나면 건과 곤이 한데 연결된 큰 주기가 형성
되고 그제야 큰 주기가 마무리된 것으로 본다. 건곤의 두 괘는 64괘의 부
모 괘로서 실제로 64괘를 대표한다고 할 수 있으므로 이 두 괘를 사물 발
전을 이루는 하나의 큰 순환 주기로 보는 것이다. 이 두 괘는 하나의 독립
된 전식원全息元(생명체에서 생명능력을 지닌 상대적으로 독립된 각 부분)을 이루어 천
지만물의 이치를 담아내기 때문에 ‘끝을 성대하게以大終也’ 할 수 있는 것
이다.

文言曰: 坤至柔而動也剛 至靜而德方
문언왈 곤지유이동야강 지정이덕방

後得主而有常 含萬物而化光
후득주이유상 함만물이화광

坤道其順乎 承天而時行.
곤도기순호 승천이시행

積善之家 必有餘慶. 積不善之家 必有餘殃.
적선지가 필유여경 적불선지가 필유여앙

臣弑其君 子弑其父 非一朝一夕之故 其所由來者漸矣
신시기군 자시기부 비일조일석지고 기소유래자점의

由辯之不早辯也.
유변지부조변야

「문언전」에서는 말했다. 곤괘는 지극히 유순하지만 움직임이 강건하고, 지극히 고요하되 덕이 곧고 바르니, 뒤에 하면 주인을 얻어서 떳떳함이 있으며, 만물을 포용하여 화생함이 넓게 이루어진다. 곤의 도가 순하여 하늘을 받들어 때를 따라 행하느니라. 선을 쌓은 집안은 반드시 남은 경사가 있고, 불선을 쌓은 집은 필연적으로 남은 재앙이 있게 마련이다. 신하가 임금을 시해하고 자식이 아비를 죽이는 것은 하루아침의 연고가 아니라 그 이유가 점진적으로 쌓여 생긴 일이며, 그것을 분변하자면 일찌감치 분별하지 않은 데서 온 것이다.

이 부분은 곤괘 전체의 괘사와 괘의에 대한 해석이다. '곤지유이동야강坤至柔而動也剛'은 '곤괘는 지극히 유순하지만 움직임이 강건하다.'는 뜻이다. 곤괘를 '지극히 유순하다.至柔'고 풀이한 이유는 64괘 중에서 유일하게 음효로만 이루어진 순음괘이기 때문이다. 음은 유순하다. 하지만 유약한 것이 한번 움직이기 시작하면 가장 강하게 되는 법이다. 물水은 천하 물상 가운데 가장 유약해 보이지만 가장 무섭고도 위협적인 것이기도 한 것처럼 말이다. 약해 보이기는 해도 일단 움직이기 시작하면 그 어떤 것으로도 막아 설 수 없기 때문이다. 또 '움직인다動'는 것은 '변한다'는 것이다. 곤괘의 여섯 음효가 변하면 건괘가 되니 그것이야말로 가장 강한 것이 아니겠는가?

'지정이덕방至靜而德方'은 '지극히 고요하되 덕이 곧고 바르다.'는 뜻이다. 곤괘는 대지를 가리키므로 '지극히 고요함至靜'은 대지가 가장 편안하고 고요한 상태를 이른다. 하늘은 둥근 데 반해 대지는 곧으므로 '덕이 곧고 바르다.德方'고 했다. 대지와 여인은 모두 음의 성질을 지니고 있고 이와 동류의 것들도 동일한 덕성을 지니고 있으니 편안하고 조용하며 방정한 것이 여인의 가장 중요한 품격과 덕인 셈이다.

'후득주이유상後得主而有常'은 '뒤에 하면 주인을 얻어서 떳떳함이 있다.'는 뜻이다. 품성이 유순하고 주동성과 창조성이 부족하여도 의지할 만한 주인을 얻으면 자신의 유순한 품성을 더욱 잘 발휘할 수 있게 된다.

'함만물이화광含萬物而化光'에서 '함含'은 '숨기어 함축하다' '포용하다' '관용하다'는 것으로, 대지가 만물을 싣고 포용함으로써 끊임없이 만물을 낳아 기르니 그 화생化生(변화하여 생겨남)의 덕이 크고도 넓다는 뜻이다. 여기서 '광光'은 '넓다' '광대하다'는 말과 통한다.

'곤도기순호 승천이시행坤道其順乎 承天而時行'에서 '순順'은 '순응하다' '순종하다' '유순하다'는 뜻이어서 곤괘의 도가 유순하니 하늘의 도에 순응하여 때를 따라 운행한다는 말이다.

'적선지가 필유여경 적불선지가 필유여앙積善之家 必有餘慶. 積不善之家 必有餘殃'은 '선을 쌓은 집안은 반드시 남은 경사가 있고 불선不善을 쌓은 집은 필연적으로 남은 재앙이 있게 마련이다.'라는 뜻이다. 대지의 덕은 사람의 일과도 연관하여 생각해 볼 수 있어서 덕을 닦고 선을 쌓은 집안은 반드시 자손에게 길한 일이 많이 생기는 반면, 악행을 쌓은 집안은 자손에게 재앙과 화만 전할 뿐이다. 이 두 구절은 중국 문화의 역사에 적지 않

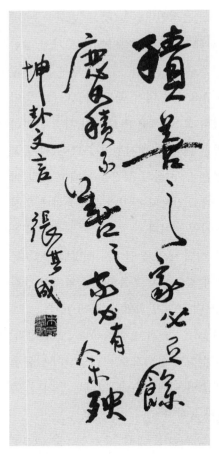

적선지가 필유여경 적불선지가 필유여앙

은 영향을 끼쳤고 특히 중국에서 불교가 성행하는 데 일조했다. 불교에는 "선한 일에는 선한 보답이 있고 악한 일에는 악한 응보가 있다. 보답이 없는 것은 시기가 이르지 않았음이요, 일단 때가 이르면 즉시 보응이 있으리라."는 말이 있는데 이것도 동일한 맥락이다.

곤괘의 덕성이라고 할 수 있는 '순順'은 무슨 의미일까? 첫째는 유순하다는 뜻이고, 둘째는 순응한다는 것이며, 셋째는 순서 및 차례의 의미다. 먼저 서리霜가 내리고 난 다음에 얼음冰이 얼게 되니, 이것이 바로 '축적'의 순서다. 선을 많이 쌓을수록 복으로 보답받는 일이 많아지고 악한 일을 많이 할수록 결국에는 악으로 보응받는다. '순치順致의 도'는 바로 '축적의 도'라고 할 수 있는데 다만 그것에는 좋고 나쁨이 있어서 무엇을 따라서 순응하느냐가 매우 중요하다.

'신시기군 자시기부 비일조일석지고 기소유래자점의臣弑其君 子弑其父 非一朝一夕之故 其所由來者漸矣'는 '신하가 임금을 시해하고 자식이 아비를 죽이는 것은 하루아침의 연고가 아니라 그 말미암은 이유가 점진적으로 쌓여 생긴 일이다.'라는 뜻이다. 여기서 '점漸'이라는 글자는 작은 것에서 큰 것으로 점진적으로 변하는 과정, 축적되는 과정으로도 해석할 수 있다. 또

이와는 상대적으로 '순응하는' 도리를 말하기도 한다.

'유변지불조변야由辯之不早辯也'에서 '말할 변辯'은 '분변할 변辨'과도 통한다. 신하가 군주를 시해하고 아들이 아버지를 살해하는 일은 하루아침의 연고가 아니라 오랜 세월에 걸쳐 갈등의 원인이 조금씩 쌓여 온 까닭인데, 이는 군주와 아비가 일찌감치 일의 진면모를 분별하여 밝히지 않았기 때문이라는 것이다.

여기서 우리는 어떤 사물이라도 그 발전 과정에는 순서와 차례가 있음을 알 수 있다. 『노자』 64장에서는 "한 아름 나무도 털끝만 한 싹에서 나고 아홉 층 누대도 한 삼태기 흙에서 시작되며 천 리 길도 한 걸음부터 시작된다."고 했다. 그래서 '좋은 일'이 있다면 그것에 계속 순응하여 발전해 나가면 되지만 '좋지 않은 일'이 조금이라도 발생한다면 처음 싹틀 때부터 적절한 조치를 취해서 훗날 흉한 일로 번지지 않게 해야 한다. 사물의 발전이 일정 수준까지 이른 뒤, 즉 상황이 심각해지고 나서야 조치를 취하면 이미 늦어서 후회해도 소용이 없다. 이는 한의학의 "이미 병이 된 것을 치료하려 하지 말고 병이 되기 전에 다스려야 한다."는 말과도 상통한다. 아직 병으로 발전하지 않았지만 기미가 보일 때부터 미리 다스려야 훌륭한 의원이라는 말이다.

초육에 대한 「문언전」

易曰 履霜堅冰至 蓋言順也.
역 왈 이 상 견 빙 지 개 언 순 야

『주역』에서 말하기를 서리를 밟은 다음에야 단단한 얼음이 된다고 한 것은 때에 따라 일이 이루어짐을 말한다.

이 구절은 초육효에 대한 「문언전」의 해석이다. '이상견빙지履霜堅冰至'
는 '서리를 밟은 다음에야 단단한 얼음이 되는' 것과 같이 어떤 일이나 사
물이 발전하는 순서를 이르는 것이다.

육이에 대한 「문언전」

直其正也 方其義也.
직 기 정 야 방 기 의 야

君子敬以直內 義以方外. 敬義立而德不孤.
군 자 경 이 직 내 의 이 방 외 경 의 입 이 덕 불 고

直方大 不習无不利 則不疑其所行也.
직 방 대 불 습 무 불 리 즉 불 의 기 소 행 야

직直은 그 바름이요 방方은 그 의이니, 군자가 경敬으로 안을 곧게 하고
의義로 밖을 떳떳하고 바르게 하면, 경과 의가 바로 서서 덕이 외롭지 않
다. 움직임이 곧고 방정하니 익히지 않아도 이롭지 않음이 없다는 것은
즉 그 행하는 바를 의심하지 않는 것이다.

이는 육이효에 대해 「문언전」에서 해석한 부분이다. '직기정야 방기의
야直其正也 方其義也'에서 '직直'은 품성이 순수하고 바르다는 것이며 '방方'
은 방정하다는 뜻으로 행위가 적절하여 도의에 부합한다는 말이다. 그래
서 '군자가 경敬으로써 안을 곧게 하고 의義로써 밖을 방정하게 한다. 경
과 의가 세워지면 덕이 외롭지 않다.'는 뜻에서 '군자경이직내 의이방외
경의입이덕불고君子敬以直內 義以方外 敬義立而德不孤'라고 했다. 안으로는 곧
게 하고 밖으로는 방정하게 하면 방정함은 의義로, 곧음은 경敬의 형태로
실현될 수 있다. 여기서 '경敬'은 사람에게는 공경의 마음이 있어야 한다
는 것이다. 사람이 내면에 인仁을 취함으로써 안을 주관하게 하고 밖으로
는 의義를 취하여 밖을 주관하게 하면 내면에는 인이 있어서 정직해지며

밖으로는 의로 말미암아 단정하고 방정해진다. 인의仁義라는 두 가지 품성과 덕을 갖추면 '덕이 외롭지 않다.德不孤' 이것이 가능한 이유는 모든 품성이 인과 의라는 두 가지 품성에서 세분화하여 발전한 것이어서 인과 의가 다른 모든 품성을 아우를 수 있기 때문이다.

'직방대 불습무불리 즉불의기소행야直方大 不習无不利 則不疑其所行也', 즉 '움직임이 곧고 방정하며 위대하니 익히지 않아도 이롭지 않음이 없다.'고 한 것은 곧 그 행하는 바를 의심하지 않는다는 뜻이다. '행行'은 품행을 의미하는데 곧고 방정하며 인의의 인품과 덕을 갖춘 품행이다. 군자는 공경함으로 조금도 소홀함 없이 일을 처리하고 내면의 정직함을 이루어야 하며 시의적절한 행위는 외면의 방정함을 이끌어낼 수 있다. 공경하여 소홀히 하지 않음과 적절한 행위는 아름다운 덕이 넓게 퍼져 나가게 하여 덕이 고립되지 않게 한다. 정직하고 방정하며 대범한 덕을 갖추면 따로 학습하지 않아도 달리 나쁠 것이 없게 되는데, 이는 아름다운 덕으로 충만하기만 하면 모든 행위에 의혹이 없어지기 때문이다. 유가에서 겉모습과 내면 중에서 내면의 중요성을 강조하는 경향과 관계가 깊다.

육삼에 대한 「문언전」

陰雖有美 含之 以從王事 弗敢成也.
음 수 유 미 함 지 이 종 왕 사 불 감 성 야

地道也 妻道也 臣道也
지 도 야 처 도 야 신 도 야

地道 無成而代有終也.
지 도 무 성 이 대 유 종 야

음은 비록 아름다움을 갖고 있으나, 그것을 머금고 왕의 일에 종사하여 감히 이루지 않는다. 이것이 땅의 도이자 아내의 도이며 신하의 도다. 땅의 도는 이룸이 없는 대신 끝마침이 있다.

이는 「문언전」에서 육삼효를 해석한 부분이다. '음수유미陰雖有美'는 음유陰柔가 아래에 거하고 있어서 설령 미덕을 갖추고 있더라도 여전히 '그 것을 머금고 왕의 일에 종사하여 감히 이루지 않아야 한다.含之 以從王事 弗敢成也'고 했다. 즉 자신의 재능을 감추어 드러내지 않으며 미덕을 통해 군주의 사업을 보좌하면서 성공의 공로를 자신에게 돌리지 말아야 하는데 이렇게 하면 '이룸이 없으나 끝마침이 있게無成有終' 된다.

'지도야 처도야 신도야地道也 妻道也 臣道也'는 땅이 하늘의 도리를 따르고 부인이 남편의 도리에 순종하며 신하가 군주의 도리에 충성한다는 말이다. 이는 대지와 대신, 아내가 자신의 재능을 감추어 보관하면서 하늘과 군왕, 남편의 사업이 성공하도록 보좌해야 한다는 것인데, 다만 공을 이루더라도 자만하지 말고 고생과 어려움은 자신이 감당하고 공로는 다른 이에게 돌려야 한다. 이것이야말로 '땅의 도地道' '아내의 도妻道' '신하의 도臣道'의 요체다. 여기서 우리는 고대인들이 '부양억음扶陽抑陰', 즉 양을 북돋고 음을 누르는 사상을 가지고 있었음을 알 수 있다.

'지도 무성이대유종야地道 無成而代有終也'는 '땅의 도는 이룸이 없는 대신 끝마침이 있다.'는 뜻인데, 비록 자신이 성취한 것이 없다 하더라도 '대신 끝마침이 있는代有終' 상황이 되므로 지속적으로 해 나가면 마침내 선하게 마무리될 것이라는 말이다.

물론 이는 곤괘의 속성을 지닌 사람이라면 남자든 여자든 독자적으로 큰일을 하기보다는 지도자가 될 만한 사람을 보좌하여 일을 이루는 것이 이롭다는 의미이지, 여성이 큰일에 간섭해서는 안 된다는 식의 단순하고도 피상적인 해석은 옳지 않다. 여성이라도 건괘의 양강陽剛의 속성을 지니고 강건하게 행할 수만 있다면 리더로서 큰일을 할 수도 있으며 실제로도 그런 사례가 적지 않다. 그래서 건의 도를 행할지, 곤의 도를 행할지 결정짓는 요소는 남녀를 구분하는 '체體'에 있지 않고 능력과 기능의 기준인 '용用'에 있다. 이처럼 '용을 체보다 중시하는 것重用輕體'은『주역』의 처음과 끝을 관통하는 정신이다.

육사에 대한「문언전」

天地變化 草木蕃.
천 지 변 화 초 목 번
天地閉 賢人隱.
천 지 폐 현 인 은
易曰 括囊无咎无譽 蓋言謹也.
역 왈 괄 낭 무 구 무 예 개 언 근 야

천지가 변화하면 초목이 번성하고, 천지가 닫히면 현인이 은거한다.
『주역』에서 주머니 끈을 묶듯 하면 허물도 없고 칭찬도 없다고 한 것은
삼가야 함을 말한 것이다.

이는 육사효에 대한 해석이다. '천지변화 초목번天地變化 草木蕃'은 천지
의 운행이 변화하면 음과 양의 두 기운이 서로 교통하여 초목이 번성하게
된다는 말이다. 군왕이 어질고 현명하여 정치적으로 안정되면 군자가 곳
곳에 나타나 공과 업적을 이루게 되며 나라가 부강해지고 백성이 편안해
지게 됨을 빗댄 말이다.

'천지폐 현인은天地閉 賢人隱'은 음양의 두 기운이 서로 교통하지 않고 천
지가 막혀 혼미하며 어두운 상황이 되는데 이는 군왕이 옹졸하고 소인이
날뛰며 부정부패와 잔혹한 통치 탓에 현명하고 덕을 갖춘 사람이 숨어 지
내게 되는 정치적인 암흑기를 상징한다.

뒤이어 '괄낭무구무예 개언근야括囊无咎无譽 蓋言謹也'라고 한 것은 주머
니 입구를 묶으면 재앙이나 해로움도 없지만 칭찬이나 영예도 없으니 대
개 신중하게 일을 처리해야 한다는 말이다. 여기서 우리는 유가에서 "나

아가 벼슬을 하면 천하를 선하게 하고 물러나 궁하게 살면 자기 몸 하나
만 선하게 한다."고 한 말과 비교하며 세상을 살아가는 데 필요한 처세와
도리를 배울 수 있다.

육오에 대한 「문언전」

君子黃中通理 正位居體
군자황중통리 정위거체

美在其中 而暢於四支 發於事業
미재기중 이창어사지 발어사업

美之至也.
미지지야

군자는 황중의 이치를 통달하고 몸이 바른 자리에 거하여, 아름다움
이 그 가운데 있고 사지에 창달하며 사업에도 발휘하니, 지극한 아름다움
이라.

이는 육오효에 대한 해석이다. '군자황중통리君子黃中通理'는 군자가 내
면에 품은 아름다운 품성은 마치 누런색黃이 가운데 자리에 거하여 중정
中正의 도를 지키고 일의 이치에 통달한 것에 빗댈 수 있다.

'정위거체 미재기중 이창어사지 발어사업 미지지야正位居體 美在其中 而暢
於四支 發於事業 美之至也'는 몸이 정확한 위치에 거해야만 미덕이 비로소 내
면에 머무를 수 있어서 사지四肢에 순조롭게 흐르고 이것이 사업에서도
발휘할 수 있다는 말인데, 이것이야말로 바로 가장 아름다운 품성이라 할
수 있다.

陰疑於陽必戰 爲其嫌於无陽也.
음 의 어 양 필 전   위 기 혐 어 무 양 야

故稱龍焉. 猶未離其類也 故稱血焉.
고 칭 룡 언   유 미 리 기 류 야   고 칭 혈 언

夫玄黃者 天地之雜也 天玄而地黃.
부 현 황 자   천 지 지 잡 야   천 현 이 지 황

음이 양과 만나면 반드시 교합하나니 양이 없음을 혐의하였기 때문이다. 그러므로 용龍이라고 칭하고, 아직 그 동류를 떠나지 않았으므로 피血라고도 칭한다. 무릇 현황玄黃은 하늘과 땅이 뒤섞인 것이니 하늘은 검고 땅은 누렇다.

이는 상육효를 해석한 부분이다. '음의어양필전陰疑於陽必戰'은 '음이 양과 만나면 반드시 교합한다.'는 말로 '의疑'는 '응집하다' '모이다'라는 뜻이다. 음기가 극에 모이면 반드시 양기와 '교전交戰'하게 되어 있다. 여기서 '전戰'은 '교합'의 의미여서 음기가 양기를 불러들여 그것과 교합한다는 말이다. 그것은 왜일까? '양이 없음을 혐의하였기爲其嫌於无陽也' 때문이다. 곤괘에는 양효가 없기 때문에 양기를 불러들인다는 뜻이다.

'고칭룡언故稱龍焉'은 '그러므로 용이라고 칭했다.'는 뜻인데 여기서 용은 양기를 가리킨다. 음기는 양기를 떠나지 못하기 때문에 용이라고 칭했다는 것이다. 용이라고 칭했다는 것은 양기가 존재한다는 것을 말하며 양은 홀로 살 수 없고 음도 혼자 자랄 수 없음을 뜻한다. 이 때문에 음기가 극에 이르면 반드시 양기를 불러와 그것과 교합한다.

'유미리기류야猶未離其類也'는 '아직 그 종류를 떠나지 않았으므로'라는 뜻이다. 비록 양기를 불러왔다고는 하지만 여전히 음에 속한 채 벗어나지 못했으므로 '피라고 칭한다.故稱血焉'고 했다. 피血와 물水, 곤坤과 대지大地

는 같은 종류에 속하는 사물이다.

'부현황자 천지지잡야 천현이지황夫玄黃者 天地之雜也 天玄而地黃'은 '무릇 현황은 하늘과 땅이 뒤섞인 것이니 하늘은 검고 땅은 누렇다.'는 말이다. 여기서 '현황玄黃'은 검은색(푸른색)과 황색이 교합한 잡색이자 천지와 음 양이 만난 색이다. 주로 상육효의 효사를 풀이한 이 부분에서는, 곤괘가 상육효에 이르면 음이 극에 이르러 양이 발생하게 되고 음양이 교합하는 가운데 변화, 발전이 이루어짐을 설명했다.

곤괘 정리

곤괘는 64괘 가운데 유일한 순음괘이자 '지극히 유순하고至柔' '지극히 정한至靜' 괘다. 곤괘는 대지와 여성, 음유의 아름다움을 충분히 드러내 고 있으며 가장 유약한 것처럼 보이지만 일단 움직이기 시작하면 물처 럼 가장 강한 것이 된다. 물은 가장 유약한 것처럼 보이지만 한편으로 는 가장 위험한 것이기도 하다. 또 곤은 대지다. 대지는 만물을 싣고 하 늘의 때에 순응하여 만물을 낳아 기르기 때문에 포용력이 있고 편안하 며 넓은 도량을 갖고 있으니 우리가 배울 만하다. 곤괘는 어머니라고 할 수도 있다. 어머니의 사랑은 가장 사심 없는 사랑이다. 만약 어머니 처럼 자기보다 아래에 있는 사람들을 보살피고 직장에서 직원들을 대 우해 주면 반드시 성숙한 관리자, 경영자로 거듭날 것이다. 사실 오늘 날 사회적으로 성공한 인사들은 넘쳐 나지만 내면이 성숙한 사람은 그 다지 많지 않다. 이 때문에 성공한 사람들에게는 건괘의 강건한 정신보 다는 오히려 곤괘의 너그러운 마음이 더 필요한지도 모르겠다.

03
준괘屯卦 — 기반의 시작

괘사

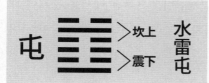

屯 元亨利貞 勿用有攸往 利建侯.
준 원 형 이 정 물 용 유 유 왕 이 건 후

준은 시작부터 형통하고 바르게 함이 이로우니, 나아갈 바를 두지 말고 제후를 세우는 것이 이롭다.

'준屯'은 원래 '둔'으로 읽히지만 여기서는 '준'으로 읽으며 '피곤함' '고달픔'을 뜻한다. 만물이 이제 막 생겨나 시작되거나 아기가 막 출생했을 때와 같은 험난한 국면을 상징한다.

『설문해자』에서는 "준은 어렵다는 뜻이다. 초목이 막 돋아나는 것처럼 고달프고 어렵다. 초목의 싹을 뜻하는 '좌屮'라는 글자에 '일一'이 가로로 관통하고 그것을 구부렸다. '일一'은 땅을 뜻한다."고 했다. 글자의 구조적인 면에서 보면 위를 가로지르는 '일一'은 대지를 가리키고 아래에서 수직으로 올라오는 부분은

풀을 상징한다. 풀이 대지를 뚫고 갓 돋아날 때 위에서 흙이 그것을 누르니 압력에 의해 구부러져서 '준屯'이라는 글자가 탄생했다는 것이다. 다음과 같이 말이다.

준괘는 건괘와 곤괘 다음으로 등장하는 괘로 음양과 천지가 처음 교합할 때 만날 수 있는 험난함 속에서 탄생한다. 「서괘전」에서는 준괘에 대해 이렇게 풀이했다. "천지가 있은 뒤에 만물이 생겨나니 하늘과 땅 사이에 가득 찬 것은 오직 만물이다. 그러므로 준괘로 받았으니 준은 가득 참이며 물건이 처음 생겨나는 것이다."

준괘(䷂)의 괘상을 보면 위는 물과 구름이요, 아래는 우레이니 구름과 우레가 발동하여 비바람이 더해지고 천지 사이에 우레 소리와 폭우 소리로 가득 차는 것을 느낄 수 있다. 이는 장래에 큰일, 중대한 변혁이 생길 것임을 암시한다. 창힐倉頡이 처음 한자를 만들었을 때처럼 천지가 놀라고 귀신이 흐느끼며 우레비가 겹치니 비록 초창기가 험난하긴 하지만 공과 업적을 세우기에는 좋은 시기라고 하겠다.

괘사에서는 '원형이정元亨利貞'이라고 했는데 이는 처음부터 형통하니 정도를 지킴이 이롭다는 뜻이다. '물용勿用'은 움직이지 말라는 말이다. 왜냐면 이때는 어디까지나 사물이 이제 갓 시작하는 단계이니 함부로 행동해서는

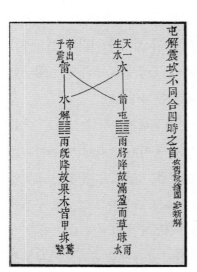

안 되기 때문이다. 또 '유유왕有攸往'은 '갈 바가 있다.'라는 뜻이니, '물용유유왕勿用有攸往'은 함부로 행동하지 말아서 마음이 굳건해야만 앞으로 나아갈 수 있다는 의미로 이해하면 된다.

만약 신념이 굳건하지 못하여 조급하고 경솔하게 행동하면 일은 실패하고 만다. 마오쩌둥이 중국 혁명을 승리로 이끌 수 있었던 중요한 원인 중 하나는 그가 일찌감치 혁명의 근거지를 세운 뒤 근거지마다 견고하고 튼실한 기반을 구축했기 때문이다. 이러

한 기반이 있어야만 힘과 위치가 견고해져서 '제후를 세우는 것이 이롭고 利建侯' 공과 업적을 세움이 이로운 상황이 된다. 여기서는 사업을 처음 일으킬 때는 비록 어려움이 있으나 정확한 규칙을 세운 뒤 항상심을 가지고 노력하면 분명 전망이 밝을 것이라는 사실을 알려 준다.

괘사에 대한 「단전」

象曰: 屯 剛柔始交而難生 動乎險中 大亨貞.
단왈 준 강유시교이난생 동호험중 대형정

雷雨之動滿盈 天造草昧 宜建侯而不寧.
뇌우지동만영 천조초매 의건후이불녕

「단전」에서는 말했다. 준은 강과 유가 처음 만나 어려움이 생겼으며, 험한 가운데서 움직이니, 크게 형통하고 바르다. 우레와 비의 움직임이 가득하니, 하늘이 시작되어 천운이 어지럽고 생명의 기운이 아직 밝지 않을

때는 마땅히 제후를 세워야 하고 편하게 여겨서는 안 된다.

「단전」에서는 준괘에 대해 '강유시교이난생剛柔始交而難生'이라고 하였는데 이는 '강과 유가 처음 만나 어려움이 생긴다.'는 뜻이다. 여기서 '강剛'은 건괘를 가리키며 '유柔'는 곤괘를 상징하므로 그 뜻은 건과 곤이 처음 교합하여 어려운 국면이 생기게 되었다는 것이다.

'동호험중動乎險中'은 '험한 가운데서 움직인다.'는 뜻이다. '움직임動'은 준괘의 하괘인 진괘를 가리키고 '험함險'은 상괘인 감괘를 가리키므로 움직임이 험함 아래에 있는 형상이어서 위기와 어려움 속에서 행동함을 상징한다. '대형정大亨貞'은 무척 형통하므로 바른 도를 지킴이 이롭다는 말이다.

'뇌우지동만영雷雨之動滿盈'은 '우레와 비의 움직임이 가득하다.'는 뜻이다. 천지에 풀이 갓 돋아날 때 구름과 우레가 발동하여 천지 사이에 우레와 폭우 소리가 가득 차니 만물의 생명력이 왕성해진다.

'천조초매天造草昧'는 '하늘이 시작되어 천운이 어지럽고 생명의 기운이 아직 밝지 않다.'는 뜻인데, 이때 '천天'은 하늘의 때고 '조造'는 조화, 운행의 뜻이며 '초'는 풀이 어지럽게 돋아난 것을, '매昧'는 밝지 않음을 상징한다. 즉 이 시기에는 사회가 혼란하고 무질서한 상태에 있음을 빗댄 것이다.

'의건후이불녕宜建侯而不寧'은 '마땅히 제후를 세워야 하고 편하게 여겨서는 안 된다.'는 뜻이다. 사람의 마음이 정해졌으므로 이는 대인, 즉 덕을 가진 사람이 공과 업적을 세우기에 유리한 시기이니 일신의 안일함만 추구해서는 안 된다.

象曰: 雲雷屯 君子以經綸.
상 왈   운 뢰 준   군 자 이 경 륜

「상전」에서는 말했다. 구름과 우레가 준이니 군자는 이를 보고 다스린다.

「상전」에서는 '운뢰준雲雷屯', 즉 '구름과 우레가 준이다.'라고 했다. 물을 상징하는 감괘가 상괘에 있는데 아래에 있지 아니하므로 구름이라고 했고, 하괘인 진괘는 우레를 상징한다. 구름 아래서 우레가 일어나지만 아직 비가 되어 내리지 않는 것, 이것이 바로 준괘의 상이다.

군자는 이러한 괘상을 보고 준괘의 도에 근거해 '이로써 경륜한다.以經綸', 즉 '이로써 다스린다.'고 했다. 즉 천하를 날줄과 씨줄처럼 연결되어 다스리어 편안하게 한다는 말이다. 검은 구름이 모여들면 번개와 우레가 일어나 천지가 흑암이 되는데 이것은 어렵고 곤란한 상황을 묘사

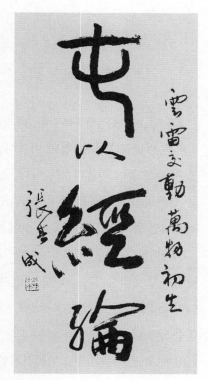

준이경륜

한 것이기도 하지만 한편으로는 대단한 기개와 비범한 매력을 통해 험난함을 극복하고 흑암을 건너 광명을 맞이하는 용기를 설명한 것이기도 하다.

初九, 磐桓 利居貞 利建侯.
초 구　반 환　이 거 정　이 건 후

象曰: 雖磐桓 志行正也 以貴下賤 大得民也.
상 왈　수 반 환　지 행 정 야　이 귀 하 천　대 득 민 야

초구는 주저함이니, 바름에 거하는 것이 이롭고 공과 업적을 세움이 이롭다.

「상전」에서는 말했다. 비록 주저하지만 뜻이 바른 도를 행하며, 귀한 신분으로 천한 이에게 몸을 낮추니, 크게 민심을 얻는다.

초구에 나오는 '반환磐桓'은 '배회하다' '주저하다'는 뜻이다. '이거정利居貞'은 바름에 거하는 것이 이롭다는 것이고 '이건후利建侯'는 공과 업적을 세우는 것이 이롭다는 말이다. 초구는 비록 이제 막 모든 것이 시작하는 단계라서 배회하고 주저하더라도 반드시 마음을 굳히고 바른 위치에 거해야만 공과 업적을 세우는 것이 이롭다는 말이다.

「상전」의 '수반환 지행정야雖磐桓 志行正也'는 '비록 그 행위가 정함 없이 주저하고 배회할지는 몰라도 내면과 뜻은 반드시 안정되어야 한다.'는 말이다. '이귀하천 대득민야以貴下賤 大得民也'는 '귀한 신분으로 천한 이에게 몸을 낮추니 크게 민심을 얻는다.'는 뜻이다.

비록 초구효는 아래에 위치하지만 이는 귀한 신분이면서도 기꺼이 천한 자리에 거하는 것이므로 결국 민심을 얻게 된다. 군자는 이를 본받아야만 천하를 다스릴 때 민심을 얻을 수 있다. 초구처럼 곳곳에 어려움이 도사리는 창업 초기에 자신의 마음을 지키지 못한다거나 자기 자리를 제대로 정립하지 못한다면 실패를 맛보고 말 것이다.

앞서 이미 언급하긴 했지만 마오쩌둥이 중국 혁명에서 승리를 거둘 수

2부 ● 주역 상경

있었던 이유는 조기에 혁명의 근거지를 세웠기 때문이다. 견고한 의지로 무장하고 신념을 굳혀서 자신이 거해야 할 정확한 위치를 잡아야 한다는 말이다. 이 시기의 사람은 기꺼이 남의 아래에 거하여 예로써 남을 대할 줄 알아야 하는데 이렇게 해야만 비로소 민심을 얻을 수 있다.

육이 효사와 「소상전」

六二, 屯如 邅如 乘馬班如 匪寇婚媾
육 이 준 여 전 여 승 마 반 여 비 구 혼 구
女子貞不字 十年乃字.
여 자 정 부 자 십 년 내 자
象曰: 六二之難 乘剛也. 十年乃字 反常也.
상 왈 육 이 지 난 승 강 야 십 년 내 자 반 상 야

육이는 어려워하고 머뭇거리며 말을 타고서 맴도니 강제 혼인을 한다. 여자가 정절을 지켜 아이를 낳지 않다가 십 년이 되어서야 아이를 낳도다. 「상전」에서는 말했다. 육이의 어려움은 강을 타고 있기 때문이요, 십 년이 되어서야 아이를 낳음은 정상에 반하는 것이다.

'준여屯如'는 어려워하는 모습이고 '전여邅如'는 머뭇거리며 나아가지 못하는 형상이므로 '준여 전여屯如 邅如'는 어려움을 만나 벗어나지 못하는 상황을 말한다. 네 필의 말을 일컬어 한 '승乘'이라고 하고 '반여班如'는 원래 자리를 맴도는 것을 가리키므로 '승마반여乘馬班如'는 말을 타고 본래 자리에서 맴돌기만 하는 모습이다. '비匪'는 '비非'와 통한다. 따라서 '비구혼구匪寇婚媾'는 도적이되 물건을 훔치려는 목적이 아닌 강제 결혼을 하려는 것이다. '혼구婚媾'는 음과 양의 교합으로 확대하여 해석할 수도 있다. 여기서 육이효는 구오효에 대응하는데 정확히 말하면 구오의 양효가 육이의 음효를 강제로 취하는 것과도 같으며 음이 하나, 양이 하나이

니 교합할 수는 있다.

'정貞'은 여기서는 정절만을 가리키지 않고 굴함 없는 지조와 바른 충절을 뜻하기도 한다. '자字'는 이름을 짓는다는 의미라기보다는 상형자로서 아이를 임신하여 낳는다는 의미로 쓰였다. 따라서 '여자정부자 십년내자 女子貞不字 十年乃字'는 여자가 정절을 지켜서 강제로 혼인한 뒤에도 아이를 낳지 않다가 십 년이 되어서야 아이를 낳는다는 말이다. 여기서 '십十'은 실제 숫자가 아닌 꽉 찬 수, 궁극의 수를 말한다. 따라서 '십 년十年'은 한 주기를 상징한다. 그리고 '자字'는 큰 성취, 공과 업적을 세우는 것으로 확대하여 해석할 수도 있다.

육이도 이제 갓 시작하는 단계에 머물러 있기 때문에 전반적인 시기와 상황이 공과 업적을 세우기에 이롭지 않다. 다만 한 주기가 돌기를 기다린 다음 다른 사람의 세력에 의지하면 큰 성과를 이룰 수 있다. 한 사람의 성과가 크고 작음은 종종 '정貞'이라는 글자에 의해 결정된다. 즉 평범한 사람을 넘어서는 품성과 흔들리지 않는 의지를 가져야 한다는 말이다. 여기서 '정貞'은 여인이 아이를 낳지 않을 만큼 인내하면서 지켜 내는 정절로 표현되었는데 이는 남성들이 따라잡지 못할 정도의 강한 힘이다. 공과 업적을 쌓는 일에는 초월적인 의지와 인내력이 필요함을 알 수 있다.

「상전」에서는 '육이의 어려움六二之難'은 '강을 타고 있기 때문乘剛也'이라고 했다. 육이는 음효이고 초구는 양효여서 음효가 양효, 즉 '강'을 타고 있는 셈이므로 길하지 않고 이롭지 않다는 것이다. '십 년이 되어서야 아이를 낳음十年乃字'은 '정상에 반하는反常也' 현상, 즉 상규常規에 위배하는 현상이다. 사업의 초창기에는 예상을 뛰어넘는 어려움이 도사리고 있을 수 있으므로 심리적인 준비를 해야 하며 흔들리지 않는 의지와 과감한 결단도 필요하다.

六三, 卽鹿无虞 惟入于林中 君子幾 不如舍 往吝.
육삼   즉록무우   유입우림중   군자기   불여사 왕린
象曰: 卽鹿无虞 以從禽也. 君子舍之 往吝窮也.
상왈   즉록무우 이종금야   군자사지 왕린궁야

육삼은 사슴을 쫓지만 우관의 안내가 없어 길을 잃고 숲속으로 빠져 들어갈 뿐이다. 군자는 기미를 알아 그만두는 것만 못하니 그대로 가면 부끄럽다.

「상전」에서는 말했다. 사슴을 쫓는데 안내자가 없으면 날짐승을 따르며, 군자가 그만두는 것은 가면 부끄럽고 곤궁하기 때문이다.

'즉卽'은 '축逐'과 통하므로 '즉록卽鹿'은 '사슴을 쫓는다.'는 의미다. '우虞'는 귀족을 위해서 들의 사냥을 관장하는 관리의 직책 이름으로 귀족이 사냥을 나설 때 그를 위해 날짐승과 들짐승의 뒤를 쫓는 일을 한다. 따라서 '무우无虞'는 우관虞官이 없다는 말이고 여기서는 안내하는 이가 없다는 뜻이 되어서 '즉록무우 유입우림중卽鹿无虞 惟入于林中'은 숲에서 사슴을 쫓지만 우관의 안내가 없다는 의미다.

'기幾'는 미묘微妙한 기미幾微라는 뜻이어서 미묘한 시기로 이해하면 된다. 따라서 '군자기君子幾'는 기미를 알아 일을 행한다는 말이다. '사舍'는 '버리다' '포기하다'는 뜻이고 '린吝'은 '어렵다'는 뜻이므로 '불여사 왕린不如舍 往吝'은 다시 앞으로 나아가 쫓는 것은 매우 어려울 수 있으므로, 쫓는 것을 그만두어 그 사슴을 포기하는 것만 못하다는 말이다. 그렇지 않으면 사슴에 이르지도 못할 뿐 아니라 자기 자신도 도리어 길을 잃고 만다.

「상전」에서는 '즉록무우 이종금야卽鹿无虞 以從禽也'라고 했는데 이는 '사슴을 쫓는데 안내하는 이가 없으면 날짐승을 따른다.'는 뜻이다. 숲에서

사슴을 쫓지만 우관의 안내가 없다면 하늘을 나는 맹금류 등 날짐승의 안내를 잘 받아야 한다. 이는 우리에게 주변의 상황과 세력을 잘 활용하는 것의 중요성을 알려 준다. '군자사지 왕린궁야君子舍之 往吝窮也'는 '군자가 그만두는 것은 부끄럽고 곤궁하기 때문'이라는 뜻이다. 군자가 차라리 그만두는 것이 나은 이유는 무엇일까? 다시 앞으로 나아가고자 해도 길도 없을 뿐더러 어려움이 많기 때문이다.

육삼효는 하괘의 가장 높은 곳에 위치하는 데다 위로 가려고 해도 음효만 있을 뿐 양효가 없고 상육과도 상응하지 않으니 안내할 이가 없는 것과 마찬가지의 신세다. 계속 나아가고자 해도 어려워질 뿐이니 차라리 그만두는 것이 낫다고 한 것이다. 포기하고 버리는 것, 중단하는 것은 기미를 살펴서 행해야 한다. 사람들은 늘 '얻을得' 줄만 알지 도무지 '버릴舍' 줄은 모르는데 버려야만 얻을 수 있다는 진리를 알아야 한다.

육사 효사와 「소상전」

六四, 乘馬班如 求婚媾 往吉 无不利.
육사 승 마 반 여 구 혼 구 왕길 무불리
象曰: 求而往 明也.
상 왈   구 이 왕 명 야

육사는 말을 타고 맴도는 것이니, 배우자를 구하여 가면 길하고 이롭지 않음이 없다.

「상전」에서는 말했다. 구하면서 감은 밝은 것이다.

'승마반여乘馬班如'는 말을 타고 가려 하지만 말이 원래의 자리에서 떠나지 않고 맴돌기만 하는 것을 말하며, '구혼구求婚媾'는 배우자를 구한다는 것이다. 이렇게 되면 계속 가면 길하고, 흉하거나 험하지 않다는 뜻에서 '왕길 무불리往吉 无不利'라고 했다.

「상전」의 '구이왕 명야求而往 明也'는 계속 앞을 향해 나아가면 밝음이 있을 것이라는 말인데, 이처럼 육사의 위치에 도달했을 때 계속 나아간다면 앞길이 밝다. 육사는 음효가 음의 자리에 와서 유약한 사람이 유약한 자리에 제대로 자리 잡았으므로 마땅한 자리를 얻은 셈이다. 그리고 그 위의 구오효가 양효로서 임금의 위치에 있고 강건하므로 육사는 계속 나아가 구오에 순종하는 편이 현명한 선택이라고 하겠다.

구오 효사와 「소상전」

九五, 屯其膏 小貞吉 大貞凶.
구 오   준 기 고 소 정 길   대 정 흉
象曰: 屯其膏 施未光也.
상 왈   준 기 고 시 미 광 야

구오는 재산을 축적함이니, 작은 곳에서는 길하고 큰 곳에서는 흉하다.
「상전」에서는 말했다. 재산을 축적함은 베풂이 광대하지 못한 것이다.

'준屯'은 축적한다는 의미이고 '고膏'는 본래 '기름'이라는 뜻이나 여기서는 '재산'을 의미하므로, 구오의 '준기고屯其膏'는 재산을 축적함을 의미한다. '소정길 대정흉小貞吉 大貞凶'은 작은 곳에서는 길하지만 큰 곳에서는 흉하다는 말이다. 재산에 관해서는 작은 범위에서 보면 재산을 축적해서 재산이 많아져야 길하지만, 천하 전체를 놓고 봤을 때는 재산을 축적하면 은택을 베풀 수 없으므로 흉하다고 할 수 있다. 다시 말해 사회의 재산이 소수의 사람에게 쥐어졌을 때 그들이 은택을 베풀어 부를 나누지 않으면 흉하다는 것이다.

「상전」에서는 이에 대해 '준기고 시미광야屯其膏 施未光也' 즉 '재산을 축적함은 베풂이 광대하지 못한 것이다.'라고 해석했다. 여기서 '광光'은 '광廣'과 통하여 '광대하다'는 의미로 쓰였다. 구오는 강건하고 중정하여 존귀한 자리에 거하므로 부유하다. 그러나 재산을 쌓으면서도 은택이 넓게 베풀어지지 않았으니 이 때문에 '재산을 축적한다.屯其膏'고 한 것이다.

상육 효사와 「소상전」

上六, 乘馬班如 泣血漣如.
상 육 승 마 반 여 읍 혈 연 여
象曰: 泣血漣如 何可長也.
상 왈 읍 혈 연 여 하 가 장 야

상육은 말을 타고서 맴도니 피눈물을 줄줄 흘린다.
「상전」에서는 말했다. 피눈물을 줄줄 흘리니 어찌 오래갈 수 있겠는가.

상육에서 '승마반여乘馬班如'라고 한 것은 말을 타고 제자리에서 맴돈다는 말이며 '읍혈연여泣血漣如'는 눈에서 끊임없이 피가 섞인 눈물이 흐른다는 뜻이다. '연여漣如'는 끊임없이 연속적으로 무엇인가 생겨나는 모습이다.

「상전」에서는 '피눈물이 줄줄 흐르니 어찌 장구할 수 있겠는가.泣血漣如何可長也'라고 했다. 상육효는 축적의 어려움이 극에 이른 데다 육삼과도 상응하지 않는다. 도움 없이 홀로 서 있어야 하니 곤란함이 극에 이른 상태여서 슬퍼하지 않을 수 없다. 이런 상황에서는 지속해서 해 나갈 수 없으므로 '궁즉사변窮則思變', 즉 궁하면 변혁할 생각을 해야 한다는 태도로 해결 방법을 모색해야 한다.

준괘는 우리에게 사업 초기, 험난하고 흉한 환경에서 어떻게 하면 공과 업적을 세울 수 있을지, 그리고 어떻게 해야만 성공적인 지도자로 자리 매김할 수 있을지에 대해 알려 준다. 그중에서도 아래 몇 가지는 반드시 지켜져야 한다. 첫째, 움직임 가운데서도 굳건함을 잃지 않고 확고한 신념과 의지를 지녀야 한다. 둘째, 바른 위치에 거하고 결코 여기서 벗어나면 안 된다. 셋째, 추세를 잘 살펴 적절한 시기를 포착하여야 하는데 만약 기댈 만한 시기가 오지 않으면 차라리 적절한 시간적 환경을 직접 만들어 나가는 것도 괜찮다. 넷째, 포기해야 할 때에는 과감하게 포기한다. 버려야 비로소 얻을 수 있고 버리지 않으면 얻을 수 없으며, 적게 버리면 적게 얻고 많이 잃으면 많이 얻는 이치를 잊지 말자.

04
몽괘蒙卦 — 계몽과 교육

괘사

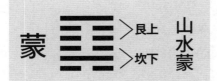

蒙 亨 匪我求童蒙 童蒙求我.
몽 형 비아구동몽 동몽구아

初筮告 再三瀆 瀆則不告 利貞.
초 서 고 재 삼 독 독 즉 불 고 이 정

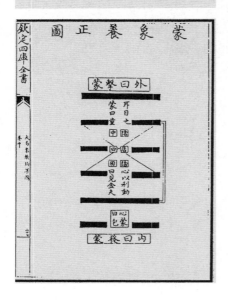

　　몽은 형통하니 내가 동몽童蒙에게 구하는 것이 아니라 동몽이 나에게 구하는 것이다. 처음 점치면 알려 주고, 두세 번 물으면 탁해지고 탁해지면 알려 주지 않으니, 바르게 함이 이롭다.

　　'몽蒙'은 '몽매하다' '어리다' '가려 있다'는 뜻이다. 「서괘전」에서는 "준屯은 만물이 처음 생겨나는 것이다. 사물이 처음 생겨나기 시작하면 몽매해지기 마련이므로 몽괘로 받았다. 몽은 몽매한 것으로 사물의 어린 단계다."라고 했다. '준屯'의 험난한 탄생 과정을 겪은 뒤 마침내 사람 및 사물이 처음 생겨나게 되는데 모름지기 처음 생겨나는 것은 어리고 몽매하므로 준괘 뒤로 몽괘를 배치하였다는 말이다. 몽괘는 몽매하고 어린 것을 일깨우고 계발하는 이치를 다룬다. 발전의 초기 단계에 있는 사물은 반드시 몽매하므로 가르침을 베풀어야 한다.

괘사에서는 '몽은 형통하다.蒙 亨'고 했는데 몽괘는 몽매함을 일깨워 교육하는 것이므로 형통하다고 했다. '비匪'는 '비非'와 통하고 '동童'은 사업을 처음 시작한 사람 혹은 곤혹스러움을 겪는 사람이다. 따라서 '비아구동몽匪我求童蒙'은 동몽에게 일깨움을 받으라고 내 쪽에서 먼저 권하는 것이 아니라는 뜻이고, '동몽구아童蒙求我'는 어려움을 겪은 동몽이 주동적으로 내게 가르침을 청한다는 뜻이다. 동몽의 마음에 위로 올라가려는 의지와 앎을 구하는 자발적인 욕망이 있을 때 계몽받는 것이 제일 좋다.『논어』「술이述而」편에서 공자가 "상대방이 분발하지 않으면 애써 일깨워 주지 않고 상대가 답답해하지 않으면 애써 펼쳐 주지 않는다."고 말한 것처럼 몽매함을 일깨우는 교육은 그 시기가 무척 중요하다.

'초서고 재삼독 독즉불고初筮告 再三瀆 瀆則不告'는 처음 점을 치면 그에게 알려 주지만 두 번, 세 번 물으면 알려 주지 않는다는 말이다. 여기서 '서筮'는 시초점을 가리키며 동물의 뼈나 거북 등껍데기를 이용한 점법인 '복卜'과는 다르다. '독즉불고瀆則不告'는 첫 번째 점에 의구심이 든다고 해서 두 번째, 세 번째 다시 괘를 뽑고자 한다면 이는 신령을 모독하는 행위이므로 그에게 아무것도 알려 주지 않는다는 말이다. 그리고 '이정利貞'은 바른 도를 지키는 것이 이롭다는 것이다.

어려움이 있는 사람은 본인이 주동적으로 스승을 찾아 물어야 하는데 첫 번째 물을 때는 스승도 그에게 가르침을 주지만 두 번, 세 번 계속해서 혼란스럽게 묻는다면 가르침이나 깨달음을 주지 않는다. 그래야만 스승의 도리와 존엄성을 보호받을 수 있다.

象曰: 蒙 山下有險 險而止 蒙.
단왈 몽 산하유험 험이지 몽

蒙亨 以亨行 時中也.
몽형 이형행 시중야

匪我求童蒙 童蒙求我 志應也.
비아구동몽 동몽구아 지응야

初筮告 以剛中也.
초서고 이강중야

再三瀆 瀆則不告 瀆蒙也.
재삼독 독즉불고 독몽야

蒙以養正 聖功也.
몽이양정 성공야

「단전」에서는 말했다. 몽은 산 아래 험함이 있고, 험하여 그치는 것이 몽이다. 몽이 형통하다는 것은 형통함으로써 행한다는 것이니 이는 때를 따르기 때문이다. 내가 동몽을 구하는 것이 아니라 동몽이 내게 구함은 뜻이 응하는 것이다. 처음 점쳐서 알려 줌은 강이 중을 얻었기 때문이요, 두세 번 물으면 탁해지고 탁해지면 알려 주지 않음은 가르침을 혼탁하게 하기 때문이다. 몽괘로 바름을 기르는 것은 성인의 공이다.

「단전」에서는 몽괘(䷃)에 대해 '산 아래 험함이 있다.山下有險'고 했는데 이는 상괘인 간괘(☶)가 산을 상징하고 하괘인 감괘(☵)가 험함을 상징하기 때문이다. '간艮'은 '그침', '멈춤'을 뜻하기도 하므로 몽괘의 괘상은 '험하여 그친다.'는 것이다.

'몽이 형통하다는 것은 형통함으로써 행한다는 것이다.蒙亨 以亨行'라고 했는데 그 이유에 대해서는 '때를 따르기 때문時中也'이라고 했다. 즉 때에 부합하여 중도를 지키면 중정中正의 가르침을 시행할 수 있다는 말이다.

'비아구동몽 동몽구아匪我求童蒙 童蒙求我'는 선생이 학생에게 구하는 것이 아니라 학생이 스승에게 구하는 것인데 그렇게 해야만 비로소 뜻이 상응하여 의혹을 풀고 몽매함을 깨칠 수 있다는 뜻에서 '지응야志應也'라고 했다.

'초서고初筮告'는 첫 번째 물으면 알려 준다는 말이다. 그렇다면 어째서 처음 점을 칠 때만 알려 주는 것일까? 그것은 '이강중야以剛中也', 즉 '강剛이 중中을 얻었기 때문'이다. 구이의 강효가 하괘의 '중中'에 거하기 때문이다.

'재삼독 독즉불고 독몽야再三瀆 瀆則不告 瀆蒙也'는 '두 번, 세 번 물으면 혼탁함이니 혼탁하면 알려 주지 않는다는 것은 가르침을 혼탁하게 하기 때문이다.'라는 뜻이다. 스승이 몽매함을 일깨우고자 이미 문제의 답을 알려 줬는데도 여전히 동일한 문제를 반복하여 묻는다는 것은 그가 우매하기 때문이 아니라 스승을 신임하지 못하기 때문이며, 이는 고의로 스승을 번거롭게 하는 행위나 다름없다. 그러므로 스승의 계몽 행위를 혼탁하게 하는 행위인 셈이다. 계몽 교육은 신성한 일이기 때문에 신성한 행위를 혼탁하게 한 이상 그에게 다시 일깨움을 주어서는 안 된다.

'몽이양정 성공야蒙以養正 聖功也'는

몽이양정

몽괘는 순수하고 바른 품성을 기르는 데 쓰이며 이는 성인이 해야 할 큰 공이자 덕이라는 말이다.

象曰: 山下出泉 蒙. 君子以果行育德.
상 왈   산 하 출 천 몽   군 자 이 과 행 육 덕

「상전」에서는 말했다. 산 아래에서 샘물이 나오는 것이 몽이다. 군자는 이를 보고 과감하게 결단하여 행동하고 덕을 기른다.

「상전」에서는 '산하출천 몽山下出泉 蒙', 즉 '산 아래에서 샘물이 나오는 것이 몽이다.'라고 했는데 이는 몽괘(䷃)의 상괘인 간괘(☶)가 산을 상징하고 하괘인 감괘(☵)가 물을 나타내기 때문이다. 높은 산 아래로 샘물이 흐르는 모습이 곧 몽괘의 상이다.

군자는 이러한 괘상을 보고 몽괘의 도를 본받아 '과행육덕果行育德', 즉 '과감하게 결단하여 행동하고 덕을 길러야 한다.' 샘물은 미미하지만 세밀하게 솟아난 물이다. 본문에서는 계몽 교육이 산 아래의 샘물과 같다고 비유했는데 이는 두보의 시 『춘야희우春夜喜雨』에 나오는 "봄비는 바람을 따라 밤에 스며들어 소리 없이 만물을 적시는구나!"라는 시구와 비슷한 감흥을 자아낸다. 따라서 발몽發蒙의 시기, 즉 처음 배움을 얻는 시기에는 가느다랗지만 세심하게 흐르는 실개천처럼 인내심을 가지고 단계적으로 접근해야지 무턱대고 거칠게 나아가서는 안 된다.

初六, 發蒙 利用刑人 用說桎梏 以往 吝.
초 육　발몽 이용형인 용탈질곡 이왕 인
象曰: 利用刑人 以正法也.
상왈　이용형인 이정법야

초육은 몽매함을 일깨우되 사람을 형벌하여 몽매함의 질곡을 벗겨 줌이 이로우니, 형벌로써만 하면 부끄럽다.

「상전」에서는 말했다. 사람을 형벌함이 이로움은 이로써 법을 바로잡기 위함이다.

초육에서 '발몽發蒙'은 몽매한 상태를 일깨워 개발하기 시작하는 단계를 의미한다. 이때는 '이용형인利用刑人', 즉 전형적인 규범으로 다른 사람을 교육하고 제한하는 것이 이롭다. '형刑'은 '형型'과 통하고 '탈說'은 본래 '말할 설說'로 쓰이지만 여기서는 '탈脫'과 통하여 벗어난다는 의미를 갖는다. '질곡桎梏'은 '형벌 도구' '족쇄와 쇠고랑' 등을 뜻하는데 사람을 속박하는 사물로 확대하여 해석할 수 있다. 그래서 '용탈질곡用說桎梏'은 제도와 법규로 다른 사람을 제한하여 몽매함의 속박으로부터 벗어나게 한다는 것인데, 이는 형법을 범하지 않게 하기 위함이다. '이왕 인以往 吝'은 '그대로 가면 부끄럽다.'는 뜻이다. 초육은 몽매함 가운데 처해 있는 단계이므로 도덕규범이나 법률적 금령 등에 대해 명확하게 알지 못한다. 그러므로 조급하고 무모하게 나아가면 길을 잘못 들어서서 어려움을 만나 후회하고 말 것이다. 따라서 이 시기에는 겸손한 마음으로 계몽 교육을 받아들여 인품과 덕을 기르는 것이 무엇보다 중요하다.

「상전」에서는 '사람을 형벌함이 이로움利用刑人'은 '법을 바로잡기 위함正法'이라고 했다. 초육의 단계는 아직 어린 아이의 시기므로 전형적인 교육자를 세우는 것이 이롭다. 이는 교육받는 바른 법을 지키게 하기 위함이다. 여기서 우리는 몽매함을 깨우치고, 교육함으로써 어려움을 해결하는 일도 반드시 바른 도와 바른 법을 따라 합법적으로 이루어져야 한다는 사실을 알 수 있다.

구이 효사와 「소상전」

九二, 包蒙 吉 納婦 吉 子克家.
구 이   포 몽 길 납 부 길 자 극 가
象曰: 子克家 剛柔接也.
상 왈   자 극 가 강 유 접 야

구이는 몽매함을 포용해 주면 길하고 부인을 맞아들이면 길하니, 자식이 집안일을 잘 맡아서 한다.

「상전」에서는 말했다. 자식이 집안일을 잘 맡아서 하는 것은 강과 유가 접하는 것이다.

구이에서 '포몽 길包蒙 吉'이라고 한 것은 계몽 교육에 종사하는 사람이라면 몽매한 사람을 포용하여야 길하다는 말이다. '납부 길納婦 吉'은 이 시기에는 부인을 취하여 맞아들이는 것도 길하다는 것이며 '자극가子克家'는 아들이 집안을 잘 다스릴 만하다는 뜻이다. 구이는 하괘의 가운데에 위치하여 포용하고 관용하는 도량을 지니므로 무지하거나 잘못을 범한 사람들을 너그럽게 품을 수 있으므로 길하다. '부婦'는 여기서 육오효를 가리킨다. 육오효는 구이효와 음양이 상응하니 '부인을 맞아들이는納婦' 것도 길하다. '극克'은 충분히 할 수 있다는 의미므로 '다스린다' '맡아 처리한다'는 뜻으로 확대하여 사용할 수 있다. 구이효는 강효剛爻(양효)로서 하괘의 중앙에 위치하므로 부자관계로 치면 아래에 거하는 입장이니 아들에 해당한다. 아들이 강건하고 중용의 덕을 지녔으니 발몽의 주체가 되므로 집안을 다스릴 만하다는 것이다.

「상전」에서는 '자식이 집안일을 잘 맡아서 하는子克家' 것은 '강과 유가 접하기 때문剛柔接也'이라고 했다. 구이를 중심으로 위아래 두 개의 효는 모두 음효이며 그와 상응하는 육오 또한 음효다. 이는 가정이 화목하고 가족 구성원이 모두 그에게 순복하므로 집안을 넉넉히 다스릴 수 있음을 보여 준다.

육삼 효사와 「소상전」

六三, 勿用取女 見金夫 不有躬 无攸利.
육삼　물용취녀　견금부　불유궁　무유리
象曰: 勿用取女 行不順也.
상왈　물용취녀　행불순야

육삼은 이러한 여자를 취하지 말지니, 돈 많은 지아비를 보고 몸을 지키지 못한 자이므로 이로울 바가 없다.

「상전」에서는 말했다. 이러한 여자를 취하지 말아야 함은 행실이 순하지 않기 때문이다.

육삼에서 '물용취녀勿用取女', 즉 '이러한 여자를 취하지 말라.'고 한 이유는 이런 여자가 '돈 많은 사람만 마음에 두기 때문見金夫'이다. 이는 '몸을 지키지 못한 자不有躬'로 체통을 지키지 못하고 그에게 함부로 기대는 사람이어서 이러한 부인을 취한다면 '이로울 바가 없다.无攸利'

「상전」에서는 '이런 여자를 취하지 말아야 하는勿用取女' 이유에 대해 '행실이 순하지 않기 때문行不順也'이라고 해석했다. 이런 부인은 품성이 유순하거나 온순하지 않아 부인의 법도를 지키지 않기 때문이다. 육삼은 양이 와야 할 자리에 음효가 왔으므로 '부정不正'한데 그녀의 행위가 바른 도를 지키지 않았음을 상징한다. 육삼에 대응하는 상구는 양효로서 '금부金夫', 즉 '돈 많은 지아비'에 해당한다. '금金'은 성질이 강剛하고 양陽에 속하므로 육삼효는 상구와 상응한다. 그래서 상구효를 보면 그에게 정조를 잃는다. 이 부분은 우리에게 품행과 성품이 단정하지 않아 돈을 보고 눈을 뜨는 여성과는 혼인해서는 안 된다고 말해 준다. 교육하는 과정에서는 무지하거나 잘못을 저지르는 사람은 너그럽게 용서해야 한다. 그러나 인품과 덕에 문제가 있는 사람은 처음부터 받아들여서는 안 된다. 인품과 덕이 재능과 지혜보다 훨씬 중요하기 때문이다.

육사 효사와 「소상전」

六四, 困蒙 吝.
육 사   곤 몽   인
象曰: 困蒙之吝 獨遠實也.
상 왈   곤 몽 지 린   독 원 실 야

육사는 몽매함으로 곤궁하니 부끄럽다.
「상전」에서는 말했다. 몽매함으로 곤궁하여 부끄러움은 혼자서 실함과 멀리 떨어져 있기 때문이다.

육사의 시기는 '곤몽困蒙', 즉 몽매함으로 말미암아 곤궁한 때로 그를 교육하여 계몽해 줄 사람이 없어서 부끄럽고 아쉬움이 있다.
「상전」에서는 '몽매함으로 곤궁하여 부끄러움困蒙之吝'은 '혼자서 실함實과 멀리 떨어져 있기 때문獨遠實也'이라고 했다. 홀로 양강陽剛의 위치에 있는 군자와 멀리 떨어져 지내니 아쉽다는 말이다. 여기서 '실實'은 양강의 덕을 지닌 견실한 자, 구이와 상구의 양효를 가리킨다. 육사는 이들 두 양효과 비比하지도 상응하지도 않지만 다른 세 음효는 그들과 모두 관계가 있다. 그러므로 육사효만 홀로 양강의 사람에게서 멀리 떨어져 있는 셈이다. 육사효는 두 개의 음효(음효는 주관이 없는 소인을 뜻함) 사이에 있어서 "붉은 색 인주를 가까이하면 붉어지고 검은 먹을 가까이하면 검어진다."는 말처럼 곤란한 처지에 빠질 수 있다. 따라서 제대로 된 환경을 선택하는 것이 얼마나 중요한지 알 수 있다. 맹자의 모친이 자식 교육을 위해 세 번씩이나 이사했다는 '맹모삼천지교孟母三遷之敎' 고사가 떠오르는 시점이다.

육오 효사와 「소상전」

六五, 童蒙 吉.
육 오 동 몽 길
象曰: 童蒙之吉 順以巽也.
상 왈 동 몽 지 길 순 이 손 야

육오는 동몽이니 길하다.
「상전」에서는 말했다. 동몽의 길함은 순하고 겸손하기 때문이다.

육오에 나오는 '동몽童蒙'은 어리고 몽매한 사람을 가리키며 이를 향해 '길하다'고 했다.

「상전」에서는 '동몽이 길한童蒙之吉' 이유에 대해 '순하고 겸손하기順以巽也' 때문이라고 해석했다. 아이는 천진하고 어리며 유순하며 사랑스럽다. 이때의 어리석음은 계몽하여 깨우칠 수 있는 것으로 교육을 통해 변할 수 있다. 이 시기는 음유陰柔가 존귀한 자리에 거할 뿐 아니라 겸허하게 하괘의 이효와 서로 호응하니 아이의 겸손하고 유순한 마음처럼 스승의 교육을 받아들이므로 길하고 이롭다. 따라서 우매함과 무지함을 두려워할 것이 아니라 배우지 않으려는 마음, 겸손하지 않음을 두려워해야 한다.

上九, 擊蒙 不利爲寇 利禦寇.
상구 격몽 불리위구 이어구

象曰: 利用禦寇, 上下順也.
상왈 이용어구 상하순야

상구는 몽매함을 공격함이니, 도적질하는 것은 이롭지 않고 도적을 막는 것은 이롭다.

「상전」에서 말했다. 도적을 막음이 이로움은 상하가 순종하기 때문이다.

'격擊'은 공격한다는 의미므로 상구의 '격몽擊蒙'은 엄격한 방법을 통한 계몽 교육을 가리킨다. 이 말은 상구에 이르러서도 여전히 몽매하다는 뜻이다. 완고하고 몽매한 사람에게는 보통의 방식으로 가르치면 소용이 없어서 다소 엄격하게 교육할 수는 있으나 지나치게 강해서는 안 된다. 그리고 '구寇'는 강도, 도적 혹은 바르지 않는 사람을 가리킨다. 여기서 '위구爲寇'는 지나치게 폭력적이고 강한 방식을 빗댄 것이며 '어구禦寇'는 적절히 엄격한 방식이다. 따라서 '불리위구 이어구不利爲寇 利禦寇'는 폭력적이고 강압적인 방식을 채택하는 것은 이롭지 않고 강함 가운데 부드러운 방식을 채택함이 이롭다는 말이다.

「상전」에서는 '도적을 막음이 이로운利用禦寇' 이유를 '상하가 순종하기 때문上下順也'이라고 했다. 적당히 엄격한 방식을 써서 상구로 하여금 계몽 교육을 받아들이게 하고 이로써 함부로 행하지 않게 하며 돌이켜 아래로 육삼효와 순응하게 하고자 함이다. 이렇게 해야만 위아래의 뜻이 서로 순응하고 조화하며 목표가 일치하여 유리한 결과를 얻을 수 있다.

䷃

몽괘는 계몽 교육을 상징하는 괘다. '가르침敎'과 '배움學'이라는 두 가지 방면에서 교육의 원칙과 규율, 그리고 적용 가능한 방식을 제시하고 있다.

첫째, 학생을 교육할 때 그들의 잠재능력을 드러내게 하려면 산 아래에 흐르는 샘물처럼 가르쳐야지 맹렬한 홍수와 같아서는 안 된다. 두보의 시 『춘야희우』에 나오는 "봄비는 바람을 따라 밤에 스며들어 소리 없이 만물을 적시는구나!"라는 시구처럼 말이다.

둘째, 시간과 장소, 사람을 고려하여 거기에 적합한 서로 다른 교육 방식을 채택하여야만 순응, 조화를 추구했던 원래의 목표에 도달할 수 있다.

셋째, 겸손한 마음으로 부단히 학습하는 좋은 습관을 가져야만 성공할 수 있다. 무지를 부끄러워할 것이 아니라 교만과 자만을 부끄러워해야 한다.

이러한 자세는 정책이나 전략을 과감하게 결정해야 하는 순간에 마치 솟아오르는 샘물처럼 현명하고 과감하게 결정하게끔 도울 것이며 우리의 인품과 덕도 고양시켜 줄 것이다.

05
수괘需卦 - 기회를 엿보아 움직임

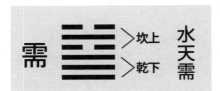

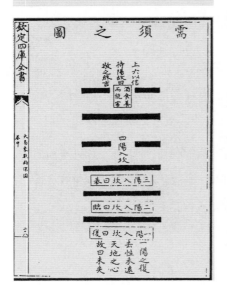

需 有孚 光亨 貞吉 利涉大川.
수 유부 광형 정길 이섭대천

수는 믿음이 있어서, 광명하고 형통하며 바르게 함이 길하니, 큰 하천을 건너는 것이 이롭다.

'수需'는 기다린다는 뜻이다. 몽괘의 뒤에 수괘가 오는 것에 대해 「서괘전」에서는 "만물이 어리므로 기르지 않으면 안 되므로 수괘로 받았다. 수는 음식의 도다."라고 했다. 이 괘에서는 인내심을 가지고 적절한 시기와 기회가 찾아오기를 기다려 움직이는 지혜를 설명한다. 수괘(☵)의 괘상을 보면 상괘인 감괘(☵)는 빗물을 상징하고 하괘인 건괘(☰)는 하늘을 대표하므로 구름이 하늘 위에 떠 있는 형상이다. 비록 검은 구름이 모여들었지만 비가 아직 내리지는 않은 상황이므로 인내심을 가지고 때를 기다려야 한다.

괘사에서는 수괘가 '유부有孚', 즉 '마음에 성실함과 신의를 품고 있다.'고 했다. '광형光亨'은 광명하여 형통하다는 것이며 '정길貞吉'은 바른 도를 지키면 길하다는 말이다. '이섭대천利涉大川'은 큰 강과 하천을 건너는 것이 이롭다는 말이다.

괘사에 대한 「단전」

象曰: 需 須也 險在前也.
단왈 수 수야 험재전야

剛健而不陷 其義不困窮矣.
강건이불함 기의불곤궁의

需 有孚 光亨 貞吉 位乎天位 以正中也.
수 유부 광형 정길 위호천위 이정중야

利涉大川 往有功也.
이섭대천 왕유공야

「단전」에서는 말했다. 수는 기다림이니 험함이 앞에 있다. 강건하며 빠지지 않으니 그 의가 곤궁하지 않다. 수가 믿음이 있어서 광명하여 형통하니 바르게 함이 길하다는 것은 하늘에 위치하여 중정을 얻었기 때문이다. 큰 하천을 건너는 것이 이로운 것은 가면 공이 있기 때문이다.

「단전」에서는 '수需'를 '수須', 즉 '기다림'이라고 표현했다. '험재전야險在前也'는 어려움이 앞에 있다는 것인데 여기서 '험險'하다고 한 것은 상괘인 감괘가 험함을 상징하기 때문이다.

'강건剛健'은 하괘의 건괘를 가리키며 '함陷'은 '빠짐陷'을 상징하는 감괘를 대표한다. '불곤궁不困窮'은 건괘의 자강불식함을 가리킨다. 따라서 '강건이불함 기의불곤궁의剛健而不陷 其義不困窮矣'는 '강건하며 빠지지 않으니 그 의가 곤궁하지 않다.'는 뜻이다. 하괘인 건괘가 감괘의 '빠짐陷'을 충분히 건너뛸 만큼 강건해서 바른 도리를 따르면 궁지에 몰리지는 않을 것이다. 그 이유에 대해서 본문에서는 건괘가 자강불식의 정신을 지니고 있기 때문이라고 했다.

'수 유부 광형 정길需 有孚 光亨 貞吉'은 수괘에는 성실과 신의가 있고 광명하여 형통하니 정도를 지키면 길함을 얻는다는 뜻이다. 그 이유는 구오의 효가 '하늘의 위치하여 중정함을 얻었기 때문이다.位乎天位 以正中也' 일반적으로 모든 괘에는 가장 중요한 효가 하나씩 있는데 수괘의 경우에는 오효가 가장 중요한 효라고 할 수 있다. 원래 오효는 하늘의 자리이자 상괘의 중앙이며 양의 자리다. 수괘의 구오효도 존귀한 하늘의 자리인 데다 상괘의 중앙에 위치하여 '중中'을 얻었고 양의 자리에 양효가 왔으므로 '정正'을 얻었으므로 수괘를 길하다고 한 것이다. 큰 하천을 건너는 것이 이로운 것은 가면 공이 있기 때문이라는 뜻에서 '이섭대천 왕유공야利涉大川 往有功也'라고 했다. 구오효는 강건하고 중정의 덕을 지녔으므로 험난한 장애물을 건널 수 있을 뿐 아니라 앞으로 나아가면 충분히 성공할 수 있다.

괘사에 대한 「대상전」

象曰: 雲上於天 需. 君子以飮食宴樂.
상 왈 운 상 어 천 수 군 자 이 음 식 연 락

상전에서는 말했다. 구름이 하늘로 올라가는 것이 수다. 군자는 이를 보고 마시고 먹으며 잔치를 즐긴다.

「상전」에서는 수괘(䷄)의 하괘인 건괘(☰)가 하늘이고 상괘인 감괘(☵)가 물이므로 물, 즉 구름이 하늘에서 내려오지 않고 올라가는 것이라는 의미에서 '운상어천雲上於天'이라고 표현했다. 하늘에 검은 구름이 밀집해 있

어도 비가 아직 내려오지 않지만 금방
비가 내릴 것이므로 기다리라고 한다.
이것이 바로 수괘의 상이다.

군자는 이러한 괘상을 보고 수괘의
도에 근거하여 '마시고 먹으며 잔치를
즐긴다.飲食宴樂' 수괘의 상황에 처했을
때 군자는 여유 있게 잔치를 즐겨야지
조급하게 큰일을 처리하려 해서는 안
되며, 때를 기다리면서 정교함과 예리
함을 길러야 한다.

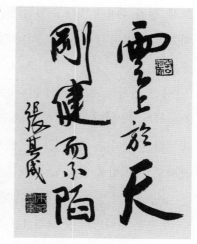

운상어천 강건이불함

초구 효사와 「소상전」

初九, 需于郊 利用恒 无咎.
초구　수우교　이용항　무구

象曰: 需于郊 不犯難行也 利用恒 无咎 未失常也.
상왈　수우교　불범난행야　이용항　무구　미실상야

초구는 교외에서 기다리는 것이다. 항상함이 이로우니 허물이 없다.

「상전」에서는 말했다. 교외에서 기다리는 것은 어려움을 범하면서까지
가지는 않는 것이다. 항상함이 이로우니 허물이 없는 것은 떳떳함을 잃지
않기 때문이다.

초구에서 '수우교需于郊'라고 한 것은 교외에서 기다린다는 것이고, '이
용항利用恒'은 항상된, 변함없는 마음을 유지한다는 뜻이며, '무구无咎'는
허물이 없다는 말이다. 육효의 내용을 관통하는 주제는 '기다림'이지만
그 기다리는 장소는 제각기 다르다. 각 효의 위치에 따라 그 장소를 교외,

모래, 진흙, 피血에 빗대고 있는데, '교郊'는 마을 밖을 말하며 교외는 편벽하고 멀리 떨어진 들을 상징하니 그 기다리는 시간이 짧지 않음을 짐작할수 있다.

「상전」에서는 '교외에서 기다리는需于郊' 이유에 대해 '어려움을 무릅쓰면서까지 가지 않기 위함不犯難行也'이라고 했다. 다시 말해 모험을 하지않는다는 말이다. '항상함이 이로우니 허물이 없는利用恒 无咎' 이유에 대해서도 '떳떳함을 잃지 않기 때문未失常也'이라고 했다. 즉 기다리는 중에는 조급해하지 말고 지속적이고 항상된 마음을 유지해야만 함을 말해 준다. 초구는 기다림의 첫 단계이므로 처음부터 조급해하지 말고 내면을 진정시켜 평상심을 가지며 모험은 하지 말 것을 권한다.

구이 효사와 「소상전」

九二, 需于沙 小有言 終吉.
구 이 수 우 사 소 유 언 종 길
象曰: 需于沙 衍在中也 雖小有言 以終吉也.
상 왈 수 우 사 연 재 중 야 수 소 유 언 이 종 길 야

구이는 모래톱에서 기다리는 것이다. 다소 말이 있을 수 있으나 끝내는길하다.

「상전」에서는 말했다. 모래톱에서 기다리는 것은 너그러움으로 중에있는 것이다. 비록 조금 말이 있을 수 있으나 끝내는 길하다.

구이의 '수우사需于沙'에서 '사沙'는 모래톱을 가리킨다. 물가의 모래톱에 접근하여 그 위에서 기다리는 형상이다. '소유언小有言'은 이야기함이적다는 것이고 '종길終吉'은 끝내는 길하다는 말이다. 구이효는 초구효에비교하면 밖에서부터 안으로 들어가는 과정을 다루고 있다. 즉 초구의 교

외보다는 모래톱이 물에 더욱 가까워 위험하니 인내심을 가지고 기다리라는 말이다. 말을 많이 하지 말라는 것은 말이 많으면 실수하기 때문이다.

「상전」에서는 '모래에서 기다리는 것은 너그러움으로 중에 있는 것이다.需于沙 衍在中也'라고 했다. 마음을 너그럽게 하고 조급해하지 않는 것을 가리켜 '연衍'이라고 했다. 구이는 하괘의 '중中'에 위치하니 마음이 너그러울 수 있고 인내심 있게 기다릴 수 있다. '수소유언 이종길야雖小有言 以終吉也'는 비록 말이 조금 나와서 다른 사람들의 말에 상처를 입을 수는 있지만 인내심을 가지고 나아가다 보면 끝내는 길할 것이라는 말이다.

구삼 효사와 「소상전」

九三, 需于泥 致寇至.
구삼 수우니 치구지
象曰: 需于泥 災在外也 自我致寇 敬愼不敗也.
상왈 수우니 재재외야 자아치구 경신불패야

구삼은 진흙에서 기다리는 것이니, 도적이 이르게 되리라.

「상전」에서는 말했다. 진흙에서 기다리는 것은 재앙이 밖에 있는 것이요, 나로부터 도적을 불러들였으니 공경하고 삼가면 패하지 않는다.

구삼에서 '수우니需于泥'라고 한 것은 진흙에서 기다리는 것이며 '치구지致寇至'는 결국 강력한 도적을 불러들이게 되었다는 뜻이다. 밖에서부터 안으로 들어가는 과정 가운데 '진흙泥'은 초구의 '교외郊', 구이의 '모래톱沙'보다 물에 한 층 더 가까워진 것이므로 흉함과 위험으로 향하고 있는 셈이다. 구삼은 하괘의 맨 위에 위치해서 흉함과 위험이 많은 데다 상괘인 감괘는 험한 물을 상징하므로 물에 더욱 근접한 곳에 있는 진흙을 구삼효에 빗댔다. 곧장 물로 들어가면 위험이 가중되는데 이는 도적을 불러 들이는 것이나 다름없다.

「상전」에서는 '수우니 재재외야需于泥 災在外也'라고 하여 진흙에서 기다리니 재앙과 화가 이미 밖에 도달했다고 했다. 왜냐면 구삼은 이미 상괘인 감괘의 험난함에 다가섰기 때문이다. '자아치구 경신불패야自我致寇 敬愼不敗也'는 자신으로 말미암아 도적을 불러들였으나 더욱 힘써 삼가고 조심하면 재앙을 피할 수 있다는 말이다.

육사 효사와 「소상전」

六四, 需于血 出自穴.
육 사　수 우 혈　출 자 혈
象曰: 需于血 順以聽也.
상 왈　수 우 혈　순 이 청 야

육사는 피血에서 기다리는 것이니, 구멍으로부터 나온다.
「상전」에서는 말했다. 피血에서 기다리는 것은 순함으로써 명령을 따르는 것이다.

육사에서는 '수우혈需于血'이라고 해서 피로 된 못에서 기다리라고 했다. '혈血'은 살상殺傷의 땅을 빗댄 것이다. 육사효는 이미 상괘인 감괘의 험난한 경지에 접어들었다. '출자혈出自穴'은 구멍으로부터 도망쳐 나온 것인데 여기서 '혈穴'은 은밀하고도 드러나지 않은 장소를 가리킨다. 이 시기에 육사효는 위로는 구오효를 떠받쳐서 구오의 강건한 자에게 순종할 수 있으며 그의 도움을 받아 자연스럽게 구멍에서 도망쳐 나올 수 있다.

「상전」에서는 '피에서 기다리는 것은 순함으로써 명령을 따르는 것需于血 順以聽也'이라고 했는데 피의 못에서 기다리는 것은 때에 맞춰 순종하고 따르는 것을 의미한다. 육사의 시기는 험난한 물에 들어선 때라서 이미 살상의 땅에 접어들었다고 볼 수 있다. 그렇다면 어떻게 해야 험난함을 평온함으로 바꿀 수 있을까? 첫째, 음유陰柔가 음의 자리에 거하게 한다. 위험한 시기에는 냉정함을 잃지 말고 조급해하지 않아야 한다. 둘째, 하늘의 도에 순응하여 위로는 구오효를 받들고 아래로는 초구효에 응함으로써 험난함이 평안함으로 바뀌기를 기다리면 된다.

구오 효사와 「소상전」

九五, 需于酒食 貞吉.
구 오　수 우 주 식　정 길

象曰: 酒食貞吉 以中正也.
상 왈　주 식 정 길　이 중 정 야

구오는 술과 음식 앞에서 기다리는 것으로 바르게 함이 길하다.

「상전」에서는 말했다. 술과 음식 앞에서 기다림이 길한 것은 중정을 얻었기 때문이다.

구오에서는 '수우주식需于酒食'이라고 했다. 이는 술자리와 맛좋은 음식 가운데서 기다린다는 말로 여기서 '정길貞吉'은 정도를 지키면 길하다는 뜻이다.

야연도夜宴圖

「상전」에서는 '음식에서 기다림이 길한酒食貞吉' 이유를 '중정을 얻었기 때문以中正也'이라고 했다. 구오효는 상괘의 중앙을 차지한 데다 양이 와야 할 자리에 양효가 왔기 때문에 중정의 도를 얻었다는 것이다. 구오효는 이미 가장 좋은 자리에 거했기 때문에 자만하기 쉽고 음식이나 잔치를 벌여 즐기는 데에 빠지기 쉽다. 따라서 이 시기에는 자신이 아직 감괘의 험난함 가운데 놓여 있다는 사실을 잊지 말고 계속해서 기다리면서 중정을 유지하며 바른 도를 지켜야만 길하다.

상육 효사와 「소상전」

上六, 入于穴 有不速之客三人來 敬之 終吉.
상 육   입 우 혈 유 불 속 지 객 삼 인 래 경 지 종 길
象曰: 不速之客來 敬之終吉 雖不當位 未大失也.
상 왈 불 속 지 객 래 경 지 종 길 수 부 당 위 미 대 실 야

상육은 구멍에 들어감이니, 청하지 않은 손님 셋이 올 것인데 공경하면 끝내 길하다.

「상전」에서는 말했다. 청하지 않은 손님이 오나 공경하면 끝내 길한 것은 비록 지위가 마땅하지 않아도 큰 잘못이 없기 때문이다.

상육에서는 '입우혈入于穴'이라고 했는데 이는 구멍으로 들어간다는 말이다. '유불속지객삼인래有不速之客三人來'는 청하지 않은 세 명의 손님이 온다는 말로 하괘인 건괘가 세 개의 양효로 되어 있음을 가리킨다. 상육효는 본래 구삼효와 상응하므로 구삼효는 청하지 않아도 스스로 온 것이 아무 문제가 되지 않지만, 뜻밖에도 청하지 않은 초구와 구이가 그를 따라왔다. '속速'은 불러서 온다는 뜻이고 '경지 종길敬之 終吉'은 공경함으로 그들을 대하면 끝내 길할 것이라는 말이다.

「상전」에서는 '청하지 않은 손님이 오나 공경하면 끝내 길하다.不速之客
來 敬之終吉'고 했다. 이는 상육이 험난함 가운데 있으므로 만약 청하지 않
은 손님이 있으면 자신에게 도움을 줄 수 있을지의 여부와 관계없이 공경
함으로 대우해야 하며 그렇게 되면 끝내 길하다는 말이다. '수부당위 미
대실야雖不當位 未大失也'는 '비록 지위가 마땅하지 않아도 큰 잘못이 없기
때문이다.'라는 뜻이다. 상육의 음효가 구오의 양효를 올라타고 있으므로
이러한 위치 관계는 그다지 적절하지도 길하지도 않다. 그러나 음효로서
음의 자리에 거하고 있어서 큰 과실이 없으므로 끝내는 길하다.

수괘 정리

☵

수괘를 통해 우리가 배울 수 있는 제일 큰 교훈은 인내심을 가지고 기
다리며 말을 삼가야 한다는 점이다. 냉정함과 공경함을 잃지 않으면서
하늘의 도에 순응하고 하늘의 이치를 거역하지 않아야 한다. 이는 교외
이든 모래톱이든, 진흙이든, 피 가운데서든 아니면 음식 앞에서든 구멍
안에서든 마찬가지다. 고요함으로 행동을 통제하고 인내심을 가지고
때를 기다리며 기회를 엿보아 움직이는 것이야말로 인생을 사는 중요
한 지혜라고 하겠다.

06
송괘訟卦 — 소송의 중단

괘사

訟 有孚窒惕 中吉 終凶.
송 유부질척 중길 종흉

利見大人 不利涉大川.
이 견 대 인 불 리 섭 대 천

송은 성실함이 있으나 막혀서 두려우니, 중도에 그치면 길하고 끝까지 가면 흉하다. 대인을 보는 것이 이롭고, 큰 하천을 건너는 것은 이롭지 않다.

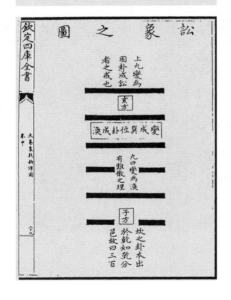

'송訟'은 쟁의하고 소송한다는 뜻이다. 수괘 다음에 송괘가 뒤이어 나오는 것에 대해 「서괘전」에서는 '음식에는 반드시 소송이 있으므로 송괘로 받았다.'고 말했다. 송괘(䷅)는 상괘인 건괘(☰)가 하늘을 대표하고 하괘인 감괘(☵)는 물을 상징하므로 '하늘天'과 '물水'이 만나 이루어진다. 하늘은 동에서 서로 움직이는 반면 물은 서에서 동으로 흘러 (중국의 지형은 전체적으로 서쪽이 높고 동쪽이 낮아 대부분 강이 서에서 동으로 흐른다.) 둘의 방향이 서로 반대이므로 쟁송의 배경이 형성되는 셈이다. 반면, 물은 하늘의 아래에 거하는 데다 기꺼이 아래에서 하늘을 거슬려 다투려하지 않는다. 따라서 송괘는 우리에게 어떻게 쟁송을 해야 할지가 아닌, 어떻게 하면 다툼을 멈추어 소송을 피할 수 있을지에 관한 도리를 알려준다.

송괘의 괘사에서는 '유부질척 중길 종흉有孚窒惕 中吉 終凶'이라고 했는데 여기서 '유부有孚'는 성실과 신의를 말하고 '질窒'과 '척惕'은 내면의 두려움을 나타낸다. 따라서 그 뜻을 보면 송괘는 마음에 성실함을 품었으나 두려운 마음도 있어서 중간에는 길하고 이로우나 결국에는 흉하고 험하다는 것이다.

이럴 때는 대인을 만나면 이롭고 큰 하천을 건너면 이롭지 않다는 뜻에서 '이견대인 불리섭대천利見大人 不利涉大川'이라고 했다. 쟁송이 생기면 한 번은 험난함을 건너야 한다. 마치 큰 하천을 건너면 아무리 조심해도 옷이 젖게 되듯 비록 긴 소송 끝에 이기더라도 크고 작은 손실은 피할 수 없다. 그래서 공자도 "송사를 듣고 처리함은 나도 남 못지않게 할 수 있으나 반드시 송사가 없도록 하겠다."고 했다. 자신이 소송을 심리하거나 사안을 판단함에 있어서 다른 사람 못지않게 잘 해낼 능력이 있지만 되도록 소송이 발생하지 않게끔 하겠다는 것이다. 자고로 소송이 한번 생기면 상당한 인력과 재물이 헛되게 쓰이기 때문이다.

괘사에 대한 「단전」

象曰: 訟 上剛下險 險而健 訟.
단왈 송 상강하험 험이건 송

訟 有孚窒惕 中吉 剛來而得中也.
송 유부질척 중길 강래이득중야

終凶 訟不可成也.
종흉 송불가성야

利見大人 尙中正也.
이 견 대 인 상 중 정 야

不利涉大川 入于淵也.
불 리 섭 대 천 입 우 연 야

「단전」에서는 말했다. 송은 위는 강하고 아래는 험하여, 험하고 굳센 것
이 송이다. 송은 성실함이 있으나 막혀서 두려우므로 중도에 그치면 길함
은 강이 와서 중을 얻었기 때문이요, 끝까지 가면 흉함은 송사를 끝까지
이루어서는 안 되기 때문이다. 대인을 보는 것이 이로움은 숭상함이 중정
하기 때문이요, 큰 하천을 건너는 것이 이롭지 않음은 깊은 못으로 들어
가기 때문이다.

「단전」에서는 송괘에 대해 '상강하험 험이건上剛下險 險而健'이라고 했는
데 이는 위는 '강剛'하고 아래는 '험險'해서 강건하면서도 위험하다는 말
이다. 여기서 '강剛' '강건하다'는 것은 상괘인 건괘를 가리키는 것이고
'험險'은 하괘인 감괘를 말한다.

'송 유부질척 중길訟 有孚窒惕 中吉'은 송은 성실함이 있으나 두려운 마음
이 있으므로 중간의 과정은 길하다는 말이다. 중간의 과정이 길한 이유
는 '강래이득중야剛來而得中也', 즉 강효(양효)가 가운데 위치하기 때문이다.
'강효가 가운데 위치한다.'는 것은 상괘와 하괘의 가운데 효가 모두 양효
임을 뜻한다. 소송을 해도 결국에는 길하지 못하고 흉하다고 한 것은 끝
에 가서는 성과를 얻지 못하기 때문인데 여기에서는 이를 '종흉 송불가성
야終凶 訟不可成也'라고 표현했다.

'이견대인 상중정야利見大人 尙中正也'는 대인을 봄이 이로운 것은 대인은
중정의 도를 숭상하기 때문이라는 말이다. 대인으로 하여금 소송을 심리
하게 하는 것이 가장 적합하다는 말인데 '대인大人'은 구오효를 가리킨다.
양효가 양의 자리에 온 데다 상괘의 가운데를 차지했으므로 대인은 중정

의 덕을 지닌다.

'불리섭대천 입우연야不利涉大川 入于淵也'는 큰 하천을 건너는 것이 이롭지 않다는 것인데 이는 깊은 연못에 들어가게 되기 때문이다. '연淵'은 하괘인 감괘를 가리키며 상괘인 건괘가 상징하는 군자가 연못 위에 거하므로 흉하고 위험하다고 했다.

괘사에 대한 「대상전」

象曰: 天與水違行 訟. 君子以作事謀始.
상 왈   천 여 수 위 행   송   군 자 이 작 사 모 시

「상전」에서는 말했다. 하늘과 물이 어긋나서 가는 것이 송이다. 군자는 이를 보고 일을 할 때 시작을 잘 도모한다.

「상전」에서는 '하늘과 물이 어긋나서 간다.天與水違行'고 했다. 상괘인 건괘는 하늘이고 하괘인 감괘는 물이다. 하늘은 동에서 서로 운행되는 반면 물은 서에서 동으로 흐르므로 둘의 방향이 서로 엇갈린다. 어것이 송괘의 상이다.

군자는 이러한 괘상을 보고 송괘의 도에 근거해 '일을 할 때는 시작을 잘 도모한다.作事謀始' 즉 군자는 일을 시작할 때 계획을 잘 세워서 해야지 시작부터 하늘의 뜻을 위배해서는 안 된다는 말이다.

작사모시

初六, 不永所事 小有言 終吉.
초육 불영소사 소유언 종길
象曰: 不永所事 訟不可長也 雖小有言 其辯明也.
상왈 불영소사 송불가장야 수소유언 기변명야

초육은 쟁송하는 일을 오래 끌지 않으면, 다소 말이 있을 수는 있으나 끝내는 길하다.

「상전」에서는 말했다. 쟁송하는 일을 오래 끌지 않는다는 것은 쟁송이란 길게 가서는 안 되기 때문이다. 비록 말이 조금 있을 수 있지만 그 분별함이 밝다.

초육에서는 '불영소사不永所事'라고 했다. 쟁송이 막 시작되었을 때는 오랜 시간 쟁송하는 일에 얽매여서는 안 된다는 말이다. 처음 시작했을 때에는 강하게 나가지 말고, 다투지 않고 유순하게 하며, 방법을 잘 생각하여 쟁송을 막도록 해야 한다. '소유언小有言'은 쟁송이 이미 시작된 이상 이런저런 말이 나오지 않을 수는 없으나, 그래도 말을 삼가고 꼭 해야 할 때는 하늘의 도에 부합하게 한다는 말이다. 일을 처음 시작하는 시점에 하늘의 도에 순응하여 위배하지 않으면 '끝내는 길하다.終吉'

「상전」에서는 '불영소사不永所事', 즉 쟁송하는 일을 너무 오랜 시간 끌지 말아야 하는 것은 '쟁송이란 길게 가서는 안 되기 때문訟不可長也'이라고 했다. '수소유언雖小有言', 즉 비록 말이 다소 나올 수는 있지만 사실에 근거한 것이고 하늘의 도와 사람의 마음에 부합하기 때문에 '그 분별함이 밝아其辯明也' 명확하게 분별해 낼 수 있다.

九二, 不克訟 歸而逋 其邑人三百戶 无眚.
구 이　불 극 송　귀 이 포　기 읍 인 삼 백 호　무 생
象曰: 不克訟 歸逋 竄也 自下訟上 患至掇也.
상 왈　불 극 송　귀 포　찬 야　자 하 송 상　환 지 철 야

구이는 쟁송하지 못하고 돌아가 도망하는 것이니, 그 읍에 사는 사람이
삼백호쯤 되면 재앙이 없다.

「상전」에서는 말했다. 쟁송하지 못하고 돌아가 도망하여 숨으니, 아랫
사람으로서 윗사람과 쟁송하면 후환을 자초하게 되리라.

구이의 '불극송不克訟'은 '쟁송하러 갈 수 없다.'는 뜻이고 '귀이포歸而逋'
는 세상 사람과 다툼 없이 돌아가 숨는 것이다. 여기서 '포逋'는 도망간다
는 뜻이다. '기읍인삼백호 무생其邑人三百戶 无眚'은 성 중의 삼백호에 이르
는 가구의 주민들에게는 재난이 없을 것이라는 말이다. '생眚'은 본래 '눈
이 멀다.'는 뜻이지만 여기서는 재난과 화를 가리킨다.

「상전」에서는 '쟁송하지 못하고 돌아가 도망하여 숨는 것不克訟 歸逋 竄
也'은 신속하고 철저하게 쟁송을 끝내라는 것이다. '자하송상 환지철야自
下訟上 患至掇也'는 만약 아래에 거하는 사람이 존귀한 윗사람을 향해 소송
을 걸면 재앙과 화가 임할 것이므로 즉각 소송을 중단해야 한다는 뜻이
다. 여기서 '하下'는 구이효를, '상上'은 구오효를 가리키며, 이 둘이 모두
양효이므로 쟁송할 수 있으나 다투면 끝내 흉할 것이다. 그러나 만약 중
도를 지켜서 돌아가 쟁송을 중단하면 재난은 피할 수 있다.

六三, 食舊德 貞厲 終吉. 或從王事 无成.
육삼 식구덕 정려 종길 혹종왕사 무성
象曰: 食舊德 從上吉也.
상왈 식구덕 종상길야

육삼은 옛 덕을 먹으니, 바르게 하면 위태로우나 끝내는 길하다. 때로 왕의 일에 종사하더라도 이룸은 없다.

「상전」에서는 말했다. 옛 덕을 먹는다는 것은 윗사람을 따르면 길하다는 것이다.

'구덕舊德'은 과거의 도와 덕을 가리킨다. 육삼에서 '식구덕食舊德'이라고 한 것은 과거의 도와 덕을 따라 수양한다는 이야기인데 여기서는 도덕의 역량을 강조한다. '정려 종길貞厲 終吉'은 바른 도를 지키면서 이곳을 떠나지 않으면 비록 위태롭긴 하지만 결국에는 길하다는 말이다. 초육효의 덕은 '말을 적게 하는 것小有言'으로 드러났고, 구이효의 덕은 '돌아가 도망가서 숨음歸而逋'으로 윗사람과 서로 다투지 않는 데 있다. 육삼효도 초육효, 구이효의 미덕에 의지해 일을 처리하면 처음에는 비록 위험하나 마침내는 길하다. '혹종왕사 무성或從王事 无成'은 대왕에게 순종하여 일을 처리할 때는 큰 성과는 없을지라도 마침내는 길할 것이라는 말이다.

「상전」에서는 '옛 덕을 먹는다는 것은 윗사람을 따르면 길하다는 것食舊德 從上吉也'이라고 했는데, 이는 과거에 쌓아 두었던 덕을 이용해서 윗자리에 거한 사람에게 순종한다는 뜻이다. 여기서 육삼은 상구와 상응하는 모습, 즉 음효가 양효에 순종하는 형세이므로 당연히 길하다. 다른 사람에게 순종하여 일을 처리하면 자신이 크게 드러나지는 않아야 하는데 이것이 바로 이 시기에 보여야 할 미덕이다.

九四, 不克訟 復卽命渝 安貞 吉.
구 사 　 불 극 송 복 즉 명 유 안 정 길
象曰: 復卽命渝 安貞 不失也.
상 왈 　 복 즉 명 유 안 정 불 실 야

구사는 쟁송하러 가지 못하니, 돌아와 명命에 나아가 쟁송하는 마음을 고쳐먹으며 편안하고 바르게 하면 길하리라.

「상전」에서는 말했다. 돌아와 명命에 나아가 쟁송하는 마음을 고쳐먹으며 편안하고 바르게 한다는 것은 도를 잃지 않는 것이다.

구사의 '불극송不克訟'은 쟁송하러 가지 못한다는 것이다. '복復'은 '회복하다' '돌아온다'는 말이고 '명命'은 명운, 운명을 말하며 '유渝'는 변한다는 의미이므로 '복즉명유復卽命渝'는 돌아와서 운명의 변화를 인정하고 소송에 대한 생각을 바꿔먹는다는 뜻이다. 그리고 마음을 편안히 하고 바른 도를 지키면 끝내는 길하다는 뜻에서 '안정 길安貞 吉'이라고 했다. 강경하게 처세하면 쉽게 소송에 휘말릴 수 있는데 여기서는 쟁송에 대한 생각을 바꿔먹고 마음을 편안히 한 채 바른 도를 지키면 아주 기특한 일이라고 한다.

「상전」에서는 '돌아와 명에 나아가 쟁송하는 마음을 고쳐먹으면 편안하고 바르게 한다는 것은 도를 잃지 않는 것이다.復卽命渝 安貞 不失也'라고 했다. 구사의 양효는 음의 자리에 있으므로 위치가 '부정不正'하다. 그래서 그는 바른 도를 지키지 않고 도처에서 강경함을 드러내어 남과 쟁송을 벌인다. 만약 바른 도로 돌아와서 운명의 변화를 따라 자신의 처지에 편안히 거하면 어떤 것도 잃지 않을 것이다. 사실 쟁송이 한번 벌어지면 적지 않은 손실이 생기기 때문이다.

06
송괘訟卦 ― 소송의 중단

九五, 訟 元吉.
구 오 송 원 길
象曰: 訟 元吉 以中正也.
상 왈 송 원 길 이 중 정 야

구오는 쟁송에 크게 길하다.
「상전」에서는 말했다. 쟁송에 크게 길함은 중정을 얻었기 때문이다.

구오에서는 '송 원길訟 元吉'이라고 하여 이 시기에는 소송하면 크게 길하고 이롭다고 했다.

「상전」에서는 '쟁송이 크게 길한訟 元吉' 이유는 '중정을 얻었기 때문以中正也'이라고 했다. 구오효가 상괘의 중앙인 '중中'의 자리를 차지한 데다 양효가 양의 자리에 와서 '정正'까지 얻었기 때문에 쟁송을 하는 데 유리하다고 한 것이다.

여기서 우리는 쟁송의 도리를 배울 수 있다. 즉 소송하지 않으면 안 되는 상황에서조차 하늘의 이치를 따라 지나치게 격하게 반응하지 않으며 중도와 정도를 지키는 길이다. 비록 구오효는 구이효와 서로 다투는 관계지만 구오효는 '중中'과 '정正'을 모두 얻어서 일의 이치를 밝히 알 수 있다. 그래서 다투는 쌍방이 지닌 모순을 해결함으로써 쟁송으로 양쪽 모두 손실을 입지 않게 할 수 있으므로 길하다는 것이다.

上九, 或錫之鞶帶 終朝三褫之.
상구 혹 석 지 반 대 종 조 삼 치 지
象曰: 以訟受服 亦不足敬也.
상왈 이 송 수 복 역 부 족 경 야

상구는 혹 관복을 하사받더라도 하루아침에 세 번 그것을 빼앗긴다.

「상전」에서는 말했다. 쟁송을 통해 관복을 받음은 또한 공경할 만한 것이 못 된다.

'석錫'은 '하사하다' '베풀다'는 의미의 '사賜'와 통하며, '반대鞶帶'는 허리띠를 가리키므로 상구의 '혹석지반대或錫之鞶帶'는 쟁송에서 이겨서 존귀한 허리띠(관복)를 받게 된다는 뜻이다. '치褫'는 박탈하다는 뜻이므로 '종조삼치지終朝三褫之'는 하루아침에 여러 차례 받은 물건을 박탈당한다는 말이다. 쟁송에서 유리한 상황에 처해 있을 때 만약 끝까지 트집을 잡아 물고 늘어져 소송의 끝까지 가 버리면 비록 이기더라도 끝내는 상을 얻기는커녕 적잖은 손실을 입을 것이다.

「상전」에서는 '쟁송을 통해 관복을 받음以訟受服', 즉 쟁송 끝에 다른 사람으로부터 순복함을 얻어 낸다 해도 '또한 다른 사람으로부터 공경받을 만한 것이 못 된다亦不足敬也'고 했다. 다른 사람으로부터 존경받으려면 먼저 다른 사람에게 굽혀서 그들을 이해할 줄 알아야 한다는 뜻이다.

≡≡

송괘는 우리에게 다투지 않는 지혜를 알려 준다. 일을 할 때는 처음의 계획을 잘 도모하고 소송하고자 하는 마음을 가지지 말며 하늘의 도에 위배해서는 안 된다. 노자는 "지극히 선한 것은 물과 같다. 물은 만물을 이롭게 하면서도 다투지 않으며 뭇 사람이 싫어하는 곳에 자리 잡는다. 그러므로 도에 가깝다. …… 오로지 다투지 않기 때문에 허물이 없다."고 했다. 물은 참으로 다투지 않는 것들 가운데 최고의 모범이다. 쟁송이 불리할 때는 삼가고 신중하면서 '말을 적게 하고 돌아가 도망가면서' 운명의 흐름과 변화를 읽을 줄 알아야 한다. 쟁송이 유리할 때는 본성의 정직함에 의지해서 중도를 지키며 행동해야 한다.

07
사괘師卦 ― 인재 활용의 도

괘사

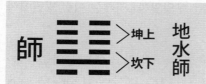

師 貞 丈人吉 无咎.
사 정 장 인 길 무 구

사는 바르니, 장인丈人이라야 길하고 허물이 없다.

사괘는 『주역』에서 건, 곤, 준, 몽, 수, 송을 거쳐 일곱 번째로 나오는 괘다. 쟁송의 단계가 지나면 필연적으로 뭇 사람이 서로 다투는 단계에 접어들게 되어 있다. 그래서 「서괘전」에서는 "소송은 반드시 여러 사람이 일어나게 되므로 사괘로 받았다. 사는 무리다."라고 했다. '송松'은 말로 하는 쟁송이었다가 '사師'에 이르러서는 무력을 통한 전쟁 형식의 다툼이 시작된다. '사師'는 군대 단위를 가리키는 말이기 때문이다. 고대에는 2,500명을 '사師'라고 하였고 12,500명을 '군軍'이라고 표현했는데, '사師'는 여러 사람, 무리를 나타내기도 하며 군대를 이끄는 사람을 가리키기도 한다.

사괘는 하나의 양효와 다섯 개의 음효로 이루어지는데 하나의 양효가 아래쪽에서 뭇 음효의 주인 노릇을 하니 장수가 병사를 통솔하는 상이라고 하겠다. 이 때문에 사괘에서는 주로 아랫사람을 통솔하는 문제를 강조한다. 한 명의 통솔자가 어떻게 하면 많은 무리를 잘 이끌 수 있을까? 어떻게 하면 병사들을 이끌고 작전을 세우는 지혜를 잘 발휘할 수 있을까? 오늘날 리더가 자신의 리더십을 끌어올리는 방법에는 무엇이 있을까? 아랫사람들을 잘 이끌고 관리하는 방법은 무엇일까? 사괘는 이런 방면에서 우리에게 일깨우는 바가 적지 않다.

괘사에서는 '사 정 장인길 무구師 貞 丈人吉 无咎'라고 했는데 이는 '사는 바르니 장인이라야 길하고 허물이 없다.'는 뜻이다. 여기서 '정貞'은 바른 것이다. 만약 군대가 정의로운 목적을 가지고 출정한다면 군대를 이끄는 인물은 그 행위가 '정正'을 얻은 덕망 높은 사람, 대인에 해당할 것이다. 그런 사람이 병사를 이끌고 작전을 수행해야 가장 길하여 재앙이 없다.

『손자병법』에서는 전쟁을 할 때는 도道, 하늘天, 땅地, 장수將, 병법法의 '오사五事', 즉 다섯 가지 살펴야 할 요소를 고려해야 한다고 했는데 여기에 바로 '장수將'가 포함된다. 장수는 다섯 가지 덕, 즉 지혜智 신뢰信, 어짊仁, 용기勇, 엄격함嚴을 갖추어야 하는데 이러한 다섯 가지 덕을 가진 사람을 가리켜 대인이라고 한다. "무릇 장수란 국가의 대들보다."라고 한 말에서 알 수 있듯이 장수가 국가를 든든히 보좌하면 나라는 반드시 강성해지지만 보좌함이 허술하면 나라는 쇠약해지므로 '장수'의 책임이 막대하다고 하겠다.

괘사에 대한 「단전」

象曰: 師 衆也. 貞 正也.
단왈 사 중야 정 정야

能以衆正 可以王矣.
능 이 중 정 가 이 왕 의

剛中而應 行險而順 以此毒天下而民從之 吉又何咎矣.
강 중 이 응 행 험 이 순 이 차 독 천 하 이 민 종 지 길 우 하 구 의

「단전」에서는 말했다. 사는 무리이고 정은 바름이니, 무리로 하여금 바르게 하면 왕이 될 수 있다. 강이 중에 있고 응하므로 험한 가운데 행하나 순조롭다. 이로 말미암아 천하를 다스리고 백성이 그를 따르니 길할 뿐 어찌 허물이 있겠는가!

「단전」에서는 '사 중야師 衆也'라고 했는데 여기서 '사師'는 여러 사람을 가리킨다. '정 정야貞 正也'에서 '정貞'은 바른 도를 말한다. '능이중정 가이왕의能以衆正 可以王矣'는 무리로 하여금 바르게 하면 왕이 될 수 있다는 뜻인데 관리자로서 무리가 정도를 걷게 하면 군왕이 되어 천하를 다스릴 만하다는 말이다.

'강중이응剛中而應'은 '강이 중에 있고 응한다.'는 뜻이다. 사괘에서

治兵取乎坤見寓兵於農 新圖

坤 平 役 致
萃䷬䷗ 師䷆
陰䷬謙䷠貞
殺豫䷏丈
蕃利用人
甦建侵吉
不侯伐
虞行
師 四
卦
皆
有
坤

양효는 구이효 하나뿐이므로 이러한 괘상에서는 그 하나뿐인 양효가 가장 중요하다. 구이의 양효는 육오의 음효와 서로 응하므로 이러한 장수는 강건하여 중도를 행하고 병사들로부터 신뢰를 받아 그와 호응하니 뭇 사

람이 기대고 우러러보는 사람이라고 할 수 있다.

'행험이순 이차독천하이민종지行險而順 以此毒天下而民從之'는 '험한 가운데 행하나 순조롭고, 이로 말미암아 천하에 독을 끼치나 백성이 그를 따른다.'는 의미다. 여기서 '험함險'이라고 한 것은 하괘인 감괘(☵)가 험함을 상징하기 때문이고, 뒤이어 '순順'이라고 한 것은 상괘인 곤괘(☷)가 유순함, 순응함을 상징하기 때문이다. '독毒'은 '독督'과 통하는데 여기서는 '다스린다'는 뜻이다. 비록 군사를 이끌고 전쟁에 나서는 것은 위험하고 험난한 일이지만 정의의 군대로서 출병하여 천하를 안정시키고 백성의 뜻을 따르면 백성들이 그에게 순종할 것이다. 이는『맹자』「양혜왕梁惠王」편에서 "지금 연나라가 그 백성을 학대하므로 왕이 가서 연나라를 정벌하니 연나라 백성들은 자기들을 재앙에서 구해 줄 것이라고 여겨서 소쿠리 밥과 병에 담은 간장을 가지고 왕의 군대를 맞이했다."고 말한 것과도 같다. '길우하구의吉又何咎矣'는 '길할 뿐 어찌 허물이 있겠는가.'라는 뜻이다. 만약 천하의 백성으로부터 지지를 얻게 되면 출병하는 것이 자연히 길하고 크게 이로운데 어찌 재앙과 화가 있겠느냐는 말이다.

괘사에 대한「대상전」

象曰: 地中有水 師. 君子以容民畜衆.
상왈　지중유수　사　군자이용민축중

「상전」에서는 말했다. 땅 가운데 물이 있는 것이 사다. 군자는 이를 보고 백성을 포용하고 무리를 모은다.

「상전」에서는 '지중유수地中有水'라고 했는데 이는 사괘(䷆)의 상괘인 곤괘(☷)가 땅을 상징하고 하괘인 감괘(☵)가 물이어서 땅 가운데 물이 모여서 이루어진 형상이기 때문이다. 이것이 바로 사괘의 상이다.

군자는 이러한 괘상을 보고 사괘의 도에 근거해 '용민축중容民畜衆', 즉 '백성을 포용하고 무리를 모아 길러야 한다.' 병사를 이끌고 전쟁에 나설 때 장수는 반드시 관용하는 마음과 사병을 아끼는 마음을 품어야 한다. 노자는 "포용하면 공평해지고 공평한 즉 왕 노릇도 잘 할 수 있다."고 했다. 사람들을 너그럽게 감쌀 줄 알아야 사람들이 따르고, 백성을 모아 길러야만 그들이 당신에게 순응할 것이라는 말이다.

초육 효사와 「소상전」

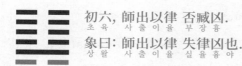

初六, 師出以律 否臧凶.
초육   사 출 이 율 부 장 흉
象曰: 師出以律 失律凶也.
상 왈   사 출 이 율   실 율 흉 야

초육은 군대를 출동하더라도 규율로써 해야 하는데, 그렇지 않으면 이기더라도 흉하다.

「상전」에서는 말했다. 군대를 출동함에 규율에 맞게 해야 한다는 것은 규율을 잃으면 흉하기 때문이다.

초육에서 '사출이율師出以律'이라고 한 것은 부대가 출발을 준비하고 떠날 때는 처음부터 반드시 기율을 엄격하게 지켜야 한다는 말이다. '부否'는 비평하는 것이고 '장臧'은 칭찬한다는 것인데 여기서 '부否'

사출이율

347

는 '아니다'의 의미인 '불不'과 통하고 '장臧'은 '선하다' '좋다'는 뜻이다. 따라서 '부장흉否臧凶'은 만약 군기가 엄격하지 않으면 이기더라도 흉하기 때문에 관리자라면 가장 먼저 엄격하고 분명한 법과 기율을 세워야 한다는 의미다. 여기서는 어떤 일이라도 기율이 첫 번째가 되어야 하며 법을 집행함이 엄격해야 함을 강조한다. "산

악비상

을 흔들기는 쉬워도 악비岳飛(기율을 중시한 남송의 명장)의 군대는 흔들기 어렵다."라는 고사도 기율을 엄격하게 지킨 전형적인 예다.

「상전」에서는 '군대를 출동함에 규율을 맞게 해야 함은 규율을 어기면 흉하기 때문師出以律 失律凶也'이라고 함으로써 병사를 이끌고 전쟁을 할 때는 엄격한 규율이 중시되어야 함을 다시 한번 강조했다. 엄격한 규율이 없는 군대는 위험해질 수밖에 없다.

구이 효사와 「소상전」

九二, 在師 中吉 无咎. 王三錫命.
구 이   재 사 중 길 무 구   왕 삼 석 명
象曰: 在師中吉 承天寵也. 王三錫命 懷萬邦也.
상 왈   재 사 중 길 승 천 총 야   왕 삼 석 명 회 만 방 야

구이는 군대에서 중을 얻었으므로 길하고 허물이 없으니, 왕이 세 차례나 명령을 내린다.

「상전」에서는 말했다. 군대에서 중을 얻어 길함은 하늘의 총애를 받기 때문이요, 왕이 세 차례 명령을 내림은 만방을 품기 때문이다.

구이효는 사괘를 이끄는 으뜸 효다. '재사 중길 무구在師 中吉 无咎'는 '군대에서 중을 얻었으므로 길하고 허물이 없다.'는 뜻인데 군대의 '중中'을 얻음은 군대를 통솔하는 입장이기 때문이다. 통솔하는 입장에서 강건하면서도 가운데에 거하여 중도를 행할 수 있으므로 길하고 재앙과 화가 없다는 말이다. '왕삼석명王三錫命'은 대왕이 세 차례나 명령을 내렸다는 말이다. '왕王'은 육오효를 가리키며 '석錫'은 '하사하다' '베풀다'는 뜻의 '사賜'와 통한다. 『주례周禮』에서는 대왕이 세 차례나 장군에게 명령을 내리는데 첫째 명령은 직책을 주고, 둘째 명령은 예복과 관복을 내리며, 셋째는 직위를 준다고 했다

「상전」에서는 '군대에서 중을 얻어서 길한在師中吉' 것은 '하늘의 총애를 받기 때문承天寵也'이라고 했다. 여기서 하늘은 육오의 하늘을 말하며 구이효는 육오효와 상응하여 군왕으로부터 중용되어 신임을 얻을 수 있다. '왕이 세 차례 명령을 내림王三錫命'은 그가 '만방을 품고 있기 때문懷萬邦也'인데 구이는 덕과 재능을 겸비하여 천하의 만방을 편안하게 보듬을 수 있다. 지도자가 되면 반드시 정의를 추구하고 중도를 지켜야 한다. 이 시기는 양강陽剛인 사람이 '중中'을 지키면서 덕과 재능을 겸비해야 하는 단계다. '왕王'은 최고 지도자를 말하며 반드시 그에 걸맞은 직책과 권한을 주어야 한다.

육삼 효사와 「소상전」

六三, 師或輿尸 凶.
육삼 사혹여시 흉

象曰: 師或輿尸 大无功也.
상왈   사혹여시 대무공야

육삼은 군대가 때로 시신을 수레에 싣고 오면 흉하다.

「상전」에서는 말했다. 군대가 때로 시신을 수레에 싣고 오는 것은 크게 공이 없는 것이다.

　육삼에서는 '사혹여시 흉師或興尸 凶'이라고 했는데 이는 군대를 내어 정벌에 나서면 가끔 수레 가득 시체를 싣고 돌아올 수 있으므로 흉하고 험하다는 말이다. 이는 육삼의 위치에 있는 지도자가 병사를 데리고 전쟁에 나서면 종종 싸움에서 패할 수 있는데 그 이유는 육삼의 통솔자는 '강剛' 하지도 않을 뿐더러 '중中'도 얻지 못했기 때문이다. 중정中正의 덕도 없고 유약하여 재능도 없으니 당연히 전쟁에서 자주 패할 수밖에 없다. 음유陰柔의 사람이 지도자가 된 데다 흉하고 험한 위치에 있으니 위험할 뿐이다. 여기서 우리는 지도자를 세워서 큰 권한을 줄 때는 반드시 그에게 강건함이 있는지 살펴야 함을 알 수 있다. 만약 유약하고 무능하면 크게 위험할 수 있다.

　「상전」에서는 '군대가 혹 시신을 수레에 싣고 오는師或興尸' 것은 '크게 공이 없는 것大无功也'이라고 했다. 군대가 출정해서 수레에 시신을 싣고 온다는 것은 큰 공을 탐했는데도 장군이 역량이 부족하여 공 없이 돌아오는 것이기 때문이다. 무능한 사람에게 아무리 큰 직책과 권한을 줘도 그는 결국 성과를 거둘 수 없다.

육사 효사와 「소상전」

六四, 師左次 无咎.
육사　사 좌 차 무 구

象曰: 左次无咎 未失常也.
상왈　좌 차 무 구　미 실 상 야

　육사는 군대가 좌측에 주둔하여 허물이 없다.

「상전」에서는 말했다. 좌측에 주둔하여 허물이 없다는 것은 떳떳함을 잃지 않았기 때문이다.

여기서 '차次'는 주둔한다는 뜻이다. 고대에는 우측이 존귀한 자리인 반면, 좌측은 우측에 비해 존귀함이 덜한 것으로 여겨졌다. 따라서 '좌측에 주둔한다.左次'는 것은 후퇴하여 주둔함을 말하며 '사좌차 무구師左次 无咎'는 군대가 좌측에 주둔하니 재앙과 화가 없다는 뜻이다.

「상전」에서는 '좌측에 주둔하여 허물이 없음'은 '떳떳함을 잃지 않았기 때문未失常也'이라고 했다. 육사효는 본래부터 좌측에 거하는 데다 음이 와야 할 자리에 음효가 와서 당위當位이므로 이럴 때는 군대가 나아가는 것보다는 물러나 주둔하는 편이 낫다. 맹목적으로 앞으로만 나아가려 하는 것은 지도자의 금기 사항 중 하나다. 또한 인재를 등용할 때는 그의 품성과 능력을 고려하여 어떤 위치에 배치해야 할지 잘 고려해야 한다. 재능이 없는 데도 지도자의 위치에 있는 사람이 종종 있는데 이는 무척 잘못된 용인술이라고 하겠다.

육오 효사와 「소상전」

六五, 田有禽 利執言 无咎. 長子帥師 弟子輿尸 貞凶.
육오　전유금　이집언　무구　　장자수사　제자여시　정흉
象曰: 長子帥師 以中行也. 弟子輿尸 使不當也.
상왈　　장자수사　이중행야　　제자여시　사부당야

육오는 밭에 짐승이 있어 말을 받들어 토벌함이 이로우니 허물이 없다. 장자長子가 군사를 거느렸으니 제자弟子가 시신을 수레에 싣고 오면 바르더라도 흉하다.

「상전」에서는 말했다. 장자가 군대를 거느림은 중도를 행하기 때문이요, 제자가 시체를 수레에 싣고 옴은 부림이 마땅하지 않은 것이다.

육오의 '밭에 짐승이 있다.田有禽'는 것은 사냥을 나가 사냥감을 만났다는 말이다. 또한 그것들을 사로잡으면 이롭고 재앙이나 화가 없다는 뜻에서 '이집언 무구利執言 无咎'라고 했다. '장자수사長子帥師'는 강건하고 바른 장자를 위임하여 군대를 이끌게 함이 길하다는 것이고, '제자여시弟子輿尸'는 덕과 재능이 없는 젊은 사람으로 하여금 군대를 이끌게 하면 수레에 시체만 가득 싣고 돌아올 뿐이라는 말이다. '제자弟子', 즉 덕과 재능이 없는 젊은 사람으로 하여금 군대를 이끌게 하면 무척 흉하고 험하다는 뜻에서 '정흉貞凶'이라고 했다. 여기서 '장자長子'와 '제자弟子'는 서로 비교 대상이 되는데, 단순히 연령의 측면에서만 그런 것이 아니라 재능과 덕의 측면에서도 비교 대상이 된다. '장자'는 덕과 재능을 겸비한 사람인 반면 '제자'는 덕과 재능이 부족한 사람이다. 이 두 지도자가 이끄는 군대는 두 가지 서로 다른 결과를 맺게 되어 인재를 적재적소에 활용하는 이치가 얼마나 중요한지 보여 준다.

「상전」에서는 '장자가 군대를 거느림長子帥師'은 '중도로 행하기 때문以中行也'이라고 했다. '장자長子'처럼 덕과 재능을 지닌 사람은 일을 할 때 자연스럽게 중도를 걷게 마련이다. 이런 사람은 군대에서 전투를 지휘할 때도 언제 나아가고 물러서야 할지, 그리고 때에 따른 득과 실을 잘 파악하므로 불패의 기반을 다질 수 있다. 그리

男正位乎外

易重長子有中正之道 依荀說繪圖 蔡新解

師 中 震 正 長 子 師師 主器

고 '제자가 시체를 수레에 싣고 옴弟子輿尸'은 '부림이 마땅하지 않기 때문使不當也'이라고 했다. 여기서 '제자弟子'와 같이 덕과 재능 없이 탁상공론만 일삼는 사람은 군대를 이끌고도 임기응변할 줄 모르고 의기만 앞세워 무모하게 행동한다. 그래서 군대의 진퇴를 결정함이 온당치 않아 백 번 나아가면 백 번 모두 실패한다.

상육 효사와 「소상전」

上六, 大君有命 開國承家 小人勿用.
상육   대 군 유 명   개 국 승 가   소 인 물 용

象曰: 大君有命 以正功也. 小人勿用 必亂邦也.
상 왈   대 군 유 명   이 정 공 야   소 인 물 용   필 란 방 야

천자가 명령을 내려 제후를 봉하고 경대부를 삼는데 소인은 쓰지 말아야 한다.

「상전」에서는 말했다. 대군이 명령을 내림은 공을 바르게 하는 것이고, 소인을 사용하지 말라는 것은 반드시 나라를 어지럽히기 때문이다.

상육의 '대군유명大君有命'은 천자가 명령을 내린다는 것이고 '개국승가開國承家'는 전쟁에서 승리한 뒤 공을 세운 신하들에게 논공행상하는 것이다. 공이 큰 자에게는 봉토를 주어 제후로 삼고 그보다 못하면 경卿이나 대부大夫 등의 작위를 내리는 식이다. '소인물용小人勿用'은 소인은 중용해서는 안 된다는 것인데 여기서 '소인小人'은 재능과 덕이 없기 때문에 중용하면 반드시 후환이 있게 된다.

「상전」에서 '대군유명 이정공야大君有命 以正功也'라고 한 것은 군왕이 명령을 내려 논공행상하는 것은 신하의 공로를 인정하고 공과 품성, 덕을 따라 상을 준다는 뜻이다. '소인물용 필란방야小人勿用 必亂邦也'는 만약 논

공행상을 할 때 바른 도를 따르지 않고 주지 말아야 할 곳에 상을 베푼다거나 꼭 주어야 할 곳에 상을 주지 않는다면, 소인이 이 기회를 틈타 상과 요직을 가로채서 장래에 나라를 어지럽히는 후환이 될 것이라는 말이다.

━━━━━━ 사괘 정리 ━━━━━━

☷☵

사괘에는 양효가 하나뿐이다. 이러한 괘상에서는 바로 그 하나뿐인 양효가 가장 중요한 효가 된다. 게다가 사괘의 양효는 강이 중을 얻은 데다 육오효와 상응하기까지 한다. 이 때문에 지도자는 강건하고 중정해야만 아랫사람과 호응할 수 있게 된다. 이처럼 강이 중을 얻고 다른 이들과 상응하는 바른 도를 통해 아랫사람들을 관리하면 그들이 잘 따르니 크게 길하고 이롭다. 그 밖에도 병사를 이끌고 전쟁에 나갈 때 지도자는 분명한 기율과 엄정한 제도를 실시하고 너그럽게 관용하는 마음도 품어야 한다. 사람들을 품을 줄 알아야만 그들의 마음도 얻을 수 있다. 사괘는 경영자에게 인재를 적재적소에 배치하고 제대로 활용하는 것에 대해 다음의 다섯 가지 이치를 일깨워 준다.

첫째, 덕망이 높고 바르며 너그러운 마음을 가진 '장자'를 지도자로 삼아야 한다. 『손자병법』에서는 지혜, 신의, 어짊, 용기, 엄격함의 다섯 가지 덕을 지녀야만 임금을 보좌하고 중대한 임무를 맡을 만한 장수라고 했다.

둘째, 군대를 이끌고 전쟁에 나서거나 경영을 할 때는 엄격하고도 분명한 규율을 세워야 한다.

셋째, 소인의 진짜 모습을 식별할 수 있어야 하며 눈과 귀가 가려져 소인을 중용하는 실수를 범해서는 안 된다. 어질고 지혜로운 사람을 가까이 두고 소인을 멀리해야 한다.

넷째, 권한을 확실하게 위임해서 한번 사람을 중용하면 의심하지 않으며 '장수가 전쟁터에 나가 있으면 임금의 명령도 받들지 않을 수 있다.'는 불문율도 어느 정도 묵인해 주어야 한다.

다섯째, 논공행상을 정확하게 하여 공로에 근거해 기꺼이 상을 베풂으로써 불만이 없게 해야 한다.

08
비괘比卦 ─ 조화와 화합의 중요성

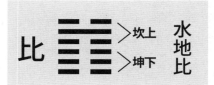

比 吉. 原筮 元永貞 无咎.
비 길 원서 원영정 무구
不寧方來 後夫凶.
불녕방래 후부흉

비는 길하니, 근원을 따져 점치
되 임금이 영원히 바르면 허물이
없다. 편안하지 못한 곳의 사람이
오니 뒤늦으면 흉하다.

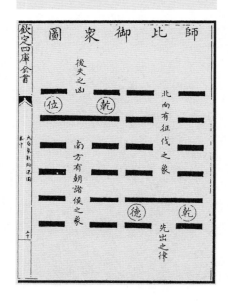

'비比'는 비교한다는 뜻으로 『설
문해자』에서는 "두 개의 '인人'으
로 이루어진 것이 '종从'이고 종이
뒤집힌 것이 '비比'다."라고 했다.
「서괘전」에서는 "여러 사람이 모
이면 반드시 친해지는 바가 있으
므로 비괘로 받았다. 비는 친근히
한다는 뜻이다."라고 해서 비괘의 순서를 설명했다. 사괘에서 여럿이 모
여 다툰 다음에는 반드시 비교하여 승부를 가리고 득실의 크기를 분별하
게 되지만 어차피 끝에 가서는 비화比和하여 화해하는 단계에 이른다. 이

처럼 비괘는 비화의 도, 화해의 도를 강조한다.

『논어』「위정爲政」편에는 공자가 "군자는 두루 조화롭게 지내되 패거리를 짓지 않고 소인은 패거리를 짓되 두루 친하지 않는다.君子周而不比 小人比而不周"고 했고, 『논어』「자로子路」편에서는 "군자는 주변 사람들과 잘 어울려 화목하지만 부화뇌동하지 않고 소인은 부화뇌동하지만 조화를 이루지는 못한다.君子和而不同 小人同而不和"고 했다. 여기서 '비比'는 단편적인 의미가 아닌 전면적이고 폭넓은 의미의 '친근함'이다. 비괘는 사람과 사람 사이, 지도자와 그를 따르는 자 사이에서 어떻게 친화하고 화합하는지 알려 준다.

괘사에서는 비가 길하다고 하여 '비 길比 吉'이라고 했다. '원原'은 근원을 따진다는 것이고 '서筮'는 점치는 것이므로 '원서原筮'는 비화比和의 도가 지닌 내적인 함의, 본질을 점으로 묻는다는 것이다. '원元'은 임금인 구오효를 가리키므로 '원영정 무구元永貞 无咎'는 구오효가 영원히 바른 도를 지키면 재앙이나 화가 없다는 말이 된다. '불녕방래 후부흉不寧方來 後夫凶'은 편안하지 않은 제후가 모두 와서 귀순하니 나중에 오는 제후는 흉함이 있다는 뜻이다. '후부後夫'는 상육효를 가리키며 나중에 오는 완고한 성향의 사람은 화를 입게 된다.

괘사에 대한 「단전」

象曰: 比 吉也. 比 輔也 下順從也.
단왈 비 길야 비 보야 하순종야

原筮 元永貞 无咎 以剛中也.
원서 원영정 무구 이강중야

不寧方來 上下應也.
불녕방래 상하응야

後夫凶 其道窮也.
후부흉 기도궁야

「단전」에서는 말했다. 비는 길하다. 비는 돕는 것이니 아래에서 순응하여 따름이라. 근원을 따져서 점치되 임금이 영원히 바르면 허물이 없다는 것은 강이 중을 얻었기 때문이요, 편안하지 못한 곳의 사람이 온다는 것은 위아래가 응하기 때문이다. 뒤늦으면 흉함은 그 도가 다했기 때문이다.

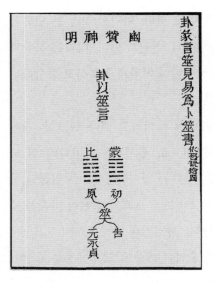

「단전」에서는 '비는 길하다.比 吉也'고 했고 '비는 돕는 것이니 아래에서 순응하여 따름이라.比 輔也 下順從也'라고 했다. 이는 아래에 있는 네 개의 음효가 모두 순종한다는 뜻이다.

'근원을 따져서 점치되 임금이 영원히 바르면 허물이 없다.原筮 元永貞 无咎'는 것은 비화의 도를 점으로 묻는 것이다. 영원한 평안을 얻고 위험을 만나지 않으려면 반드시 가장 근본적인 원인을 파악해야 한다. 다시 말해 '강이 중을 얻음以剛中也'처럼 통치하는 위치에 있는 사람이라면 강건하고 중정의 도를 지켜야 하며 이렇게 해야만 아래에 있는 군중이 위의 통치자들과 비화하여 위아래가 조화를 이루는 국면을 이룰 수 있다.

'편안하지 못한 곳의 사람이 온다는 것은 위아래가 응하기 때문이다. 不寧方來 上下應也'는 원래 편안히 지내지 못했던 제후들이 와서 귀순하는 이유는 구오효가 아래의 네 개 음효와 상응하기 때문이라는 말이다.

'뒤늦으면 흉함은 그 도가 다했기 때문이다.後夫凶 其道窮也'라는 말은 상육효가 흉한 이유가 지극히 완고해서 죽어서도 귀순하지 않고 구오효를 누르기 때문이라는 뜻이다. 천하가 모두 귀순할 때 오직 그만이 귀순하지 않으면 끝에 가서 반드시 재앙을 만날 것이다.

괘사에 대한 「대상전」

象曰: 地上有水 比. 先王以建萬國 親諸侯.
상왈 지상유수 비 선왕이건만국 친제후

「상전」에서는 말했다. 땅 위에 물이 있는 것이 비다. 선왕은 이것을 보고 만국을 세우고 제후들을 친근히 한다.

「상전」에서 '땅 위에 물이 있다. 地上有水'고 한 것은 비괘(䷇)의 상괘인 감괘(☵)가 물이고 하괘인 곤괘(☷)가 땅인 것을 가리킨다. 대지 위에 물이 있으면 물은 대지 위로 모여들어 비화의 형세를 이루니 이것이 바로 비괘의 상이다.

선왕은 이러한 괘상을 보고 비괘의 도에 근거하여 '만국을 세우고 제후를 친근히 한다.建萬國 親諸侯' 물이 땅위에 모이는 것처럼 백성을 친근하게 대하고 제후를 가까이 해야 국가를 세우고 천하를 평화롭게 다스릴 수 있다는 것이다.

지상유수

初六, 有孚 比之 无咎. 有孚 盈缶 終來 有它吉.
초 육   유 부 비 지 무 구   유 부 영 부 종 래 유 타 길

象曰: 比之初六 有它吉也.
상 왈   비 지 초 육 유 타 길 야

초육은 성실함을 두어 그것과 친하면 허물이 없다. 성실함을 둠이 질박한 기물에 가득 차듯 하면 끝내는 또 다른 길함이 있다.

「상전」에서는 말했다. 비괘의 초육은 또 다른 길함이 있는 것이다.

초육의 '유부有孚'는 비화, 화해를 이루기 전에는 먼저 성실함이 있어야 한다는 말이다. 이렇게 한 다음에야 '그것과 친하면 허물이 없다.比之 无咎' 고 했는데 이는 성심성의껏 구오효와 친하면 해로움과 허물이 없다는 말이다. 괘 전체가 구오와 친근히 지내려는 가운데 초육은 구오와 비교적 멀리 떨어져 있다. 그러함에도 성의를 가지고 귀순하면 자연스럽게 허물이 없게 된다. '영盈'은 가득 찬다는 뜻이고 '부缶'는 기구를 가리키므로 '유부 영부 종래 유타길有孚 盈缶 終來 有它吉'은 성실함 두기를 마치 술동이에 맛좋은 술이 가득 넘치듯 하면 마음이 행복함으로 가득 차게 되고 친근하게 대할 때 예상 밖의 길함이 있을 것이라는 말이다. 다른 사람과 협력할 때는 무엇보다 성실함이 있어야 한다. 마음에 성실함이 품어야만 다른 사람의 신임을 얻을 수 있기 때문이다.

「상전」에서는 '비괘의 초육은 또 다른 길함이 있는 것이다.比之初六 有它吉也'라고 했다. 초육처럼 변방에 멀리 떨어져 있는 자가 와서 귀순하여 가깝게 지낼 정도로 구오의 은혜와 덕이 감화력을 발휘하여 그 힘이 미치지 않음이 없는 상태다. 마치 요임금과 순임금의 덕처럼 천하의 신하가 복종하고 만백성이 따르니 의외의 길함이 있을 수밖에 없다.

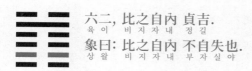

六二, 比之自內 貞吉.
육 이　비 지 자 내　정 길
象曰: 比之自內 不自失也.
상 왈　비 지 자 내　부 자 실 야

육이는 친근하기를 안으로부터 하니 바르게 함이 이롭다.

「상전」에서는 말했다. 친근하기를 안으로부터 한다는 것은 스스로 잃지 않는 것이다.

육이에서 '비지자내比之自內'라고 한 것은 '친근하기를 안으로부터 한다.'는 뜻인데 이는 내면으로부터 우러나와 구오효에 비화하고 복종하는 것이다. '정길貞吉'은 비화할 때는 정도를 지켜야 하며 아첨하여 비위를 맞추는 행동을 하지 않으면 길하다는 뜻이다.

「상전」에서는 '친근하기를 안으로부터 한다는 것은 스스로 잃지 않는 것이다.比之自內 不自失也'라고 했는데 이것은 육이가 내면으로부터 우러나서 구오와 비화를 이루니 이는 겉으로만 그런 것이 아니며 자아를 잃은 것도 아니라는 말이다. 육이효는 하괘의 중앙에 거하는 데다 음이 와야 할 자리에 음효가 왔으므로 중정의 덕을 지니고 있다. 그래서 위로는 지도자들과도 좋은 관계를 맺으며 자기 자신을 위해 관직을 도모하거나 재산을 축적하지도 않는다. 오직 전체적인 국면이 화합을 이루고 안정되도록 할 뿐이니 이러한 비화는 원칙 없이 자아를 잃는 아부와는 다른 성질의 것이다.

08
비괘比卦 ─ 조화와 화합의 중요성

六三, 比之匪人.
육삼   비지비인
象曰: 比之匪人 不亦傷乎.
상왈   비지비인   불역상호

육삼은 단정하지 않은 사람과 친근하다.
「상전」에서는 말했다. 단정하지 않은 사람과 친근하면 슬프지 않겠는가.

　육삼에서 '비지비인比之匪人'이라고 한 것은 단정하지 않은 사람과 친하게 지낸다는 말이다. 여기서 '비인匪人'은 단정하지 않은 사람이다. 육삼효를 올바르지 않은 사람에 빗댄 것은 육삼효가 '중中'도 '정正'도 얻지 못했기 때문이다.

　「상전」에서는 '단정하지 않은 사람과 친근하게 지내면比之匪人' 결국에는 슬픈 일이 되지 않겠느냐는 의미에서 '불역상호不亦傷乎'라고 반문한다. 천하의 모든 이가 구오의 임금과 친하게 지내고자 다투는 때에는 물고기 눈알을 진주라고 속이는 사기꾼들이 판을 치고 물고기와 용이 한데 섞여서 선한 이와 악한 사람이 구분되지 않는 혼란한 정국이 출현한다. 올바르지 않은 사람들이 앞다투어 구오의 임금과 친하게 지내려 하므로 구오의 왕은 깊은 통찰력을 지니지 않으면, 다시 말해 '어질고 지혜로운 사람을 가까이하고 소인을 멀리 하지 않으면' 결국 화합의 국면은 와해되고 만다. 이때 가장 큰 손해를 입게 되는 사람은 다름 아닌 구오의 임금 자신뿐이라는 사실을 잊지 말자.

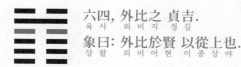

六四, 外比之 貞吉.
육사 외비지 정길

象曰: 外比於賢 以從上也.
상왈 외비어현 이종상야

육사는 밖으로 그와 친근하니, 바르게 함이 이롭다.

「상전」에서 말했다. 밖으로 현자와 친근함은 윗사람을 따르는 것이다.

육사의 '외비지外比之'는 밖으로 덕이 있는 사람과 친근하게 지낸다는 말이고 '정길貞吉'은 친근하게 지낼 때 바른 도를 지키면 크게 길하고 이롭다는 뜻이다.

「상전」에서는 '밖으로 현자와 친근함外比於賢'은 '윗사람을 따르는 것以從上也'이라고 했다. 육사효가 밖으로 친근하게 지낼 만한 현명한 사람을 찾아보니 자신보다 위에 거하는 지도자인 구오효가 강건하고 현명하며 영명한 자임을 알게 되었다. 그러니 그에게 순종하는 일만 남은 것이다. 여기서는 친근하게 지낼 비화의 대상이 무척 중요함을 설명하고 있다.

九五, 顯比 王用三驅 失前禽 邑人不誡 吉.
구오 현비 왕용삼구 실전금 읍인불계 길

象曰: 顯比之吉 位正中也.
상왈 현비지길 위정중야

舍逆取順 失前禽也. 邑人不誡 上使中也.
사역취순 실전금야 읍인불계 상사중야

구오는 드러나게 친근함이니, 왕이 삼면에서 짐승을 몰면 앞에서 오는 짐승은 잃게 되며 마을 사람들이 경계하지 않으니 길하다.

「상전」에서는 말했다. 드러나게 친근함이 길함은 중정의 자리에 거하기 때문이다. 거스르는 자를 버리고 순종하는 이를 취하는 것은 앞에서 오는 짐승을 잃는 것이다. 마을 사람들을 경계하지 않는다는 것은 윗사람의 부림이 중中한 것이다.

구오효는 이 괘에서 가장 중요한 효로 군주 내지는 중요한 지도자에 해당한다. '현비顯比'는 지도자가 비화의 도를 써서 다른 사람과의 친근함의 폭을 넓힌다는 말이다. '왕용삼구 실전금王用三驅 失前禽'은 왕이 사냥을 나갈 때 삼면에서 짐승을 몰아 대기는 해도 바로 앞길은 비워 둠으로써 정면에서 오는 짐승은 도망가게끔 유도한다는 것이다. 왜일까? 왜냐면 정면에서 날아오는 짐승은 자신에게 순종, 순응하고자 하는 부류이므로 순종하고자 할 바에야 한쪽을 열어 두어 궁지로 몰아넣지 않는다는 뜻이다. 다시 말해, 반역자를 징벌하고 순종하는 자를 받아들이는 것을 가리켜 '앞에서 오는 짐승을 잃는다.失前禽'고 표현한 셈이다.

'읍인邑人'은 성 안의 사람, 자기 편 사람을 가리키고 '계誡'는 경계하고 조심하는 것이므로 '읍인불계邑人不誡'는 자기 쪽 사람이 경계하지 않는다는 뜻이다. 양측이 서로 친한 것은 모두 진심에서 우러나온 것이어서 서로 경계하지 않고 한집안 사람처럼 지내는 것이 진정한 비화의 도라는 말이다.

「상전」에서는 '드러나게 친근함이 길하다는 것은 중정의 자리에 거하기 때문이다.顯比之吉 位正中也'라고 했다. 이는 구오의 효가 상괘의 가운데에 있으므로 '중中'을 얻었고 양의 자리에 양효가 왔으므로 '정正'하기 때문이다. 즉 구오효가 중정의 덕을 지녀 겸손하고 온화하여 사귀기 쉬우므로 뭇 사람이 가까이하고자 하니 비화의 도를 선명하게 드러내게 되어 길하다는 말이다.

'거스르는 자를 버리고 순종하는 이를 취하는 것은 앞에서 오는 짐승을 잃는 것이다.舍逆取順 失前禽也'라고 한 것은 구오의 친근함에는 일종의 원칙이 있는데, 그것은 겉으로만 따르는 척하면서 반역하려는 이들이 아닌 진심으로 귀순하려고 자들, 앞에서 오는 짐승처럼 순종하려는 자들만 받아들인다는 말이다.

'마을 사람들을 경계하지 않는다.邑人不誡'는 자기편의 사람들과는 친밀하게 지내면서 서로 경계하지 않는다는 뜻이며, 이는 '윗사람의 부림이 중中하기 때문上使中也'이라고 했다. 즉 지도자가 모범을 보여서 행함이 중정의 도를 따르므로 아래에 있는 군중에게도 중정의 도를 요구하는 등 지도자와 군중의 뜻이 일치하는 상태다. 이것이야말로 친근함이 이를 수 있는 최고의 경지라고 하겠다.

상육 효사와 「소상전」

上六, 比之无首 凶.
상육 비지무수 흉
象曰: 比之无首 无所終也.
상왈 비지무수 무소종야

상육은 그것과 친근함에 머리가 없는 것이다.
「상전」에서는 말했다. 그것과 친근함에 머리가 없다는 것은 끝마치는 바가 없는 것이다.

상육의 '비지무수比之无首'는 사람들과 친근하고자 하나 우두머리가 없으므로 흉하다는 것이다. 또 다른 해석으로는 '수首'를 '먼저'라고 보는 것인데 그렇게 되면 '무수无首'는 앞장서지 않는다는 뜻이 된다. 따라서 '비지무수比之无首'는 앞장서서 친해지려고 하지 않으면서 머뭇거리는 모습을 나타낸다.

「상전」에서는 '그것과 친근함에 머리가 없는 것은 끝마치는 바가 없는 것이다.比之无首 无所終也'라고 했다. 친근하고자 하나 우두머리를 찾지 못하니 좋은 결말이 없다는 말이다. 상육은 음유陰柔의 사람이 마지막 자리에 거하는 형상으로 먼저 나서서 친근해지려 하지 않고 머뭇거리며 뒤에 거하므로 성실함과 진심, 간절함이 없어서 좋은 결말이 있을 수 없다.

--- 비괘 정리 ---

비괘도 바로 앞의 사괘와 마찬가지로 양효가 하나뿐이다. 아래의 네 음효가 구오의 양효에 순종하니 전체적으로 길하다. 그러나 맨 위 상육의 자리에 음효가 하나 있는데 그것은 성실함과 간절함을 품고 순종하고자 하는 마음이 없으니 흉하다. 아랫사람이 윗사람에게 순종하고, 땅이 하늘에 순종하며, 유약함이 강건함을 따르는 것이 하늘의 운행 도리다. 하지만 이것을 여성이 반드시 남성에게 순종해야 한다는 논리로 단순화시켜서는 안 된다. 구오효는 양강의 효로서 지도자를 상징하지만 여성이라고 해서 구오효가 되지 말라는 법은 없다. 중국 역사상 최초의 여황제인 무측천武則天이 그 예다. 단순히 남녀의 성으로 음양을 구분해서는 안 되고 기능이나 역할 면에서 음양을 구분하며 누가 구오효에 해당하는지 잘 살펴야 한다.

그렇다면 어떻게 해야만 친근하여 화합하는 국면에 도달할 수 있을까? 비괘는 우리에게 두 가지 방면에서 교훈을 준다. 지도자의 측면에서 보면 다른 사람과 친근하게 지내고 아랫사람과 비화해야 한다. 그리고 자신에게 순종하려는 사람들을 너그러운 마음으로 폭넓게 받아들이되 한쪽 길을 열어 두는 도량을 보인다. 또한 딴 마음을 품은 자들, 행위가 단정하지 못한 사람들은 멀리해야 한다. 따르는 사람 입장에서 보면 일단 중정의 경지에 이른 지도자를 찾아야 하고 그의 이끎에 순종하며 친하게 지내야 한다. 복종과 친근함에는 반드시 성실함과 신의가 전제되어야 하며 이런 것들은 내면의 진심에서 우러나야지 겉으로 보이기 위한 것이어서는 안 된다. 또한 즉시 행동해야지 머뭇거리며 지연시켜서는 안 된다.

소축괘小畜卦 ─ 어느 정도의 성취

괘사

小畜 亨. 密雲不雨 自我西郊.
소축 형 밀운불우 자아서교

　소축은 형통하니, 빽빽하게 구름이 끼었으나 비가 오지 않음은 나의 서쪽 교외로부터 왔기 때문이다.

　'축畜'에는 '기르다' '모으다' '머물게 하다'는 뜻이 있으므로 '소축小畜'은 작은 규모의 축적을 의미한다. "반 보 내딛지 않으면 천리 길도 갈 수 없다."는 말도 있듯이 '소축'은 사람들이 성공을 향해 내딛는 첫 걸음이라고 볼 수 있다. 「서괘전」에서는 "친근하면 모이는 바가 있으므로 소축괘로 받았다."고 했다. 비화하여 친근하게 지내면 반드시 모이는 상태가 되므로 비괘의 다음에는 소축괘가 온다는 말이다. "주역을 잘하는 이는 점치지 않는다."는 말이 있듯이 『주역』을 진정으로 잘 알고 이해하는 사람은 점을 칠 필요가 없다.『주역』을 제대로 배운 사람은『주역』의 지혜를 인생을 살아가는 데 사용하고 우주만물의 주기와 변화라는 큰 법칙, 변화를 알아서 거기에 대응하며 사람을 위해 도모하는 일에 활용한다.『주역』을 깊이 공부한 사람은 현재 자신의 삶의 단계가 속하는 괘를 분별할 줄 안다. 그래서 만약 인생에서 약간의 성취가 있다면 바로 '소축괘'의 단계에 이르렀다고 볼 수 있다.

괘사에서는 '소축은 형통하다.小畜 亨'고 했다. 그리고 '밀운불우 자아서교密雲不雨 自我西郊'라고 한 것은 하늘에 검은 구름이 빽빽하게 끼었으나 아직 비가 오지 않는 것은 더 많은 검은 구름이 서쪽에서부터 온다는 뜻이다.

괘사에 대한「단전」

彖曰: 小畜 柔得位而上下應之 曰小畜.
단왈   소축 유득위이상하응지 왈소축

健而巽 剛中而志行 乃亨.
건이손 강중이지행 내형

密雲不雨 尙往也.
밀운불우 상왕야

自我西郊 施未行也.
자아서교 시미행야

「단전」에서는 말했다. 소축은 유가 마땅한 자리를 얻고 위아래가 서로 응하니 소축이라고 했다. 굳세고 겸손하며 강이 중의 자리에 있어 뜻이 행하여지므로 이내 형통하다. 빽빽하게 구름이 끼었으나 비가 오지 않음은 여전히 가고 있음이요, 나의 서쪽 교외로부터 온다는 것은 베풂이 아직 행하여지지 않음이다.

「단전」에서는 소축괘에 대해서 '유가 마땅한 자리를 얻고 위아래가 서

2부
● 주역 상경

소축

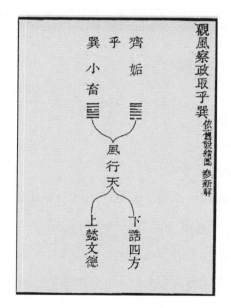

로 응한다.柔得位而上下應之'고 했다. 소축괘에서 유일한 음효인 육사효가 음효로서 음의 자리에 놓여 있으니 정위正位를 얻었고 위아래의 강효가 그것과 상응하므로 약간의 축적이 있음을 가리키는 말이다.

'굳세고 겸손하다.健而巽'는 것은 강건하면서도 순종한다는 뜻인데 이는 소축괘의 하괘인 건괘가 강건함을 상징하고 상괘인 손괘가 순종을 뜻하기 때문이다. '강이 중의 자리에 있어 뜻이 행하여진다.剛中而志行'는 구이와 구오의 두 양효가 각각 상괘와 하괘의 중위中位를 얻었으므로 뜻이 잘 실행될 수 있다는 말이며, 이 때문에 '이내 형통하다.乃亨'고 풀이했다.

'밀운불우 상왕야密雲不雨 尙往也'는 검은 구름이 빽빽하게 들어차 나의 서쪽 교외로부터 오지만, 아직 천둥이 치고 비가 내리지 않는 것은 비록 음양이 만나 움직이기는 해도 거침없이 통행하지는 않음을 가리킨다. 지금 약간의 축적이 있고 성과가 조금 있다고 해도 이는 성공을 향한 첫걸음을 뗀 것일 뿐이고, 작은 성공은 주변의 많은 사람이 도운 결과에 불과하다. 더욱이 구오효와 구이효의 도움이 있어서 가능한 일이었기에 지나치게 교만하지 말고 겸손해야 한다. 검은 구름이 빽빽하게 들어찼지만 아직 비가 오지 않으니 더욱 노력해서 성과를 쌓아 올림으로써 자신의 재능이 더욱 드러나게 하고 인생을 잘 가꿔야 한다. 이럴 때일수록 함부로 나서거나 행동하지 말고 신중하고 조심스러우며 근면성실하게, 그리고 겸손한 마음으로 노력함으로써 음양이 더욱 화합하여 더 많은 사람이 자신을 돕게끔 하여야 한다. 이처럼 모두가 합심해서 협력해야만 오래도록 바라던 비가 내릴 것이며, 이것이야말로 일을 함께하는 최종의 목적이자 인생의 궁극적인 목적이다. 이렇게 하지 않으면 '공휴일궤功虧一簣', 즉 아홉 길 높이의 산을 쌓는 데 한 삼태기 흙이 모자라 완성하지 못하는 불행한 결과를 맺고 말 것이다.

여인을 비유로 든다면 이 시기에는 남자에게 사랑을 받을 때다. 남자를 상징하는 '건'이 아래에 있고 여인에 해당하는 '손'이 위에 있는 상황이기 때문이다. 여인은 이럴 때일수록 지나치게 교만하지 말아야 하는데 음양이 아직 서로 합하는 지경에 이르지 못했으므로 너무 자만하면 도리어 모든 것을 잃고 말 것이다.

괘사에 대한 「대상전」

象曰 風行天上 小畜. 君子以懿文德.
상 왈 풍 행 천 상 소 축   군 자 이 의 문 덕

「상전」에서는 말했다. 바람이 하늘 위로 행하는 것이 소축이다. 군자는 이를 보고 큰 덕을 아름답게 한다.

「상전」에서 '바람이 하늘 위로 행한다.風行天上'고 한 것은 소축괘의 상괘인 손괘가 바람을 상징하고 하괘인 건괘가 하늘을 대표하기 때문이다. 그래서 바람이 하늘 위에서 불어 대고 이제 막 비가 내리려 하는 시기다. 비가 내리려 하는 시기에 약간의 축적이 있다고 했는데 이것이 바로 소축괘의 상이다.

군자는 이 괘상을 보고 소축괘의 도에 근거해서 '큰 덕을 아름답게 해야 한다.以懿文德' 다시 말해 이 괘의 정신을 본받아 자기 자신을 더욱 수양하고, 이 괘의 처지에 머물러 있을 때에는 반드시 삼가고 경계하며 능력과 덕을 쌓아 소양을 높임으로써 더 큰 성공을 향해 노력해야 한다.

初九, 復自道 何其咎 吉.
초 구   복 자 도   하 기 구   길
象曰: 復自道 其義吉也.
상 왈   복 자 도   기 의 길 야

초구는 바른 도로 돌아오니 어찌 허물이 있겠는가. 길하다.
「상전」에서는 말했다. 바른 도로 돌아오니 그 의의가 길한 것이다.

초구의 '복자도復自道'는 바른 도로 돌아온다는 것인데, 원래 바른 도로 오지 않았다가 이제야 다시 바른 도로 돌아온다는 뜻이다. '하기구 길何其咎 吉'은 여기에는 어떤 재앙도 있을 수 없으니 당연히 길하다는 말이다. 초구효는 양강陽剛이 가장 아래에 거하니 육사효의 음유陰柔를 위하여 축적하여 기르는 바가 된다. 따라서 양이 회복하여 바른 도를 향해 돌아오니 화가 있을 수 없다. 여기서 우리는 바른 도로 돌아와서 인생의 방향을 정확하게 선택해야 하는 것의 중요성을 배울 수 있다.

「상전」에서 '바른 도로 돌아옴復自道'은 '그 의의가 길함其義吉也'이라고 했다. 즉 바른 도로 돌아오는 행위는 도의적으로 정확하며 길하다는 말이다.

九二, 牽復 吉.
구 이 　 견 복 길
象曰: 牽復在中 亦不自失也.
상 왈 　 견 복 재 중 　 역 부 자 실 야

구이는 이끌려 돌아옴이니 길하다.
「상전」에서는 말했다. 이끌려 돌아옴은 중에 있음이요, 또한 스스로 잃지 않음이다.

구이의 '견복 길牽復 吉'은 이끌려 바른 도를 회복하는 것은 길하다는 말이다. 구이의 양효는 음의 자리에 놓여 있어서 자리가 '부정不正'하며 스스로 강건하다고 여기나 교만하고 자만하다. 소축의 시기에 머물러 있을 때는 육사효와 상응해야 하고 소축괘의 정신에 근거해서 적극적으로 나아감과 동시에 겸손하게 부드러움을 지켜야만 사물 발전의 법칙에 순응하여 축적이 있어서 길할 수 있다.

「상전」에서는 '이끌려 돌아옴은 중에 있다.牽復在中'고 했는데 이는 구이가 이끌려 중도로 돌아오니 일을 할 때 어느 한쪽으로도 치우치지 않아 유하지도, 강하지도 않다는 것이다. '역부자실야亦不自失也'는 겸손하고 부드러우면서도 강건함을 잃지 않는 본성을 가리킨다.

九三, 輿說輻 夫妻反目.
구 삼   여 탈 폭   부 처 반 목

象曰: 夫妻反目 不能正室也.
상 왈   부 처 반 목   불 능 정 실 야

구삼은 수레가 바큇살이 빠지는 것이며, 부부가 반목하는 것이다.
「상전」에서는 말했다. 부부가 반목하니 집안을 바로잡지 못한다.

'폭輻'은 수레바퀴의 중심과 바퀴 테 사이를 연결하는 수레 바큇살이다. '탈說'은 벗는다는 의미의 '탈脫'과 통하므로, 구삼의 '여탈폭興說輻'은 수레바퀴에서 바큇살이 떨어져 나가서 못 쓰게 됐다는 말이다. 이를 가정에 빗댄다면 바퀴와 바큇살은 부부에 해당한다. 둘은 돕고 이루는 관계여서 서로 화목하게 지내는 것만이 가정이 정상적으로 돌아가는 데 필요한 조건인데 '여탈폭'은 부부가 서로 돕고 이루는 관계가 깨졌다는 것이다. 그래서 뒤이어 '부처반목夫妻反目', 즉 부부가 반목하여 원수가 되었다는 구절이 나온다. 구삼효는 육사효와 부부관계이나, 비比하지 않는 데다 음효가 양의 자리에 와서 강효가 음효의 제한을 받게 된다. 이는 남자가 여자에게 제한을 받는 것과 같은 이치여서 고대에는 이를 정상적인 현상이라고 보지 않았다.

「상전」에서는 '부부가 반목함夫妻反目'의 결과를 '집안을 바로잡지 못함不能正室也'이라고 했다. 다시 말해 가정 내의 관계를 정상화하지 못하였으니 이러한 비정상적 관계는 축적이 필요한 시기에 확실히 불리한 조건이 될 수밖에 없다.

六四, 有孚 血去 惕出 无咎.
육사 유부 혈거 척출 무구

象曰: 有孚惕出 上合志也.
상왈 유부척출 상합지야

육사는 성실함이 있으면 피가 걷히고 두려움에서 빠져나오니 허물이 없다.

「상전」에서는 말했다. 성실함이 있어서 두려움에서 벗어나는 것은 위와 뜻이 합하기 때문이다.

육사에서 '유부有孚'라고 한 것은 마음에 성실함을 품는 것이고 '혈거 적출 무구血去 惕出 无咎'는 피를 보는 재앙을 피하고 우환을 없애며 두려운 마음을 떠나보내면 어떤 허물이나 재앙도 없다는 말이다.

「상전」에서는 '성실함이 있어서 두려움에서 벗어날 수 있는有孚惕出' 이유에 대해 '위와 뜻이 합하기 때문上合志也'이라고 했다. 즉 육사효가 위에 있는 구오효와 뜻이 같고 도리가 합한다는 말이다. 육사효는 구오효의 아래에 위치하고 음효가 위로 양효를 떠받드는 형상이어서 '유(음)'가 '강(양)'에 순종하므로 하늘의 법칙에 부합한다. 육사의 음효는 하늘의 도를 따르면서 마음을 다해 기뻐하고 존귀하고 강건한 구오효에 기꺼이 복종한다. 또 윗사람의 뜻에 부합하니 당연히 구오의 상급자로부터 관심과 도움을 얻게 된다. 이처럼 자신이 처해 있는 상황의 시기와 위치는 무척 중요하다. 아랫사람의 처지라면 상사에게 마음과 뜻을 다해 순종해야만 이롭지 않은 일을 피할 수 있으며 하루 종일 두려워해야 할 필요도 없다. 이는 무언가를 축적해야만 하는 지금의 단계에서 의심할 여지없이 유익한 상태다.

九五, 有孚 攣如 富以其鄰.
구 오   유 부 연 여   부 이 기 린

象曰: 有孚攣如 不獨富也.
상 왈   유 부 련 여   부 독 부 야

구오는 성실함을 끊임없이 이어 나가고 그 이웃을 부유하게 한다.
「상전」에서는 말했다. 성실함을 끊임없이 이어 나감은 홀로 부유하지
않은 것이다.

구오효는 인생에서 가장 성숙한 단계다. 만약 인생을 60년으로 보고 10
년을 하나의 효로 삼는다면, 50세 장년의 시기이자 사업이 가장 왕성하게
일어나는 단계다. '유부 연여有孚 攣如'는 성실히 영구하게 이어지게끔 유
지해야 한다는 말이다. '연여攣如'는 끊임없이 연결되는 형세다. 지위의 높
고 낮음이나 재산의 많고 적음에 관계없이 구오효는 어느 정도 큰 성공과
축적을 이룬 단계라고 볼 수 있다. 이미 일정한 위치에 오르고 부도 쌓아
올렸으니 과거와 마찬가지로 자신만을 위해서 독선적으로 행동해서는
안 되고 '부이기린富以其鄰', 즉 주변 사람도 다 같이 잘 살 수 있게 해야 한
다. 한 사람이 홀로 부유해지면 그 부는 오래가지 못하지만 모두 함께 축
적해서 부유해지면 나라가 부강해지고 백성이 편안해지는 법이다.

「상전」에서는 '성실함을 끊임없이 이어 나감有孚攣如'은 '홀로 부유하지
않는 것不獨富也'이라고 했다. 혼자만 부유하려 해서는 안 되고 다른 사람
을 이끌고 모두 함께 부유해져야 한다는 말이다. 돈은 나눌수록 불어나게
마련이므로 홀로 재산을 누려서는 안 되고 '그 이웃을 부유하게 해야만富
以其鄰' 더 큰 즐거움을 느낄 수 있다. 맹자가 말한 것처럼 홀로 향락함은
뭇 사람과 즐거움을 나누는 것만 못하다는 이치를 알아야 한다.

上九, 旣雨旣處 尙德載 婦貞厲. 月幾望 君子征凶.
상구 기우기처 상덕재 부정려 월기망 군자정흉

象曰: 旣雨旣處 德積載也. 君子征凶 有所疑也.
상왈 기우기처 덕적재야 군자정흉 유소의야

상구는 이미 비가 내리고 그침은 덕을 숭상하여 가득 찬 것이니, 부인이 지나치게 바르면 위태롭다. 달이 거의 보름에 가까우니 군자가 나아가면 흉하다.

「상전」에서는 말했다. 이미 비가 내리고 그침은 덕이 쌓여 가득 찬 것이다. 군자가 나아가면 흉하다는 것은 의심하는 바가 있기 때문이다.

상구의 '기우기처旣雨旣處'는 이미 비가 내렸고 또 이미 그쳤다는 뜻이다. '기旣~ 기旣~' 용법은 '~이기도 하고 ~이기도 하다'는 뜻이다. '처處'는 여기서는 '정지하다' '멈추다'라는 뜻으로 쓰였다. 이전까지 빽빽하게 구름이 끼었으나 비가 오지 않았던 것이 상구효에 이르러서는 비가 되어 내리는 형상이다. 음양이 서로 합하여 양에서 멈추어 비가 되어 내리기도 하고 또 멈추기까지 했다. 음양이 화합하는 정도가 부족하고 비가 내리는 시간이 길지 않으니 그 축적한 양이 적을 수밖에 없다.

'부정려婦貞厲'는 '부인이 바르더라도 위태롭다.'는 뜻인데 이 시기에는 부인이 지나치게 '강剛'하고 '곧기正'만 해서 위험할 수 있기 때문이다. 따라서 소축의 시기에는 겸손하고 너그럽게 포용할 줄 알아야 한다.

'망望'은 매월 15일을 말하고 '기망幾望'은 '기망旣望', 즉 음력 16일이므로 '월기망月幾望'은 15일이 지나 달이 점차 기울기 시작하는 때를 일컫는다. 어떤 일을 하든지 달이 둥글어지기를 다하는 때처럼 지나치게 차오르지 말아야 한다.

'군자정흉君子征凶'은 만약 이 시기에 군자가 밖으로 정벌하러 나간다면 반드시 흉하고 험한 일을 만날 것이라는 말이다. 달이 아직 가득 차지 않고 꽃도 만개하지 않았을 때, 실은 이때가 인생에서 최고의 시기다. 달이 차올라 보름달이 됐다면 스스로 작아짐으로써 비워 낼 줄 알아야 한다. 만약 달이 차오르고 꽃이 만개했는데도 군자가 계속해서 전진하여 나가면서 다투거나 도전하려 든다면 반드시 흉함이 있을 것이다.

「상전」에서는 '이미 비가 내리고 이미 그침은 덕이 쌓여 가득 찬 것이다.既雨既處 德積載也'라고 했다. 즉 비가 내리고 그치는 것은 덕이 쌓여서 만물을 실을 만하기 때문이다. '군자라도 가면 흉하다는 것은 의심하는 바가 있기 때문이다.君子征凶 有所疑也'라고 한 것은 군자가 출정하면 흉한 이유는 이러한 행위가 의심할 만하다는 말이다.

소축괘 정리

☲

소축괘는 우리에게 다음의 세 가지 일깨움을 준다. 첫째, 성공하려면 반드시 바른 도를 따라야 한다. 다른 이들이 바른 도를 행하지 않는다고 해도 그런 이들조차 바른 도로 이끌어 와서 함께 걸어야 한다. 둘째, 끊임없이 축적하여 자신이 처한 위치에 만족하며 자기보다 위에 있는 사람에게 신뢰를 얻으면 그와 뜻을 함께할 줄 알아야 한다. 셋째, 일단 성공하면 혼자만 부유해지지 말고 함께 부유해지고 부를 나누어야 한다. 함께 부유해지는 일은 무척 중요하다. '그 이웃을 부유하게 한다.富以其鄰'는 사상은 당신뿐만 아니라 주변 사람들도 부유하게 하고, 그런 연후에는 자신의 덕을 한층 높여 '대축大畜'의 경지에 오를 수 있다.

10
이괘履卦 — 신중한 행동

10
이괘履卦 — 신중한 행동

괘사

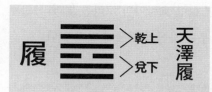

履虎尾 不咥人 亨.
이 호 미 부 질 인 형

범의 꼬리를 밟더라도 사람을 물지 않으니 형통하다.

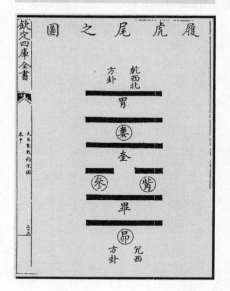

'이履'는 본래 '신발'이라는 뜻이지만 여기서는 '행동' '실천' '길을 가다.'라는 의미로 쓰였다. 「서괘전」에서는 "물건이 모인 연후에야 예가 있으므로 이괘로 받았다. 이는 예다."라고 했다. 또한 "창고에 곡식이 넉넉해야 예절을 안다."는 말이 있듯이 적은 양이지만 축적된 것이 어느 정도 모이다 보면 사람의 행동은 일정한 규율을 따르게 마련이다. 고대에는 이러한 규율을 가리켜 '예禮'라고 했다. 따라서 '이履'에는 '예禮'의 뜻이 함축되어 있다고 볼 수 있다. 소축괘의 뒤를 이어 이괘가 오는 것도 그런 이유에서다. 작은 성공을 거둔 다음에는 한 발 더 나아가 무언가 실천해야 하지만 그 행동은 예를 따라야 하므로 이괘에서는 사람의 행동거지가 어떻게 해야만 예의에 부합할 수 있을지에 관해 설명한다.

괘사의 '이호미履虎尾'는 범의 꼬리를 밟는다는 것인데 이괘가 호랑이의 꼬리를 밟는 것과 비슷하다는 말이다. '부질인 형不咥人 亨'은 꼬리를 밟혔는데도 호랑이가 오히려 그를 물지 않으니 형통하다는 뜻이다. 이괘는 우리에게 예의로 행하며 일을 처리하는 것, 조심해서 실천하는 것에 대해 알려 준다. 조심하고 삼가서 행동하면 설령 호랑이의 꼬리를 밟더라도 물리지 않게 된다. 이처럼 일의 성공 여부는 자신의 행동에 달려 있다.

괘사에 대한 「단전」

象曰: 履 柔履剛也. 說而應乎乾
단왈   이 유리강야   열이응호건
是以履虎尾 不咥人 亨.
시 이 리 호 미   부 질 인   형
剛中正 履帝位而不疚 光明也.
강 중 정   이 제 위 이 불 구   광 명 야

「단전」에서는 말했다. 이는 유가 강을 밟고 있는 것이니 기뻐하면서 건에 응한다. 이로써 호랑이 꼬리를 밟아도 사람을 물지 않아 형통하다는 것이다. 강하고 중정함으로써 제왕의 지위를 밟아도 병폐가 없는 것은 광명하기 때문이다.

「단전」에서는 이괘에 대해 '유가 강을 밟고 있는 것柔履剛也'이라고 했는데 이는 이괘에서 하나뿐인 유효柔爻인 육삼효가 구이의 강효剛爻를 위에서 밟고 있기 때문이다. 유효가 강효를 위에서 타고 있는 것은 길하지 않아 마치 호랑이의 꼬리를 밟는 것과 같다.

이처럼 일을 처리하거나 행동할 때 험난함을 만나게 되더라도 피해를 입지 않을 수 있는 방법은 무엇일까? 가장 중요한 것은 '기뻐하면서 건에 응하는 것說而應乎乾'이다. 즉 유순하고 기쁜 마음으로 하늘의 도에 순응하라는 것이다. '열說'은 본래 '말할 설'로 읽히지만 여기서는 '기쁘다'는 뜻의 '열悅'과 음과 뜻이 통한다. 이괘(☲)의 하괘인 태괘(☱)는 기쁨을 나타내고 상괘인 건괘(☰)는 본래 하늘을 상징하지만 여기서는 천도를 나타낸다.

이

'시이리호미 부질인 형是以履虎尾 不咥人 亨'은 마치 사람이 호랑이의 꼬리를 밟아도 호랑에게 물리지 않는 것과 같다는 뜻이다.

'강하고 중정함剛中正'은 구오효가 강건하고 중정한 덕을 지녔다는 것이고 '제왕의 위치에 머물러도 병폐가 없다.履帝位而不疚'는 것은 '광명정대한 품덕光明也' 때문이다.

괘사에 대한 「대상전」

象曰: 上天下澤 履. 君子以辯上下 定民志.
상왈 상천하택 이 군자이변상하 정민지

「상전」에서는 말했다. 위는 하늘이고 아래는 못인 것이 이다. 군자는 이를 보고 위아래를 분별하여 백성의 뜻을 안정시킨다.

「상전」에서는 '위는 하늘이고 아래는 못인 것이 이다.上天下澤 履'라고 했는데 이것은 이괘(☰)의 상괘인 건괘가 하늘(☰)이고 하괘인 태괘(☱)가 못이기 때문이다. 각자 있어야 할 자리에 배치되어 있으니 천도자연天道自然(하늘은 스스로 그러한 도를 따라 움직인다.)에 부합하는 것이 바로 이괘의 상이다.

군자는 이러한 괘상을 본받아 이괘의 도에 근거해서 '위아래를 분별하여 백성의 뜻을 안정시킨다.辨上下 定民志'고 했다. 위아래 존귀함과 비천함을 분별하여 예의규범을 제정하고 이로써 백성이 예의를 갖추고 따르고 분수에 만족하게 하여 천하의 민심을 안정시킨다는 말이다.

초구 효사와 「소상전」

初九, 素履往 无咎.
초 구　소 리 왕 무 구
象曰: 素履之往 獨行願也.
상 왈　소 리 지 왕　독 행 원 야

초구는 평소 본래의 행함으로 가면 허물이 없다.
「상전」에서는 말했다. 평소 본래의 행함으로 가는 것은 오로지 마음에 원함을 행하는 것이다.

초구의 '소리왕素履往'은 평소의 방법대로 행한다는 말이다. 여기서 '소素'는 '평소'라는 뜻이다. 초구효는 처음부터 양이 와야 할 자리에 양효가 와서 '정正'을 얻었고 평소에 바른 도를 행하므로 계속 이렇게 해 나간다면 허물이 없다고 했다.

「상전」에서는 '평소 본래의 행함으로 가는 것素履之往'은 '오로지 마음에 원함을 행하기 때문獨行願也'이라고 했다. 즉 자신이 처음부터 원해서 예를 따라 행하고 바른 도를 지켰다는 말이다. 초구는 마음에 있는 소망대로 행동하고 일을 처리하면 재앙이 없을 것이라고 말한다.

 九二, 履道坦坦 幽人貞吉.
구이 이도탄탄 유인정길
象曰: 幽人貞吉 中不自亂也.
상왈 유인정길 중부자란야

구이는 이행하는 도가 평탄하니 유인幽人이 바르게 함이 길하다.
「상전」에서는 말했다. 유인이 바르게 함이 길하다는 것은 중에 거하여
스스로 어지럽히지 않기 때문이다.

구이의 '이도탄탄履道坦坦'은 평탄하고도 큰 도를 행한다는 뜻이며 '유
인정길幽人貞吉'은 세상 물욕 없이 은거하면서 고결한 성품을 유지하고 바
르게 하면 반드시 길할 것이라는 말이다. 큰 도가 평탄하니 군자는 사리
사욕이 없다. 군자가 거리낌 없이 평탄하다면 소인은 근심하고 두려워한
다. 구이효는 하괘의 가운데에 위치하여 '중中'을 얻어 일을 할 때 중도와
예의를 지키므로 군자다. 소위 '유인幽人'이라는 것은 '중中'의 자리에 거
하면서 중도를 행하고 마음이 기쁨으로 가득 찼지만 은거하는 사람을 가
리킨다.

「상전」에서는 '유인이 바르게 함이 길하다.幽人貞吉'는 이유를 '중에 거
하여 스스로 어지럽히지 않기 때문中不自亂也'이라고 했다. 은거하는 사람
이 바른 도를 지키면 길한데 이는 마음에 사념이 없고 일을 할 때 중도와
예의를 지키기 때문이다.

六三, 眇能視 跛能履 履虎尾 咥人 凶.
육삼 묘능시 파능리 이호미 질인 흉

武人爲于大君.
무인위우대군

象曰: 眇能視 不足以有明也. 跛能履 不足以與行也.
상왈 묘능시 부족이유명야 파능리 부족이여행야

咥人之凶 位不當也. 武人爲於大君 志剛也.
질인지흉 위부당야 무인위어대군 지강야

육삼은 애꾸눈이 보는 것이며 절름발이가 걷는 것이다. 호랑이 꼬리를 밟아서 사람을 물게 되니 흉하다. 무인이 대군이 된 것이다.

「상전」에서는 말했다. 애꾸눈이 보는 것은 밝게 볼 수 없고, 절름발이가 걷는 것은 더불어 갈 수 없다. 사람을 물어 흉함은 자리가 마땅하지 않기 때문이요, 무인이 대군이 됨은 뜻이 강하기 때문이다.

육삼효는 무척 중요하다. 왜냐면 육삼이 이괘 전체에서 유일한 음효이기 때문이다. '묘眇'는 한쪽 눈이 실명한 것을 말하므로 '묘능시眇能視'의 뜻은 한쪽 눈밖에 볼 수 없는 상황이어서 마지못해 본다는 것이다. '파능리跛能履'는 다리가 절뚝거리는데도 어쩔 수 없이 가는 것이다. '이호미 질인 흉履虎尾 咥人 凶'은 이렇게 억지로 보고 걸은 결과 호랑이 꼬리를 밟아서 호랑이에게 물리고 말았으니 흉하다는 말이다. '무인위우대군武人爲于大君'은 무사가 바른 도를 따르지 않고 권력을 다툰 끝에 자리를 찬탈하여 천자가 된다는 것인데 어찌 흉하지 않겠는가?

이처럼 육삼효는 조심하고 삼가며 신중해야 함의 중요성을 밝힌다. 밝게 볼 수 없고 당차게 걸을 수 없는데도 무모하게 행동하면 당연히 재앙을 불러올 수밖에 없다. 육삼효는 음유陰柔의 효로 '중中'도 '정正'도 얻지 못했는데도 분수에 만족하지 않고 위로 구오의 존귀한 자리에 이르려는 야심을 가지고 여러 '양陽'의 자리까지 넘보려는 목적을 가지고 있다. 용기는 있으나 지모가 없는 사람이 군왕이 되려 하는 데다 예의를 갖추지 않은 채 행동하니 어찌 흉하지 않겠는가?

「상전」에서는 '애꾸눈이 보는 것은 밝게 볼 수 없고眇能視 不足以有明也'라고 했는데 이는 한쪽 눈을 가지고서 마지못해 보기는 하지만 사물을 정확하게 분별할 수 없다는 말이다. '절름발이가 걷는 것은 더불어 갈 수 없다跛能履 不足以與行也'고 한 것은 발을 절뚝거리면서도 마지못해 가면 그와 함께 먼 길을 갈 수는 없다는 말이다.

'사람을 물어 흉함은 자리가 마땅하지 않기 때문이다.咥人之凶 位不當也'라고 한 것은 호랑이가 사람을 무는 것은 육삼이 처한 위치가 마땅하지 않다는 뜻이다.

'무인이 대군이 됨은 뜻이 강하기 때문이다.武人爲於大君 志剛也'라고 한 것은 무인이 군왕이 되고자 하는 것은 그의 뜻이 강건하기 때문이라는 뜻이다.

육삼의 효사에서는 연이어 네 개의 비유, 즉 애꾸눈, 절름발이, 사람이 호랑이 꼬리를 밟아 물리는 것, 무사가 군왕이 되는 것을 예로 들었다. 이는 육삼효의 음유陰柔에 속한 사람이 양효의 자리에 거하고 있는 데다 하괘, 즉 첫 번째 단계의 가장 높은 자리에 있는 상황인데, 만약 일을 처리하는 과정에서 완전하지 못하고(애꾸눈), 공정하지 못하며(절름발이), 경솔하면(호랑이 꼬리를 밟음) 흉함이 있을 것이라는 이치를 설명한다. 그런데도 뜻이 강건하고 용기와 지모를 모두 가지면 비록 무사라 하더라도 군주가 될 수 있다는 것이다.

九四, 履虎尾 愬愬 終吉.
구사 이호미 소소 종길
象曰: 愬愬終吉 志行也.
상왈 소소종길 지행야

구사는 호랑이의 꼬리를 밟은 것이니 조심하고 두려워하면 마침내 길하다.

「상전」에서는 말했다. 조심하고 두려워하면 마침내 길하다는 것은 그 뜻이 행해지는 것이다.

'소소愬愬'는 두려워하는 모습이다. 구사에서 '호랑이 꼬리를 밟았더라도履虎尾' '두려워하고愬愬' 삼가 조심하면 '마침내 길하다.終吉'고 했다. 구사효는 '중中'도 '정正'도 얻지 못했으니 일을 할 때 반드시 조심하고 두려워하는 마음을 지녀야 한다. 사람에게 두려워하는 마음을 가지라는 것은 위기의식을 품으라는 말이다. "멀리 바라보고 걱정할 줄 모르는 사람에게는 반드시 가까운 근심거리가 생긴다." "나는 하루에 세 번 나 자신을 돌아본다."라는 말도 같은 맥락의 가르침이다. 만사에 조심하여 행동하면 길함을 따르고 흉함을 피하며 험함을 평안함으로 바꿀 수도 있다.

「상전」에서는 '조심하고 두려워하면 마침내 길한愬愬終吉' 이유가 '그 뜻이 행해지기 때문志行也'이라고 했다. 비록 앞에 흉함과 험난함이 있어서 호랑이의 꼬리를 밟는 것과 같은 위기 상황이 생기더라도 뜻을 견고히 유지하면서 앞으로 나아가되, 얇은 얼음 위를 걷듯 삼가고 조심하는 태도를 유지하면 끝에 가서는 마침내 험난함을 평안함으로 바꾸고 승리를 거머쥘 수 있을 것이다.

九五, 夬履 貞厲.
구 오   쾌 리 정 려

象曰: 夬履貞厲 位正當也.
상 왈   쾌 리 정 려 위 정 당 야

구오는 결단하여 이행하니 바르게 하더라도 위태롭다.

「상전」에서는 말했다. 결단하여 이행하니 바르게 하더라도 위태로우나 자리는 마땅하다.

구오에서는 '결단하여 이행하니 바르더라도 위태롭다.夬履 貞厲'고 했다. '쾌夬'는 '결정하다' '결단하다'의 뜻을 가진 '결決'과 통하여 주관이 무척 강하다. 구오효는 양강陽剛으로서 존귀한 위치에 거하지만 일을 처리함이 지나치게 주관적이고 독단적이어서 다른 사람과 소통하지 않는 고집불통이다. 그래서 다른 사람으로부터 인정과 동의를 얻기 어려우므로 비록 '정正'을 얻었지만 위험이 도사리고 있는 상이다.

「상전」에서는 '결단하여 이행하니 바르더라도 위태롭지만夬履貞厲' 그러함에도 '자리가 마땅하다.位正當也'고 했다. 왜냐면 이 효의 상황이 '중中'과 '정正'을 얻어서 최적의 시기이므로 비록 위험이 있더라도 재앙에 이르지는 않을 것이기 때문이다. 이것이 바로 「단전」에서 말한 '제왕의 지위를 밟아도 병폐가 없는履帝位而不疚' 상황이라고 하겠다.

上九, 視履考祥 其旋元吉.
상구 시리고상 기선원길

象曰: 元吉在上 大有慶也.
상왈 원길재상 대유경야

상구는 이행한 것을 살펴보며 상서로움을 따져 보되 돌아오면 크게 길하다.

「상전」에서는 말했다. 크게 길함으로 위에 있으니 큰 경사가 있다.

'시視' '고考'는 둘 다 '살펴보다' '심사하다'는 의미를 가지고 있고, '선旋'은 '돌아오다' '반전하다'의 뜻이다. 따라서 상구의 '시리고상視履考祥'은 걸어온 역정을 회고해서 그 득실을 따져 본다는 말이고, '기선원길其旋元吉'은 몸을 돌려 겸손히 하여 아래로 걸으며 초구효로 돌아간다는 뜻이다. 아래로는 육삼효와 음양이 상응하니 크게 길하고 이롭다. 보통 극도로 높은 위치에 거하면 종종 흉하고 험할 수 있으나 여기서는 도리어 크게 길하다고 했다. 돌아와서 조심하고 삼가며 신중히 하고 겸손하게 몸을 돌려 아래로 향하기 때문이다.

「상전」에서는 '크게 길함으로 위에 있음元吉在上'은 '큰 경사가 있다.大有慶也'라고 했다. 윗자리에 있으면 크게 길하고 이로울 수 있으니 기쁘고 경축할 만한 일이라는 의미다. 윗자리에 있는 사람이 자신의 수양에 힘써서 겸손히 아랫사람들을 대하면, 자연히 그들로부터 칭송과 순응함을 얻어낼 수 있어 크게 길하고 경축할 만한 일이 될 것이다.

이괘는 흉함과 험한 상황에 직면했을 때 어떻게 행동해야만 성공을 거 머쥘 수 있는지 알려줌과 동시에 어떻게 해야만 일상의 행동이 예의에 부합할 수 있을지 설명한다.

첫째, 유순하고 기뻐할 뿐 위선적으로 행동하지 않으며 기꺼이 하늘의 도에 순응하고 예의에 근거해 일을 처리한다.

둘째, 싸움에서 승리해서 흉함과 험함을 벗어나려면 '중中'에 거하여 어 지럽히지 말아야 하고 평탄하게 거리낌 없이 울타리를 벗어나야지 외 부 환경의 영향을 받아 스스로 방향을 잃고 혼란스러워하지 말아야 한다.

셋째, 가장 중요한 것은 신중하게 행동을 삼가면서 두려워하는 마음을 품는다. 만약 당신의 재능이 부족하다면 능력을 벗어나는 일에 무모하 게 도전할 필요는 없다. 만약 높은 위치에 있는 사람이고 재능도 있다 면 지나치게 독단적으로 결단해서 제멋대로 일을 처리해서는 안 되며 즉시 돌아와 몸을 낮춰 아랫사람들과 호응하여 결정해야 한다.

11
태괘泰卦 ─ 천지의 소통과 평안

괘사

泰 小往大來 吉 亨.
태 소 왕 대 래 길 형

태는 소가 가고 대가 오니 길하여 형통하다.

'태泰'는 '통하여通 편안하다.泰'는 뜻이다. 「서괘전」에서는 "행하여 태연한 뒤에 편안하므로 태괘로 받았다. 태는 통한다는 뜻이다."라고 했다. 예를 따라 행하면 통달하게 되므로 이괘의 다음에 태괘가 왔다는 말이다. 태괘泰卦와 비괘否卦, 이 두 괘는 무척 유명한 괘로 막힘이 극에 이르면 통함이 이른다는 뜻의 '비극태래否極泰來'라는 성어도 여기서 유래했다. 이 성어에서도 '비否'가 앞에 오고 '태泰'가 뒤에 오듯 『주역』에서도 열한 번째 괘가 태괘이고 열두 번째 괘가 비괘다. 이 두 괘가 설명하고자 하는 것도 어떤 한면이 있다면 이와는 다른 면

도 있다는 이치다.

태괘(䷊)는 '지천태괘地天泰卦'라고도 하며 땅을 상징하는 곤괘(☷)가 위에 있고 하늘을 상징하는 건괘(☰)가 밑에 있는 형상이다. 비괘(䷋)는 반대로 '천지비괘天地否卦'라고 하여 하늘인 건괘(☰)가 위에 있고 땅인 곤괘(☷)가 아래 있는 모습이다.

하늘이 위에 있고 땅이 아래 있는 것은 본래의 현실적인 모습을 위배하지 않는 그대로의 배열 순서다. 그렇다면 이것이 마땅히 옳은 순서여야 하는데 어째서 '비否'라는 부정적인 이름을 붙였을까? 가장 근본적인 원인은 사유방식에 있다. 중국 사람들은 기본적으로 '형形'의 사유가 아닌 '상象' 사유를 한다. '큰 형상은 형체가 없다.大象無形'는 말에서도 '상'은 형체를 초월한 것임을 알 수 있다. 서양 사람들은 유형의 물건을 중시하지만 중국 사람들은 무형의 것을 중시한다. 만약 '형'의 측면에서 말하자면 하늘이 위에 있고 땅이 아래에 있는 비괘야말로 길한 것이며 땅이 위에 있고 하늘이 밑에 있는 태괘야말로 흉하다고 할 수 있을 것이다. 그러나 '상'의 측면에서 바라보기 때문에 눈에 보이는 유형의 형체를 초월하는 그 이면의 기능과 역할을 중시한다.

기능 측면에서 보자면 여기서 '하늘'이란 천기天氣이자 양기陽氣이며 '땅'은 지기地氣이자 음기陰氣를 가리키는 것이지 실제 하늘과 땅의 형체를 말하는 것이 아니다. 하늘의 기운은 위로 오르려는 것이고 땅의 기운은 아래로 내려가려는 것이다. 따라서 하늘이 위에 있고 땅이 아래에 있으면, 하늘은 계속 위로 올라가려고만 하고 땅은 끊임없이 밑으로 내려가려고만 하니, 중간에 교류와 소통이 없어져 둘의 관계가 단절될 수밖에 없다. 그래서 '비否'가 되는 것이다. 반면 태괘는 땅이 위에 있고 하늘이 아래에 있어서, 땅의 기운이 아래로 내려오고 하늘의 기운이 위로 올라가, 중간에 정체함 없이 원활하게 소통과 교류가 이루어진다. 따라서 위

아래가 '통하여通 편안하다泰.'

한의학에서는 '비痞' '비색痞塞'이라고 불리는 병증이 있는데 심장과 신장이 서로 교류하지 못하여서 생긴 병이므로 '교태환交泰丸'이라는 처방을 통해 치료한다. 치료약의 이름만 봐도 '교류하여 소통하게 하는 것'이 얼마나 중요한 일인지 알 수 있다. 마찬가지로 태괘에서도 무형의 기능, 역할을 더욱 강조하는데 눈에 보이지는 않으나 감지할 수 있는 것, 즉 하늘의 기운과 땅의 기운을 강조한다.

어떤 이는 태괘가 여성이 위에 있고 남성이 아래에 있는 형세로 봐서 여자가 남자를 다스리려고 하니 여자가 최고 경영자가 되고 남자가 그 아랫사람이 된다는 논리라고 주장하는데, 이는 완전히 잘못된 견해다. 태괘를 단순히 성별의 측면에서 바라봐서는 안 되고 능력의 측면에서 봐야 한다. 기능과 능력을 기준으로 보면 여성 또한 남자와 마찬가지로 '양'이 될 수 있고 남자도 '음'이 될 수 있기 때문이다.

괘사에서는 태괘에 대해 '소왕대래 길 형小往大來 吉 亨'이라고 했다. 여기서 '왕往'은 이쪽에서 저쪽으로 가는 것이고, '래來'는 저쪽에서 이쪽으로 오는 것이어서 둘은 방향이 교차한다. '소小'는 음효를 말하며 상괘에 세 개의 음효가 있는 것을 가리키고, '대大'는 양효로서 세 개의 양효가 하괘에 있는 것을 말한다. '소小'는 밖으로 가고 '대大'는 안으로 오는 것이므로 '소왕대래 길 형小往大來 吉 亨'은 '소가 가고 대가 오니 길하여 형통하다.'는 뜻이 된다. 이와는 반대로 대가 가고 소가 오는 비괘는 길하지 않다. 또한 '소왕대래小往大來'에서 만약 소를 '소인小人'으로 대를 '대인大人' 혹은 '작은 일' '큰일' 간의 관계로 본다면 소인이 가고 대인이 오니 당연히 좋은 일이고 반대로 하면 좋지 않은 일이 된다.

작은 일과 큰일은 각각 참깨와 수박에 빗댈 수 있다. 참깨를 버리고 수박을 얻으면 좋은 일이어서 태괘에 빗댈 수 있지만, 그 반대로 수박을 버리고 참깨를 얻는 꼴인 비괘는 좋다고 볼 수 없다. 태괘에 함축된 음양의 기운은 하나가 오면 하나가 가고, 하나가 오르면 하나가 내려가 교통하여 조화를 이루니 길하고 형통한 상이라고 하겠다.

괘사에 대한 「단전」

象曰: 泰 小往大來 吉 亨
단왈 태 소왕대래 길 형
則是天地交而萬物通也 上下交而其志同也.
즉시천지교이만물통야 상하교이기지동야
內陽而外陰 內健而外順 內君子而外小人
내양이외음 내건이외순 내군자이외소인
君子道長 小人道消也.
군자도장 소인도소야

「단전」에서는 말했다. 태는 소인이 가고 대인이 오는 것이 길하고 형통함은, 즉 천지가 교류하여 만물이 통하고, 위아래가 사귀어 그 뜻이 같아지는 것이다. 양이 안에 있고 음이 밖에 있으니, 굳셈이 안에 있고 유순함이 밖에 있으며, 군자가 안에 있고 소인이 밖에 있다. 군자의 도가 자라고 소인의 도는 사라지는 것이다.

「단전」에서는 태괘에 대해 '소인이 가고 대인이 오니 길하고 형통하다.小往大來 吉 亨'고 해석했다.

'천지가 교류하여 만물이 통하며 위아래가 사귀어 그 뜻이 같아진다.則是天地交而萬物通也'는 것은 태괘의 상괘가 땅이고 하괘가 하늘이어서 천지가 교합하고 교류, 교통하니 세상만물과 모든 일이 거침없이 통달하기 때문이다. '상하교이기지동야上下交而其志同也'에서 '상上'은 하늘을, '하下'는 땅을 가리키므로 천지가 사귀어 그 뜻이 같아지고 서로 응한다는 뜻이다.

'양이 안에 있고 음이 밖에 있다.內陽而外陰'는 것은 내괘가 건괘의 세 양효로 이루어져 있고 외괘가 곤괘의 세 음효로 이루어진 것을 가리킨다. '굳셈이 안에 있고 유순함이 밖에 있다.內健而外順'는 것은 내면이 강건하고 겉은 유순함을 말한다. '군자가 안에 있고 소인이 밖에 있다.內君子而外小人'는 것은 군자가 안에 거하여 조정을 주관하고 소인은 멀리 밖에 있어서 중요한 직책을 맡지 않아 군자의 명령을 따른다는 것이다.

'군자의 도가 자라고 소인의 도는 사라진다.君子道長 小人道消也'는 것은 군자가 양이고 소인은 음이여서 양이 자라면 음은 반드시 소멸하고 음이 자라면 양이 반드시 소멸하는 것처럼 군자의 도가 흥왕하면 소인의 도는 쇠락할 것이라는 말이다. 태괘는 '건양乾陽'이 아래에 있어서 위로 오르려는 기운이고 '곤음坤陰'은 위에 있어서 쇠퇴하는 기운으로 군자의 도가 조금씩 아래서부터 위로 장대해지는 것을 상징한다.

태괘와 비괘에서 말하고자 하는 것은 음양의 소멸과 생성의 법칙으로써 이 두 괘는 12개의 소식괘 가운데 포함되기도 한다. 12소식괘는 1년 가운데 양기와 음기가 소멸하고 생성하는 상황을 보여 준다. 양기가 상승하기 시작하는 날을 1년의 시작으로 보는데 이 날이 바로 동짓날이다. 동지는 양력 12월 22일 혹은 12월 23일이며 음력으로는 11월로 낮이 가장 짧고 밤이 가장 길다. 따라서 동지가 지나면 낮이 길어지고 밤이 짧아져서 양기가 상승하기 시작한다.

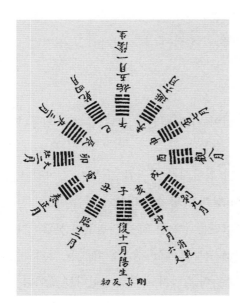

12소식괘

그래서 초효가 양효인 복괘(䷗)

를 11월로 보고 12월은 초효와 이효가 양효인 임괘(䷒), 정월 즉 1월은 초효와 이효, 삼효가 양효인 태괘(䷊)로 삼는다. 양기가 구삼효의 위치까지 자라면 세 개의 양효가 태괘를 열게 되므로 정월을 '삼양개태三陽開泰'라고 칭하기도 한다. 2월은 대장괘(䷡), 3월은 쾌괘(䷪), 4월은 건괘(䷀)여서 이 여섯 달은 음이 소멸하고 양이 자라는 과정이다. 그다음 5월은 구괘(䷫)로 음기가 상승하기 시작한다. 6월은 둔괘(䷠), 7월은 비괘(䷋), 8월은 관괘(䷓), 9월은 박괘(䷖), 10월은 곤괘(䷁)로 뒤의 여섯 달은 양이 소멸하고 음이 자라는 과정이다. 11월에 이르면 또 다시 양이 회복하여 다음 순환의 단계로 접어든다. 이것이 바로 12소식괘다. '소식괘消息卦'에서 '소消'는 '줄어든다'는 의미이며 '식息'은 '자란다'는 뜻이다.

괘사에 대한 「대상전」

象曰: 天地交 泰.
상 왈 천 지 교 태

后以財成天地之道 輔相天地之宜 以左右民.
후 이 재 성 천 지 지 도 보 상 천 지 지 의 이 좌 우 민

「상전」에서는 말했다. 천지가 사귀는 것이 태다. 군주는 이를 보고 천지의 도를 재단하여 이루고, 천지의 마땅함을 메워 도움으로써 백성을 이끈다.

「상전」의 '천지교天地交'는 '천지가 사귀는 것'이라는 뜻이다. 즉 태괘(䷊)의 하괘인 건괘(☰)가 하늘이고 상괘인 곤괘(☷)가 땅이니 아래에 있는 하늘의 기운인 양기가 위로 상승하고 위에 있는 땅의 기운인 음기가 아래로 내려오는 모습이다. 이 둘이 교차하여 화합하는 것을 가리켜 위아래가 사귀고 음양이 서로 합한다고 하는데 이것이 바로 태괘의 상이다.
'후后'는 군주, 황제를 가리킨다. 군주는 이러한 괘상을 보고 태괘의 도

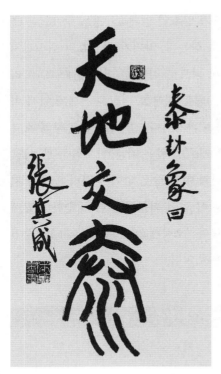

천지교태

에 근거해서 '천지의 도를 재단하여 이루고 천지의 마땅함을 메워 도움으로써 백성을 이끈다.財成天地之道 輔相天地之宜 以左右民' 여기서 '재財'는 '재단하다' '제정하다'는 뜻의 '재裁'와 통하며, '보상輔相'은 '보조하여 돕는다.'는뜻이고 '의宜'는 '적합하다'는 뜻이며 '좌우左右'는 '지휘하여 이끎'이다.

군주는 태괘에서 천지가 교통하는 도를 본받아 사회의 음양 교류 법칙을 제정하고 천지 교통의 도가 사회의 백성에게 합리적으로 적용될 수 있도록 백성을 지도하고 다스린다. 그런 의미에서 경영학은 태괘의 사상, 즉 소통하는 사상을 논하는 학문이라고 할 수 있다. 대부분 모순과 갈등이 소통 부족에서 나오는 것임을 생각해 볼 때 충분히 이해되는 말이다. 지도자로서 아랫사람들이 어째서 자신의 말을 듣지 않는지 고민해 본 적이 있는가? 자신의 마음은 벌써 저만치 앞서 나가 있는데 뒤따르는 사람들은 여전히 처음 자리만 맴돌고 있다고 생각하는가? 이는 다 지도자가 남을 배려하지 않고 지나치게 빨리 앞서 가 버렸기 때문이다.

뒤따르는 사람이 없다는 것은 두 가지 이유에서다. 첫째, 뒤따르는 사람이 이미 출발은 했지만 너무 느리기 때문에 지도자를 따라잡지 못한 것이고, 둘째, 아직 출발조차 하지 않아 원래 자리에 머물러 있기 때문이다. 이럴 경우 먼저 간 사람이 아직 움직이지 않는 사람을 앞에서 이끌어 좀 더 빨리 움직이게끔 독려해야 한다. 이것이 바로 만민을 이끄는 태괘의 정신이다. 따르는 이 없이 홀로 움직여서 떠나지 말고 다른 사람과 소통하면서 그들을 이끌고 함께 가기 바란다. 오늘날은 화합이 강조되는 시대다. 이를 가장 잘 실천할 수 있는 방법은 태괘의 소통하는 정신을 배워 활용하는 것일 수도 있다.

초구 효사와 「소상전」

初九, 拔茅 茹以其彙 征 吉.
초 구　발 모　여 이 기 휘　정 길

象曰: 拔茅征吉 志在外也.
상 왈　발 모 정 길　지 재 외 야

초구는 띠풀을 뽑는데 뒤얽힌 것들이 함께 나오는 것이니 그 무리와 함께 가면 길하다.

「상전」에서는 말했다. 띠풀을 뽑는데 무리와 함께 감이 길한 것은 뜻이 밖에 있기 때문이다.

'모茅'는 '흰 띠풀' '황띠풀' '검은 띠풀' 등과 같은 띠풀이고, '여茹'는 덩어리째로 딸려 나오는 것을 뜻하며, '휘彙'는 '무리' '동류'를 말한다. 따라서 초구에서 '발모 여이기휘拔茅 茹以其彙'라고 한 것은 본래 띠풀 하나만을 뽑으려고 했으나 거기에 뒤얽힌 큰 덩어리가 함께 뽑혀 나오는 모습이다. 일이 아주 순조롭게 되어서 마음에 같은 도를 품은 사람들이 자신을 찾아와서 돕게 되는 것을 빗댄 것이다. 그래서 '정 길征 吉' 앞으로 나아가면 무척 길하다고 했다. 초구효는 양효이자 군자인데 이 단계는 때마침 군자의 도가 자라나고 소인의 도가 소멸하는 단계이므로 공과 업적을 세우기

좋은 때다. 마치 띠풀 하나만 뽑으려 했는데 뒤얽힌 뿌리들이 덩어리째로 뽑혀 나오는 것처럼 조금만 노력해도 큰 성과를 거둘 수 있는 기회여서 예상치 못했던 성과를 거둘 수 있다. 여기서 우리는 길한 기회가 찾아오면 반드시 나아가서 쟁취해야 하며 머뭇거리다가 때를 놓쳐서는 안 됨을 알 수 있다.

「상전」에서는 이에 대해 '띠풀을 뽑는데 무리와 함께 감이 길한拔茅征吉' 이유는 '뜻이 밖에 있기 때문志在外也'이라고 해석했다. '외外'는 밖을 말한다. 초구는 가장 아랫자리에 거하지만 양효로서 본성이 강건하므로 아래에 있기를 달가워하지 않고 밖을 향해 적극적으로 나아가고자 한다. 띠풀 하나를 뽑으면 여기에 얽힌 다른 풀까지 덩어리째로 얻을 수 있는 절호의 기회가 찾아왔을 때, 밖을 향해 과감하게 나가는 뜻 있는 자만이 예상 밖의 길함과 이로움을 거머쥘 수 있다.

구이 효사와 「소상전」

九二, 包荒 用馮河 不遐遺 朋亡 得尚于中行.
구이 포황 용풍하 불하유 붕망 득상우중행
象曰: 包荒 得尚于中行 以光大也.
상왈 포황 득상우중행 이광대야

구이는 거친 것을 포용하고, 황하를 맨몸으로 건너려는 용맹을 쓰며, 멀리 있는 것을 버리지 않고, 붕당을 짓지 않는다면, 중도에 부합한다.

「상전」에서는 말했다. 거친 것을 포용하여 중도에 부합함은 광대하기 때문이다.

'포包'는 '포용하고 감싼다.'는 것이고 '황荒'에는 '광대하다' '황무하다' '큰 하천'의 뜻이 담겨 있다. 여기서는 이것들을 다 겸한 뜻이라고 볼 수 있다. 따라서 구이에서 '포황包荒'이라고 한 것은 광대함을 감쌀 뿐 아니라 단점이 많은 사람, 무능한 사람조차 포용할 만큼 도량이 넓다는 뜻이다. 하괘의 하늘은 땅을 끌어안을 만큼 광대한 것이기 때문이다.

'풍馮'은 '~에 의거하다' '~에 기대다'라는 뜻을 가진 '빙憑'과 통하므로, '풍하馮河'는 배 없이 황하의 물결에 기대어 건너려는 것이다. 조금만 생각이 있다면 작은 배라도 한 척 건조해서 강을 건너면 될 텐데 아무것도 없이 무작정 황하를 건너려 하니, 그러다가는 중도에 물에 빠져 큰 위험에 처하고 말 것이다. 무능하고도 무모한 사람이 아닐 수 없다. '용풍하用馮河'는 그러함에도 그런 무능한 무리조차 포용한다는 것을 가리킨다.

'하遐'는 멀다는 뜻이고 '유遺'는 누락시키고 버린다는 것이므로 '불하유不遐遺'는 '멀리 있는 사람을 버리지 않는다.'는 말이다. 이런 사람은 폭넓게 포용하는 마음이 있어서 무능한 무리뿐 아니라 멀리 사는 현명한 선비도 끌어안는다.

'붕망朋亡'은 '망붕亡朋'과 같은 뜻으로 '친구'가 없다는 것인데 속뜻은 개인적으로 '붕당'을 짓지 않는다는 말이다. 포용력이 있는 사람은 굳이 붕당을 지을 필요가 없다.

그래서 이렇게 하면 중도에 부합한다는 의미에서 '득상우중행得尙于中行'이라고 했다. 구이효는 강효로서 하괘의 가운데 자리 잡아 중용의 덕과 포용력을 갖추었다. 그러나 음효가 와야 할 자리에 양효가 와서 정위正位는 잃었다. 하지만 양효가 음의 자리에 거함으로써 편안함과 소통함을 통해 무능한 무리, 멀리 떨어진 사람까지 포용할 수 있게 된 것은 좋은 일이다.

「상전」에서는 '거친 것을 포용하여 중도에 부합함은 광대하기 때문이다.包荒 得尙于中行 以光大也'라고 했는데, 이는 광명정대하며 그 포부가 무척 크다는 뜻이다.

九三, 无平不陂 无往不復 艱貞无咎
구삼 무평불피 무왕불복 간정무구

勿恤其孚 于食有福.
물 휼 기 부 우 식 유 복

象曰: 无往不復 天地際也.
상 왈 무 왕 불 복 천 지 제 야

구삼은 평탄하기만 하고 기울지 않는 것은 없으며, 가기만 하고 돌아오지 않는 것은 없나니, 어렵게 여기고 바른 도를 지키면 허물이 없다. 성실함이 있는지 없는지 근심하지 않으면 음식에 복이 있다.

「상전」에서는 말했다. 가기만 하고 돌아오지 않음이 없는 것은 천지의 큰 법칙이다.

'평平'은 평탄하다는 것이고 '피陂'는 울퉁불퉁하여 기울고 험난하다는 말이다. 따라서 구삼에서 '무평불피 무왕불복无平不陂 无往不復'은 '평탄하기만 하고 기울지 않는 것은 없으며, 가기만 하고 돌아오지 않는 것은 없다.'는 뜻이다.

이는 『주역』의 본질과 이치를 잘 설명한 구절이자 우주만물과 대자연이 변화하는 큰 법칙이다. 평탄함이 있으면 험난함도 있고 가는 것이 있으면 돌아오는 것도 있게 마련이다. 평탄함 뒤에는 기욺이 있고 기운 다음에는 평탄함이 회복된다. '비否'가 극에 이르면 '태泰'가 오고 '태'가 극에 이르면 '비'로 돌아온다. 이는 노자가 "화 옆에는 복이 기대어 있고 복의 이면에는 화가 엎드려 있다."고 한 것과 같은 이치다. 어떤 사물이나 사건도 그 발전하는 과정만큼은 하나같이 이 법칙 안에 놓여 있다. 평탄함만 있고 험난함이 전혀 없는 길이란 있을 수 없다. 심지어 고속도로조차 끝까지 평탄하게 뚫려 있을 것 같지만 과속을 막기 위해 중간중간 의 도적으로 길을 구부러지게 설계한 것을 볼 수 있다. 앞을 향해 나아가기만 하고 돌아오지 않는 것은 있을 수 없다. 하찮은 벌레조차 앞으로 기어가기 위해서 몸을 반대쪽으로 힘껏 구부린다.

소위 성공했다는 사람들을 보면 하나같이 삶의 줄을 지나치게 팽팽하게 잡아당기고 있다. 힘껏 당겨진 줄은 느슨하게 풀지 않으면 언젠가 끊어지고 만다. 성공의 이면에는 수많은 실패의 눈물이 숨겨 있으니, 실패의 경험을 잊지 말고 한결같이 위기의식을 품어야 한다. 그래서 본문에서는 험난함을 안 다음에 바른 도를 행해야만 비로소 재앙이 없을 것이라는 의미에서 '간정무구艱貞无咎'라고 했다.

'휼恤'은 걱정과 근심을 뜻하므로 '물휼기부勿恤其孚'는 성실함이 있는지 없는지에 관해 근심하지 말라는 것이고 '우식유복于食有福'은 음식에 복이 있다는 말이다. 여기서 '식食'은 임의의 재물을 칭하므로 무슨 재물이라도 얻게 된다는 뜻이다. 태괘에서 가장 중요한 효는 육오효다. 구삼효는 상육효와 상응하고 육오효와는 상응하지 않으니, 그것이 성실한지 성실하지 않은지에 관해 늘 근심한다. 그러나 하염없이 근심하거나 초조해하지만 말고 그저 성실함과 신의를 품은 채 어려움 속에서도 바른 도를 지키며 순환하고 왕복하는 대 법칙을 굳게 믿기만 하면 '음식에 복이 있는于食有福' 경지에 이를 수 있다.

「상전」에서 '무왕불복 천지제야无往不復 天地際也'라고 한 것은 '가기만 하고 돌아오지 않음이 없는 것은 천지의 큰 법칙이다.'라는 뜻이다. 여기서 '제際'는 법칙을 말하므로 '천지제야天地際也'는 하늘과 땅의 큰 법칙이다. '가기만 하고 돌아오지 않음이 없는 것'이 천지의 큰 법칙임을 강조하고 있다.

六四, 翩翩不富 以其鄰 不戒以孚.
육사 편편불부 이기린 불계이부

象曰: 翩翩不富 皆失實也 不戒以孚 中心願也.
상왈 편편불부 개실실야 불계이부 중심원야

육사는 멋스럽고 대범해 보여도 부유하지 않으니 그 이웃이 경계하지
않고 성실함으로 대한다.

「상전」에서는 말했다. 멋스럽고 대범해 보여도 부유하지 않음은 모두
실제를 잃었기 때문이요, 경계하지 않고 성실함으로 대함은 중심이 원하
기 때문이다.

원문에 나오는 '편편翩翩'에는 두 가지 뜻이 있다. 첫째는 거리낌이 없이
대범하다는 것이고 둘째는 빠르고 경쾌하다는 것이다. '부富'는 부유하다
는 말이다. 따라서 육사의 '편편불부翩翩不富'는 멋스럽고 대범해 보이지
만 실제로는 부유하지 않다는 뜻이 된다. 이렇게 하면 그의 이웃이 도리
어 그를 경계하지 않고 성실함으로 그를 대할 것이라는 의미에서 '이기린
불계이부以其鄰 不戒以孚'라고 덧붙였다.

비록 돈이 많지 않아도 이웃과 관계만 돈독하다면 삶의 환경은 꽤 괜찮
은 편이다. 매일 두려움을 품을 필요 없이 마음만 편히 먹으면 대범하고
자연스러우며 편하게 살 수 있기 때문이다. 그러나 현대인들은 물질적으
로 풍요로워지기는 했지만 이웃과의 관계가 전만큼 좋지는 않다. 노자가
말한 "작은 나라, 적은 백성" 즉 소국과민小國寡民의 이상향이 오늘날 '나
라가 작고 백성이 적어 죽을 때까지 서로 왕래하지 않는 사회'로 왜곡하여
실현된 듯하다. 자신이 속한 모임에서 친구나 동료와 다투고 집에 돌아와
서는 이웃과 말도 섞지 않으며 서로 경계하기만 한다면 어떻게 '편편翩翩'

한 삶을 이룰 수 있겠는가.

그런 의미에서 육사효에서 말한 '편편불부翩翩不富', 즉 부유하지 않아도 자유자재로 거리낌 없이 대범해질 수 있는 삶은 흥미롭게 느껴지지 않을 수 없다. 이 세상의 일과 사물은 종종 변증적인 관계에 놓인 것들이 있어서 부유하지 않기 때문에 도리어 가볍고 기쁘게, 그리고 거리낌 없이 살 수 있는 이점이 있기도 하다. 바꿔 말하면 물질적으로 부유하다고 해서 대범하게, 거리낌 없이 살 수 있는 것은 아니다.

오늘날 행복 지수가 가장 높은 사람은 누구일까? 통계에 따르면 행복도가 가장 높은 사람은 월 급여가 3천 위안(대략 51만 원) 정도인 계층이라고 한다. 이 결과만 보더라도 행복 지수와 재산은 정비례하지 않음을 알 수 있다. 심지어 돈이 많을수록 행복하지 않다는 새로운 반비례 공식이 성립될지도 모를 일이다. 오죽하면 '가진 게 돈 밖에 없는 가난뱅이'라는 말이 나왔겠는가? 『홍루몽紅樓夢』에 나오는 「호료가好了歌」라는 노래가 새삼 떠오르는 시점이다.

세상 사람 하나같이 신선 좋은 줄 알건만
부귀공명 잊지 못하니
좀 더 못 모아 평생 한이 될 뿐
정작 움켜쥐면 이내 눈 감을 때로구나.
......
좋으면 이내 끝나고 마니, 끝나는 것은 좋도다.
좋으려면 반드시 끝나야 하는 법
끝이 없으면 어찌 좋다 하겠는가.
—「호료가」

「상전」에서는 '편편하지만 부유하지 않음은 모두 실제를 잃었기 때문이다.翩翩不富 皆失實也'라고 했는데 여기서 '실實'은 실제로 존재하는 것, 물질적인 것을 가리킨다. 물질적으로 지나치게 부유하면 좋지 않은 이유는 정신적으로 공허해져서 피곤하게 살 수밖에 없기 때문이다. 옛사람들은 욕망이란 일종의 마장魔障(마귀의 방해나 악의 굴레)과도 같아서 사람이 한번 욕망의 나락에 떨어지면 삶의 진정한 자유를 잃고 만다고 했다. 따라서 욕망의 굴레를 벗어 내야만 비로소 자유로운 인생을 살 수 있다.

'경계하지 않고 성실함으로 대함不戒以孚'은 경계심이 아닌 성실함을 품고 사람들을 대한다는 의미다. 마음의 벽이 없는 사람은 늘 즐겁게 생활하므로 부유하지 않아도 마음에 경계심이 일지 않는다. 이처럼 경계심이 아닌 성실함을 품고자 하는 것은 모든 사람의 소망이라는 의미에서 본문에서는 '중심이 원하기 때문中心願也'이라고 덧붙였다. 서로의 생각이 다르면 경계심이 생기지만 생각이 일치하면 경계심은 사라진다.

육오 효사와「소상전」

六五, 帝乙歸妹 以祉元吉.
육 오 제 을 귀 매 이 지 원 길
象曰: 以祉元吉 中以行願也.
상 왈 이 지 원 길 중 이 행 원 야

육오는 제을이 딸을 시집보내는 것이니 이로써 복을 받아 크게 길하다. 「상전」에서는 말했다. 이로써 복을 받아 크게 길함은 내면이 중도로써 원하는 바를 행하기 때문이다.

'제을帝乙'은 주왕紂王의 부친을 가리키며 '귀매歸妹'는 딸을 시집보낸다는 뜻이다. '지祉'는 복을 말하고 '원길元吉'은 크게 길하다는 것이므로 '이

지원길以祉元吉'은 복을 얻으니 크게 길하고 이롭다는 뜻이다.

육오에서는 제을이 그의 딸을 서백西伯, 즉 주나라 문왕에게 시집보내니 복을 얻어 지극히 길하다고 했다. 여기서는 이처럼 유명한 고사를 인용해서 혼인이나 교합, 교통의 방식을 통해야만 비로소 크게 길함을 얻을 수 있다는 이치를 알려 준다.

당시 주周의 세력은 무척 강성했다. 주의 우두머리는 훗날 주문왕이 되는 서백 희창姬昌이다. 당시 제을帝乙은 상나라의 천자였고 서백은 제후에 불과했지만 제을이 천하의 안정을 도모하고자 막강한 세력을 자랑했던 서백과의 혼인을 도모한 것이다. 그러나 제을의 노선과는 달리 그의 아들인 주왕紂王은 적대적인 방법을 써서 서백을 지금의 허난성 안양시 탕인현에 해당하는 유리羑里에 감금한다. 그 결과 두 세력은 대립하게 되고, 훗날 옥에서 나오게 된 주문왕은 주왕 정권을 전복시킬 계획을 세운다. 이 계획은 그의 아들인 희발姬發에 의해 실현되어 결국 상나라는 무너지고 만다. 오늘날 미국이 반테러 노선을 선포하면서 무력을 사용하고 있지만 오히려 테러는 더욱 극렬해지는 양상을 보이는 것이 비슷한 예다. '제을이 딸을 시집보내는 것帝乙歸妹'은 화평과 화합을 강조한 방법이며 본문에서는 이러한 방식을 쓰면 복을 얻으므로 길하다고 했다. 이것이 바로 태괘다. 위아래가 소통하여 화해를 추구하는 것이다.

「상전」에서는 '이로써 복을 받아 크게 길함은 내면이 중도로써 원하는 바를 행하기 때문이다.以祉元吉 中以行願也'라고 했는데 여기서 '중中'은 내면을 가리킨다. 혼인이라는 사건은 제을이 마음에 기꺼이 원해서 행한 것이므로 자발적이고도 성실함이 담겨 있다고 할 수 있다. 따라서 어떤 일을 할 때에는 마음에서 우러나와서 해야지 원하지 않는 상태에서 겉핥기식으로 처리한 뒤 관망하는 자세는 절대 옳지 않다.

육오효는 태괘에서 가장 중요한 효다. 그 이유는 육오효의 방식을 통해서만이 크게 길하고 이로워질 수 있기 때문이다. 자발적인 마음으로 내면에서 우러나 '화합'하는 방법, 소통하고 교류하는 방법을 쓰면 두루 조화를 이룰 수 있다. 「계사전」 하편에 보면 "천지의 기운이 뭉쳐서 만물이 조화를 이루어 엉기고 남녀의 정기가 합하여 만물이 변화, 생성된다.天地絪縕 萬物化醇. 男女構精 萬物化生"고 했다. 하늘과 땅이 합하여 만물이 변화, 생성되듯 사람도 일을 행할 때 주동적이고 적극적으로 교통, 소류하면 크게 길한 국면을 이룰 수 있다.

상육 효사와 「소상전」

上六, 城復于隍 勿用師 自邑告命 貞吝.
상육 성복우황 물용사 자읍고명 정린
象曰: 城復于隍 其命亂也.
상왈 성복우황 기명란야

상육은 성이 무너져 해자로 돌아감이니, 군대를 쓰지 말고 스스로 줄이라고 명령하면 바르더라도 부끄럽다.

「상전」에서는 말했다. 성이 무너져 해자로 돌아감은 그 명령이 혼란스러운 것이다.

'복復'은 '엎어진다'는 의미의 '복覆'과 통하며 '성城'은 '성루' '성곽'을 말한다. '황隍'은 성을 둘러 보호하는 물줄기인 해자에 물이 없는 것이며, 반면 물이 있는 것은 '지池'라고 한다. 후대 사람들은 '성황城隍'을 그 땅을 보호하는 신이라고 여겨서 '성황신'이라고 불렀다. 상육의 '성복우황 물용사城復于隍 勿用師'는 성벽이 해자로 무너지면 절대 군대를 이끌고 나가서 싸우지 말라는 뜻이다. 여기서 강조하는 것은 강경하게 다투지 않고 소통하는 이치다.

'읍挹'은 '퍼내다' '줄이다' '감소하다'는 의미의 '읍挹'과 통하며 '고告'는 '명령하다'는 뜻의 '고誥'와 같은 말이다. 따라서 '자읍고명自挹告命'은 공표한 문건, 명령, 지령 등은 반드시 자신이 주동적으로 줄여 나가되 이렇게 하지 않으면 '바르더라도 부끄럽다.貞吝', 즉 약간의 화가 미칠 것이라는 말이다. 여기서는 여전히 소통의 중요성을 강조하고 있다. 위아래가 소통하지 않는다면 아무리 위에서 수차례 명령을 내려도 아랫사람들이 들으려하지 않는다.

「상전」에서는 '성이 무너져 해자로 돌아감城復于隍'은 '그 명령이 혼란스럽기 때문其命亂也'이라고 했다. 여기서는 성벽이 해자 쪽으로 무너지는 비유를 들어서 투쟁하고 분열하면 참담한 결과를 초래한다는 점을 설명한다. 서로 소통하는 방법을 완전히 상실해 버리니 누구도 명령을 내리려 하지 않는 상황이다. 이럴 때일수록 다시금 소통과 화합을 시도해야지 끝까지 강경하게 다퉈서 상대방을 굴복시키려 해서는 안 된다. 명령을 내린 뒤 이를 실행하는 방식으로 일을 하되, 만약 이런 방식이 통하지 않는 날이 오면 전보다 더욱 소통하려고 노력해야 한다. 이렇게 해야만 따로 명령하지 않아도 일이 순탄하게 이루어진다.

태괘는 우리에게 모순과 갈등을 해결하는 가장 중요한 방법이 바로 소통과 교류에 있음을 알려 준다. 세계의 역사를 돌아보면 모순과 갈등의 98퍼센트는 오해에서 기인했으며, 오해의 98퍼센트는 소통하지 않았기 때문에 생긴 것임을 알 수 있다. 소통하면 어떤 모순이라도 해결된다.

태괘 다음으로는 비괘가 오는데 비괘의 효사는 '희熹'라는 글자로 마무리된다. 먼저 '비否'가 온 다음 '태泰'가 오니 도리어 더 큰 기쁨이 있을 수 있다. 비괘는 본래 좋지 않으나 최후에 가서는 반드시 좋게 마련이다. 반면 태괘의 효사에 등장하는 마지막 글자는 '린吝'이다. 최후에 가서 소통하지 않으면 반드시 좋지 않다는 의미다.

태괘와 비괘 이 두 괘는 하늘과 땅의 괘상이 사용되었다. 천지음양은 전형적인 '이원二元'의 형태다. 태괘는 하늘과 땅이 교차하여 사귀니 '이원'이 상호 보완하는 구조인 반면, 비괘는 땅과 하늘이 만나지 않아 사귀지 않으니 '이원'이 대립하는 형상이다. '이원'이 서로 보완하고 화해하는 것이 전통적인 사고방식이다. 만약 모든 사람이 이러한 사유방식을 가지고 있다면 하늘과 땅이 크게 통하고 천하가 평안하며 조화를 이루게 될 것이다.

12
비괘否卦 — 소통의 부재

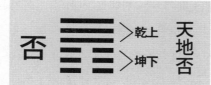

否之匪人 不利君子貞
비 지 비 인   불 리 군 자 정
大往小來.
대 왕 소 래

비는 사람의 도가 아니니 군자가 바르게 함에 이롭지 않으며 대가 가고 소가 온다.

'비否'는 '막히다' '통하지 않다'는 뜻이다. 「서괘전」에서는 "사물은 끝까지 통할 수만은 없으므로 비괘로 받았다."고 했다. 사물 사이에 '통함泰'이 있으면 '막힘否'도 있게 마련이다. 영원히 막힘 없이 통달한 상태란 있을 수 없으며 가끔은 앞뒤가 막힌 상황에 처할 수도 있으므로 태괘의 다음에 비괘가 온 것이다. 비괘에서는 막힌 상황이 나타나는 것에 관한 이치를 설명한다.

괘사에서는 '비지비인否之匪人'이라고 했다. 비괘와 같은 상황은 군자의 도가 아니라는 뜻이다. '비인匪人'은 '사람이 아니다.'라는 말인데 어떤 이는 이를 '소인小人' 혹은 '사람의 도리'로 해석하기도 한다. 그중 후자, '사람의 도리'로 보는 견해가 비교적 합리적이다. 즉 앞뒤가 막힌 상황에서는 사람의 도가 없어진다는 뜻이다. 그래서 이런 상황에서는 군자가 바른 도를 지키는 것이 이롭지 않다는 의미에서 '불리군자정不利君子貞'이라고 했다.

'대왕소래大往小來'는 '양陽'이나 군자처럼 큰 것이 가고 '음陰이나 소인처럼 작은 것이 온다는 말이다. 비괘는 태괘와는 반대로 천지의 기운이 만나지 않고 소통하지 않는 모습이다. 왜냐면 비괘(䷋)는 상괘가 하늘을 상징하는 건괘(☰)이고 하괘가 땅을 상징하는 곤괘(☷)여서 각자의 자리에 주저앉아 위아래가 전혀 섞이려 들지 않기 때문이다. 위아래가 만나지 않으면 음양이 조화를 이루지 못하고 재능과 덕을 갖춘 사람이 떠나며 재능과 덕이 없는 사람만 몰려드니 이는 당연히 관리자에게 이로울 수 없는 상황이다. 이런 상황에서는 어떻게 해야만 조직을 발전시킬 수 있을까? 어떻게 해야만 사업을 번창시킬 수 있을까? 비괘는 우리에게 어떻게 하면 앞뒤로 가로막힌 국면을 타개하여 통하게 할 수 있을지 그 이치를 알려 준다.

괘사에 대한 「단전」

象曰: 否之匪人 不利君子貞 大往小來.
단 왈   비 지 비 인 불 리 군 자 정 대 왕 소 래
則是天地不交而萬物不通也
즉 시 천 지 불 교 이 만 물 불 통 야
上下不交而天下无邦也.
상 하 불 교 이 천 하 무 방 야
內陰而外陽 內柔而外剛 內小人而外君子
내 음 이 외 양 내 유 이 외 강 내 소 인 이 외 군 자
小人道長 君子道消也.
소 인 도 장 군 자 도 소 야

「단전」에서는 말했다. 비는 사람의 도가 아니니 군자가 바르게 함에 이롭지 않으며 대가 가고 소가 온다는 것은, 하늘과 땅이 사귀지 못하여 만물이 통하지 못하고, 위아래가 사귀지 못하여 천하에 나라가 없는 것이다. 음이 안에 있고 양이 밖에 있으며, 유가 안에 있고 강이 밖에 있으며, 소인이 안에 있고 군자가 밖에 있으니, 소인의 도가 자라고 군자의 도가 사라진다.

「단전」에서는 '비지비인 불리군자정 대왕소래否之匪人 不利君子貞 大往小來'에 대해서 비괘는 군자의 도가 아니어서 군자가 바른 도를 지킴에 유리하지 않아 군자는 밖으로 물러나 숨고, 소인은 안으로 들어와 다스림을 주관한다고 했다.

'즉시천지불교이만물불통야則是天地不交而萬物不通也'는 이렇게 함으로써 하늘과 땅이 서로 교류하지 못하고 만물도 서로 소통하지 못한다는 뜻이니 이는 태괘와 정반대되는 상황이다. '상하불교이천하무방야上下不交而天下无邦也'는 위아래가 교류, 소통하지 못해서 천하에 집이 없고 나라도 없게 된다는 말이다.

'내음이외양 내유이외강 내소인이외군자內陰而外陽 內柔而外剛 內小人而外

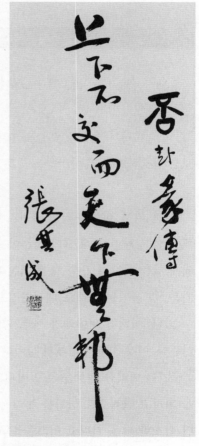

상하불교이천하무방

君子'에서 '내內'는 비괘의 하괘를 가리키고 '외外'는 상괘를 뜻한다. 즉 내괘인 하괘가 모두 음효로 이뤄져 있고 외괘인 상괘가 모두 양효로 이루어져 있으므로 내부가 음유陰柔이고 외부가 양강陽剛인 셈이니 소인이 조정에서 정치를 주관하고 군자는 밖으로 물러나 은거하면서 어떤 요직도 맡지 않는 상황과도 같다.

'소인도장 군자도소야小人道長 君子道消也'는 소인의 도가 갈수록 흥성하니 군자의 도는 점차 쇠락한다는 뜻이다.

괘사에 대한「대상전」

象曰: 天地不交 否. 君子以儉德辟難 不可榮以祿.
상왈   천지불교   비   군자이검덕벽난   불가영이록

「상전」에서는 말했다. 하늘과 땅이 사귀지 않는 것이 비다. 군자는 이를 보고 검소한 덕으로 어려움을 피하고 관직으로 영화를 누려서는 안 된다.

「상전」에서 '하늘과 땅이 사귀지 않는 것天地不交'이라고 언급한 것은 비괘(䷋)의 상괘인 건괘(☰)가 하늘이고 하괘인 곤괘(☷)가 땅임을 가리킨다. 위에 있는 하늘의 기운, 즉 양기는 위로 올라가려 하고 아래에 있는 땅의 기운, 즉 음기는 아래로 내려가려고만 하니 둘이 서로 교통하고 화합할 수 없다. 이처럼 위아래가 서로 위배하여 사귀지 않으니 음양이 합하지 않는다. 이것이 바로 비괘의 상이다.

군자는 이러한 괘상을 보고 비괘의 도에 근거해 '검소한 덕으로 어려움을 피하고 관직으로 영화를 누리지 않는다.儉德辟難 不可榮以祿', 즉 군자라면 검소한 덕을 지니고 어려움을 피할 뿐 영화를 추구하기 위해 관직을 노려서는 안 된다는 말이다. 여기서 '녹祿'은 관직을 뜻한다.

그렇다면 어째서 비괘에서는 군자로 하여금 소통하라고 하지 않고 그저 검소한 덕을 갖추며 관직으로 영화를 누리지 말라고만 경고했을까? 군자가 교류하지 않아 '비否'가 되면 '비否'가 어찌 극에 달하여 '태泰'가 오는 상황이 되겠는가? 즉 어떻게 해야만 비괘가 태괘로 전환되게끔 할 수 있을까? 사실 이는 무척 간단하다. 비괘를 뒤집으면 바로 태괘가 된다. 비가 극에 이르면 태가 오는 이치다. 위아래를 뒤집으면 건괘 즉 군자가 아래로 가고, 곤괘 즉 소인이 위로 간다. 이 말은 군자라면 기꺼이 아래 자리에 처할 줄 알아야지 고고하게 위에 있으면서 아래로부터 멀찌감치 떨어진 채 부귀영화만 누리려고 하지 말아야 한다는 것이다.

『국어國語』「주어하周語下」에는 이런 기록이 있다.

진양공晉襄公의 손자 담談의 아들인 공자 주周가 선양공單襄公의 가신이 되어 주나라 황실에 있을 때였다. 그는 선양공을 모시면서 한쪽 다리로 삐딱하게 서지 않았고, 사물을 볼 때는 눈을 굴리지 않았으며, 이야기를 들을 때는 귀를 쫑긋 세우지 않았고, 말을 할 때는 목소리를 높이지 않았다. 누군가를 공경할 때는 하늘 대하듯 했고, 충성할 때는 마음에서 우러나서 했으며, 신의를 지키고 다른 이를 어질게 대했고, 이익 앞에서는 의를 지키며, 일을 처리할 때는 지혜롭게 했다. 또한 용감하게 다스릴 줄 알았고, 가르침으로써 사리를 명확하게 분별했으며, 신령을 향해 효를 다하고, 은혜를 베풀어 주변을 화목하게 했으며, 동료에게 곧잘 양보했다. 그러면서도 그는 고국인 진나라에 우환이 있으면 늘 슬퍼했고, 진나라에 경사가 있으면 누구 못지않게 기뻐했다. 이런 공자 주를 눈여겨 본 선양공은 임종 직전에 아들인 경공頃公을 불러다가 이렇게 유언했다.

"너는 내가 죽은 뒤에도 반드시 공자 주를 잘 대해 주어야 한다. 그 아이는 장래에 진나라의 임금이 될 재목이다. 품행에 문덕文德을 갖추고 있어서 하늘과 땅으로부터 도움과 보호를 받을 것이다. 천지가 복을 내리는 사람은 아무리 못해도 임금이 되는 법이란다. …… 아름다운 덕에 선행까지 갖추고 있으니 공자 주가 임금 자리를 이어받지 않으면 어쩌겠느냐? 듣자하니 진나라 성공成公이 귀국하여 왕위를 계승하기 전 점을 쳤다는데 건괘가 비괘로 변한 괘를 뽑았다고 한다. 그런데 점괘에 '덕이 비록 하늘에 부합하여도 오래 유지되지는 못하며 세 명의 임금이 나오리라.配而不終 君三出焉'라고 했다지. 그중 첫 번째 왕은 성공成公이니 그 사람은 이미 임금이 되었고 세 번째 왕은 아직 누군지는 모르겠지만, 두 번째 왕이 공자 주를 말하는 것이 분명해. …… 또 괘에서는 '반드시 세 명의 임금을 주周에서 얻으리라.必三取君于周'라고 했다 하니 반드시 공자 주를 선대해서 그 예언이 적중하게 될 때를 대비하여라. 공자 주의 덕행은 나라를 다스리기에 충분하다."

과연 그의 말대로 진여공晉厲公이 시해되자 진나라 사람들은 공자 주를 귀국하게 하여 임금으로 세웠다. 그가 바로 그 유명한 진도공晉悼公이다.

여기에는 진성공晉成公의 이야기가 보충되어야 한다.

진성공은 진문공晉文公의 서자다. 진헌공晉獻公이 그의 비妃 여희驪姬에 휘둘려 정사를 돌보지 않고 사회가 문란해졌을 때였다. 여희는 진헌공을 꼬드겨 임금의 자리에 오르지 못한 공자는 진나라 경내에 머물지 못하게끔 하는 법을 추진했다. 이 때문에 진양공晉襄公은 즉위하자마자 진성공을 주나라 땅으로 보내고 만다. 훗날 진영공晉靈公이 피살되자 진나라 대신들은 주나라로 보냈던 진성공을 귀국시켜 왕위에 오르게 하는데, 이때 진나라 사람들이 점을 쳐서 얻은 것이 '건지비괘乾之否卦'다. 여기서 '지之'는 '변變', 즉 변한다는 뜻이어서 건괘가 변하여 비괘가 되었다는 말이다. 쉽게 말하면 건괘는 내괘인 하괘와 외괘인 상괘가 모두 건이지만 괘를 뽑는 과정에서 하괘의 세 양효가 노양老陽이어서 음효로 변하는 바람에 비괘가 됐다는 뜻이다. '건'은 임금을 가리키고 '곤'은 신하를 상징한다. 변괘인 비괘의 외괘가 건(☰)이므로 이는 임금이 되는 성공成公을 가리키지만 비괘의 내괘는 곤(☷)이므로 그의 자손이 임금이 되지 않을 수도 있다는 말이 된다. 그래서 점괘도 '덕이 비록 하늘에 부합하여도 오래 유지되지는 못하나니配而不終'라고 나온 것이다.

또한 비괘는 건괘의 하괘에서 세 효가 변한 것인데 진나라 제도 때문에 임금의 자리에 오르지 못한 공자는 진나라 경내에 머무를 수 없고 국외에서 타인의 가신으로 지내야 했던 탓에 '세 명의 임금이 나오리라.君三出焉' '반드시 세 명의 임금을 주周에서 얻으리라.必三取君于周'는 점괘가 나온 것이다. 사람들은 진성공이 주나라에서 귀국하여 왕이 되었으므로 그 세 명 중 첫 번째 임금은 진성공이었다고 여겼다. 그다음 임금이 공자 주가 되리라는 것은 의심할 여지가 없는 일이었는데 과연 실상도 그러했다. 진성공의 손자인 진여공이 피살되자 진나라 사람들은 희주姬周, 즉 공자 주를 돌아오게 하여 왕으로 삼았으니 그가 바로 진도공이다. 그는 진양공의 손자인 담의 아들로 희주姬周, 혹은 공자 주, 공자 규糾, 주자周子, 손주孫周라고도 불렸다.

초육 효사와 「소상전」

初六, 拔茅 茹以其彙 貞吉 亨.
초 육　발 모　여 이 기 휘　정 길　형
象曰: 拔茅貞吉 志在君也.
상 왈　발 모 정 길　지 재 군 야

초육은 띠풀을 뽑는데 뒤얽힌 것들이 덩달아 함께 나오는 것이니 바르게 함이 길하다.

「상전」에서는 말했다. 띠풀의 뿌리를 뽑음에 바르게 함이 길하다는 것은 뜻이 군주에게 있기 때문이다.

초육은 태괘의 초구효와 동일하다. '띠풀을 뽑는데 뒤얽힌 것들이 함께 나오는 것拔茅 茹以其彙'은 비괘의 하괘에 있는 세 효가 모두 음효이기 때문에 띠풀 하나를 뽑으면 나머지 것들이 덩달아서 딸려 나온다고 한 것이다. 비색否塞(막힘)의 상황에서 맹목적이고도 무모하게 움직이는 바람에 자신뿐만 아니라 자신과 관계된 사람들에게까지 나쁜 영향을 끼치게 됨을 빗댄 것이다. '정길 형貞吉 亨'은 바른 도를 지켜야만 아래에 편안히 거하여 길하고 이로우며 형통하리라는 뜻이다.

「상전」에서는 '띠풀의 뿌리를 뽑음에 바르게 함이 길한拔茅貞吉' 이유가 '뜻이 군주에게 있기 때문志在君也', 즉 군주를 돕는 데 그 뜻이 있기 때문이라고 했다. 그렇다면 '띠풀을 뽑는 것拔茅'이 어째서 '뜻이 군주에게 있는 것志在君'일까? 왜냐면 하괘의 세 효가 모두 음효로서 건괘의 하늘을 받들고 있어서 그들이 배속하여 응하는 대상이 군주이기 때문이다. 그래서 이 구절의 뜻은 군주를 보좌하는 것이라고 봐야 한다. 기꺼이 아래에 거하면서 성심껏 군주를 보좌해야만 막힌 국면을 뚫어 형통하게 할 수 있다.

비괘가 좋지 않다고 해서 여섯 개의 효가 모두 길하지 않은 것은 아니며, 태괘가 제아무리 좋다 해도 여섯 효가 다 길할 수는 없다. 64괘 가운데 여섯 개의 효가 모두 길한 것은 오직 겸괘 하나뿐이다. 건괘도 모든 게 완벽하고 길할 것만 같지만 구삼효와 구사효에 대해서만큼은 흉하고 험하다고 한 것도 같은 이유다.

六二, 包承 小人吉 大人否 亨.
육이 포승 소인길 대인비 형

象曰: 大人否 亨 不亂群也.
상왈 대인비 형 불란군야

육이는 포용하여 받드니 소인은 길하고 대인은 막아야 형통하다.
「상전」에서는 말했다. 대인을 막아야 형통하다는 것은 어지럽게 붕당을 짓지 않기 때문이다.

'포包'는 포용한다는 뜻이고 '승承'은 순종하여 받드는 것이다. 육이는 하괘인 곤괘에서 '중中'과 '정正'을 얻은 데다 곤은 땅을 가리키므로 포용하고 순종하여 받드는 품성을 지닌다. 상괘인 건괘는 하늘을 상징하므로 땅이 하늘에 순종하여 받드는 형상인데 받드는 대상은 구오효의 임금이다. 이를 통해 구이효는 중정의 도를 지킬 수 있을 뿐 아니라 하늘의 도를 끌어안고 순종하여 받듦을 알 수 있다.

'소인길 대인비小人吉 大人否'는 이 때문에 비록 소인이라고 하더라도 길하며, 이것이 바로 대인이 막힌 도를 뚫어 국면을 전환하는 방법이다. 대인이 형통하면 소인도 형통하다. 일반적인 상황에서는 소인은 길하지 않지만 여기서 소인은 작은 덕을 지닌 사람이고 대인은 큰 덕을 지닌 사람으로 이해하면 된다. 비색의 도를 바꾸어야만 형통하다는 말이다.

「상전」에서 '대인을 막아야 형통한大人否亨' 이유는 '어지럽게 붕당을 짓지 않기 때문不亂群也'이라고 했다. 여기서 '군群'은 붕당을 말한다. 「계사전」에서는 "방향은 종류별로 모이고 사물은 무리별로 나뉜다.方以類聚 物以群分"고 했다. 이는 나중에 "사물은 종류별로 모이고 사람은 무리별로 나뉜다.物以類聚 人以群分"는 말로 바뀌어 동일한 사물이나 사람이 한데 모인

다는 뜻으로 쓰였다. 여기서 소인들이 한데 모였다는 것은 하괘인 세 음
효가 한데 모여 있는 상황을 가리킨다. 육이효가 음효로서 음의 자리에
있어 '정正'을 얻었고, 하괘의 가운데 위치하여 '중中'도 얻었으므로 어지
럽게 붕당을 짓지 않아 길하다고 한 것이다.

육삼 효사와 「소상전」

六三, 包羞.
육 삼　포 수
象曰: 包羞 位不當也.
상 왈　포 수　위 부 당 야

육삼은 포용하는 것이 부끄럽다.
「상전」에서는 말했다. 포용하는 것이 부끄러움은 자리가 마땅하지 않
기 때문이다.

　여기서 '포包'는 포용한다는 것이고 '수羞'는 수치스럽고 부끄럽다는 말
이다. 육삼효가 상응하는 대상이 상구효이므로 육삼효가 상구효를 포용
하는 꼴인데 이것이 부끄럽다는 것이다. 왜일까? 육삼효 자신의 위치가
'중中'하지도 '정正'하지도 않은 데다 자신이 끌어안는 상구효 역시 중정
함을 잃었기 때문이다. 여기서 강조하는 것은 막힌 상황을 통하게 하기
위해서는 포용하는 마음이 필요하기는 하지만 품행이 단정하지 않은 사
람을 무모하게 감싸 안아서는 안 된다는 이치다.
　「상전」에서는 '포용하는 것이 부끄러운包羞' 이유에 대해 '자리가 마땅
하지 않기 때문位不當也'이라고 했다. 육삼효는 상구효와만 상응할 뿐이지
존귀한 구오효와는 응하지도 않는 데다, 사방이 막힌 국면에서 중정을 잃
어 자신의 자리조차 마땅하지 않고, 상구효처럼 중정하지 않은 자를 끌어

안고 있기 때문이다. 이처럼 우리도 부끄러운 상황을 피하려면 위치가 마땅해야 하고 중정한 사람을 가까이 함으로써 일을 처리할 때 좌우로 치우치지 않는 정도를 걷도록 노력해야 한다.

구사 효사와 「소상전」

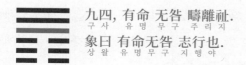

九四, 有命 无咎 疇離祉.
구사 유명 무구 주리지

象曰 有命无咎 志行也.
상왈 유명무구 지행야

구사는 명령이 있으면 허물이 없어서 무리가 복을 누린다.
「상전」에서는 말했다. 명령이 있어 허물이 없음은 뜻이 행해지는 것이다.

구사의 '유명 무구有命 无咎'는 하늘의 명령을 따르거나 임금의 명령을 따라 행동하면 화가 없다는 말이다. 구사효는 양강陽剛의 덕을 지니면서 구오의 군왕 아래에 거하여 막힌 상황을 시원하게 뚫어 줄 만한 재능을 지니고 있다. 만약 구오에 순응하여 자만하지 않으면 막힌 상황을 뚫고 뜻을 이룰 수 있다.

'주疇'는 '범주' '동류'라는 뜻인데 여기서는 하괘의 세 음효를 가리킨다. '리離'는 '려麗'와 통하여 두 가지 뜻을 함축하는데, 그 첫째는 '아름답다'는 뜻이고 둘째는 '달라붙다' '종속되다'라는 뜻이다. '지祉'는 복이므로 '주리지疇離祉'는 동류의 무리가 모두 복을 얻는다는 말이다.

구사효는 양강의 재능과 덕을 가지고 높은 자리에 거하면서 군왕의 명령을 받들어 순종하면 막힌 것을 통하게 할 수 있으며, 아래에 거하는 세 음효도 구사효에 순종하면 그를 따라 복을 얻을 수 있다고 한다. 왜일까? 구사는 하늘의 명령에 기탁하기는 하지만 천하 사람들을 위해 복을 도모하여 아래의 백성들(하괘의 세 음효)도 복을 누릴 수 있기 때문이다.

「상전」에서는 '명령이 있으면 허물이 없는有命无咎' 이유에 대해서 '뜻이 행해지기 때문志行也'이라고 했다. 여기서 '지志'는 하늘의 뜻을 말한다. 태괘에서도 '위아래가 사귀어 그 뜻이 같아진다.上下交而其志同也'고 했듯이 하늘의 뜻과 의지가 천하 사람들을 위해 복을 도모하는 것이니 이러한 뜻에 근거해서 집행하면 백성들이 복을 누리는 것은 당연한 결과다. 소위 '뜻의 방향이 같은 무리'라는 의미의 '동지同志'라는 단어도 여기서 유래했다. '하늘의 명령'을 몸으로 받고 적극적으로 이를 실천하려는 사람에게 어찌 허물과 어려움이 있을 수 있겠는가?

구오 효사와「소상전」

九五, 休否 大人吉. 其亡其亡 繫于苞桑.
구 오 휴 비 대 인 길 기 망 기 망 계 우 포 상
象曰: 大人之吉 位正當也.
상 왈 대 인 지 길 위 정 당 야

구오는 막힘을 그치게 한다. 대인이 길하니 망할까 망할까 염려해야 뽕나무에 매어 놓듯 견고하리라.

「상전」에서는 말했다. 대인이 길하다는 것은 자리가 마땅하기 때문이다.

'휴休'는 '멈춤' '그침'이라는 뜻이므로 구오의 '휴비休否'는 막힘을 그치게 한다는 뜻이다. 대부분의 괘는 구오효나 육오효가 가장 중요한 편인데 마찬가지로 비괘에서도 구오효가 가장 중요한 효다. 구오효는 강(양)이 양의 자리에 있고 상괘의 중앙에 왔으니 '중中'과 '정正'을 모두 얻었다. 이러한 중정의 덕을 지닌 이를 대인이라고 한다. 그래서 건괘의 「문언전」에도 이런 말이 나온다. "무릇 대인이란 천지와 그 덕이 합치하고 해와 달과 그

밝음을 함께하며 사시의 질서에 부합하고 귀신과 그 길흉이 맞는 사람이다." 이럴 때는 대인이 나와서 일을 주도해야 하는데 그렇게 되면 막힌 국면이 끝나고 양호한 국면이 출현할 수 있다.

그러나 '대인이 길한大人吉' 것보다 더 중요한 것은 '망할까 망할까 염려해야 뽕나무에 매어 놓듯 견고하리라.其亡其亡 繫于苞桑'고 한 것처럼 위기의식을 갖는 일이다. 다시 말해 막힌 상황이 종료된 것만 기뻐하지 말고 비록 지금은 상처가 아물어서 고통은 잊었지만 언제든지 다시 막힐 수 있다는 위기의식을 가지고 매일 경계해야 한다는 뜻이다. 이렇게 해야만 늘 안전한 상황이 견고하게 유지될 수 있다. 마치 무성한 뽕나무 위에 안착한 것처럼 무사하고 편안해질 것이다. 이는 인생을 살아가는 데 있어 큰 지혜가 된다. 누구나 언젠가는 망할 수도 있다는 위기의식을 품어야만 반석처럼 견고한 기반 위에 바로 설 수 있다.

노자는 "대체로 병을 병으로 알고 있다면 이로써 그것은 병이 아닌 것이다."라고 했다. 병을 병으로 여겨서 시시각각 병을 예방하고자 조심하고 경계한다면 그 덕분에 병에 걸리지 않게 된다는 말이다. 마찬가지로 '망할까 망할까其亡其亡' 염려하면서 하루 종일 위기의식을 품는다면 망하지 않을 수 있다. 앞서 필자가 "가까운 근심거리부터 고민하면 멀리 고민해야 할 필요가 없어진다."고 한 것도 바로 여기에 근거한 말이다.

「상전」에서는 '대인이 길한大人吉' 이유를 '자리가 마땅하기 때문位正當也'이라고 했다. 구오효는 '중中'과 '정正'을 얻어서 괘 전체에서 가장 존귀한 자리이고 대인의 덕을 지녔으니, 어찌 길하지 않겠는가?

上九, 傾否 先否後喜.
상구, 경비 선비후희

象曰: 否終則傾 何可長也.
상왈 부종즉경 하가장야

상구는 막힘이 기울어지니 먼저는 막히다가 뒤에는 기뻐한다.
「상전」에서는 말했다. 막힘이 끝나면 기우나니 어찌 오래가겠는가.

　상구의 '경부傾否'는 막힌 상황이 뒤집어져 끝나는 것이다. 상구효는 비괘의 극에 위치하므로 막힘이 극에 이른 상황이라고 볼 수 있다. 사물의 각 방면이 모두 막힘의 상태가 끝나기를 기대했으므로 충분히 기울여 덜어 낼 수 있는 데다 상구효는 양강陽剛의 재능과 덕을 갖추었으므로 능히 기울여 덜어 낼 수 있다. 이 때문에 '막힘이 기울어진다.傾否'고 표현한 것이다. '선부후희先否後喜'는 먼저는 여전히 막히지만 이후에는 통하여 기뻐한다는 뜻이다.

　「상전」에서는 '막힘이 끝나면 기우나니 어찌 오래가겠는가.否終則傾 何可長也'라고 했다. 사물이 극에 이르면 반드시 반대로 돌아선다고 했으니, 어찌 막힌 국면이 반대 국면으로 전환되지 않고 오래 지속될 수 있느냐는 뜻이다. 그래서 필자는 태괘를 강의할 때면 태괘 효사의 마지막은 '부끄럽다'는 뜻의 '린吝'이 장식하고 비괘는 '기쁘다'는 뜻의 '희喜'로 마무리된다는 사실을 강조한다. 모든 일이 잘 풀리고 통달할 때 '부끄러움'을 떠올려야 함은 통달함이 오래가면 모순과 갈등이 점차 커져서 통달함의 반대면인 '막힘'으로 돌아서기 때문이다. 반대로 막힌 상황에서도 늘 '기쁨'을 생각해야 하는 것은 언젠가는 막힘의 국면이 변하여 기쁘고 경사스러운 일이 생기기 때문이다.

비괘는 대립한 위아래 면이 교류하고 소통하지 않는다면 언젠가는 반드시 막히는 상황에 직면할 것이라는 이치를 알려 준다. 또한 어떻게 하면 막힌 국면을 통함으로 바꾸는 인생의 철학적 이치에 통달할 수 있을지 알려 준다. 중요한 것은 언젠가는 나도 망할 수도 있다는 위기의식을 품으면 결코 망하지 않는다는 점이다. 이것이 바로 막힘을 통달함으로 바꾸는 큰 지혜다.

2부
주역 상경

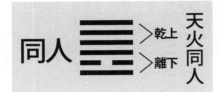

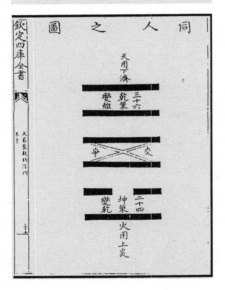

同人于野 亨. 利涉大川 利君
동인우야 형 이섭대천 이군
子貞.
자정

사람과 함께하기를 들에서 하면 형통하니, 큰 하천을 건너면 이롭고 군자가 바르게 함이 이롭다.

열세 번째 괘는 바로 동인괘다. 동인괘는 어떻게 해야만 여럿이 화합하여 하나가 되어 교류할 수 있는지 알려 주므로 64괘 중에서도 무척 중요한 괘다. '동同'에는 '함께하다' '하나가 되다'는 뜻이 포함되어 있다. 「서괘전」에서는 "사물은 끝까지 막힐 수만은 없으므로 동인으로 받았다."고 했다. 막힘이 오래가면 좋지 않지만 이런 상황이 오래가면 한편으로는 모여서 하나가 될 수 있으므로 비괘의 다음에 동인괘가 배치됐다는 말이다.

그러면 어떻게 해야만 모여서 하나가 될 수 있을까? 이는 모든 사람이 직면하고 있는 문제이기도 하다. 만약 당신이 어떤 단체를 이끄는 리더의 위치에 있다면 부하 직원과 동료, 혹은 선배를 당신과 뜻을 함께하게끔 유도하는 방법은 무엇일까? 사람들이 모두 모여 하나가 된다면 이 사회는 어떤 모습이 될까? 『예기』의 「예운禮運」 편에 언급된 것처럼 대동大同*의 사회가 실현될 수 있지 않을까? 쑨원孫文 선생이 자주 인용했던 "천하위공天下爲公(천하는 누군가의 사사로운 소유물이 아니며 하늘 아래 모든 것은 공평하다)." 이 바로 대동의 정신을 반영한 것인데, "대도가 행해지면 천하가 공평무사해진다."고 한 문구에서 그 뜻을 엿볼 수 있다.

그렇다면 어떻게 해야만 대동을 이룰 수 있을까? "자기 부모와 자식은 물론 다른 부모와 자식도 함께 포근하게 보살펴야 한다." 즉 자신의 부모에게만 효하거나 자신의 자식만 사랑하지 말고 다른 사람의 부모와 자식에게까지 그 범위를 넓히는 것이 대동이라는 것이다. 이 동인괘에서는 바로 이러한 대동의 경지에 이르는 길을 강조한다.

괘사에서 말한 '동인우야 형同人于野 亨'은 들에서 다른 사람과 함께하면 형통하다는 뜻이다. 여기서 '들'은 광활하여 끝이 없는 경지를 말한다. 만약 광활한 경계에서 다른 사

동인

---

* 『예기』「예운」 편에서는 대동사회를 다음과 같이 그리고 있다. "큰 도가 행해져 천하가 '공公'을 위주로 움직인다. 어질고 능력 있는 사람을 등용하고 믿음과 화목함이 펼쳐진다. 사람들은 자기 부모와 자식은 물론 다른 부모와 자식도 함께 포근하게 보살핀다. 혼자인 과부와 독거노인 및 병든 사람들도 모두 잘 살도록 한다. 남자는 모두 일자리가 있고 여자는 모두 배우자를 맞는다. 재물이 풍부해 굳이 혼자 가지려고 하지 않고 도적이 없어 문을 잠그지 않고 사는 것을 대동이라고 한다."

람과 교류하고 천하의 사람들과 두루 함께한다면 반드시 형통할 것이다. '이섭대천利涉大川'은 험난함을 건너기에 유리하다는 뜻이며 '이군자정利 君子貞'은 군자가 바른 도를 지키는 것이 이롭다는 것이다.

괘사에 대한 「단전」

象曰: 同人 柔得位得中而應乎乾 曰同人.
단 왈   동 인 유 득 위 득 중 이 응 호 건   왈 동 인

同人曰 同人于野 亨 利涉大川 乾行也.
동 인 왈 동 인 우 야 형 이 섭 대 천 건 행 야

文明以健 中正而應 君子正也. 唯君子爲能通天下之志.
문 명 이 건 중 정 이 응 군 자 정 야   유 군 자 위 능 통 천 하 지 지

「단전」에서는 말했다. 동인은 유가 마땅한 위치와 중을 얻어서 건에 응하므로 동인이라고 말한다. 동인괘에서 말하기를 사람과 함께하기를 들에서 하면 형통하고 큰 하천을 건넘이 이롭다고 한 것은 건의 행함이다. 문명하고 굳세며 중정으로 응함이 군자의 바른 도다. 오직 군자라야만 천하의 뜻을 능히 통할 수 있다.

「단전」에서는 동인괘에 대해 '유가 마땅한 위치와 중을 얻어서 건에 응하므로 동인이라고 말한다.柔得位得中而應乎乾 曰同人'고 했다. 괘 전체에 유일한 음효인 육이효가 '중中'과 '정正'을 얻었음을 표현한 문구다. 육이효는 구오효와 상응할 뿐 아니라 괘 전체의 다섯 양효와도 모두 상응하므로 여러 사람과 함께한다고 말했다. 또한 괘사에서 '사람과 함께하기를 들에서 하면 형통하고 큰 하천을 건넘이 이롭다.同人于野 亨 利涉大川'고 한 것은 '건의 행함乾行也'이라고 했다. 즉 천도의 강건한 운행에 순응한다는 말이다.

'문명하고 굳세다.文明以健'고 한 것은 하괘인 이괘가 '문명文明'하다는 것인데, 여기서 '문文'은 화려함과 재능이 있음을 뜻하고 '명明'은 밝다는

말이다. 게다가 상괘인 건괘는 강건하기 때문에 문명하고 강건한 행함이라고 표현한 것이다. '중정으로 응한다.中正而應'는 것은 육이효와 구오효가 모두 '중中'과 '정正'을 얻은 데다 두 효가 각각 음효와 양효여서 서로 꼭 응하기 때문이다. '군자의 바른 도다.君子正也'라고 한 것은 군자가 숭상하는 바른 도라는 말이며 '유군자위능통천하지지唯君子爲能通天下之志'는 오직 군자라야만 천하의 뜻에 능히 통달할 수 있다는 뜻이다. 여기서 '천하의 뜻天下之志'은 바로 민심, 백성의 마음을 가리킨다. "민심을 얻은 자가 천하를 얻을 수 있다."는 말처럼 '동인우야同人于野', 즉 '사람과 함께하기를 들에서 하는' 정신으로 천하를 다스리면 민심이 반드시 당신을 향해 반응한다는 것이다. 이처럼 동인괘는 우리에게 사람 사이의 관계 문제를 잘 풀어 나가는 방법, 사람들과 친화할 수 있는 이치를 알려 준다.

괘사에 대한 「대상전」

象曰: 天與火 同人 君子以類族辨物.
상 왈 천 여 화 동 인 군 자 이 류 족 변 물

「상전」에서는 말했다. 하늘과 불이 동인이니 군자는 이를 보고 같은 종류를 모아 사물을 분별한다.

「상전」에서는 '하늘과 불이 동인이니天與火 同人'라고 했다. 동인괘(䷌)의 상괘인 건괘(☰)가 하늘을 상징하고 하괘인 이괘(☲)가 불을 나타내므로 하늘과 불이 한데 모여 있는 것이 바로 동인괘의 상이다.

군자는 이러한 괘상을 보고 동인괘의 도에 근거해서 '같은 종류를 모아 사물을 분별類族辨物'한다. 여기서 '유족변물類族辨物'이라는 네 글자는 전통문화에 녹아 있는 특유의 사유방식이어서 무척 중요하다. '유類'라는 글자는 분류한다는 뜻의 동사이고 '변辨'도 분별한다는 의미의 동사다. 그래서 '유족類族'은 구분하여 유형을 나눈다는 것이고 '변물辨物'은 사물을 변별한다는 것이다. 즉 같은 유형끼리 모이게 하여 사물을 분별한다는 말이다. 하늘은 위에 거하고 불도 위로 타오르는 성질을 지녔으니 둘은 동일한 속성을 지녔다고 볼 수 있다. 그래서 둘이 함께 있으면 같은 종류끼리 모이는 것이자 서로 친화함을 나타낸다. 이것이 바로 '사물에 따라 종류가 모이고, 사람에 따라 무리가 나뉜다.'는 사상이다. 서로 다른 사물로부터 유사한 점을 분별해 내고 그것들로 하여금 서로 친화하게 하다면 이것보다 더 탁월한 지혜가 있을까? 마찬가지로 군자라면 사람들과 함께 할 때 '같은 부류를 모아 사물을 분별하는' 지혜를 발휘해도 좋을 것이다.

초구 효사와 「소상전」

初九, 同人于門 无咎.
초 구   동 인 우 문   무 구
象曰: 出門同人 又誰咎也.
상 왈   출 문 동 인   우 수 구 야

초구는 남과 함께하기를 문 밖에서 하면 허물이 없다.
「상전」에서는 말했다. 문을 나가 남과 함께하면 또한 누가 허물하겠는가.

'문門'은 '입구'를 말한다. 초구도 동인괘의 문이자 입구에 해당하므로 인생의 첫 단계라고 할 수 있다. 따라서 '동인우문同人于門', 즉 이제 막 문을 나설 때, 사회에 첫발을 내딛는 단계이므로 다른 사람과 함께하는 마음을 가지면 '허물이 없게无咎' 된다.

그런데 서양인들의 생각은 이와 달라서 사람이 세상에 태어나면 신과 분리되어 이원대립二元對立한다고 본다. 그들과 비교하면 동양에서는 다른 이들과 화합하는 것, 즉 '동인同人'을 강조하는 편이다. 이를테면 불교가 중국에 들어온 뒤 중국화한 불교문화가 형성되었다든지 만주족이 세운 청나라의 경우 오히려 한족보다 더욱 한족답게 동화한 점도 이를 증명한다. 고궁의 주요 문門과 전殿에 붙여진 이름은 모두 청나라 황제가 지은 것인데, 그 안에 함축된 지극히 깊은 역易의 이치를 봤을 때 한족 왕조가 지배했던 시대보다 훨씬 더 깊이 한족의 문화에 동화됐음을 짐작할 수 있다. 첫 단계부터 화합하고 조화하는 마음, 즉 '동인'의 마음을 품는 것이 얼마나 중요한가를 알 수 있는 대목이다. 여기서 '동同'은 한데 모여 화합하여 하나가 되는 '화동和同', '회동會同'이라는 의미의 '동'이지, 모이되 화합하지 않는 '동이불화同而不和' 의미의 '동'이 아니다.

「상전」에서는 '출문동인 우수구야出門同人 又誰咎也'라고 하여 처음부터 남과 함께하는 마음이 있는 이상 다른 이가 당신을 질책할 수는 없다고 강조했다.

육이 효사와 「소상전」

六二, 同人于宗 吝.
육 이 동 인 우 종 인

象曰: 同人于宗 吝道也.
상 왈 동 인 우 종 인 도 야

육이는 남과 함께하기를 종족끼리 하니 부끄럽다.
「상전」에서는 말했다. 남과 함께하기를 종족끼리 하면 부끄러운 도다.

'인吝'은 다소 아섭고 약간의 화가 미칠 것이라는 말이다. 그렇다면 '남과 함께하기를 종족끼리 하면同人于宗' 어째서 '부끄럽다吝'고 한 것일까? 해답은 '종宗'에 있다. '종'은 동일한 종족이라는 뜻이다. 만약 같은 종족의 사람끼리만 모이려 든다면 지나치게 편협하고 옹졸해질 수 있기 때문이다. 이는 소동小同이지 결코 대동大同이 아니다. 군자에게 이 같은 모임은 당연히 유감스럽고 아쉬움을 남길 수밖에 없다.

「상전」에서는 '남과 함께하기를 종족끼리 하면 부끄러운 도다.同人于宗 吝道也'라고 했다. '남과 함께하기를 종족끼리 하는同人于宗' 모임은 사람들을 아쉽게 하는 도이며 내세울 만한 가치가 없는 도다. 육이효는 우리에게 도량을 넓혀서 편협한 종족주의를 버리고 천하 사람들과 함께 나아갈 수 있는 포부를 지니라고 강조한다.

구삼 효사와 「소상전」

九三, 伏戎于莽 升其高陵 三歲不興.
구삼　복융우망　승기고릉　삼세불흥
象曰: 伏戎于莽 敵剛也. 三歲不興 安行也.
상왈　복융우망　적강야　삼세불흥　안행야

구삼은 병사를 풀 속에 숨기고 높은 언덕에 올라가서 삼 년이 되도록 일어나지 못하는 것이다.

「상전」에서는 말했다. 병사를 풀 속에 숨김은 적이 강하기 때문이다. 삼 년이 되도록 일어나지 못하니 어찌 행할 수 있겠는가.

'융戎'은 병사, 군대를 말하므로 '복융우망伏戎于莽'은 군대가 풀 사이에 잠복해 있다는 말이며, '승기고릉升其高陵'은 높은 언덕에 올라서 정찰한다는 말이다. 구삼효는 하괘의 가장 높은 곳에 위치하므로 '승기고릉'은 가장 높은 곳에 오름의 의미로도 볼 수 있다. 그러나 이처럼 가장 높은 곳에 있으면서도 정작 3년이 되도록 전쟁을 일으키지 못한다는 뜻에서 '삼세불흥三歲不興'이라고 했다.

「상전」에서는 '병사를 풀 속에 숨기는伏戎于莽' 이유에 대해서 '적이 강하기敵剛也' 때문이라고 해석했다. 적이 지나치게 강하므로 더불어 싸우지 않는 것이 화평함 속에서 스스로 발전할 수 있는 방도다. '병사를 풀 속에 숨김'은 전쟁에서 방어와 수비의 필요성을 말하는데 발전을 위해서는 일정 수준 이상의 안정적인 환경이 필요하기 때문이다. 상괘의 세 효가 모두 강효(양효)로 이루어져 있으므로 어찌 강하지 않을 수 있겠는가? 그래서 '적이 강하다.敵剛也'고 표현했다.

이런 상황을 고려해 봤을 때 본 괘에서 가장 중요한 효는 무엇일까? 바로 구오효다. 구삼효는 구오효를 비롯한 상괘의 세 양효와 더불어 항거하고 다투려 하니 당연히 옳지 않다. 적이 지나치게 대단해서 자기 자리에 머물러 잠복해 있을 뿐이다. 그런 까닭에 3년간 병사를 일으켜 전쟁하지 않는 것은 평안함 속에서 발전할 만한 환경을 구축하기 위함이라는 의미에서 '삼세불흥 안행야三歲不興 安行也'라고 했다. 이는 다투지 않고 화합하려는 사상이 반영된 문구다.

구사 효사와 「소상전」

九四, 乘其墉 弗克攻 吉.
구 사 승 기 용 불 극 공 길
象曰: 乘其墉 義弗克也. 其吉 則困而反則也.
상 왈 승 기 용 의 불 극 야 기 길 즉 곤 이 반 칙 야

구사는 성벽에 올라가지만 공격하지 않으면 길하다.

「상전」에서는 말했다. 성벽에 올라가지만 의리상 이기지 못함이요, 길하다는 것은 곤궁함으로 말미암아 법칙으로 돌아오기 때문이다.

'승乘'은 점령한다는 말이고 '용墉'은 성벽을 뜻하므로 '승기용乘其墉'은

성벽을 점령했다는 의미다. '불극공 길弗克攻 吉'은 공격하러 가지 않는 것이 길하다는 말이다. 구사는 이미 적의 성벽에 오른 것인데 더 나아가 공격하지 않음이 어찌 도리어 길하다는 것일까?

「상전」에서는 '성벽에 올라가나 의리상 이기지 못함乘其墉 義弗克也'이라고 했다. 즉 구사는 양효로서 이미 구삼효의 위를 올라탔기 때문에 '성벽에 올라간다.乘其墉'고는 했지만 도의상 공격하지 못한다는 의미에서 '의리상 이기지 못함義弗克'이라고 했다. 왜냐면 본 괘의 목적은 사람들과 화합하여 하나가 되는 것인데 공격의 방식을 취하면 서로 적이 되어 원래의 목적을 위배한다. 구삼효와 구사효가 모두 공격하지 않는 방식을 택한 이유는 공격하면 도리어 역효과가 날 수 있기 때문이다. '싸우지 않고 상대를 이기는 것'이 당연히 가장 길하다.

「상전」에서 '길하다其吉'고 한 것은 '곤궁함으로 말미암아 법칙으로 돌아오기 때문困而反則也'이다. 다시 말해 상대를 강하게 압박하면 궁핍해진 그가 잘못을 깨닫고 서로 함께하는 바른 도로 되돌아온다는 것이다. 그래서 천하 사람들이 서로 함께하며 조화를 이루는 국면에 이르려면 도의의 힘에만 의지할 수는 없고 약간의 강력한 무력행사도 필요함을 알 수 있다. 회유정책은 나약하기만 한 정책이 아니라 부드러움 가운데 강함을 녹여 내는 정책이다. 마치 흐르는 물처럼 겉으로는 유약해 보이지만 세상 그 무엇보다도 강한 힘을 지녔다.

구오 효사와 「소상전」

九五, 同人 先號咷而後笑 大師克相遇.
구 오　동 인　선 호 도 이 후 소　대 사 극 상 우

象曰: 同人之先 以中直也. 大師相遇 言相克也.
상 왈　동 인 지 선　이 중 직 야　대 사 상 우　언 상 극 야 구오는 남과 함께하되 먼저 울부짖다가 뒤에 웃으니 큰 군대로 이겨야 서로 만난다.

「상전」에서는 말했다. 남과 함께하되 먼저 울부짖음은 중정하고 곧기 때문이다. 큰 군대로 이겨야만 서로 만난다는 것은 서로 이김을 말한 것이다.

구오효는 동인괘에서 가장 중요한 효다. '호도號咷'는 크게 소리 내어 우는 것이고 '극克'은 적을 이겨서 승리를 거머쥔다는 뜻이다. 구오효에서 '남과 함께하되 먼저 울부짖다가 뒤에 웃는다.同人 先號咷而後笑'고 한 이유는 '큰 군대로 이겨야 서로 만나기 때문大師克相遇'이다. 즉 큰 부대를 이끌어 최종적으로 승리를 거둔 뒤 한데 모이기 때문이라는 말이다.

그렇다면 어째서 먼저 울부짖고 뒤에 크게 웃는 것일까? 「상전」에서는 '남과 함께하되 먼저 울부짖음同人之先'은 '중정하고 곧기 때문以中直也', 즉 구오효가 '중中'과 '정正'을 얻었기 때문이라고 했다. 먼저 울부짖는다는 것은 무슨 뜻일까? 구오효의 앞에 있는 구삼효와 구사효가 양강陽剛의 성질을 지녔을 뿐 아니라 특히 구사효는 음이 와야 할 자리에 양효가 왔으므로 '부정不正'하여 자리도 마땅하지 않다. 그래서 무력을 써서 다른 이를 공격함으로써 그들을 모이게 하고자 한다. 그러나 무력을 통한 공격은 모이고 화합하는 국면을 철저하게 깨트릴 뿐이므로 울부짖는다고 한 것이다.

뒤에 웃는다고 한 것은 구삼효와 구사효를 지나서 구오효의 단계에 이르렀을 때 비로소 웃게 됨을 뜻한다. 구오효는 '중中'과 '정正'을 얻었다. 이처럼 중정의 덕을 지녀 다른 사람과 모여서 화합할 정도로 능력과 덕이 탁월하여 존귀한 자리에 거할 만하므로 자연히 그에게 응하는 사람들이 늘어난다. 그래서 먼저 공격하지 않아도 다른 사람이 주동적으로 그에게 모여든다. 그러니 당연히 웃을 만한 상황인 셈이다.

　또한 「상전」에서는 '큰 군대로 이겨야만 서로 만난다는 것은 서로 이김을 말한 것이다.大師相遇 言相克也'라고 했는데 이는 군왕이 현명하면 왕의 군대가 가는 곳마다 승리하므로 만나면 곧 이긴다는 말이다. 괘상의 측면에서 더 중요한 구절은 '서로 만난다.相遇'는 문구다. 구오효는 육이효의 음효와 서로 만나 화합하니 이것을 가리켜 '음양이 서로 화합하지만 화합한다고 해서 동일해질 것을 요구하지 않는다.陰陽相和 和而不同'고 한다. 따라서 동인괘에서 남과 화합한다는 의미의 '동인同人'은 바로 육이효와 구오효가 함께한다는 의미인 셈이다.

상구 효사와 「소상전」

上九, 同人于郊 无悔.
상구　동인우교　무회
象曰: 同人于郊 志未得也.
상왈　동인우교　지미득야

　상구는 남과 함께하기를 교외에서 하니 후회가 없다.
　「상전」에서는 말했다. 남과 함께하기를 교외에서 함은 뜻을 아직 얻지 못했기 때문이다.

　'교郊'는 교외를 말하는데 들을 가리키는 '야野'라는 단어에 비해 성읍으로부터 좀 더 가까운 장소다. 상구에서는 황량하고 먼 교외에서 다른 사람과 함께하면 후회함이 없다고 했다. 비록 상구효의 '동인우교同人于郊'에서 말하는 '교외郊'가 괘사에 나온 '동인우야同人于野'의 '들野'보다 거리상 멀지 않아 마치 전자가 후자의 도량에 미치지 못하는 것처럼 보이지만, 초구효에서 말한 '동인우문同人于門'이나 육이효의 '동인우종同人于宗'보다는 그 도량이 퍽 넓은 편이다. 그래서 이러한 도량을 가지고 다른 사람과 함께하면 마찬가지로 후회가 없다고 한 것이다.

「상전」에서는 '남과 함께하기를 교외에서 함은 뜻을 아직 얻지 못한 것이다.同人于郊 志未得也'라고 했는데 왜일까? 상구는 그 뜻이 원대하고 '남과 함께하기를 들에서 하고자同人于野' 하지만 능력과 덕이 부족하여 실현하지 못하니 이 때문에 더욱 힘써서 자신을 수양해야 한다는 말이다.

─── 동인괘 정리 ───

동인괘는 우리에게 어떻게 하면 다른 사람과 화합을 이룰 수 있을지에 관해 알려 주는 괘라고 하겠다. 이를 통해 우리는 몇 가지 교훈을 얻을 수 있다. 첫째, 함께할 대상을 분별해야 한다. 둘째, 처음 시작하는 단계에서부터 남과 함께하고자 하는 뜻을 품어야 하며 이는 마음 깊은 곳, 즉 본성에서 우러나와야 한다. 셋째, 같은 종족의 사람과만 함께하려 하지 말고 넓은 도량과 덕을 가지고 함께하려는 대상의 범위를 넓혀야 한다. 넷째, 설령 자신의 힘이 남보다 월등하게 강하더라도 남을 강압으로 복종시키고자 해서는 안 되며 남과 함께한다는 생각으로 접근해야 한다. 다툼의 군기를 내리고 전쟁을 종식해야지, 군사를 일으켜 분쟁을 조장해서는 안 된다. 이렇게 해야만 서로의 마음이 연결되어 천하가 '대동大同'의 조화로운 경지에 이를 수 있다.

괘사

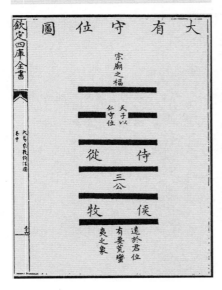

大有 元亨.
대유 원형

대유는 시작부터 형통하다.

'대유大有'는 크게 부유하다는 말이다. 「서괘전」에서는 "남과 함께하는 자에게는 물건이 반드시 돌아오게 되어 있으므로 대유괘로 받았다."고 했다. 사람과 사람이 함께하여 하나가 되면 사물도 한데 모여 부유함을 이룰 수 있으므로 동인괘의 다음에 대유괘가 왔다는 말이다. 재물을 모으고 싶지 않은 사람이 어디 있겠는가? 그러나 아무리 노력해도 부를 이룰 수 없다면 어떻게 해야 할까? 그 답은 바로 대유괘에 있다.

괘사에서는 '대유는 시작부터 형통하다.大有 元亨'고 하여 대유괘를 처음부터 형통하다고 하였는데 맨 마지막에 나오는 상구효의 단계에 이르면

436

더욱 길하여 이로움이 커진다.

象曰: 大有 柔得尊位 大中而上下應之 曰大有.
단왈 대유 유득존위 대중이상하응지 왈대유
其德剛健而文明 應乎天而時行 是以元亨.
기덕강건이문명 응호천이시행 시이원형

「단전」에서는 말했다. 대유는 유가 존귀한 자리에 거하고 크게 중을 얻어 위아래가 응하므로 대유라고 했다. 그 덕이 강건하고 문명하여, 하늘에 응하며 때에 맞게 행하니, 이 때문에 시작부터 형통하다.

「단전」에서는 대유괘에 대해서 '유가 존귀한 자리에 거한다.柔得尊位'고 했는데 여기서 존귀한 자리란 무엇일까? 바로 다섯 번째, 육오의 자리를 가리킨다. 대유괘에는 음효가 하나뿐이므로 음효가 가장 중요하다고 볼 수 있는데 그렇게 중요한 음효가 오효의 존귀한 자리에 거하고 있기 때문이다. '크게 중을 얻어 위아래가 응한다.大中而上下應之'고 한 것은 가장 중요한 음효가 마침 괘 전체에서 가장 존귀한 자리이기도 한 상괘의 중앙에 거하고 위아래 다섯 양효가 그것과 상응한다는 말이다. 그래서 '대유라고 한다.'는 의미에서 '왈대유曰大有'라고 했다.

'그 덕이 강건하고 문명하다.其德剛健而文明'고 한 것은 대유괘의 하괘인 건괘가 강건하고 상괘인 이괘가 문명하기 때문이다. 여기서 '문명文明'의 '문文'은 화려하고 재능이 있다는 것이고 '명明'은 밝음을 뜻한다. 그리고 마지막으로는 하늘의 도에 순응하고 때에 따라 운행하므로 시작부터 길하고 이롭다는 의미에서 '응호천이시행 시이원형應乎天而時行 是以元亨'이라고 했다.

象曰: 火在天上 大有. 君子以遏惡揚善 順天休命.
상 왈　 화 재 천 상　 대 유　 군 자 이 알 악 양 선　 순 천 휴 명

「상전」에서는 말했다. 불이 하늘 위에 있는 것이 대유다. 군자는 이를 보고 악을 막고 선을 드날림으로써 하늘에 순종하여 명을 아름답게 한다.

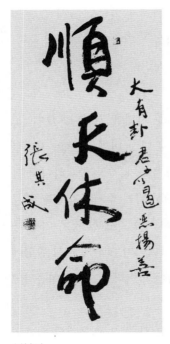

순천휴명

「상전」에서 '불이 하늘 위에 있다.火在天上'고 한 것은 대유괘(䷍)의 상괘인 이괘(☲)가 불을 상징하고 하괘인 건괘(☰)가 하늘을 나타내기 때문이다. 불이 하늘 위에서 타올라 대지를 밝게 비추어 모든 사물이 태양 아래 드러나지 않음이 없으니 이것이 바로 대유괘의 상이다.

군자는 이러한 괘상을 보고 대유괘의 도에 근거해서 '악을 막고 선을 드날림으로써 하늘에 순종하여 명을 아름답게遏惡揚善 順天休命' 한다. 여기서 '알악遏惡'은 사악함을 누른다는 것이고 '양선揚善'은 선을 드날린다는 뜻이다. '휴休'는 본래 '아름답다'는 뜻의 형용사지만 여기서는 '아름답게 하다.'는 동사로 쓰여서 '순천휴명順天休命'은 하늘의 도에 순종하여 인생을 아름답게 한다는 말이다.

그렇다면 어째서 군자가 '화천대유괘火天大有卦'가 함축한 뜻을 본받으면 사악함을 누르고 선함을 드날릴 수 있다고 했을까? 밝은 불이 하늘에

있어 만물을 비추면 그 빛 아래 드러나지 않음이 없으니 당연히 사악함과 선함을 구분하여 알게 되기 때문이다.

初九, 无交害 匪咎 艱則无咎.
초 구 무 교 해 비 구 간 즉 무 구

象曰: 大有初九 无交害也.
상 왈 대 유 초 구 무 교 해 야

초구는 서로 상하게 하지 않으면 허물이 아니나, 어렵게 여기고 조심하면 허물이 없다.

「상전」에서는 말했다. 대유의 초구는 서로 상하게 함이 없는 것이다.

초구에서 '무교해无交害'라고 한 것은 처음부터 서로 상하게 하지 않는다는 말이다. 서로 상하게 하지 말라는 것은 두 가지 뜻이 있다. 첫째는 서로 교류함으로써 화를 초래하지 말라는 것이다. 왜냐면 초구는 숨어서 엎드려야 하는 자리이기 때문이다. 둘째는 서로 해를 입히지 말라는 뜻이다. 이 두 가지는 모두 가능한 해석이다. '비匪'는 '~가 아니다'라는 의미의 '비非'와 통한다. 어떤 문헌에서는 이를 도적떼라고 해석하기도 하지만 근거 없는 말이다. '비구匪咎'는 화나 허물이 없다는 뜻이므로 서로 해를 입히지 않으면 재앙이나 화가 없다, 혹은 서로 교류하여 화를 초래하지 않으면 화가 없다는 뜻이다.

'간즉무구艱則无咎'는 어렵게 여기고 늘 그것을 염두에 두면서 경계하면 화가 없다는 것이다. 『논어』「학이」 편에서 증자는 "나는 하루에 세 번 나 자신을 돌아본다. 남을 위해 일을 함에 진심을 다하지 않았는가? 친구와 사귐에 신실하지 않았는가? 전해 받은 것을 충분히 익히지 않았는가?"라고 하여 늘 돌이켜 반성함으로써 화를 막을 수 있었다.

크게 부유해져도 늘 어려웠던 시절을 생각하면서 다른 사람에게 해를 입히지 않는다면 어찌 귀하고 장한 일이 아니겠는가? 가령 당신이 어떤 지역에서 음식 장사를 하는데 사업이 무척 잘 되고 있다고 하자. 그런데 어느 날 근처에 비슷한 유형의 음식점이 새롭게 개업한다면 어떻게 되겠는가? 아무래도 전보다 매출이 떨어질 것이고 그렇게 되면 그 가게가 망했으면 하는 생각이 수시로 들 것이다. 그러나 그것은 무척 잘못된 생각이다. 이럴 때 생각을 조금만 바꿔 보면 어떨까? 자신의 가게, 그리고 새로 생긴 음식점, 이 두 곳 말고도 제3의, 제4의 음식점이 속속 생겨난다면 그 거리는 머지않아 유명한 음식점 거리가 될지도 모를 일이다. 그러면 소문을 들은 사람들이 멀리서 찾아올 것이고 매출은 반등할 것이다. 이 때문에 서로 상하게 하지 말아야만 모두에게 이롭다고 하는 것이다.

「상전」에서는 괘상의 측면에서 '서로 상하게 함이 없는无交害也' 초구의 입장을 분명히 했다. 초구는 양의 자리에 양이 왔으므로 '정正'할 뿐 아니라 겸손하게 맨 아래에 위치하여 일을 할 때 정도를 지키면서 사람들과 선함을 이루기 때문에 서로 상하게 함이 없다.

구이 효사와 「소상전」

九二, 大車以載 有攸往 无咎.
구 이 　대 거 이 재 　유 유 왕 　무 구
象曰: 大車以載 積中不敗也.
상 왈 　대 거 이 재 　적 중 불 패 야

구이는 큰 수레에 짐을 싣는 것이니 갈 바를 두면 허물이 없다.

「상전」에서는 말했다. 큰 수레에 짐을 실음은 가운데에 짐을 많이 쌓아도 무너지지 않기 때문이다.

구이에서는 '큰 수레에 짐을 싣는다.大車以載'고 했는데 큰 수레에 재산을 실을 정도면 이야말로 대유大有, 큰 부유함이라고 할 수 있다. '유유왕, 무구有攸往 无咎'는 계속해서 앞으로 나아가면서 자신의 재산을 키워 나가면 어떠한 위험도 있을 수 없다는 말이다.

「상전」에서는 구이가 '큰 수레에 짐을 싣는大車以載' 이유에 대해 '가운데 짐을 많이 쌓아도 무너지지 않기 때문積中不敗也'이라고 해석했다. 여기서 '적積'과 '중中'이 모두 중요하다는 사실에 주의해야 한다. '적積'은 쌓는다는 뜻이고 '중中'은 중도를 말한다. '큰 수레에 짐을 실었기 때문에' 그 결과 서서히 축적할 수 있게 되었다는 것이다.

그렇다면 무엇을 축적했다는 것일까? 『주역』「문언전」에서는 "선을 쌓은 집안은 반드시 남은 경사가 있고 불선을 쌓은 집은 필연적으로 남은 재앙이 있게 마련이다."고 하여 선이라는 덕을 쌓음이 무엇보다 중요하다고 했다. 또한 "선한 일은 작다고 해서 하지 않으면 안 되고 악은 아무리 작더라도 행해서는 안 된다." "모든 악은 짓지 말고 모든 선은 행하라."는 말도 이를 뒷받침한다. 선을 쌓으면 이내 부를 쌓게 되며 그 결과 '큰 수레에 짐을 싣는' 경지에 이를 수 있다.

구이효는 '중中'에 위치하기 때문에 중도를 지키는 것인데 중도를 지키면 선한 덕을 드러낼 수 있다. 그렇다면 중도는 무슨 뜻인가? 『중용』에서는 "희로애락을 드러내지 않는 것을 중中이라고 하고, 드러내되 절도와 예의에 맞게 하는 것을 화和라고 한다."고 했다. 가슴이 답답한데도 이를 전혀 드러내지 않은 채 답답한 상태로만 있다면 정신병을 얻고 말 것이다. 그래서 드러내기는 하되 '절도와 예의에 맞게' 하라는 것이다. 이러한 중용의 도로써 선한 덕을 쌓으면 재산이 모이고 그렇게 되어야만 오래갈 수 있다.

九三, 公用亨于天子 小人弗克.
구삼 공용형우천자 소인불극

象曰: 公用亨于天子 小人害也.
상왈 공용형우천자 소인해야

구삼은 공이 천자에게 진상함이니 소인은 능히 하지 못한다.
「상전」에서는 말했다. 공이 천자에게 진상함은 소인에게는 해로운 것이다.

'형亨'은 '향유하다'는 의미의 '향享'과 통하고 '공公'은 왕공대신을 가리키며 '불극弗克'은 감당하지 못한다는 뜻이다. 따라서 구삼의 '공용형우천자公用亨于天子'는 왕공대신이 천자에게 예를 갖춰 선물을 바침으로써 경의를 표한다는 뜻이며, '소인불극小人弗克'은 소인은 이러한 큰 임무를 감당할 수 없다는 말이다. 『시경』에도 "하늘 아래 왕의 신하가 아닌 이가 없다."는 시구가 나오듯, 신하는 반드시 대왕에게 순응해야 하며 이것이 바로 천도, 하늘의 도다. 구삼효는 양의 자리에 양효가 왔으므로 '정위正位'다. 따라서 왕공王公이 와서 천자에게 예를 올려 진상하는 것은 하늘의 도에 순응하여 바른 도를 지키는 것이라고 하겠다.

「상전」에서는 '공이 천자에게 진상함은 소인에게는 해로운 것이다.公用亨于天子 小人害也'라고 했는데 왜일까? 왕공대신이 천자에게 예를 갖춰 선물을 바침으로써 경의를 표하는 것은 하늘의 도에 순응하고 예의에 부합하며 정당한 행위인 반면, 만약 소인이 그렇게 한다면 정당하지 않은 행위다. 왜냐면 소인은 천자에게 진상함으로써 부귀영화를 꾀하려 하기 때문이다. 소인의 이 같은 행위는 해로운 것이어서 나라와 백성에 화를 끼치고 만다. 높은 지위에 있는 사람은 시시각각 이 같은 소인의 행동을 살

퍼 경계해야 할 것이다.

九四, 匪其彭 无咎.
구 사　비 기 팽　무 구
象曰: 匪其彭无咎 明辯晢也.
상 왈　비 기 팽 무 구　명 변 절 야

구사는 지나치게 성대하지 않으면 허물이 없다.

「상전」에서는 말했다. 지나치게 성대하지 않으면 허물이 없음은 밝게 분별하는 지혜 때문이다.

'팽彭'은 '성대하다' '팽창하다'의 뜻이므로 구사의 '비기팽匪其彭'은 지나치게 성대하거나 낭비하고 과도하게 욕심내지 않는다는 것이다. 이렇게 하면 재앙이나 화가 없다는 뜻에서 '무구无咎'라고 덧붙였다.

「상전」에서는 '지나치게 성대하지 않으면 허물이 없는匪其彭无咎' 이유에 대해 '밝게 분별하기 때문明辯晢也'이라고 했다. '절晢'은 지혜를 말하므로 '명변절明辯晢'은 사물이나 일의 이치를 분명하게 분별할 수 있는 큰 지혜가 있어서 인생의 도리와 이치를 깨닫는다는 뜻이다.

노자는 "하늘의 도는 남는 것에서 덜어 내어 모자란 데 보태지만 사람의 도는 부족한 데서 덜어 내어 남는 곳에 바친다."고 했다. 즉 '사람의 도'가 과도해지니 사람들은 끝없이 욕망을 불태우면서 부유한 사람은 더욱 부유해지고 가난한 사람은 곤궁함을 벗어나지 못하여 양극화가 갈수록 심해진다. 적당히 멈출 줄 아는 지혜를 모른다면 물극필반物極必反(사물의 발전이 극에 이르면 반드시 반대면으로 전환됨)의 이치가 적용되어 자기 자신과 다른 사람, 모두에게 좋을 리가 없다. 그래서 우리는 하늘의 도를 따라 일을 하여 부를 쌓되 무엇이든 지나치게 성대해져서는 안 되며 모든 것을 독차지하려 하지 말아야 한다. 그래야 '허물이 없다.无咎' 이미 충분히 부유한 데도 더 큰 부자가 되려고 다른 사람의 고통을 헤아리지 않은 채 과욕을 부린다면 이는 하늘의 도에 부합하지 않는 행위다.

육오 효사와 「소상전」

六五, 厥孚交如 威如 吉.
육오 궐부교여 위여 길
象曰: 厥孚交如 信以發志也 威如之吉 易而无備也.
상왈 궐부교여 신이발지야 위여지길 이이무비야

육오는 그러한 성실함으로 서로 사귀니 위엄이 있으면 길하다.

「상전」에서는 말했다. 그러한 성실함이 서로 사귄다는 것은 믿음으로써 뜻을 드러내어 발전시키는 것이요, 위엄이 있으면 길하다는 것은 쉽게 여기면 대비함이 없기 때문이다.

'궐厥'은 '그러하다'는 뜻이므로 '궐부厥孚'는 '그러한 성실함'이라는 말이 된다. '여如'는 '어떠어떠한' 모습을 말하며 '교여交如'는 교류하고 사귀어 통하는 것, '위여威如'는 위엄이 서린 모습을 가리킨다. 따라서 육오는 전체적으로 성실과 신의를 가지고 위아래가 사귀니 위엄이 있으면 크게 길하다는 말이 된다.

육오효는 대유괘에서 유일한 음효이면서 다섯 번째 효, 즉 임금의 자리이므로 겸손하고 성실한 미덕을 지닌다. 64괘 가운데 중부괘(䷼)는 여섯 개의 효 중에서 삼효와 사효가 음효이고, 이를 둘러싼 나머지는 모두 양효다. 대유괘도 이와 비슷하게 음효인 육오효를 둘러싸고 위아래 효가 모두 양효로 이루어져 있다. 여인이 남자 무리에 둘러싸인 채 위아래로 사

2부
주역 상경

귀어 보호와 관심을 받으니 가장 행복한 상태가 아닐 수 없다. 이는 마치 뭇 남자 사이에 홀로 선 여인처럼 유순하고도 겸손하여 어떤 것도 탐내지 않으며 성실함과 신의를 바탕으로 명망을 얻는 모습이다.

「상전」에서는 '그러한 성실함으로 서로 사귀는 것厥孚交如'에 대해 '믿음으로써 뜻을 드러내어 발전시키는 것信以發志也'이라고 설명했다. '믿음으로 뜻을 드러내어 발전시킨다.'는 것은 자신의 성실과 신의가 내면 깊은 곳 잠재의식에서 나왔기 때문에 거짓 없이 가장 진실하므로 사람을 감동시킬 수 있고, 이런 마음으로 남의 마음을 대하니 그들로부터도 충실함과 신의를 이끌어낼 수 있는 것이다.

뒤이어 「상전」에서는 '위엄이 있으면 길하다는 것은 쉽게 여기면 대비함이 없기 때문이다.威如之吉, 易而无備也'라고 했다. 여기서 '이易'는 쉽다는 뜻으로 사심이나 의심 등 무거운 짐이 없는 상태를 가리키고 '무비无備'는 방비하거나 경계할 필요가 없다는 말이다. 육오의 이 같은 위풍당당함은 작위적인 것이 아닌 자연스러운 것이어서 다른 사람을 경계할 필요가 없으며 다른 사람 역시 그를 방비할 필요가 없다. 육오가 품은 이러한 위엄은 강직하다기보다는 일종의 부드러운 힘에 가깝다.

상구 효사와 「소상전」

上九, 自天祐之 吉无不利.
상구 자천우지 길무불리
象曰: 大有上吉 自天祐也.
상왈 대유상길 자천우야

상구는 하늘로부터 그를 도우니 길하여 이롭지 않음이 없다.

「상전」에서는 말했다. 대유의 위가 길함은 하늘이 돕기 때문이다.

상구는 대유괘의 가장 높은 자리, 즉 마지막 효에 위치한다. 가장 높은 곳은 '무위無位'의 자리라서 위치가 높긴 해도 따르는 백성이 없고 고귀하기는 하나 자리가 없으므로 보통은 흉하게 마련이다. 그런데 어째서 여기서는 '하늘로부터 그를 도우니 길하여 이롭지 않음이 없다.自天祐之 吉无不利'고 했을까? 그 핵심은 '무위無位'에 있다. 큰 부를 누릴 때 도리어 무위의 마음을 가지고 시시각각 하늘을 보좌하려는 마음을 먹으며, 하늘의 도가 공평하다고 여기기 때문이다. 이 때문에 더 이상 탐심을 품지 않게 되고 많은 것을 차지하려 들지 않으며, 오히려 겸손하게 선한 재물을 베풀려고 한다.

「상전」에서는 '대유의 위가 길함大有上吉'은 '하늘로부터 돕기 때문自天祐也'이라고 한 번 더 강조한다. 상구가 크게 부유해지고 길하며 이로운 것은 하늘이 도운 결과이지 오직 자신의 노력만으로 얻은 결과가 아니라는 말이다. 따라서 사람이라면 마음에 늘 감사해야 한다. 당신이 거둔 성공은 다른 사람의 공로와 하늘의 도움 덕분에 얻은 열매다. 그 결과 부유해질 수 있었고 더 나아가 선한 일을 할 수 있게 되었으니 크게 길하고 이롭다. 세계적인 부자 빌게이츠만 보아도 그는 단순히 세계 최고의 부자에 머무르지 않고 지금은 전 세계 약자들을 위해 일하는 최고의 자선사업가가 되지 않았는가?

대유괘는 우리에게 어떻게 하면 큰 부를 유지할 수 있는지에 관한 이치를 알려 준다.

우선 유순한 마음으로 겸허하게 아래에 거할 줄 알아야 한다. 대유괘의 형상만 봐도 건괘가 이괘의 불 아래에 거하고 있으니 유순한 모습이라고 할 수 있다. 육오효가 크게 길하다고 한 것은 그의 위엄이 스스로 드러나기 때문이다. 겸허함과 유순함, 성실함으로 사람들을 대하고 신의로써 사람들을 교화하며 자신의 성실함으로 다른 사람의 성실함을 이해하고 대하기 때문이다.

그다음으로는 중도를 지키고 선한 덕을 쌓아야 한다. 좋은 일을 행하여 현명한 사람을 본받고자 하니 큰 부가 유지되지 않을 수 없다.

마지막으로는 공평한 하늘의 도에 순응해야 한다. "하늘의 도는 남는 것에서 덜어 내어 모자란 데 보태 준다."는 말을 기억하자. 재물을 거두어 독차지하려고만 하지 말고 넓게 베풀어야만 하늘도 당신을 도울 것이다.

14
대유괘大有卦 — 부를 유지함

15
겸괘謙卦 ─ 겸허한 덕

괘사

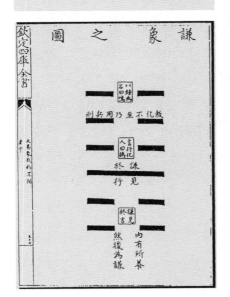

謙 亨 君子有終.
겸 형 군 자 유 종

  겸은 형통하니 군자는 끝마침이
있다.

  '겸謙'은 '겸허하다' '겸손하게
사양하다'는 뜻이다. 「서괘전」
에서는 "큰 것을 소유한 자는 가
득 차서는 안 되므로 겸괘로 받았
다."고 했다. 대유괘는 큰 성과, 부
유함을 상징할 뿐 아니라 한 사람
이 다다를 수 있는 가장 성공적인
경지를 가리킨다. 대유괘를 지나
서 성공을 거두어 무척 많은 재산
을 거머쥐게 된 다음에는 반드시
지녀야 하는 덕이 겸손함이다. 따라서 뒤이어 열다섯 번째 괘로 겸괘가
온 것이다. '겸謙'은 겸허하다는 뜻이며 '말씀 언言' 변을 가지고 있으므로
우선 언어에 있어서 겸허해야 한다. 그러나 말을 겸손하게 하는 것만으로

는 부족하다. 이것은 시작일 뿐이다. 겸괘는 64괘 가운데 유일하게 여섯 효가 모두 길한 괘다.

괘사에서는 겸괘가 형통하며 "군자가 끝마침이 있다.君子有終"고 했다. 군자가 만약 겸손하다면 이내 좋은 결말이 있으리라는 말이다. 겸허한 품격을 지닌 사람은 결말이 좋다. '좋은 결말善終'은 오늘날 종국의 목표에 무사히 도달한다는 뜻이기도 하다. 이밖에도 '유종有終'은 '시작이 있으면 끝도 있다.有始有終'는 뜻으로 이해할 수 있다. 군자라면 이러한 겸허한 품격이 처음부터 끝까지 유지되어야 하는데 사실 이러한 경지에 이르는 것도 쉬운 일은 아니다.

괘사에 대한 단전

象曰: 謙 亨. 天道下濟而光明 地道卑而上行.
단왈 겸 형 천도하제이광명 지도비이상행

天道虧盈而益謙 地道變盈而流謙
천도휴영이익겸 지도변영이류겸

鬼神害盈而福謙 人道惡盈而好謙.
귀신해영이복겸 인도오영이호겸

謙尊而光 卑而不可踰 君子之終也.
겸존이광 비이불가유 군자지종야

「단전」에서는 말했다. 겸은 형통하다. 하늘의 도는 아래로 구제하여 광명하고, 땅의 도는 낮추어 위로 행한다. 하늘의 도는 가득 찬 것을 이지러지게 하고 겸손한 것을 보태 주며, 땅의 도는 가득한 것을 변하여 겸손함으로 흐르게 한다. 귀신은 가득 찬 것을 해치고 겸손함에 복을 주며, 사람의 도는 가득 찬 것을 싫어하고 겸손함을 좋아한다. 겸은 존귀하여 빛나고, 낮지만 넘을 수 없으니, 군자의 끝마침이다.

「단전」에서는 '겸 형謙 亨'이라고 했는데 이는 '겸은 형통하다.'는 뜻이다.

'천도하제이광명 지도비이상행天道下濟而光明 地道卑而上行'에서 '천도天道'는 하늘의 기운이며 '지도地道'는 땅의 기운이다. 하늘의 기운이 아래로 행하니 대지가 밝아지고 땅의 기운은 아래로 낮추지만 도리어 그것은 위로 행하니 하늘의 도와 땅의 도가 서로 교류하고 교통한다는 뜻이다.

하늘의 도는 '휴영이익겸虧盈而益謙'이라고 했다. 여기서 '휴虧'와 '익益'은 모두 사동사다. '휴虧'는 가득 찬 것으로 하여금 이지러지게 함이며 '영盈'은 가득 차다는 뜻이므로, '휴영虧盈'은 가득 찬 것을 줄어들게 한다는 말이다. 그리고 '익겸益謙'은 겸손한 것으로 하여금 늘어나게 한다는 것이다.

하늘의 도는 이렇게 하늘의 태양과 달에 빗대어 태양이 가득 차면 정오라고 한다. '일중즉측日中則昃(해가 중천에 있으면 이내 기운다.)'이라는 말이 있듯이 태양이 가득 차면 서서히 서쪽으로 지며 '월영즉휴月盈則虧(달이 가득 차오르면 곧 이그러진다.)'라는 말처럼 매달 15일이 되면 가득 찼던 달도 이지러지기 시작한다. 하지만 이지러진 것도 이내 변하여 다시 가득 차오른다. 이는『노자』77장에 나오는 "하늘의 도는 남는 것에서 덜어 내어 모자란 데 보태 준다."는 이치, 곧 하늘의 도는 공평하여 가득 찬 것은 이내 이지러지고 지나치게 이지러지면 다시 가득 차오르는 도리와 통한다. 이처럼 달은 텅 비면 다시 실해지고 가득 차면 다시 변하여 이지러진다.

한 달은 달의 형상이 변화함에 따라 '회晦' '현弦' '망望' '삭朔'의 네 단계로 나뉜다. '삭朔'은 한 달의 시작인 초하루에 해당하며, 초팔일 정도가 되면 '상현달弦'이 되었다가 점차 차올라서, 15일 무렵에는 가득 차오른 '망望'의 시기가 된다. 그리고 하루가 지난 16일을 '기망既望'이라고 하는데 그 뒤 22, 23일 정도면 '하현달弦'이 되었다가 그 시기를 지나면 비로소 '회晦', 즉 '그믐'의 시기가 된다.

'회晦'는 '없다', 즉 '달이 없다.'는 뜻이다. 일본에서는 1년 중 마지막 날인 12월 30일 섣달그믐을 '오미소카大晦日'라고 하는데 이를 한자 그대로 읽으면 '대회일大晦日'이 된다. 일본어에 중국 고대 한자의 흔적이 남아 있는 예다. 소월小月(양력으로 30일이고 음력으로 29일인 달)의 29일 혹은 대월大月(양력으로 31일이고 음력으로 30일인 달)의 30일을 '회晦'라고 부르는데 30일이 지난 다음에는 초하루, 초이틀, 초사흘…… 이런 식으로 다시 회복된다. 이처럼 달이 기울면 다시 차오르고 차오름이 극에 이르면 다시 기우는 것, 그리고 해가 중천에 떠올랐다가 다시 서쪽으로 지는 것이 하늘의 법칙이다. 이것이 바로 '휴영이익겸虧盈而益謙', 즉 '하늘의 도는 가득 찬 것을 이지러지게 하고 겸손한 것을 보태 준다.'는 말의 의미다.

또한 땅의 도에 대해서는 '변영이유겸變盈而流謙', 즉 '땅의 도는 가득한 것을 변하여 겸손함으로 흐르게 한다.'고 했는데 여기서 '변變'은 '부수다' '무너뜨리다'의 의미다. 땅의 도는 가득 찬 것을 싫어한다. 가득 찬 것은 하늘의 도나 땅의 도, 모두 좋아하지 않으므로 가득 차올랐다면 반드시 그것을 비워 낸다. 또한 물이 겸손하고 낮은 곳을 향해 흐르며 돕는 것을 가리켜 '유겸流謙', 즉 '겸손함으로 흐른다.'고 표현했다.

귀신에 대해서는 '해영이복겸害盈而福謙'이라고 하여 '가득 찬 것을 해치고 겸손함에 복을 준다.'고 했다. 여기서 '해영害盈'은 자만함을 징벌한다는 뜻이며 '복겸福謙'은 겸손한 것을 돕는다는 의미다.

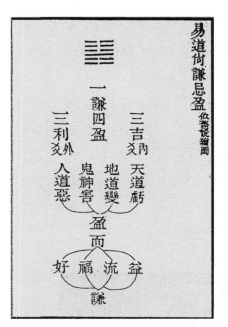

사람의 도에 대해서는 '오영이호겸惡盈而好謙', 즉 '가득 찬 것을 싫어하고 겸손함을 좋아한다.'고 했다. 사람의 도는 자만한 자를 싫어하고 겸손한 사람을 좋아한다는 말이다. 가득 참의 상대적인 것은 겸손함이다. 겸손함은 부족한 것인데 어째서 가득 찬 것을 싫어할까? 땅 위의 그토록 많은 물건을 누군가 혼자 독차지하면 공평하지 않은 게 된다. 그리고 아무리 쓰고 남을 만큼 여유가 있다고 해도 영원히 여유가 있는 것은 아니며, 아무리 쓰기에 부족한 물건이라고 해도 지나치게 부족할 리가 없다. 여유가 있으면 줄여야 하고 부족하면 채워 넣어서 반드시 공평함을 이루어야 하니, 이것이 바로 공평함의 원리다. 겸괘가 가장 길하다고 하는 이유는 바로 여기에 있다.

오늘날 몇몇 자본주의 국가의 잘 정비된 사회복지 제도도 일종의 공평함을 추구한 결과라고 볼 수 있다. 부유한 사람에게서 더 많은 세금을 거둔다면 가난한 사람이 복지 혜택을 누릴 수 있을 것이다. 한번은 필자가 뉴질랜드에 갔을 때 강가에서 한가롭게 낚시를 하고 있는 사람과 이야기를 나눈 일이 있었다. 대화 도중 필자는 그가 기초생활수급자로 살고 있음을 알게 되었다. 그가 나라에서 주는 지원금 덕에 경제적인 부담이나 직장 스트레스 없이 무척 행복하게 생활하고 있다며 자랑삼아 말했던 것이 기억난다.

그래서 '겸은 존귀하여 빛나며 낮지만 넘을 수 없다.謙尊而光 卑而不可踰'

고 했다. 겸손한 이는 존경받을 만큼 빛나는 사람이고 낮음은 겸손함을 상징하니 겸손한 사람일수록 다툼을 통해서는 절대 이길 수 없다. 이는 『노자』8장에 나온 "물은 만물을 이롭게 하면서도 다투지 않는다. 무릇 다투지 않는 까닭에 능히 다툴 수 있는 상대가 없다."는 사상과도 통한다. 그 어떤 것도 물과 싸워 이길 수 없는 이유는 물이 낮은 곳을 향해 흐르기 때문이다. 이것이 바로 큰 지혜라고 하겠다.

중국의 평등과 자유사상은 『장자莊子』「소요유逍遙游」와 「제물론齊物論」에 나온 것처럼 '만물이 하나'라는 사상에 녹아 들어갔다. 그리고 '천지가 나와 함께 생존하고 만물이 나와 하나가 된다.'는 사상을 만들어 내었다. 만물이란 다 같은 것이어서 옳고 그름이나 차별이 없이 절대적으로 평등하다는 것이다. 유가에서는 다소 계급적인 면을 강조하기도 하지만 도가의 사상과 어우러진 뒤 고유의 평등사상이 형성된 것이다.

마지막으로 '군자지종야君子之終也'라고 한 것은 '군자의 끝마침이다.'라는 뜻인데 어째서 군자에게 선한 끝마침이 있다고 했을까? 그것은 군자가 겸손함에 근거해서 일하기 때문이다. 앞에서는 하늘의 도, 땅의 도를 강조하면서 '하늘의 도는 아래로 구제하여 광명하다.天道下濟而光明'고 했다. 여기서 '아래로 구제한다.下濟'는 것은 하늘의 도가 겸손하므로 아래를 향한다는 뜻이다. 땅의 도는 본래 낮은 것이어서 '낮추어 위로 행한다.卑而上行'고 했다. 낮기 때문에 도리어 위로 향한다는 말이다. 그래서 겸손한 군자에게는 좋은 결말이 있게 마련이다.

괘사에 대한 「대상전」

象曰: 地中有山 謙. 君子以裒多益寡 稱物平施.
상 왈 지중유산 겸 군 자 이 부 다 익 과 칭 물 평 시

「상전」에서는 말했다. 땅 가운데 산이 있는 것이 겸이다. 군자는 이를 보고 많은 곳에서 덜어 내 적은 데 보태어서, 사물을 저울질하여 공평하게 베푼다.

「상전」에서는 '땅 가운데 산이 있다.地中有山'고 했는데 이는 겸괘(䷎)의 상괘인 곤괘(☷)가 땅이고 하괘인 간괘(☶)가 산인 것을 가리킨다. 산은 본래 땅 위에 높이 솟아 있어야 하지만 겸괘를 보면 도리어 산이 땅 아래에 있다. 이것은 무엇을 의미할까? 산이 겸손하게 스스로 아래에 거하고자 하는 것이다. 이것이 바로 겸괘의 상이다.

군자는 이러한 괘상을 보고 겸괘의 도에 근거해서 '부다익과 칭물평시 裒多益寡 稱物平施', 즉 '많은 자는 모으고 적은 자는 보태어서 사물을 저울질하여 공평하게 베풀어야' 한다. 이 여덟 글자는 『주역』에서 말하는 공평함의 원칙이 고스란히 담겨 있는 말이므로 기억해 두면 좋다. '부裒'는 모은다는 것이고 '익益'은 보태어서 돕는다는 뜻이어서 '부다익과裒多益寡'는 많은 곳에서 덜어 내어 적은 곳을 돕는다는 말이다. 그 안에는 재물이 많은 사람에게서 덜어 내어 가난한 사람을 돕는다는 뜻이 함축되어 있다. 이렇게 하는 것이 바로 '칭물평시稱物平施', 즉 '사물을 저울질하여 공평하게 베푸는' 것이다. '칭稱'은 '평平'과 마찬가지로 측정하고 잰다는 의미의 동사여서 어떤 사물을 저울질해서 많고 적음을 가늠한 뒤 공평하게 베푼다는 뜻이다. 모두가 공평하게끔 평형을 이루어야 비로소 화목함과 조화를 이룰 수 있다. 현대사회에서 유독 조화와 화합이 강조되는 이유는 무엇일까? 사회가 지나치게 조화롭지 못하고 화합하려 하지 않기 때문이다. 따라서 우리는 반드시 이 공평함의 원칙을 지켜야 할 것이다.

初六, 謙謙君子 用涉大川 吉.
초 육 겸 겸 군 자 용 섭 대 천 길
象曰: 謙謙君子 卑以自牧也.
상 왈 겸 겸 군 자 비 이 자 목 야

초육은 겸손하고 겸손한 군자이니 큰 하천을 건너는 것이 길하다.

「상전」에서는 말했다. 겸손하고 겸손한 군자는 낮춤으로써 스스로 삼간다.

겸겸군자

초육의 '겸겸군자謙謙君子'는 무척 겸허한 군자를 말하며 '용섭대천 길用涉大川 吉'은 큰 강과 하천을 건너면 무척 길하다는 뜻이다. 초육의 단계에서부터 길할 수 있는 것은 군자가 기꺼이 가장 아래에 거하면서 누구보다도 겸허한 마음을 가지고 강을 건너기 때문이다. 여기서 '강을 건너다.'라는 것은 사업에서 반드시 성공한다는 말이다.

「상전」에서는 '겸손하고 겸손한 것이 군자謙謙君子'인 이유에 대해서 '낮춤으로써 스스로 삼가기 때문卑以自牧也'이라고 했다. '비卑'는 낮추는 것이고, '목牧'은 본래 양치는 사람을 가리키지만 여기서는 관리함을 말한다. 따라서 '자목自牧'은 스스로 통제하여 가장 낮은 자리에 거하여 삼가는 것을 말하며 이 때문에 그가 '겸손하고 겸손한 군자謙謙君子'인 것이다.

六二, 鳴謙 貞吉.
육 이   명 겸 정 길

象曰: 鳴謙貞吉 中心得也.
상 왈   명 겸 정 길   중 심 득 야

육이는 명성을 드러냈지만 겸손하니 바르게 함이 길하다.

「상전」에서는 말했다. 명성을 드러냈지만 겸손하니 바르게 함이 길한 것은 중심을 얻었기 때문이다.

'명鳴'은 명성이 온 천하에 드날린다는 것이다. 따라서 육이의 '명겸鳴謙'은 비록 명성이 드러났지만 전처럼 여전히 겸손하다는 말이고 이러한 사람은 바른 도를 지키는 것이 길하다는 의미에서 '정길貞吉'이라고 했다.

「상전」에서는 '명성을 드러냈지만 겸손하니 바르게 함이 길한 것鳴謙貞吉'은 '중심을 얻었기 때문中心得也'이라고 했는데 여기서 '중심中心'은 내면을 가리킨다. 육이가 일종의 내면의 만족, 즉 자족하는 기쁨을 얻었다는 말이다. 자족하는 사람은 보통 겸손하게 마련이다.

육이효는 하괘의 가운데에 거하여 '중中'을 얻었을 뿐 아니라 음의 자리에 음효가 와서 '정正'하니 이러한 사람은 명성을 얻어도 전처럼 겸손함과 중용의 도를 유지할 수 있어 장하지 않을 수 없다. 오늘날 사회적으로 명성을 얻었는데도 겸손할 수 있는 사람은 그리 많지 않다. 아주 잠깐 유명세를 타기만 해도 금세 교만해지고 마는데 쉽게 얻은 명성은 오래가지 못한 채 결국 소멸하고 만다. 그래서 역사적으로 도가에서는 사람의 이름을 지을 때 종종 '겸손함을 발휘한다.'는 의미에서 '명겸鳴謙' 혹은 '휘겸撝謙'이라는 글자를 자주 썼다. 여기서 '겸謙'은 유가뿐 아니라 도가에서도 중시하는 미덕임을 알 수 있다.

九三, 勞謙君子 有終吉.
구삼 노겸군자 유종길

象曰: 勞謙君子 萬民服也.
상왈 노겸군자 만민복야

구삼은 공로가 있으면서도 겸손하니 군자에게 끝마침이 있어서 길하다.
「상전」에서는 말했다. 공로가 있으나 겸손한 군자는 만민이 복종한다.

'노勞'는 공로를 말한다. 구삼의 '노겸군자 유종길勞謙君子 有終吉'은 공로
가 있으나 여전히 겸손할 뿐 아니라 처음과 끝이 같다는 말로 이는 쉬운
일이 아니니 당연히 길하다.

「상전」에서는 '공로가 있으나 겸손한 군자勞謙君子'는 '만민이 복종한
다.萬民服也'고 했다. 이러한 사람에게는 백성이 마음에서 우러나와 진심으
로 복종한다. 이는 그가 큰 공을 세우고도 도리어 겸손하기 때문이다. 반
면 공을 세운 뒤 교만해져서 겸손하지 않는다면 백성들은 그를 따르지 않
을 것이다.

六四, 无不利 撝謙.
육사 무불리 휘겸

象曰: 无不利 撝謙 不違則也.
상왈 무불리 휘겸 불위칙야

육사는 겸손함을 베풂이 이롭지 않음이 없다.
「상전」에서는 말했다. 겸손함을 베풂이 이롭지 않음이 없는 것은 법칙
을 어기지 않았기 때문이다.

15
겸괘謙卦 — 겸허한 덕

'휘撝'는 발휘한다는 의미의 '휘揮'와 통하므로 '휘겸撝謙'은 이러한 겸손한 미덕을 계속 발휘하여 드넓고 크게 한다는 뜻이다. 육사효의 단계는 삶으로 따지면 인생의 두 번째 단계에 접어드는 시기이고 사업에 있어서도 두 번째 단계라고 할 수 있다. 그러한 육사효의 단계에 이르러서도 여전히 겸손할 뿐 아니라 겸손함이 조금도 덜하지 않고 오히려 더해져서 빛을 발하니 불리하지 않음이 없다고 한 것이다.

「상전」에서는 '겸손함을 베풂이 이롭지 않음이 없는无不利撝謙' 이유에 대해서 '법칙을 어기지 않았기 때문不違則也'이라고 했다. 겸손의 미덕을 발휘하는 것은 하늘의 도를 위배하지 않을 뿐 아니라 땅의 도, 사람의 도를 어기지도 않는 것이어서 하늘, 땅, 사람이 모두 도우니 당연히 이롭지 않음이 없는 것이다.

六五, 不富以其鄰 利用侵伐 无不利.
육 오 　 불부이기린 　 이용침벌 　 무불리
象曰: 利用征伐 征不服也.
상 왈 　 이용정벌 　 정불복야

육오는 부유하지도 않으면서 그 이웃과 함께 겸손함을 이용해 정벌하니 이롭지 않음이 없다.

「상전」에서는 말했다. 겸손함을 이용해 정벌하는 것은 복종하지 않는 자를 정벌하는 것이다.

육오 효사에는 비록 '겸謙'이라는 글자가 직접적으로 등장하지는 않지만 대신 '불부不富', 즉 '부유하지 않음'이라는 말이 나온다. 부유하지 않으면 겸손한 마음이 마치 깊은 산속 골짜기처럼 땅 밑을 파고들어서 자만하지 않게 되니 자연히 '겸謙'하게 된다. 따라서 필자는 '부유하지 않다.'는 말을 '겸손하다'는 뜻으로 해석하려고 한다. '이기린以其鄰'에서 '이以'는 사실 '여與'로 바꾸어 '그 이웃과 함께'라는 뜻으로 해석되어야 한다. 육오효의 이웃은 바로 육사효와 상육효인데 이 둘은 음효로서 모두 부유하지 않으니 육오효와 육사효, 상육효가 모두 자만하지 않고 겸손한 셈이다. '이용침벌 무불리利用侵伐 无不利'는 이렇게 하면 겸허한 마음을 통해 교만하여 순종치 않는 이들을 토벌할 수 있으니 이롭지 않음이 없다는 말이다.

「상전」에서는 '겸손함을 이용해서 정벌하는利用征伐' 것은 '복종하지 않는 자를 정벌하기 위함征不服也'이라고 했다. 겸손하지 않는 사람은 분명히 교만한 사람이니 좋은 점이 있을 리 없다.

상육 효사와 「소상전」

上六, 鳴謙 利用行師 征邑國.
상육 명겸 이용행사 정읍국

象曰: 鳴謙 志未得也 可用行師 征邑國也.
상왈 명겸 지미득야 가용행사 정읍국야

상육은 명성을 얻었으나 겸손하니 군대를 움직여서 읍국을 정벌함이 이롭다.

「상전」에서는 말했다. 명성을 얻었으나 겸손하다는 것은 자만하지 않기 때문이니 군대를 이끌고 읍국을 정벌할 수 있다.

'행사行師'는 '군사를 출동시킨다.' '군대를 이끌고 싸움터에 나선다.'는 뜻이다. '읍邑'은 고대에는 수도, 도성을 가리키는 말이었지만 여기서 '읍국邑國'은 겸손하지 않은 교만한 자를 상징한다. 상육에서는 비록 직접적으로 '길하다'는 말을 쓰지는 않았지만 '이용행사 정읍국利用行師 征邑國',

즉 '군대를 움직여서 읍국을 정벌함이 이롭다.'고 했으니 당연히 길할 수밖에 없다. 상육에도 '명겸鳴謙'이라는 말이 등장한다. 이는 육오효가 겸손하지 않고 순종하지 않는 이를 정벌하러 간 뒤에는 당연히 명성을 얻게될 터인데 그러함에도 여전히 겸손한 마음을 가지고 군대를 이끌어 싸움에 나서니 자연히 승리를 거머쥔다는 말이다.

「상전」에서는 '명겸鳴謙', 즉 '명성을 얻었으나 겸손한' 이유에 대해서 '자만하지 않기 때문志未得也'이라고 했다. '지득志得'은 자만하다는 뜻이고 '지미득志未得'은 교만하지 않다는 말이다. 명성을 얻었으나 여전히 겸손한 것은 스스로 의기양양해서 우쭐대지 않기 때문이며 이같이 마음을 수양한 사람을 '대인大人'이라고 한다. '가용행사 정읍국야可用行師 征邑國也'는 군대를 이끌고 적국을 정벌함으로써 공과 업적을 쌓는 것이다.

━━━━ 겸괘 정리 ━━━━

䷎

겸괘는 총체적으로 우리에게 겸손함을 요구한다. 처음부터 끝까지 줄곧, 명성을 얻더라도 겸손을 잃지 말라고 당부한다. 여섯 효, 여섯 단계 모두 겸손해야 하지만 각 단계별로 그 겸손함에는 차이가 있다. 순서를 따지자면 '겸손하고 겸손함謙謙' '명성을 얻었지만 겸손함鳴謙' '공로를 세웠지만 겸손함勞謙' '겸손함을 드날림撝謙' '명성을 얻었지만 겸손함鳴謙'이다. 여기서는 두 차례나 '명성을 얻었지만 겸손함鳴謙'이 등장하는데 하나는 육이효에, 다른 하나는 상육효에 나온다. 육이효는 이제막 명성을 얻은 때를 말하고 상육효는 마지막으로 유명해진 때를 말하는데, 둘은 명성을 얻은 시기가 다르나 겸손해야 함은 동일하다. 겸손해야만 무슨 일을 하든지 길하고 이롭다.

겸괘는 사실상 노자가 말한 것처럼 부드러움으로 강함을 극복하고 낮은 것으로 높은 것을 이기는 사상을 반영한다. 이러한 사상에 근거해서 일을 도모하면 반드시 성공할 수 있는데 이것이야말로 큰 전략이자 지혜라고 하겠다. 증국번曾國藩이 전형적인 예다. 그는 처음 시작할 때부터 유가에서 말하는 자강불식의 정신으로 무장하고 법가의 '취지정법就地正法(현장에서 극형에 처하다.)'의 엄격한 수단을 통해 병사를 이끌었다. 그러나 싸움에서는 거의 패하고 만다. 그러던 그가 『도덕경』을 얻어서 읽은 뒤로는 겸손하게 낮아져야 한다는 사실을 깨달았고 도가에서 말하는 '부드러움으로 강함을 극복하고 낮은 것으로 높은 것을 이기는' 방법을 취했다. 그래서 겸손하게 좌종당左宗棠에게 도움을 청했다. 당시 좌종당은 어찌나 자부심이 높았는지 스스로 '오늘날의 제갈량'이라는 뜻을 가진 '금량今亮'이라는 자를 만들어 쓸 정도였다. 어쨌든 증국번의 겸손한 마음이 좌종당의 마음을 움직였고, 그의 도움을 얻어 마침내 전쟁에서 승리할 수 있었다.

이 외에도 겸손한 마음을 가져서 다른 사람의 도움을 받은 사례는 얼마든지 있다. 이 때문에 우리는 겸괘의 정신과 덕을 반드시 잘 배워야 한다. 그러나 거짓으로 겸손한 척하거나 군자인 척하지 말고 진정 마음 깊은 데서 우러나와 '겸손하고도 겸손한 군자'가 되어야 한다. 그래야만 다른 사람으로부터 존중받을 수 있으며 하는 일마다 성공할 수 있다.

16
예괘豫卦 ─ 즐거움의 도

豫 利建侯行師.
예 이 건 후 행 사

　예는 제후를 세우고 군대를 출동함이 이롭다.

　'예豫'는 '즐겁다' '준비하다' '예비하다'라는 뜻을 가지고 있다. 「서괘전」에서는 "큰 것을 소유하고도 겸손하면 반드시 즐거우므로 예괘로 받는다."고 했다. 겸허하게 처신한 뒤에는 실제로 마음이 즐겁게 되므로 겸괘의 다음에 예괘가 배치된 것이다. 예괘에서 드러내어 보이는 '즐거움樂'의 의의는 두 가지인데 하나는 본성을 따라 즐거워하되 적절한 선에서 멈출 줄 아는 것이고, 다른 하나는 천하로 하여금 편안한 즐거움에 도달하게 하는 것이다.

　괘사에서는 예괘에 대해 '이건후행사利建侯行師'라고 하여 공과 업적을 세우고 군대를 이끌어 반역자를 토벌함이 이롭다고 했다.

『국어』에는 진晉나라 문공文公인 중이重耳가 왕이 되기 전, 무려 19년간 고국을 떠나 타지를 유랑하며 지낸 이야기가 기록되어 있다. 여기서 '19'는 무척 흥미로운 숫자다. 한나라 충신인 소무蘇武도 흉노에게 사신으로 갔다가 붙들려 양을 치기를 19년이나 했으며, 중국의 의학 고전인 『황제내경』에서 말하는 질병의 현상도 총 19가지다. 중이는 타국을 유랑한 지 19년째 되던 해 조국으로 돌아오고 싶은 마음에 점을 쳐 보았는데 그때 나온 괘가 '준지예괘屯之豫卦'다. 여기서 '지之'는 '도착하다' '이르다'라는 뜻이므로 '운뢰준괘雲雷屯卦(䷂)가 변하여 뇌지예괘雷地豫卦(䷏)에 이르렀다.'는 말이다. 구체적으로 말하자면 괘를 뽑는 과정에서 준괘의 초효가 노양老陽이어서 양효였던 것이 음효로 변하였고, 사효와 오효도 마찬가지로 원래의 효가 변하여 반대 효로 전환된 것이다.

예괘의 괘사에서는 '제후를 세우고 군대를 출동함이 이롭다.利建侯行師'고 했는데 준괘의 괘사에도 "준은 크고 형통하고 이롭고 바르다. 움직이지 말아야 나아갈 바가 있다. 제후를 세우는 것이 이롭다."고 해서 둘 다 '제후를 세우는 것이 이롭다.'는 말이 나온다. 여기서 '후侯'는 왕과 제후를 말하며 '건建'은 '세우다'라는 뜻이어서 전체적인 의미는 귀국해서 왕과 제후가 되는 것이 이롭다는 것이다.

중이는 이처럼 준지예괘를 얻은 뒤 점치는 이를 불러다가 괘사의 뜻을 따르는 게 좋을지 물었다. 그런데 점치는 이는 길하지 않으므로 돌아가서는 안 된다고 했다. 왜냐면 준괘가 상징하는 것이 험난함인 데다 예괘의 상괘인 진괘가 수레고 하괘인 곤괘는 땅이므로 중간이 비어 있어 수레가 땅에 함몰하는 형상이라는 이유에서다. 그러자 중이는 또 다른 사람을 불러다가 동일하게 물었다. 그가 바로 그 유명한 사공司空 자리에 있던 계자季子다. 그런데 계자는 직전의 점쟁이와는 달리 귀국하는 것이 길하다고

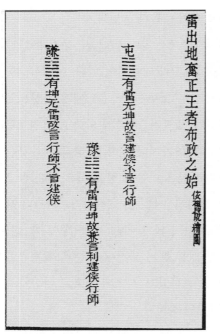

점쳤다. 준괘와 예괘 모두 괘사에서 제후를 세우는 것이 이롭다고 할 뿐 아니라 진괘의 수레가 곤괘의 대지 위를 달리니 좋은 일이 아닐 수 없다는 논리다. 준괘는 험난하지만 중후함을 나타내고 예괘는 즐거움을 뜻하므로 귀국한다 해도 문제될 것 없어 모든 이가 기뻐할 것이라고 덧붙였다. 중이는 계자의 말을 옳다 여겨 진나라로 돌아갔고 오래지 않아 왕으로 추대된 뒤 나라를 잘 다스려 훗날 그 유명한 춘추오패春秋五覇 가운데 한 명이 되었다. 이 밖에도 『국어』에는 『주역』으로 점친 흥미롭고 다양한 사례가 20여 개 등장한다.

괘사에 대한 「단전」

象曰: 豫 剛應而志行 順以動 豫.
단왈   예 강응이지행 순이동 예

豫順以動 故天地如之 而況建侯行師乎.
예순이동 고천지여지 이황건후행사호

天地以順動 故日月不過 而四時不忒.
천지이순동 고일월불과 이사시불특

聖人以順動 則刑罰清而民服.
성인이순동 즉형벌청이민복

豫之時義大矣哉.
예지시의대의재

「단전」에서는 말했다. 예는 강이 응하여 뜻이 행해지고 유순함으로써 움직이는 것이 예다. 기쁘게 유순함으로 움직이며 하늘과 땅이 그와 같이 하는데 하물며 제후를 세우고 군대를 출동하는 것은 어떠하겠는가! 하늘과 땅이 유순함으로써 움직이니 해와 달이 지나치지 않아서 사시가 어긋나지 않는다. 성인이 유순함으로 움직이니 형벌이 깨끗해져서 백성이 복종하므로, 예의 때와 의가 크도다.

「단전」에서 '강이 응하여 뜻이 행해진다.剛應而志行'고 한 것은 유일한 양효인 구사효가 임금을 대표하고 위아래 모든 음효가 구사효와 상응함을 가리킨다. 이는 마치 진나라 문공이 민심을 얻어 자신의 뜻을 펼칠 수 있었던 것과도 같다. '순이동順以動'은 민심에 '순응順'하여 '행동動'한다는 뜻으로 '순응한다'는 것은 하괘인 곤괘의 유순함 때문이고 '움직인다動'는 것은 상괘인 진괘가 움직임을 상징하는 까닭이다. '예豫'는 여기서 무척 기쁜 일을 말한다. 따라서 '예순이동 고천지여지 이황건후행사호豫順以動 故天地如之 而況建侯行師乎'는 기쁘게 조류에 순응하여 움직이고 시간과 상황, 하늘의 도를 따라 움직이는 등 천지만물이 다 이렇게 하는데 하물며 나라를 세우고 군대를 이끌어 전쟁에 나서는 일은 오죽하겠느냐는 말이다.

'천지이순동 고일월불과 이사시불특天地以順動 故日月不過 而四時不忒'에서 '특忒'은 '착오' '잘못'을 말한다. 예괘가 기쁠 수 있는 이유는 순응하여 움직이기 때문이다. 하늘과 땅도 시간과 상황에 순응하여 움직이므로 해와 달도 봄, 여름, 가을, 겨울, 사시의 변화에 맞게 착오 없이 운행된다. 그렇다면 사람은 어떠한가? 사람이야말로 더더욱 시간과 상황에 순응하여 움직여야 할 것이다. 그래서 성인이 자연에 순응하여 움직이면 형벌도 분명하고 공정해지므로 백성들은 진심을 다해 순복하게 된다는 의미에서 '성인이순동 즉형벌청이민복聖人以順動 則刑罰淸而民服'이라고 했다.

'예지시의대의재豫之時義大矣哉'는 '예의 때와 의가 크다.'는 뜻이다.『주역』에는 '……시의대의재時義大矣哉'라는 표현이 자주 등장하는데 이는『주역』이 그만큼 '시時'를 중시한다는 말이기도 하다. 그런데 이를 간단히 시간이라고만 해석하는 것은 지극히 단순한 관점이 아닐 수 없다.「계사전」에서는『주역』을 가리켜 "성인이 심오한 이치를 다하고 기미를 살피는 것極深而硏幾也"이라고 묘사했는데 여기서 말하는 '기幾'가 바로 '시기時機'이니, 결국 '시時'는 시간적인 위치와 상황, 기미, 조짐을 통칭하는 말이라고 하겠다.

괘사에 대한「대상전」

象曰: 雷出地奮 豫. 先王以作樂崇德 殷薦之上帝 以配祖考.
상 왈   뇌 출 지 분   예   선 왕 이 작 락 숭 덕   은 천 지 상 제   이 배 조 고

「상전」에서는 말했다. 우레가 땅에서 나와 분발하는 것이 예다. 선왕은 이를 보고 음악을 짓고 덕을 높이며, 성대하게 상제께 올리고, 선조께 배향한다.

「상전」에서는 '우레가 땅에서 나와 분발한다.雷出地奮'고 했는데 이는 예괘(䷏)의 상괘인 진괘(☳)가 우레이고 하괘인 곤괘(☷)가 땅이기 때문이다. 우레가 땅 위에 있는 형상이므로 '우레가 땅에서 나온다.雷出'고 표현했다. 옛사람들은 우레가 겨울 내내 땅속에 숨었다가 봄이 되면 밖으로 나와 진동한다고 여겼다. 우레가 이미 땅 위에 울리기 시작해서 요란한 소리를 내뿜고 대지의 만물이 흥분하여 움직이며 생기발랄하고도 즐거운 소리로 춤을 추는데 이는 모두 봄이 왔기 때문이다. 이것이 바로 예괘의 상이다.

선왕은 이러한 괘상을 보고 예괘의 도에 근거해서 '음악을 짓고 덕을 높인다.作樂崇德' 군자는 다가올 장래의 이상적 인물이고 선왕은 과거의 때에 속하므로 과거에 선왕이 그렇게 했으니 현재를 사는 우리들에게도 그렇게 하라고 일깨운다. 그래서 선왕이 예괘가 함축한 뜻에 근거해서 음악을 만들고 아름다운 덕을 숭상하며 찬양했다고 한 것이다. '은천지상제殷薦之上帝'는 천제를 향해 융숭하고 성대하게 바친다는 것인데 여기서 '은殷'은 '성대하고 융숭함'을 말하고 '천薦'은 '진상하다' '바치다'라는 의미다. 여기서 '상제上帝'는 '하늘' '천제天帝'이지 기독교에서 말하는 '하나님'의 개념은 아니다. '이배조고以配祖考'는 조상과 아버지께 바친다는 것인데 '조祖'는 조상이고 '고考'는 '세상을 떠난 부친' '조상'을 가리킨다. 천제와 조상에게 무언가를 융숭하게 바치는 것은 예를 강조하는 유가의 종법宗法 제도의 하나다. 천제와 조상의 덕을 찬양하고 숭상하여 음악을 울리는 행위가 그것이다.

초육 효사와「소상전」

初六, 鳴豫 凶.
초 육 명 예 흉
象曰: 初六鳴豫 志窮凶也.
상 왈 초 육 명 예 지 궁 흉 야

초육은 즐거움을 울림이니 흉하다.

「상전」에서는 말했다. 초육이 즐거움을 울림이 흉하다는 것은 뜻이 다하여 흉하기 때문이다.

'명鳴'은 새가 지저귀며 운다는 뜻이다. 초육에서 '명예 흉鳴豫 凶'이라고 한 것은 무언가를 이루었다고 득의양양하면 흉하다는 말이다. 처음부터 지나치게 즐거워하지 말고 절제해야만 흉함을 피할 수 있다.

「상전」에서 '즐거움을 울림鳴豫'이 흉하다고 한 것은 '뜻이 다했기 때문 志窮'이라고 했다. '궁窮'은 끝, 종국에 이르렀다는 말이다. 초육의 시기는 '뜻志'이 이제 막 시작되는 시기인데 이미 끝이라도 되는 듯 기뻐하면 이 는 지나친 일이다. 일을 할 때 결코 좋은 자세일 수 없으므로 흉하다.

육이 효사와 「소상전」

六二, 介于石 不終日 貞吉.
육 이 개 우 석 부 종 일 정 길

象曰: 不終日貞吉 以中正也.
상 왈 부 종 일 정 길 이 중 정 야

육이는 절개가 돌과 같아서 종일토록 즐거움에만 머무르지 않으니 바 르게 함이 길하다.

「상전」에서는 말했다. 종일토록 즐거움에만 머무르지 않으니 바르게 함이 길하다는 것은 중정하기 때문이다.

'개介'는 견고하다는 뜻이므로 육이의 '개우석介于石'은 견고하기가 반 석과 같다는 말이며, 편안하고 즐거울 때 분수를 지키고 절제 있게 행동 해야 한다는 뜻이다. '부종일不終日'은 종일토록 안일함 가운데 있지 않다 는 것이고 '정길貞吉'은 바른 도를 지키면 길하다는 뜻이다.

「상전」에서는 '종일토록 즐거움에만 머무르지 않으니 바르게 함이 길 함不終日貞吉'은 '중정하기 때문以中正也'이라고 했다. 육이효가 떠받드는 것이 중정의 도이므로 자연히 길하고 이롭다. 육이는 하괘의 가운데에 위 치하여 '중中'을 얻었고 음의 자리에 음효가 왔으니 '정正'까지 얻었으므 로 '중정하다'고 표현한 것이다. 여기서 우리는 즐거움을 추구하더라도 적절함을 알아서 중정의 도를 지켜야 한다는 사실을 알 수 있다.

六三, 盱豫 悔 遲 有悔.
육 삼　 우 예 회 지 유 회

象曰: 盱豫有悔 位不當也.
상 왈　 우 예 유 회　 위 부 당 야

육삼은 눈웃음치며 기뻐하는 것이니 뉘우칠 것이요, 머뭇거리면 후회가 있다.

「상전」에서는 말했다. 눈웃음치고 기뻐하니 후회가 있다는 것은 자리가 마땅하지 않기 때문이다.

'우盱'는 눈을 크게 뜬다는 의미이므로 '우예盱豫'는 아첨하며 다른 사람의 비위를 맞춤으로써 기쁨을 얻는다는 것이다. 따라서 육삼의 '유예회盱豫 悔'는 눈웃음치며 기뻐하면 반드시 후회할 것이라는 말이다. '지 유회遲 有悔'는 머뭇거리다가 뉘우침이 늦어지면 반드시 후회함이 있으리라는 뜻이다.

「상전」에서는 '눈웃음치고 기뻐하니 후회가 있는盱豫有悔' 이유는 '자리가 마땅하지 않기 때문位不當也'이라고 했다. 육삼은 음효가 양의 자리에 왔으므로 자리가 마땅하지 않아 '정正'을 잃은 데다 중앙의 자리도 아니므로 '중中'도 얻지 못했다. 그러니 아첨하며 기쁨을 얻는 것이 옳을 수가 없으므로 후회함과 뉘우침이 있다. 이럴 경우에는 후회하면 구제될 것이나 만일 뉘우치지 않는다면 도울 방법이 없게 된다.

九四, 由豫 大有得 勿疑 朋盍簪.
구사 유예 대유득 물의 봉합잠

象曰: 由豫大有得 志大行也.
상왈   유예대유득   지대행야

구사는 그로 말미암아 즐거워하므로 크게 얻게 되니 머뭇거리지 않으면 벗들이 모여든다.

「상전」에서는 말했다. 그로 말미암아 즐거워하므로 크게 얻게 됨은 뜻이 크게 행해지기 때문이다.

'유由'는 '연유' '이유'이고 '예豫'는 즐거움이니 이들을 한데 묶어 해석하면 '즐거움의 근원'이 된다. 이처럼 구사효는 즐거움의 근원을 말하는데 이는 구사효가 유일한 강효剛爻로서 예괘에서 가장 중요한 효이기 때문이다. 건괘와 곤괘가 각각 순양효와 순음효로 이뤄진 것을 제외하고는 그 밖의 괘는 모두 음과 양이 섞여 있다. 그래서 예괘처럼 음이 많고 양이 적은 조합에서는 당연히 양이 주가 되므로 구사효가 가장 중요한 효가 되는 셈이다. '물의勿疑'는 머뭇거릴 필요가 없음을 말하고 '붕朋'은 본래 동류를 뜻하지만 여기서는 양효가 동류가 없으므로 다섯 음효를 가리킨다. '합盍'은 합한다는 의미의 '합合'과 통하고 '잠簪'은 머리카락을 모으는 데 사용하는 비녀를 뜻하므로 '합잠盍簪'은 다섯 음효가 모여 구사효와 회합한다는 말이다.

구사에서 '유예 대유득由豫 大有得'이라고 한 것은 모두가 그로 말미암아 즐거움을 얻으므로 큰 수확이 있으리라는 것이고 '물의 붕합잠勿疑 朋盍簪'은 머뭇거리지 않으면 벗들이 머리카락을 모아 지르는 비녀처럼 그와 회합하기 위해 모여들 것이라는 말이다. 이리하여 음효가 그에게 귀속되니 이렇게 남녀가 화합해야만 진정 즐겁게 된다.

여기서 우리는 즐거움이란 결국 음과 양이 모여야만 이뤄지는 것이지 홀로 양만 있어도, 음만 따로 있어도 안 되며 모두가 함께 즐거워야 한다는 사실을 알 수 있다. 『맹자』 「양혜왕梁惠王」 하편에 나오는 아래의 기록도 같은 맥락에서 이해할 수 있다.

제나라 선왕이 세속의 음악을 좋아한다는 소문을 듣고 맹자가 선왕에게 물었다. "홀로 음악을 연주하며 즐기는 것과 다른 이들과 함께 음악을 연주하며 즐기는 일 중에 어느 것이 더 즐겁겠습니까?" 선왕이 대답했다. "다른 사람과 함께 즐기는 것이 더 좋다."

「상전」에서는 '그로 말미암아 즐거워하므로 크게 얻게 되는由豫大有得' 이유에 대해서 '뜻이 크게 행해지기 때문志大行也'이라고 했다. 다섯 개의 음효가 모여서 양효를 도우니 양강陽剛의 뜻이 천하에 크게 행해질 수 있어서 큰 기쁨이 있다.

구사의 양효는 두 가지 중요한 교훈을 안겨 준다. 첫째, 일을 할 때는 반드시 남과 다른 자기만의 독특한 차별성을 가지고 있어야만 환영받고 성공하게 된다는 점이다. 둘째, 차별성만으로는 부족하고 자신과 다른 속성을 지닌 이들로부터 도움을 받아 그들과 모임으로써 음양이 화합해야만 성공할 수 있다는 점이다.

다시 말해, 누구나 할 수 있는 흔한 일을 따라 해서는 성과를 낼 수 없다는 것이고, 자신과 다른 성격과 재능을 가진 사람이 기꺼이 자신을 도울 수 있게끔 해야 한다는 것이다. 예컨대 당신이 양의 강건한 성질을 지녔다면 음의 부드러움을 지닌 사람으로부터 도움을 받아 음유와 양강이 한데 모이게 해야 한다. "군자는 주변과 조화하지만 자신과 같아지기를 강요하지 않는다. 조화로움이 가득 차야만 만물이 생겨나며 모든 것이 다 같아 버리면 지속되지 못한다."는 말을 되새겨 봐야 할 시점이다.

육오 효사와 「소상전」

六五, 貞疾 恒不死.
육오 정질 항불사
象曰: 六五貞疾 乘剛也 恒不死 中未亡也.
상왈 육오정질 승강야 항불사 중미망야

육오는 바르게 하면 병이 있으되 오래도록 죽지 않는다.
「상전」에서는 말했다. 육오에서 바르게 하면 병이 있다고 한 것은 강을 타고 있기 때문이요, 오래도록 죽지 않음은 중을 잃지 않기 때문이다.

'정貞'은 바름, 즉 정도와 중도를 지킨다는 것이고 '질疾'은 원래는 '질병'을 뜻하는 말이지만 여기서는 '질병을 막는다.'는 의미로 쓰였다. 따라서 육오의 '정질 항불사貞疾 恒不死'는 바른 도를 지킴으로써 질병을 예방하면 오래도록 죽지 않고 건강할 수 있다는 뜻이 된다.

「상전」에서는 '육오에서 바르게 하면 병이 있는六五貞疾' 이유에 대해서 '강을 타고 있기 때문乘剛也'이라고 했다. 육오효는 음효가 강효(양효)인 구사를 위에서 올라타는 모습인데 이러한 상황은 보통 '불비不比'라고 하여 길하지 않다. 그래서 바른 도를 지킴으로써 질병이 발생하는 것을 예방해야 하는 것이다. 그렇다면 어째서 '오래도록 죽지 않는다.恒不死'라고 했을까? 그것은 '중中을 잃지 않기 때문中未亡也'이다. 구오효는 상괘의 가운데 거해서 중도를 걸으므로 멸망하거나 사망하지 않는다. 우리는 이를 통해 질병이나 질환과 같은 어려움을 예방하기 위해서는 늘 위기의식을 품어야 함을 알 수 있다. 육오효에서 강조하는 것은 맹자가 "근심 속에서는 살아남지만 안락함 속에서는 죽을 수 있다."고 말한 것과 같은 사상이다.

예괘는 전체적으로 편안하고 즐거움, 즉 '예豫'를 말하는데 이것은 인생의 궁극적이고도 최종적인 목표이기도 하다. 사람이라면 누구나 울면서 세상에 태어나지만 죽을 때는 웃으면서 가야 한다. 웃으면서 세상을 떠나는 것은 쉬운 일이 아니기에 일종의 복이라고 할 수 있다. 따라서 오래도록 편안함과 즐거움을 누리고 싶다면 일시적인 안락에 안주하지 말고 늘 어려움을 미리 방비하고자 하는 위기의식을 가지고 질병이나 질환을 예방해야 한다. 『황제내경』에서는 "이미 병든 것을 치료하지 않고 병이 나기 전에 예방하는 사람"이 진짜 명의라고 했다. 물론 '죽지 않는不死' 영생은 불가능할 일이다. 그러나 여기서 말하는 것처럼 즐겁게 살다가 웃으면서 세상을 떠나는 것이야말로 영생 못지않은 가치가 있지는 않을까.

상육 효사와 「소상전」

上六, 冥豫 成有渝 无咎.
상 육　명 예　성 유 유　무 구
象曰: 冥豫在上 何可長也.
상 왈　명 예 재 상　하 가 장 야

상육은 즐거움에 빠져 어둡나니, 이루었으나 변함이 있으면 허물이 없다.
「상전」에서는 말했다. 즐거움에 빠져 어두우면서 위에 있으니 어찌 오래갈 수 있겠는가.

'명冥'은 '잠기다'라는 뜻이므로 상육에서 말하는 '명예冥豫'는 즐거움에 빠져서 혼미해진다는 말이다. '성유유成有渝'는 '이루었으나 변함이 있다.'는 뜻인데 이는 상육효가 괘의 끝인 가장 윗자리에 머무른 것을 빗댄 것이다. 즉 음의 자리에 음효가 왔으니 마땅한 자리를 얻어서 지극한 즐거움을 누리기는 하지만 즐거움이 극에 이르면 슬픈 일이 생겨서 후회하기 때문이다. 따라서 '즐거움에 빠져 어두운冥豫' 상황에 변화가 생기게 된다고 표현했다. '유渝'는 변한다는 뜻이고 '무구无咎'는 만약 제때 바로잡으면 재앙이나 화가 없다는 뜻이다.

「상전」에서는 '명예재상 하가장야冥豫在上 何可長也'라고 했는데 이는 즐거움에 빠져 어두운 가운데 있으니 어찌 오래갈 수 있겠느냐는 말이다. 이는 불가능한 일이기 때문에 안일함에 빠져 있어서는 안 되고 반드시 상황을 바꾸어 과거의 습관을 버려야만 화가 없다. 그렇지 않으면 영원히 재앙과 화가 숨어 엎드려 도사리게 될 것이다. 마지막 효인 상육효는 이처럼 우리에게 즐거움에만 빠져 지내서는 안 됨을 시사하고 있다.

───── 예괘 정리 ─────

예괘는 우리에게 즐거움의 원칙, 즉 적절한 수준에서 즐거워하되 지나치게 안일함에 빠져서는 안 됨을 일깨워 준다. 초육효에서는 처음부터 득의양양하여 지나치게 기뻐해서는 안 된다고 했다. 또한 기쁨은 걱정 근심과 함께하기 때문에 과도하게 기뻐하기만 해서는 안 되고 위기의식을 잃지 말아야 한다. 이 연장선상에서 '근심 속에서 거해야만 살아남는生於憂患' 이치를 명심하지 않으면 조기에 멸망하고 만다. 육오효에서 '바르게 하면 병이 있으되 오래도록 죽지 않는다.貞疾 恒不死'고 한 말도 잊지 말자. 이 밖에도 즐거움의 근원은 남과 다른 나만의 차별성을 갖추는 데 있으며, 음양이 모여야만 모두 진정한 즐거움을 누릴 수 있다는 사실도 기억하자.

17
수괘隨卦 ─ 좋은 것을 따름

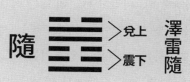

隨 元亨 利貞 无咎.
수 원형 이정 무구

　수는 처음부터 형통하고 바르게
함이 이로우며 허물이 없다.

　'수隨'에는 '따르다' '부드럽다'
'순종하다'는 뜻이 포함되어 있다.
「서괘전」에서는 "즐거우면 반드
시 따름이 있으므로 수괘로 받았
다."고 했다. 즐거움이 있은 다음
에는 순종하여 따르는 도리를 알
아야 하므로 예괘 다음에 수괘가
왔다는 말이다.

　수괘가 우리에게 말하는 '따라
서 순종하는' 도리란 어떤 것일
까? 무엇을 따른다는 것일까? 때를 따르고 상황을 따르고 사람을 따르며
마음을 따르고 하늘의 도를 따라야 한다. 그렇다면 무엇에 순종한다는 것
일까? 순종할 만한 좋은 것을 택한 뒤 물이 높은 곳에서 낮은 곳으로 흐르

듯 순종하라는 의미다. 공자는 "세 사람이 길을 가면 그 가운데 반드시 내 스승이 있다. 그 가운데 선한 것은 가려서 따르고 선하지 않은 것은 자신을 살펴서 고치기 위한 거울로 삼는다."고 했는데 여기서 '선한 것을 가려서 따르는' 것이 바로 수괘에서 말하는 순종의 이치다. 송나라 학자 정이는 수괘에서 다음의 세 가지를 강조한다고 말했다. 첫째, 군자는 다른 사람으로 하여금 자신을 따르게 한다. 둘째, 자신이 다른 사람을 따른다. 셋째, 큰일에 직면했을 때 누구를 따를 것인지 선택한다.

괘사에서는 수괘에 대해서 '원형 이정元亨 利貞'이라고 했는데 이는 처음부터 형통하며, 바른 도를 지키는 것이 이롭다는 말이다. '무구无咎'는 재앙이나 화가 없다는 것이다. '따르고 순종하는' 도리를 추앙하기는 해도 '바름正'으로써 따라야 해로움이 없다는 관점이다. 수괘에서 말하는 '따름'은 바로 '선한 것을 따름'이다.

『좌전』에는 이러한 이야기가 나온다.

노나라 성공成公의 어머니인 목강穆姜이 어느 대부와 통간한 뒤 몰래 아들을 낳았다. 세월이 흘러 목강은 그 아들을 왕위에 옹립하고자 대부와 모의하여 성공을 폐위시키려 했지만 실패했다. 그 바람에 목강은 냉궁冷宮에 갇히고 마는데 당시 그녀는 점을 쳐서 '간지수괘艮之隨卦', 즉 간괘(☶)의 이효를 제외한 나머지 다섯 효가 모두 변하여 수괘(☱)로 바뀐 괘를 뽑았다. 이처럼 변효가 세 개를 넘어가면 점을 판단할 때 일반적으로 효사가 아닌 괘사를 살핀다. 점치는 자를 불러다가 괘를 풀이게 하니 점괘가 이러했다.

"간艮은 금지함을 말하고 수隨는 따름이니 어서 다른 사람들을 따라서 도망가십시오!"

그러나 목강은 수괘의 괘사에서 '수는 처음부터 형통하고 바르게 함이 이로우며 허물이 없다.'고 한 것을 보고는 도망가기를 포기했다. 목강은 말했다.

"내게는 애초에 '처음부터 형통하고 바르게 함이 이로운 덕'이 없었소. 도망가도 소용없으니 필시 나는 여기서 죽고 말 것이외다."

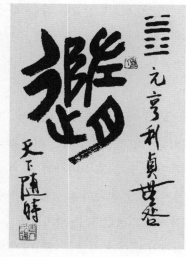

수

과연 점치던 자 말대로 그녀는 훗날 냉궁에서 죽음을 맞고 만다. 여기서 우리는 괘를 풀이할 때 괘덕과 괘의가 얼마나 중요한지 알 수 있다. 『주역』은 우리에게 무엇이 길하고 무엇이 흉한지를 알려 줄 뿐 아니라 어떻게 해야만 길함을 따르고 흉함을 피할 수 있는지도 알려 준다. 수괘의 길함과 허물 없음은 오직 '처음부터 형통하고 바르게 함이 이로운' 덕이 있는 자라야만 비로소 얻을 수 있는 것이다. 공자는 '처음부터 형통하고 바르게 함이 이로운' 덕이 바로 '어짊仁과 예禮, 의義, 믿음信'이라고 해석했다. 물론 당시 목강은 이러한 공자의 해석을 알지는 못했지만 적어도 '처음부터 형통하고 바르게 함이 이로운' 덕이 자신에게는 없다는 사실만큼은 잘 알고 있었다. 자신의 행동거지가 바른 도를 따르고 덕과 재능을 겸비하는 일과는 거리가 멀었기 때문이다.

괘사에 대한 「단전」

彖曰: 隨 剛來而下柔 動而說.
단왈   수 강래이불유 동이열

隨 大亨 貞 无咎 而天下隨時.
수 대형 정 무구 이천하수시

隨時之義大矣哉.
수 시 지 의 대 의 재

「단전」에서는 말했다. 수는 강이 와서 유에게 낮추며 움직여 기뻐하는 것이다. 처음부터 형통하고 바르니 허물이 없어서 천하가 때를 따른다. 때를 따르는 의가 크다.

「단전」에서는 수괘에 대해서 '강이 와서 유에게 낮춘다.剛來而下柔'고 풀이했다. 양의 강건함이 기꺼이 음의 부드러움 밑으로 와서 거했다는 말인데 이는 수괘(䷐)가 비괘(䷋)가 변해서 된 것이기 때문에 비괘의 상구효가 자발적으로 하괘의 초구효로 내려와 거하였다는 말이다. '동이열動而說'은 '움직여 기뻐한다.'는 의미인데 수괘의 하괘인 진괘가 움직임을 상징하고 상괘인 태괘가 기쁨을 나타내기 때문에 다른 사람을 따라 행동하면 기쁘다는 뜻이 된다.

'수 대형 정 무구隨 大亨 貞 无咎'는 수괘는 처음부터 형통하며 바르니 화가 없다는 말이다. 그건 왜일까? 그 이유에 대해서는 '천하가 때를 따르기 때문天下隨時'이라고 했는데 천하만물이 하늘의 도리와 사시四時의 운행에 순응한 까닭이라는 말이다.

'수시지의대의재隨時之義大矣哉'는 '때를 따르는 의가 크다.'는 뜻이다. 여기서는 '수시隨時', 즉 '때를 따름'이라는 말이 무척 중요하다.

수괘의 「단전」에서 이처럼 강조하는 '따름'의 원칙은 우리 삶 속 사람과 사람 사이의 관계에도 적용해 볼 수 있다. 즉 아랫사람만 윗사람을 따르는 것이 아니라 윗사람도 아랫사람을 따르며 자신이 남을 따를 때 남도 나를 따르는 것, 그것이 바로 이러한 경우다. 또한 해가 뜨면 일하고 해가 지면 쉬며, 일을 할 때도 때를 잘 살펴서 처리하되 바른 도를 위배하지 않고 선함을 따라야 한다. 바로 여기에 『주역』의 처세 및 자기 수양에 관한 관점이 드러나 있다.

象曰: 澤中有雷 隨. 君子以嚮晦入宴息.
상왈 택중유뢰 수 군자이향회입연식

「상전」에서는 말했다. 못 가운데 우레가 있는 것이 수다. 군자는 이를 보고 저녁이 되면 들어가 편히 쉰다.

「상전」에서는 '못 가운데 우레가 있다.澤中有雷'고 했는데 이는 수괘(䷐)의 상괘인 태괘(☱)가 못이고 하괘인 진괘(☳)가 우레를 상징하기 때문이다. 하늘이 차가울 때 우레가 못 가운데로 들어가 하늘의 때를 따라 휴식하니 이것이 수괘의 상이다.

군자는 이러한 괘상을 보고 수괘의 도에 근거해서 '저녁이 되면 들어가 편히 쉰다.嚮晦入宴息' 이때 '향嚮'은 '근접하다' '가까이 오다'라는 말이고, '회晦'는 밤을 뜻하며, '연식宴息'은 편히 쉰다는 것이고, '입入'은 들어간다는 뜻이다. 따라서 군자는 '택뢰수괘澤雷隨卦'의 교훈을 본받아 밤이 되면 집 안으로 들어가 휴식을 취한다. 낮에는 스스로 강해지기를 쉼 없이 하되 날이 저물면 실내로 들어가 휴식을 취하는 것이 하늘의 도에 부합한다는 말이다. 즉 「단전」에 나온 '천하가 때를 따른다.天下隨時'는 말처럼 천하만물은 때와 상황의 변화에 맞추어서 변화한다.

흔히 우리가 '해가 뜨면 일하고 해가 지면 쉰다.'고 하는 것도 자연의 법칙을 따르는 일상의 모습이다. 피곤하면 잠을 자고 배고플 때는 음식을 먹는 것이 바로 자연의 법칙이며 평상심의 표현이다. 누구나 다 하는 걸 가지고 뭘 그러느냐며 의아하게 여기는 이도 있겠지만 의외로 현실은 그렇지 않다. 당신은 정말로 자연의 법칙대로 생활하고 있는가? 예컨대 학생들은 나이가 어려서 어른에 비해 자연의 법칙을 더 잘 따를 것 같지만 실상은 그렇지 않다. 아이들은 정작 먹고 싶을 때 먹고, 자고 싶을 때 잘수가 없다. 내일 모레 시험이 있는데 어찌 오늘 밤 충분히 잠잘 수 있겠는가? 성인의 경우는 더욱 심하다. 특히 사업을 하는 사람 가운데 자신이 원하는 시간과 장소에서 식사할 수 있는 사람, 오로지 밥 먹는 행위에만 집중할 수 있는 사람은 과연 몇이나 될까? 한 끼를 먹더라도 밥과 술을 사이에 두고 사업 이야기를 하지 않으면 안 되는 삶, 이는 평상심이나 자연법에 결코 가까운 삶이라고 말할 수 없다. 자연법을 따르면서 잡다한 일로 말미암아 피곤해하지 않는 것, 이것이야말로 옛사람들이 숭상하던 양생의 도다.

초구 효사와 「소상전」

初九, 官有渝 貞吉 出門交有功.
초구   관유유 정길 출문교유공
象曰: 官有渝 從正吉也. 出門交有功 不失也.
상왈   관유유 종정길야   출문교유공 불실야

초구는 맡아 지킴에 변함이 있으니 바르게 함이 길하다. 문을 나가 사귀면 공이 있다.

「상전」에서는 말했다. 맡아 지킴에 변함이 있다는 것은 바름을 따르면 길함이요, 문을 나가 사귀면 공이 있다는 것은 정도를 잃지 않음이다.

초구에서 '관유유官有渝'는 '맡아 지킴에 변화가 있다.'는 뜻이다. 여기서 '관官', 즉 '맡아 지킴'은 마음의 주인을 말하며 구체적으로는 사상, 생각, 사유관념을 가리킨다. 다시 말해 처음 시작하는 단계부터 생각과 사유관념을 바꾼다는 뜻이다. 생각을 바꾸어야만 좋은 것을 택해서 따를 수 있기 때문이다. 초구효는 양효로서 하괘의 맨 아래 양의 자리에 왔으므로 바른 도를 지켰다고 볼 수 있어서 '바르게 함이 길하다.貞吉'고 했다.

'문을 나가 사귀면 공이 있다.出門交有功'는 것은 집 안에만 숨어 있지 말고 문을 나서서 다른 사람들과 교류해야만 성공할 수 있다는 것이다. 문을 나가는 것과 집 안에 머무는 것에는 무슨 차이가 있을까? 문을 나가야만 다른 사람을 따를 수 있는 법인데 집 안에만 머문다는 것은 나가서 다른 사람을 따르기 싫다는 의미다. 그 밖에도 집 안은 사적인 것, 닫혀서 폐쇄적인 것을 상징한다. 그래서 문밖으로 나간다는 것은 자기 자신을 협소한 사적인 이익에 제한하지 않고 도량을 넓힌다는 것으로 보면 된다.

「상전」에서는 '맡아 지킴에 변함이 있고官有渝' '바름을 따라야從正' 길하다고 했다. 다시 말해 생각을 바꾸되 제멋대로 변화해서는 안 되고 나쁜 도를 생각해서도 안 되며 '좋은 것을 택해서 따라야만' 한다. 즉 바른 도를 걸어야만 길하고 그렇지 않으면 화가 있을 것이다. '문을 나가 사귀면 공이 있다.出門交有功'는 것은 '좋은 것을 택해서 따르고' '어진 이를 보면 그와 같이 되려고 생각한다.'는 '견현사제見賢思齊'의 정신을 따르기 때문이다. 이처럼 문을 나가 다른 사람과 교류하면 자신의 인품과 덕을 함양하고 능력을 키우는 데 큰 도움이 된다. '불실야不失也'는 이렇게 하면 그 어느 것도 잃지 않고 도리어 더 많은 것을 얻게 될 것이라는 말이다.

육이 효사와 「소상전」

六二, 係小子 失丈夫.
육이   계소자 실장부

象曰: 係小子 弗兼與也.
상왈   계소자 불겸여야

육이는 소자에게 얽매이면 장부를 잃는다.

「상전」에서 말했다. 소자에게 얽매임은 겸하여 함께할 수 없기 때문이다.

'계係'는 '결합하다' '묶다'라는 뜻으로 신발 끈을 매는 것과 같은 의미다. '소자小子'는 '젊은이' '소인'을 가리키지만 여기서는 '남자'를 말하며 구체적으로는 초구효를 가리킨다. 수괘에서는 육이효와 상응하는 효가 두 개 있는데 이는 각각 초구효와 구오효다. 육이효는 본래 남편에 해당하는 구오효를 선택하여 결합해야 하지만 여기서는 도리어 '소자'인 초구효를 택하여 합했다. 그러면 음효가 양효를 올라타는 형상이어서 길하지 않으며 결국 육이효는 '장부를 잃고失丈夫' 만다. 이는 소탐대실의 전형이라고 할 수 있는데 맹자는 이를 경계하며 이렇게 말했다.

"생선도 내가 좋아하는 것이고 곰발바닥도 내가 좋아하는 것이지만 둘 다 가질 수 없다면 생선을 버리고 곰발바닥을 취하겠다. 삶도 내가 원하는 것이고 의도 내가 원하는 것이지만 둘을 겸하여 가질 수 없다면 삶을 버리고 의를 취하리라."

「상전」에서는 '소자에게 얽매인係小子' 원인이 '겸하여 함께할 수 없기 때문弗兼與也'이라고 했다. 육이효는 소자와 장부, 둘을 겸하여 얻을 수 없는 까닭에 반드시 하나를 선택해야 하는데 소자를 선택하면 장부를 잃어 소탐대실하게 된다는 말이다.

육삼 효사와 「소상전」

六三, 係丈夫 失小子 隨有求 得 利居貞.
육 삼   계 장 부   실 소 자   수 유 구   득   이 거 정
象曰: 係丈夫 志舍下也.
상 왈   계 장 부   지 사 하 야

육삼은 장부에 얽매이고 소자를 잃으니 따름에 구함을 얻으나 바른 도에 거하는 것이 이롭다.

「상전」에서는 말했다. 장부에 얽매임은 뜻이 아래를 버리기 때문이다.

여기서 '계係'는 가까이하여 친하게 지낸다는 뜻이므로 육삼효가 구사효와 이웃함을 가리킨다. '소자'는 초구효를, '장부'는 구사효를 가리킨다. 육삼효는 장부와 결합하고 소자와는 결합하지 않았으니 장부를 버리고 소자와 합했던 육이효와는 정반대의 선택을 한 셈이다. 참깨처럼 작은 것을 버리는 대신 수박처럼 큰 것을 얻은 것이다. 본래 육삼효는 흉함이 많아 위험한 자리일 뿐 아니라 양의 자리에 음효가 와서 '정正'도 잃었지만, 그는 명철하고 지혜로워서 전도유망한 '장부'를 따를 뿐 '소자'는 거들떠보지도 않는다. 그래서 소득과 공이 있어서 바른 도를 지키기에 유리한 것이다. 여기서 우리는 따르는 대상이 얼마나 중요한지 알 수 있다. 따르는 대상이 누구냐에 따라 마지막 결과는 천차만별이기 때문이다.

「상전」에서는 '장부에 얽매이고 소자를 잃는係丈夫 失小子' 이유가 '뜻이 아래를 버리기 때문志舍下也'이라고 해석했다. 소자는 젊고 활력이 넘치지만 육삼효는 동요하지 않고 의연하게 자신의 전도유망한 남편을 좇으니 이것이야말로 명철하고 지혜로우며 바른 도를 지켜서 험난함을 넘기기에 유리한 선택이라고 하겠다.

구사 효사와 「소상전」

九四, 隨有獲 貞凶. 有孚 在道以明 何咎.
구사 수유획 정흉 유부 재도이명 하구
象曰: 隨有獲 其義凶也. 有孚在道 明功也.
상왈 수유획 기의흉야 유부재도 명공야

구사는 따름에 얻음이 있으면 바르게 하더라도 흉하다. 성실함이 있고 도에 머무르면 밝으니 무슨 허물이 있겠는가.

「상전」에서는 말했다. 따름에 얻음이 있음은 도의상 흉한 것이요, 성실함이 있고 도에 머무름은 공이 밝은 것이다.

'수隨'는 '자신이 다른 사람을 따름' 혹은 '다른 이가 자신을 따름'의 두 가지 방향의 따름을 말한다. 구사의 '수유획隨有獲'은 자신이 다른 사람을 따를 때 오직 얻음을 생각한다는 말이다. 그리고 '정흉貞凶'이라는 말은 모순적으로 보이긴 하지만, 여기에서는 바르게 하면 흉함을 피할 수 있다는 의미로 이해하면 된다.

'유부 재도이명 하구有孚 在道以明 何咎'는 내면에 성실함을 품고 있거나 자원하여 다른 사람을 좇음이 바른 도에 부합하면 광명하니 어찌 화가 미치겠느냐는 말이다. 구사효는 다른 사람(구오효)을 따를 때 오로지 수확만을 바라니 결과는 흉할 것이나 마음에 성실함을 품고 바른 도에 부합하게 행동하면 떳떳하고 정당하게 되니 어떤 화도 미치지 않을 것이라고 했다.

「상전」에서 '수유획 기의흉야隨有獲 其義凶也'라고 한 것은 다른 사람을 따를 때 자신에게 어떤 유익이 있을까만 따지면 도의상 적합하지 않고 흉하다는 뜻이다. '유부재도 명공야有孚在道 明功也'는 만약 마음에 성실함이 있고 정도에 부합하며, 광명정대하여 덕망이 높고 전도유망한 이를 따르면서 그와 함께 큰일을 도모하면 성공할 것이며, 자연히 자신에게 공로가 돌아올 것이라는 뜻이다.

九五, 孚于嘉 吉.
구 오 부 우 가 길
象曰: 孚於嘉吉 位正中也.
상 왈 부 어 가 길 위 정 중 야

구오는 아름다움을 지켜서 길하다.

「상전」에서는 말했다. 아름다움을 지켜서 길함은 자리가 중정하기 때문이다.

'부孚'는 '성실함'이란 뜻이나 여기서는 '지키다'라는 동사로 쓰였고 '가嘉'
는 '아름다운' 것이므로, 구오의 '부우가 길孚于嘉 吉'은 '성실하고 아름다
운 덕을 지키고 선한 것을 따르면 크게 길하다는 뜻이다.

「상전」에서는 '아름다움을 지켜서 길한孚於嘉吉' 이유에 대해 '자리가 중
정하기 때문位正中也'이라고 했다. 구오효는 '중中'과 '정正'을 모두 얻어서
수괘에서 가장 중요한 효다. 존귀한 자리인 오효에 거하여 중정하므로 성
실한 미덕을 가지고 다른 사람을 따르면 이는 평범한 사람은 하지 못하는
일이므로 크게 길하고 이롭다.

상육 효사와 「소상전」

上六, 拘係之 乃從維之 王用亨于西山.
상육 구계지 내종유지 왕용형우서산
象曰: 拘係之 上窮也.
상왈 구계지 상궁야

상육은 붙잡아 묶어 두므로 그것을 따르니 왕이 서산에서 제사를 드린다.
「상전」에서는 말했다. 붙잡아 묶어 둠은 올라가서 궁극에 이르렀기 때
문이다.

어떤 사람은 위의 상육효가 주나라 문왕의 이야기를 적은 것이라고 해
석하기도 한다. '그것'이라는 뜻을 가진 '지之'는 상육효를 가리키므로 '구
계지拘係之'는 상육효 위에 붙잡혀 묶였음을 말한다. '내종乃從'은 이 때문
에 그것을 따른다는 것이고, '유維'는 줄로 묶는다는 뜻이다. '왕王'은 주
나라 문왕을 가리키지만 점칠 당시에는 아직 왕은 아니었다. '형亨'은 제
사를 지낸다는 의미의 '향享'과 통하며, '서산西山'은 섬서 기산岐山 지역을
가리킨다. 따라서 '왕용형우서산王用亨于西山'은 주나라 문왕이 기산에 이

르러 천지의 신과 선조에게 제사를 드린다는 뜻이다.

다음의 고사를 살펴보면 이해하기가 더 쉬울 것이다.

상나라 주왕紂王 시기, 나라는 이미 쇠망의 길로 접어들었고 거듭되는 폭정에 조정은 민심을 잃어가고 있었다. 그러나 상나라의 제후국이었던 주周를 다스리던 희창姬昌은 무척 현명한 이로서 백성들로부터 존경과 추앙을 받고 있었다. 상나라 주왕은 민심이 그에게로 향하는 것이 두려워 그를 붙잡아 유리 지역의 감옥에 감금하기에 이른다. 훗날 희창은 우여곡절 끝에 석방되어 주로 돌아오게 되는데 주의 백성뿐 아니라 상나라 도성에 사는 백성까지도 희창을 따르기를 원했다. 그러자 희창은 상의 주왕 정권을 토벌하기로 결심하고 출정에 앞서서 서산에서 하늘과 땅에 제사의 예를 드린다. 생전에 희창은 그 꿈을 이루지는 못했지만 그가 세상을 떠난 뒤 그의 아들이자 훗날 주 무왕周武王이 되는 희발姬發이 기원전 1046년, 목야牧野 전투에서 상의 주왕을 격파하면서 비로소 주 왕조를 건립하기에 이른다.

「상전」에서는 '그것을 붙잡아 묶어 둔拘係之' 이유는 '올라가서 궁극에 이르렀기 때문上窮也'이라고 했다. 백성들이 희창을 따르기 원했던 것은 상나라 왕조의 기운이 궁극에 이르러 민심을 잃었기 때문이다. 예로부터 민심을 얻은 자가 천하를 얻는다고 했는데, 만약 백성들이 누군가를 '붙잡아 묶어 두고' '얽으면서' 따르고자 한다면 민심을 크게 얻었다는 뜻이니 그런 사람은 천하의 왕으로 추대된다. 여기서 우리는 사람의 마음을 단단히 묶어 두어 민심을 공고히 하기만 한다면 이루지 못할 일이 없다는 사실을 배울 수 있다. '왕이 서산에서 제사를 드림王用亨于西山', 즉 희창이 출정에 앞서서 서산에서 하늘과 땅에 제사를 지낸 행위는 선조의 도에 부합하려는 것도 있었지만 민심을 한데 모으기 위한 의도가 더욱 강했다.

䷐

수괘는 전반적으로 어떻게 해야만 때와 주변 상황, 사람의 마음, 하늘의 도리를 따르고 거기에 부응할 수 있는지에 관한 이치를 알려 준다. 어떻게 해야만 하늘의 도를 따를 수 있을까? 자연의 법칙에 순응하여 일을 처리하면 된다. 해가 지면 집에 돌아와 쉬고 해가 뜨면 일어나 일하러 가는 지극히 평범한 일상이 바로 그것이다. 단순하고 평범해서 당연한 일상처럼 보이지만 사실 이것만큼 크고 중요한 법칙은 없다. 밤을 꼬박 새워 놀거나 밤낮 모르고 일만 하며 사는 사람이 적지 않은 요즘 세태 탓에 그것의 중요성은 더욱 부각된다. 어두워질수록 쉬기는커녕 오히려 깨어나 더욱 흥분하기만 하는 오늘날 삶의 패턴은 하늘의 도를 크게 위반하는 것이다. 젊을 때는 건강에 대한 관심이 적어 몸을 혹사시키면서 돈을 벌려 하지만 나이 들어 어느 정도 삶이 안정되면 거꾸로 돈을 쏟아 부어 건강을 사려 한다. 이것만큼 하늘의 도와 정반대로 행하는 경우가 어디 있겠는가?

『황제내경』에는 "가을과 겨울에는 음을 보양하고 봄과 여름에는 양을 보양한다."는 말이 나오는데 이처럼 사람의 모든 행위는 하늘의 때에 부합해야 한다. 지극히 단순해 보이지만 이것이야말로 하늘의 도에 가장 정확하게 부합하는 원리다. 하늘의 도를 따르는 것은 때와 상황을 살펴 순응한다는 말이다. 그렇다면 어떻게 해야 사람과 마음을 따를 수 있을까? 바로 '따를 만한 가치가 있는 사람', 즉 장부와 대인을 선택하여 따르면 된다. 어떻게 해야만 대인을 따를 수 있을까? 바른 도를 지키고 내면에서 우러나는 성실함으로 순복하면 된다.

18
고괘蠱卦 – 어려움 없애기

괘사

蠱 元亨 利涉大川.
고 원 형 이 섭 대 천
先甲三日 後甲三日.
선 갑 삼 일 후 갑 삼 일

고는 크게 형통하고 큰 하천을 건넘이 이롭다. 갑보다 삼 일을 먼저 하고 갑보다 삼 일을 뒤에 한다.

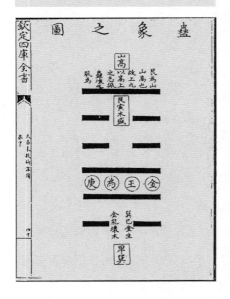

'고蠱'는 그릇의 음식이 부패하여 벌레가 꼬인다는 뜻에서 '고혹하다' '미혹하다' '유혹하다'의 의미를 가진다. 「서괘전」에서는 "기쁨으로 남을 따르는 자는 반드시 일이 있으므로 고괘로 받았다. 고는 일이다."라고 했다. 기쁨을 얻기 위해 남을 따르면 필연적으로 일이 생기게 마련이니 수괘의 다음에 고괘를 배치했다는 뜻이다.

'고蠱'는 '말썽을 일으키다.'라는 뜻이다. 고괘(䷑)를 잘 보면 상괘는 간괘(☶)이고 하괘는 손괘(☴)로 이루어져 있는데 이를 가정 내의 위치로 따져 보면 간은 막내아들, 손은 장녀에 해당한다. 나이 어린 남자가 나이 많은 여인에게 미혹당하는 모습이니 상황이 뒤죽박죽 혼란스럽게 될 수밖에 없다. 이렇게 되면 남자는 기가 죽고 의기소침하여 힘이 없게 된다. 이 때문에 한의학에서는 이러한 증상을 가리켜 '고蠱'라고 부르기도 한다.

그렇다면 '고蠱'라는 병은 어떻게 다스릴 수 있을까? 우선 『좌전』에 기록된 유명한 고사를 살펴보자.

진晉나라 평공平公이 병이 나자 진秦나라에 의원을 청하러 갔다. 그러자 진백秦伯(진나라 애공)이 의화醫和를 보내어 그를 진료케 했다. 의화는 병세를 살핀 뒤 그에게 말했다.

"이 병은 여색을 가까이하여 생긴 '고蠱'와 같은 병입니다. 귀신 탓도 음식 탓도 아니라 여색에 미혹된 나머지 뜻을 상실해서 생긴 병이지요. 하늘도 도울 수 없으니 죽을 수밖에 없습니다. 여자는 음물陰物이기 때문에 밤을 주관합니다. 그러니 밤에 여자를 지나치게 가까이하면 내열內熱이나 고혹蠱惑과 같은 질병이 생기는 법이지요."

훗날 조맹趙孟이 의화에게 "고蠱라는 병이 무엇입니까?"라고 묻자 의화는 이렇게 말했다. "그것은 미혹됨으로 말미암아 생기는 병입니다. '고蠱'라는 글자를 살펴보면 밥그릇 속에 벌레가 있는 형상인데, 이처럼 곡식 속에서 날아다니는 곤충을 '고蠱'라고 합니다. 『주역』에서는 여자가 남자를 유혹하는 것을 가리켜 큰 바람이 불어 나뭇잎을 모두 떨어뜨린다고 했는데 그와 같은 것이 바로 '고蠱'입니다."

고병蠱病에 관해 전해지는 위의 이야기처럼 이 병에는 치료약이 없고 오직 생활습관을 바꾸는 방법밖에 없다.

소동파蘇東坡가 쓴 『주역』 해설서인 『동파역전東坡易傳』을 보면 "그릇을 오래 쓰지 않아 벌레가 생기는 것을 '고蠱'라고 한다."는 말이 나온다. 그의 말처럼 '고蠱'라는 글자를 잘 보면 '그릇皿' 위에 세 마리의 '벌레虫'가 있는 형상을 하고 있다. 잔이나 그릇 등의 기물을 오래도록 사용하지 않으면 벌레가 생겨서 상할 수 있다는 의미다. 소동파는 뒤이어 "사람이 오랫동안 안일함에 빠져 지내면 질병이 생기는데 이것도 '고蠱'라고 한다."고 하여 지나치게 음욕에 사로잡혀 술과 고기, 노래, 여색에 빠져 지내면 그런 병이 생긴다고 경고했다. 그리고 그는 "세상이 오래도록 별일 없이 편안하여 폐단이 생기는 것도 '고'이니天下久安 無爲而弊生之謂之蠱 '고'의 재앙은 하루 이틀 만에 초래된 것이 아니다."라고 덧붙였다. 여기서 '무위無爲'는 어떠한 행위도 하지 않고 고여 있는 물처럼 현실에 안주한 채 변화하지 않는 것을 가리킨다. 이러한 사람이 많아지면 폐단이 생겨나게 마련이고 오랜 시간 폐단이 축적되면 '고蠱'의 재앙이 오게 되므로 반드시 개혁이 이뤄져야 한다. 그래서인지 고괘의 괘효사도 오랜 세월에 걸쳐 대를 잇는 부자지간에 빗댐으로써 묵은 폐단을 없애고 어지러운 세상을 질서 있게 다스릴 것을 권한다.

괘사인 '원형 이섭대천元亨 利涉大川'은 시작부터 형통하여 큰 강과 하천, 즉 어려운 장애물을 건너는 것이 이롭다는 뜻이다. 그럼 '선갑삼일 후갑삼일先甲三日 後甲三日'은 무슨 뜻일까? 천간지지에서 '갑甲'은 천간의 으뜸이자 시작이어서 갑일로부터 시작하여 끊임없이 순환한다. '선갑삼일'은 갑일이 되기 3일 전인 '신일辛日'을 말하며, '후갑삼일'은 갑일로부터 3일째 되는 날인 '정일丁日'을 가리킨다. 신일에서 정일에 이르는 총 7일이 한 주기다. 여기서는 '고蠱'의 폐단이 생기는 데 한 주기가 필요하며, 이를 없애는 데도 한 주기가 소요되니 하루아침의 일이 아니라고 한 것이다.

뒤에 나올 효사 전체를 보면 '간부지고幹父之蠱(아버지의 일을 바로잡는다.)' '간모지고幹母之蠱(어머니의 일을 바로잡는다.)' '유부지고裕父之蠱(아버지의 일을 너

그렇게 처리한다.)'라는 말이 등장하
는데 모두 부자지간 혹은 모자지
간의 일에 빗댄 것이다. 그렇다면
초육효는 아들에 해당할까, 아버
지에 해당할까? 아들이다. 아들은
아버지의 '고蠱'를 바로잡아야 한
다. 초육 효사의 주어는 모두 아
들이다. 아들은 의식적으로 선조
의 성과를 계승하여 선조의 잘못
을 바로잡아야 한다. 빈번하고 치
열한 관계에 있는 사람일수록 친
근해지고 사랑이 깊어지듯 가까

선후갑경도

운 관계에 있는 사람일수록 서로의 잘못을 일깨워 바로잡아 주어야 한다.
선조의 잘못을 바로잡을 때는 그 방식에 주의해서 도리에 맞게 해야 함은
물론이다.

괘사에 대한 「단전」

彖曰: 蠱 剛上而柔下 巽而止 蠱.
단왈 고 강상이유하 손이지 고

蠱 元亨 而天下治也.
고 원형 이천하치야

利涉大川 往有事也.
이섭대천 왕유사야

先甲三日 後甲三日 終則有始 天行也.
선갑삼일 후갑삼일 종즉유시 천행야

「단전」에서는 말했다. 고는 강이 위에 있고 유가 아래 있어서 공손하여
그치는 것이 고다. 고는 시작부터 형통하여 천하가 다스려진다. 큰 하천

을 건넘이 이로움은 가면 일이 있다는 것이다. 갑보다 삼 일을 먼저 하고 갑보다 삼 일을 뒤에 한다는 것은 끝이 있으면 시작도 있는 하늘의 운행 법칙이기 때문이다.

「단전」에서는 고괘에 대해서 '강이 위에 있고 유가 아래 있다剛上而柔下'고 했는데 이는 고괘를 이루는 맨 위의 상구효가 강효이고 맨 아래 초육효가 유효임을 가리킨다. 사실 효의 배치가 이렇게 된 것은 본래의 괘가 변하여 생긴 결과다. 구체적으로 말하자면 고괘(☶)는 태괘(☱)의 맨 아래에 있는 강효가 맨 위로 올라와 상구효로 변하여 된 변괘다. '손이지巽而止'는 공손하여 그침이라는 뜻이며, 이는 하괘인 손괘(☴)가 순응함을 상징하고 상괘인 간괘(☶)가 그침을 나타내므로 시간과 상황에 순응하여 적당할 때 멈춘다는 의미다.

'고 원형 이천하치야蠱 元亨 而天下治也'는 고괘가 폐단을 개혁함으로써 민심을 두루 얻으니 시작부터 형통할 뿐 아니라 바로잡음을 통해 고혹됨을 없애면 천하가 본래의 맑고 푸름을 회복하여 부강해지고 백성이 편안하게 잘 다스려진다는 말이다.

'이섭대천 왕유사야利涉大川 往有事也'는 계속 앞으로 나아간다면 공과 업적을 세울 수 있어서 큰 성과를 거두리라는 말이다.

'선갑삼일 후갑삼일 종즉유시 천행야先甲三日 後甲三日 終則有始 天行也'는 모든 일은 갑부터 시작하여 한 주기가 지나면 다음 주기가 시작되는 식으로 끊임없이 순환하니 이것이 바로 하늘의 도라는 말이다. 그렇다면 어떤 상황에서 고괘의 도를 활용하여 일을 처리할 수 있을까? 어려움에 직면했을 때, 특히 인생에서 중대한 선택의 기로에 놓였을 때, 무언가 순조롭지 않은 상황이 오래 지속될 때, 고괘의 도를 이용해서 해결할 수 있다.

象曰: 山下有風 蠱. 君子以振民育德.
상 왈   산 하 유 풍 고   군 자 이 진 민 육 덕

「상전」에서는 말했다. 산 아래 바람이 있는 것이 고다. 군자는 이를 보고 백성을 구제하며 덕으로 기른다.

「상전」에서 '산 아래에 있는 것이 고다.山下有風 蠱'라고 한 것은 상괘인 간괘(☶)가 산을 의미하며 하괘인 손괘(☴)가 바람을 나타내기 때문이다. 산 아래에 바람이 있는 것 그것이 바로 고괘의 상이다.

어째서 산 아래에 바람이 있는 것을 '고蠱'라고 할까? 바람이 산 위로 불지 않고 산 아래 있어서 산에 의해 가로막힌 채 오래가면 세상만물과 모든 일이 바람이 가져다주는 자양분을 얻지 못한다. 그렇게 되면 모든 것이 순조롭게 소통하지 않아 언젠가는 반드시 미혹되어 어딘가 상하고 만다.

군자는 이러한 괘상을 보고 고

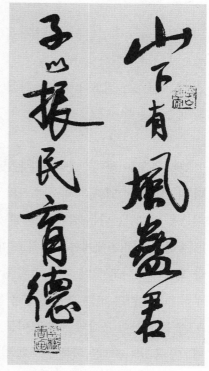

산하유풍고 군자이진민육덕

괘의 도에 근거해서 '백성을 구제하며 덕으로 길러야 한다.振民育德' 백성이 지금 미혹되었는데도 바람이 아름다운 덕을 실어 나르지 못하는 상황

이므로, 아름다운 덕을 흠뻑 머금은 바람을 불게 함으로 고혹됨과 음란한 국면을 변화시켜야 한다는 말이다.

初六, 幹父之蠱 有子 考无咎 厲 終吉.
초육 간부지고 유자 고무구 여 종길
象曰: 幹父之蠱 意承考也.
상왈 간부지고 의승고야

초육은 아버지의 일을 바로잡음이니 자식이 있어 조상의 성과를 이어 받으면 아버지가 허물이 없다.

「상전」에서는 말했다. 아버지의 일을 바로잡는다는 것은 뜻이 아버지를 계승하는 것이다.

'간幹'은 '간여하다' '간섭하다'는 뜻이지만 여기서는 '바로잡다' '고치다'의 의미로 쓰였다. 따라서 초육의 '간부지고幹父之蠱'는 아버지의 과실, 폐단을 바로잡는다는 말이다. 왜일까? 소동파는 이에 대해 해석하기를 '고혹됨'은 아버지에게서 유래하고 미혹되기 시작한 것이므로 그의 과실을 고쳐야 한다고 했다. 다시 말해 '고蠱'는 애초에 과실이 시작되었을 때부터 바로잡아야 하는 것이다. '고考'는 성과를 뜻하므로 '유자 고무구有子 考无咎'는 아들이 조상의 사업을 이룰 수 있으니 재앙과 화가 없다는 뜻이며, '여 종길厲 終吉'은 비록 흉하고 험하나 끝에는 길하다는 말이다. 초육은 전체적으로 부친의 과실과 폐단을 바로잡으니 아들이 조상의 사업을 이룰 수 있어 화가 없으며, 설령 흉함이 있더라도 마침내는 길하다.

만약 일이 중도에 막혀서 잘 풀리지 않는다면 이를 해결할 매우 효과적인 방법이 있다. 필자도 이 방법으로 실제 한 사건을 해결한 적도 있다.

어떤 회사원이 사장님과 무척 격렬하게 다툰 뒤 나를 찾아와서 사정을 토로한 적이 있었다. 흥분한 그는 당장 절에라도 들어가 마음을 정리하고 오겠다고 선포했다. 나는 그에게 절에 들어갈 필요가 없다고 했다. 문제의 해결책을 이미 찾았기 때문이다. 그리고 이렇게 말했다.

"지금 이 문제의 근본 원인이 뭐라고 생각하나? 겉으로 보기에는 사장님과 자네의 사고방식 차이 때문인 것처럼 보이지만, 사실 불만의 이유는 다른 데 있다네. 내 생각엔 자네가 지금 회사에서 하고 있는 일이 자네 인생의 궁극적 목표가 아니기 때문인 듯해. 그래서 자꾸 사장님과 싸우게 되는 것이지. 중요한 건 자네가 마음속으로 무슨 일을 하고 싶어 하는지 치열하게 생각하고 결단하는 거야."

그는 내 조언을 듣고 한참을 곰곰이 생각했다. 그리고 한참 뒤 그는 그간 마음 한쪽에 간직해 왔던 창업의 계획을 끄집어냈다. 창업의 길을 가기로 마음먹은 것이다. 앞일을 결정하고 나자 그의 표정은 몰라보게 밝아졌고 마음도 한결 가벼워진 채 기뻐하며 돌아갈 수 있었다.

'아버지의 일을 바로잡는다.幹父之蠱'는 것은 바로 이런 의미다. 가장 근원적인 잘못을 찾은 뒤 종국의 해결점을 향해 달려가야 한다. 지금 하고 있는 일로 인해 물질적으로는 넉넉하기는 해도 마음이 불편하지는 않은가? 혹은 돈을 많이 벌지 못하지만 마음은 늘 즐거운가? 만약 처음부터 잘못되어서 지금의 상황이 틀어졌다면 그것이 바로 '아버지의 잘못父之蠱'인 셈이다.

「상전」에서는 '아버지의 일을 바로잡는다는 것은 뜻이 아버지를 계승하는 것이다.幹父之蠱, 意承考也'라고 했다. 여기서 '승承'은 계승한다는 것이고 '고考'는 성과를 말하므로 '의승고意承考'는 바로 아들이 '의식적으로' 선조의 성과를 계승하여 선조의 과실을 바로잡는다는 것이 된다.

九二, 幹母之蠱 不可貞.
구이 간모지고 불가정
象曰: 幹母之蠱 得中道也.
상 왈 간모지고 득중도야

구이는 어머니의 일을 바로잡음이니 강경해서는 안 된다.

「상전」에서는 말했다. 어머니의 일을 바로잡음에 강경하게 하지 말라
는 것은 중도를 얻었기 때문이다.

'정貞'은 여기서는 '바르다'가 아닌 '고집'으로 해석되어야 한다. 따라서
구이의 '간모지고 불가정幹母之蠱 不可貞'은 어머니의 과실을 고치되 강제
로 하거나 지나치게 고집을 부려서는 안 된다는 말이다. 어째서일까? 이
효는 본래 음의 자리이므로 음의 부드러움이 있어야 하는데 고괘의 구이
효는 음의 자리에 양강陽剛의 효가 왔으므로 강력하거나 완고하게 해서는
안 되는 것이다.

「상전」에서는 '어머니의 일을 바로잡음에 강경하게 하지 말라는 것은
중도를 얻었기 때문이다.幹母之蠱, 得中道也'라고 했다. 구이효가 선조의 과
실을 바로잡을 때 지나치게 강경하거나 완고하지 않아야 함은 그것이 중
용의 도를 따르고 있기 때문이다.

九三, 幹父之蠱 小有悔 无大咎.
구삼 간부지고 소유회 무대구
象曰: 幹父之蠱 終无咎也.
상 왈 간부지고 종무구야

구삼은 아버지의 일을 바로잡음이니 다소 후회가 있으나 큰 허물은 없다.
「상전」에서는 말했다. 아버지의 일을 바로잡음은 끝내 허물이 없는 것
이다.

구삼의 '간부지고幹父之蠱'는 아버지의 과실을 바로잡는다는 것인데 이
는 '다소 유감스러울 수는 있지만小有悔' '큰 허물은 없다.无大咎'고 했다.
아버지의 잘못을 바로잡는 것이 어째서 다소 유감스럽다는 것일까? 아랫
사람이 윗사람을 바로잡는 것은 쉬운 일이 아니기 때문이다. 그러나 곤란
함을 알면서도 굽히지 않고 나아가는 의지도 필요하다. 한유는 일찍이 이
런 시를 썼다.

아침에 한 통의 상소문 임금께 올렸다가
저녁에 조주 팔천 리 길 유배 가노라.
임금 위해 폐단 밝혀 없애려 했으나
늙은 몸 이끌고 남은 목숨 살아가야 된다네.

위의 시야말로 구삼효 전체를 꿰뚫는 해석이 아닐까. 구삼효는 하괘의
가장 윗자리에 거하는 데다 양의 자리에 양효가 왔으므로 바로잡음이 지
나치다. 이처럼 구부러진 것을 바로잡으려다 정도를 지나칠 수 있어 다소
후회가 있다고 했다.
「상전」에서는 '아버지의 일을 바로잡음幹父之蠱'은 폐해를 없애고 어지
러운 것을 바로잡는 것의 목적이 좋으니 반드시 대중의 보호를 받을 것
이며, 이 때문에 과정이 그리 순탄하지 않더라도 '끝내 허물이 없을 것이
다.終无咎也'라고 했다.

六四, 裕父之蠱 往見吝.
육사 유부지고 왕견린
象曰: 裕父之蠱 往未得也.
상왈 유부지고 왕미득야

육사는 아버지의 일을 너그럽게 처리하는 것이니 계속 가면 부끄러워
지리라.

「상전」에서는 말했다. 아버지의 일을 너그럽게 처리하는 것이 계속 가
면 부끄러워짐은 가면 얻지 못하기 때문이다.

'유裕'는 관용한다는 뜻이므로 육사의 '유부지고裕父之蠱'는 아버지의 일
을 너그럽게 처리한다는 말이다. '왕견린往見吝'은 계속 앞으로 나아간다
면 후회스러운 일이 생길 것이라는 말인데 이는 다시금 너그럽게 처리해
서는 안 된다는 뜻이다.

「상전」에서는 '아버지의 일을 너그럽게 처리하는 것이 계속 가면 부끄
러워짐은 가면 얻지 못하기 때문이다.裕父之蠱 往未得也'라고 했다. 이를 풀
이하자면 아버지의 옛 잘못을 다시 관용해서는 안 된다는 것인데, 계속
관용하다 보면 만회할 수 없는 지경에 이르러, 얻는 것이 전혀 없기 때문
이다. 여기서 우리는 윗대로부터 내려온 악영향과 폐단을 바로잡는 것이
얼마나 중요하고 긴박한 일인지 알 수 있다.

六五, 幹父之蠱 用譽.
육오 간부지고 용예
象曰: 幹父用譽 承以德也.
상왈 간부용예 승이덕야

육오는 아버지의 일을 바로잡음이니 명예가 있다.

「상전」에서는 말했다. 아버지의 일을 바로잡음이 명예로운 것은 덕으로써 받들기 때문이다.

육오에서는 '아버지의 일을 바로잡음幹父之蠱'에 대해 '영예로워서用譽' 칭송받을 만하다고 했다.

「상전」에서는 '아버지의 일을 바로잡음이 명예로운 것은 덕으로써 받들기 때문이다.幹父用譽 承以德也'라고 했다. 이처럼 육오의 효사에서는 아들이 아버지의 잘못과 폐단을 바로잡아야 함의 필요성과 정당성을 설명하고 있다. 그리고 선조의 폐단을 없애고 아름다운 덕을 계승하는 방식은 부드러움 가운데 강건함을 동반함으로써 중용의 도에 부합해야 한다고 강조한다. 그렇게 되면 육오의 행위는 칭찬을 받고 명예를 얻을 것이라고 했다. 육오효는 음유의 효가 음의 자리에 와서 마땅한 자리를 얻었을 뿐 아니라 상괘의 한가운데 위치하여 '중中'을 얻었으므로, 부드러움 가운데 강건함을 동반하였으니, 중용의 도에 부합한다고 할 수 있다.

上九, 不事王侯 高尙其事.
상 구 불 사 왕 후 고 상 기 사

象曰: 不事王侯 志可則也.
상 왈 불 사 왕 후 지 가 칙 야

상구는 왕이나 제후가 되지 않으며 그 일을 고상히 여긴다.

「상전」에서는 말했다. 왕이나 제후가 되지 않음은 그 뜻을 본받을 만하다.

앞서 말한 다섯 효에서는 아버지의 과실과 폐단을 바로잡아야 한다고 했고 바로잡은 뒤에는 반드시 선조의 사업을 이룰 수 있으리라고 했다. 그러나 상구효는 도리어 '왕이나 제후가 되지 않으며 그 일을 고상히 여긴다.不事王侯 高尙其事'고 했다.

어째서 왕이나 제후가 되지 않고 도리어 물러나 얽매임 없이 유유자적하면서도 스스로 고상하게 여기는 것일까? 상구효는 이미 괘의 최고 자리로 궁극에 이르렀으므로 더 이상 이 일을 하지 않아도 되기 때문이다. 이 일은 이미 정점에 이르렀으므로 반드시 다른 방향으로 전환되게 되어 있다. 『주역』은 '변變', 즉 변함을 추구하기 때문이다. 상구효는 궁극에 이른 자리라서 아버지의 잘못도 이미 바로잡았으므로 더 이상 바로잡을 것이 없는 상황이다. 그런데도 계속 잘못을 고치려 든다면 자칫 지나친 행동이 되어 또 다른 '고蠱'를 양산할 수 있다. 그러므로 물러나 은거하여 얽매임 없이 자유자재해야만 길하다고 한 것이다.

「상전」에서는 '왕이나 제후가 되지 않음은 그 뜻을 본받을 만하다.不事王侯 志可則也'고 했다. 상구효에 이르면 스스로 왕이나 제후의 자리에 나아가거나 혹은 왕이나 제후의 사업에 뛰어들 수도 있다. 그러나 그렇게 하지 않는 것은 이전의 잘못이 모두 바로잡혔기 때문이다. 도리어 물러나 은거하여 초연히 지내니 그 뜻이 무척 고상하다고 할 수 있다. 공을 이룬 뒤 몸을 물리는 것은 바로 하늘의 도이기 때문이다.

---- **고괘 정리** ----

> ☶☴

고괘에서는 미혹됨이 형성되는 기나긴 과정을 설명해 준다. 고혹됨, 미혹됨을 없애고 어지러움을 바로잡으려면 기나긴 과정을 통해 각각의 시간과 위치에 맞는 방식을 적용해야 한다.

고괘의 효사를 살펴보면 초육에서는 '간부지고幹父之蠱'라고 하여 처음부터 아버지의 잘못을 바로잡아야 하나 지나쳐서는 안 된다고 했다. 왜냐면 초육이 음효여서 바로잡을 때는 유순하게 해야 하기 때문이다. 구이에서는 '간모지고幹母之蠱'라고 하여 어머니의 잘못은 바로잡을 능력이 있더라도 지나치게 강경하거나 고집스럽게 바로잡으려 해서는 안된다고 했다. 음의 자리에는 음의 부드러움이 있어야 하기 때문이다. 구삼에서는 양의 자리에 양효가 왔으므로 바로잡음이 지나치면 다소후회가 있을 것이나 큰 허물은 없다고 했다. 육오에서는 부드러움 가운데 강함을 동반하여 아버지의 잘못을 바로잡아야 한다고 했다. 음효가 양의 자리에 거했으므로 부드러움 가운데 강함을 동반했다고 했는데이러한 방식은 칭찬과 명예를 얻을 만하다. 그런 다음에는 계속해서 앞으로 나아갈 수 없으며 도리어 물러나 자유자재해야만 비로소 이 다음에 오는 열아홉 번째 임괘臨卦에서 말하는 '군림천하君臨天下'의 경지에 들어설 수 있다.

19
임괘臨卦 — 리더십의 예술

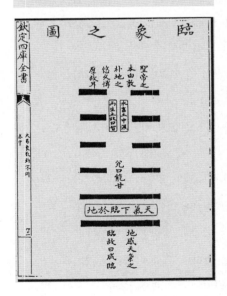

臨 元亨利貞 至于八月有凶.
임 원형이정 지우팔월유흉

임은 처음부터 형통하고 바르게 함이 이로우니 팔 개월에 이르면 흉함이 있다.

'임臨'의 본래 뜻은 '위에 거하면서 아래를 바라본다.'인데 여기서 '감독하다' '이끌다' '통치하다' 등의 뜻이 파생되어 나왔다. 「서괘전」에서는 "일이 있으면 그 뒤로 클 수 있으므로 임괘로 받았다. 임이란 크다는 뜻이다."라고 한다. 선조의 고혹된, 미혹된 일이 있은 뒤에 후대인이 이를 바로잡고 다스리는 과정에서 큰 업적을 이루게 되니, 이 때문에 고괘의 다음에 임괘가 배치됐다는 말이다. 임괘는 '크다'는 뜻이다. 임괘에서 강조하는 것은 지도자로서 보여 주는 리더십의 예술, 즉 사람과 일, 사물을 어떻게 관리하고 이끌어서 일을 성공시킬 수 있는지에 대한 것이다.

괘사에서는 임괘에 대해서 '원형이정 지우팔월유흉元亨利貞 至于八月有凶', 즉 처음부터 형통하여 바른 도를 지키는 것이 이롭지만 8개월이 이르면 흉함이 있다고 했다. 임괘는 12소식괘 중 하나다. 12소식괘는 각각 복復, 임臨, 태泰, 대장大壯, 쾌夬, 건乾, 구姤, 둔遯, 비否, 관觀, 박剝, 곤坤으로 각각 음력의 12개월을 대표한다. 임괘는 12월을 대표하는데 그로부터 8개월이 지나면 관괘가 되어 임괘와 관괘는 정반대의 시간대에 놓이게 된다. 이때 임괘는 양기가 상승하고 관괘는 음기가 상승하니 이 때문에 흉함이 있다는 것이다.

괘사에 대한 「단전」

彖曰: 臨 剛浸而長 說而順
단 왈   임 강 침 이 장   열 이 순
剛中而應. 大亨以正 天之道也.
강 중 이 응   대 형 이 정   천 지 도 야
至于八月有凶 消不久也.
지 우 팔 월 유 흉   소 불 구 야

「단전」에서 말했다. 임은 강이 점점 자라나고 기뻐하며 순응한다. 강이 가운데 있고 상응하여 크게 형통하고 바르니 하늘의 도다. 팔 개월이 지나 흉함이 있다는 것은 양이 사라질 날이 멀지 않기 때문이다.

「단전」에서는 '강침이장剛浸而長'이라고 했는데 '침浸'은 점차적으로 어떤 상태가 되어 가는 것을 가리키므로 강효가 점점 자라나기 시작함을 나타낸다. 즉 양기가 점점 상승하기 시작한다는 말이다. '열이순說而順'은 기뻐하며 하늘의 도에 순응한다는 말이다. '기쁘다說'고 한 것은 임괘의 하괘인 태괘가 기쁨을 상징하기 때문이고, '순응한다順'고 한 것은 상괘인

임

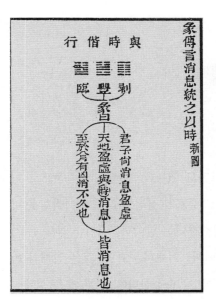

곤괘가 지닌 유순하고 순응함 때문
이다. 또한 '강이 가운데 있고 상응
하여 크게 형통하고 바르니 하늘의
도다.剛中而應 大亨以正 天之道也'라고
한 것은 구이의 강효(양효)가 하괘의
가운데 위치한 데다 육오효와도 서
로 응하는 까닭이다. 강건함이 가
운데 있어서 사물에 임하면 형통하
고 바른 도에 부합하니 이것이 바
로 하늘의 도다. '팔 개월이 지나 흉
함이 있다는 것은 양이 사라질 날
이 멀지 않기 때문이다.至于八月有凶
消不久也'는 것은 8개월이 지나면 양
기가 쇠하기 시작하여 오래 유지될
수 없다는 뜻이다.

괘사에 대한 「대상전」

象曰: 澤上有地 臨.
상왈 택상유지 임
君子以教思无窮 容保民无疆.
군자이교사무궁 용보민무강

「상전」에서는 말했다. 못 위에 땅
이 있는 것이 임이니, 군자는 이를
보고 교화하려는 생각이 끝이 없고
백성을 품어 보호함이 끝이 없다.

2부
주역 상경

「상전」에서는 '택상유지 임澤上有地 臨', 즉 '못 위에 땅이 있는 것이 임이다.'라고 했다. 이는 임괘(䷒)의 상괘인 곤괘(☷)가 땅을 상징하고 하괘인 태괘(☱)가 못을 대표하기 때문이다. 임괘에서는 못은 낮고 땅은 높아 못 위에 땅이 있는 형상이다. 이처럼 대지가 아래의 못을 바라보며 다스리는 모습이 바로 임괘의 상이다.

군자는 이러한 괘상을 보고 임괘의 도에 근거해서 '교사무궁 용보민무강敎思无窮 容保民无疆'해야 한다. 여기서 '교敎'는 '교화한다'는 말이고, '사思'는 '생각' '관심'이며, '용보容保'는 용납하고 감싸서 보호한다는 것이고, '무강无疆'은 끝이 없다는 뜻이다. 따라서 전체적으로 군자는 온 마음을 쏟아 백성에 관심을 갖고 교화하되 그들을 감싸고 보호함이 끝이 없다는 말이다. 우리는 임괘를 통해 지도자가 아랫사람들을 보살피고 사랑할 때는 '포용'과 '관용'으로 대해야만 그들을 보호할 수 있음을 알 수 있다.

초구 효사와 「소상전」

初九, 咸臨 貞吉.
초 구 함임 정길

象曰: 咸臨貞吉 志行正也.
상 왈 함임정길 지행정야

초구는 감응하여 임하니 바르게 함이 길하다.

「상전」에서는 말했다. 감응하여 임하니 바르게 함이 길하다는 것은 뜻이 바른 도를 행하기 때문이다.

'함咸'은 '감동하다' '감응하다'로 이해할 수 있다. 따라서 초구의 '함임咸臨'은 감응하여 가서 다스린다는 말이다. '정길貞吉'은 바른 도를 지키면 길하고 이롭다는 뜻이다. 초구는 양의 강건함이 점차 자라나서 육사효와 감응하므로 이 단계에 있는 지도자라면 초창기부터 아랫사람들과 감응하고 이로써 백성을 비롯한 피지배자들의 호응을 얻어야 한다. 임괘에서 육사효는 아랫사람들 중에서 비교적 유약한 사람 혹은 일반 군중에 해당한다. 따라서 초구의 단계에 있는 지도자는 반드시 육사효, 즉 일반 군중과 감응해야 한다.

「상전」에서는 '감응하여 임하니 바르게 함이 길하다.咸臨貞吉'는 것은 '뜻이 바른 도를 행하기 때문志行正也'이라고 했다. 여기서 '지志'는 지도자의 뜻을 말하며 반드시 바른 도로 행해야 한다. 초구는 양의 자리에 양효가 와서 '정正'을 얻었으므로 초구 단계의 지도자는 마땅한 자리를 얻은 셈이다. 반면 어떤 사람은 재능이 부족한 데도 지도자의 자리로 떠밀려 온 경우가 있는데 이런 경우를 가리켜 '부정不正'이라고 한다. 초구에서는 '정正'을 얻었으므로 최고 책임자가 될 만하다. 따라서 따르는 이들과 서로 호응할 수 있고 크게 길하다.

구이 효사와 「소상전」

九二, 咸臨 吉 无不利.
구 이　함 임　길　무 불 리
象曰: 咸臨 吉无不利 未順命也.
상 왈　함 임　길 무 불 리　미 순 명 야

구이는 감응하여 임함이니 길하여 이롭지 않음이 없다.

「상전」에서는 말했다. 감응하여 임함이 길하여 이롭지 않음이 없다는 것은 명령에 순종하지 않는 것이다.

'함咸'은 역시나 '느끼다' '감응하다'의 뜻이므로 '함임咸臨'은 감응하여 가까이 다가가서 이끈다는 말이다. 구이효는 육오효와 감응한다. 비록 육오효는 육사효와 동일한 음효이지만, 다른 점이 있다면 육오효는 가장 존귀한 자리에 있어서 귀하고 지혜로운 데 반해 육사효는 아랫사람 가운데 비교적 약한 자라는 것이다. 육오효와 감응한다는 것은 존귀하고 지혜로운 이와 감응함을 가리킨다. 이러한 감응만이 크게 길하고 이로울 수 있다는 점에서 무척 중요하다. 다시 말해 지도자가 초구의 위치에 있을 때는 일반 군중과 서로 감응해야 하는데 그것만으로는 아직도 부족하다. 구이의 단계에 이르면 반드시 백성 중에서 재주를 갖춘 사람, 지혜로운 자, 존귀한 이와 함께 감응할 만한 자를 얻어야 한다. 그들의 도움과 지원이 있어야만 쉽게 다스릴 수 있으니 길하고 이롭지 않음이 없게 된다.

「상전」에서는 '감응하여 임함이 길하여 이롭지 않음이 없는咸臨 吉无不利' 이유에 대해서 '명령에 순종하지 않기 때문未順命也'이라고 했다. '명령에 순종하지 않음'은 구이효가 육오효, 즉 군왕의 명령을 따르지 않는다는 것이다. 혹 감응하여 명령을 따르더라도 마음에서 우러나온 것이 아닌 강제에 의함이라는 말이다. 왜냐면 구이효는 강(양)의 덕이 하괘의 가운데 거하여 강건한 덕과 재능까지 갖추고 중도를 행하는 등 주관이 강하므로 존귀한 육오효의 명령을 굳이 따를 필요가 없기 때문이다. "장수가 궁궐 밖에 있으면 임금의 명령을 따르지 않을 수도 있다."는 말이 있듯이 다른 사람이 뭐라고 하든지 현장의 상황을 고려해서 신속하게 조치를 취하면 전세가 유리한 방향으로 전환될 수 있다.

육삼 효사와 「소상전」

六三, 甘臨 无攸利. 旣憂之 无咎.
육삼 감임 무유리 기우지 무구

象曰: 甘臨 位不當也. 旣憂之 咎不長也.
상왈 감임 위부당야 기우지 구부장야

육삼은 아첨으로 임하니 이로울 바가 없으나, 이미 그것을 근심하였으면 허물은 없다.

「상전」에서는 말했다. 아첨으로 임함은 자리가 마땅하지 않기 때문이며, 이미 그것을 근심하면 허물이 없다는 것은 허물이 길지 않기 때문이다.

'감甘'은 '달다', 즉 달콤한 말, 감언이설의 뜻을 갖고 있다. 따라서 육삼의 '감임甘臨'은 달콤하게 아첨하는 말로 다스린다는 뜻이다. 육삼효는 하괘의 맨 위에 있어서 이러한 위치에 있는 지도자가 만약 아첨으로 다스린다면 '이로울 바가 없게 된다.无攸利' 그러나 '기우지 무구旣憂之 无咎'라고 하여 이미 그것을 근심하면서 개선하고자 하는 마음을 가진다면 재앙이나 화는 없다고 했다.

「상전」에서는 '아첨으로 임하는甘臨' 이유는 '자리가 마땅하지 않기 때문位不當也'이라고 했다. 육삼이라는 단계는 하괘에서 가장 높은 자리인데 양이 와야 할 자리에 음효가 왔으니 재능이 부족하여 적합하지 않다고 볼 수 있다.

육삼이 자신의 자리를 지키고자 원하는데 만약 그 길이 옳지 않다면 어떻게 해야 할까? 정당한 수단을 택하여 행해야지 감언이설과 아첨으로 민심을 매수하려 하면 오래가지 못할 뿐만 아니라 결말도 좋을 리가 없다. 따라서 육삼이 '그것을 근심하여憂之' 자신의 재능이 부족함을 염려하면서 위기의식을 가지고, 아첨하는 수단을 버려 잘못을 바로잡고 자신의 능력을 키우고자 노력한다면 '허물이 길지 않게咎不長也' 되어 재앙을 면할 수 있다.

六四, 至臨 无咎.
육사   지임 무구

象曰: 至臨无咎 位當也.
상왈   지임무구 위당야

육사는 지극히 임하면 허물이 없다.

「상전」에서는 말했다. 지극히 임하면 허물이 없음은 위치가 마땅하기 때문이다.

초구에서는 '감응하여 임함咸臨'이라고 했는데 구이에서도 '감응하여 임함'이라고 하였고 육삼에 이르러서는 '아첨으로 임함甘臨'이라고 했다. 이제 두 번째 단계인 상괘의 육사에 이르자 '지극히 임함至臨'이라고 했다. 여기서 '지至'는 '극에 이르러 지극하다.'는 뜻으로 '군중과 무척 친근하다.'는 의미다.

육사는 상괘의 맨 아래에 위치한 효이므로 이러한 위치에 해당하는 지도자는 일의 발전 단계를 크게 둘로 나눌 때 두 번째 단계에 접어든 지도자라고 하겠다. 육사의 입장에서 보면 아래에 있는 하괘의 세 효는 모두 그를 따르는 군중이다. 따라서 아래의 군중과 가장 근접해 있는 지도자를 꼽자면 육사효를 들 수 있다. 따라서 군중과 무척 친근하니 이 때문에 '허물이 없다.无咎'고 한 것이다.

「상전」에서는 '지극히 임하면 허물이 없는至臨无咎' 이유에 대해서 '위치가 마땅하기 때문位當也'이라고 했다. 위치가 마땅하다고 한 것은 음이 와야 할 자리에 유효(음효)가 왔고 초구와도 서로 호응하기 때문이다. 이러한 지도자는 부드러운 덕을 지니고 있어서 백성에게 친근하게 다가갈 수 있으므로 백성과 가장 가까운 위치에 거하기 적당하다.

19

임괘臨卦—리더십의 예술

六五, 知臨 大君之宜 吉.
육오　지임　대군지의　길

象曰: 大君之宜 行中之謂也.
상왈　대군지의　행중지위야

육오는 지혜로 임함이니 대군의 덕이 길하다.

「상전」에서는 말했다. 대군의 덕이 길하다는 것은 중도를 행함을 일컫는다.

‘지知’는 ‘지혜롭다’는 뜻의 ‘지智’와 통한다. 따라서 ‘지임知臨’은 지혜롭게 이끌고 다스린다는 말이다. 육오의 지도자는 거한 위치가 가장 높으므로 반드시 아랫사람들을 지혜롭게 관리해야 한다. 그러나 한편으로는 지혜도 중요하지만 덕은 더욱 중요하다. 옛말에도 소소한 승리는 지혜에서 나오지만 큰 승리는 덕에 근거한다고 했다. ‘대군지의大君之宜’에서 ‘의宜’가 바로 그 덕이다. 큰 임금이라면 일을 할 때 어짊과 덕에 부합하게 해야 한다. 다시 말해 이러한 위치에 있는 지도자는 지혜뿐만 아니라 덕도 갖추어야만 크게 길할 수 있다는 것이다.

「상전」에서는 ‘대군지의 행중지위야大君之宜 行中之謂也’라고 했는데 이는 큰 임금이 일을 할 때는 그 행함이 중도에 부합해야 하며 중용의 도와 중정의 덕까지 갖추어야 한다는 말이다.

육오효는 상괘의 가운데 자리에 위치하는 데다 구이효와 상응한다. 구이효는 강건한 대신을 가리키며 육오는 군왕이지만 유순한 사람이다. 그러니 어떻게 해야만 강건한 대신을 잘 관리할 수 있을까? 이 때문에 지혜뿐 아니라 덕이 필요하다고 한 것이다.

上六, 敦臨 吉 无咎.
상육 돈 임 길 무 구

象曰: 敦臨之吉 志在內也.
상왈 돈 임 지 길 지 재 내 야

상육은 돈독하게 임하니 길하여 허물이 없다.

「상전」에서는 말했다. 돈독하게 임함이 길하다는 것은 뜻이 안에 있기 때문이다.

본래 상효처럼 가장 높은 자리에 이르면 종종 과도하게 되는 상황이 초래되는데 여기서는 도리어 '길하여 허물이 없다.吉 无咎'고 했다. 왜냐면 '돈독하게 임하기 때문敦臨'이다. '돈독하게 임함'이란 두텁고 온유하게 이끌고 다스린다는 말이다. 상육과 같은 지도자는 재능이 충분하다고 볼수는 없지만 이처럼 높은 위치에 거한다면 돈후함과 온유, 인자, 사랑을 품고 아랫사람들을 관리해야 한다. '돈독하게 임함'이야말로 관리와 경영의 본질이라고 할 수 있다. 지도자의 본질은 바로 사랑이다. 가장 위대한 사랑은 어머니의 사랑이라고 하는데 상육의 사랑이 바로 어머니의 사랑과 같다. 어머니의 사랑은 세 개의 완전함을 가지고 있는데, 첫 번째 완전함은 관용이고, 두 번째는 희생이며, 세 번째는 책임이다. 상육은 이러한 덕을 갖추고 있기 때문에 크게 길하다.

「상전」에서는 '돈독하게 임함이 길한敦臨之吉' 이유는 '뜻이 안에 있기 때문志在內也'이라고 했다. '뜻이 안에 있다.'는 것은 이러한 돈후함, 온유함, 인자함의 뜻이 내면에서 우러나왔다는 말이다. 이러한 지도자는 비록 재능이 부족하다고 할지라도 완전한 사랑을 가지고 있으므로 '길하여 허물이 없다.吉 无咎'

☷
☱

임괘에서는 서로 다른 재능을 가진 지도자가 각자 처한 상황에서 리더십을 발휘하는 이치를 보여 준다. 리더는 본질적인 성향 면에서 음과 양의 두 가지 부류로 나눌 수 있다.

임괘의 내용을 보면 음의 부드러움을 갖춘 음유형陰柔型 리더는 육삼효에서 상육효에 해당한다. 이들은 재능이 부족하여 과감하게 정책을 결정하지 못하므로 군중이나 아랫사람들에게 가까이 다가가서 지혜를 얻고 도의에 부합하는 온유하고 돈후함으로 사랑을 베풀어야 한다. 그래서 임괘에서는 '지극히 임한다.至臨' '돈독하게 임한다.敦臨' 등의 말을 사용했다.

반면 양의 강건함을 갖춘 양강형陽剛型 리더는 초구효와 구이효에 해당한다. 즉 양강의 인재는 재능과 강건함을 갖추고 있어서 '감응하여 임해야 한다.咸臨' 다른 사람과 감응함을 통해 다스려야 한다는 것이다. 마음을 다해서 행해야 함은 물론이다. 한편 초구효가 감응하는 사람은 일반 대중이고 구이효가 감응하는 사람은 지혜롭고 존귀한 자다. 이처럼 서로 다른 단계에 있는 지도자는 이끄는 방식도 달라야 한다.

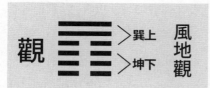

20
관괘觀卦 — 관찰의 도

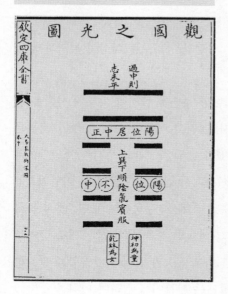

觀 盥而不薦 有孚顒若.
관 관이불천 유부옹약

관은 제사에 쓰는 술을 땅에 부으면 제물을 바치지 않아도 마음에 성실함을 담아 우러러 존경하리라.

'관觀'은 '관찰하다' '바라보다'의 뜻인데 『설문해자』에서는 "세밀하게 살피는 것이다. 관雚(황새)에서 음을 가져오고 견見(보다)에서 뜻을 가져와 결합했다."고 했다. 「서괘전」에서는 "물건이 크면 볼 만하므로 관괘로 받았다."고 했다. 그래서 임괘 다음에 관괘가 온 것이다. '관觀'이라는 글자는 방법론적인 의의를 지니고 있다는 점에서 무척 중요하다. 즉 이 글자는 각종 관찰 대상과 관찰 방법을 함축하고 있는데 여기에는 거시적 관찰, 미시적 관찰, 위에서 아래를 굽어보는 것, 아

관

래에서 위를 올려다보는 것, 사물을 보는 것, 사람을 보는 것, 일을 보는 것 등이 포함되지만 무엇보다 중요한 것은 '마음을 바라보는 것觀心'이라고 하겠다. 소옹이 쓴『황극경세서皇極經世書』는 두 부분으로 나뉘는데, 첫 번째 파트는「관물내편觀物內篇」이고 두 번째는「관물외편觀物外篇」이다. 여기 언급된 '관물觀物'이 바로 눈으로 보는 '이목관물以目觀物'이 아닌 마음으로 보는 '이심관물以心觀物'이다. 만약 마음도 없다면 '이물관물以物觀物', 즉 사물로써 사물을 바라보는데, 이는 바라보는 입장과 바라보는 대상이 철저하게 융합하여 일체화하는 경지다.

관괘를 보면서 우리는 어떻게 해야만 주변을 둘러싼 외부의 사물을 정확하게 이해하고 관찰할 수 있을지, 그리고 어떻게 해야만 주관적 혹은 객관적인 사물을 서로 융합할 수 있을지 알 수 있다. 생각해 보면 '괘'라는 것도 우리가 '관찰'과 '바라봄'을 통해서 얻어 낸 결과물이 아닌가? 누가 관찰했을까? 바로 복희씨다.『주역』「계사전」하편에 보면 "옛적 복희씨가 천하를 다스릴 때 위를 우러러 하늘의 상을 살피고, 아래로 굽어보아 땅의 법을 관찰하였으며, 새와 짐승의 문文과 천지의 마땅함을 관찰하고, 가깝게는 자기에게서 취하고 멀게는 사물에서 취하여 이치를 찾아냈다. 이에 팔괘를 만들었다."는 말이 나오는데 여기서도 괘상이라는 것이 모두 '관찰'을 통해 나온 결과물임을 알 수 있다.

그렇다면 관괘는 우리에게 어떻게 바라보라고 가르칠까? 관괘의 괘사를 보면 사물을 관찰할 때 반드시 '옹약顒若'해야 함을 알 수 있다. 즉 관찰할 때는 마음에 공경함과 우러러 여김이 있어야 한다는 것이다.

여기서는 또한 '관盥'과 '천薦'이라는 제사와 관련된 두 가지 예절이 나온다. '관盥'은 제사에 쓰이는 술을 땅에 붓는 행위다. '관盥'이라는 한자를 잘 보면 아래에 그릇이 있고 그 위로 물이 있는데 여기서 물은 손을 씻는다는 것이 아니라 잔을 이용해서 술을 가득 부은 다음 땅에 붓는 의식을 가리킨다. '천薦'은 '진상하다' '바치다'의 의미다. 고대의 제사에서는 먼저 술을 땅에 부은 뒤 희생 제물을 바치는데 제물로는 소, 양, 돼지 등이 사용된다. 따라서 관괘에서는 먼저 술을 땅에 쏟는 '관盥'이 나오고 그다음으로 희생제물을 바치는 '천薦'이 나온다.

그러나 훗날에는 '천薦'을 관찰할 필요는 없다. '관이불천盥而不薦'하여 처음부터 술을 땅에 쏟는 의식을 보면 되고, 아래에 있는 희생 제물을 바치는 의식은 다시 관찰할 필요가 없다. 그것은 왜일까? 제사를 주관하는 사람이 '관盥'의 단계에서 이미 하늘을 감동시키고 땅을 울릴 만한 경건하고도 정성스러운 모습을 보였기 때문이다. 신하와 백성들은 '관盥'의 의식을 본 뒤에는 거기서 감화를 받아 '마음에 성실함을 담아 우러러 존경有孚顒若'하게 된다. 여기서 '부孚'는 마음속 성실함을 말하고 '옹약顒若'은 공경하고 우러르는 모습이다. 마음속에 성실함만 있으면 이미 천지신명을 향한 공경과 우러름의 감정으로 승화했다고 간주한다. 예컨대 지금 시점에서 옛사람들을 관찰할 때에는, 진인각陳寅恪이라는 학자가 말한 것처럼 옛사람과 동일한 처지에서 공경하고 우러르는 마음을 품고서, 무엇을 보든지 부정하려 들지 말고 조상을 경외하는 마음을 품어야 한다.

여기서 제사는 주로 조상을 향한 제사이며 그다음이 바로 외부 세계의 신에 대한 제사다. 유가는 훗날 이를 선조에 대한 제사로 명맥을 유지했는데 무엇을 향해 제사를 하든지 마음에는 공경하고 우러르는 감정을 품어야 한다. 일, 사물, 사람을 관찰할 때는 이처럼 공경하고 우러르는 마음을 품어야 하며 무엇이든 부정해 버리고 무시하는 등의 편견을 가져서는 안 된다.

　관괘는 우리에게 '바라보는' 방법을 알려 준다. 반드시 객관적이어야 하며 사물로써 사물을 관찰할 때는 주관적인 의견이 개입되어서는 안 된다는 것이 그것이다. 『맹자』 「진심상」 편에는 "그 마음을 다하면 그 본성을 알게 되며, 본성을 알게 된즉 하늘을 알게 된다."고 하며 세 단계의 과정을 언급한다. 가장 먼저 마음을 다하는 것, 자기 마음의 지혜를 다한다는 것이 나온다. 여기에 대해서 맹자는 "공자는 동산東山에 오르시고는 노나라를 작다고 여기셨고 태산에 올라서는 천하가 작다고 여기셨다."는 유명한 말을 남겼다. 동산, 즉 기몽산沂蒙山에 올라서 노나라를 바라보노라니 노나라가 너무 작게 느껴지고 태산에 올라 바라보니 천하가 지나치게 작다고 여겨졌다는 말이다. 여기에 맹자는 "그러므로 바다를 본 사람에게는 물이 인정받기 어렵다."고 덧붙였다. 한번 바다를 보면 물을 볼 때 볼 만한 가치가 없다고 느낀다는 뜻이다. 뒤이어 그는 "물을 보는 데는 방법이 있으니 반드시 그 물결을 보아야 한다."고 했다. 물을 볼 때는 반드시 그 물결이 어떤 특징과 움직임을 가지는지 관찰해야 한다는 말이다. 이러한 바라봄은 바로 동태적인 관찰이다. 사물이나 현상의 형태적인 변화를 관찰하는 것 말고도 그것의 거대한 움직임, 전체적인 것을 바라봐야 한다.

　관찰자의 입장에서 말하면 첫째, 변화하는 마음을 가지고 동태적인 방법으로 관찰해야 한다. 둘째, 넓은 도량을 가지고 시야를 넓혀서 관찰해야 한다. 이렇게 해야만 좌우 어느 한쪽으로 치우치지 않고 균형 있게 바라볼 수 있다. 그래서 관괘의 괘사에서 말한 것처럼 술을 땅에 붓는 예식을 관찰하다 보면 마음에 공경과 우러름이 솟아날 수 있다.

象曰: 大觀在上 順而巽 中正以觀天下.
　단 왈　대 관 재 상　순 이 손　중 정 이 관 천 하

觀 盥而不薦 有孚顒若 下觀而化也.
　관　관 이 불 천　유 부 옹 약　하 관 이 화 야

觀天之神道而四時不忒 聖人以神道設敎而天下服矣.
　관 천 지 신 도 이 사 시 불 특　성 인 이 신 도 설 교 이 천 하 복 의

「단전」에서 말했다. 위에 있는 것을 크게 바라보니 순하고 공손하며 중정함으로써 천하에 보여 준다. 관은 술을 땅에 부으면 제물을 바치지 않아도 마음에 성실함을 담아 우러러 존경한다는 말은, 아랫사람들이 보고 교화하는 것이다. 하늘의 신묘한 도를 봄에 사시가 어긋남이 없으니 성인은 신묘한 도로써 가르침을 베풀고 천하가 복종한다.

「단전」에서는 '대관재상大觀在上'이라고 했는데 이는 '위에 있는 것을 크게 바라본다.'는 뜻이다. 여기서 '관觀'은 크게 보는 '대관大觀'과 작게 보는 '소관小觀'으로 나뉜다. 큰 바다를 보는 것이 '크게 보는 것'이고 보통의 하천을 보는 것이 '작게 보는 것'이다. 여기서 '크게 보는 것'은 중대한 제사 활동을 바라봄을 말한다. 만약 '크게 보는 것'에서 바라보는 대상이 일정 높이 위의 것이라면 고개를 들어 우러러 봐야 할 것이다. 여기서는 '공경하고 우러르는 마음'을 가져야 함을 가리킨다.

'순이손順而巽'은 순하고 공손하다는 의미인데 이는 관괘의 하괘인 곤괘가 유순함을 상징하고 상괘인 손괘가 겸손함을 나타내기 때문이며 크게 볼 때는 유순하고도 겸손해야 함을 말한다.

'중정이관천하中正以觀天下'는 중정함으로 천하를 보여 준다는 뜻이다. '크게 바라봄'의 행위로부터 감화를 받아 중정한 마음으로 천하 사람들로 하여금 보게 한다는 것이다. 즉 천하의 백성이 중정한 마음을 가지고 사

물과 사람, 일을 바라볼 수 있게 한다는 말이다.

'관 관이불천 유부옹약 하관이화야觀 盥而不薦 有孚顒若 下觀而化也'는 처음부터 술을 땅에 붓는 의식을 봤으면 됐지 더 이상 그 뒤의 제물 봉헌 의식을 볼 필요는 없다는 것이다. 그 이유는 마음에 성실함을 품고 이미 천지신명에게 공경과 우러름을 표시하였고 아래에서 바라보는 신하와 백성들도 이를 통해 이미 감화를 받았기 때문이다.

'관천지신도이사시불특 성인이신도설교이천하복의觀天之神道而四時不忒 聖人以神道設教而天下服矣'는 헤아릴 수 없을 만큼 신묘한 하늘의 도를 관찰하면 봄, 여름, 가을, 겨울의 사시가 무질서하지 않고 영구할 수 있다는 사실을 알 수 있는데, 성인들은 이처럼 신묘한 하늘의 도를 가지고 천하의 백성을 교화하니 천하의 백성이 모두 믿고 복종한다는 말이다. 사람들이 천문과 천도를 관찰한 뒤에 '신묘한 도로써 가르침을 베푼다神道設教'고 했는데 여기서 '신神'은 '신령하게 하다.'는 동사로 쓰여서 전체적으로 '도를 신령하게 하였으니 가르침 혹은 종교를 베푼다.'는 뜻이 된다.

이를 통해 우리는 종교가 어떻게 탄생하였는지 짐작할 수 있다. 위의 문구처럼 종교는 내재적인 도를 외재적인 신으로 바꾼다. 그래서 모든 종교에는 외재적인 신이 있게 마련이다. 그러나 이는 후대 사람들에게서 나온 어느 정도 편파적인 견해라고 볼 수 있다. 왜냐면 내재의 도가 반드시 외재의 신으로 바뀌는 것은 아닐 뿐더러 '신神'이라는 것을 '외재의 신'이 아닌 '신묘한 자연물'로 이해할 수도 있기 때문이다. 또한 '교教'도 '종교화함'이 아닌 '교화함'으로 해석할 수 있기 때문이다. 외재의 신이 아닌 내재적인 교화로 본다는 말이다. '도'라는 큰 법칙을 사람들로 하여금 숭상하게 하고 이를 통해 백성을 교화하고 마음을 교화한다. 그래서 여기서는 성인이 '신묘한 도로써 가르침을 베풂神道設教'을 통해 천하의 백성을 따르게 한다고 했다.

象曰: 風行地上 觀. 先王以省方觀民設教.
상왈 풍행지상 관 선왕이성방관민설교

「상전」에서는 말했다. 바람이 지상으로 다니는 것이 관이다. 선왕은 이를 보고 사방을 살피고 백성의 풍속을 관찰하여 가르침을 베푼다.

「상전」에서는 '바람이 지상으로 다니는 것이 관이다.風行地上 觀'라고 했다. 관괘(䷓)의 상괘인 손괘(☴)가 바람이고 하괘인 곤괘(☷)가 땅이기 때문이다. 그 바람은 부드러운 바람이자 이르지 않는 곳이 없으니 이것이 바로 관괘의 상이다.

선왕은 이러한 괘상을 보고 관괘의 도에 근거해서 '사방을 살피고 백성의 풍속을 관찰하여 가르침을 베푼다.先王以省方觀民設敎' 여기서 '성省'은 성찰하고 시찰한다는 말이므로 '성방省方'은 사방을 순시하여 살핀다는 뜻이 된다. '설교設敎'는 가르침을 베풀어 교화한다는 것이다. 부드러운 바람처럼 이르지 않는 곳이 없는 것처럼 땅 위의 백성을 교화하는 것이 바로 '관觀'의 목적이다.

初六, 童觀 小人无咎 君子吝.
초육 동관 소인무구 군자린

象曰: 初六童觀 小人道也.
상왈 초육동관 소인도야

초육은 아이의 바라봄이니 소인은 허물이 없고 군자는 부끄럽다.

「상전」에서는 말했다. 초육이 아이의 바라봄이라는 것은 소인의 도이기 때문이다.

초육의 '동관童觀'은 아이와 같은 시선으로 사물을 관찰한다는 것으로 전면적이거나 전반적이지 않은 관찰이다. 어린 아이가 사물을 관찰할 때의 특징을 들자면 세심하고 정교하긴 하지만 이따금 전체를 바라보지 못한다는 단점을 지닌다. 초육효는 바로 이제 막 시작한 어린 아이의 단계인 데다 음효가 왔으므로 특히 여자 어린아이를 가리킨다. 그래서 '소인무구 군자린小人无咎 君子吝'이라고 하여 어린 아이의 바라봄은 소인에게 있어서는 화가 없지만 군자에게 있어서는 유감과 후회가 있다고 했다. 여기서 '관觀'은 전체적이지 않고 깊이가 지나치게 얕은 것이므로 군자가 이런 식으로 관찰하는 것은 옳지 않다.

「상전」에서는 '초육이 아이의 바라봄이라는 것初六童觀'은 '소인의 도이기 때문小人道也'이라고 했다. 아이의 바라봄은 소인의 도에 부합할 뿐 군자의 도에는 맞지 않다는 말이다.

■■■ 육이 효사와 「소상전」 ■■■

六二, 窺觀 利女貞.
육이   규관   이여정
象曰: 窺觀女貞 亦可醜也.
상왈   규관여정   역가추야

육이는 엿봄이니 여자가 바르게 함이 이롭다.

「상전」에서는 말했다. 엿봄이니 여자가 바르게 함이 이롭다는 것은 또한 추하다 할 만하기 때문이다.

육이의 '규관窺觀'은 문이나 문틈에서 바라보는 것으로 넓지 않은 시야로 엿보는 행위를 빗댄 것이다. 초육의 어린 아이 단계에 비하면 한 걸음 진전된 수준이기는 하지만 아직은 여인의 단계에 머물러 있다. 고대 여인은 대부분 집 문밖을 잘 나서지 않은 채 문에 기대서 몰래 엿보는 경우가 많았는데 이 때문에 시야가 넓지 않고 전체를 바라볼 수 없었다. '여자가 바르게 함이 이롭다.利女貞'는 것은 여인에게 있어서는 이롭지만 남자나 남편에게 있어서는 이롭지 않다는 것이다.

「상전」에서는 '엿봄이니 여자가 바르게 함이 이롭다는 것은 또한 추하다 할 만하기 때문이다.窺觀女貞 亦可醜也'라고 했다. 여기서 '추醜'는 '추하다' '수치스럽다'로 해석된다. 만약 남자가 여인처럼 몰래 엿보기만 한다면 추하고 부끄러운 일이 아닐 수 없다. 이는 우리에게 단편적인 것보다는 전체를 바라보는 것이 중요함을 일깨워 준다.

육삼 효사와 「소상전」

六三, 觀我生 進退.
육 삼　관 아 생　진 퇴

象曰: 觀我生進退 未失道也.
상 왈　관 아 생 진 퇴　미 실 도 야

육삼은 나의 생김새를 살펴보고 나아가고 물러선다.

「상전」에서는 말했다. 나의 생김새를 살펴보고 나아가고 물러선다는 것은 도를 잃지 않는 것이다.

'관아생觀我生'은 자신의 행동이나 심리를 살핀다는 것으로 일종의 자기관찰이다. '진퇴進退'는 나아가고 물러선다는 말이다. 초육에서 육삼까지는 모두 음효로 이뤄져 있지만 그것들은 단계별로 처한 상황이 다르다. 하나는 맨 아래에 위치하여 아이처럼 바라보고 있고, 또 다른 하나는 두 번째 자리에 위치하고 있는데, 이는 하괘의 중간에 해당하므로 집 안이라고 할 만하니 여인처럼 엿보는 것이다. 그리고 육삼효에 이르러서는 하괘의 맨 윗자리에 해당하므로 비록 아직 여인의 단계에 머물러 있기는 하지만 가장 높은 자리에 이르러 성숙해져야 한다. 그래서 그녀는 자신의 생활방식을 살펴보고 행위를 반성한 뒤에 신중하게 나아가고 물러섬을 결정한다. 이렇게 하면 여전히 좋게 되니 관찰은 바로 자신의 내면을 살피는 것에서부터 시작해야 하는 셈이다.

「상전」에서는 '나의 생김새를 살펴보고 나아가고 물러선다는 것은 도를 잃지 않는 것觀我生進退, 未失道也'이라고 했다. 내면 깊은 곳에서부터 생활방식을 살핀 뒤 행위를 반성하여 나아감과 물러섬을 신중히 결정하면 바른 도에 부합한다는 것이다. 이처럼 자기 내면을 살피고 반성하는 것은 무척 중요한 일이어서 관찰의 대상을 늘 자기 밖의 외부 세계로만 돌릴 필요는 없다.

육사 효사와 「소상전」

六四, 觀國之光 利用賓于王.
육 사   관 국 지 광   이 용 빈 우 왕

象曰: 觀國之光 尚賓也.
상 왈   관 국 지 광   상 빈 야

육사는 나라의 빛남을 봄이니 왕에게 손님이 되는 것이 이롭다.
「상전」에서는 말했다. 나라의 빛남을 본다는 것은 손님이 됨을 숭상하는 것이다.

육사의 '관국지광觀國之光'은 나라의 빛나는 일면을 관찰한다는 것이다. '이용빈우왕利用賓于王'은 왕의 귀빈, 손님이 됨이 이롭다는 말인데 손님이 됨은 곧 군왕을 보좌한다는 뜻이다. 여기서 군왕이 가리키는 것은 구오효다. 육사효는 마침 구오효의 바로 아래 위치하므로 군왕을 보좌하는 듯한 모습이다.

하괘에서 나와서 두 번째 단계라고 할 수 있는 상괘의 육사효에 이르니 나라를 관찰하기 시작한다. 이로써 관찰의 시야가 점점 넓어지고 국가의 빛나는 일면을 바라보게 되었으니 대왕의 귀빈이 되는 것이 이로울 수밖에 없다. 여기서 우리는 육사의 위치에 거하면 어떻게 관찰해야 하는지 알 수 있다. 한 국가의 빛나는 일면을 관찰하는 것이 그 예인데, 이는 무조건 어두운 면은 보지 말라는 것이 아니라 광명한 마음을 이용해서 국가의 빛나는 부분을 관찰하라는 말이다. 만약 어두운 마음으로 관찰하면 모든 것이 어둡게만 보일 것이다.

다음의 고사를 살펴보면 이해하기가 더 쉬울 것이다.

어떤 어머니에게 두 아들이 있었는데 큰 아들은 우산을 팔고 작은 아들은 부채를 팔았다. 그래서 어머니는 날씨가 맑을 때는 큰 아들이 우산을 팔지 못할까 봐 염려하고, 비가 오는 날이면 작은 아들이 부채를 못 팔까 봐 근심 마를 날이 없었다. 근심 걱정으로 세월을 보내던 어느 날, 어머니는 생각을 바꿔 먹기로 했다. 맑은 날에는 작은 아들이 부채를 더 잘 팔게 되니 기뻐하고 비 오는 날에는 큰 아들이 우산을 더 잘 팔게 될 것이므로 더욱 기뻤다. 이렇게 생각을 바꿔 먹은 뒤로부터 어머니의 마음은 한결 편해질 수 있었다.

이처럼 동일한 사건이나 사물을 보더라도 마음을 어떻게 먹느냐에 따라 결과는 천차만별이다. 이 때문에 밝고 빛나는 마음으로 사물을 관찰해야 할 필요가 있다는 것이다.

「상전」에서는 '나라의 빛남을 본다는 것은 손님이 됨을 숭상하는 것이다.觀國之光 尙賓也'라고 했다. 여기서 '상尙'은 '상上'과 같은 의미여서 빛나는 마음으로 관찰하는 사람이라야만 높은 지위의 귀빈이 되어 '상빈上賓'으로 추대될 수 있다는 말이다.

九五, 觀我生 君子无咎.
구 오   관 아 생   군 자 무 구
象曰: 觀我生 觀民也.
상 왈   관 아 생   관 민 야

구오는 나의 생김새를 살피되 군자다우면 허물이 없다.

「상전」에서는 말했다. 나의 생김새를 살핀다는 것은 백성을 돌아본다는 것이다.

구오의 '관아생觀我生'은 '나의 생김새를 살핀다.'는 뜻으로 육삼의 '관아생觀我生'과는 주어 및 동작의 주체가 다르다. 육삼은 음의 부드러움을 지닌 성격의 사람이 스스로 자신의 내면을 관찰하는 것인 반면, 구오는 강건하여 군왕의 자리에 앉은 이가 자신의 생활방식을 돌아봐서 행위를 반성하는 것이다. 이러한 사람 둘이 말하는 '관아생觀我生'은 당연히 다를 수밖에 없다. 왜냐면 구오의 지위에 있는 사람이라면 그의 사람됨과 행위가 나라 전체의 흥망성쇠에 큰 영향을 끼치기 때문이다. 따라서 구오의 군왕이 '관아생'할 수 있다면 그것은 자기 자신에게 허물이 없을 뿐 아니라 나라 전체에도 화가 없다.

「상전」에서는 '나의 생김새를 살핀다는 것은 백성을 돌아보는 것이다.觀我生 觀民也'고 했다. 군왕의 지위에 있는 사람이 자신의 행위와 마음을 돌이켜 잘못을 고치고 선을 드날리며 백성의 마음을 헤아린다면 허물이 없을 뿐 아니라 크게 길하고 이롭다.

上九, 觀其生 君子无咎.
상구 관기생 군자무구
象曰: 觀其生 志未平也.
상왈 관기생 지미평야

상구는 그 생김새를 살피되 군자다우면 허물이 없다.
「상전」에서는 말했다. 그 생김새를 살핀다는 것은 뜻이 평안하지 않은 것이다.

상구효는 가장 높은 위치의 효지만 백성이 없는 상태이며 가끔은 군중에게서 이탈한 상태로 보기도 한다. 따라서 '관기생觀其生'은 '그 생김새를 살핀다.'는 뜻인데, 반드시 민중의 행위를 관찰하고 아랫사람들의 반응을 관찰함으로써 자신의 행위를 즉시 개선하고 조절해야 한다. 이럴 때 만약 지속적으로 '나의 생김새를 살피고觀我生' '백성을 살핌觀民'으로써 백성과 밀접한 관계를 유지한다면 군중의 보호를 받게 될 것이다. 상구효가 육삼효와 상응하는 것처럼 아랫사람들에게 잘 하면 아랫사람들도 자연히 감동한다. 따라서 '군자다우면 허물이 없다.君子无咎', 즉 군자가 이렇게 행하면 화가 없게 되는 것이다.

「상전」에서는 '그 생김새를 살핀다는 것은 뜻이 평안하지 않은 것이다.觀其生 志未平也'라고 했다. 이는 이러한 뜻이 아직 완성되지 않았지만 안일하고 느슨하게 살 수 없으며 끝까지 관찰해야 한다는 말이다. 상구는 가장 높은 자리에 거하고 있으므로 반드시 시시각각 백성이나 아랫사람들의 행위를 관찰해야 하는데, 만약 그렇지 않으면 백성과 아랫사람들이 자기에게서 멀어지고 만다.

나아가, 다음의 고사를 살펴보자.

주희의 제자가 관괘의 여섯 효 사이에 과연 우열이 있는지 주희를 향해 여쭈었다.

"위치가 높을수록 더 많은 것을 볼 수 있는 것입니까?"

관찰자의 시야가 넓거나 거한 위치가 높을수록 볼 수 있는 것도 더 늘어나느냐는 물음이었다. 주희가 대답했다.

"관괘의 아래에 있는 네 효는 모두 음효이고 위의 두 효는 양효이므로 두 부분으로 나뉜다네. 맨 위의 두 효는 그 뜻이 각기 다르고 아래 네 효는 그 위치가 가까울수록 보는 것도 더 많아지고 친밀해지는 법이야."

맨 위의 두 양효는 그 뜻이 달라서 구분되며, 아래 네 음효는 위로 올라가 사효에 이를수록 구오효와 가장 가깝게 된다. 따라서 아래 네 효는 확실히 주희의 제자가 말한 것처럼 위치가 높을수록 더 많이 보게 되는 것이 맞다. 그러나 맨 위의 두 양효는 성질이 강효로 변해서 군주가 되었다. 그러니 위치가 높을수록 멀리 본다는 것은 아닌 셈이다.

관괘에서 우리는 어떤 교훈을 얻을 수 있을까?

가장 중요한 것은 마음을 다해 관찰하고 공경하고 우러르는 마음으로 하되 사심 없이 객관적으로, 중정의 마음을 가지고 천하를 바라봐야 한다는 점이다. 마음가짐이 다르다면 그것으로 얻는 결과도 다르다.

둘째, 서로 다른 상황에 처해 있다면 가진 재능도 다르게 마련이니 이때는 서로 다른 관찰 방식을 취하되 '아이가 바라봄童觀' '엿봄窺觀'의 방식은 피해야 한다.

셋째, 모든 사람, 특히 지도자는 끊임없이 자신의 내면을 관찰하고, 생활방식을 돌아보며 행위의 득실을 살펴야 한다. 다른 사람의 부족함을 바라보기보다는 먼저 자신의 부족함을 통감해야만 자신의 잘못과 부족함을 고쳐 나갈 수 있음을 명심하자.

21
서합괘噬嗑卦 — 형법은 엄중하게

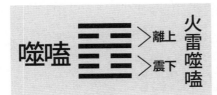

噬嗑 亨 利用獄.
서합 형 이용옥

서합은 형통하니 형벌을 씀이 이롭다.

'서噬'는 치아로 물건을 무는 것이고 '합嗑'은 입을 다무는 것이므로 '서합噬嗑'은 위아래 턱이 맞물려 입안의 음식을 씹는다는 뜻이 된다. 「서괘전」에서는 "볼 만한 것이 있으면 합하는 바가 있으므로 서합괘로 받았다. 합嗑은 합함 습이다."라고 했다. 관찰과 관조의 방식을 써서 민심을 살피고 백성이 정情과 이치理와 법法에 부합하게끔 교화하는 데는 반드시 형벌과 제도, 법률을 사용해야 한다. 그래서 관괘의 뒤를 이어 서합괘가 온 것이다.

서합괘는 '합함'을 상징한다. '합嗑'은 '합合'을 뜻하므로 법에 부합하지 않는 사람으로 하여금 법률과 제도를 따르게 하고 약간의 강제를 둔다. 앞서 말한 '관觀'이 일종의 '교화'의 의미라면 뒤이어 나오는 '서합噬嗑'은 '형벌'의 의미여서 상과 벌을 병용하는 방법이다. 이처럼 서합괘는 형벌과 법, 제도를 강조하여 사람들에게 어떻게 형법을 시행해서 법제도를 엄격하고 분명하게 하는지 알려 준다.

괘사에서는 '서합은 형통하며 형벌을 씀이 이롭다.噬嗑 亨 利用獄'고 했다. 여기서 '옥獄'이라는 글자의 구조를 보면 두 가지 이상의 글자가 한데 모여 새로운 뜻을 형성하는 회의자다. 맨 왼쪽의 '견犭', 가운데의 '언言', 그리고 맨 오른쪽의 '견犬'이라는 세 글자가 모여서 이루어졌다. 좌우에 모두 '개 견犬'이 들어가 있는 것에 대해서 『설문해자』에서는 "두 마리 개가 있으니 지킴이다."라고 했다. 중간에 '말씀 언言'이 들어간 것은 양쪽에서 개가 지키는 가운데 개의 소리를 냄으로써 위엄을 더한다는 의미가 함축되어 있다.

괘사에 대한 「단전」

象曰: 頤中有物 曰噬嗑.
단왈   이중유물 왈서합
噬嗑而亨 剛柔分 動而明 雷電合而章.
서합이형 강유분 동이명 뇌전합이장
柔得中而上行 雖不當位 利用獄也.
유득중이상행 수부당위 이용옥야

「단전」에서는 말했다. 턱 가운데 물건이 있는 것을 서합이라고 한다. 깨물어 합하니 형통하다. 강과 유가 나뉘어, 움직이고 밝으며, 우레와 번개가 합하여 빛난다. 유가 중을 얻어 위로 행하니 비록 자리가 마땅하지 않지만 형벌을 씀이 이롭다.

「단전」에서는 '턱 가운데 물건이 있는 것을 서합이라고 한다.頤中有物 曰噬嗑'고 했다. 이는 입의 형상을 닮은 이괘(☲)와 관계가 있다. 이괘는 우레, 움직임을 상징하는 진괘(☳)가 아래에 있고 산과 그침, 멈춤을 나타내는 간괘(☶)가 위에 있어서 사람이 음식을 씹을 때 위턱은 거의 멈춘 상태에서 아래턱만 끊임없이 움직이는 모습과도 유사하다. 따라서 이괘는 양생을 말한다고도 볼 수 있으며 여기서 유래하여 '이양천년頤養天年(몸과 마음을 보양하여 장수를. 도모함)'이라는 성어도 나왔다. 서합괘(☲)는 가운데 양효가 하나 있는 것을 볼 수 있는데, 이는 마치 입을 벌린 상태에서 막대기 하나를 물고 있는 형상과도 같다. 이 때문에 괘사에서 '턱 가운데 물건이 있다.頤中有物'고 표현한 것이다. 형법을 시행할 때 입에 물건을 물듯 힘써 행해야 한다는 뜻이며, 이것이 바로 서합괘의 의미다.

'서합이형噬嗑而亨'은 '깨물어 합하니 형통하다.'는 뜻인데 어째서 형통하다고 했을까? 서합괘(☲)의 구조를 잘 보면 상괘가 이괘(☲)이고 하괘가 진괘(☳)이므로 여섯 효 가운데 세 개가 음효, 세 개가 양효로서 음양이 뒤얽혀 강유(음양)가 조화를 이룬다. 이 때문에 형통하다고 한 것이다. '강유분剛柔分'은 괘 안에서 강유(음양)가 서로 나뉨을 가리킨다. '동이명動而明'은 하괘인 진괘가 움직임을 나타내고 상괘인 이괘가 광명을 상징하니 행동함이 빛난다는 뜻이다. '뇌전합이장雷電合而章'은 진괘가 우레이고 이괘가 번개여서 번개와 우레가 치는 것처럼 모여서 빛을 발하는 형상을 말한다. 이들 구절에서 말하고자 하는 것은 형법과 법률을 제정할 때는 반드시 강유, 즉 강함과 부드러움을 분명하게 해야 하며 형법을 운영할 때는 번개와 우레가 치면서 합하여 빛이 나듯 신속하고도 맹렬하며 정확하게 해야 한다는 점이다.

명벌칙법

'유득중이상행柔得中而上行'은 '유가 중中을 얻어 위로 행한다.'는 뜻이다. 이는 육오의 음효가 상괘의 중앙에 위치하니 '중中'을 얻은 것이고, 음효는 부드러움에 속하므로 강건한 성격의 형법과 함께하니 강유(음양)가 서로 조화를 이룬다는 뜻이다. '상행上行'은 '위로 올라간다.'는 뜻인데 실제로는 괘가 변한 것을 가리킨다. 즉 서합괘는 비괘(☲)가 변하여 만들어진 괘로서, 비괘의 초육효가 위로 다섯 번째 자리에 올라가 오효로 변하고, 구오효는 아래 초효 자리로 옮겨가 초구효가 형성됐다. '비록 자리가 마땅하지 않지만 형벌을 씀이 이롭다.雖不當位 利用獄也'는 것은 비록 육오효가 양의 자리에 음효가 오는 바람에 '정正'을 얻지는 못했지만 형벌로 다스림에는 무척 이롭다는 뜻이다.

괘사에 대한 「대상전」

象曰: 雷電噬嗑 先王以明罰敕法.
상 왈   뇌전서합   선왕이명벌칙법

「상전」에서는 말했다. 우레와 번개가 서합이니 선왕은 이를 보고 형벌을 분명히 하여 법을 집행한다.

「상전」에서 '우레와 번개가 서합이다.雷電噬嗑'라고 한 것은 서합괘(☲)의 하괘인 진괘(☳)가 우레이고 상괘인 이괘(☲)가 번개를 상징하기 때문이다. 즉 번개가 치고 우레가 울림으로써 둘이 합하여 빛을 내는 것이 서합괘의 상이다.

선왕은 이러한 괘상을 보고 서합괘의 도에 근거하여 '형벌을 분명히 하여 법을 집행해야 한다.明罰敕法' 다시 말해 징벌의 도리를 명확하게 정하고 법률을 수정하며 징벌의 조례와 규정을 천명함으로써 대중에게 알려야 한다는 것이다. '칙법敕法'은 법을 집행한다는 뜻이다.

초구 효사와 「소상전」

初九, 履校滅趾 无咎.
초 구　구 교 멸 지　무 구
象曰: 履校滅趾 不行也.
상 왈　구 교 멸 지　불 행 야

초구는 신발에 차꼬를 채워 발꿈치를 없앰이니 허물이 없다.
「상전」에서는 말했다. 신발에 차꼬를 채워 발꿈치를 없애는 것은 가지 못하게 함이다.

'구屨'는 '리履'와 글자 형태와 구조가 비슷하다. 둘 다 '주검 시尸'를 부수로 삼으며 신발이라는 뜻도 동일하다. 그러나 '구屨'는 '리履'와는 달리 삼이나 칡으로 짠 신을 가리킨다. '교校'는 '나무 목木' 부수를 가지므로 나무로 만든 형벌 도구다. 잘못된 것을 바로잡는다는 의미의 '교정校正'이라는 단어도 바로 여기서 유래했다. 따라서 초구의 '구교멸지履校滅趾'는 이제 막 그의 발에 형틀, 차꼬를 채우니 발뒤꿈치가 상했으나 화는 없을 것이라는 뜻이다.

「상전」에서는 '신발에 차꼬를 채워 발꿈치를 없앴으나履校滅趾' 여전히 화가 없는 이유는 '가지 못하기 때문不行也'이라고 해석했다. 발꿈치가 상해 더 이상 앞으로 나아가지 못하므로 두 번 다시 죄를 범하지 않게 되니 약하게 징벌함으로써 크게 경고하는 효과를 얻은 셈이다. 그래서 허물이 없다고 했다.『주역』괘의 원리는 모두 아래에서 위로 올라가는 순서로 이뤄진다. 따라서 사람의 몸에 빗댈 때에도 아래에서부터 시작하고 형벌을 받을 때도 발뒤꿈치에서 시작하였다가 점차 위로 올라가는 식이다.

육이 효사와 「소상전」

六二, 噬膚 滅鼻 无咎.
육 이 서 부 멸 비 무 구
象曰: 噬膚滅鼻 乘剛也.
상 왈 서 부 멸 비 승 강 야

육이는 살을 깨물어 코가 없어졌으니 허물이 없다.
「상전」에서는 말했다. 살을 깨물어 코가 없어진 것은 강을 탔기 때문이다.

육이효에서부터 육오효까지는 서로 다른 유형의 고기를 먹는 비유를 통해 형법이 가벼운 데서 시작하여 무거운 데 이르는 이치를 설명한다. '부膚'는 피부를 가리키니 가장 가벼운 형벌을 빗댄 것이다. 육이효에서는 '서부 멸비噬膚 滅鼻'는 형벌이 코를 상하게 했지만(코가 베이는 형벌을 당함) '허물이 없다.无咎'고 했다. 코를 베이는 것은 대개 코가 우리 몸의 가장 바깥으로 나와 있고 또 얼굴의 중심에 있기 때문에 생겨난 형벌이다. 육이효가 하괘의 중심인 것도 코 베는 형벌을 암시한다.

「상전」에서는 '살을 깨물어 코가 없어진噬膚滅鼻' 이유가 '강을 탔기 때문乘剛也'이라고 했다. 음효인 육이효가 양효인 초구효의 위에 자리 잡고 있기 때문에 음이 양을 탔다는 의미에서 '강을 탔다.'고 표현한 것이다. 이는 길하거나 이로운 것은 아니므로 약간의 징벌을 받게 된다는 말이다.

육삼 효사와 「소상전」

六三, 噬腊肉 遇毒 小吝 无咎.
육 삼   서 석 육 우 독 소 린 무 구

象曰: 遇毒 位不當也.
상 왈   우 독 위 부 당 야

육삼은 말린 고기를 씹다가 독을 만났으니 조금 부끄러우나 허물이 없다.

「상전」에서는 말했다. 독을 만났다는 것은 자리가 마땅하지 않기 때문이다.

'석육腊肉'은 바람에 말려 만든 여러 해 묵은 말린 고기를 뜻한다. 육삼효에 이르러 '말린 고기를 씹다가 독을 만났다.噬腊肉 遇毒"고 한 것은 말린 고기를 훔쳐 먹다가 형벌을 받게 된 사람이 다소 불만이 있어서 원망이 시작되니, 어쩌면 이것은 형벌을 사용함이 다소 부당하기 때문일 수 있다. '소린 무구小吝 无咎'는 다소 유감스럽기는 하지만 큰 허물은 없다는 말이다.

「상전」에서는 '독을 만났다는 것은 자리가 마땅하지 않기 때문遇毒 位不當也'이라고 했는데 이는 육삼의 음효가 양의 자리에 있어서 부당한 것을 가리킨다. 설령 말린 고기를 먹는 상황이 그다지 심각하지도 않은데 과중

한 형벌을 받았다 하더라도 집행자가 법 집행을 고집한다면 비록 유감스 럽기는 하지만 징계의 효과가 있다는 점에서 화가 없다.

구사 효사와 「소상전」

九四, 噬乾胏 得金矢 利艱貞 吉.
구 사   서 건 자 득 금 시 이 간 정 길
象曰: 利艱貞吉 未光也.
상 왈   이 간 정 길 미 광 야

구사는 뼈에 붙은 말린 고기를 씹다가 쇠 화살을 얻음이라. 어려워도 바르게 함이 이로우니 길하다.
「상전」에서는 말했다. 어려워도 바르게 함이 길하나 광대하지는 못하다.

'건자乾胏'는 뼈에 붙어 있는 말린 고기를 뜻한다. '시矢'는 화살을 의미 하니 '금시金矢'는 강경함과 강직함을 의미한다. 구사효는 양효가 음의 자 리에 왔으므로 성격이 '쇠 화살'처럼 강경하다고 볼 수 있다. 구사효에 이 르러 '뼈에 붙은 말린 고기를 씹어 금과 화살을 얻는다.噬乾胏 得金矢'고 한 것은 형벌을 받는 사람이 갈수록 강경해지는데 형벌 집행자까지 점점 엄 격해지니 형벌 받는 이가 이로 말미암아 불만을 품게 됨을 뜻한다. 상황 이 이렇게 되자 '어려워도 바르게 함이 이로우니 길하다.利艱貞 吉'고 했다. 이는 형을 집행하는 사람이 비록 어려움에 직면했으나 공정하게 법을 집 행하면 곧 순조롭게 될 것이므로 길하다는 뜻이다.

「상전」에서는 '어려워도 바르게 함이 길하나 광대하지 못하다.利艱貞吉 未光也'고 했다. 이는 구사효에 이르면 비록 어려움에 직면해도 공정하게 법을 집행하면 순조롭고 길할 수 있지만 여전히 형법의 도가 광대하지 못 하다는 뜻이다. 형벌의 목적은 범인에게 중형을 가하는 행위 자체에 있는 것이 아니라 형벌이라는 수단을 통해서 범죄를 예방하고 경고의 효과를 거두는 데 있다. 그런데 형벌을 집행했는데도 경고의 효과를 내지 못한다면 범죄는 갈수록 심각해지고 이에 따라 형벌의 강도도 갈수록 엄중해질 것이다. 따라서 형법의 도리가 크게 발휘될 수 없게 된다.

육오 효사와 「소상전」

六五, 噬乾肉 得黃金 貞厲 无咎.
육 오   서건육 득황금 정려 무구

象曰: 貞厲无咎 得當也.
상왈   정려무구 득당야

육오는 말린 고기를 씹어서 황금을 얻었으니 바르게 하면 위태로우나 허물이 없다.

「상전」에서는 말했다. 바르게 하면 위태로우나 허물이 없음은 마땅한 자리를 얻었기 때문이다.

‘말린 고기乾肉’는 바람에 말린 고기를 가리키며 육사의 효사에 언급된 ‘뼈에 붙은 말린 고기乾胏’보다는 좀 더 질기고 강하다. 육오는 상괘의 중앙에 위치하고 강(양)의 자리이며 존귀한 위치다. 오행에서 중앙에 위치하는 것은 흙인데 흙은 황색이며 고대에 귀하게 여겨졌던 황금도 황색에 속한다. 따라서 육오가 ‘황금을 얻었다.得黃金’는 표현은 육오효가 상괘의 중앙에 거하여 존귀함을 얻었음을 상징한다.

그런데 육오는 강효(양효)가 아닌 유효(음효)로 되어 있다. 이는 존귀한 사람이 겸손의 미덕까지 갖추었다는 말이다. 육오처럼 고귀한 사람이 형법을 실시할 때는 형벌 받는 이가 강경하게 나오는 상황에 직면할 수 있다. 그럴 때 취할 수 있는 방법은 강(양)과 유(음)를 조화롭게 하는 것이다. 즉 엄격한 법률을 강경하게 적용함과 동시에 상대를 감화시킬 만한 수단을 써서 교화하면 탁월한 효과를 얻을 수 있다. '정려 무구貞厲 无咎'는 이런 상황에서 지나치게 강경하게 대하면 위험에 처할 수 있으나 재앙이 없다는 말이다. 다만 그렇게 되면 형벌이 가지는 경각심 부여와 교화의 목적에는 이르지 못할 뿐이다.

앞서 설명한 네 효는 모두 형벌을 강조하면서 상대의 상황에 따라 서로 다른 형벌을 취해야 한다고 강조한다. 육오효에서는 형벌의 도리에서 핵심을 도출해 내었다. 즉 노자가 "위협하여 강하게 다스리면 처음에는 두려워 잘 따르다가 이런 상태가 지속되면 백성이 죽음조차 겁내지 않게 되니 어찌 죽이는 것으로 그들을 겁줄 수 있겠는가!"라고 말한 것과 같은 상태다. 형벌 받는 사람이 갈수록 강경해진다면 감화하고 교화하는 중도의 수단을 택해야 한다. 형벌은 본래 강경한 성격이어서 만약 형을 집행하는 자가 '양'과 '강'의 성질을 지닌 사람이라면 형벌이 다소 지나칠 수 있다. 그러나 육오효는 음효이므로 부드러움 가운데 바른 도를 지키니 부드러움과 강함이 조화를 이루는 형국이라 하겠다. 이처럼 육오효는 큰 지혜를 품은 효다.

「상전」에서는 '바르게 하면 위태로우나 허물이 없는貞厲无咎' 이유가 '마땅한 자리를 얻었기 때문得當也'이라고 했다. 오효의 자리는 본래 양의 자리이므로 성격이 강경하고 형을 집행할 때도 강하고 열성적이게 마련인데 실상은 이렇게 되면 이로울 바가 없다. 그런데 이럴 때 부드러운 성격을 지닌 이가 이 자리에 오면 형을 집행할 때도 부드러움 가운데 강함을 깃들게 하여 음과 양이 조화를 이루니, 이 때문에 자리가 마땅하다고 한 것이다. 죄에 대한 경각심을 불러일으키는 역할을 제대로 할 뿐 아니라 교화의 효과도 거두게 되니, 잔혹한 형벌 때문에 민심이 떠나는 일도 생기지 않을 것이다.

上九, 何校滅耳 凶.
상구 하 교 멸 이 흉
象曰: 何校滅耳 聰不明也.
상 왈 하 교 멸 이 총 불 명 야

상구는 목에 차꼬를 메어 귀가 없어진 것이니 흉하다.

「상전」에서는 말했다. 목에 차꼬를 메어 귀가 없어진 것은 귀가 밝지 못하기 때문이다.

'하何'는 '짊어질 하荷'와 통하는 글자여서 '어깨에 메다.'라는 뜻을 가진다. 따라서 상구의 '하교멸이何校滅耳'는 형틀을 목에 메니 귀를 상하게 한다는 것이다. 형벌이 발에서부터 시작하여 점차 위로 올라가 귀를 상하게 하는 지경에 이르렀다. 이처럼 형벌이 점차 무거워지니 흉하다. 괘 전체에 걸쳐 유일하게 상구효만 흉하다고 했는데 그 이유는 지나친 형벌 때문이다. 설령 범죄를 저지른 범인이라고 해도 그들을 대할 때는 인도주의에 바탕을 둬야 한다.

「상전」에서는 '목에 차꼬를 메어 귀가 없어짐何校滅耳'은 '귀가 밝지 못하기 때문聰不明也'이라고 했다. 즉 형벌을 갈수록 무겁게 하는 것은 현명하지 못한 방법이다. 상나라의 주왕이나 진나라의 시황제처럼 잔혹한 형법을 사용하면 결국 패망의 길로 이를 수 있음을 명심해야 한다.

䷔

서합괘를 이루는 여섯 효 가운데 상구효와 초구효의 두 양효를 살펴보면 초구에서는 작은 형벌로 큰 경각심을 불러일으키는 효과를 말했고 상구효에서는 형벌이 과도함을 말하였다. 중간에 있는 구사효는 형벌이 점차 가중되는 과정을 상징한다. 특히 육오효에서는 부드러움 가운데 강함을 수반하여 음과 양이 조화를 이루는 형벌의 도를 강조하여 보는 이로 하여금 깊이 생각하게끔 한다.

「계사전」에서는 서합괘에 대해서 "선이 쌓이지 않으면 이름을 이루기에 충분하지 않고, 악이 쌓이지 않으면 몸을 위태롭게 하지 않는다. 소인은 작은 선을 무익하다고 하여 행하지 않으며, 작은 악을 해롭지 않다고 여겨 버리지 않는다."고 했다. 그리고 삼국지의 주인공 유비劉備는 아들 유선劉禪에게 당부하기를 "선한 일은 작다고 해서 하지 않으면 안 되고, 악은 아무리 작더라도 행해서는 안 된다. 오로지 어짊과 덕만이 사람을 움직이게 하는 법이다."라고 했다. 불가에서 '모든 악은 짓지 말고 모든 선은 행하라'고 한 것도 같은 맥락이다.

다시 말해 아무리 작은 악이라고 할지라도 행해서는 안 되고, 아무리 작은 선이라고 할지라도 하지 않으면 안 된다는 말이다. 선악은 모두 작은 것이 조금씩 쌓여서 이루어진 결과이기 때문이다. 형벌을 집행하는 사람은 지나침이 있어서는 안 된다. 지나침은 재앙을 불러오기 때문이다. 법으로 다스리는 '법치'도 물론 중요하지만 더욱 중요한 것은 덕으로 교화하는 '덕치'임을 잊지 말자.

22
비괘賁卦 — 수식의 아름다움

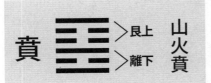

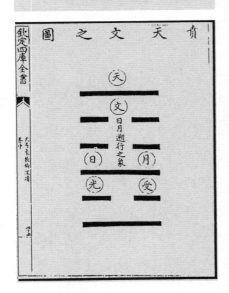

賁 亨 小利有攸往.
비 형 소 리 유 유 왕

비는 형통하니 가는 바를 둠이 조금 이롭다.

'비賁'는 '꾸미다' '수식하다'의 의미다. 「서괘전」에서는 "물건은 구차하게 합하기만 해서는 안 되므로 비괘로 받았다. 비는 꾸밈이다."라고 했다. 여기서 꾸민다는 것은 '문文'을 말한다. '문文'과 '질質'은 상대적인 개념으로서 '질'이 사물의 본질과 내용을 말한다면 '문'은 사물의 외양과 꾸밈을 말한다.

사회의 측면에서 말하면 등급과 신분제도, 예의범절 등이 '문文', 즉 꾸밈에 해당한다. 이러한 문식文飾은 우리 사회를 이루는 필수불가결한 요소다. 사람과 사람이 만나 왕래하고 약속할 때는 조금의 허술함이나 부

적절함이 있어서는 안 되므로 일정한 문식이 필요하게 되는데 이러한 문식은 행위규범, 예의제도로 드러난다. 따라서 서합괘의 뒤를 이어 비괘가 배치된 것이다.

또한 문식은 문명이나 문화로 확장될 수 있다. 문명, 문화, 인문이라는 단어는 모두 비괘의 단사에서 유래했다. 비괘는 문식하여 아름답게 하는 도리를 말하므로 이는 역경의 미학 사상과도 관계가 있다. 적당한 문식은 적극적인 역할을 발휘하여 삶을 풍성하게 하는 데 도움을 주지만, 그러함에도 문식은 적당한 선에서 이루어져야지 지나침이 있어서는 안 된다. 왜냐면 문식은 사업 성공을 촉진하는 조력자, 보조적인 역할을 할 뿐이고 결정적인 요인이 아니기 때문이다. 결정적인 요인은 여전히 그 안의 실질이다. 만약 문식이 지나친 나머지 실제와 부합하지 않는다면 원하는 것과는 정반대의 결과를 낳고 말 것이다. 문식이 지나치면 실질은 쇠하고 만다. 이것은 필연적인 도리다.

공자는 "말로써 뜻을 다 표현할 수 있어야 하고 글로써 말을 다 표현할 수 있어야 한다. 말하지 않으면 그 뜻을 어찌 알겠는가. 말을 할 뿐 글로 표현하지 않으면 멀리 전달되지 못한다."고 했다. 말이라는 것은 마음의 뜻을 밝히어 알리는 데 사용되어야 하고 글은 말을 전파하는 데 사용되어야 하니, 사실 말과 글은 일종의 수식 도구인 셈이다. 만약 말에 수식의 옷을 입히지 못한다면 그 영향력은 깊고 멀리 미치지 못하므로 이 때문에 문학이 필요하다. 『시경』에 나타나는 세 가지 수식 방법, 즉 부賦, 비比, 흥興이 다 문장을 아름답게 가꾸는 수단이다. 『예기』에서는 선왕이 음악을 통해 자기 자신을 꾸민 기록이 나오는데 "근본은 서지 않음이 없으며 문은 행하여지지 않음이 없다."는 말이 그것이다. 사람이 아름다운 옷을 입어서 자신을 아름답게 꾸밈으로써 시선을 사로잡듯이 말이다.

문제를 바라볼 때는 먼저 그 안의 실제를 파악해야지 겉모습만 봐서 판

단해서는 안 된다. 포장만 화려할 뿐 내용은 별것 아닌 빛 좋은 개살구 상
품들은 언젠가는 내실이 드러나게 되어 있다. 이처럼 지금까지는 겉모습
보다는 내실이 중요하다는 인식이 지배적이었다. 그러나 한편으로는 아
무리 품질이 탁월하고 저렴한 제품이라 하더라도 겉포장이 초라하여 보
잘 것 없으면 사람들의 관심을 끌기 어렵다. 이 때문에 외양을 아름답게
꾸미는 일도 전혀 무시만 할 수는 없다. 내면이 아름다운 데다 외양까지
고상하고 우아하다면, 내면의 매력을 더욱 잘 드러낼 수 있지 않겠는가!

괘사에서는 비괘가 형통하다고 하면서 '가는 바를 둠이 조금 이롭다.
小利有攸往'고 했다. 즉 약간의 이로움이 있으니 계속해서 앞으로 나아가도
좋다는 말이다.

괘사에 대한「단전」

彖曰: 賁 亨 柔來而文剛 故亨.
　　　단 왈　비 형 유 래 이 문 강　고 형
分剛上而文柔 故小利有攸往.
분 강 상 이 문 유　고 소 리 유 유 왕
(剛柔交錯) 天文也. 文明以止 人文也.
　강 유 교 착　천 문 야　문 명 이 지　인 문 야
觀乎天文以察時變 觀乎人文以化成天下.
관 호 천 문 이 찰 시 변　관 호 인 문 이 화 성 천 하

「단전」에서는 말했다. 비가 형통함은 유가 와서 강을 문식하므로 형통
하다고 한 것이다. 강을 나누어 올라가 유를 문식하므로 가는 바를 둠이
조금 이롭다. (강유가 뒤섞이는 것) 이것이 천문이다. 문명으로써 그치게 하니
이것이 인문이다. 천문을 관찰하여 사시의 변화를 살피고, 인문을 관찰하
여 천하를 교화하여 이룬다.

「단전」에서는 비괘가 형통한 이유에 대해서 '유가 와서 강을 문식하므

로 형통하다.柔來而文剛 故亨고 했다. 육이효가 아래에 거하면서 구삼효를 수식함을 통해 유효(음효)가 강효(양효)를 보좌하기 때문이다. 부드러운 성질로써 강건함을 수식하고 음양이 교차함으로써 수식하니 이 때문에 형통하다고 한 것이다.

'강을 나누어 올라가 유를 문식한다.分剛上而文柔'는 것은 강효인 상구효가 육오효를 문식하니 강이 유를 보좌하는 까닭에 '가는 바를 둠이 조금 이롭다.小利有攸往'고 했다. 만약 음이 양을 보좌한다면 '가는 바를 둠이 크게 이로운大利有攸往' 상황이 될 것이다.

강유가 교차하여 함께 뒤섞이며 음양이 배합하여야만 문채가 드러날 수 있다. 일월성신과 강유가 교차하여 뒤섞이면 '이것이 천문天文也', 즉 하늘의 문채文彩라고 했다. 하늘의 도도 이와 같고 사람의 도도 마찬가지다. '문명으로써 그치게 하는 것文明以止'이란 인간 사이에서 밝고 맑은 마음이 있어서 예의에 머무르는 것이며 이것이 바로 '인문人文', 즉 인류의 문명이다. 이는 본 괘의 하괘인 이괘가 '밝음'을 상징하고 상괘인 간괘가 '그침'을 대표한 것에서 나온 말이다.

'천문을 관찰하여 사시의 변화를 살피고 인문을 관찰하여 천하를 교

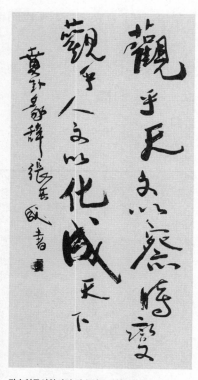

관호천문이찰시변 관호인문이화성천하

화하여 이룬다.觀乎天文以察時變 觀乎人文以化成天下'고 한 것은 천문을 살피면 절기의 변화 즉 자연의 법칙을 알게 되고 인류의 문명을 관찰함으로써 수

양을 쌓은 사람이라면 천하를 교화할 수 있다는 말이다. 오늘날 많은 사람이 지식은 있으나 문화가 없고, 행동거지에 예의가 없으며 굳건하거나 도량이 넓은 사람도 드물다. 비괘는 문화를 강조한다. 다시 말해 겉모습이 아름답고 내재된 빛이 있어야 할 뿐 아니라 예의에 머무름을 통해 천하를 교화해야 한다는 것이다.

괘사에 대한 「대상전」

象曰: 山下有火 賁. 君子以明庶政 无敢折獄.
상왈　산하유화　비　군자이명서정　무감절옥

「상전」에서는 말했다. 산 아래에 불이 있는 것이 비다. 군자는 이를 보고 여러 정사를 밝히되 형벌에 관해 결단할 때는 과감하게 하지 않는다.

「상전」에서 '산 아래에 불이 있는 것이 비다.山下有火 賁'라고 했는데 이는 비괘(䷕)의 상괘인 간괘(☶)가 산이고 하괘인 이괘(☲)가 불이기 때문이다. 산 아래에 불이 있으니 무척 아름다운 형상이다. 그 밖에도 이괘는 꿩을 상징하는데 산 속의 꿩은 무척 아름답다. 이것이 바로 비괘의 상이다. 모두 문식, 수식, 꾸밈을 상징한다.

　군자는 이러한 괘상을 보고 비

괘의 도에 근거해서 '여러 정사를 밝히되 형벌에 관해 결단할 때는 과감하게 하지 않는다.明庶政 无敢折獄'고 했다. 여기서 '절折'은 '자르다' '판단하다'는 뜻이다. 군자는 이 괘를 본받아 각종 정사를 문식할 수는 있지만 이것을 써서 형벌에 관한 일을 판단하거나 결정하지는 말아야 한다. 형벌에 관한 일은 판결할 때는 반드시 실제 정황을 살펴서 문제를 파악해야 하므로 문식이 있으면 안 된다. 비괘의 바로 앞에 나오는 서합괘에서는 법으로써 나라를 다스림을 논했다면, 비괘는 이처럼 덕으로써 나라를 다스리는 것을 강조한다. 음의 부드러움과 문명의 방법으로 나라를 다스리라는 말이다.

초구 효사와 「소상전」

初九, 賁其趾 舍車而徒.
초 구   비 기 지 사 거 이 도
象曰: 舍車而徒 義弗乘也.
상 왈   사 거 이 도 의 불 승 야

초구는 그 발을 꾸밈이니 수레를 버리고 걸어서 간다.
「상전」에서는 말했다. 수레를 버리고 걸어서 감은 도의상 수레를 탈 수 없기 때문이다.

초구의 '비기지賁其趾'는 자신의 발을 꾸민다는 말이고 '사거이도舍車而徒'는 수레를 버리고 걸어서 간다는 말이다.
「상전」에서는 '수레를 버리고 걸어서 감舍車而徒'은 '도의상 수레를 탈 수 없기 때문義弗乘也'이라고 했다. 초구효는 자신을 과도하게 꾸미거나 지나치게 누리기만 할 수 없으므로 수레를 타지 않는 것이 적당하다고 한 것이다.

六二, 賁其須.
육 이   비 기 수
象曰: 賁其須 與上興也.
상 왈   비 기 수   여 상 흥 야

육이는 그 수염을 꾸밈이다.

「상전」에서는 말했다. 그 수염을 꾸미는 것은 위와 더불어 일어나는 것이다.

육이의 '비기수賁其須'는 자신의 수염을 꾸민다는 것이다.

「상전」에서는 '그 수염을 꾸밈賁其須'은 '위와 더불어 일어나기 위함與上興也'이라고 했다. 육이에서 자신의 수염을 꾸미는 것은 위에 있는 구삼효와 어울려 서로 꾸미고 음양이 조화를 이루기 위함이다.

九三, 賁如 濡如 永貞 吉.
구 삼   비 여 유 여 영 정 길
象曰: 永貞之吉 終莫之陵也.
상 왈   영 정 지 길   종 막 지 릉 야

구삼은 꾸밈이 윤택하니 영원히 바르게 함이 길하다.

「상전」에서는 말했다. 영원히 바르게 함이 길함은 끝내 능멸하는 이가 없기 때문이다.

'유여濡如'는 광택이 나고 부드럽고 윤택하다는 말이므로 구삼의 '비여 유여賁如 濡如'는 꾸며서 매우 준수해진 모습, 광택이 나고 부드러워진 모습을 뜻한다. '영정 길永貞 吉'은 영원히 바르게 하면 길하고 이롭다는 말이다.

「상전」에서는 '영원히 바르게 하면 길한永貞之吉' 이유가 '끝내 능멸하는 이가 없기 때문終莫之陵也'이라고 했다. 여기서 '능陵'은 업신여기고 속이며 우롱하는 것이다. '막지릉莫之陵'은 '막릉지莫陵之'로 바꿔 '지之'의 순서를 바꿔 해석하는 것이 옳다. '지之'는 '그것'이라는 뜻인데 여기서는 육이효를 가리킨다. 구삼효는 하괘의 맨 위에 있으면서 바로 아래에 있는 육이효를 속이지도 않고 도리어 육이효와 서로 수식해 주므로 길하다. 이는 공자가 "자기가 일어서고자 하면 남을 일으켜 세우고 자신이 도달하고자 하면 남을 먼저 도달하게 해 준다." "자기가 하기 싫은 일은 남에게도 하게 해서는 안 된다."고 말한 것과 같은 맥락이다.

육사 효사와 「소상전」

六四, 賁如 皤如 白馬翰如 匪寇婚媾.
육사 비여 파여 백마한여 비구혼구

象曰: 六四 當位疑也. 匪寇婚媾 終无尤也.
상왈 육사 당위의야 비구혼구 종무우야

육사는 꾸밈이 희며 백마가 나는 듯 달려가니 도둑이 와서 약탈하지 않으면 구혼하리라.

「상전」에서는 말했다. 육사는 자리는 마땅하나 의심스럽다. 도둑이 와서 약탈하지 않으면 구혼하게 되는데 끝내 허물이 없다.

'파여皤如'는 희고 깨끗한 모습을 가리키며 '한翰'은 금계金鷄(꿩과에 속하는 새)를 말한다. '한여翰如'는 금계처럼 나는 것을 가리키는데 깃털을 편 채 날아오르면 그 모습이 무척이나 아름답다. 따라서 육사의 '비여 파여 백마한여賁如 皤如 白馬翰如'는 꾸며서 희고 깨끗한 것이 한 필의 백마를 타고 나는 듯 그 모습이 우아하고 품위가 있다는 말이다. '비구혼구匪寇婚媾'는 도둑이 와서 약탈하지 않으면 구혼하러 온다는 말이다.

「상전」에서는 도둑이 오는 것으로 의심을 받는 이유는 '자리는 마땅하나 의심스럽기 때문當位疑也'이라고 했다. 육사는 음효가 음의 자리에 왔으므로 위치가 마땅하다. 그러나 육사효가 구하는 것이 초구효이므로 비록 상괘에 속해 있기는 해도 아래를 구하는 셈이다. 음효는 일을 할 때 과감하지 않고 망설일 뿐 아니라 사전에 알리지도 않으니 말을 타고 오면 당연히 사람들에게 강도가 약탈하러 온 것으로 의심받는다. '도둑이 와서 약탈하지 않으면 구혼하게 되는데 끝내 허물이 없다.匪寇婚媾 終无尤也'고 한 것은 육사효와 초구효가 상응하기 때문에 마침내는 허물이 없고 음양이 서로 합하여 혼인하게 된다는 말이다.

육오 효사와「소상전」

六五, 賁于丘園 束帛戔戔 吝 終吉.
육 오   비 우 구 원   속 백 전 전 인 종 길
象曰: 六五之吉 有喜也.
상 왈   육 오 지 길 유 희 야

육오는 구원에서 꾸밈이니 묶어 놓은 비단이 적어 부끄러우나 끝내 길하다.

「상전」에서는 말했다. 육오의 길함은 기쁨이 있는 것이다.

'전전戔戔'은 미미하고 적다는 말이다. 육오의 '분우구원 속백전전賁于丘園 束帛戔戔'은 산언덕 원림에서 꾸밈이 적은 비단실 묶음을 가지고 있으면 '부끄러우나 끝내 길하다吝 終吉'고 함으로써 다소 유감이 있을지라도 결

과는 길하다고 했다.

「상전」에서는 육오가 길한 이유에 대해서 '기쁨이 있기 때문有喜也'이라고 했다. 왜냐면 육오는 음효가 존귀한 오효의 자리에 머물면서 그 행함이 중도를 지키고 꾸밈이 소박하니 이러한 모습은 상구의 인정을 받게 되기 때문이다. 육오효는 군왕의 지위에 있으면서 상구효의 도움을 받으니 당연히 축하할 만하다.

상구 효사와 「소상전」

上九, 白賁 无咎.
상구 백비 무구

象曰: 白賁无咎 上得志也.
상왈 백비무구 상득지야

상구는 백색으로 꾸미니 허물이 없다.
「상전」에서는 말했다. 백색으로 꾸밈이 허물이 없음은 위로 뜻을 얻었기 때문이다.

상구에서 '백색으로 꾸미니 허물이 없다.白賁 无咎'고 한 것은 희고 화려하지 않으니 꾸밀 필요가 없으므로 해로울 바가 없다는 뜻이다. 상구는 가식을 버리고 애초의 순박함으로 돌아가 꾸미지 않아야 한다고 한다. 노자는 "무극無極(끝이 없음, 처음의 상태)으로 돌아가고, 순박함으로 회귀하며, 어린아이처럼 순수함을 회복한다."고 함으로써 인간이 회귀해야 할 세 가지 방향을 제시했다. 최상의 인간은 스스로 그러함, 즉 자연自然의 아름다움을 얻은 자로, 이는 노자가 "큰 기교는 서투른 듯하고 큰 지혜는 우매한 듯하다.大巧若拙 大巧若愚"고 한 말과도 상통한다. 따라서 상구의 의미도 '큰 꾸밈은 흰 것과 같다.大賁若白'고 바꿔 말해 볼 수도 있겠다.

「상전」에서는 '백색으로 꾸밈이 허물이 없는白賁无咎' 이유가 '위로 뜻을 얻었기 때문上得志也'이라고 했다. 상구효는 괘의 가장 높은 자리에 있으므로 천하에 이를 만한 자가 없어서 이미 그 뜻을 이루고 만족해하는 상태다. 따라서 다시 과도하게 꾸미서 자신을 미화할 필요가 없다. 최상의 꾸밈은 무엇일까? 바로 가식을 버리고 순박함, 즉 꾸밈이 없는 상태로 돌아가는 것이며, 이렇게 해야만 가히 큰 지혜라고 할 만하다.

비괘 정리

비괘의 상괘와 하괘에서 드러나는 변증관계를 살펴보면 하괘인 이괘는 문명이므로 '문文'의 관점에 치중해서 문식이 실질에 속하는 부수적인 것이 되어야 하는 이치를 말한다. 초구효는 '그 발을 꾸밈賁其趾'인데 여기서는 질박함과 소박함을 강조한다. 육이효는 '그 수염을 꾸밈賁其須'으로 문식이 실질을 이탈해서는 안 된다고 말한다. 구삼효는 '꾸밈이 윤택함賁如濡如'이라고 해서 꾸밈으로써 내실에 해를 끼치지 말아야 한다고 한다.

상괘인 간괘는 그침, 멈춤을 상징하므로 독실함에 주력한다. 그래서 '내실' '내용'의 측면에서 꾸밈이 실질로 회귀해야 한다고 강조한다. 따라서 육사효에서는 '꾸밈이 흼賁如皤如'이라고 하여 희고 깨끗한 아름다움을 논했고 육오효에서는 '구원에서 꾸밈賁于丘園'이라고 하여 소박함을 말했으며 상구효에서는 '백색으로 꾸밈白賁'이라고 하여 가식을 버리고 순박함을 회복할 것을 권한다.

괘 전체가 '문文(외양)'과 '질質(내면)'을 명제로 삼아 괘상과 효상을 분석함으로써 현상과 본질, 외재적 모습과 내재적 정신의 변증관계를 논한다. 하괘인 이괘와 상괘인 간괘의 괘상에서는 문명으로써 멈추고 그칠 줄 아는 원칙을 설명하는데 이것이 바로 비괘의 정수라고 하겠다. 외면의 화려함과 아름다움을 통해 일정한 문명을 표현하지만 끊임없이 꾸밈과 화려함만을 추구한다면 갈수록 자연의 순박한 아름다움과는 멀어질 것이다. 또한 사치하고 부패한 악과 졸렬한 풍토가 왕성해져서 재앙을 불러일으키며 심지어 물질문명의 번영과 정신문명의 쇠락을 이끌어 인류에게 큰 해악을 끼칠 일이 생기고 말 것이다. 이는 현대인의 생활 속에서 이미 크고 작은 문제들을 야기했고 이 때문에 더욱 관심을 가지지 않으면 안 되게 되었다.

꾸밈은 반드시 '자연自然'에 부합해야 한다. 아래에서 위로 향하는 꾸밈의 단계를 지켜야 하며 갈수록 짙어지고 무거워지는 꾸밈보다는 갈수록 가볍고 담백해지다가 끝내는 꾸밈조차 없는 소박한 상태에 이르러야 한다. 이 밖에도 서로 꾸며 주는 도리가 필요한데 네가 나를 꾸미고 내가 너를 꾸미다 보면 마침내 이것이 일종의 문화를 형성하게 된다. 문화는 개체가 아닌 집단이 만들어 낸 결과물이기 때문이다.

23
박괘剝卦 — 미연에 방비함

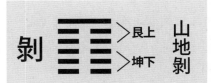

剝 **不利有攸往.**
박 불 리 유 유 왕

　박은 가는 바를 둠이 이롭지 않다.

　'박剝'은 '벗기다' '깎다'의 의미다. 「서괘전」에서는 "꾸밈을 지극히 한 뒤에 형통하면 곧 다하게 되므로 박괘로 받았다. 박은 깎음이다."라고 했다. 예의가 있고 문식이 있으면 형통하게 되지만 만약 그 정도가 지나치면 실질을 잃어 소위 빛 좋은 개살구가 되고 만다. 이로 말미암아 필연적으로 폐단이 생기고 형통의 도가 그치게 되므로 비괘의 다음에 박괘가 온 것이다.

　박괘와 박괘의 다음에 배치된 복괘復卦가 보여 주는 이미지는 서로 대비된다. 박괘가 가을바람 소슬하게 불어와 만물이 시들어 떨어지는 가을의 저무는 이미지라면 복괘는 봄날의 소생하는 분위기다. 먼저 박괘를 살펴보자. 박괘를 이루는 아래쪽의 다섯 효는 전부 음효이며 오직 맨 위의 상구효만 양효다. 이는 양기가 위로 계속 자라나다가 마지막에 이르러 하나의 양효만을 남긴 채 그 기운을 다한 상태라고 볼 수 있다.

박괘는 12소식괘 가운데 하나다. 소식괘消息卦에서 '소消'는 '소멸하여 사라진다.'는 의미이고 '식息'은 '나서 자란다.'는 뜻이다. 소식괘에서 말하는 것은 음이 자라나면 반드시 양이 소멸하고 양이 자라나면 필연적으로 음이 사라지는 법칙이다. '박剝'은 벗겨져서 떨어진다는 의미이므로 박괘 또한 음이 자라서 극에 이르고 양이 소멸하는 이미지를 보여 준다. 그렇다면 박괘가 실제로 강조하고자 하는 것은 무엇일까? 양기가 극에 이르면 어떻게 양기를 멈추어 박리시키는지, 즉 '박리'의 시기에서 어떻게 처신해야 하는지에 관한 이치다.

괘사에서는 박괘에 대해 '가는 바를 둠이 이롭지 않다.不利有攸往'고 했다. 더 이상 앞으로 나가서는 안 된다는 말이다. 어째서일까? 계속 앞으로 가면 양기가 완전히 소실되어 이롭지 않기 때문이다.

괘사에 대한 「단전」

彖曰: 剝 剝也 柔變剛也.
_{단왈 박 박야 유변강야}

不利有攸往 小人長也.
_{불리유유왕 소인장야}

順而止之 觀象也.
_{순이지지 관상야}

君子尙消息盈虛 天行也.
_{군자상소식영허 천행야}

「단전」에서는 말했다. 박은 깎이어 떨어짐이니 유가 강을 변화시킨 것이다. 가는 바를 둠이 이롭지 않음은 소인이 자라나기 때문이다. 순응하

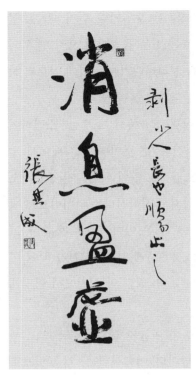

소식영허

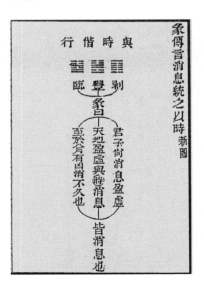

여 멈춤은 상을 관찰하는 것이니, 군자가 소멸하고 자라나며 가득 차고 비게 됨을 숭상하는 것이 하늘의 도다.

「단전」에서는 박괘에 대해서 '깎이어 떨어짐剝也'이라고 했다. 양기가 깎여 그 기운을 다했다는 것은 '유가 강을 변화시킨 것柔變剛也'이라고 설명했다. 이는 유효(음효)가 서서히 상승함으로써 강효(양효)를 바꾸었다는 말이다. 그런데 이것에 대해서는 '가는 바를 둠이 이롭지 않다.不利有攸往'고 하여 계속해서 앞으로 나아가지 말라고 했는데 그것은 왜일까? 바로 '소인이 자라나기 때문小人長也'이며 다시 말해 소인의 기세가 강성해졌기 때문이다. 여기서 '소인小人'은 음효를 가리킨다. 음의 기운이 이미 육오효의 자리까지 미쳤기 때문에 계속해서 자라난다면 이롭지 않다.

'순順'은 상황의 변화에 순응한다는 의미이므로 '순이지지順而止之'는 이러한 형세에 순응하여 그것을 멈추게끔 저지한다는 뜻이다. '순順'이 가리키는 것은 하괘인 곤괘이고 '지止'가 가리키는 것은 상괘인 간괘다. 음기가 갈수록 흥성하면서 양기가 점차 쇠락하고 깎여 떨어지는 모습을 볼 수 있다. 그래서 상황을 고려한 뒤 반드시 그것을 저지하여 멈추게 해야 하는데 만약 멈추지 않는다면 이롭지 않다. '관상야觀象也'는 박괘의 상을 관찰하면 이러한 결론을 얻을 수 있다는 뜻이다.

군자는 이러한 괘상을 본 뒤 '소식영허消息盈虛', 즉 소멸하고消, 자라나며息, 가득 차고盈, 비는虛 천시天時의 이치를 따라야 한다. 이러한 이치는 하늘이 운행하는 천도이자 대자연의 큰 법칙이므로 군자는 이러한 대자연의 법칙에 근거해서 일을 처리한다.

괘사에 대한 「대상전」

象曰: 山附於地 剝. 上以厚下安宅.
상 왈   산 부 어 지 박   상 이 후 하 안 택

「상전」에서는 말했다. 산이 땅에 붙어 있는 것이 박이다. 윗사람은 이를 보고 아래를 두텁게 하여 집을 편안하게 한다.

「상전」에서는 '산이 땅에 붙어 있는 것이 박이다.山附於地 剝'라고 했는데 이는 박괘(▤)의 상괘인 간괘(☶)가 산이고 하괘인 곤괘(☷)가 땅인 것을 가리킨다. 산은 본래 산 위에 높이 솟아야 하는데 흙이 깎이어 떨어져 나가니 땅에 납작하게 붙어 있을 수밖에 없다. 이것이 바로 박괘의 상이다. 괘상을 잘 살펴보면 아래의 곤이 땅이고 위의 간이 산이므로, 산은 아래가 완전히 비어 있어 다시 위로 오르려고 해도 이내 깎이어 떨어지고 만다. 그래서 위에 있는 이 산은 결함이 있는 산이라고 하겠다.

'상上'은 가장 높이 있는 효인 상구효를 가리키는데, 가장 높은 양효는 지도자이자 통치자로 간주한다. 지도자는 이 괘상을 보고 박괘의 도에 근거해서 '아래를 두텁게 하여 집을 편안하게 해야 한다.厚下安宅' 이 말은 군주라면 백성을 근본으로 삼아야 한다는 말인데 아래의 음효를 모두 백성이라고 간주하면 이해가 된다.

만약 당신이 지도자라면 어떤 조직에 있든지 가장 먼저 아랫사람들을 두텁게 대해야만 사업의 기반이 견고해질 수 있다. 여기서 '택宅'은 기반이 되는 사업으로 이해할 수 있으므로 기업이 직원들을 도탑게 대해야 함을 알 수 있다. 이러한 이치를 사람에 적용해 보면 사람의 몸에서 가장 기초가 되는 근본적인 것을 보강해야 한다. 예컨대 사람 몸의 정精, 기氣, 신神 가운데 '정精'이 바로 '아래下'에 해당하므로, 이를 보강해야만 몸을 편안하게 할 수 있는 것과 마찬가지다.

초육 효사와 「소상전」

初六, 剝牀以足 蔑貞 凶.
초 육　박 상 이 족　멸 정 흉
象曰: 剝牀以足 以滅下也.
상 왈　박 상 이 족　이 멸 하 야

초육은 침상의 발을 깎음이니 바름을 멸하여 흉하다.
「상전」에서는 말했다. 침상의 발을 깎음은 아래를 멸하는 것이다.

'족足'은 침상의 발을 말하는 것으로 형상을 통한 비유다. '박상이족 剝牀以足'은 침상의 발부터 깎아 내림으로써 못 쓰게 하는 것이다. '멸蔑'은 소멸시켜서 없앤다는 뜻의 '멸滅'과 통하고, '정貞'은 바름으로 이해할 수 있으므로 '멸정 흉蔑貞凶'은 '바름을 멸하여 흉하다.'는 뜻이다. 이렇게 좋은 침상의 다리를 깎아서 못 쓰게 하는 것이니 당연히 흉하다.

「상전」에서는 '침상의 발을 깎음剝牀以足'은 '아래를 멸하는 것以滅下也'이라고 했다. 초육효는 괘상에서 가장 아래에 처해 있으므로 침상의 가장 아랫부분인 다리에 빗댔다. 초육은 처음부터 위를 향해 깎임을 당하니 이렇게 되면 아래에서부터 망가지기 시작하는 셈이다. "사람이 나이 들면 다리부터 늙는다."는 말처럼 먼저 다리가 늙기 시작하는 것도 바로 이런 도리다.

육이 효사와 「소상전」

六二, 剝牀以辨 蔑貞 凶.
육 이 박 상 이 변 멸 정 흉

象曰: 剝牀以辨 未有與也.
상 왈 박 상 이 변 미 유 여 야

육이는 침상의 변을 깎음이니 바름을 멸하여 흉하다.
「상전」에서는 말했다. 침상의 변을 깎음은 더불어 돕는 이가 없는 것이다.

'변辨'은 침상의 몸체와 다리가 만나는 부위다. 육이의 '박상이변剝牀以辨'은 깎임이 서서히 위로 올라가 침상의 몸체에 이르렀으니 이 때문에 흉하다는 뜻이다. 침상의 변이 깎인다는 것은 재앙이 그 몸에 미쳤음을 비유한 것이다.

「상전」에서는 '침상의 변이 깎이는剝牀以辨' 이유는 '더불어 돕는 이가 없기 때문未有與也'이라고 했다. '여與'는 '도움'의 의미로 봐서 그를 돕는 이가 없다는 말이 된다. 육이는 깎임이 이미 중간 지점에 이르러 그 정도가 심해졌고 위로도 '응應'하지 않으며 아래로도 '비比'하지 않으니 계속해서 깎일 수밖에 없다. 이리하여 침상의 몸체와 다리가 만나는 부위까지도 깨어져 나가니 위험하지 않을 수 없는 상황이다.

六三, 剝之 无咎.
육 삼   박 지 무 구

象曰: 剝之 无咎 失上下也.
상 왈   박 지 무 구 실 상 하 야

육삼은 깎이더라도 허물이 없다.

「상전」에서는 말했다. 깎이더라도 허물이 없음은 위아래를 잃기 때문이다.

육삼의 '박지 무구剝之 无咎'는 계속해서 깎이나 허물이 없다는 뜻이다.

「상전」에서는 '깎이더라도 허물이 없음剝之 无咎'은 '위아래를 잃기 때문失上下也'이라고 했는데 여기서 '위'는 육사효이고 '아래'는 육이효를 가리킨다. 육삼효가 그들과 한 무리를 이루지 못하는 것은 육삼효는 위로 상구효와 상응해야 하므로 초육이나 육이효처럼 도울 이가 없는 상황은 아니기 때문이다. 상구효는 유일한 양효로서 양의 강건함을 지닌 사람, 지도자이므로 육삼효를 도울 수 있다. 그래서 육삼은 깎임을 두려워하지 않는다. 이는 서로 '응應'하고 돕는 것이 얼마나 중요한지 설명해 준다.

六四, 剝牀以膚 凶.
육 사   박 상 이 부 흉

象曰: 剝牀以膚 切近災也.
상 왈   박 상 이 부 절 근 재 야

육사는 침상의 살갗(몸체)을 깎음이니 흉하다.

「상전」에서 말했다. 침상의 살갗을 깎음은 재앙이 매우 가까운 것이다.

'부膚'는 '살갗', 즉 침상의 몸체를 가리키므로 육사의 '박상이부剝牀以膚'
는 계속해서 위로 올라가며 깎인 끝에 침상의 몸체에까지 이른다는 것이
며 그렇게 되면 '흉凶'하다고 했다.

「상전」에서는 '침상의 살갗을 깎는剝牀以膚' 것은 '재앙이 매우 가까이
온 것切近災也'이라고 했다. '절切'은 '곧' '금방'의 의미이고 '근近'은 '접근
했다'는 의미다. '침상의 살갗을 깎음'은 조금씩 위로 깎여 나간 끝에 그 깎
임이 육사효의 자리에까지 이르러 이제 곧 재앙이 미칠 것이라는 의미다.

육오 효사와 「소상전」

六五, 貫魚 以宮人寵 无不利.
육 오　관 어　이 궁 인 충　무 불 리
象曰: 以宮人寵 終无尤也.
상 왈　이 궁 인 충　종 무 우 야

육오는 물고기를 꿰어 궁인이 총애를 받듯이 하면 이롭지 않음이 없다.
「상전」에서는 말했다. 궁인이 총애를 받듯이 하면 끝내 허물이 없다.

'관어貫魚'는 마치 물고기를 한데 꿰듯 한다는 말이다. '궁인宮人'은 황
제의 첩, 후궁이고 '총寵'은 총애한다는 뜻이다. 육오에서는 침상과는 다
른 물고기의 이미지를 사용하여 '물고기를 꿰어 궁인이 총애 받듯이 하면
이롭지 않음이 없다.貫魚 以宮人寵 无不利'고 했다. 이는 황후가 아래 네 명의
후궁을 물고기 꿰듯이 데리고 군왕의 총애를 받으면 이롭지 않음이 없다
는 의미다.

「상전」에서는 '궁인이 총애를 받듯이 하면 끝내 허물이 없다.以宮人寵 終
无尤也'고 했는데 이는 육오효를 황후에 빗대어 머지않아 상구의 양효, 즉
군왕에 접근하게 되는 모습을 설명한 것이다.

황후의 지위는 존귀하고 후궁들은 황후의 존귀함에 미치지 못하지만 이러한 깎임의 상황에서는 아래에 있는 후궁들도 황후의 자리를 차지하고 싶어 하므로 황후의 지위가 흔들리지 않을 수 없다. 그러나 이럴 때일수록 황후는 비범한 태도를 보여서 옹졸하게 자신만 홀로 총애받으려 하지 말고 여러 후궁을 함께 이끌면서 총애를 받도록 해야 한다. 황후가 이러한 인품과 덕을 보여 준다면 그녀는 군왕으로부터 칭송을 받게 될 뿐아니라 뭇 후궁들로부터 존경을 받게 될 것이며, 황후의 자리는 위협받기는커녕 더욱 공고해질 것이다. 여기서 우리는 깎이어 떨어져 나갈 수 있는 상황에서도 넓은 도량과 너그러운 덕을 보여 주는 것이 얼마나 중요한지 알 수 있다.

상구 효사와 「소상전」

上九, 碩果不食 君子得輿 小人剝廬.
상구 석 과 불 식 군 자 득 여 소 인 박 려

象曰: 君子得輿 民所載也 小人剝廬 終不可用也.
상왈 군 자 득 여 민 소 재 야 소 인 박 려 종 불 가 용 야

상구는 큰 과일을 먹지 않음이니 군자는 수레를 얻고 소인은 집을 허문다.

「상전」에서는 말했다. 군자가 수레를 얻음은 백성이 실어 줌이요, 소인이 집을 허묾은 끝내 쓸 수 없음이다.

'석과碩果'는 큰 과실을 말하고 '여輿'는 수레를 가리키며 '려廬'는 집을 뜻한다. 상구는 박괘에서 유일한 양효다. 따라서 '석과불식 군자득여碩果不食 君子得輿'는 군자가 이 거대한 과일을 딴 후 그것을 혼자만 누리지 않고 수레를 타고 백성들에게 나누어 먹인다는 말이다. 아래의 다섯 음효는

백성, 무리를 가리키며 한 회사에서는 조직 내의 아랫사람들, 직원 등을 뜻한다.

반면 '소인박려小人剝廬'라고 하여서 소인은 과일을 딴 뒤 아래의 백성을 돌아보지 않은 채 혼자 먹어 치워 백성을 고생시키니 백성의 집이 허물어진다고 했다. 그래서 상구효는 가장 높은 자리의 효이므로 군자처럼 행한다면 백성은 복이 있을 것이고, 소인처럼 행동한다면 백성에게 화가 있을 것이라는 의미가 있다.

「상전」에서는 '군자가 수레를 얻음은 백성이 실어 줌君子得輿 民所載也'이라고 했다. '재載'는 복을 싣는다는 의미로 두터운 덕으로 복과 만물을 실어 나른다는 것이다. 군자는 이러한 큰 과실을 딴 뒤에는 백성에게 주어서 먹게 하니 백성이 복이 있다.

그러나 '소인이 집을 허묾은 끝내 쓸 수 없음小人剝廬 終不可用也'이라고 했다. 소인은 이 과일을 얻어도 아랫사람들을 고려하지 않은 채 혼자서 먹어 치운다. 아래에 이토록 많은 백성이 기다리고 있는데 그는 그들을 전혀 신경 쓰지 않으니, 이렇게 되면 '집을 허물고 말아剝廬' '백성이 '끝내 쓸 수 없게終不可用也' 된다. 이렇게 되면 백성은 반드시 어려움을 만나 모든 집이 허물어지고 말 것이다.

박괘는 우리에게 무슨 일이든지 아래에서부터 위의 방향으로 손상되게 마련이라는, 부패하는 이치를 일깨워 준다. 무엇이든지 맨 아래에 있는 것이 가장 섬세하고도 큰 잠재력을 지닌다. 따라서 가장 아래에 있는 것의 상태 변화 여부를 면밀히 살펴야 한다. 그런 면에서 "천 리 길 제 방도 작은 개미 구멍 때문에 무너진다."는 말도 허무맹랑한 것만은 아니다. 깎임은 하나의 과정이며 이러한 과정은 그 정도가 갈수록 심해지는 경향이 있다.

그렇다면 우리는 어떻게 해야 점차 심해지는 깎임의 국면을 멈추게 할수 있을까? 자신보다 아래에 있는 이들을 살피고 자신이 얻은 성과를 백성에게 나누어 주어 혼자 누리지 않아야 한다. 이렇게 하면 백성에게 복이 있고 그들이 당신을 절대 반대하지 않을 것이며 심각하게 깎여 나가다가도 이내 상황이 멈추게 될 것이다. 이와는 반대로 소인처럼 성과를 얻어도 아래의 백성들을 돌아보아 나누지 않는다면 백성들도 당신을 옹호하거나 따르지 않아 당신을 둘러싼 깎임의 상황은 점차 심각해지다가 결국에는 재앙을 맞이하고 말 것이다. 이것이 바로 태극의 사상이다. 양 가운데 음이 있고 음 가운데 양이 있어 음양이 서로 보완하게 함으로써 모두에게 유익한 상황이 되는 이치다. 육오효에서 '물고기를 꿰어 궁인이 총애를 받듯이 한다.'고 하며 육오효가 아래에 거느린 네 개의 음효인 후궁들과 함께 군왕의 총애를 입는다고 한 것도 이러한 이치를 뒷받침해 준다.

24
복괘復卦 ─ 소생하는 만물

復 亨. 出入无疾 朋來无咎.
복 형 출입무질 붕래무구

反復其道 七日來復. 利有攸往.
반복기도 칠일래복 이유유왕

복은 형통하니 들어가고 나감에 병이 없고 벗이 오면 허물이 없다. 그 도를 칠 일에 와서 회복하니, 가는 바를 둠이 이롭다.

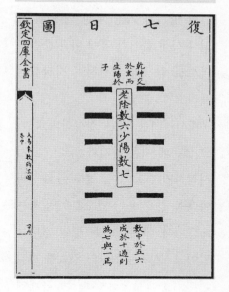

'복復'은 '왕복하다' '반복하다' '회복하다'의 의미다. 『설문해자』에서는 "복은 가고 오는 것이다."라고 했고 「서괘전」에서는 "사물은 끝내 다할 수 없으니 깎임이 궁극에 이르면 다시 아래로 내려오므로 복괘로 받았다."고 했다. 생명은 깎여 나가더라도 결코 다함이 없으며 "음이 끝나면 양이 다시 돌아오는一陽來復" 자연법칙 아래에 놓여 있다. 이 때문에 박괘의 다음에 복괘가 배치된 것이다.

일양래복

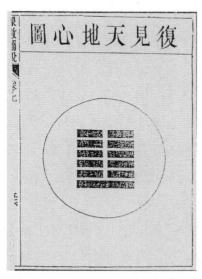

복견천지심도

복괘는 '일양래복一陽來復(음이 끝나면 양이 돌아온다.)'이라는 성어의 유래가 될 정도로 무척 유명한 괘다. 복괘는 박괘와는 완전히 서로 다른 이미지를 가져서 대지의 양기가 소생하기 시작하여 봄이 다가오고 만물이 생동감 있게 피어나는 이미지를 보여 준다. 복괘는 12소식괘 중에서 음력 11월을 상징한다. 음력 11월의 동짓날은 낮의 길이가 가장 짧고 밤이 가장 긴 날로 음기가 가장 성한 반면 양기가 가장 쇠한 날이다. 그러나 사실 음기가 극에 이른 순간은 역으로 양기가 소생하기 시작하는 때라고 할 수 있다.

괘사에서는 '복은 형통하다.復 亨'고 했는데 이는 양기가 위로 오르기 시작하기 때문이다. '출出'은 괘상의 아래쪽 한 기운이 안으로 수렴하는 모습이다. '무질无疾'은 병이 없다는 말이고 '붕朋'은 초구의 양효를 가리킨다. '붕래무구朋來无咎'는 복괘에 머무르면 양효가 점차 자라나 초구에 있어서는 친구처럼 다가와서 자연스럽게 화가 없게 되는 모습이다.

'반복기도 칠일래복反復其道 七日來復'은 천도의 법칙에 근거해서 오고 가면 7일이 지나 양기가 다시 회복할 것이라는 말이다. 복괘의 양기는 바로 음기가 가장 성할 때 소생하기 시작한다. 그렇다면 어째서 7일이 지나 양기가 회복된다고 했을까? 음기는 구괘에서 시작하여 복괘에 이르는데 그 사이에 7개의 괘, 즉 구姤, 둔遯, 비否, 관觀, 박剝, 곤坤, 복復을 거치기 때문이다. 또 달의 차고 빔의 법칙을 이르는 네 가지 단계(삭, 현, 망, 회) 가운데 각각의 단계가 7일로 되어 있기 때문이라는 견해도 있다. 여기서 7일은 핵심적이고도 중요한 기간으로 또 다른 순환이 시작되는 기간임을 알 수 있다. 복괘는 강건한 양기가 회복하여 자라는 것을 의미하니 '가는 바를 둠이 이롭다利有攸往', 즉 앞으로 계속해서 나아가는 것이 이롭다고 하였다.

괘사에 대한 「단전」

象曰: 復 亨 剛反 動而以順行 是以出入无疾 朋來无咎.
단 왈 복 형 강반 동이이순행 시이출입무질 붕래무구

反復其道 七日來復 天行也.
반 복 기 도 칠 일 래 복 천 행 야

利有攸往 剛長也.
이 유 유 왕 강 장 야

復 其見天地之心乎.
복 기 견 천 지 지 심 호

「단전」에서는 말했다. 복이 형통함은 강이 돌아와 움직이되 유순함으로 행하니, 이 때문에 나가고 들어감에 병에 없고, 벗이 오면 허물이 없다. 그 도를 반복하여 칠 일에 와서 회복함은 하늘의 운행이요, 가는 바를 둠이 이로움은 강이 자라나기 때문이다. 복에서 천지의 마음을 볼 수 있다.

「단전」에서는 복괘를 형통하다고 했다. '강반剛反'은 양효가 회복하여 돌아오는 것을 가리킨다. '움직이되 유순함으로 행하니動而以順行'에서 '움직임動’은 하괘인 진괘가 움직임을 상징하기 때문이고 ‘유순함順’은 상괘인 곤괘가 순응함, 유순함을 나타내기 때문이다. 이러한 움직임은 모두 시간과 순서에 맞추어 행하여지므로 ‘나가고 들어감에 병이 없다.是以出入无疾’고 했다. 이는 시간의 순서에 맞추어 하늘에 순종하여 움직이니 이 때문에 양기가 자라나든 음기가 수렴하든 모두 잘못됨이 없다는 뜻이다. ‘벗이 오면 허물이 없다.朋來无咎’고 한 것은 양기가 점차 회복되는 것은 그 어떤 해로움이 없다는 말이며 ‘하늘의 운행이다.天行也’라고 한 것은 대자연 운행의 법칙은 바로 7일을 하나의 순환주기로 삼는다는 말이다.

‘가는 바를 둠이 이로움은 강이 자라나기 때문이다.利有攸往 剛長也’라고 한 것은 계속 앞으로 나아가는 것이 이로운 이유가 양기가 위로 자라나기 때문이라는 말이다. ‘복에서 천지의 마음을 볼 수 있다.復 其見天地之心乎’고 한 것은 복괘를 통해 천지만물의 마음, 즉 천지의 최종적이고 궁극의, 가장 본질적인 것을 알 수 있다는 말이다. 만약 1년 열두 달을 놓고 보면 천지의 마음은 바로 동지冬至에 있는 셈이다.

괘사에 대한 「대상전」

象曰: 雷在地中 復. 先王以至日閉關 商旅不行 后不省方.
상 왈   뇌 재 지 중 복   선 왕 이 지 일 폐 관 상 려 불 행 후 불 성 방

「상전」에서는 말했다. 우레가 땅 가운데 있는 것이 복이다. 선왕은 이를 보고 동짓날에 관문을 닫아 장사꾼과 여행자가 다니지 않게 하고, 임금이라도 사방을 시찰하러 나서지 않는다.

「상전」에서 ‘우레가 땅 가운데 있는 것이 복이다.雷在地中 復’라고 한 것은 복괘(䷗)의 상괘인 곤괘(☷)가 땅을 상징하고 하괘인 진괘(☳)가 우레를

상징하기 때문이다. 우레가 이미 대지 가운데 나타났는데도 아직 울리지 않는 상태인데 이는 양기가 이미 회복하기 시작했음을 보여 준다. 이것이 바로 복괘의 상이다.

음이 다하면 양이 소생하기 시작하는데 1년 중에서는 동지가 바로 이 날이고, 하루 중에서는 자시子時가 이에 해당한다. 선왕은 이러한 괘상을 살펴보고 복괘의 도에 근거해서 '동짓날에는 관문을 닫는다.至日閉關' 선현들은 몸과 마음을 수양할 때 음이 가면 양이 오는 순환의 도리를 중시했다. 그래서 동짓날에는 되도록 자기를 단속하여 양기를 보호하려 했다. 그 밖에도 '장사꾼과 여행자도 다니지 않게 하고 임금이라도 시찰하러 나서지 않는다.商旅不行 后不省方'고 했다. 여기서 '후后'는 군주를 의미한다.

초구 효사와 「소상전」

初九, 不遠復 无祗悔 元吉.
초 구 불 원 복 무 지 회 원 길
象曰: 不遠之復 以脩身也.
상 왈 불 원 지 복 이 수 신 야

초구는 멀리 가지 않고 돌아온다. 큰 후회가 없으니 처음부터 길하다.
「상전」에서는 말했다. 멀리 가지 않고 돌아옴은 이로써 몸을 닦는 것이다.

초구에서 '불원복不遠復'은 그다지 멀리 가지 않은 상태에서 다시 돌아온다는 말이고, '무지회无祗悔'는 재앙이나 후회가 없다는 것이며, '원길元吉'은 처음부터 크게 길하다는 말이다.

「상전」에서는 '멀리 가지 않고 돌아옴은 이로써 몸을 닦는 것이다.不遠之復 以脩身也'라고 했는데 이는 지나치게 많이 잃기 전에 돌이켜 반성하라는 말이다. 즉 바른 도에서 지나치게 멀리 떨어지지 말고 바른 도로 돌아오라는 것이다. 군자는 이러한 괘상을 보고 '매일 세 번씩 나 자신을 돌아보는日三省吾身' 자세를 취함으로써 수양에 힘써야 한다. 초구는 복괘에서 유일한 양효여서 가장 중요한 효이며 다른 다섯 음효에 영향을 끼친다. 양이 와야 할 자리에 강효(양효)가 왔으니 마땅한 자리도 얻었으므로 초구는 복괘에서 회복의 도가 지니는 힘을 대표한다고 볼 수 있다.

육이 효사와「소상전」

六二, 休復 吉.
육 이   휴 복 길
象曰: 休復之吉 以下仁也.
상 왈   휴 복 지 길   이 하 인 야

육이는 아름답게 회복함이니 길하다.
「상전」에서는 말했다. 아름답게 회복함이 길함은 아랫사람에게 어질게 대하기 때문이다.

'휴休'는 아름답다는 말이므로 육이의 '휴복 길休復 吉'은 아름다운 회복이어서 크게 길하다는 뜻이다.

「상전」에서는 '아름답게 회복함이 길한休復之吉' 이유에 대해서 '아랫사람에게 어질게 대하기 때문以下仁也'이라고 했다. 여기서 '아랫사람下'은 초구효를 가리킨다. 육이효는 하괘의 중앙에 위치하여 '중中'을 얻었고 양의 자리에 양효가 와서 '정正'도 얻었지만 상괘와는 '응應'하지 않는 대신 초구효와 '비比'한다. 마치 사람이 아랫사람에게 어질게 대하듯 초구효에 친근히 대하고 그와 조화를 이루는 까닭에 아름답게 회복한다고 한 것이다.

六三, 頻復 厲无咎.
육 삼   빈 복 여 무 구

象曰: 頻復之厲 義无咎也.
상 왈   빈 복 지 려 의 무 구 야

육삼은 마지못해 회복하니 위태로우나 허물이 없다.

「상전」에서는 말했다. 마지못해 회복함이 위태로움은 의에 허물이 없
는 것이다.

'빈頻'은 '동시효빈東施效顰'이라는 고사에 사용된 '빈顰'이라는 글자와
통하여 '미간을 찡그리다.' '억지로' '마지못해'라는 의미로 쓰였다. '동시
효빈'이란 월나라 미녀인 서시西施가 몸이 약해 눈썹을 찡그리고 다니는
것을 동시東施라는 여인이 흉내를 내고 다녔다는 내용의 고사다. 따라서
육삼의 '빈복頻復'은 '마지못해 회복한다.'는 뜻이 되는데 이처럼 마지못
해 얼굴을 찌푸리면서 회복하면 그 결과가 어떻게 될까? 비록 '위태로우
나 허물이 없다.厲无咎' 왜일까? 육삼효는 하괘의 최상단에 있으므로 무척
위험한 위치다. 육삼효는 상육효와 호응해야 하는데 상육효도, 육삼효와
마찬가지로 음효여서 서로 비응하지도 않는다. 그렇다고 육삼효가 '정正'
을 얻은 것도 아니다. 양이 와야 할 자리에 음효가 왔기 때문이다. 이 때문
에 미간을 찌푸리며 억지로 회복할 수밖에 없는 것이다.

「상전」에서는 '마지못해 회복함이 위태로움은 의에 허물이 없는 것이
다.頻復之厲 義无咎也'라고 했다. 육삼효가 미간을 찌푸리며 회복하니 비록
위험이 있기는 하지만, 도의적으로 허물이 없는 이유는 마지못해 회복하
더라도 결국에는 바른 도로 돌아오기 때문이다.

六四, 中行獨復.
육 사　중 행 독 복

象曰: 中行獨復 以從道也.
상 왈　중 행 독 복　이 종 도 야

육사는 가운데에서 행하여 홀로 회복한다.

「상전」에서는 말했다. 가운데에서 행하여 홀로 회복함은 도를 따르기 위함이다.

육사효는 음의 자리에 음효가 왔으므로 '정正'을 얻었다. '중행中行'에서 '중中'은 육사효가 가운데 자리를 얻었다는 의미가 아니라 육사효가 비록 상하괘의 중을 차지하지는 않았지만 이효나 오효와 마찬가지로 중도로써 행하려고 한다는 뜻이다. '독복獨復'은 온 마음을 다해 홀로 회복한다는 의미다. 따라서 육사는 상괘나 하괘의 가운데 자리에 위치하지는 않지만 다섯 개의 음효 중에서는 정가운데 위치하므로 '가운데에서 행한다.中行'고 말할 수 있다. 즉 다섯 음효의 가운데서 행할 뿐 아니라 유일한 양효인 초구와도 호응하니 온 마음을 다해 홀로 바름을 회복하려는 모습이라 할 수 있다.

「상전」에서는 '가운데에서 행하여 홀로 회복함中行獨復'은 '도를 따르기 위함以從道也'이라고 해석했다. 여기서 도는 중정의 도를 말한다. 이 말은 다른 사람과 함께 일을 도모할 때는 늘 중도를 행하되, 만약 바른 도에서 떨어져서 그릇된 길로 들어선다면 비록 혼자서라도 바른 도를 회복하라는 뜻이다.

六五, 敦復 无悔.
육 오 돈 복 무 회

象曰: 敦復无悔 中以自考也.
상 왈   돈 복 무 회 중 이 자 고 야

육오는 도탑게 회복하면 후회가 없다.

「상전」에서는 말했다. 도탑게 회복하면 후회가 없음은 중도로써 스스로 돌아보기 때문이다.

육오의 '돈복 무회敦復 无悔'는 무척 도탑고 경건하며 성실하게 바른 도를 회복하니 후회가 없다는 말이다. 그래서 바른 도로 회복할 때는 반드시 성실함과 도타움이 있어야 한다.

「상전」에서는 '도탑게 회복하면 후회가 없음은 중도로써 스스로 돌아보기 때문이다.敦復无悔 中以自考也'라고 했다. 여기서 '중中'이라고 한 것은 육오효가 상괘의 중앙에 위치했기 때문이다. '자고自考'는 스스로 돌이켜 반성한다는 의미다.

육오효는 상괘인 곤괘의 정가운데 위치하여 곤의 덕이 상징하는 도타움과 유순함을 지닌다. 상괘의 중앙에 거하면서 스스로 지키며 끊임없이 스스로 반성할 줄 아니 어찌 '남을 위해 일을 함에 진심을 다하지 않고 친구와 사귐에 신실하지 않으며 전해 받은 것을 충분히 익히지 않을 수 있겠는가?' 이렇게 하니 바른 도에서 멀어지지도 않고 설사 멀어진 것이 있다고 하더라도 빠르게 바른 도를 회복하게 할 수 있는 셈이다. 육오는 이처럼 도타운 품성을 유지할 수 있으며 바른 도를 회복할 수도 있으니 일을 할 때 원망이나 후회가 없다.

上六, 迷復 凶 有災眚.
상 육 미 복 흉 유 재 생
用行師 終有大敗 以其國君 凶. 至于十年不克征.
용행사 종 유 대 패 이 기 국 군 흉 지 우 십 년 불 극 정
象曰: 迷復之凶 反君道也.
상 왈 미 복 지 흉 반 군 도 야

상육은 혼미하게 회복함이니 흉하고 재앙이 있다. 군대를 출동함에 사용하면 끝내 크게 패하고, 나라를 다스림에 쓰면 흉하여, 십 년에 이르도록 정벌하지 못한다.

「상전」에서는 말했다. 혼미하게 회복함이 흉한 것은 군주의 도를 위반하기 때문이다.

상육의 '미복 흉迷復 凶'은 잘못된 길에 들어서서 길을 잃고 회복할 줄을 모르니 흉하다는 것이며 '유재생有災眚'은 흉하고 험하며 재앙과 화가 있다는 말이다. 그래서 '용행사 종유대패用行師 終有大敗'라고 하여 만약 군대를 동원해서 싸우면 끝에 가서는 크게 패할 것이라고 했으며 '이기국군 흉以其國君 凶'이라고 하여 이 시기에 나라를 다스리면 군주는 흉함과 험함이 있으리라고 했다. '지우십년불극정至于十年不克征'은 10년 내 적국을 정벌하려 해도 승리를 얻지 못할 것이며 혹은 적국을 토벌하러 나선 지 10년이 지나도 돌아오지 못할 것이라는 말이다. 이처럼 본성을 잃고 잘못을 깨닫지 못한 채 도무지 회복하지 못한다면 이로 말미암아 초래될 위험한 상황을 설명하여 올바른 길로 돌아와야 함의 중요성을 일깨우고 있다.

「상전」에서는 '혼미하게 회복함이 흉함迷復之凶'은 '군주의 도를 위반하기 때문反君道也'이라고 했다. 상육효는 초구효와 가장 멀리 떨어져 있으므로 초구로부터 영향을 가장 적게 받는다. 그리고 가장 높은 자리에 위

치하므로 가끔 본래의 속성을 잃기도 하고 그를 권고할 사람도 없다. 따라서 만약 그가 바른 도를 회복할 줄 모르고 계속 남을 침략하려고만 한다면 이는 군주의 빛나고 올바르며 너그러운 도를 위반하는 것이므로 흉하다고 했다. 여기서 우리는 바른 길을 '회복'하는 것이 얼마나 중요한지 알 수 있다. 길을 잃고 바른 도로 회복할 줄 모른다면 이 어찌 흉하고 위험하지 않다고 하겠는가?

복괘 정리

복괘는 우리에게 무슨 일이든 가장 본질적이고 근본적인 것을 찾으라고 일깨워 준다. 그 본질과 근본은 다름 아닌 '태극太極'이다. 이러한 본체(태극)를 파악한 뒤 이것에 근거해서 한 걸음씩 나아가면서 처리하면 길하여 흉함을 피할 수 있다. 어떻게 회복해야 하는가? '아름답게 회복休復'하여야 한다. 이는 주변 사람과 조화롭게 지내는 것이다. 또한 '중도와 바른 도를 지키면서 회복中復'하고 '마음을 다해 홀로 회복獨復'하며 '도탑게 회복敦復'하면서 자신을 돌이켜 반성할 줄 알아야 한다. 이렇게 하면 태극을 파악함으로써 서서히 앞을 향해 나아갈 수 있다.

복괘가 자유로운 무역을 향한 여정을 묘사한다고 보는 견해도 있다. 즉 무역이란 인류가 재산과 부를 끊임없이 축적한 끝에 필연적으로 얻은 결과인데 성실함과 신의, 공평한 거래가 무역의 기본 원칙이 되어야 한다는 사상을 바로 복괘에서 설명하고 있다는 것이다. 그러나 사실 『주역』에서 논하는 것은 보편적인 현상이어서 그 이치를 어느 한 구체적인 사물이나 영역에 한정할 수는 없다.

25
무망괘无妄卦 ─ 제멋대로 행동하지 않음

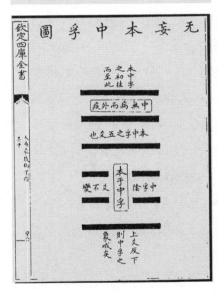

无妄 元亨利貞.
무 망 원 형 이 정
其匪正有眚 不利有攸往.
기 비 정 유 생 불 리 유 유 왕

　무망은 크게 형통하고 바르게 함이 이롭다. 바르지 않으면 허물이 있을 것이니 가는 바를 둠이 이롭지 않다.

　'망妄'은 '어지럽다' '혼란스럽다'는 뜻이므로 '무망无妄'은 어지럽거나 제멋대로 하지 않는다는 말이다. 「서괘전」에서는 "돌아오면 망령되지 않으므로 무망괘로 받았다."고 했다. 바른 도를 회복하면 망령되게 행동하지 않게 된다는 말이다. 무망괘의 괘상은 상괘가 하늘이고 하괘가 우레이므로 하늘 아래 우레가 나는 모습이다. 하늘 아래에 우레가 나는데 어째서 '망령되지 않는다.无妄'고 했을까? 우리는 상 사유를 통해 이 모습을 볼 수 있다.

세상만물과 모든 일이 제멋대로 움직인다면 이를 향해 벼락이 칠 것이므로 세상만물과 모든 일은 감히 제멋대로 행동하지 않는다. 중국의 신앙은 바로 하늘을 믿는 것이다. 그래서 일을 그릇되게 처리하면 나이 드신 분들은 종종 하늘에서 벼락이 칠 거라고 말씀하시기도 한다. 생각해 보면 과연 하늘에 검은 구름이 빽빽하게 들어차고 번개가 치면서 우레가 나면 그 아래의 만물이 어찌 두려워하지 않을 수 있겠는가? 그렇게 보면 하늘은 우레라는 현상을 통해 위엄과 징벌의 위력을 보여 주는 셈이다. '무망无妄'과 상대되는 의미의 단어는 당연히 '유망有妄'이다. 이처럼 무망괘에서는 '무망' 뿐만 아니라 '유망'에 대해서도 언급하고 있다.

괘사에서는 무망괘에 대해 '원형이정元亨利貞' 즉 크게 형통하여 바르게 함이 이롭다고 했다. 그 뒤에 나오는 '기其'는 여기서는 '만약'의 뜻이지 흔히 쓰이는 '그것'이라는 대명사는 아니다. '비匪'는 '비非'와 통하므로 '비정匪正'은 바름이 아니라는 말이다. 따라서 '기비정유생其匪正有眚'은 만약 바르지 않아 정도를 지키지 않은 채 함부로 행하면 재앙과 화가 있으리라는 것이다. 따라서 이런 상태로 계속 앞으로 나아가면 분명히 이롭지 않게 되리라는 뜻에서 '불리유유왕不利有攸往'이라고 덧붙였다. 세상만물과 모든 일이 어떻게 해야만 '망령되지 않는' 무망의 경지에 이를 수 있을까? 가장 먼저 해야 할 일은 바로 바른 도를 지키는 것이라고 할 수 있다.

괘사에 대한 「단전」

象曰: 无妄 剛自外來而爲主於內
단 왈   무 망   강 자 외 래 이 위 주 어 내

動而健 剛中而應 大亨以正 天之命也.
동 이 건   강 중 이 응   대 형 이 정   천 지 명 야

其匪正有眚 不利有攸往 无妄之往 何之矣?
기 비 정 유 생   불 리 유 유 왕   무 망 지 왕   하 지 의

天命不祐 行矣哉.
천 명 불 우   행 의 재

「단전」에서는 말했다. 무망은 강이 밖으로부터 와서 안에서 주인이 된다. 움직이면서도 굳세고, 강이 가운데 있고 응하여, 크게 형통하고 바르니 하늘의 명이다. 바르지 않으면 허물이 있어서 가는 바를 둠이 이롭지 않다는 것은, 무망으로 간다면 어디로 가겠는가? 천명이 돕지 않는데 행하겠는가.

「단전」에서는 무망괘에 대해서 '강이 밖으로부터 왔다.剛自外來'고 표현했다. 이는 강효(양효)인 초구효가 밖에서 왔다는 것인데 여기서 '밖'은 외괘인 상괘를 가리키며 상괘가 모두 강효로 이루어진 건괘이기 때문이다. '이위주어내而爲主於內'는 안에서 주인이 된다는 뜻인데 초구효가 밖에서 온 이후 내괘에서 가장 중요한 위치를 차지한 것을 가리킨다. 여기서 '내內'는 내괘인 하괘를 가리킨다.

앞에서도 설명했지만 팔괘에서 건괘와 곤괘를 제외하고는 모두 음효와 양효, 혹은 양효와 음효가 1 대 2의 비율로 섞여 있다. 양효가 1개만 있다면 나머지는 2개 효는 분명 음효일 것인데 이럴 경우 어떤 것이 핵심적인 효가 되겠는가? 당연히 개수가 적은 쪽, 하나뿐인 것이 중요한 효가 된다. 그래서 초구효가 내괘의 주인이 되었다고 한 것이다.

이를 '움직이면서도 굳세다.動而健'라고 한 것은 초구의 강효가 밖으로부터 와서 내괘의 중요한 효가 되었지만 결코 망령되게 굴지 않았으니 그 행동이 무척 강건하다는 말이다.

'강이 가운데 있고 응한다.剛中而應'에서 강효가 가운데 있다는 것은 어떤 효를 가리킬까? 바로 구오효다. 구오효는 상괘의 가운데 거할 뿐 아니라 하괘의 육이효와도 호응한다. 응한다는 것은 음과 음, 양과 양이 아닌 음과 양이 만나 서로 조화를 이루는 상태다. 이런 까닭에 '크게 형통하고 바르니 하늘의 명이다.大亨以正 天之命也'라고 했다. 여기서 '이정以正'은 바른 도를 지킨다는 말이고 '천지명天之命'은 천도, 즉 하늘의 도가 함축하고 있는 큰 법칙이다. 구오의 강효는 '중中'과 '정正'을 얻어 중정의 도를 받드니 천도의 큰 법칙에 부합하므로 '크게 형통하다.大亨' 즉 '크게 형통하여 바르게 함이 이롭다.元亨利貞'

그리고 뒤이어 '바르지 않으면 허물이 있어서 가는 바를 둠이 이롭지 않다.其匪正有眚 不利有攸往'고 했다. 만약 어떤 조직이나 기구의 내부 결속력이 약하고 기강이 해이해져 있다면 이럴 때는 외부에서 능력 있고 강건한 인물을 초빙하여 업무를 주관하게 하는 것이 좋다. 그러나 그의 행위가 바른 도를 지키지 않는다면 아무리 강건하고 능력이 탁월하더라도 이는 제멋대로 하는 것이므로 자연히 내부 사람들에게서 신임과 지지를 얻지 못하게 된다. 그런데도 스스로 제멋대로 행동하고 있음을 깨닫지 못한 채 계속 앞으로 나아가기만 한다면 그가 맡은 조직의 앞날이 어떻게 되겠는가? 조직이 바로 서지 못할 뿐 아니라 전보다 더욱 곤란한 상황에 처하고 말 것이다.

그런 의미에서 본문에서는 '무망으로 간다면 어디로 가겠는가无妄之往何之矣'라고 하며 '천명이 돕지 않는데 행하겠는가.天命不祐 行矣哉'라는 말로 마무리된다. 여기서 '지之'는 '가다'라는 의미의 동사로 쓰였다. 망령되게 행동하면 하늘도 당신을 돕지 않게 되는데 이는 당신 스스로 자초한 결과다. 그래서 자신의 감각에만 의존해서 제멋대로 행동하지 말아야 하며 사람들에게서 지지받지 못한다면 먼저 돌이켜 자신을 반성하고 자신의 행위가 바른 도에 부합하는지 살펴야 한다. 여기서 바른 도란 곧 천명이다.

象曰: 天下雷行 物與无妄. 先王以茂對時育萬物.
상왈 천하뢰행 물여무망 선왕이무대시육만물

「상전」에서는 말했다. 하늘 아래 우레가 다녀 물건마다 망령됨이 없다. 선왕은 이를 보고 성대하게 천시에 부합하여 만물을 기른다.

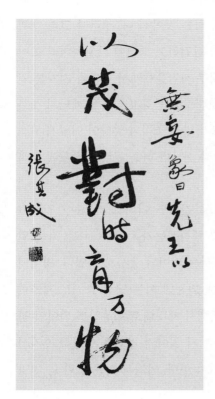

이무대시육만물

「상전」에서는 '하늘 아래 우레가 다닌다.天下雷行'고 했는데 이는 상괘인 건괘(☰)가 하늘이고 하괘인 진괘(☳)가 우레여서 하늘 아래에 우레가 나는 형상이다. 하늘에 검은 구름이 빽빽하게 들어차고 번개가 치며 우레가 나니 어찌 그 아래의 만물이 두려워하지 않겠는가? '물여무망物與无妄'은 '물건마다 망령됨이 없다.'는 뜻인데 '여與'에 대해서는 다양한 해석이 있지만 여기서는 '모두' '모든 물건' '물건마다'의 뜻으로 쓰였다. 이것이 바로 무망괘의 상이다.

선왕은 이러한 괘상을 보고 무망괘의 도에 근거해서 '천시에 성대하게 부합하여 만물을 기른다.茂對時育萬物' 여기서 '무茂'는 '무성하고 성대하다.'의 의미로 위세가 있음을 말하며 '대對'는 '응대하다'는 뜻이지만 여기서는 '부합하다'로 쓰였다. 선왕은 이러한 위세에 근거해서 천시에 부합하게 만물을 길러야 한다. 다시 말해 우레가 날 때 그 위엄과 권위가 막강하므로 이를 거스르지 말고 하늘의 때에 부합해야 한다는 것이다.

봄이 되면 씨를 뿌린다. 씨를 뿌린 다음에야 비로소 만물을 기를 수 있는 것이 바로 하늘의 때에 부합하는 일이다. 앞서 들었던 예처럼 외부에서 유능한 리더를 초빙

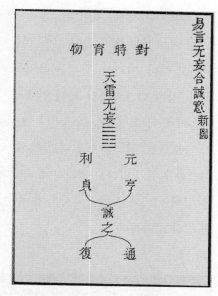

해야 한다면 이는 무척 중요한 시기이므로 하늘의 때에 부합해야 한다. '만물을 기른다.育萬物'는 것은 아랫사람과 군중을 기른다는 말이지 그들을 징벌하라는 말이 아니다. 이처럼 목적이 정확해야만 망령되지 않을 수 있다.

초구 효사와 「소상전」

初九, 无妄 往吉.
초구 무망 왕길

象曰: 无妄之往 得志也.
상왈 무망지왕 득지야

초구는 무망하게 가면 길하다.

「상전」에서는 말했다. 무망하게 감이 길함은 뜻을 얻었기 때문이다.

초구의 '무망 왕길无妄 往吉'은 처음부터 망령되게 행동하지 말고 앞으

로 나가면 길하다는 것이다.

「상전」에서는 '무망하게 감이 길함无妄之往'은 '뜻을 얻었기 때문得志也'이라고 했다. 여기서 '뜻志'은 무엇을 가리킬까? 초구는 「단전」에서 말했듯이 '강이 밖으로부터 와서 안에서 주인이 된 것剛自外來而爲主於內'으로 마음의 뜻이 실현됨을 가리킨다. 초구는 양의 자리인데 여기에 강효(양효)가 왔으므로 '정正'을 얻었다고 할 수 있다. 이 때문에 시작부터 자신에게 위엄과 권위가 있다고 생각하여 제멋대로 행동할 수 있지만, 행동에 '정正'을 얻어 나아가면 망령되지 않을 수 있다. 이러한 마음가짐으로 일을 하면 길하고 이롭다.

육이 효사와 「소상전」

六二, 不耕穫 不菑畬 則利有攸往.
육 이　불 경 확　불 치 여　즉 리 유 유 왕
象曰: 不耕穫 未富也.
상 왈　불 경 확　미 부 야

육이는 밭을 갈지도 않고 수확을 하지도 않으며, 새로 땅을 개간하지도 않고 묵은 땅을 개간하지도 않으면, 가는 바를 둠이 이롭다.

「상전」에서는 말했다. 밭을 갈지도 않고 수확을 하지도 않음은 부유함을 좋지 않은 것이다.

'불경확 불치여不耕穫 不菑畬'의 실제 뜻은 '밭을 갈지도 않고 수확을 하지도 않으며, 새로 땅을 개간하지도 않고 3년 된 밭을 개간하지도 않는다.'는 뜻이다. 다시 말해 경작해서 수확할 생각을 하지 말라는 것이다. '치菑'라는 글자는 새로 개간한 밭이고 '여畬'는 개간한 지 3년이 된 밭을 가리키는데, 여기서는 동사로 사용되어서 1년 된 황무지를 개간하지 말고 3년 된 묵은 땅을 개간하지도 말라는 것이다. 그렇게 하면 앞으로 나아감이 이롭다는 뜻에서 '즉리유유왕則利有攸往'이라고 했다. 여기서는 망령되게 행동하지 말라는 의미로 이해하면 된다.

「상전」에서는 '밭을 갈지도 않고 수확을 하지도 않음은 부유함을 좋지 않은 것이다.不耕穫 未富也'라고 했다. 여기서 '미부未富'는 아직 부귀를 꾀하지는 않았다는 뜻으로 이처럼 육이는 부귀를 위해 땅을 개간하고 경작하거나 수확하지 말아야 이롭다. 그렇지 않고 부귀를 얻을 생각에만 사로잡혀 노동하고 개간하고 경작한다면 도리어 아무것도 얻지 못할 것이다.

이 말에는 큰 철학적 이치가 담겨 있다. 얻으려고 하면 할수록 더욱 멀어지기만 해서 얻기 힘든 것이 있다. 따라서 목적을 이루고자 지나치게 집착해서는 안 된다. 마음에 품은 집착은 종종 망령된 행동으로 이어지는 수가 있다. 육이효는 '중中'과 '정正'을 얻었으므로 그 자체가 이로우며 함부로 행동하지 않아 정도를 지키면서 중도로 간다. 그래서 육이효에 대해 '가는 바를 둠이 이롭다.利有攸往'고 했다. 부귀를 얻으려고 의식적으로 꾀하지 않으면 오히려 부귀를 얻을 수 있다는 말이다.

육삼 효사와 「소상전」

六三, 无妄之災 或繫之牛 行人之得 邑人之災.
육삼 무망지재 혹계지우 행인지득 읍인지재

象曰: 行人得牛 邑人災也.
상왈 행인득우 읍인재야

육삼은 무망의 재앙이니 혹 소를 매어 놓더라도 행인이 얻어 마을 사람들에게 재앙이다.

「상전」에서는 말했다. 행인이 소를 얻음은 마을 사람들의 재앙이다.

보통 삼효에는 흉함이 많다고 하는데 무망괘의 육삼효는 심지어 양이 와야 할 자리에 음효가 오기까지 해서 효사에 재앙이 있다고 했다. 망령되게 행동하지 않았으나 도리어 재앙과 화가 있다는 뜻의 '무망지재无妄之災'가 그것이다. '혹계지우或繫之牛'는 '혹은 소를 붙잡아 매어 둔다.'는 것이다. '행인지득行人之得'은 매어 둔 소를 길 가는 이가 훔쳐 달아난다는 말이다. 이쯤 되면 가히 '마을 사람들의 재앙邑人之災'이라고 할 만하다.

「상전」에서는 '행인이 소를 얻음은 마을 사람들의 재앙이다.行人得牛 邑人災也'라고 했다. 여기서 '읍인邑人'은 성 안의 사람, 즉 마을 사람들을 의미한다. 마을 사람이 소 한 마리를 길러서 그것을 나무에 묶어 두었는데 나중에 길 가는 행인이 끌고 가 버렸다. 얼핏 보기에 이것은 동정을 살 만한 재앙이라고 생각할 수 있다. 고대 농가에 소는 무척 큰 재산이었다. 게다가 아무 데나 풀어 두지 않고 한곳에 매어 두는 바른正 길을 걸었는데도, 즉 특별히 다른 잘못이 없는데도 난데없이 가장 큰 재산을 빼앗겼기 때문이다.

그러나 "가련한 처지가 된 사람은 반드시 그렇게 내몰린 원인이 있다."는 말처럼 뭔가 옳지 않은 일을 행하여 소를 빼앗겼을 가능성이 있다. 비록 그가 제멋대로 행동하지 않았다고 하더라도 그의 내면이 '중中'하지도 '정正'하지도 않아 재앙을 맞은 것이다. '무망无妄' 즉 망령되게 행동하지 않음은 행동의 측면만 가리키는 말 같지만 사실 행동은 내면에 그 뿌리를 두고 있다. 사고의 방식이 행동의 방향을 결정하기 때문이다. 따라서 무망의 근본 원인은 내면에 있다. 육삼효도 비록 행위가 망령되지 않았지만 내면의 생각이 '중中'하지도 '정正'하지도 않아 난데없는 재앙을 맞은 것이다. 이는 사람이 지닌 사고방식이 얼마나 중요한지 일깨워 준다.

九四, 可貞 无咎.
구 사 　 가 정 　 무 구

象曰: 可貞无咎 固有之也.
상 왈 　 가 정 무 구 　 고 유 지 야

구사는 바르게 할 수 있으니 허물이 없다.

「상전」에서는 말했다. 바르게 할 수 있어 허물이 없음은 굳게 지니고 있기 때문이다.

구사의 '가정可貞'은 바른 도를 지킬 수 있다는 말이다. 구사효는 음이 와야 할 자리에 양효가 왔으므로 '정正'하지 않다고 할 수 있다. 하지만 구사효는 양효를 통해 도리어 바른 도를 지키려고 한다. 이는 양효가 바름을 지키려는 능력을 가지고 있기 때문에 가능한 일이다. 반면, 음효에는 바른 도를 지키려는 이 같은 능력이 없다. 이 때문에 육삼의 음효가 바르게 하고자 했지만 그렇게 하지 못했고 구사효에 이르러서야 바른 도를 지킬 수 있게 되었으니 '허물이 없게无咎' 된 것이다.

「상전」에서는 '바르게 할 수 있어 허물이 없음可貞无咎'은 '굳게 지니고 있기 때문固有之也'이라고 했다. 이는 양효가 본래 바른 도를 지키려고 하는 능력을 지니고 있기 때문이다.

九五, 无妄之疾 勿藥有喜.
구 오 　 무 망 지 질 　 물 약 유 희

象曰: 无妄之藥 不可試也.
상 왈 　 무 망 지 약 　 불 가 시 야

구오는 무망의 병은 약을 쓰지 않으면 기쁨이 있다.

「상전」에서는 말했다. 무망의 약은 써서는 안 된다.

구오의 '무망지질无妄之疾'은 망령되게 행동하지도 않았는데도 병이 생긴 것이다. 이는 좋은 일이라고 할 수는 없다. 하지만 '약을 쓰지 않으면 기쁨이 있다.勿藥有喜'고 하여 약을 먹지 않으면 나을 수 있다고 했다.

「상전」의 '무망지약无妄之藥'은 '무망지질无妄之疾'을 치료하는 데 사용하는 약으로서 '먹지 말아야 한다.不可試也'고 했다. 어째서 먹을 필요가 없다고 했을까? 여기서 우리는 구오효가 처한 시기적인 상황과 위치를 고려해야 한다. 왜냐면 구오효는 '중中'과 '정正'을 얻었을 뿐 아니라 가장 존귀한 자리에 있으면서 하괘의 육이효와도 상응하니 비록 약간의 화가 있을지라도 충분히 모면할 수 있는 수준이기 때문이다. 이처럼 평소 중도를 지키면서 정도를 걷고 시기에 부합하게 행동하면 이는 어려운 일을 당했을 때 별다른 수단을 동원하지 않아도 곧 회복할 수 있는 내공이 된다. 질병에 걸리더라도 면역력이 강하면 약을 먹지 않아도 낫는 것과 같은 이치다.

상구 효사와 「소상전」

上九, 无妄 行有眚 无攸利.
상 구　무 망　행 유 생　무 유 리

象曰: 无妄之行 窮之災也.
상 왈　무 망 지 행　궁 지 재 야

상구는 무망하면 나아가더라도 재앙이 있으니 이로운 바가 없다.

「상전」에서는 말했다. 무망하게 나아감은 궁극의 재앙이다.

상구에서는 '무망하면 나아가더라도 재앙이 있다.无妄 行有眚'고 하면서 이렇게 하면 '이로울 바가 없다.无攸利'고 했다.

「상전」에서는 '무망하게 나아감无妄之行'이 어째서 재앙이 있다고 했을까? 바로 '궁극에 이른 재앙窮之災也', 즉 끝에 이르렀기 때문이다. 여기서 '궁窮'은 끝을 의미한다. 상구효는 무망괘의 가장 위에 있는 효여서 앞으로 나아가고자 해도 길이 없으니 위험하다는 뜻이다.

무망괘를 잘 보면 여섯 효 가운데 그 어떤 효도 '망령되거나 제멋대로
인妄' 효가 없고 모두 '무망无妄'한데도, 어떤 효는 길하고 또 어떤 효는
흉하다고 했다. 초구는 '무망하게 감无妄之往'이고 육이는 '무망한 경작
과 수확无妄之耕穫'이며 육삼은 '무망의 재앙无妄之災' 그리고 구사효는
'무망의 바름无妄之貞', 구오효는 '무망의 병无妄之疾'이고 마지막 상구효
는 '무망의 나아감无妄之行'을 언급했다.

모두 망령되게 행동함이 없는데 어째서 어떤 것은 길하고 또 어떤 것은
흉하다고 했을까? 그 이유는 각자 처한 시기와 위치가 다르고 마음 씀
이 다르기 때문이다. 초구효의 시기와 위치는 강효로서 '정正'을 얻어
행하므로 길하다고 했다. 육이효와 구오효는 모두 '중中'과 '정正'을 얻
었으니 모두 길하다. 육삼효는 위치가 모두 '중中'하지도 '정正'하지도
않아 좋다고 할 수 없으니 흉하다. 상구효는 '중中'을 얻지 못했고 최고
의 위치, 궁극에 이르렀지만 자리가 없으므로 흉하다.

여기서 우리는 일을 할 때 망령되게 하지 말아야 함뿐 아니라 적절한
때를 살펴야 함을 알 수 있다. 바른 도를 지켜야 하며 이를 잃으면 재앙
이 닥칠 수 있다. 유가에서는 특히 말과 행동이 예의에 부합해야 함을
강조한다. 공자가 일찍이 "예가 아닌 것은 보지 말고, 예가 아닌 것은
듣지도 말며, 예가 아닌 것은 말하지 말고, 예가 아니면 행동하지 말라."
고 한 것이 바로 '바른 도를 지키는 것'이라고 하겠다.

26
대축괘大畜卦 — 덕을 쌓고 어짊을 기름

大畜 利貞 不家食 吉
대축 이정 불가식 길
利涉大川.
이섭대천

대축은 바르게 함이 이로우니 집에서 먹지 않으면 길하며 큰 하천을 건너는 것이 이롭다.

'대축大畜'은 크게 쌓는다는 뜻이다. 「서괘전」에서는 "무망함이 있은 다음에는 모일 수 있으므로 대축괘로 받았다."고 했다. 망령되게 행동하지 않으면 사물이 모이기 시작하여 크게 쌓이는 축적이 가능하므로 무망괘의 다음에 대축괘가 배치됐다는 뜻이다. 25번째 괘인 무망괘의 위아래 효 순서를 완전히 뒤집으면 26번째 괘인 대축괘가 된다. 대축괘는 큰 수확과 축적을 상징하는 괘로 사물이 그 발전 과정에서 강건한 정기를 모아 축적해야 함을 강조한다. 대축괘의 괘사와

「단전」에서는 '바른 도를 지키고' '어짊을 기름' 등을 말하는데 이것이 바로 대축괘의 핵심이다.

괘사에서는 '대축 이정大畜 利貞'이라고 했는데 이는 대축괘가 바른 도를 지킴이 이롭다는 뜻이다. '불가식 길不家食 吉'은 집에서 스스로 먹지 않는다는 말인데, 이는 나가서 외부 사람들과 함께 먹으므로 좋은 일이라는 뜻이다. 큰 하천의 험난함을 건너는 것이 이롭다는 뜻에서 '이섭대천利涉大川'이라고 덧붙였다.

괘사에 대한 「단전」

象曰: 大畜 剛健篤實 輝光 日新其德
단왈   대축 강건독실   휘광 일신기덕

剛上而尙賢 能止健 大正也.
강상이상현   능지건 대정야

不家食 吉 養賢也. 利涉大川 應乎天也.
불가식 길 양현야   이섭대천 응호천야

「단전」에서는 말했다. 대축은 강건하고 독실하니 빛이 나서 날로 그 덕을 새롭게 한다. 강이 위에 있지만 어진 이를 숭상하고 강건함을 누르니 크게 바르다. 집에서 먹지 않으면 길하다는 것은 어진 이를 기르기 때문이요, 큰 하천을 건넘이 이로운 것은 하늘에 응하기 때문이다.

「단전」에서는 대축괘에 대해서 '강건하고 독실하다.剛健篤實'고 했다. 여기서 '강건하다'는 것은 하괘인 건괘의 본성이 강건하기 때문이고 '독실하다'는 것은 상괘인 간괘가 의미하는 산이 무척 도탑고 견실하기 때문이다. '휘광輝光'은 빛을 발한다는 뜻인데 여기서는 강건함과 독실함이 하늘의 태양처럼 빛을 발휘함을 가리킨다. 어떤 사물이 빛을 발한다는 것은 그것이 이미 무언가를 쌓아 올려 큰 축적이 있어 풍족하고 부유함을 의미한다. 여기서는 물질적인 재산을 축적했다기보다는 도덕적인 수양을 쌓아 올렸다는 것으로 이해하면 된다. 따라서 '일신기덕日新其德'이라고 하여 날로 그 덕을 새롭게 하여 혁신과 변화를 이끌어 냄으로써 자신의 인품과 덕을 끌어올린다고 했다. 이처럼 『주역』의 본질은 '새롭게 하는 것新'에 있다. 그럼 어떻게 해야 새로워질 수 있을까? 바로 '변화變해야' 한다. '새롭게 한다.新'는 것은 사동사로서 끊임없이 자신의 인품과 도덕을 수련함으로써 날로 변화하여 새롭게 되게끔 해야 한다는 뜻이다.

그렇다면 어째서 하늘 위에 산이 있는 것을 '대축'이라고 했을까? 하늘처럼 강건하기도 하고 산처럼 높고 크다는 의미에서다. 건괘의 괘사를 풀이한 「상전」에서는 "하늘의 운행이 굳세니 군자는 이를 본받아 스스로 강해지고자 노력하기를 쉬지 않는다."고 했다. 이처럼 하늘은 영원히, 끝없이 운행되기 때문에 그 운행을 바꿀 수 없다. 설령 지구가 없어진다고 해도 하늘은 여전히 그대로 있을 것이다. 마치 태양과 같이 매일 존재하면서 끊임없이 바꾸고 새로워진다. 그러나 그 혁신과 변화의 목적만큼은 자신의 인품과 덕을 더욱 도탑고 견실하게 하기 위함일 뿐이다. 그 도탑기는 마치 하늘까지 높이 솟은 산과도 같아 그래서 '대축'인 것이다.

'강상剛上'은 '강이 위에 있다.'는 뜻인데 이는 상구효를 가리킨다. '상尙'은 숭상하다는 것이므로 '상현尙賢'은 현인, 어진 이를 숭상한다는 말이다. 따라서 전체적인 뜻은 '강이 위에 있고 어진 이를 숭상한다.剛上而尙賢' 인데 여기서 강효(양효)가 위에 있다는 것은 능력 있는 지도자가 위에 머문다는 뜻이다. 그리고 지도자는 높은 자리에 있을수록 반드시 아래에 있는 현인과 어진 이들을 귀히 여겨 우러르며 스스로 아래에 거할 줄 알아야 하므로 '강건함을 누를 줄 안다.能止健'고 했다. 여기서 '누르고 저지한다.止'는 상괘인 간괘를 말하며 '강건함健'은 하괘인 건괘를 가리켜서 자신의 강건한 마음을 지그시 누를 줄 안다는 말이다. 지도자라면 힘이 있어서 강경하게 마련이지만 이럴 때일수록 부하 직원들을 아끼고 존중하여 심지어 그들을 지도자인 자신보다 더 중요하게 여길 줄 안다. 이것이 바로 대축괘의 이치다.

건괘는 그 어떤 것보다도 확실하게 강건함을 대표하지만 여기서는 상괘인 간괘를 이루는 두 음효보다도 더 밑에 있다. 음효는 뭇 사람, 대중을 상징하며 양효는 군주를 상징한다. 군주가 뭇 사람 아래에 있으니 이것이 야말로 현인을 숭상하여 자신의 강경함과 교만한 마음을 그치게 한다는 의미가 아니겠는가? 이 때문에 「단전」에서는 '크게 바르다.大正也'라고 풀이했다. 아래에 거하길 원하지만 지도자에 의해서 윗자리로 추대된다면 그야말로 무척 위대한 일이며 큰 축적이라고 할 만하다.

'불가식 길不家食 吉'은 집에서 스스로 먹지 않고 밖에서 다른 이들과 함께 먹기를 원한다는 뜻인데, 사실 이는 '어진 이를 기르는 일養賢也'이다. 전국시대의 사공자四公子인 맹상군, 신릉군, 춘신군, 평원군은 재능 있는 선비들을 식객이나 빈객으로 맞아들여 집에 모시곤 했는데, 이들이 바로 현인이다. 그들은 각자 자기만의 탁월한 재능을 지니고 있었다. 그 재능이라는 것에는 심지어 닭 울음소리를 잘 따라한다거나 개 짖는 소리를 흉내 내어 도둑질을 잘 하는 것도 포함되었다. 그런데 그토록 하찮아 보이는 재능이라도 훗날 절묘하게 쓰일 기회를 얻게 된다. 맹상군이 진나라에 억류되었을 때 식객이 개 짖는 소리와 닭울음소리를 흉내 낸 덕에 무사히 풀려나게 된 것이 그 예다. 이것이 바로 현사를 기르는 행위다. 위의 사공자는 마치 대축괘의 하괘인 건괘와도 같다. 기꺼이 아래에 머물면서 현자들을 존귀한 자리로 추켜올려 상빈으로 모셨기 때문이다.

말미에서는 '큰 강을 건넘이 이로움은 하늘에 응하기 때문이다.利涉大川 應乎天也'라고 했는데 어째서 큰 하천을 건널 수 있었을까? 하늘의 도에 근거해서 일을 처리했기 때문이다. 하늘의 도는 공평하므로 군주는 이러한 도에 근거해서 큰일을 할 수 있다.

象曰: 天在山中 大畜. 君子以多識前言往行 以畜其德.
상왈 천 재 산 중 대 축 군 자 이 다 식 전 언 왕 행 이 축 기 덕

「상전」에서는 말했다. 하늘이 산 가운데 있는 것이 대축이다. 군자는 이를 보고 옛 성현의 말씀을 많이 알아 나아가고 행하며 이로써 그 덕을 쌓는다.

「상전」에서는 '하늘이 산 가운데 있는 것이 대축이다.天在山中 大畜'라고 했는데 이는 대축괘(䷙)의 상괘인 간괘(☶)가 산을 의미하고 하괘인 건괘(☰)가 하늘을 상징하기 때문이다. 보통은 하늘이 산을 덮고 있다고 표현하지만 여기서는 도리어 산이 위에 머무르며 하늘을 감싼다고 표현했다. 이야말로 큰 포용이며 큰 축적이라고 할 수 있으니 이것이 바로 대축괘의 상이다.

군자는 이러한 괘상을 보고 대축괘의 도에 근거해서 '옛 성현의 말씀을 많이 알아 나아가고 행하며 이로써 그 덕을 쌓아야 한다.多識前言往行 以畜其德' 다시 말해 군자는 큰 산이 가지는 축적과 포용의 능력을 본받아 고대 성현이 말한 지당한 도리와 이치를 잘 배운 뒤 나아가고 행하며 이를 통해서 덕행을 쌓아야 한다.

그럼 무엇을 축적해야 할까? 가장 먼저 덕을 쌓고 현인을 기른 다음 재산과 부를 쌓아야 한다. 그리고 무엇을 포용해야 할까? 자기보다 더 크고 강한 것을 포용해야 한다. 이러한 포용이야말로 위대한 포용이다. 보통 사람은 자신보다 약한 것은 쉽게 감싸 안지만 자신보다 강한 것은 포용하

대축기덕

 2부 ● 주역 상경

려 들지 않는다. 자기보다 잘하고 강하면 자칫 질투의 감정이 생길 수 있기 때문이다. 그러나 우리는 대축괘처럼 자신보다 높고 강한 사람과 일, 사물을 충분히 포용할 수 있어야 하며 이것이야말로 자신의 인품과 덕을 잘 드러낼 수 있는 일이다. 지도자가 만약 자신보다 못난 사람만 주변에 두고 자기보다 탁월한 사람을 밀어낸다면 이는 기업이나 조직의 생명력을 잃게 하는 큰 실수가 아닐 수 없다. 그 실수는 머지않아 조직의 손실로 이어지고 말 것이다.

그렇다면 어떻게 해야 대축, 즉 큰 축적을 이룰 수 있을까? 바로 자기보다 더욱 강하고 탁월한 사람을 끌어안으면 된다. 이 때문에 대축괘에서 강조하는 것도 어떻게 해야 마음의 도량을 넓힐 수 있는지에 관한 것이다.

초구 효사와 「소상전」

初九, 有厲 利已
초구 유려 이이
象曰: 有厲利已 不犯災也
상왈 유려리이 불범재야

초구는 위태로움이 있으나 그치면 이롭다.

「상전」에서는 말했다. 위태로움이 있으나 그치면 이롭다는 것은 재앙을 범하지 않기 때문이다.

'유려有厲'는 '위태로움이 있다.'는 의미다. '이已'라는 글자는 '멈추다' '중단하다'는 의미로 쓰였다. 이처럼 '이已'가 '그만두다'의 의미로 쓰인 예로는 순자가 "학문은 그만두어서는 안 된다.學不可以已"고 한 것도 들 수 있다. 그래서 '이이利已'는 그치면 이롭다는 말이 된다. 초구의 전체적인 뜻은 시작부터 위태로우니 속히 그만둔다면 이롭다는 것이다.

「상전」에서는 '위태로움이 있으나 그치면 이로운有厲利已' 이유가 '재앙을 범하지 않기 때문不犯災也'이라고 했다. 초구는 비록 처음에는 재앙이나 화가 있지만 빨리 그만둔다면 위험이나 화를 면하게 된다는 말이다. 이것이 바로 상황에 따라 나아가고 물러설 줄 아는 지혜라고 하겠다. 이처럼 시기와 상황을 잘 살펴서 행동해야지 무모하게 위험을 무릅쓰면서까지 나아가서는 안 될 것이다.

九二, 輿說輹.
구 이   여 탈 복
象曰: 輿說輹 中无尤也.
상 왈   여 탈 복   중 무 우 야

구이는 수레 바큇살이 빠졌다.
「상전」에서는 말했다. 수레 바큇살이 빠진 것처럼 하면 가운데에 허물이 없다.

'탈說'은 '벗다' '빠지다'의 의미인 '탈脫'과 통하며 '여輿'는 수레를 말한다. 수레바퀴 가운데에는 축이 있고 수레와 축을 연결하여 고정하는 바큇살이 있는데 그것이 바로 '복輹'이다. 따라서 구이의 '여탈복輿說輹'은 수레 바큇살이 빠져서 수레가 앞으로 나아가지 못함을 의미한다.

「상전」에서는 '수레 바큇살이 빠진 것처럼 하면輿說輹', 다시 말해 바큇살이 빠진 수레처럼 앞으로 나아가지 않는다면 '가운데에 허물이 없다.中无尤也', 즉 마음에 어떤 근심도 없을 것이라고 했다. 초구는 멈춰 섬을 강조했는데 구이에서는 앞으로 나아가다가도 중간에 멈춰 서라고 한다. 이미 길을 나선 다음에라도 문제가 생기면 중도에 멈춰 설 줄 알아야지 위험을 무릅쓰고 함부로 나아가서는 안 된다는 말이다. 구이효는 하괘의 가운데 자리한 효로서 '중中'을 얻었으므로 무모하게 돌진하지 않아야 위험이나 근심, 걱정이 없다.

구삼 효사와 「소상전」

九三, 良馬逐 利艱貞 日閑輿衛 利有攸往.
구삼 양마축 이간정 일한여위 이유유왕

象曰: 利有攸往 上合志也.
상왈 이유유왕 상합지야

구삼은 좋은 말이 쫓으니 험난하지만 바르게 함이 이롭다. 평소 수레 타는 것과 호위하는 것을 익히면 갈 바를 둠이 이롭다.

「상전」에서는 말했다. 갈 바를 둠이 이로움은 위와 뜻이 합하기 때문이다.

구삼의 '양마축良馬逐'은 좋은 말이 서로 쫓는다는 말이다. '이간정利艱貞'에서 '정貞'은 '정正'과 통하여 앞에 높은 산과 강이 흘러 험난하므로 주의해서 바른 길을 걸어야 한다는 말이다. '한閑'은 '익숙하다' '숙련되다'는 뜻의 '한嫺'과 통한다. '일日'은 '평소' '매일'로 이해하면 되고 '여輿'는 '수레', '위衛'는 '방어하다' '호위하다'의 의미다. 따라서 '일한여위日閑輿衛'는 비록 앞길이 험난하지만 평소 전차전戰車戰에 능숙하게끔 대비하므로 '갈 바를 둠이 이롭다.利有攸往', 즉 계속해서 앞으로 나아가면 여전히 이롭다고 했다.

「상전」에서는 '갈 바를 둠이 이로운利有攸往' 이유에 대해서 '위로 뜻이 합하기 때문上合志也'이라고 했다. '상上'은 구삼효와 뜻이 같고 도가 부합하는 대상으로, 여기서는 상구효를 가리킨다.

본래 삼효는 하괘의 끝에 거하므로 흉함이 많은 법인데 어째서 여기서는 '갈 바를 둠이 이롭다.'라고 했을까? 상구효가 구삼효와 의기투합할 뿐 아니라 둘의 뜻과 도가 서로 부합하기 때문이다. 어째서 뜻이 같다고 하는 것일까? 구삼효와 상구효는 둘 다 양효여서 음과 양이 만나야 하는 상응 조건에는 맞지 않는다. 그러나 구삼의 효사에서는 좋은 말이 달리면서 서로 쫓는다고 했고 상구의 효사에서는 '천지의 도덕을 짊어진 거리는 형통하다.何天之衢 亨'고 했다. 여기서 '구衢'는 큰길을 뜻한다. 따라서 상구효에서 말한 큰길 위를 구삼효의 좋은 말이 달리니 서로 합한다고 할 수 있는 셈이다.

육사 효사와 「소상전」

六四, 童牛之牿 元吉.
육사 동우지곡 원길

象曰: 六四元吉 有喜也.
상왈 육사원길 유희야

육사는 어린 소에 가로로 나무를 댄 것이니 크게 길하다.

「상전」에서는 말했다. 육사가 크게 길한 것은 기쁨이 있기 때문이다.

'동우童牛'는 뿔이 없거나 이제 막 뿔이 약간 자라기 시작한 어린 소를 가리키며 '곡牿'은 이러한 소를 얽어매는 멍에를 말한다. 따라서 육사의 '동우지곡 원길童牛之牿 元吉'은 뿔이 없거나 이제 막 뿔이 자라기 시작한 어린 소에 나무로 만든 멍에를 씌우니 크게 길하다는 말이다. 왜일까? 소는 그 뿔로 심통을 부려 사람을 상하게 할 수 있으므로 어린 소에게 멍에를 씌워 훈련시켜 사람을 해하지 못하게 하기 때문이다. 옛사람들이 "미처 생기기 전에 악을 막는다."고 말한 것과도 같은 이치다. 어린 소가 다자라기 전, 초창기에 고집과 포악함을 억눌러 바로잡아야지 뿔이 다 자라날카로워진 다음에는 아무리 길들이려고 해도 소용이 없다.

「상전」에서는 '육사가 크게 길한 것은 기쁨이 있기 때문이다.六四元吉 有喜也'라고 했다. 육사효가 크게 길하고 이로운 것은, 어린 소의 뿔이 아직 자라기 전에 고집을 꺾으니 크게 기쁨이 있다는 말이다.

육오 효사와 「소상전」

六五, 豶豕之牙 吉.
육오 분 시 지 아 길
象曰: 六五之吉 有慶也.
상 왈 육 오 지 길 유 경 야

육오는 멧돼지가 거세당한 뒤 이빨을 쓰지 못함이니 길하다.
「상전」에서는 말했다. 육오의 길함은 경사가 있는 것이다.

'시豕'는 돼지이고 '분豶'은 수돼지의 생식기를 거세한다는 뜻이다. 따라서 육오의 '분시지아 길豶豕之牙 吉'은 돼지를 거세한 뒤 이빨을 쓰지 못하게 되면 길하고 이롭다는 말이다. 수돼지가 거세당하면 흉포함이 줄고 서서히 온순해지며 본래는 날카로웠던 이빨도 서서히 퇴화하여 심통을 부려도 난폭해지지 않아 사람을 해하지 않기 때문이다.

「상전」에서는 육오의 길함에 대해서 '경사가 있다.有慶也'고 했다. 전체적인 괘상을 보면 오직 육사효와 육오효의 두 효만 음효로 남았는데 이는 양陽의 강경한 성질이 점차 줄어들고 있음을 의미한다. 육사의 어린 소 역시 비교적 온순한 소이고, 육오효의 거세당한 돼지에게서도 난폭함이 서서히 줄어들고 있음을 보면 이해가 된다. 돼지와 소를 비롯해 구이효, 구삼효에 나오는 소와 수레는 모두 이미지를 통해 비슷한 부류의 사물이나 의미를 전달하고자 하는 비유 수단이므로, 여기에 함축된 의미를 읽어 내야지 해당 이미지에만 국한하여 인식해서는 안 된다. 거세당한 돼지의 경우, 사람의 흉악하고 잔인한 본성은 훗날 옳지 않은 일의 씨앗이 되지 않게끔 미리 방비해야 함을 빗댄 것이다. 애초에 흉악한 성정을 억눌러 바로잡거나 아예 없애야만 경사가 있을 수 있다.

상구 효사와 「소상전」

上九, 何天之衢 亨.
상구 하천지구 형
象曰: 何天之衢 道大行也.
상왈 하천지구 도대행야

상구는 천지의 도덕을 짊어진 거리이니 형통하다.
「상전」에서는 말했다. 천지의 도덕을 짊어진 거리는 도가 크게 행하여진다는 것이다.

'하何'는 두 가지 뜻을 가진다. 하나는 '어찌나' '얼마나'의 뜻이고 다른 하나는 '짊어지다'는 뜻의 '하荷'와 통하여 '부담하다' '감당하다'의 뜻을 가진다. 여기서 도연명과 루쉰의 시가 생각나지 않을 수 없다.

형천이 방패와 도끼 들고 춤추었듯
맹렬한 기상은 항상 있구나.
— 도연명 「독산해경讀山海經」

두 틈바구니에서 살아남은 한 병사
창 둘러메고荷 홀로 방황하네.
— 루쉰 「방황彷徨」

형천刑天은 고대의 용맹한 사나이로 염제炎帝 수하의 대신이었다가 황
제黃帝에 의해 머리를 베이고 만다. 그러나 머리가 없는데도 굴하지 않고
돌연 몸을 일으켜 가슴팍의 두 젖꼭지를 눈으로 삼고 배꼽을 입으로 삼으
며 왼손에 방패를 들고 오른 손에는 도끼를 들어 싸움의 의지를 불태운
다. 그래서 형천은 고대로부터 불굴의 의지로 끊임없이 도전하는 투혼의
상징이 되어 왔다.

상구의 '하천지구 何天之衢 亨'에서 '하천何天'은 천지의 도덕을 어깨에
짊어지고 축적한다는 의미다. 따라서 상구는 천지의 막중한 책임을 짊어
진 채 큰길을 걸으므로 형통하다는 의미로 보면 된다.

상구효는 산에서 보면 가장 높은 봉우리에 해당하고 괘 전체는 대축괘
라고 불리니 그 뜻은 도덕이 가장 높은 곳에까지 축적되었다는 것이다.
축적의 단계를 둘로 나눠 보면 첫 번째 단계에서 축적이 가장 많이 이루
어진 시기는 구삼효이고, 괘 전체에서 축적이 최고조에 이른 단계는 상구
효다. 상구효에 이르면 도덕이 이미 크게 축적된 상태라서 형통하게 된
다. 덕이 크게 쌓여야만 보답이 있을 수 있으므로 비록 가끔은 위치와 시
기적인 상황이 이롭지 않더라도 여전히 크게 기쁠 수 있다.

「상전」에서는 '천지의 도덕을 짊어진 거리何天之衢'는 '도가 크게 행하여

지는 것道大行也'이라고 했다. 하늘의 도가 천하에 크게 행해지는 것이 바로 대축의 최종 결과인 셈이다.

──────── 대축괘 정리 ────────

☰

대축괘는 우리에게 덕행과 선을 쌓아야만 좋은 결과가 있을 것이라고 일깨워 준다. 이는 "선을 쌓은 집안에는 반드시 남은 경사가 있다."는 말과도 통하는 이치다. 그렇다면 어떻게 해야만 대축, 즉 큰 축적이 가능할까? 어떻게 해야만 선과 덕을 쌓을 수 있을까?

우선 흉악함과 잔인함을 버리고 선량한 본성을 회복함으로써 내면이 더욱 강건하고 도타우며 견실하게 변하도록 노력해야 한다.

그다음으로는 넓은 마음을 품어야만 한다. 그래야만 자신보다 더 크고 강한 사람이나 사물을 포용하고 용납할 수 있다.

마지막으로는 끊임없이 변화하여 덕을 새롭게 해야 한다. 여기서 '새롭게 한다.'는 말은 자신을 바꾼다는 것이며 자신을 바꾼다는 것은 단점을 끊임없이 개선한다는 말이다. 만약 이렇게 꾸준히 해 나가기만 한다면 끝내 경사가 있어 크게 길할 것이다.

27
이괘頤卦 - 기름과 양생의 도

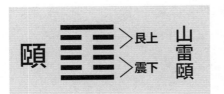

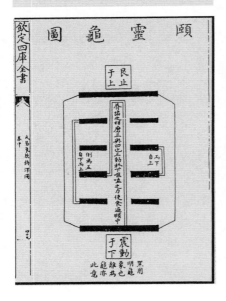

頤 貞吉 觀頤 自求口實.
이 정길 관이 자구구실

이는 바르게 하면 길하니 길러
줌을 보고 스스로 음식을 구한다.

'이頤'는 기른다는 뜻이다. 「서
괘전」에서는 "물건이 모인 뒤에
는 기를 수 있으므로 이괘로 받았
다. 이는 기르는 것이다."라고 했
다. 큰 축적이 있은 다음에는 만물
을 길러내고 백성을 보존할 수 있
으므로 대축괘의 다음에 이괘가
왔다는 말이다. 이괘의 형상을 보
면 사람이 음식을 먹어 이를 통해
자라나는 모습과 같다.

이괘는 '기름頤養'의 의의를 잘 설명하는데 그중에서도 '스스로 기름自養'
의 도리를 강조한다. 그리고 '스스로 기름'은 반드시 덕에 근거해야지 덕
을 버리고 욕심껏 해서는 안 된다고 했다. '사람을 기름養人'의 도는 공정

함과 공공심에서 비롯해야 하며 반드시 덕을 길러 선한 영향력이 사물에 미치게 해야 한다.

괘사에서는 이괘에 대해서 '바르게 하면 길하다.'는 의미에서 '정길貞吉'이라고 했고 '관이 자구구실觀頤 自求口實'이라고 하여 이괘의 기르는 도를 살펴보면 스스로 살 길을 모색하는 이치를 알 수 있다고 했다.

이괘는 맨 위와 맨 아래 효가 양효이며 중간의 네 효는 모두 음효로 이루어져 있어서 입의 형상을 무척 잘 형상화하고 있다. 맨 위와 아래의 두 개 양효가 윗입술과 아랫입술을 나타내고 가운데 네 개의 음효는 입이 벌려진 모습을 닮았다.

『설문해자』에서도 "이는 함頷이다."라고 했는데 여기서 '함頷'은 볼, 뺨, 턱을 의미한다.『이아爾雅』「석고釋詁」편에서도 "이는 기르는 것養이다."라고 했다. 이괘가 입 안에 음식을 담고 씹는 형상이어서 사람을 기른다는 의미가 생긴 것이다. 이처럼 '이頤'에는 기른다는 뜻이 있으므로 여기서 '수양하다' '보양하다' '양생하다'는 의미의 '이양頤養'이라는 단어도 파생되었다. 이괘의 상괘는 간괘여서 그침을 상징하고 하괘인 진괘는 움직임을 나타내니 위턱은 멈춰 선 채 아래턱이 움직여 음식을 씹는 모습과도 무척 잘 들어맞는다.

입으로 음식을 먹는 모습을 관찰해 보면 '스스로 음식을 구하는自求口實' 모습, 기름의 도리를 발견할 수 있다. 그래서 이괘에서는 만물을 기르는 이치를 강조한다. 정이는 이에 대해 "천지조화를 통해 만물을 양육해서 각각 마땅함을 얻게 하는 것 또한 바른 도일뿐이다."라고 해석함으로써 바른 도를 지켜야만 음식을 얻을 수 있다고 강조한다.

象曰: 頤 貞吉 養正則吉也.
단왈　이　정길　양정즉길야

觀頤 觀其所養也.
관이　관기소양야

自求口實 觀其自養也.
자구구실　관기자양야

天地養萬物 聖人養賢以及萬民. 頤之時大矣哉.
천지양만물　성인양현이급만민　이지시대의재

「단전」에서는 말했다. 이가 바르게 함이 길한 것은 바름을 기르면 곧 길하기 때문이다. 길러 줌을 보는 것은 그 기르는 바를 바라보는 것이다. 스스로 음식을 구함은 자기가 스스로 기름을 바라보는 것이다. 천지가 만물을 기르고 성인이 현자를 길러서 만민에게 미치니, 이의 때가 크다.

「단전」에서는 이괘에 대해서 '바르게 함이 길하다.貞吉'라고 했고 '바름을 기르면 곧 길하다.養正則吉也'고 했다. 다른 사람을 기르고자 하거나 혹은 다른 사람에게 자신을 길러 달라고 구할 때 당신은 반드시 바른 도를 지켜야 한다.

'관이 관기소양야觀頤 觀其所養也'는 이괘의 길러 줌을 보는 것은 기르는 대상을 바라보는 것이라는 뜻이다.

'자구구실 관기자양야自求口實 觀其自養也'는 스스로 음식을 구한다는 것은 어떻게 자신을 기를 것인지 본다는 말이다. 하나는 길러지는 것이고 또 다른 하나는 스스로 기르는 것이다. 이괘에서 말하고자 하는 것은 한 사람이 하늘과 땅 사이에 놓여 있을 때 어떻게 다른 사람을 기르는지와 자신을 어떻게 기르는지에 관한 도리다.

'천지양만물 성인양현이급만민天地養萬物 聖人養賢以及萬民'은 천지의 책임은 만물을 기르는 것이며 성인의 책임은 현자와 만민을 기르는 것이라

는 뜻이다. 여기서는 세 가지 기름
이 등장하는데 하나같이 다른 사
람을 기르고 만물을 양육함을 강
조한다. 자신이 부유하면 반드시
다른 사람을 길러야 한다는 이치
가 함축되어 있다. 능력이 있다면
스스로를 기르는 것에 만족할 것
이 아니라 다른 사람을 기를 줄도
알아야 한다는 도리다.

이 때문에 '이지시대의재頤之時
大矣哉', 즉 '이頤'라는 시기는 무척
위대하다고 했다. 정이는 이에 대

이

해서 "공자는 기르는 도를 시행하
여 천지와 성인이 기름이라는 일에서 동일한 공적이 있음을 찬미했다."
고 풀이했다. 천지가 만물을 기르는 것은 사사로움이 없는 일이자 자연스
러운 일인데 성인도 마찬가지로 현자와 만민을 기르는 것이 사적이지 않
으며 자연스러운 일이라는 말이다.

괘사에 대한 「대상전」

象曰: 山下有雷 頤 君子以愼言語 節飮食.
상 왈 산 하 유 뢰 이 군 자 이 신 언 어 절 음 식

「상전」에서는 말했다. 산 아래에 우레가 있는 것이 이다. 군자는 이것을
보고 말을 삼가고 음식을 절제한다.

「상전」에서는 '산 아래에 우레가 있는 것이 이다.山下有雷 頤'라고 했는데, 이는 이괘(䷚)의 상괘인 간괘(☶)가 산이고 하괘인 진괘(☳)가 우레를 상징하기 때문이다. 산은 고요하게 멈춰 있는 것이고 우레는 진동하는 성질을 지닌다. 우레가 산 아래에 있으면서 아직 진동하지 않는 상태는 일종의 양육 단계에 머물러 있음을 상징하는데, 이것이 바로 이괘의 상이다.

군자는 이러한 괘상을 보고 이괘의 도에 근거해서 '말을 삼가고 음식을 절제한다.愼言語 節飮食' 어째서 이괘의 괘상을 통해 '말을 삼가고 음식을 절제한다.'는 이치를 이끌어냈을까? 이괘는 위가 그침이고 아래가 움직임이니 움직임을 저지하는 형상이다. 말과 음식은 모두 움직임이므로 그것들을 절제한다는 뜻이다. "복은 입을 통해 나가고 병은 입을 통해 들어온다."는 말이 있는 것을 보면 입을 통해 나가는 말과 입을 통해 들어오는 음식을 절제하는 일이 얼마나 중요한 일인지 짐작할 수 있다. 이 때문에 움직임을 저지하고 신중하게 행동해야만, 즉 '말을 삼가고 음식을 절제해야만' 길하고, 이괘에서 말하는 '기름'의 도를 행할 수 있다.

초구 효사와 「소상전」

初九, 舍爾靈龜 觀我朶頤 凶.
초 구   사 이 령 귀   관 아 타 이   흉
象曰: 觀我朶頤 亦不足貴也.
상 왈   관 아 타 이   역 부 족 귀 야

초구는 너의 신령한 거북을 버리고 내가 턱을 움직이는 것을 보니 흉하다.

「상전」에서는 말했다. 내가 턱을 움직이는 것을 봄은 또한 귀하게 여길 만하지 않다.

'사舍'는 버린다는 뜻이다. '이爾'는 여기서는 초구효를 가리킨다. '영귀
靈龜'는 신령한 거북이라는 뜻인데 이는 양의 강건함을 지닌 체질을 가리
킨다. 따라서 초구의 '사이령귀舍爾靈龜'는 초구가 지닌 양강의 체질을 버
린다는 의미다. '타朶'는 움직인다는 의미이므로 '타이朶頤'는 턱을 움직임
이며 '관아타이觀我朶頤'는 자신의 입이 움직이는 것을 본다는 말이다. 따
라서 초구는 신령한 거북과 같은 양강의 체질을 버리고 자신이 턱을 움직
여 음식 먹는 것을 바라본다는 것인데, 그 속뜻은 자기 자신만 신경 쓴 채
다른 사람을 무시하니 흉하다는 말이다.

「상전」에서는 '내가 턱을 움직이는 것을 봄은 또한 귀하게 여길 만하지
않다.觀我朶頤, 亦不足貴也'고 했다. 자신이 이러한 능력, 즉 양강의 체질을 지
니고 있지만 도리어 자기 자신만 돌본 채 다른 사람을 돕지 않으니 도를
행한다고 볼 수 없다는 말이다.

六二, 顚頤 拂經 于丘頤 征凶.
육 이   전 이 불 경 우 구 이 정 흉
象曰: 六二征凶 行失類也.
상 왈   육 이 정 흉 행 실 류 야

육이는 거꾸로 기름이니 정상의 도를 위배하고 언덕에 길러 주기를 구
하므로 가면 흉하다.

「상전」에서는 말했다. 육이가 가면 흉하다는 것은 행함에 무리를 잃었
기 때문이다.

'전顚'은 '뒤바뀌다' '전도되다'의 뜻이므로 '전이顚頤'는 거꾸로 기름을
뜻한다. '불拂'은 위배한다는 뜻이고 '경經'은 일반적이고 정상적인 규정

이나 관례이므로 '불경拂經'은 정상의 도를 위배했다는 의미가 된다. '구丘'
는 '언덕' 혹은 '높다'의 뜻으로 여기서는 상구효를 가리킨다. '정흉征凶'
은 이렇게 앞으로 나아가면 흉하다는 말이다. 육이는 전체적으로 기름의
도가 뒤집혔으니 정상의 도를 위배한 채 위에 있는 상구효에 길러 주기를
구하면 흉하다는 말이다.

「상전」에서는 '육이가 가면 흉한六二征凶' 이유가 '행함에 무리를 잃었기
때문行失類也'이라고 했다. 육이효는 '중中'과 '정正'을 얻었으므로 일반적
으로는 길해야 맞지만 여기서는 흉하다고 풀이했다. 그것이 기름의 도를
뒤바꿨기 때문이다. 육이는 본래 육오효에 구했어야만 했는데 이러한 정
상적인 도를 위배한 채 육오를 넘어서서 상구효를 향해 길러 주기를 구했
으니 이러한 행위가 정상적이라고 볼 수는 없다.

六三, 拂頤 貞凶. 十年勿用 无攸利.
육삼 불이 정흉 십년물용 무유리
象曰: 十年勿用 道大悖也.
상왈 십년물용 도대패야

육삼은 기름의 바른 도를 위배함이니 흉하다. 십 년이 되어도 쓰이지
못하여 이로울 바가 없다.

「상전」에서는 말했다. 십 년이 되도록 쓰이지 못함은 도가 크게 어긋났
기 때문이다.

육삼의 '불이정 흉拂頤貞凶'은 기름의 정상적인 이치와 도를 위배하였으
니 이렇게 계속해 나가다 보면 흉하다는 말이다. '십년물용 무유리十年勿用
无攸利'는 10년이 되도록 그 어떤 행위나 작용이 없으니 어찌 이로울 바가

있겠느냐는 말이다.

「상전」에서는 '십 년이 되어도 쓰이지 못함十年勿用'은 '도가 크게 어긋났기 때문道大悖也'이라고 했다. 육삼효는 양이 와야 할 자리에 음효가 왔으므로 위치가 마땅하지 않아 '정正'하지 않다. 음은 체질이 약할 뿐 아니라 정상적인 기름의 도를 위배한 채 제멋대로 행동하고자 하므로 흉하다. 이처럼 이괘의 하괘인 진괘를 이루는 세 효는 전체적으로 모두 흉하다.

육사 효사와 「소상전」

六四, 顚頤 吉 虎視耽耽 其欲逐逐 无咎.
육사 전 이 길 호 시 탐 탐 기 욕 축 축 무 구
象曰: 顚頤之吉 上施光也.
상 왈 전 이 지 길 상 시 광 야

육사는 거꾸로 기름이니 길하다. 호시탐탐 노려보듯 하고 그 하고자 함이 쫓고 쫓으면 허물이 없다.

「상전」에서는 말했다. 거꾸로 기름이 길함은 위의 베풂이 광명하기 때문이다.

앞서서 육이효에서는 '거꾸로 기름이 흉하다.'고 했는데 육사효에서는 그와 동일하게 '거꾸로 기름顚頤'인데도 '길하다吉'고 표현했다. 이것은 왜일까? 육사효는 초구효와 상응한다. 즉 육사효는 윗자리에 거하는데도 도리어 아래에 있는 초구효를 향해 기름을 구하였기 때문에 길하다고 한 것이다. '호시탐탐虎視耽耽'은 호랑이처럼 눈을 크게 뜬 채 초구효를 바라본다는 뜻이다. '축축逐逐'은 끊임없이 무언가를 한다는 뜻이므로 '기욕축축其欲逐逐'은 구하고자 하는 욕망이 끊임없이 따르는 모습이다. 그러나 이것이 허물이 없다고 한 것은 왜일까? 육사효가 초구효와 상응하는 까닭 외에도 육사효가 구하는 대상인 초구효가 바로 '신령한 거북靈龜'의 양강 체질을 지니고 있기 때문이다. 이러한 양강의 성질은 육사효에 의해 끊임없이 흡수되므로 육사효가 길하다고 한 것이다.

「상전」에서는 '거꾸로 기름이 길함顚頤之吉'은 '위의 베풂이 광명하기 때문上施光也'이라고 했다. 여기서 '상上'은 상구효를 가리키는 것이 아니라 육사효 자체가 윗자리에 거하여 빛을 발한다는 뜻이다. 이와는 달리 육사효는 다른 사람을 기르는 것이지 다른 사람에게 자기를 길러 달라고 구하는 것이 아니라는 해석도 있다.

육오 효사와 「소상전」

六五, 拂經 居貞吉 不可涉大川.
육 오   불 경   거 정 길   불 가 섭 대 천

象曰: 居貞之吉 順以從上也.
상 왈   거 정 지 길   순 이 종 상 야

육오는 정상의 도에 위배되나 바름에 거하면 길하니 큰 하천을 건너서는 안 된다.

「상전」에서는 말했다. 바름에 거하는 것이 길함은 유순함으로 위를 따르기 때문이다.

육오의 '불경拂經'은 정상의 도를 위배함을 가리킨다. '거정길居貞吉'은 바른 자리에 거하므로 길하다는 뜻이고 '불가섭대천不可涉大川'은 큰 하천을 건널 수 없다는 말이다. 따라서 육오는 군왕의 자리에 거하기 때문에 본래 다른 사람을 길러야 하지만 음의 부드러움을 지녔으므로 다른 사람을 기를 방법이 없다. 따라서 육오효는 도리어 상구효에 의탁하여 자신을 기른다. 그렇지만 육오효는 무척 정의로워서 자신이 상구효에 의해 길러진 은혜와 그 도리를 천하의 백성에게 나누어 베푼다. 이렇게 하여 덕에 속하게 되니 그러므로 길할 수밖에 없다.

그렇다면 어째서 큰 하천을 건널 수 없다고 했을까? 마찬가지로 음의 부드러움 때문에 육오는 길하기는 하지만 크게 길한 것이 아닌 조금 길하다. 육오효가 조금 길하므로 큰 하천을 건너지 못하니 풍성하고 위대한 업적을 거두기는 어렵다.

「상전」에서는 '바름에 거하는 것이 길함居貞之吉'은 '유순함으로 위를 따르기 때문順以從上也'이라고 했다. 상구의 양효는 위에 거하고 육오의 음효는 아래에 거하니 유순하여 육오효가 상구효에 순종한다. 다시 말해 상구효가 육오를 길러서 육오는 다시 천하의 백성을 기르는 것이다. 여기서 이괘의 초구효와 상구효는 다른 사람을 기르는 형태이고 중간의 네 음효는 다른 사람에 의해 길러지는 상태임을 알 수 있다.

상구 효사와 「소상전」

上九, 由頤 厲 吉 利涉大川.
상 구 유 이 여 길 이 섭 대 천
象曰: 由頤厲吉 大有慶也.
상 왈 유 이 려 길 대 유 경 야

상구는 자신으로 말미암아 기르니 위태로우나 길하여 큰 하천을 건넘이 이롭다.

「상전」에서는 말했다. 자신으로 말미암아 기름이 위태로우나 길함은 큰 경사가 있기 때문이다.

'유由'는 '근원'을 말하므로 '유이由頤'는 '기름의 근원'이다. 상구효는 양의 강건함이 기름의 극에 이르렀고 아래로는 네 개의 음효가 있어서 모

두 상구효의 기름에 의존하므로 상구효에 의존하여 천하를 기른다는 뜻
이다. '여 길厲吉'은 비록 위태로우나 여전히 길하고 이롭다는 말이다. '큰
하천을 건넘이 이롭다.利涉大川'고 해서 상구의 양효가 강건하므로 큰 하
천을 건넘이 이롭다고 했다. 보통은 상구효는 길하지 않다고 보는데 여기
서는 길하다고 한 이유는 무엇일까? 왜냐면 상구효가 가장 높은 위치에
있어서 천하가 그에 의존하여 길러지기 때문이다. 그래서 비록 위태롭긴
하지만 큰 경사가 있다.

「상전」에서는 '자신으로 말미암아 기름이 위태로우나 길함由頤厲吉'은
'큰 경사가 있기 때문大有慶也'이라고 해석했다. 이는 민본사상과도 연결
되며 『관자』에서 "임금은 백성을 하늘처럼 여기고 백성은 먹을 것을 하늘
처럼 섬긴다."고 말한 것과도 통한다.

이괘 정리

이괘에서는 두 가지 기름의 도를 강조하고 있는데 하나는 스스로 기름
이고 다른 하나는 남을 기르는 것이다.

스스로 기름은 덕에 근거해야만 길하고 이롭다. 만일 덕에 근거하지 않
은 채 자신을 기르는 데만 급급하면 이괘의 하괘를 이루는 세 개의 효
처럼 흉하고 험함이 있을 뿐이다.

다른 사람을 기르는 것은 공정함과 공공심에 근거해야 한다. 이것은 마
치 이괘의 아래 효들이 상구효에 의존해 길러지는 이치와도 같다. 다른
사람을 기를 때는 공정함에 근거해야만 다소 위태롭더라도 길하고 이
로울 수 있다. 천지는 만물을 기르고 성인은 현자를 기르며 군주는 만

민을 기르듯 스스로 부유하게 된다면 다른 사람을 기를 줄도 알아야 한다. 아무리 스스로 능력이 있다고 해도 자기 자신만 기르느라 여념이 없고 다른 사람들을 기르는 데 인색하면 결코 길할 수가 없다.

또한 이괘의 상괘가 산이고 하괘가 우레인데 어째서 우레는 흉하기만 하고 산은 온전히 길하기만 할까? 우리는 여기에서 무척 중요한 이치, 즉 도가와 불가에서 말하는 '멈춰 섬'의 도리를 배울 수 있다. 산은 한 자리에 멈춰 선 채 움직이는 것을 저지한다. 움직이는 물건은 종종 흉하게 마련이다.

「단전」에서는 '바라봄'과 '관찰'을 강조하는데 이것이 바로 불가에서 말하는 '지관법문止觀法門(진리에 머물러 바르게 관찰하는 것)'의 이치다. 다른 사람을 기를 때 기르는 사람의 마음은 반드시 산처럼 멈춰 선 채 고요함을 유지해야 한다. 『대학』에서는 "큰 학문의 도는 덕을 밝히는 데 있고, 백성과 하나 되는 데 있으며, 지극히 좋은 상태에 그치는 데 있다. 그쳐야 할 데를 안 후에 정함이 있고, 정함이 있은 뒤에 고요할 수 있으며, 고요한 뒤에 편안하고, 편안한 뒤에 생각할 수 있으며, 생각한 다음에 얻을 수 있다."고 했다. 마찬가지로 불교에서도 그칠 줄 아는 지혜를 말했다. 그치면 길하며 제멋대로 망령되게 행동하면 흉하다.

28
대과괘大過卦 － 잘못을 바로잡음

大過 棟撓 利有攸往 亨.
대 과 동 요 이 유 유 왕 형

대과는 들보가 휘어짐이니 가
는 바를 둠이 이로워 형통하다.

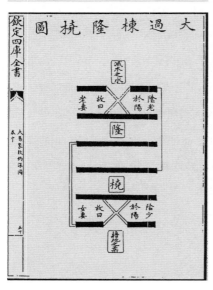

'대과大過'는 '지나치다' '큰 과
오'라는 뜻이다. 대과괘는 이괘와
정반대의 괘상을 가지고 있다. 이
괘는 중간에 네 개의 음효가 있는
반면 대과괘는 중간에 네 양효가
왔다. 「서괘전」에서는 "기르지 않
으면 움직일 수 없으므로 대과괘
로 받았다."고 했다. 다시 말해 다
른 사람을 기르지 않으면 큰 잘못
이라는 뜻이다.

모든 괘에는 주제가 하나씩 있게 마련인데 대과괘의 주제는 큰 과오를
범한 상태에서 어떻게 행동해야만 그것을 극복할 수 있을지에 관한 이치
다. 대과는 생태의 균형을 잃은 것이자 사업에서도 큰 어려움에 직면한

것이며 인생에서 큰 과실을 저지른 상태다. 이러한 상태가 바로 맨 위와 맨 아래에 한 개씩의 음효가 있고 가운데 네 개의 양효가 있는 괘상으로 나타난 것이다. 중간의 양효 네 개는 마치 집의 대들보와 같은 의미이고 양 끝의 음효는 떨어져 나간 형상이므로 전체적으로 대들보가 무너진 모습이다.

'동棟'은 대들보이고 '요撓'는 휘어진다는 뜻이다. 괘사에서는 들보가 휘어진다는 의미에서 '동요棟撓'라고 했지만 '이유유왕 형利有攸往 亨'이라고 하여 그러함에도 행동하면 이로우니 형통하다고 했다.

괘사에 대한 「단전」

象曰: 大過 大者過也. 棟撓 本末弱也.
단왈   대과 대자과야   동요 본말약야

剛過而中. 異而說行 利有攸往 乃亨.
강과이중   손이설행 이유유왕 내형

大過之時大矣哉.
대과지시대의재

「단전」에서는 말했다. 대과는 큰 것은 지나친다. 들보가 휘어짐은 밑과 끝이 약하기 때문이다. 강이 지나치나 중을 얻었고, 공손하면서 기쁨으로 행하니, 가는 바를 둠이 이로워 형통하다. 대과의 때가 크다.

「단전」에서는 대과괘에 대해서 '큰 것은 지나친다大者過也'고 했는데, 이는 강하고 큰 것은 험난함을 극복할 수 있다는 뜻이다. 그리고 '들보가 휘어짐棟撓'은 '밑과 끝이 약하기 때문本末弱也'이라고 했는데, 여기서 '본本'과 '말末'은 각각 맨 위와 맨 아래에 있는 음효를 가리키며 이 둘 모두 지나치게 약하다는 뜻이다.

'강이 지나치나 중을 얻었다剛過而中'에서 '강剛'은 구이효와 구오효를 가리키는데 이 둘의 강건함이 지나치나 각각 하괘와 상괘의 가운데 자리에 있으므로 '중中'을 얻었다. '공손하면서 기쁨으로 행한다.巽而說行'는 말은 대과괘의 하괘인 손괘가 공손함을 가리키고 상괘인 태괘가 기쁨을 상징하기 때문에 이 둘을 한데 두니 공손하면서 기쁘게 행동한다고 한 것이다. '가는 바를 둠이 이로우니 형통하다.利有攸往 乃亨'는 것은 이 때문에 앞으로 나아감이 유리하고 형통하다는 뜻이다.

마지막으로 '대과의 때가 크다.大過之時大矣哉'는 것은 대과의 시기와 상황적 의의가 무척 크다는 말이다. 현대사회는 들보가 휘어져 건물이 금방이라도 붕괴할 것 같은 대과의 시기이지만 이럴 때일수록 영웅이 나와서 큰일을 할 수 있다. 일을 잘 처리하면 기울어진 대세를 견고하게 회복하여 성공을 거머쥘 수 있는 절호의 기회가 될 수도 있는 것이다.

괘사에 대한「대상전」

象曰: 澤滅木 大過. 君子以獨立不懼 遯世无悶.

상 왈 택 멸 목 대 과 군 자 이 독 립 불 구 둔 세 무 민

「상전」에서는 말했다. 연못이 나무를 없애는 것이 대과다. 군자는 이를 보고 홀로 서서 두려워하지 않으며 세상을 등져 은둔하여도 근심하지 않는다.

「상전」에서는 '연못이 나무를 없애는 것이 대과다.澤滅木 大過'라고 했는데 이는 대과괘(☱)의 상괘인 태괘(☱)가 못이고 하괘인 손괘(☴)가 나무를 상징하여 마치 나무가 연못 아래에 있는 형상과 같기 때문이다. 보통 나무는 연못 아래에서 자라지 못하니, 이것은 비가 많이 오거나 홍수가 나서 나무가 연못에 잠긴 상황이라고 할 수 있다. 나무가 물에 잠겨 없어지는 재난이니 이는 흔치 않은 상이자 지나친 잘못에 해당한다. 이것이 바로 대과괘의 상이다.

그래서 '연못이 나무를 없애는澤滅木' 시기는 상황이 이미 지나치게 잘못된 지경에 이르렀다고 보면 된다. 군자는 이러한 괘상을 보고 대과괘의 도에 근거하여 '홀로 서서 두려워하지 않으며 세상을 등져 은둔하여도 근심하지 않는다.獨立不懼 遯世无悶' 비록 건물이 금방이라도 무너지려고 할지라도 혼자라도 지탱하면 기울어진 대세를 만회할 수 있으므로 두려워하지 말라는 것이다. 한 토막의 나무로 큰 집을 지탱하거나 형세를 되돌릴 수 없다면 세상을 등지고 나와 은거하면서 홀로 수양에 힘쓰고 하늘과 남을 탓하지 않으면 되니 근심걱정이 없어진다.

초육 효사와 「소상전」

初六, 藉用白茅 无咎.
초 육　자 용 백 모　무 구

象曰: 藉用白茅 柔在下也.
상 왈　자 용 백 모　유 재 하 야

초육은 흰 띠풀을 써서 자리를 깔면 허물이 없다.

「상전」에서는 말했다. 흰 띠풀을 써서 자리를 까는 것은 유가 아래에 있기 때문이다.

'자藉'는 '깔개' '자리' '방석'의 뜻이다. 초육에서는 '자용백모藉用白茅', 즉 흰색 띠풀을 써서 자리를 깔면 '허물이 없다.无咎'고 했다.

「상전」에서는 '흰 띠풀을 써서 자리를 까는 것藉用白茅'은 '유가 아래에 있기 때문柔在下也'이라고 했는데 여기서 흰 띠풀은 무엇을 의미할까? 흰색 띠풀은 연해서 바닥에 깔았을 때 무척 부드럽고 편하다. 그래서 고대에 제사를 지낼 때는 흰 띠풀로 짠 자리 위에 제사용품을 배열했고 이를 통해 경건함과 정성을 표시했다. 초육은 음유의 본체가 아래에 거한 것이 마치 제사 때 쓰는 흰 띠풀과도 같아 여기서 사람의 경건함과 삼감이 지극하다는 뜻이 파생되기도 했다.

대과의 시기에는 음의 부드러움을 지닌 사람이 기꺼이 아랫자리에 거하면서 윗자리에 거한 양의 강건함을 지닌 사람을 공경하며 따라야 한다. 여기서 우리는 처음 시작하는 단계에서는 아래에 거하면서 말과 행동을 삼가고 자신을 돌아보아 반성해야 함을 알 수 있다. 이것이 바로 지나치게 잘못된 국면을 전환할 수 있는 첫걸음이다.

구이 효사와 「소상전」

九二, 枯楊生稊 老夫得其女妻 无不利.
구 이　고 양 생 제　노 부 득 기 녀 처　무 불 리
象曰: 老夫女妻 過以相與也.
상 왈　노 부 녀 처　과 이 상 여 야

구이는 마른 버드나무에 새순이 생기고, 늙은 지아비가 젊은 아내를 얻으니, 이롭지 않음이 없다.

「상전」에서는 말했다. 늙은 지아비가 젊은 아내를 얻음은 넘어서서 서로 더불어 가는 것이다.

'제稊'는 뿌리에 난 어린 싹을 말하므로 구이의 '고양생제枯楊生稊'는 말라서 작아진 버드나무 뿌리에 어린 싹이 새롭게 돋아난다는 말이다. 이는 '늙은 지아비가 젊은 아내를 얻는 것老夫得其女妻'과도 같은 일이니 '이롭지 않음이 없는无不利' 상황이다. 여기서 젊은 아내는 초육효를 가리킨다. 반면 뒤로 가면 구오의 효사에서 '늙은 지어미가 젊은 남편을 얻는다.老婦

得其士夫'는 말이 나와 구이효와는 정반대의 상황이 출현한다. 늙은 지아비가 젊은 아내를 얻는 것은 가히 지나친 상황이라고 할 만하지만 왜 여기서는 이롭지 않음이 없다고 했을까?

「상전」에서는 '늙은 지아비가 젊은 아내를 얻음老夫女妻'이 이롭지 않음이 없음은 '넘어서서 서로 더불어 가기 때문過以相與也'이라고 해석했다. 대과괘(☰)의 괘상을 보면 맨 위와 맨 아래에 음효가 하나씩 있고 가운데 네 개의 양효가 있으니, 상하 두 개의 음효가 가장 중요한 효라고 볼 수 있다. 맨 위와 맨 아래에 각각 양효가 하나씩 있고 가운데 네 효가 모두 음효로 이뤄져 있는 이괘(☲)와는 정반대의 상이다. 대과괘의 구이효는 비록 큰 과실이 있긴 하지만 구이의 양효가 초육 음효로부터 도움을 받으니 '이롭지 않음이 없다.无不利'고 한 것이다. 이처럼 대과의 때에는 양의 강건함을 지닌 사람이 음의 부드러움을 지닌 사람의 도움을 받아야만 대과, 크게 잘못된 상황을 바꿔 나갈 수 있다.

九三, 棟橈 凶.
구삼 동요 흉
象曰: 棟橈之凶 不可以有輔也.
상왈 동요지흉 불가이유보야

구삼은 들보가 휘어짐이니 흉하다.
「상전」에서는 말했다. 들보가 휘어짐이 흉함은 도움이 있을 수 없기 때문이다.

구삼의 '동요 흉棟橈 凶'은 들보가 휘어지니 흉하다는 뜻이다.
「상전」에서는 '들보가 휘어짐이 흉함棟橈之凶'은 '도움이 있을 수 없기 때문不可以有輔也'이라고 했다. 즉 그를 도와 줄 사람이 없다는 말이다. 왜냐면 구삼효는 상육효와 상응하는데 음이 위에 있고 양이 아래에 있으면 보통 길하지 않기 때문이다. 상육효는 윗자리에 있어도 음효여서 지나치게 약한 나머지 구삼효를 도울 수가 없으므로 흉하다.

보통 음과 양이 상응하기만 하면 음과 양의 위아래 순서에 관계없이, 즉 음이 양의 아래에 있든지 혹은 양의 위에 있든지 관계없이 모두 길한 편이다. 그런데 유독 여기서는 왜 흉하다고 했을까? 『주역』을 연구하다 보면 64괘를 관통하는 하나의 일관된 법칙을 발견할 수 있다. 그것은 바로 비교적 '작은 환경'의 속성이나 경향은 이를 아우르는 '큰 환경'의 영향을 받아 결정되는 경향이 있다는 점이다. 여기서 '큰 환경'은 바로 '대과大過'다. 이 때문에 구삼효는 일반적인 관점에서 봤을 때는 흉할 이유가 없지만 본 장에서 다루는 커다란 주제, 즉 '대과大過'라는 관점에서 비추어 보았을 때는 길하지 않은 셈이다.

구사 효사와 「소상전」

九四, 棟隆 吉 有它 吝.
구 사   동 륭 길 유 타 인
象曰: 棟隆之吉 不橈乎下也.
상 왈   동 륭 지 길 불 요 호 하 야

구사는 들보가 높이 솟아 길하나 다른 마음을 두면 후회가 있다.
「상전」에서는 말했다. 들보가 높이 솟아 길함은 아래로 휘어지지 않기 때문이다.

구사의 '동륭 길棟隆 吉'은 들보가 솟아서 길하다는 말이다. 구사효는 대신의 지위로 강(양)이 유(음)의 자리에 거했으므로 강유가 서로 조화한다고 볼 수 있다. 구사에서 들보가 높이 솟았다고 한 것은 능력이 탁월한 대신이 혼란스러운 정국을 잘 다스린 결과 잘못됐던 국면이 전환되기 시작했기 때문이다. 구사효로부터 위로 세 효는 모두 특별히 흉할 것이 없다.

'유타 인有它 吝'은 만약 다른 곳에 응하면 후회가 있을 것이라는 말인데 이는 구사효가 초육효와 상응하면 아래로 휘어지리라는 것을 빗댄 말이다. 이처럼 큰 건물이 기울어지려고 한다면 구사효는 마땅히 용감하게 나서서 건물을 떠받쳐야 한다. 그런데 구사효는 도리어 개인의 욕심을 채우고자 초육과 상응하니 이 때문에 후회가 있다고 한 것이다.

「상전」에서는 '들보가 높이 솟아 길함棟隆之吉'은 '아래로 휘어지지 않기 때문不橈乎下也'이라고 했다. 아래로 휘어지지 않는다는 것은 책임을 회피하지 않고 사리사욕을 포기한 채 전체적인 국면을 고려하여 기울어진 대세를 회복한다는 뜻이다.

구오 효사와 「소상전」

九五, 枯楊生華 老婦得其士夫 无咎 无譽.
구 오　　고양생화　노부득기사부　무구　무예
象曰: 枯楊生華 何可久也. 老婦士夫 亦可醜也.
상왈　　고양생화　하가구야　　노부사부　역가추야

구오는 마른 버드나무에 꽃이 피고, 늙은 부인이 젊은 남편을 얻으니, 허물이 없지만 명예도 없다.

「상전」에서는 말했다. 마른 버드나무에 꽃이 피니 어찌 오래갈 수 있겠는가. 늙은 부인이 젊은 남편을 얻으니 또한 추하다고 할 만하다.

'화華'는 꽃을 의미하는 단어 '화花'와 통하므로 '고양생화枯楊生華'는 마른 버드나무에 꽃이 피어난다는 뜻이다. '노부득기사부老婦得其士夫'에서

고양생화

'노부老婦', 즉 '늙은 부인'은 상육효를 가리키고 '젊은 남편'을 뜻하는 '사부士夫'는 구오효를 가리키므로, 나이 든 부인이 젊고 건장한 남편을 얻는다는 뜻이 된다. 이는 '허물이 없지만 명예도 없는无咎 无譽'일이며, 다만 음과 양이 화합하여 같은 마음으로 협력함을 빗댄 표현이다.

한편 여기서 힘주어 강조하는 것은 '늙은 부인'이 아니라 '젊은 남편'이다. 구오라는 존귀한 자리에 머물며 '중中'과 '정正'을 얻은 양강의 사람은 나이 많고 경험이 풍부한 늙은 부인의 도움을 얻을 수 있기 때문에 과도하게 잘못된 상황에서 벗어날 수 있다.

「상전」에서는 '마른 버드나무에 꽃이 피는 것枯楊生華'에 대해서 '어찌 오래갈 수 있겠는가.何可久也'라고 하여 오래갈 수 없다고 했다. 또한 '늙은 부인이 젊은 남편을 얻는 것老婦士夫'에 대해서도 '또한 추하다고 할 만하다.亦可醜也'고 했는데 여기서 '추醜'는 추하여 보기 흉하다는 뜻이다. (「상전」을 포함한 '십익'은 공자가 쓴 부분이므로) 이러한 상황이 좋지 않다고 여기는 유가적인 인식이 반영된 해석이다. 이는 (주 문왕이 쓴) 효사에서 '허물이 없으나 명예도 없다.无咎无譽'고 말한 것과는 맞물리지 않는 관점이다.

上六, 過涉滅頂 凶 无咎.
상육 과섭멸정 흉 무구
象曰: 過涉之凶 不可咎也.
상왈 과섭지흉 불가구야

상육은 지나치게 건너서 정수리까지 잠긴 것이니 흉하지만 허물은
없다.
「상전」에서는 말했다. 지나치게 건넘이 흉함은 허물이 있을 수 없다.

상육의 '과섭멸정過涉滅頂'은 강을 건널 때 강물이 머리 꼭대기까지 차
서 잠긴 상황으로 비록 '흉하기는 하지만凶' '허물은 없다.无咎' 상육의 강
물이 머리 꼭대기까지 차오를 정도의 흉하고 험한 재난을 가리켜 '멸정
지재滅頂之災'라고 한다. 이러한 흉함에 대해서는 『논어』 「계씨季氏」 편에
서도 "위태로운데도 붙들어 주지 않고 넘어지는 사람을 보고도 부축하지
않으면 그 사람은 장차 어디에 쓰겠는가?"라고 했다. 곧 건물이 기울어지
려 하여 생사가 조석에 달려 있는데, 이를 보고도 돕지 않는다면 조정에
탁월한 능력을 갖춘 대신들이 넘쳐난들 무슨 소용이 있겠느냐는 말이다.
「상전」에서는 '지나치게 건넘이 흉함은 허물이 있을 수 없다.過涉之凶 不
可咎也'고 했다. 이는 상육이 맨 윗자리에 있는 데다 마땅한 자리를 얻지
못해 그 처한 상황이 비교적 험하긴 하지만, 중간의 양효 넷을 도와 헌신
해서 그들이 지나치게 되는 상황을 막고자 했기 때문이다. 상육에게는 비
록 흉하고 험하지만 이를 재앙으로만 간주할 필요는 없다는 말이다.
괘상 측면에서 보면 '대과'는 양기가 지나치게 무거워진 상황이므로 이
럴 때일수록 음효가 도와주어 조정과 화합을 거치면 대과의 상황을 모면
할 수 있다.

28
대과괘大過卦 — 잘못을 바로잡음

대과괘는 우리에게 어떤 교훈을 줄까? 대과, 즉 과오가 지나친 상황에 처했을 때 군자는 '홀로 서 있어도 두려워하지 않으며獨立不懼' '세상을 등져 은둔하여도 근심하지 않는遯世无悶' 두 가지 정신으로 무장하고 일을 처리해야 한다. '홀로 서 있어도 두려워하지 않는다.'는 것은 기울어지려 하는 건물을 홀로 떠받침으로써 위기를 모면하되 두려워하지 않으면, 흉함이 닥치더라도 오히려 천추에 이름을 길이 빛낼 기회가 될 것이라는 말이다. 또한 혼자서 전체 국면을 감당하기 버거워 형세를 되돌릴 방법이 없다면 '세상을 등져 은둔하여도 근심하지 않으면' 된다.

대과의 시기에 직면했을 때는 사람들이 선택할 수 있는 네 가지 길이 있다. 첫째는 적극적으로 나서서 저항하며 싸우는 것이다. 이럴 때는 심하면 피를 흘리는 희생이 따를 수도 있다. 둘째는 먼저 적극적으로 항쟁하다가 홀로 버틸 수 없는 지경에 이르면 마음을 바꿔 먹고 뒤돌아서는 방법이다. 설사 그렇게 하더라도 이로 말미암아 근심 걱정 하지 않아야 한다. 셋째는 처음부터 어려운 상황을 피해서 구차하고도 소극적으로 대응함으로써 안일함을 도모하는 길이다. 넷째 방법은 대과 단계의 위기를 오히려 기회로 삼아 얻을 수 있는 것은 취함으로써 홀로 영화를 도모하는 것이다.

첫째 방법은 비록 흉하고 험한 상황을 만날 수는 있지만 다른 이에게 칭송을 받는다. 상나라 주왕의 폭정을 반대하여 간언하다 죽임을 당한 비간比干이 그 예다. 둘째 방법도 사람들에게 칭송 받을 만한 길이다. 비간과 마찬가지로 상나라 주왕의 폭정을 말리며 간언했다가 유폐된 기

자箕子를 예로 들 수 있다. 셋째 방법은 허물도 없고 명예도 없다. 넷째 방법을 택하면 세상 사람들에게 비난과 멸시를 받을 것이다. 여기서 우리는 세상을 살면서 인간으로서 어떻게 살아가야 할지 그 도리를 배울 수 있다.

대과괘의 괘상에서 말하는 '홀로 서서 두려워하지 않는' 상태는 상육효를 가리키는데 비록 흉하나 허물이 없다. 또한 '세상을 등져 은둔하여도 근심하지 않는' 것은 초육효를 가리키는데 이는 다른 사람에게 깔개가 되어 주듯 기꺼이 아래에 거할 줄 아는 삶이다. 따라서 이 두 효는 비록 위치가 좋지 않은데도 모두 '허물이 없다.'고 한 것이다. 이 때문에 우리는 '홀로 서서 두려워하지 않으며' '세상을 등져 은둔하여도 근심하지 않는' 이 두 가지 정신을 본받아 대과의 국면을 슬기롭게 극복하여야 할 것이다.

29
감괘坎卦 – 험난함을 넘어서서

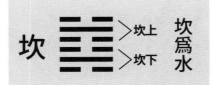

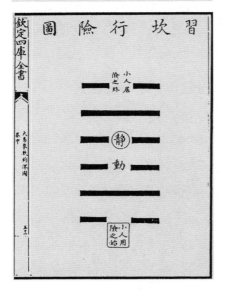

習坎 有孚 維心亨 行有尙.
습 감 유 부 유 심 형 행 유 상

　습감은 성실함이 있어서 마음이 형통하니, 가면 높일 만한 것이 있다.

　『주역』의 상경은 건괘와 곤괘로부터 시작해서 감괘와 이괘로 끝을 맺으므로 이들 네 괘는 가히 『주역』의 정수라고 할 만큼 무척 중요하다. 건곤감리乾坤坎離는 각각 하늘과 땅, 해와 달, 네 가지 형상을 상징하며 하늘, 땅, 물, 불의 네 가지 이미지를 대표한다.

　건과 곤에는 유가의 사상이 반영되어 있다. 즉 유가는 하늘은 존귀하고 땅은 천하다고 여기기 때문에 건을 더욱 중시하여 건을 곤 앞에 두었다. 감과 리에는 도가의 사상이 반영된 편이다. 노자는 불을 상징하는 '리離'보다는 물을 상징하는 '감坎'을 더욱 중시해서 도가에서는 취감전리取坎填離*를 연단煉丹의 정수로 삼았다. 그 밖에도 한국의 국기에 건곤감리의 네 괘를 썼다는 점에서도 이들 네 괘가 얼마나 중요한지 짐작할 수 있다.

'감坎'은 험난하다는 뜻이다. 「설괘전」에서는 "감은 빠짐이다.坎 陷也"라고 했다. 감괘의 상괘와 하괘는 동일한 감괘가 중복되어 위아래가 모두 험난함을 상징하므로 중복된 험난함이다. 「서괘전」에서는 "물건은 끝내 지나칠 수 없으므로 감괘로 받았으니 감은 빠짐이다."라고 했다. 사물이란 영원히 순조롭게 통과할 수는 없고 험난함에 빠질 때도 있으므로 이 때문에 대과괘 다음에 감괘가 왔다는 말이다.

괘사에서는 '습감 유부習坎 有孚'라고 했는데 여기서 '습習'의 본래 뜻을 『설문해자』에서 찾아보면 "새가 여러 차례 나는 것이다."라고 되어 있다. '여러 차례 난다.'고 표현한 것에서 볼 수 있듯 '습習'은 여러 번 중복한다는 뜻이고 '습감習坎'은 중복된 감이라는 말이다. '부孚'는 성실함을 가리키는데 여기서는 감괘에 성실함이 있다는 의미로 보면 된다.

'유심형 행유상維心亨 行有尙'에서 '유維'는 '유惟'와 통하여 '유심維心'은 일종의 성실함을 가지고 유지하는 마음의 태도를 말한다. 즉 이렇게 하니 형통하고 행위가 고상하다는 뜻이다. 괘사에서는 행위는 마음 상태에 의해 결정되는 것이라고 말한다. 중첩된 험난함이 닥쳤을 때는 마음에 성실함을 잃지 말고 평화롭게 유지하면서 행동하면, 위기와 험난함을 평온함으로 바꿀 수 있고 높이 기뻐하고 숭상할 만한 결과를 얻을 수 있다는 것이다.

---

* 감괘의 중효를 취하여 이괘의 중효에 메우는 것. 감괘(☵)와 이괘(☲)의 두 괘는 건괘(☰)와 곤괘(☷)의 가운데 효의 음양이 반대로 전환됨으로써 형성된 괘다. 연단가들은 사람의 태가 형성되면서 선천팔괘의 건과 곤이 후천팔괘의 감과 이로 변하여 불이 위에 있고 물이 아래에 있는 '미제未濟'의 국면이 되었지만, 연공을 수련하여 본래의 선천팔괘 형태, 즉 물이 위에 있고 불이 아래로 오는 형상인 감리 '기제旣濟'를 회복함으로써 심장과 신장의 기운이 서로 교차하게 하여 수명을 더할 수 있다고 여겼다.

彖曰: 習坎 重險也. 水流而不盈 行險而不失其信.
단왈　습감　중험야　수류이불영　행험이불실기신

維心亨 乃以剛中也. 行有尙 往有功也.
유심형　내이강중야　행유상　왕유공야

天險不可升也 地險山川丘陵也
천험불가승야　지험산천구릉야

王公設險以守其國 險之時用大矣哉.
왕공설험이수기국　험지시용대의재

「단전」에서는 말했다. 습감은 거듭된 험난함이다. 물이 흘러가나 넘치지 않으며, 험함을 행하면서도 그 성실함을 잃지 않는다. 마음이 형통함은 강이 중을 얻었기 때문이요, 가면 높일 만한 것이 있음은 가면 공이 있다는 것이다. 하늘의 험함은 오를 수 없기 때문이고, 땅의 험함은 산천과 구릉 때문이다. 왕공이 험함을 만들어서 그 나라를 지키니 험함을 때에 따라 씀이 크다.

「단전」에서는 습감괘에 대해서 '거듭된 험난함이다.重險也'라고 했다. '감坎'은 물이므로 '습감習坎'은 거듭된 물, 즉 끊임없이 흐르는 물이다. 마치 장강의 물결처럼 뒤에서 밀려 앞으로 쉴 새 없이 나아가는 모습이다. 그러나 물은 힘차게 흐르지만 결코 넘쳐나지 않는다는 의미에서 '수류이불영水流而不盈'이라고 했다. '영盈'은 가득 찬다는 말이다. '행험이불실기신行險而不失其信'은 물이 흐르되 넘치지 않듯 거듭된 험함 사이를 지나가더라도 마음에 성실함을 잃지 않는다는 뜻이다.

'유심형 내이강중야維心亨 乃以剛中也'에서 '강剛'은 구이효와 구오효의 두 양효를 가리킨다. 그 둘이 각각 하괘와 상괘의 가운데 거하니 사람의 마음을 대표한다고 볼 수 있다. 다시 말해 마음에 성실함을 품어야만 형통할 수 있다는 뜻이다. '행유상 왕유공야行有尙 往有功也'는 행위가 고상하여 앞으로 나아가면 공로가 있다는 말이다.

'천험불가승야天險不可升也'는 하늘의 험난함이 지나치게 높고 멀어서 오를 수 없다는 뜻이고 '지험산천구릉야地險山川丘陵也'는 땅의 험난함은 산천과 구릉으로 나타낸다는 말이다. '왕공설험이수기국王公設險以守其國'은 왕공이 천지의 험난함을 본받아 험난한 요새를 구축함으로써 자기 나라를 지킨다는 것이다. 자연환경의 험난함을 통해 마음의 심란함을 극복하고 요새를 구축하는 것의 의의가 잘 드러난다.

'험지시용대의재險之時用大矣哉'는 비록 감괘가 험괘險卦이기는 하지만 때를 살피어 적절히 활용할 줄 알면 지혜롭다는 뜻이다. 험함을 겪으면 사람은 마음의 뜻이 전보다 견고해진다. 따라서 시련을 잘 활용하면 좋은 결과를 맺고 위기의 국면을 평안함으로 바꾸며 큰 승리를 거머쥘 수 있다. 또한 '험지시용대의재險之時用大矣哉'에서 중요하다고 강조한 것이 '위치位'가 아닌 '때時'인 것처럼 『주역』에서는 '시기'의 중요성을 특히 강조한다.

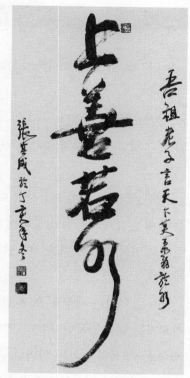

상선약수

象曰: 水洊至 習坎. 君子以常德行 習教事.
상 왈 수 천 지 습 감 군 자 이 상 덕 행 습 교 사

「상전」에서는 말했다. 물이 거듭하여 이르는 것이 습감이다. 군자는 이를 보고 항상 덕을 행하고 가르치는 일을 반복한다.

「상전」에서는 '물이 거듭하여 이르는 것이 습감이다.水洊至 習坎'라고 했는데 이는 감괘가 물을 상징하는 데다 감괘의 상괘와 하괘가 모두 동일한 감괘로 이뤄져 있기 때문이다. 여기서 '천洊'은 '다시하다' '거듭하다'라는 뜻이다.

군자는 이러한 괘상을 보고 감괘의 도에 근거해서 '항상 덕을 행하고 가르치는 일을 반복한다.常德行 習教事' '상尙'은 '항상' '언제나'라는 뜻이고 '습習'은 '반복하다'라는 의미다. 군자는 시시때때로 도덕에 근거해서 행동하고 늘 가르치는 일에 힘써야 한다는 말이다.

감괘는 물의 덕을 지녔다. 물은 사람이 이르러야 할 최고의 경지이자 경영하고 관리하는 일에서도 최고의 수준이라고 할 만하다. 물은 늘 낮은 곳을 흐르면서도 가장 높은 경지를 이루기 때문이다. 노자는 물의 자세를 배우라고 하면서 물을 지극히 높게 평가했다. 백성의 마음을 교화할 때도 물의 덕에 근거해 해야 하는데 교육은 부드러운 성질의 것이기 때문이다. 두보가 『춘야희우』라는 시에서 "봄비는 바람 따라 밤에 스며들어서는 소리 없이 만물을 적시는구나!"라고 한 것처럼 부드러움은 소리가 없어도 만물을 두루 적시고 감싸 안을 수 있다.

初六, 習坎 入于坎窞 凶.
초 육　습감　입우감담 흉
象曰: 習坎入坎 失道凶也.
상 왈　습감입감　실도흉야

초육은 거듭된 험난함에 깊은 구덩이로 들어가니 흉하다.

「상전」에서는 말했다. 거듭된 험난함에 깊은 구덩이로 들어감은 도를 잃은 것이므로 흉하다.

'담窞'은 깊은 구덩이를 뜻한다. 감괘의 괘상은 중간에 한 사람이 깊은 구덩이 속으로 빠지는 형상이다. 그래서 초육의 '습감習坎'은 '거듭된 험난함'이라는 뜻이고 '입우감담 흉入于坎窞 凶'은 깊은 구덩이로 빠져드니 흉하다는 말이다.

「상전」에서는 '거듭된 험난함에 깊은 구덩이로 들어감習坎入坎'은 '도를 잃은 것失道凶也', 즉 평탄하고 큰길을 걷지 못해 깊은 구덩이로 빠져드니 흉하다는 말이다. 초육효는 유약할 뿐 아니라 '정正'도 얻지 못했다. 여기서 '도를 잃었다失道'고 한 것은 바른 도를 행하지 못함을 말한다.

九二, 坎有險 求小得.
구 이　감유험 구소득
象曰: 求小得 未出中也.
상 왈　구소득　미출중야

구이는 감에 험함이 있으나 구하는 바를 조금 얻는다.

「상전」에서는 말했다. 구하는 바를 조금 얻음은 중도에서 벗어나지 않앉기 때문이다.

구이의 '감유험坎有險'은 감에 험함이 있다는 뜻이고 '구소득求小得'은 작은 곳에서부터 착수하여 험함으로부터 벗어나고자 하면 반드시 얻는 바가 있다는 말이다. 구이효는 하괘의 유일한 양효로서 양의 강건함을 통해 험난함에 대처할 수 있다는 점에서 무척 중요한 효다. 그러나 감의 험난함과 곤경 가운데 처해 있으니 '구하는 바를 조금 얻을 뿐求小得' 크게 얻지는 못하니 스스로 보전하기만을 구하면 좋다. 이는 우리에게 어떤 일을 하든지 때를 잘 파악하여 상황의 변화에 순응하여 결정을 내려야지 자신의 주장만 내세워 무모하게 행동해서는 안 됨을 일깨워 준다.

「상전」에서는 '구하는 바를 조금 얻음求小得'은 그 행위가 '중도에서 벗어나지 않았기 때문未出中也'이라고 했다. 구이가 하괘의 중앙에 위치하므로 중도를 지킬 수 있음을 말한 것이다.

육삼 효사와 「소상전」

六三, 來之坎坎 險且枕 入于坎窞 勿用.
육삼 내지감감 험차침 입우감담 물용
象曰: 來之坎坎 終无功也.
상왈 내지감감 종무공야

육삼은 오고 감이 험하며, 험하고 또 위태로워서 깊은 구덩이에 빠지니, 쓰지 말아야 한다.

「상전」에서는 말했다. 오고 감이 험함은 끝내 공이 없다는 말이다.

'내지來之'는 오고 감을 의미하므로 육삼의 '내지감감來之坎坎'은 오고 감이 모두 험하다는 뜻이다. '침枕'은 '가라앉다'는 뜻이므로 '험차침 입우감

'담험차침 入于坎窞'은 험하고 또한 위태로워서 깊은 구덩이에 빠진다는 말이다. '물용勿用'은 쓰지 말라는 뜻이나 여기서는 함부로 행동하지 말라는 것으로 쓰였다.

「상전」에서는 '오고 감이 험함은 끝내 공이 없다.來之坎坎 終无功也'고 했는데 시기가 험난할수록 행동이 '중中'과 '정正'을 얻지 못한다면 아무리 노력한다고 해도 공이나 효과가 없게 된다는 말이다.

육사 효사와 「소상전」

六四, 樽酒 簋貳 用缶 納約自牖 終无咎.
<small>육사 준주 궤이 용부 납약자유 종무구</small>

象曰: 樽酒簋貳 剛柔際也.
<small>상왈 준주궤이 강유제야</small>

육사는 한 동이의 술과 두 그릇의 음식을 질그릇을 사용하여 간소하게 바치되 창문을 통해서 하면 끝내 허물이 없다.

「상전」에서는 말했다. 한 동이 술과 두 그릇 음식을 바침이 허물이 없음은 강과 유가 교제하기 때문이다.

'준주樽酒'는 실제로는 한 동이 술을, '궤이簋貳'는 두 그릇의 음식을 말한다. '궤簋'는 음식을 담는 그릇을 가리킨다. '부缶'는 질그릇을 뜻하며 투박하게 구운 도기를 빗댄 것이다. '납納'은 들어간다는 뜻인데 여기서는 제물로 바친다는 의미로 쓰였다. '약約'은 간단하고도 간소한 것을 의미한다. '자自'는 '~로부터'이고 '유牖'는 '밝은 창문'을 뜻한다.

감괘의 하괘를 험난함의 첫 번째 단계라고 볼 때 육사효는 험난함의 두 번째 단계라고 할 수 있다. 여기서는 여러 가지 이미지를 빗대어 설명했는데 한 동이의 술, 두 그릇의 음식, 질그릇, 창문 등이 그것이다. 창문을 통해 음식을 바친다는 것은 사실 비정상적인 경로로 구오의 군왕에게 간단한 물건을 바침으로써 충성심을 드러내고자 하는 것이다. 구오는 군왕의 신분인데도 이처럼 간단하여 특이할 것 없는 것들을 바치는 행위는 이해하기 어렵다. 하지만 감괘처럼 험난하고도 특수한 상황에서는 그처럼 많은 예의를 갖출 수가 없기 때문에 절차를 지극히 간소화하면서도 실속을 갖추어 내면에 경건과 정성, 진심을 드리면 문제가 없으니 자연히 그어떤 재앙이나 화도 없게 된다.

「상전」에서는 '한 동이 술과 두 그릇 음식'을 바치는 것이 허물이 없음은 '강과 유가 교제하기 때문樽酒簋貳 剛柔際也'이라고 했다. 육사의 음효는 구오의 양효와 이웃하여 사귈 뿐 아니라 음이 양을 떠받치는 형상이어서 순조롭다. 육사효는 구오효를 향해 신하로서 순종하는 마음을 드러내므로 어떠한 예물을 쓰더라도 문제될 것이 없다.

구오 효사와 「소상전」

九五, 坎不盈 祗旣平 无咎.
구 오   감 불 영   지 기 평   무 구

象曰: 坎不盈 中未大也.
상 왈   감 불 영   중 미 대 야

구오는 감이 차지 않았으니 평평해지면 허물이 없다.

「상전」에서는 말했다. 감이 차지 않았음은 중에 거하면서 크지 않기 때문이다.

'감불영坎不盈'은 감이 차지 않았다는 것인데 이는 강물이 가득 차지 않았음을 뜻한다. '지祗'는 '지坻'와 통하여 작은 언덕, 작은 구릉을 뜻하니, '지기평祗旣平'은 작은 구릉이 이미 평평해진 것을 가리킨다.

구오는 강물이 넘치지 않아 구릉이 점차 평평해지는 상황이어서 험난함에서 서서히 벗어나 재앙과 해로움이 없을 것임을 빗대고 있다. 비록 괘상 측면에서 보면 구오는 아직 깊은 구덩이에 빠져 헤어 나오지 못하는 상황이지만 '중中'과 '정正'을 얻었으므로 중도를 지키면서 정직하게, 그리고 조화를 이루며 행동하기만 하면 위기 상황을 평온함으로 바꿀 수 있다.

「상전」에서는 '감이 차지 않음坎不盈'은 '중에 거하면서 크지 않기 때문中未大也'이라고 해석했다. '중中'은 구오효가 상괘의 중앙에 거한 것을 가리키며 '크지 않다未大'는 것은 구오효가 큰 것을 원치 않는다는 의미다. 이는 마치 구이가 '구하는 바를 조금 얻는 것求小得'과도 같은 이치다. 무슨 일이든지 작은 것에서부터 시작해야지 처음부터 크게 얻기를 탐해서는 안 된다. 물은 가득 차거나 넘치려 하지 않기 때문에 저 바다가 영원히 넘치지 않듯 말이다.

상육 효사와 「소상전」

上六, 係用徽纆 寘于叢棘 三歲不得 凶.
상육 계용휘묵 치우총극 삼세부득 흉

象曰: 上六失道 凶三歲也.
상왈 상육실도 흉삼세야

상육은 포승줄에 묶이고 가시덤불에 갇혀서 삼 년이 되어도 얻지 못하니 흉하다.

「상전」에서는 말했다. 상육이 도를 잃으니 흉함이 삼 년에 이른다.

'휘徽'는 세 겹의 끈을 가리키며 '묵纆'은 두 가닥의 줄을 말한다. '치寘'는 '~에 둔다.'는 의미의 '치置'와 통하며 '총극叢棘'은 가시나무, 즉 감옥을 빗댄 것이다. '삼세三歲'는 3년이라는 뜻이지만 여기서는 오랜 세월을 의미한다. 따라서 상육의 '계용휘묵 치우총극係用徽纆 寘于叢棘'은 다른 사람에 의해 줄로 꽁꽁 묶인 채 가시나무 가운데 갇힌 상태로 '삼세부득 흉三歲不得 凶', 즉 오랜 세월 벗어나지 못하니 흉하고 험하다는 말이다.

「상전」에서는 상육이 오랜 세월 흉하다고 한 것은 '도를 잃었기 때문失道'이라고 했다. 상육은 괘 전체에서 가장 높은 위치이기는 하지만 더 이상 나아갈 곳 없는 막다른 길이다. 따라서 능력도 없을 뿐 아니라 아래로는 강효인 구오를 타고 있는 등 도처에 험난함이 있으므로 크게 흉하니 오랜 세월 벗어나지 못한다고 한 것이다.

괘 전체를 보면 초육효에서부터 시작된 흉함이 상육효에서도 이어진다. 이처럼 감괘는 처음부터 끝까지 전체적으로 흉하고 험한 환경이다. 그렇다면 이 같은 환경에서 어떻게 해야만 흉함을 막고 길함을 향해 나아갈 수 있을까? 감괘의 구이효와 구오효가 내면이 성실함으로 가득 차 있기 때문에 흉하지 않다고 한 것을 보면 이미 답은 얻은 셈이다.

䷜

감괘는 우리에게 흉한 환경에서도 물이 가진 중정의 덕을 지닌 채 반복적으로 연습하고 복을 구하면 험난함을 벗어날 수 있다고 알려 준다. 그 밖에도 몸을 낮춰 겸손해야만 높은 경지에 이를 수 있음도 배울 수 있다.

감괘는 물이다. 물은 사람에게 많은 인상을 남긴다. 첫째, 물은 재난의 형태로 다가와 많은 것을 파괴할 만한 괴력을 지닌 험한 것으로 우리는 이 같은 험한 환경에서 벗어나야 한다. 둘째, 물은 가는 물줄기들이 한데 모여 큰 하천을 이룬다. 여기서 우리는 너그러운 마음으로 포용하는 물의 마음을 배울 수 있다. 셋째, 물의 위력은 거대하다. 물은 아래에 거하여 부드럽고 약해 보이지만 오랜 세월에 걸쳐 단단하고 강한 돌을 깎아 낸다. 여기서 부드럽고 약함을 통해 강함을 이기는 이치를 배울 수 있다. 넷째, 감괘의 가운데 효인 양효는 내면의 성실한 마음을 상징하므로 성실한 마음만 품는다면 험난함에서 벗어날 수 있다는 사실을 배울 수 있다. 다섯째, 물의 흐름은 쉼 없이 오래 지속된다. 여기서 우리는 아무리 어려움에 직면하더라도 이를 이겨 내고 끊임없이 고군분투해야 함을 배울 수 있다.

30
이괘離卦 ─ 아름다운 인생

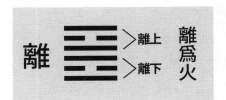

離 利貞 亨 畜牝牛 吉.
이 이정 형 축빈우 길

이는 바르게 함이 이로우니 형통하다. 암소를 기르듯 하면 길하리라.

‘이離’에는 두 가지 뜻이 있다. 하나는 ‘달라붙다’라는 뜻이고 다른 하나는 ‘아름답다’라는 뜻이다. ‘달라붙다’라는 뜻에서 우리는 환경에 적응하는 방법을 알 수 있고, ‘아름답다’라는 뜻에서는 어떻게 하면 아름다운 인생을 영위할 수 있을지 알 수 있다. 「서괘전」에서는 "빠지면 반드시 붙는 바가 있으므로 이괘로 받았다. 이는 붙음이다."라고 했다. 위험하고 험난한 가운데 빠져든 다음에는 반드시 달라붙음이 있다. 따라서 이런 상황에서는 어떤 사물이나 신념 같은 것에 의지해야만 험난함에서 벗어나서 빛을 볼 수 있다. 이런 까닭에 감괘 다음에 이괘가 배치됐다는 말이다.

괘사에서는 이괘에 대해 '이정利貞', 즉 바른 도를 지킴이 이롭고 형통하며 순조롭다고 하면서 마치 암소牝牛를 기르는 것과 같다고 했다. '빈牝'은 암컷이고 '빈우牝牛'는 온순한 암소이니 길하다. 그렇다면 어째서 이괘를 가리켜 암소라고 했을까? 왜냐면 이괘는 음괘이기 때문이다. 이괘(☲)는 음효가 하나뿐이므로 음괘다. 암소에 빗댄 것은 암소의 부드럽고 약한 성질을 취함으로써 온순함의 아름다움을 보여 주기 위해서다.

괘사에 대한 「단전」

象曰: 離 麗也. 日月麗乎天 百穀草木麗乎土.
단 왈　이 여야　일 월 려 호 천　백 곡 초 목 려 호 토

重明以麗乎正 乃化成天下
중 명 이 려 호 정　내 화 성 천 하

柔麗乎中正 故亨 是以畜牝牛吉也.
유 려 호 중 정　고 형　시 이 축 빈 우 길 야

「단전」에서는 말했다. 이는 붙음이니, 해와 달이 하늘에 붙어 있고, 온갖 곡식과 초목이 땅에 붙어 있다. 거듭된 밝음으로 바름에 붙어서 천하를 교화하여 이룬다. 유가 중정에 붙어 있어서 형통하니 이런 까닭에 암소를 기르면 길하다.

「단전」의 '이 여야離 麗也'는 '이離는 붙음이다.'라는 뜻이다. '일월려호천 백곡초목려호토日月麗乎天 百穀草木麗乎土'는 해와 달이 하늘에 붙어 있고 온갖 곡식과 초목이 땅 위에 붙어 있다는 말이다.

'중명重明'은 '거듭된 밝음'이라는 뜻인데 이는 해와 달의 밝음을 동시에 가리킨 것이다. 따라서 '중명이려호정重明以麗乎正'은 우리의 마음이 해와 달처럼 빛나고 바르며 크다는 의미이며, 빛나고 바르며 커야만 천하의

이

만물을 교화하여 이루게 할 수 있다는 뜻에서 '내화성천하乃化成天下'이라고 덧붙였다.

'유려호중정 고형柔麗乎中正 故亨'은 '유가 중정에 붙어 있어서 형통하다.'는 말인데 괘상을 보면 여기서 '유柔'는 육이효와 육오효를 가리킨다. 이 둘은 모두 유순하게 '중中'하고 '정正'한 자리에 붙어 있으므로 형통하다는 것이다. '시이축빈우길야是以畜牝牛吉也'는 '이 때문에 암소를 기르는 것이 길하다.'고 함으로써 전체적으로 이괘는 암소와 같은 온순함을 배우라고 강조하는데 이는 바른 도에 순종하는 덕을 기르라는 말이다.

「단전」에서는 사람이란 바른 도에 붙어 있어야 한다고 말한다. 어딘가에 붙어 있다는 것은 자발에 의한 주동적인 행동과 마지못해서 하는 피동적인 행동으로 나뉜다. 여기서 붙어 있음은 사람이 어떻게 해야만 바른 도에 붙어 있을 수 있는지를 설명해 준다.

괘사에 대한 「대상전」

象曰: 明兩作 離. 大人以繼明照于四方.
상 왈　명 량 작 이　대 인 이 계 명 조 우 사 방

「상전」에서는 말했다. 밝음이 두 개가 일어남이 이다. 대인은 이것을 보고 계속해서 밝음을 사방에 비추게 한다.

「상전」에서는 '밝음이 두 개가 일어남이 이다.明兩作 離'라고 했는데 이는 이괘(☲)의 상괘와 하괘가 모두 이괘(☲)여서 이괘가 중복된 것을 가리킨다. 이離는 '해'를 나타내고 해는 '밝음'이다. 태양이 두 번이나 나타났으니 무척 밝은 것이며 이것이 바로 이괘의 상이다.

'대인大人'은 인품과 덕이 고상한 군자다. 대인은 이러한 괘상을 보고 이괘의 도에 근거해서 '계속해서 밝음을 사방에 비추게 한다.繼明照于四方' 이괘는 불이자 해이며 또한 마음을 나타내기도 한다. 우리의 마음은 불처럼 뜨겁게 타오르는 것이 마치 해나 달과 같으며 이러한 내면의 빛을 통해 사방을 비추어야 한다. 불처럼 자신을 태워서 다른 이를 밝게 비추고 천하를 교화하는 것, 이것이 바로 화덕火德이 아닐까?

초구 효사와 「소상전」

初九, 履錯然 敬之 无咎.
초구　이착연　경지 무구
象曰: 履錯之敬 以辟咎也.
상왈　이착지경　이벽구야

초구는 밟음이 엇갈리면서 아름다우니 그것을 공경하면 허물이 없다.

「상전」에서는 말했다. 밟음이 엇갈리면서 아름다우니 그것을 공경하는 것은 허물을 피하기 위함이다.

'이履'는 '걷다' '밟다'의 뜻이고 '착錯'은 '엇갈리다' '교차하다'는 의미이므로 '이착연履錯然'은 엇갈리는 듯하면서도 아름답게 걷는다는 뜻인데, 이에 대해서는 '경지 무구敬之 无咎'라고 했다. 즉 그러한 것을 마음으로 공경해야만 재앙이나 화가 없다는 말이다.

「상전」에서는 '밟음이 엇갈리면서 아름다우니 그것을 공경함履錯之敬'
은 '이로써 허물을 피하기 위함以辟咎也'이라고 해석했다. 다시 말해 마음
으로 그것을 공경하는 것은 재난이나 화를 피하기 위함이라는 것이다. 초
구는 처음부터 내면의 공경을 강조했는데 이는 아름다운 인생을 살기 위
한 무척 중요한 첫걸음이라고 할 수 있다.

육이 효사와「소상전」

六二, 黃離 元吉.
육이 황리원길
象曰: 黃離元吉 得中道也.
상왈 황리원길 득중도야

육이는 황색에 붙음이니 크게 길하다.

「상전」에서는 말했다. 황색에 붙음이 크게 길한 것은 중도를 얻었기 때
문이다.

'황黃'은 땅의 색깔이다. 땅을 의미하는 토土는 오행에서 중앙에 위치하
므로 황색은 곧 중앙의 색깔이라고 할 수 있다. 따라서 육이의 '황리黃離'
는 사람이 중정한 황색에 붙어 있는 것, 다시 말해 중정의 도를 걷는 것을
가리키니 '크게 길하다.元吉' 일설에는 '황리黃離'가 '황리黃鸝', 즉 꾀꼬리
가 노래하는 소리와 통하기 때문에 기쁨을 상징한다는 해석도 있다.

「상전」에서는 '황색에 붙음이 크게 길함黃離元吉'은 '중도를 얻었기 때문
得中道也'이라고 했는데 이는 육이의 위치가 하괘의 중앙을 얻어 '중中'하
고 음의 자리에 음효가 와서 '정正'도 얻었기 때문이다.

九三, 日昃之離 不鼓缶而歌 則大耋之嗟 凶.
구삼   일측지리 불고부이가 즉대질지차 흉
象曰: 日昃之離 何可久也.
상왈   일측지리 하가구야

구삼은 기운 해가 서쪽 하늘에 걸려 있는데, 질장구를 치며 노래하지 않아, 크게 늙음을 서글퍼하니 흉하다.

「상전」에서는 말했다. 기운 해가 서쪽 하늘에 걸려 있는데 어찌 오래갈 수 있겠는가.

'일측日昃'은 태양이 서쪽으로 기우는 것이므로 '일측지리日昃之離'는 기운 태양이 서쪽 하늘에 걸려 있는 모습을 가리킨다. '고부이가鼓缶而歌'는 태양이 산 너머로 질 때 흙을 구워 만든 질장구를 치면서 태양을 환송했던 일종의 고대 의식이다. 따라서 '불고부이가不鼓缶而歌'는 태양이 지려고 할 때 질장구를 치며 노래하지 않는다는 뜻이다. '질耋'은 7, 80세가 가까운 노인이므로 '대질大耋'은 무척 나이 든 노인을 가리킨다. 노인이 해질 녘 태양 환송 의식을 바라보며 치열하게 살아온 지난 삶을 돌아보고 자신도 저 하늘로 돌아갈 날이 머지않았음을 느낀다. 자신도 저무는 해와 비슷한 처지인데 정작 자기를 위해서는 노래하며 보내 주는 이 없으니 '크게 늙음을 서글퍼하니 흉하다.則大耋之嗟 凶'고 했다.

여기서 우리는 어떠한 인생의 교훈을 얻을 수 있을까? 해가 지는 것은 인생의 중년을 상징하고 질장구는 소박함을, 노래는 즐거움을 대표한다. 중년의 시기에는 소박함을 잃지 말고 기쁜 마음을 먹어야 한다. 기뻐하는 사람만이 아름다운 인생을 영위할 수 있기 때문이다. 구삼효는 가운데 자리가 아니므로 '중中'을 얻지 못해서 중도를 지키지 못했다. 이는 소박함과 즐거움을 잃은 마음 상태이므로 흉하다.

「상전」에서는 '기운 해가 서쪽 하늘에 걸려 있는데 어찌 오래갈 수 있 겠는가.日昃之離 何可久也'라고 하여 서쪽 하늘에 걸려 있는 상태도 그리 오 래가지 못하리라고 풀이했다. 해가 저물어 가는 때에 기꺼이 버리는 도를 알지 못한 채 하루 종일 한숨만 쉬고 있다면 이러한 인생이 무슨 의의가 있으며 어찌 오래갈 수 있겠는가? 즐거워하는 인생만이 아름다운 인생이 며 이렇게 마음을 먹어야만 오래갈 수 있다는 것이다.

구사 효사와 「소상전」

九四, 突如其來如 焚如 死如 棄如.
구 사　돌 여 기 래 여　분 여　사 여　기 여
象曰: 突如其來如 无所容也.
상 왈　돌 여 기 래 여　무 소 용 야

구사는 갑자기 오는지라 불태우고 죽으며 버림받는 모습이다.
「상전」에서는 말했다. 갑자기 옴은 용납하는 바가 없는 것이다.

'갑자기 닥쳐오거나 뜻밖에 나타남'을 뜻하는 성어 '돌여기래突如其來' 는 바로 여기서 유래했다. '여如'는 어떠한 모양을 나타내므로 '분여焚如' 는 불타는 모습이고 '사여死如'는 죽는 모습, '기여棄如'는 버림받는 모습이 다. 구사효를 보면서 떠오르는 이미지는 해질 무렵 태양이 서쪽으로 기울 고 주변에는 노을이 져서 마치 하늘이 불탄 듯하지만 이내 노을마저 태양 과 함께 저편으로 사라져 버리는 모습이다. 마치 누군가에게 버림받듯 말 이다.

「상전」에서는 '갑자기 옴突如其來如'은 '용납하는 바가 없기 때문无所容也' 이라고 했는데 이는 포용하고 인정하는 마음이 없다는 말이다. 구사의 시기는 일종의 비어 있는 상태로 음의 자리에 양효가 있으니 '정正'하지도 않아 불리한 위치라고 할 수 있다. 이 때문에 노을이 지더라도 생명력이 부족해서 이내 사라져 버리고 만다. 어떤 사람은 아침노을은 태양이 떠오름과 동시에 사라져 버리므로 오래가지 못한다고 여긴다. 그것은 왜일까? 첫째, 힘이 없고 약한 자리에 처해 있기 때문에 오래갈 수 없다. 여기서 우리는 생명력을 키워야만 오래갈 수 있음을 알 수 있다. 둘째, 다른 사람을 용인하지 않기 때문에 빠른 속도로 사라질 수밖에 없다. 후대인들은 구사효에 대해서 '다른 사람이 그를 용인하지 못하는 것이 아니라 그가 자신을 용인하지 못하는 것이다.'라고 해석하기도 했다. 어찌 이것을 흉한 상이 아니라고 하겠는가?

육오 효사와 「소상전」

六五, 出涕沱若 戚嗟若 吉.
육 오   출 체 타 약   척 차 약   길
象曰: 六五之吉 離王公也.
상 왈   육 오 지 길   이 왕 공 야

육오는 눈물을 줄줄 흘리며 슬퍼하고 한탄하니 길하다.
「상전」에서는 말했다. 육오가 길함은 왕공의 자리에 붙어 있기 때문이다.

'체涕'는 눈물을 의미하므로 '출체타약出涕沱若'은 눈물을 비 오듯 흘린다는 말이다. '척戚'은 슬퍼함이므로 '척차약戚嗟若'은 슬퍼하고 탄식하는 모습이다. 육오에서는 비통하고 상심해하는 모습을 묘사한다. 눈물을 비 오듯 흘리는 것은 슬픔이 극에 이른 모습이다. 어째서 눈물을 흘리며 슬퍼한다는 것일까? 육오효는 양이 와야 할 곳에 음효가 와서 자리가 마땅하지 않고 가장 존귀한 자리까지 차지했는데도 불구하고 역량이 부족한 데다 그와 상응하는 이도 없기 때문이다. 또한 대신의 자리에 있는 구사효는 강건하고 능력이 있어서 육오효를 핍박하니 슬픔이 극에 이르렀다. 그런데도 육오효를 길하다고 한 것은 무엇 때문일까?

「상전」에서는 '육오효가 길함六五之吉'은 '왕공의 자리에 붙어 있기 때문離王公也'이라고 했다. 육오효는 왕공의 자리에 있지만 스스로 능력이 부족하다고 여겨서 늘 강해지고자 분발하므로 건괘의 구삼효처럼 "종일토록 힘쓰고 힘쓰면서 저녁까지 두려워한다.終日乾乾 夕惕若" '슬퍼하며 한탄함'은 스스로 반성하여 지난 시절의 잘못을 후회하는 모습, 부지런하게 움직여 재능이 부족함을 보완하려 노력하는 모습이다. 육오는 자강불식함으로써 성과를 거둘 수 있으니 이 때문에 길하다.

여기에 대해서 필자 본인은 이렇게 정리하고 싶다. '가까운 근심거리부터 고민하면 멀리 고민해야 할 필요조차 없어진다.'고 말이다. 이는 마치 『논어』에 "나는 하루에 세 번 나 자신을 돌아본다. 남을 위해 일을 함에 진심을 다하지 않았는가? 친구와 사귐에 신실하지 않았는가? 전해 받은 것을 충분히 익히지 않았는가?"라고 한 말과도 같은 원리다. 이렇게 내 자신을 반복해서 돌아보면 어찌 길하지 않을 수 있을까?

상구 효사와 「소상전」

上九, 王用出征 有嘉 折首 獲匪其醜 无咎.
상구 왕용출정 유가 절수 획비기추 무구
象曰: 王用出征 以正邦也.
상왈 왕용출정 이정방야

상구는 왕이 출정하면 아름다운 공이 있어 적의 머리를 자르리니 그 무리가 아닌 자를 잡으면 허물이 없다.

「상전」에서는 말했다. 왕이 출정함은 나라를 바로잡기 위함이다.

'왕용출정王用出征'은 대왕이 외부로 전쟁에 나서는 것을 말한다. '가嘉'는 원래 아름답다는 뜻이지만 여기서는 수확을 말하므로 '유가有嘉'는 수확, 전공戰功이 있으리라는 말이다. '절수折首'는 적의 수령을 목 벤다는 뜻이다. '추醜'는 같은 무리를 말하고 '비匪'는 '아니다'라는 뜻의 '비非'와 통하니 '비기추匪其醜'는 자신과 생각이 달라 자신에게 귀속되길 원치 않는 반대자를 뜻한다. 따라서 '획비기추獲匪其醜'는 적을 사로잡는 것을 뜻한다.

상구는 보통 가장 높은 자리에 이르렀으므로 길하지 않으나 여기서는 허물이 없다고 했는데 그 이유는 첫째 대왕이 나라를 다스리기 위해 전쟁에 나서서 적을 잡아 큰 공을 세웠기 때문이고, 둘째는 자신과 뜻이 달라 자신에게 항복하려 하지 않는 반대자들을 잡아, 나라를 태평하게 하고 백성을 편안하게 했으며 천하가 이로 말미암아 태평해졌기 때문이다.

「상전」에서는 '왕이 출정함王用出征', 즉 대왕이 군사를 일으켜 토벌에 나선 것은 '나라를 바로잡기 위함正邦也'이라고 했다. 즉 나라를 안정시키려고 함이니 순조롭고 길하리라는 말이다. 상구효는 강효가 붙어 있음의 극에 달했으니 왕이 일으킨 군사는 정의로워 가는 곳마다 그에게 순복하지 않는 자가 없다. 그래서 길하다.

☲

이괘는 우리에게 어떻게 해야만 아름다운 인생을 영위할 수 있을지에 대해 알려 준다.

사람들은 각자 서로 다른 상황에서 서로 다른 인생을 살아가므로 인생을 대하는 태도도 가지각색이다. 나이가 어릴 때는 마음을 순수하게 해서 중도와 예의를 지켜야 하고, 중년이 되면 즐거운 마음을 유지해야지 상심해서는 안 된다. 역경에 처하거나 험난한 시기를 만났을 때는 자신감을 갖고 생명력을 부여해서 도량을 넓혀 용납하는 마음을 품어야 한다. 일이 순조롭게 잘 풀리고 존귀한 자리에 오를 때는 늘 자신을 돌아보아 반성하는 등 위기의식을 가져야 하고 높은 자리, 즉 리더의 위치에서 부하 직원들을 거느릴 때는 어려움을 극복하고 경쟁에서 이겨야할 뿐 아니라 부하 직원들을 폭넓게 아우르고 단결해야 하는데, 여기에는 자신과 마음이 일치하지 않는 사람도 포함시켜야 한다. 모두 함께 마음과 뜻을 하나 되게 해야 한다는 말이다.

감괘와 이괘는 서로 상반된다. 감괘는 험하고 가운데 행하며 강(양)이 가운데 있고, 이괘는 붙어 있는 형세며 유(음)가 가운데 있다. 감괘는 달을 상징하고 이괘는 태양을 상징한다. 감괘는 물을 뜻하고 이괘는 불을 뜻한다. 이 두 괘는 서로 기대어 보완해 주는 등 밀접한 관계에 놓여 있다. 사람의 신체를 빗대면 감괘는 신장을, 이괘는 심장을 대표한다. 감괘는 원정元精을, 이괘는 원신元神을 상징하니 이 둘 모두 인체에서 가장 중요한 의미를 갖는다.

건괘와 곤괘가 주로 하늘의 도를 논한다면 감괘와 이괘에서는 주로 인

646

간의 도리를 강조한다. 감괘와 이괘 간에는 종종 어우러지고 교환하는 모습이 보이는데 소위 "감에서 덜어서 이를 보충함으로써 건곤을 회복한다.抽坎塡離 以復乾坤"고 하는 것이 그것이다. 다시 말해 후천괘가 선천괘로 변한 것인데 이는 사람도 마치 하늘과 땅처럼 오래 살 수 있음을 빗댄 것이다.

옮긴이 | 오수현

숙명여대 중어중문과를 졸업하고, 중국 산동과기 직업전문대학 한국어과 교사, ㈜효성, Kelley Associates를 거쳐 현재는 바른번역 소속 출판 전문 번역가로 활동 중이다. 옮긴 책으로는『황제내경, 인간의 몸을 읽다』,『주역에서 경영을 만나다』,『나의 최소주의 생활』,『나는 왜 작은 일에도 상처받을까』,『시의 격려』,『세포가 팽팽해지면 병은 저절로 낫습니다』,『오늘, 뺄셈』,『중국은 무엇으로 세계를 움직이는가』,『비즈니스 삼국지』,『똑똑한 리더의 공자 지혜』,『똑똑한 리더의 노자 지혜』외에도 다수가 있다.

주역 완전해석(상권)

1판 1쇄 펴냄 2018년 7월 31일
1판 7쇄 펴냄 2022년 4월 28일

지은이 | 장치청
옮긴이 | 오수현
발행인 | 박근섭
책임편집 | 강성봉
펴낸곳 | 판미동

출판등록 | 2009. 10. 8 (제2009-000273호)
주소 | 06027 서울 강남구 도산대로 1길 62 강남출판문화센터 5층
전화 | **영업부** 515-2000 **편집부** 3446-8774 **팩시밀리** 515-2007
홈페이지 | panmidong.minumsa.com

도서 파본 등의 이유로 반송이 필요할 경우에는 구매처에서 교환하시고
출판사 교환이 필요할 경우에는 아래 주소로 반송 사유를 적어 도서와 함께 보내주세요.
06027 서울 강남구 도산대로 1길 62 강남출판문화센터 6층 민음인 마케팅부

판미동은 민음사 출판 그룹의 브랜드입니다.